Windows Server 2019
Automatisierung mit PowerShell – Das Kochbuch

Thomas Lee

Windows Server 2019 Automatisierung mit PowerShell – Das Kochbuch

Praxisorientierte Rezepte zur Automatisierung und Verwaltung von Administrationsaufgaben

O'REILLY®

Thomas Lee

Übersetzung: Rainer G. Haselier
Lektorat: Sandra Bollenbacher
Copy-Editing: Geesche Kieckbusch, Hamburg
Satz: Gerhard Alfes, mediaService, Siegen, *www.mediaservice.tv*
Herstellung: Frank Heidt
Umschlaggestaltung: Michael Oréal, *www.oreal.de*
Bildnachweis: iStockNr. 655105984, Autor: Besjunior
Druck und Bindung: mediaprint solutions GmbH, 33100 Paderborn

Bibliografische Information der Deutschen Nationalbibliothek
Die Deutsche Nationalbibliothek verzeichnet diese Publikation in der deutschen Nationalbibliografie; detaillierte bibliografische Daten sind im Internet über *http://dnb.d-nb.de* abrufbar.

ISBN:
Print 978-3-96009-126-4
PDF 978-3-96010-345-5
ePub 978-3-96010-346-2
mobi 978-3-96010-347-9

1. Auflage 2020

Hinweis:
Dieses Buch wurde auf PEFC-zertifiziertem Papier aus nachhaltiger Waldwirtschaft gedruckt. Der Umwelt zuliebe verzichten wir zusätzlich auf die Einschweißfolie.

PEFC zertifiziert
Das Papier für dieses Buch stammt aus nachhaltig bewirtschafteten Wäldern und kontrollierten Quellen.
PEFC
PEFC/04-31-0810 www.pefc.de

Schreiben Sie uns:
Falls Sie Anregungen, Wünsche und Kommentare haben, lassen Sie es uns wissen: *kommentar@oreilly.de.*

5 4 3 2 1 0

Inhaltsverzeichnis

Über den Autor

Thomas Lee ist Berater/Trainer/Schriftsteller aus England und seit Ende der 1960er Jahre im IT-Geschäft tätig. Nach seinem Abschluss an der Carnegie Mellon University wechselte Thomas zu ComShare, wo er als Systemprogrammierer das Time-Sharing-Betriebssystem Commander II baute, ein Vorläufer des heutigen Cloud-Computing-Paradigmas. Mitte der 1970er Jahre wechselte er zur ICL, um am Betriebssystem VME/K zu arbeiten. Nach einem Sabbatical 1980/81 war er bei der Firma beschäftigt, die heute Accenture heißt. Diese verließ er 1988, um sein eigenes Beratungs- und Schulungsunternehmen zu gründen, das bis heute aktiv ist.

Thomas besitzt zahlreiche Microsoft-Zertifizierungen, darunter MCSE (eine der ersten der Welt) sowie deren Nachfolgeversionen; er ist seit 25 Jahren MCT (Microsoft Certified Trainer) und wurde 17 Mal von Microsoft mit dem MVP Award ausgezeichnet. Er lebt heute mit seiner Familie in einem Cottage auf dem Land in England, besitzt einen gut ausgestatteten Weinkeller sowie eine riesige Sammlung von Live-Aufnahmen der Bands The Grateful Dead und The Jerry Garcia.

Danksagungen

Zunächst möchte ich Jeffrey Snover von Microsoft für die Erfindung von PowerShell danken. Ich hatte das Glück, in dem Raum anwesend zu sein, als er zum ersten Mal das präsentierte, was damals unter dem Codenamen Monad lief und später zu PowerShell wurde. Seine Begeisterung war ansteckend, und 15 Jahre später bin ich immer noch begeistert.

Ein großes Dankeschön gilt dem Team von Packt, dem Verlag der englischen Originalausgabe: Meeta Rajani, Abhishek Jadhav, Mohd Riyan Khan und Danish Shaikh. Ihr habt einen tollen Job gemacht und geholfen, dass dieses Buch fertig wurde, indem ihr euch mit den Problemen beschäftigt habt, die beim Schreiben auftauchten. Danke auch an den exzellenten Fachlektor Alexander Wittig. Eure Kommentare waren immer eine große Hilfe.

Bei der Entwicklung der verschiedenen Rezepte traten manchmal Probleme auf. Ich habe viel Hilfe von der Spiceworks-Community erhalten. Das dortige PowerShell-Forum ist eine großartige Informationsquelle und bietet Unterstützung, wenn man sie braucht. Wenn Sie Probleme mit PowerShell haben, ist dies ein großartiger Ort, um nach einer Lösung zu suchen.

Und schließlich muss ich meiner wunderbaren Frau Susan danken. Sie war geduldig, als die Dinge vorankamen, sie hat meine schlechten Stimmungen hingenommen, als der Fortschritt nicht so war wie gewünscht, und half mir, nicht durchzudrehen, wenn um mich herum der Wahnsinn tobte.

Über den Fachlektor der Originalausgabe

Alex Wittig ist ein aus Deutschland stammender Systemingenieur, der heute in den USA lebt. Er ist Spiceworks Hero Award Gewinner und Moderator bei PowerShell. Er ist Bachelor of Science im Fachgebiet IT Security und besitzt ein gutes halbes Kilo an professionellen IT-Zertifizierungen. Er ist Kaffee-Experte, Katzen-Streichler, Internet-Fanatiker und ein lebenslang Lernender.

Sie finden ihn auf Twitter unter `@alexvwittig`.

Vorwort

»Nimm mein Geld!«
»Ich kaufe es sofort!«
Ich war verwirrt.

Ein kleiner Saal mit ein paar hundert Leuten, denen ich Monad (was später PowerShell wurde) präsentierte. Ein Typ im hinteren Teil rief: »Nimm mein Geld!« So habe ich Thomas Lee kennengelernt. Nach dem Vortrag kam Thomas auf mich zu und gab mir eine 20-Dollar-Note mit seinem Namen darauf und sagte, dass Monad genau das war, was Windows-Administratoren brauchten, dass es die Welt revolutionieren würde und dass er der Erste sein wollte, der es kauft. Als ich erklärte, dass es ein kostenloses Feature von Windows werden würde, sagte Thomas, dass ihm das egal sei, er wolle trotzdem der Erste sein, der es kauft.

Ich habe zur Sicherheit noch mal nachgesehen und ja, der 20-Dollar-Schein befindet sich immer noch in meinem Portemonnaie. Ich habe ihn in den vergangenen 17 Jahren bei mir behalten, um nicht zu vergessen, was Thomas an diesem Tag so deutlich gesehen hat – PowerShell ist ein äußerst wichtiges Tool für jeden professionellen Windows-Administrator. Ich benutze das Adjektiv »professionell«, weil es wirklich zwei verschiedene Arten von Windows-Administratoren gibt: professionelle und nicht-professionelle. Einer der Gründe, warum Windows so erfolgreich war, ist, dass nicht-professionelle Administratoren es erfolgreich einrichten und für einfache Szenarien einsetzen konnten. Wenn Sie auf die Schaltfläche *Weiter* klicken können, ist die Wahrscheinlichkeit groß, dass Sie Windows erfolgreich einrichten können. Was Thomas richtig sah, war, dass die Welt der »Klicken Sie auf Weiter«-Administration begrenzt war und dass es einen wachsenden Bedarf an professionellen Administratoren gab, die die spezifischen Bedürfnisse ihres Szenarios verstehen und Windows so nutzen konnten, um diese Anforderungen zu erfüllen. Diese Aufgabe brauchte ein neues Werkzeug. Diese Aufgabe brauchte PowerShell.

Wenn Sie ein professioneller Administrator (oder nur ein leidenschaftlicher Power-User) sind, müssen Sie sich mit PowerShell gut auskennen und wissen, wie die spezifische Version des Betriebssystems, mit dem Sie arbeiten, mit PowerShell verwaltet werden kann. Jede Version von Windows hat neue Funktionen hinzugefügt, die von PowerShell verwaltet werden können. In diesem Buch zeigt Ihnen Thomas, wie Sie Ihre Investition in Windows Server 2019 nutzen können, indem es erläutert, wie Sie es mit PowerShell Windows administrieren und automatisieren können. Automatisierung bedeutet, herauszufinden, wie Sie einen Server verwalten und dann dieses Skript verwenden, um zehn, hunderte oder hunderttausend andere Server zu administrieren. Es bedeutet Konsistenz, Wiederholbarkeit und Produktivität. Es geht um professionelle Administration.

Im Laufe der Jahre haben mir unzählige Administratoren für PowerShell gedankt und mir ihre Erfolgsgeschichten erzählt. Sie wurden in die Lage versetzt, komplizierte Situationen zu retten – Situationen in Unternehmen, die durch »Klicken-Sie-auf-Weiter«-Mitarbeiter nicht zu lösen waren. Sie wurden mit Boni, Gehaltserhöhungen, Beförderungen und neuen Jobs belohnt. Ich habe viele Leute getroffen, die berichteten, dass sich ihre Gehälter verdreifacht hätten, nachdem sie PowerShell gelernt hätten.

PowerShell stattet SIE mit Power aus.

Thomas war der erste, der dies mit absoluter Klarheit verstand. Er war von Anfang an mit im Team und gab uns aktiv Feedback zu dem, was professionelle Administratoren von PowerShell benötigten. Die Ansichten von Thomas über die Windows-Administration finden sich in der PowerShell – so wie sie sich heute darstellt – wieder. Daher gibt es meiner Meinung nach nur wenig andere Leute, die besser geeignet wären, um Ihnen zu helfen und zu verstehen, wie Sie dieses wunderbare Tool verwenden können. Mit PowerShell können Sie Ihre Windows Server 2019 verwalten, Ihrem Unternehmen einen großen Nutzen bieten, und Sie werden hierfür sicherlich belohnt.

Jeffrey Snover
Microsoft Technical Fellow

Einleitung

PowerShell wurde erstmals im Jahre 2003 auf der Professional Developers Conference in Los Angeles von Jeffrey Snover der Welt vorgestellt. PowerShell – mit dem Codenamen Monad – stellte damals eine komplette Revolution im Management dar. Das in dieser Zeit geschriebene Whitepaper *The Monad Manifesto* (siehe `http://www.jsnover.com/blog/2011/10/01/monad-manifesto`) enthielt eine wunderbare Analyse des damaligen Problems – nämlich die Verwaltung einer großen Anzahl von Windows-Systemen. Ein wichtiger Punkt ist, dass die GUI nicht skaliert wird, während PowerShell dies tut.

PowerShell hat die Verwaltung komplexer, netzwerkbasierter Windows-Infrastrukturen und zunehmend auch von Nicht-Windows-Infrastrukturen verändert. Kenntnisse über PowerShell zu haben und zu wissen, wie man das meiste aus PowerShell herausholen kann, sind heutzutage für jeden professionellen IT Pro obligatorisch.

Dieses Buch führt Sie in einer Vielzahl von Szenarien durch den Einsatz von PowerShell, wobei viele der zahlreichen Features in Windows Server 2019 behandelt werden. Diese Einleitung bietet eine Einführung in die Inhalte des Buches; außerdem erhalten Sie ein paar Tipps dazu, wie Sie das Beste aus dem Buch herausholen können.

In diesem Buch

Kapitel 1, »PowerShell-Umgebung für die Systemverwaltung einrichten«, befasst sich mit der Konfiguration Ihrer Workstation und damit, wie Sie Ihre Infrastruktur für die Nutzung von PowerShell vorbereiten und wie Sie die Remoteserver-Verwaltungstools installieren.

Kapitel 2, »Windows-Netzwerke verwalten«, zeigt Ihnen, wie Sie Windows-Netzwerke mit PowerShell verwalten. Netzwerke sind heute für fast jede Organisation von zentraler Bedeutung, und in diesem Kapitel werden eine Vielzahl netzwerkbezogener Aufgaben behandelt. Sie lernen neue Verfahren kennen, um Altbekanntes mit PowerShell zu erledigen. Außerdem erfahren Sie, wie Sie DNS, DHCP und Active Directory einrichten.

Kapitel 3, »Windows Active Directory verwalten«, erörtert, wie Active Directory installiert, verwaltet und genutzt werden kann. Hierbei lernen Sie auch die Verwendung von AD-Objekten und von Gruppenrichtlinien kennen.

Kapitel 4, »Windows-Speichertechnologien verwalten«, befasst sich mit dem Thema Datenspeicher in Windows Server 2019.

Kapitel 5, »Freigegebene Daten verwalten«, untersucht verschiedene Möglichkeiten, wie Sie Daten mit Windows Server und PowerShell freigeben können, einschließlich SMB-Freigaben, iSCSI und DFS (Distributed File System).

Kapitel 6, »Windows Update verwalten«, hilft Ihnen, die Verwaltung von Updates über Windows Update zu implementieren, weil es wichtig ist, dass all Ihre Windows-Clients und Server immer mit den aktuellsten Patches versehen sind.

Kapitel 7, »Windows-Druckumgebung verwalten«, zeigt Ihnen, wie Sie Drucker, Druckwarteschlangen und Druckertreiber verwalten, und wie Sie Drucker über Gruppenrichtlinien bereitstellen.

Kapitel 8, »Einführung in Container«, stellt die Docker-Container in Windows Server 2019 vor. Sie werden fertige Container-Images herunterladen und verwenden sowie eigene erstellen.

Kapitel 9, »Internetinformationsdienste verwalten«, zeigt, wie Sie eine Vielzahl von IIS-bezogenen Aufgaben durchführen, einschließlich der Installation und Konfiguration von IIS, der Einrichtung von SSL, der Verwaltung der Verschlüsselungssuites sowie der Konfiguration des Netzwerklastenausgleichs.

Kapitel 10, »Desired State Configuration verwalten«, zeigt, wie Sie diese wichtige Funktion verwenden, um sicherzustellen, dass ein Server ordnungsgemäß eingerichtet ist und dass er auch in Zukunft entsprechend konfiguriert bleibt. Hierbei werden auch die Einrichtung eines Pullservers und das Konfigurieren von Teilkonfigurationen behandelt.

Kapitel 11, »Hyper-V verwalten«, veranschaulicht die Verwendung von Hyper-V. In diesem Kapitel erfahren Sie, wie Sie VMs mit Hyper-V erstellen und bereitstellen. Dazu gehört auch die verschachtelte Virtualisierung, bei der eine Hyper-V-VM innerhalb einer anderen Hyper-V-VM ausgeführt wird, was für eine Reihe von Einsatzszenarien nützlich ist.

Kapitel 12, »Azure verwalten«, befasst sich mit der Verwaltung von IaaS- und PaaS-Ressourcen in Azure mithilfe von PowerShell. Zum Testen der Rezepte in diesem Kapitel benötigen Sie Zugriff auf Azure. In diesem Kapitel wird beschrieben, wie Sie einen virtuellen Computer, eine Azure-Website und eine SMB3-Dateifreigabe einrichten.

Kapitel 13, »Leistung und Nutzung überwachen«, erfahren Sie, wie Sie die Leistung Ihrer Windows 2019-Server messen, überwachen und die Ergebnisse in einem Bericht darstellen. Es gibt mehrere Rezepte, die zeigen, wie Sie bestimmte Leistungsmesswerte erhalten und wie Sie aus diesen Messwerten Diagramme erstellen, die Sie für weitergehende Analysen nutzen können.

Kapitel 14, »Probleme mit Windows Server lösen«, befasst sich mit einer Reihe von Aspekten der reaktiven und proaktiven Fehlerbehebung. Dazu gehören das Abrufen von Ereignissen aus dem Ereignisprotokoll und die Verwendung des Best Practice Analyzer in Windows Server 2019.

Was brauchen Sie für dieses Buch?

Um wirklich alles aus diesem Buch herauszuholen, müssen Sie mit dem Code aus den Rezepten experimentieren. Um Fehler zu vermeiden, die sich auf Live-Server in der Produktivumgebung auswirken, sollten Sie stattdessen entweder Testhardware oder virtuelle Computer verwenden, um ein Testlabor zu erstellen, in dem Fehler keinen ernsthaften Schaden verursachen.

Dieses Buch verwendet eine Vielzahl von Servern sowie einen Windows 10-Client; alle Computer sind Mitglieder der Domäne `Reskit.Org`. Die Computer in dieser Domäne verwenden den IP-Adressblock, `10.10.10/24`, der im Abschnitt »Das Buch optimal nutzen« beschrieben wird.

Sie sollten einen Windows 10- oder Windows Server 2019-Host mit aktivierter Hardware-Virtualisierung sowie eine Virtualisierungslösung verwenden. Wenn Sie Zugriff auf eine Cloud-Computing-Plattform haben, können Sie die meisten Rezepte auf in der Cloud gehosteten virtuellen Maschinen ausführen, obwohl dies nicht von uns getestet wurde. Sie können jede Virtualisierungslösung verwenden.

Das Buch wurde mit Hyper-V sowie verschachtelter Hyper-V-Virtualisierung unter Windows 10 und Windows Server 2019 entwickelt.

Für wen ist dieses Buch?

Dieses Buch richtet sich an IT-Experten, einschließlich Systemadministratoren, Systemingenieuren, Systemarchitekten und Berater, die Windows PowerShell nutzen müssen, um ihre täglichen Aufgaben zu vereinfachen und zu automatisieren.

Das Buch optimal nutzen

Dieses Buch wurde auf der Grundlage einiger Annahmen und im Hinblick auf verschiedene mögliche Einschränkungen geschrieben. Sie sollten diesen Abschnitt lesen, um zu verstehen, wie ich dieses Buch konzipiert habe, wie ich mir seine Verwendung vorstelle und welche Annahmen ich über Sie, den Leser, mache. Dies kann Ihnen dabei helfen, das meiste aus diesem Buch herauszuholen.

Die erste Annahme, die ich beim Schreiben dieses Buches gemacht habe, ist, dass Sie die Grundlagen von PowerShell kennen. Dieses Buch ist kein PowerShell-Tutorial. Die Rezepte verwenden eine breite Palette der PowerShell-Features, einschließlich WMI, Remoting, AD usw., jedoch müssen Sie die Grundlagen von PowerShell kennen. Das Buch verwendet PowerShell, seine Syntax und die Cmdlets auf der Basis von Windows Server 2019 und Windows 10.

Die zweite, damit zusammenhängende Annahme ist, dass Sie ein angemessenes Hintergrundwissen über die Windows-Infrastruktur und die verschiedenen Technologien besitzen, einschließlich Active Directory, Netzwerk und Datenspeicher. Die Rezepte geben einen Überblick über die verschiedenen Technologien und enthalten Links zu weiterführenden Informationen. Außerdem finden Sie zahlreiche Links zu Websites, die ausführliche Informationen zu den Themen in diesem Buch enthalten.

Die Rezepte stellen die Grundlagen dar – Sie können sie übernehmen, anpassen und erweitern. Ziel der Rezepte ist, die Grundlagen der Verwaltung bestimmter Aspekte von Windows Server zu veranschaulichen. In vielen Fällen schlägt ein Rezept vor, wie Sie es für Ihre Umgebung verbessern können. Ein Rezept soll Ihnen zeigen, wie ein bestimmtes Feature funktioniert, damit Sie es für Ihre Umgebung nutzen und erweitern können.

Führen Sie die Rezepte Schritt für Schritt in der PowerShell ISE oder mit Visual Studio Code (VS Code) aus. Eine Ausnahme bilden die Rezepte in Kapitel 8 (Einführung in Container). Das Haupttool, das Sie in diesem Kapitel verwenden, `docker.exe`, wird in einer GUI (ISE oder VS Code) anders ausgeführt; daher sollten Sie diese Rezepte in der PowerShell-Konsole ausführen.

Ich habe die Rezepte in diesem Buch Schritt für Schritt erstellt und getestet (d.h., nicht das gesamte Rezept als eine einzige Skriptdatei ausgeführt). Wenn Sie das gesamte Rezept in einem einzigen Schritt ausführen, entspricht ein Teil der Bildschirmausgabe möglicherweise nicht dem, was Sie im Buch sehen, was damit zusammenhängt, wie PowerShell Objekte formatiert.

Sobald eines der Rezepte gut funktioniert, versuchen Sie, den Code des Rezepts zu refaktorieren und so Ihre eigenen, wiederverwendbaren Funktionen zu erstellen. In einigen Fällen erstellen wir einfache Funktionen, die als Leitfaden für umfangreichere Skripte dienen können, die Sie erstellen. Sobald Sie über funktionierende und nützliche Funktionen verfügen, integrieren Sie diese in Ihre persönlichen Module oder die Ihrer Organisation und verwenden Sie den Code wieder.

Wie jeder Autor weiß, ist das Schreiben von PowerShell-Skripten, die in einem Buch veröffentlicht werden, sowohl ein Layout- und Produktionsalbtraum. Um die Probleme speziell mit der maximalen Zeichenanzahl pro Zeile und Zeilenumbrüchen zu reduzieren, habe ich vielfältige Methoden verwendet, die sicherstellen, dass die Codezeilen ohne zusätzliche Umbrüche in die Seitenbreite des Buches passen. Viele Rezepte verwenden daher Hashtabellen für die Cmdlet-Parameter, um sicherzustellen, dass jede Zeile jedes Rezepts die maximale Zeichenanzahl nicht überschreitet und dass es keine unbeabsichtigten Zeilenumbrüche gibt. Ich hoffe, es gibt nicht zu viele Probleme mit dem Layout!

Viele der in diesem Buch verwendeten Cmdlets, Befehle und Objektmethoden, erzeugen eine Ausgabe, die möglicherweise nicht so hilfreich oder nützlich ist, insbesondere in einer Produktivumgebung. Einige Cmdlets erzeugen eine Ausgabe, die viele Seiten dieses Buches füllen würde, aber nur wenig Mehrwert bieten. Aus diesem Grunde verwenden viele Rezepte das Cmdlet `Out-Null`, wodurch die Ausgabe an `NULL` gesendet und somit gelöscht wird. Fühlen Sie sich frei, dies zu entfernen, wenn Sie irgendwo mehr Details sehen möchten. Außerdem habe ich die Ausgabe in vielen Fällen angepasst, um überflüssigen Leerraum zu vermeiden. Wenn Sie also ein Rezept testen, sehen Sie möglicherweise eine Ausgabe, die etwas anders aufgebaut ist, aber sie sollte die gleichen Informationen enthalten. Denken Sie schließlich daran, dass die spezifische Ausgabe, die Sie sehen, je nach Umgebung und den spezifischen Werten, die Sie in jedem Schritt verwenden, unterschiedlich sein kann.

Beim Schreiben dieses Buches habe ich eine große VM-Farm verwendet, die aus über 20 Windows 2019-Servern und Windows 10-Clients besteht. Mein Hauptentwicklungs-Host war ein gut konfiguriertes Windows 10-System (96 GB RAM, 2 × 6-Kern-Xeon-Prozessoren und schnelle SSDs). Alle in diesem Buch verwendeten Hosts sind eine Kombination aus physischer Hardware (die fast ausschließlich unter Windows 10 und einem großen Satz von VMs ausgeführt wird), wie im Rezept beschrieben.

Als Unterstützung beim Schreiben dieses Buches habe ich eine Reihe von Skripten erstellt, die die Hyper-V-VMs erstellen, die ich für die Entwicklung der Rezepte verwendet habe. Diese Skripte finden Sie unter: `https://github.com/doctordns/ReskitBuildScripts`. Dort finden Sie auch einige Details zu dem Netzwerk, das die mit diesen Skripten erstellten VMs verwenden, einschließlich Hostnamen und IP-Adressen. Der vollständige Satz von VMs nahm, nachdem ich mit dem Schreiben fertig war, rund 600 GB Speicherplatz ein. Glücklicherweise sind Datenträger heute preiswert!

PowerShell bietet eine hervorragende Funktionsabdeckung – Sie können die meisten Funktionen und Features von Windows Server 2019 mit PowerShell verwalten, aber eben nicht alle. In einigen Fällen können Sie mithilfe von CIM-Cmdlets in die Windows Management Instrumentation (WMI) eintauchen, um zu Objekteigenschaften und Methoden zu gelangen, die nicht durch Cmdlets verfügbar sind. Durch das Aufkommen von CDXML-basierten Cmdlets (Commandlet Definition XML) hat die Anzahl der Netzwerk- und anderer Cmdlets, die auf WMI basieren, zugenommen. Aber selbst dann gibt es noch eine Reihe von Stellen, an denen Sie eine Windows-Konsolenanwendung verwenden oder eine nicht verwaltete DLL aufrufen müssen. Unterm Strich bedeutet dies, dass Sie manchmal ältere Tools verwenden müssen, um bestimmte Aspekte von Windows zu verwalten, z. B. die Ereignisweiterleitung oder die Leistungsprotokollierung. Ich versuche, so etwas zu vermeiden, aber in vielen Fällen zeigt das betreffende Rezept, wie die Konsolenanwendungen in PowerShell verwendet werden.

In vielen Fällen gibt es in Windows Server keine offiziellen von Microsoft erstellten Cmdlets, die Ihnen bei der Verwaltung bestimmter Aspekte Ihrer Infrastruktur helfen könnten. Der PowerShell-Katalog (PS Gallery) sowie die großartigen Add-Ins von Drittanbietern haben dazu geführt, dass Sie eine Fülle von Funktionen finden, herunterladen und installieren können.

Der gesamte Code in diesem Buch wurde getestet; es funktionierte und tat, was es sagt (zumindest während der Schreibphase). Der Produktionsprozess ist komplex, und es ist möglich, dass sich während der Produktionsphase Codefehler einschleichen. Bei einigen der komplexeren Schritte können während der Produktion Fehler auftreten. Wenn ein Schritt für Sie fehlschlägt, wenden Sie sich bitte an den Verlag. Sie können natürlich auch im Spiceworks PowerShell-Forum posten, wenn Sie schnell nach einer Lösung suchen.

Beim Schreiben der Rezepte verwende ich die vollständigen Namen der Cmdlets und keine Aliase, außerdem sind auch die Namen der Parameter vollständig ausgeschrieben. Es werden also keine abgekürzten Parameternamen verwendet und auch auf den Einsatz von Positionsparametern verzichtet. Das macht den Code etwas länger, aber hoffentlich ist er so leichter zu lesen und zu verstehen.

Beim Schreiben dieses Buches habe ich mir vorgenommen, Inhalte zu einer Reihe von Features von Windows Server 2019 zu erstellen. Im Verlauf des Buches haben wir schnell mehrere inhaltliche Grenzen erreicht (und überschritten). Um das Buch zu veröffentlichen, war es notwendig, einige Inhalte zu entfernen, was wir nur sehr widerwillig taten. Fast jedes der Kapitel hätte leicht ein eigenes kleines Buch werden können. Um Jeffrey Snover zu paraphrasieren: *To ship is to choose*. Ich hoffe, ich habe die richtige Wahl getroffen.

Einige Rezepte in diesem Buch setzen voraus, dass andere Rezepte bereits abgeschlossen wurden. Diese miteinander zusammenhängenden Rezepte funktionierten gut, als wir sie schrieben, und funktionieren hoffentlich auch bei Ihnen.

Es gibt einen feinen, aber wichtigen Unterschied zwischen PowerShell und einem Windows-Feature. Um PowerShell zum Verwalten eines Windows-Features zu verwenden, müssen Sie das Feature selbst verstehen. Die Kapitel beschreiben kurz jedes Feature. Da der Platz begrenzt ist, kann ich nicht zu jedem Feature alle Details beschreiben. Jedoch finden Sie im Buch zahlreiche Links, die helfen, weiterführende Informationen zu finden. Und wie immer sind Bing und Google Ihre besten Freunde.

Konventionen in diesem Buch

Dieses Buch verwendet eine Reihe von typografischen Konventionen.

`Schrift mit fester Laufweite` wird für Code im Fließtext, für Namen von Datenbanktabellen, Ordnernamen, Dateinamen, Dateierweiterungen, URLs, Benutzereingaben, Namen der Server usw. verwendet. Hier ein Beispiel: »Abschließend rufen Sie die Funktion `Get-HelloWorld` auf.«

Codeblöcke werden wie folgt dargestellt:

```
$Sb = {
  Install-WindowsFeature -Name Hyper-V -IncludeManagementTools
}
Invoke-Command -ComputerName HV1, HV2 -ScriptBlock $Sb
```

Fette Schrift wird für neue Begriffe verwendet, für ein wichtiges Wort und für Wörter, die Sie beispielsweise in Menüs oder Dialogfeldern auf dem Bildschirm sehen. Hier ein Beispiel: »Wählen Sie im Aufgabenbereich **Verwaltung** den Eintrag **Systeminformation**.«

Hinweis Warnungen und wichtige Hinweise werden so dargestellt.

Um die Lesbarkeit der Bildschirmabbildungen im Buch zu verbessern, wurde die PowerShell ISE so konfiguriert, dass sie schwarzen Text auf einem hellgrauen Hintergrund verwendet.

Abschnitte und Aufbau der Rezepte

Sie finden in diesem Buch verschiedene Überschriften, die immer wieder auftauchen (*Vorbereitungen*, *So wird's gemacht*, *So funktioniert's*, *Weitere Informationen* und *Siehe auch ...*).

Um klare Anweisungen zum Vervollständigen eines Rezepts zu geben, verwenden wir diese Abschnitte wie folgt.

Überschriften der Kapitel und der Rezepte

Jedes Kapitel und jedes Rezept enthalten eine kurze Einführung in den Teil von Windows, den Sie mithilfe des Rezepts administrieren können. Ich habe versucht, die wichtigsten Punkte zu jedem Feature zusammenzufassen – aber wie immer gibt es viel mehr Details, die Sie mit Ihrer Lieblingssuchmaschine entdecken können.

Vorbereitungen

In diesem Abschnitt erfahren Sie, was Sie im Rezept erwarten können. Außerdem beschreibt er die Softwarevoraussetzungen und weitere Einstellungen, die für das Rezept erforderlich sind. Außerdem erfahren Sie hier, welche Hosts (VMs) Sie für das Rezept benötigen, und welche Dateien, Ordner und andere Ressourcen Sie brauchen, um das Rezept erfolgreich abschließen zu können.

So wird's gemacht

Dieser Abschnitt enthält die Schritte, die erforderlich sind, um dem Rezept zu folgen. Wir zeigen den PowerShell-Code, den Sie zum Ausführen der einzelnen Schritte verwenden. Mit Ausnahme des Kapitels über Container können alle Rezepte in der PowerShell ISE verwendet und ausgeführt werden. Im Kapitel über die Container sollten Sie die PowerShell-Konsole verwenden, um die einzelnen Schritte des Rezepts auszuführen.

So funktioniert's

Dieser Abschnitt enthält eine detaillierte Erklärung dessen, was im vorherigen Abschnitt passiert ist. Hier finden Sie auch die Bildschirmabbildungen, die die Ergebnisse der einzelnen Schritte des Rezepts zeigen.

Weitere Informationen

Dieser Abschnitt enthält zusätzliche Hintergrundinfos, damit Sie besser verstehen, was genau im Rezept abläuft.

Siehe auch ...

Bei einigen Rezepten enthält dieser Abschnitt Links zu weiterführenden Informationen, die Sie nützlich finden können.

Die Begleitdateien

Die Begleitdateien zur deutschen Ausgabe dieses Buches können Sie kostenlos unter `https://www.oreilly.de/buecher/13320.html` herunterladen. Diese PowerShell-Skripte sind komplett lokalisiert. Dies bedeutet, dass nicht nur die Kommentare übersetzt wurden, sondern auch der Code so angepasst wurde, dass er mit der deutschsprachigen Version von Windows Server 2019 funktioniert.

Hierfür waren an einigen Stellen Anpassungen erforderlich (beispielsweise bei der Verwendung der vordefinierten AD-Benutzerkonten und der Namen der Leistungsindikatoren). Dies betrifft insbesondere die Rezepte in Kapitel 3 und Kapitel 13. Falls Sie eine englischsprachige Version von Windows Server 2019 verwenden, können Sie die Beispieldateien der englischen Originalausgabe verwenden. Sie finden diese auf GitHub unter `https://github.com/doctordns/PowerShellCookBook2019`.

Support und Feedback

Mit Anmerkungen, Fragen oder Verbesserungsvorschlägen zu diesem Buch können Sie sich gerne an den Verlag wenden:

`kommentar@oreilly.de`

Bitte beachten Sie, dass über unsere E-Mail-Adresse kein Software-Support angeboten wird. Für Supportinformationen bezüglich der hier verwendeten Microsoft-Produkte besuchen Sie bitte die Microsoft-Website:

`https://support.microsoft.com`

Kapitel 1

PowerShell-Umgebung für die Systemverwaltung einrichten

In diesem Kapitel werden die folgenden Rezepte vorgestellt:

- **Remoteserver-Verwaltungstools auf Windows 10 und Windows Server 2019 installieren**
- **Paketverwaltung kennenlernen**
- **PowerShellGet und den PowerShell-Katalog kennenlernen**
- **Ein internes PowerShell-Repository erstellen**
- **Eine Umgebung für die Codesignierung einrichten**
- **Just Enough Administration implementieren**

Einführung

Bevor Sie Ihre Windows Server 2019-Infrastruktur verwalten können, müssen Sie eine Umgebung einrichten, in der Sie mit PowerShell administrative Aufgaben durchführen können.

Die Rezepte in diesem Kapitel beschreiben die Einrichtung einer administrativen PowerShell-Umgebung. Hierzu gehört die Installation der Werkzeuge, die Sie benötigen, die Einrichtung eines internen PowerShell-Repository und (für Unternehmen, die ein hohes Maß an Sicherheit benötigen) die Konfiguration einer Umgebung für die Codesignierung. Das Kapitel wird mit der Einrichtung von JEA (Just Enough Administration) abgeschlossen, damit auch »normale« Anwender administrative Aufgaben durchführen können (aber nur diejenigen, die dem Benutzer zugewiesen wurden).

Remoteserver-Verwaltungstools auf Windows 10 und Windows Server 2019 installieren

Damit Sie viele der Features von Windows Server 2019 verwalten können, müssen Sie die Windows **Remoteserver-Verwaltungstools** (**Remote Server Administration Tools**, **RSAT**) installieren. Diese Werkzeuge enthalten PowerShell-Module, Cmdlets und andere Objekte, mit denen Sie die zahlreichen Features, die dieses Buch beschreibt, verwalten können.

Dieses Rezept konfiguriert verschiedene Hosts: einen Domänencontroller (`DC1`), zwei Server, die Mitglied der Domäne sind (`SRV1`, `SRV2`), sowie einen Windows 10-Client (`CL1`), der ebenfalls Mitglied der Domäne ist.

Dieses Rezept versetzt Sie in die Lage, von dem Windows 10-Computer aus Ihre Windows 2019-Server remote zu verwalten. Falls es erforderlich sein sollte, können Sie auch die Remotedesktoptools verwenden, um sich auf einem Server anzumelden, und dann die administrativen Aufgaben lokal durchführen.

Vorbereitungen

Dieses Rezept geht davon aus, dass Sie die VM-Farm für dieses Buch eingerichtet haben, wie es in der Einleitung weiter vorne beschrieben ist. Dieses Rezept verwendet einen Windows Server 2019-Host, der als Domänencontroller fungiert (`DC1`), einen Windows 10-Clientcomputer (`CL1`) sowie zwei der Domäne beigetretene Server (`SRV1`, `SRV2`).

Hinweis Bitte beachten Sie, dass die Konfiguration des Domänencontrollers und die Installation von Active Directory und DNS in Kapitel 3 beschrieben werden.

Ihr Client-PC sollte entweder Windows 10 Enterprise oder Professional ausführen. Nachdem Sie das Betriebssystem installiert haben, erweitern Sie diesen PC um ein paar Merkmale, die im Verlauf dieses Buches verwendet werden. Gehen Sie dazu folgendermaßen vor:

```
#  Ausführungsrichtlinie festlegen
Set-ExecutionPolicy -ExecutionPolicy Unrestricted -Force
#  Lokalen Arbeitsordner erstellen
New-Item c:\foo -ItemType Directory -Force
#  Einfaches Profil erstellen und befüllen
New-Item $profile -Force
'# Profil wurde von Rezept erstellt' | OUT-File $profile
'# Profil für $(hostname)'           | OUT-File $profile -Append
''                                   | OUT-File $profile -Append
'#  Arbeitsordner festlegen on'      | OUT-File $profile -Append
'Set-Location -Path C:\Foo'          | OUT-File $profile -Append
''                                   | OUT-File $profile -Append
'# Alias für Get-Help festlegen'     | Out-File $Profile -Append
'Set-Alias gh get-help'              | Out-File $Profile -Append
'###  Ende des Profils'              | Out-File $Profile -Append
# Profil im Editor anzeigen
Notepad $Profile
# Hilfe aktualisieren
Update-Help -Force
```

Diese Schritte erstellen den Ordner C:\Foo, erzeugen ein PowerShell-Profil und aktualisieren die PowerShell-Hilfeinformationen. Sie können diese Schritte um andere Anpassungen erweitern, und beispielsweise Visual Studio Code (VS Code) oder andere Module von Drittanbietern hinzufügen.

So wird's gemacht

1. Rufen Sie auf CL1 alle verfügbaren PowerShell-Befehle ab:

```
$CommandsBeforeRSAT = Get-Command -Module *
$CountBeforeRSAT    = $CommandsBeforeRSAT.Count
"Auf Host: [$Env:COMPUTERNAME]"
"Verfügbare Befehle vor der Installation von RSAT: [$CountBeforeRSAT]"
```

2. Untersuchen Sie die Befehlsarten, die von Get-Command zurückgegeben werden:

```
$CommandsBeforeRSAT |
  Get-Member |
    Select-Object -ExpandProperty TypeName -Unique
```

3. Rufen Sie die Sammlung der PowerShell-Module und deren Anzahl ab, bevor Sie die RSAT-Tools hinzufügen:

```
$ModulesBeforeRSAT = Get-Module -ListAvailable
$CountOfModulesBeforeRSAT = $ModulesBeforeRSAT.count
"$CountOfModulesBeforeRSAT Module vor der Installation von RSAT vorhanden"
```

4. Ermitteln Sie die Version des Windows-Client und die Hardwareplattform:

```
$Key      = 'HKLM:\SOFTWARE\Microsoft\Windows NT\CurrentVersion'
$CliVer   = (Get-ItemProperty -Path $Key).ReleaseId
$Platform = $ENV:PROCESSOR_ARCHITECTURE
"Windows-Client-Version : $CliVer"
"Hardwareplattform       : $Platform"
```

5. Erstellen Sie eine URL der Downloaddatei. Beachten Sie, dass dieses Rezept nur für die Versionen 1709 und 1803 funktioniert:

```
$LP1 = 'https://download.microsoft.com/download/1/D/3/'+
       '1D8B5022-5477-4B9A-8104-6A71FF9D98AB/'
$Lp180364 = 'WindowsTH-RSAT_WS_1803-x64.msu'
$Lp170964 = 'WindowsTH-RSAT_WS_1709-x64.msu'
$Lp180332 = 'WindowsTH-RSAT_WS_1803-x86.msu'
$Lp170932 = 'WindowsTH-RSAT_WS_1709-x86.msu'
If     ($CliVer -eq 1803 -and $Platform -eq 'AMD64') {
  $DLPath = $Lp1 + $lp180364}
ELSEIf ($CliVer -eq 1709 -and $Platform -eq 'AMD64') {
  $DLPath = $Lp1 + $lp170964}
ElseIf ($CliVer -eq 1803 -and $Platform -eq 'X86')   {
  $DLPath = $Lp1 + $lp180332}
ElseIf ($CliVer -eq 1709 -and $platform -eq 'x86')   {
  $DLPath = $Lp1 + $lp170932}
Else {"Version $cliver - unbekannt"; return}
```

6. Zeigen Sie den Namen der Datei an, die heruntergeladen wird:

```
"RSAT-MSU-Datei, die heruntergeladen wird:"
$DLPath
```

7. Verwenden Sie BITS, um die Datei herunterzuladen:

```
$DLFile = 'C:\foo\Rsat.msu'
Start-BitsTransfer -Source $DLPath -Destination $DLFile
```

8. Prüfen Sie die Authenticode-Signatur der heruntergeladenen Datei:

```
$Authenticatefile = Get-AuthenticodeSignature $DLFile
If ($Authenticatefile.status -NE "Valid")
  {'Authenticode-Signatur ist nicht gültig'}
Else
  {'Authenticode-Signatur ist gültig'}
```

9. Installieren Sie die RSAT-Tools:

```
$WusaArguments = $DLFile + " /quiet"
'RSAT für Windows 10 werden installiert - Bitte warten...'
$Path = 'C:\Windows\System32\wusa.exe'
Start-Process -FilePath $Path -ArgumentList $WusaArguments -Wait
```

10. Nachdem die RSAT-Features installiert sind, prüfen Sie, welche Befehle auf dem Client zur Verfügung stehen:

```
CommandsAfterRSAT        = Get-Command -Module *
$COHT1 = @{
  ReferenceObject  = $CommandsBeforeRSAT
  DifferenceObject = $CommandsAfterRSAT
}
# P.S.: Dies ist recht langsam
$DiffC = Compare-Object @COHT1
"$($DiffC.count) neue Befehle mit RSAT hinzugefügt"
```

11. Prüfen Sie, wie viele Module jetzt auf CL1 verfügbar sind:

```
$ModulesAfterRSAT        = Get-Module -ListAvailable
$CountOfModulesAfterRsat = $ModulesAfterRSAT.count
$COHT2 = @{
  ReferenceObject  = $ModulesBeforeRSAT
  DifferenceObject = $ModulesAfterRSAT
}
$DiffM = Compare-Object @COHT2
"$($DiffM.count) Module durch RSAT auf CL1 hinzugefügt"
"$CountOfModulesAfterRsat Module stehen jetzt auf CL1 zur Verfügung"
```

12. Zeigen Sie die Module an, die zu CL1 hinzugefügt wurden:

```
$DiffM | Format-Table InputObject -HideTableHeaders
```

Damit sind die RSAT-Werkzeuge auf dem Client verfügbar. Jetzt fügen wir die Tools zu SRV1 hinzu und vergleichen von CL1 aus den Status auf SRV1 vor und nach der Installation mit anderen Servern.

13. Rufen Sie Details zu den Features und RSAT-Tools ab, die auf DC1, SRV1 und SRV2 verfügbar sind:

```
$FSB1 = {Get-WindowsFeature}
$FSRV1B = Invoke-Command -ComputerName SRV1 -ScriptBlock $FSB1
$FSRV2B = Invoke-Command -ComputerName SRV2 -ScriptBlock $FSB1
$FDC1B  = Invoke-Command -ComputerName DC1  -ScriptBlock $FSB1
$IFSrv1B = $FSRV1B | Where-Object installed
$IFSrv2B = $SRV2B  | Where-Object installed
```

```
$IFDC1B  = $FDC1B  | Where-Object installed
$RFSrv1B = $FeaturesSRV1B |
             Where-Object Installed |
               Where-Object Name -Match 'RSAT'
$RFSSrv2B = $FeaturesSRV2B |
             Where-Object Installed |
               Where-Object Name -Match 'RSAT'
$RFSDC1B = $FeaturesDC1B |
             Where-Object Installed |
               Where-Object Name -Match 'RSAT'
```

14. Zeigen Sie die Anzahl der auf den drei Servern installierten Features an:

```
"Status von DC1, SRV1 und SRV2 vor der Installation von RSAT"
"$($IFDC1B.count) Features installiert auf DC1"
"$($RFSDC1B.count) RSAT-Features installiert auf DC1"
"$($IFSrv1B.count) Features installiert auf SRV1"
"$($RFSrv1B.count) RSAT-Features installiert auf SRV1"
"$($IFSrv2B.count) Features installiert auf SRV2"
"$($RFSSRV2B.count) RSAT-Features installiert auf SRV2"
```

15. Installieren Sie die Remoteserver-Verwaltungstools auf SRV1:

```
$InstallSB = {
  Get-WindowsFeature -Name *RSAT* | Install-WindowsFeature
}
$I1 = Invoke-Command -ComputerName SRV1 -ScriptBlock $InstallSB
$I1
If ($I1.RestartNeeded -eq 'Yes') {
  "SRV1 wird neu gestartet"
  Restart-Computer -ComputerName SRV1 -Force -Wait -For PowerShell
}
```

16. Ermitteln Sie die jetzt auf SRV1 und SRV2 installierten Features:

```
$FSB2 = {Get-WindowsFeature}
$FSRV1A = Invoke-Command -ComputerName SRV1 -ScriptBlock $FSB2
$FSRV2A = Invoke-Command -ComputerName SRV2 -ScriptBlock $FSB2
$IFSrv1A = $FSRV1A | Where-Object Installed
$IFSrv2A = $FSRV2A | Where-Object Installed
$RSFSrv1A = $FSRV1A | Where-Object Installed |
              Where-Object Name -Match 'RSAT'
$RFSSrv2A = $FSRV2A | Where-Object Installed |
              Where-Object Name -Match 'RSAT'
```

17. Zeigen Sie die Ergebnisse an:

```
"Nach der Installation der RSAT-Tools auf SRV1:"
"$($IFSRV1A.count) Features auf SRV1 installiert"
"$($RSFSrv1A.count) RSAT-Features auf SRV1 installiert"
"$($IFSRV2A.count) Features auf SRV2 installiert"
"$($RFSSRV2A.count) RSAT-Features auf SRV2 installiert"
```

So funktioniert's

Dieses Rezept installiert die RSAT-Tools sowohl auf einem zur Domäne gehörenden Windows 10-Computer (`CL1`) als auch auf verschiedenen Windows 2019-Servern. Das Rezept zeigt außerdem die Ergebnisse der Installation an. In *Schritt 1* beginnen Sie damit, alle auf dem Windows 10-Host verfügbaren Befehle zu ermitteln und dann deren Anzahl anzuzeigen.

Abhängig davon, welche Windows 10-Version Sie verwenden und welche Tools Sie bereits dem Client hinzugefügt haben, kann sich die Anzahl, die bei Ihnen angezeigt wird, von der in der Abbildung angezeigten unterscheiden. Die Ausgabe dieses Schritts sieht wie folgt aus:

```
PS C:\foo> $CommandsBeforeRSAT = Get-Command -Module *
PS C:\foo> $CountBeforeRSAT    = $CommandsBeforeRSAT.Count
PS C:\foo> "Auf Host: [$Env:COMPUTERNAME]"
PS C:\foo> "Verfügbare Befehle vor der Installation von RSAT: [$CountBeforeRSAT]"

Auf Host: [CL1]
Verfügbare Befehle vor der Installation von RSAT: [1529] ◄────
```

Wie Sie sehen können, stehen vor der Installation der RSAT-Tools insgesamt 1.529 Befehle zur Verfügung. In *Schritt 2* untersuchen Sie die unterschiedlichen Kategorien von Befehlen, die zu dieser Gesamtanzahl führen:

```
PS C:\foo> $CommandsBeforeRSAT |
             Get-Member |
               Select-Object -ExpandProperty TypeName -Unique

System.Management.Automation.AliasInfo
System.Management.Automation.FunctionInfo
System.Management.Automation.FilterInfo
System.Management.Automation.CmdletInfo
```

Zu den PowerShell-Befehlen gehören Aliase, Funktionen, Filter und Cmdlets. Durch die Installation der RSAT-Tools nimmt die Gesamtanzahl der verfügbaren Befehle zu. In *Schritt 3* zeigen Sie die Anzahl der derzeit installierten Module an, was wie folgt aussieht:

```
PS C:\foo> $ModulesBeforeRSAT = Get-Module -ListAvailable
PS C:\foo> $CountOfModulesBeforeRSAT = $ModulesBeforeRSAT.count
PS C:\foo> "$CountOfModulesBeforeRSAT Module vor der Installation von RSAT vorhanden"

77 Module vor der Installation von RSAT vorhanden ◄────
```

In *Schritt 4* ermitteln Sie die Hardwareplattform und die Windows 10-Version. Dies sieht so aus:

```
PS C:\foo> $Key      = 'HKLM:\SOFTWARE\Microsoft\Windows NT\CurrentVersion'
PS C:\foo> $CliVer   = (Get-ItemProperty -Path $Key).ReleaseId
PS C:\foo> $Platform = $ENV:PROCESSOR_ARCHITECTURE
PS C:\foo> "Windows-Client- Version : $CliVer"
PS C:\foo> "Hardwareplattform       : $Platform"

Windows-Client-Version  : 1803  ◄────
Hardwareplattform       : AMD64 ◄────
```

In *Schritt 5* erstellen Sie eine URL, die für den Download der RSAT-Tools benötigt wird. Für die verschiedenen Hardwareplattformen (beispielsweise x86 und amd64) und für die Windows 10-Hauptversionen (1709 und 1803) existieren unterschiedliche Versionen des Installer-Pakets. In *Schritt 6* zeigen Sie die URL an, was wie folgt aussieht:

```
PS C:\foo> "RSAT-MSU-Datei, die heruntergeladen wird:"
PS C:\foo> $DLPath

RSAT-MSU-Datei, die heruntergeladen wird:
https://download.microsoft.com/download/1/D/8/1D8B5022-5477-439A-8104-6A71FF9D98AB/WindowsTH-RSAT_WS_1803-x64.msu
```

In *Schritt 7* verwenden Sie den **Background Intelligent Transfer Service (BITS)**, um die Datei herunterzuladen und unter dem Namen `C:\Foo\Rsat.msu` zu speichern. Die Übertragung der Datei erzeugt keine Ausgabe.

In *Schritt 8* überprüfen Sie die digitale Authenticode-Signatur der heruntergeladenen Datei, um sicherzustellen, dass die Datei korrekt übertragen und an der Datei keine Änderungen vorgenommen wurde. Dies sieht folgendermaßen aus:

```
PS C:\foo> $Authenticatefile = Get-AuthenticodeSignature $DLFile
PS C:\foo> If ($Authenticatefile.status -NE "Valid")
             {'Authenticode-Signatur ist nicht gültig'}
           Else
             {'Authenticode-Signatur ist gültig'}

Authenticode-Signatur ist gültig
```

In *Schritt 9* führen Sie die heruntergeladene Datei aus, die die RSAT-Werkzeuge installiert. Neben der Meldung, dass das Skript die RSAT-Tools installiert, führt PowerShell die Installation im stillen Modus durch, und daher erzeugt dieser Schritt keine weitere Ausgabe.

In *Schritt 10* stellen Sie fest, dass auf `CL1` nun 1.270 weitere Befehle zur Verfügung stehen, wie hier gezeigt:

```
PS C:\foo> $CommandsAfterRSAT = Get-Command -Module *
PS C:\foo> $COHT1 = @{
             ReferenceObject  = $CommandsBeforeRSAT
             DifferenceObject = $CommandsAfterRSAT
           }
PS C:\foo> # P.S.: Dies ist recht langsam
PS C:\foo> $DiffC = Compare-Object @COHT1
PS C:\foo> "$($DiffC.count) neue Befehle mit RSAT hinzugefügt"

1270 neue Befehle mit RSAT hinzugefügt
```

In *Schritt 11* ermitteln Sie die Anzahl der Module, die sich in den RSAT-Tools befinden und geben die Gesamtanzahl der jetzt auf `CL1` verfügbaren Module aus:

```
PS C:\foo> $ModulesAfterRSAT         = Get-Module -ListAvailable
PS C:\foo> $CountOfModulesAfterRsat = $ModulesAfterRSAT.count
PS C:\foo> $COHT2 = @{
             ReferenceObject  = $ModulesBeforeRSAT
             DifferenceObject = $ModulesAfterRSAT
           }
PS C:\foo> $DiffM = Compare-Object @COHT2
PS C:\foo> "$($DiffM.count) Module durch RSAT auf CL1 hinzugefügt"
PS C:\foo> "$CountOfModulesAfterRsat Module stehen jetzt auf CL1 zur Verfügung"

26 Module durch RSAT auf CL1 hinzugefügt
103 Module stehen jetzt auf CL1 zur Verfügung
```

In *Schritt 12* zeigen Sie die Module an, die zu `CL1` hinzugefügt wurden, was wie folgt aussieht:

```
PS C:\foo> $DiffM | Format-Table InputObject -HideTableHeaders

Name
----
ActiveDirectory
BestPractices
DFSN
DFSR
DhcpServer
DnsServer
FailoverClusters
GroupPolicy
HgsClient
IpamServer
IscsiTarget
NetLldpAgent
NetworkController
NetworkControllerDiagnostics
NetworkLoadBalancingClusters
NFS
RemoteAccess
RemoteDesktop
ServerManager
ServerManagerTasks
ShieldedVMDataFile
ShieldedVMTemplate
StorageQoS
StorageReplica
UpdateServices
```

Mit den vorhergehenden Schritten ist die Installation der RSAT-Tools auf dem Windows 10-Client abgeschlossen. In manchen Fällen wollen Sie die betreffenden Tools auf ausgewählten oder auf all Ihren Servern installieren.

Im folgenden Teil des Rezepts installieren Sie die RSAT-Tools auf dem Server `SRV1`. Danach vergleichen Sie die Tools, die auf `SRV1` installiert wurden, mit denen, die auf anderen Servern verfügbar sind (beispielsweise `DC1` und `SRV2`). In diesem Fall handelt es sich bei `DC1` um einen Domänencontroller, auf dem während der Konfiguration zusätzliche Features hinzugefügt werden. Auf der anderen Seite handelt es sich bei `SRV2` einfach nur um einen der Domäne beigetretenen Server, auf dem keine zusätzlichen Features und Tools installiert wurden.

In *Schritt 13* ermitteln Sie die Features, die auf den drei Servern verfügbar sind. Dieser Schritt erzeugt keine Ausgabe. In *Schritt 14* zeigen Sie die Anzahl der Features sowie die Anzahl der RSAT-Features auf den drei Servern an. Dies sieht wie folgt aus:

```
PS C:\foo> "Status von DC1, SRV1 und SRV2 vor der Installation von RSAT"
PS C:\foo> "$($IFDC1B.count) Features installiert auf DC1"
PS C:\foo> "$($RFSDC1B.count) RSAT-Features installiert auf DC1"
PS C:\foo> "$($IFSrv1B.count) Features installiert auf SRV1"
PS C:\foo> "$($RFSrv1B.count) RSAT-Features installiert auf SRV1"
PS C:\foo> "$($IFSrv2B.count) Features installiert auf SRV2"
PS C:\foo> "$($RFSSRV2B.count) RSAT-Features installiert auf SRV2"

Status von DC1, SRV1 und SRV2 vor der Installation von RSAT
26 Features installiert auf DC1
0 RSAT-Features installiert auf DC1

0 Features installiert auf SRV1
0 RSAT-Features installiert auf SRV1

0 Features installiert auf SRV2
0 RSAT-Features installiert auf SRV2
```

In *Schritt 15* führen Sie eine Remote-Installation der RSAT-Tools aus `SRV1` durch. Um die Installation fertigzustellen, führen Sie außerdem einen Neustart durch, falls die Installation dies erforderlich macht. Die Ausgabe sieht wie folgt aus:

```
PS C:\foo> $InstallSB = {
             Get-WindowsFeature -Name *RSAT* | Install-WindowsFeature
           }
PS C:\foo> $I1 = Invoke-Command -ComputerName SRV1 -ScriptBlock $InstallSB
PS C:\foo> $I1
PS C:\foo> If ($I1.RestartNeeded -eq 'Yes') {
             "SRV1 wird neu gestartet"
              Restart-Computer -ComputerName SRV1 -Force -Wait -For PowerShell
           }

WARNUNG: Sie müssen den Server neu starten, um den Installationsprozess abzuschließen.

PSComputerName : SRV1
RunspaceId     : ef947f0a-a7c2-42ea-9856-c4fb90076ad1
Success        : True
RestartNeeded  : Yes
FeatureResult  : {BitLocker-Laufwerkverschlüsselung, RAS-Verbindungs-Manager-Verwaltungskit (CMAK), Erweitertes Speichern, Gruppenrichtlinienverwaltung...}
ExitCode       : SuccessRestartRequired

SRV1 wird neu gestartet
```

In *Schritt 16* ermitteln Sie die Anzahl der Features, die nun auf jedem der drei Server verfügbar sind, was keine Ausgabe erzeugt. *In Schritt 17* zeigen Sie die Ergebnisse an:

```
PS C:\foo> "Nach der Installation der RSAT-Tools auf SRV1 und SRV2:"
PS C:\foo> "$($IFSRV1A.count) Features auf SRV1 installiert"
PS C:\foo> "$($RSFSrv1A.count) RSAT-Features auf SRV1 installiert"
PS C:\foo> "$($IFSRV2A.count) Features auf SRV2 installiert"
PS C:\foo> "$($RFSSRV2A.count) RSAT-Features auf SRV1 installiert"

Nach der Installation der RSAT-Tools auf SRV1 und SRV2:
133 Features auf SRV1 installiert
47 RSAT-Features auf SRV1 installiert
0 Features auf SRV2 installiert
0 RSAT-Features auf SRV1 installiert
```

Weitere Informationen

In *Schritt 1* sehen Sie, dass auf `CL1` insgesamt 1.529 Befehle geladen sind, während *Schritt 4* zeigt, dass Ihr System 77 Module aufweist. Die meisten der PowerShell-Befehle befinden sich in Modulen, obwohl es auch ältere PowerShell-Snap-Ins gibt, die ebenfalls Cmdlets enthalten. Falls Sie einen Befehl verwenden wollen, der sich in einem Snap-In befindet, müssen Sie das Snap-In explizit mit `Add-PSSnapin` laden. PowerShell kann nur Befehle, die sich in Modulen befinden, automatisch laden.

In *Schritt 4* und *Schritt 5* stellen Sie eine URL zusammen, über die die RSAT-Tools heruntergeladen werden können, und zeigen die URL an. Diese Schritte des Rezepts funktionieren für zwei Windows 10-Hauptversionen und für zwei Hardwareplattformen. Die URLs und die verfügbaren Windows 10-Versionen können sich geändert haben, während Sie diese Zeilen lesen. Außerdem kümmert sich dieses Rezept nur um die Windows 10-Versionen 1709 und 1803. Die Dateien für frühere Versionen stehen nicht auf die gleiche Weise zur Verfügung wie für diese beiden Versionen. Für neuere Versionen als 1803 kann es sein, dass der Mechanismus erneut geändert wurde.

In *Schritt 15* zeigen Sie die Ergebnisse an, nachdem zu `SRV1` Features hinzugefügt wurden. Die Ausgabe würde anders aussehen, wenn die Formatierung auf dem Server vorgenommen werden würde. Auf dem Server ist PowerShell in der Lage, XML anzuzeigen, das angibt, wie die Ausgabe der Cmdlets `WindowsFeature` formatiert werden soll. Windows 10 zeigt kein XML an und daher erfolgt die Ausgabe in diesem Schritt in Form einer Liste.

Paketverwaltung kennenlernen

Das PowerShell-Modul `PackageManagement` implementiert eine Anbieterschnittstelle, die von Verwaltungssystemen für Softwarepakete verwendet wird. Sie können die Cmdlets, die sich im Modul `PackageManagement` befinden, verwenden, um unterschiedliche Package-Management-Systeme zu nutzen. Sie können sich dieses Modul wie ein API für die verschiedenen Provider für die Paketverwaltung, wie beispielsweise `PowerShellGet` vorstellen, das im Rezept »PowerShellGet und den PowerShell-Katalog kennenlernen« auf Seite 41 vorgestellt wird.

Die Hauptaufgabe des Moduls `PackageManagement` besteht darin, den Satz von Software-Repositorys zu verwalten, in denen Tools zur Paketverwaltung nach Paketen suchen, diese abrufen und installieren sowie wieder entfernen können. Das Modul ermöglicht es Ihnen, in ganz unterschiedlichen Quellen nach Softwarepaketen zu forschen und diese zu nutzen (wobei die Qualität der veröffentlichten Pakete stark variiert).

Dieses Rezept untersucht das PackageManagement-Modul auf `SRV1`.

Vorbereitungen

Dieses Rezept verwendet `SRV1`, einen Mitgliedsserver einer Domäne, den Sie im Rezept »Remoteserver-Verwaltungstools auf Windows 10 und Windows Server 2019 installieren« auf Seite 30 bereits teilweise konfiguriert haben.

So wird's gemacht

1. Zeigen Sie die Cmdlets an, die sich im Modul `PackageManagement` befinden:

```
Get-Command -Module PackageManagement
```

2. Verwenden Sie `Get-PackageProvider`, um die installierten Provider anzuzeigen:

```
Get-PackageProvider |
  Format-Table -Property Name,
                         Version,
                         SupportedFileExtensions,
                         FromtrustedSource
```

3. Zeigen Sie die Details der Pakete des Typs MSU (hierbei handelt es sich um Microsoft Updates, die von Windows Update heruntergeladen wurden) auf SRV1 an:

```
Get-Package -ProviderName 'msu' |
  Select-Object -ExpandProperty Name
```

4. Rufen Sie Details zum Provider NuGet ab, der Zugriff auf Pakete der Entwicklerbibliothek bereitstellt. Dieser Schritt lädt außerdem den NuGet-Provider, falls er noch nicht installiert ist.

```
Get-PackageProvider -Name NuGet -ForceBootstrap
```

5. Zeigen Sie die anderen Package-Provider an, die auf SRV1 zur Verfügung stehen:

```
Find-PackageProvider |
  Select-Object -Property Name,Summary |
    Format-Table -Wrap -AutoSize
```

6. Chocolatey ist ein beliebtes Repository für Windows-Administratoren und Power-User. Sie müssen den Provider installieren, bevor Sie das Repository verwenden können. Dies geht so:

```
Install-PackageProvider -Name Chocolatey -Force
```

7. Überprüfen Sie, ob der Provider Chocolatey jetzt verfügbar ist.

```
Get-PackageProvider | Select-Object -Property Name,Version
```

8. Zeigen Sie die Packages an, die derzeit in Chocolatey zur Verfügung stehen:

```
$Packages = Find-Package -ProviderName Chocolatey
"$($Packages.Count) Pakete auf Chocolatey verfügbar"
```

So funktioniert's

In *Schritt 1* untersuchen Sie, welche Cmdlets sich im Modul PackageManagement befinden, was wie folgt aussieht:

```
PS C:\foo> Get-Command -Module PackageManagement

CommandType     Name                          Version    Source
-----------     ----                          -------    ------
Cmdlet          Find-Package                  1.0.0.1    PackageManagement
Cmdlet          Find-PackageProvider          1.0.0.1    PackageManagement
Cmdlet          Get-Package                   1.0.0.1    PackageManagement
Cmdlet          Get-PackageProvider           1.0.0.1    PackageManagement
Cmdlet          Get-PackageSource             1.0.0.1    PackageManagement
Cmdlet          Import-PackageProvider        1.0.0.1    PackageManagement
Cmdlet          Install-Package               1.0.0.1    PackageManagement
Cmdlet          Install-PackageProvider       1.0.0.1    PackageManagement
Cmdlet          Register-PackageSource        1.0.0.1    PackageManagement
Cmdlet          Save-Package                  1.0.0.1    PackageManagement
Cmdlet          Set-PackageSource             1.0.0.1    PackageManagement
Cmdlet          Uninstall-Package             1.0.0.1    PackageManagement
Cmdlet          Unregister-PackageSource      1.0.0.1    PackageManagement
```

In *Schritt 2* zeigen Sie die Package-Provider an, die standardmäßig in Windows Server 2019 installiert sind. Dies sieht so aus:

```
C:\foo> Get-PackageProvider |
        Format-Table -Property Name,
                    Version,
                    SupportedFileExtensions,
                    FromtrustedSource


Name          Version SupportedFileExtensions FromTrustedSource
----          ------- ----------------------- -----------------
msi           3.0.0.0 {msi, msp}                          False
msu           3.0.0.0 {msu}                               False
PowerShellGet 1.0.0.1 {}                                  False
Programs      3.0.0.0 {}
```

In *Schritt 3* zeigen Sie die Installationspakete an, die vom `msu`-Provider heruntergeladen wurden. In diesem Beispiel werden nur zwei Updates angezeigt; bei Ihnen können es jedoch mehr sein. So sieht die Ausgabe aus:

```
PS C:\foo> Get-Package -ProviderName 'msu' |
          Select-Object -ExpandProperty Name

Windows-Tool zum Entfernen bösartiger Software x64 - Juli 2019 (KB890830)
Definitionsupdate für Windows Defender Antivirus - KB2267602 (Definition 1.297.795.0)
```

In *Schritt 4* lassen Sie Details zum `NuGet`-Provider anzeigen. Falls dieser Provider noch nicht vorhanden ist, führt die Verwendung des Parameters `-ForceBootstrap` dazu, dass der Provider ohne weitere Rückfrage installiert wird:

```
PS C:\foo> Get-PackageProvider -Name NuGet -ForceBootstrap

Name     Version          DynamicOptions
----     -------          --------------
NuGet    2.8.5.208        Destination, ExcludeVersion, Scope, SkipDependencies, Headers, FilterOn...
```

In *Schritt 5* suchen Sie nach zusätzlichen Package-Providern:

```
PS C:\foo> Find-PackageProvider |
             Select-Object -Property Name,Summary |
               Format-Table -Wrap -AutoSize

Name                       Summary
----                       -------
nuget                      NuGet provider for the OneGet meta-package manager
psl                        psl provider for the OneGet meta-package manager
chocolatey                 ChocolateyPrototype provider for the OneGet meta-package manager
PowerShellGet              PowerShell module with commands for discovering, installing, updating and publishing the
                           PowerShell artifacts like Modules, DSC Resources, Role Capabilities and Scripts.
DockerProvider             PowerShell module with commands for discovering, installing, and updating Docker images.
DockerMsftProvider         PowerShell module with commands for discovering, installing, and updating Docker images.
ContainerImage             This is a PackageManagement provider module which helps in discovering, downloading and
                           installing Windows Container OS images.
                           For more details and examples refer to our project site at
                           https://github.com/PowerShell/ContainerProvider.
ChocolateyGet              An PowerShell OneGet provider that discovers packages from https://www.chocolatey.org.
GitLabProvider             GitLab PackageManagement provider
NanoServerPackage          A PackageManagement provider to  Discover, Save and Install Nano Server Packages on-demand
DockerMsftProviderInsider PowerShell module with commands for discovering, installing, and updating Docker images.
GistProvider               Gist-as-a-Package - PackageManagement  PowerShell Provider to interop with Github Gists
GitHubProvider             GitHub-as-a-Package - PackageManagement PowerShell Provider to interop with Github
TSDProvider                PowerShell PackageManager provider to search & install TypeScript definition files from
                           the community DefinitelyTyped repo
0install                   OneGet Package Provider for Zero Install
OfficeProvider             OfficeProvider allows users to install Microsoft Office365 ProPlus from Powershell.
AppxGet                    Powershell Package Management (OneGet) Provider for AppX packages.
MyAlbum                    MyAlbum provider discovers the photos in your remote file repository and installs them to
                           your local folder.
WSAProvider                Provider to Discover, Install and inventory windows server apps
ChocoOneGet                OneGet provider for Chocolatey
Pacman-Provider            Pacman provider enables installation of pacman packages using OneGet
```

In *Schritt 6* installieren Sie den Package-Provider `Chocolatey`, was folgendermaßen aussieht:

```
PS C:\foo> Install-PackageProvider -Name Chocolatey -Force

Name            Version         Source          Summary
----            -------         ------          -------
chocolatey      2.8.5.130       https://onege... ChocolateyPrototype provider for the OneGet meta...
```

In *Schritt 7* untersuchen Sie die Liste der Package-Provider, die jetzt verfügbar sind, um zu überprüfen, ob der `Chocolatey`-Provider jetzt verfügbar ist, was wie folgt aussieht:

```
PS C:\foo> Get-PackageProvider | Select-Object -Property Name,Version

Name          Version
----          -------
Chocolatey    2.8.5.130 ◄────
msi           3.0.0.0
msu           3.0.0.0
NuGet         2.8.5.208
PowerShellGet 1.0.0.1
Programs      3.0.0.0
```

In *Schritt 8* ermitteln Sie die Anzahl der Pakete, die auf `Chocolatey` zum Download zur Verfügung stehen:

```
PS C:\foo> $Packages = Find-Package -ProviderName Chocolatey
PS C:\foo> "$($Packages.Count) Pakete auf Chocolatey verfügbar"

6783 Pakete auf Chocolatey verfügbar ◄────
```

Weitere Informationen

In *Schritt 6* haben Sie den Package-Provider `Chocolatey` installiert. Wenn Sie ausführliche Details dazu sehen wollen, was das Cmdlet `Install-PackageProvider` macht, geben Sie in diesem Schritt den Parameter `-Verbose` an.

PowerShellGet und den PowerShell-Katalog kennenlernen

`PowerShellGet` ist ein Modul, das es Ihnen erlaubt, externe Repositorys zu verwenden. Ein Repository ist eine Site, die sich entweder im Internet oder im lokalen Netz befindet, und in dem sich Softwarepakete befinden. Sie können die Cmdlets in diesem Modul verwenden, um auf ein oder mehrere Repositorys zuzugreifen, mit denen Sie in einem Repository nach Paketen von Drittanbietern suchen und die gewünschten Pakete herunterladen und dann verwenden können.

`PowerShellGet` nutzt vor allem das Repository `PSGallery`, auch PowerShell-Katalog genannt. Dieses Repository (oft mit **Repo** abgekürzt), wird von Microsoft gesponsert und enthält eine Fülle nützlicher PowerShell-Funktionalität, einschließlich PowerShell-Modulen, DSC-Ressourcen, PowerShell-Skripte usw. In zahlreichen Rezepten dieses Buches werden Ressourcen aus der PSGallery verwendet.

In gewisser Hinsicht ähnelt das Modul `PowerShellGet` vergleichbaren Tools aus der Linux-Welt, wie beispielsweise **apt-get** in Ubuntu oder **RPM** in Red Hat Linux.

Das PowerShellGet-Modul implementiert eine Reihe weiterer *-Module-Cmdlets, die die Cmdlets erweitern, die zur Modulverwaltung im Modul Microsoft.PowerShell.Core zur Verfügung stehen.

Es ist einfach und problemlos, auf PSGallery Module zu finden und von dort zu installieren. In bestimmten Fällen wollen Sie das Modul in einen eigenen Ordner herunterladen. Dadurch ist es Ihnen möglich, das Modul zu untersuchen sowie es manuell zu laden, bevor Sie es in einem Ordner in $env:PSModulePath ablegen (von dem aus Module automatisch geladen werden).

Vorbereitungen

Dieses Rezept wird auf dem Server SRV1 ausgeführt. Es setzt voraus, dass Sie die vorhergehenden Rezepte aus diesem Kapitel ausgeführt haben. Insbesondere sollten Sie die aktuellste Version des Package-Providers NuGet-Package auf Ihrem System installiert haben. Falls Sie es noch nicht getan haben, können Sie mit folgendem Befehl sicherstellen, dass dieser Provider installiert ist:

```
Install-PackageProvider -Name NuGet -ForceBootstrap
```

So wird's gemacht

1. Zeigen Sie eine Liste der Befehle an, die das Modul PowerShellGet bereithält:

   ```
   Get-Command -Module PowerShellGet
   ```

2. Zeigen Sie die Versionsnummer des Package-Providers NuGet an:

   ```
   Get-PackageProvider -Name NuGet |
     Select-Object -Property Version
   ```

3. Zeigen Sie die aktuelle Version von PowerShellGet an:

   ```
   Get-Module -Name PowerShellGet -ListAvailable
   ```

4. Installieren Sie das PowerShellGet-Modul von PSGallery:

   ```
   Install-Module -Name PowerShellGet -Force
   ```

5. Überprüfen Sie die Version von PowerShellGet:

   ```
   Get-Module -Name PowerShellGet -ListAvailable
   ```

6. Zeigen Sie die Standard-Repositorys auf PSGallery an, die derzeit für PowerShell zur Verfügung stehen:

   ```
   Get-PSRepository
   ```

7. Lassen Sie die Package-Provider im Repository PSGallery anzeigen:

   ```
   Find-PackageProvider -Source PSGallery |
     Select-Object -Property Name, Summary |
       Format-Table -Wrap -autosize
   ```

8. Verwenden Sie das Cmdlet Get-Command, um die Find-*-Cmdlets im Modul PowerShellGet zu suchen:

   ```
   Get-Command -Module PowerShellGet -Verb Find
   ```

9. Ermitteln Sie die Befehle im Modul PowerShellGet:

   ```
   $Commands = Find-Command -Module PowerShellGet
   $CommandCount = $Commands.Count
   ```

10. Ermitteln Sie die enthaltenen Module:

```
$Modules = Find-Module -Name *
$ModuleCount = $Modules.Count
```

11. Ermitteln Sie die DSC-Ressourcen, die im Repository `PSGallery` verfügbar sind:

```
$DSCResources = Find-DSCResource
$DSCResourcesCount = $DSCResources.Count
```

12. Zeigen Sie die Ergebnisse an:

```
"$CommandCount Befehle in PowerShellGet verfügbar"
"$DSCResourcesCount DSC-Ressourcen im PowerShell-Katalog verfügbar"
"$ModuleCount Module im PowerShell-Katalog verfügbar"
```

13. Installieren Sie das Modul `TreeSize`. Da es sich um ein öffentliches Repository handelt, wird es von Windows standardmäßig nicht als vertrauenswürdig eingestuft. Daher müssen Sie der Installation manuell zustimmen oder `-Force` verwenden:

```
Install-Module -Name TreeSize -Force
```

14. Schauen Sie sich die Befehle im Modul an und führen Sie einen Test durch:

```
Get-Command -Module TreeSize
Get-Help Get-TreeSize
Get-TreeSize -Path C:\Windows\System32\Drivers -Depth 1
```

15. Deinstallieren Sie das Modul:

```
Uninstall-Module -Name TreeSize
```

16. Um das Modul vor der Installation zu inspizieren, erstellen Sie zuerst einen Ordner für den Download:

```
$NIHT = @{
  ItemType = 'Directory'
  Path = "$env:HOMEDRIVE\DownloadedModules"
}
New-Item @NIHT
```

17. Speichern Sie das Modul in diesem Ordner ab:

```
$Path = "$env:HOMEDRIVE\DownloadedModules"
Save-Module -Name TreeSize -Path $Path
Get-ChildItem -Path $Path -Recurse | format-Table Fullname
```

18. Um das heruntergeladene Modul `TreeSize` zu testen, importieren Sie es:

```
$ModuleFolder = "$env:HOMEDRIVE\downloadedModules\TreeSize"
Get-ChildItem -Path $ModuleFolder -Filter *.psm1 -Recurse |
  Select-Object -ExpandProperty FullName -First 1 |
    Import-Module -Verbose
```

So funktioniert's

Dieses Rezept verwendet die Cmdlets im Modul `PowerShellGet`, um zu demonstrieren, wie Sie von der öffentlichen Website PSGallery (`https://www.powershellgallery.com`) Module und andere PowerShell-Ressourcen abrufen und einsetzen können.

In *Schritt 1* lassen Sie die Befehle anzeigen, die das Modul PowerShellGet enthält, was so aussieht:

```
PS C:\foo> Get-Command -Module PowerShellGet

CommandType     Name                       Version    Source
-----------     ----                       -------    ------
Function        Find-Command               1.0.0.1    PowerShellGet
Function        Find-DscResource           1.0.0.1    PowerShellGet
Function        Find-Module                1.0.0.1    PowerShellGet
Function        Find-RoleCapability        1.0.0.1    PowerShellGet
Function        Find-Script                1.0.0.1    PowerShellGet
Function        Get-InstalledModule        1.0.0.1    PowerShellGet
Function        Get-InstalledScript        1.0.0.1    PowerShellGet
Function        Get-PSRepository           1.0.0.1    PowerShellGet
Function        Install-Module             1.0.0.1    PowerShellGet
Function        Install-Script             1.0.0.1    PowerShellGet
Function        New-ScriptFileInfo         1.0.0.1    PowerShellGet
Function        Publish-Module             1.0.0.1    PowerShellGet
Function        Publish-Script             1.0.0.1    PowerShellGet
Function        Register-PSRepository      1.0.0.1    PowerShellGet
Function        Save-Module                1.0.0.1    PowerShellGet
Function        Save-Script                1.0.0.1    PowerShellGet
Function        Set-PSRepository           1.0.0.1    PowerShellGet
Function        Test-ScriptFileInfo        1.0.0.1    PowerShellGet
Function        Uninstall-Module           1.0.0.1    PowerShellGet
Function        Uninstall-Script           1.0.0.1    PowerShellGet
Function        Unregister-PSRepository    1.0.0.1    PowerShellGet
Function        Update-Module              1.0.0.1    PowerShellGet
Function        Update-ModuleManifest      1.0.0.1    PowerShellGet
Function        Update-Script              1.0.0.1    PowerShellGet
Function        Update-ScriptFileInfo      1.0.0.1    PowerShellGet
```

Da der Package-Provider NuGet benötigt wird, um auf den PowerShell-Katalog zuzugreifen, muss dieser Provider geladen sein. In *Schritt 2* überprüfen Sie die Versionsnummer dieses Providers, was wie folgt aussieht:

```
PS C:\foo> Get-PackageProvider -Name NuGet |
              Select-Object -Property Version

Version
-------
2.8.5.208
```

PowerShellGet benötigt den NuGet-Provider ab Version 2.8.5.201, damit es mit auf NuGet basierenden Repositorys, einschließlich PSGallery, interagieren kann. In diesem Beispiel ist eine aktuellere Version des NuGet-Providers installiert.

In *Schritt 3* prüfen Sie, welche Version von PowerShellGet derzeit auf SRV1 installiert ist, was wie folgt aussieht:

```
PS C:\foo> Get-Module -Name PowerShellGet -ListAvailable

    Verzeichnis: C:\Program Files (x86)\WindowsPowerShell\Modules

ModuleType Version    Name                ExportedCommands
---------- -------    ----                ----------------
Script     1.0.0.1    PowerShellGet       {Install-Module, Find-Module, Save-Module, Update-Module...}
```

In *Schritt 4* installieren Sie die aktuellste Version des `PowerShellGet`-Moduls von `PSGallery`, was keine Ausgabe erzeugt. In *Schritt 5* lassen Sie die Versionen von `PowerShellGet` anzeigen, die nun auf `SRV1` verfügbar sind:

```
PS C:\foo> Get-Module -Name PowerShellGet -ListAvailable

    Verzeichnis: C:\Program Files (x86)\WindowsPowerShell\Modules

ModuleType Version    Name                ExportedCommands
---------- -------    ----                ----------------
Script     2.2        PowerShellGet       {Find-Command, Find-DSCResource, Find-Module, Find-RoleCapabilit...
Script     1.0.0.1    PowerShellGet       {Install-Module, Find-Module, Save-Module, Update-Module...}
```

In *Schritt 6* lassen Sie die Repositorys anzeigen, die PowerShell (bis jetzt) kennt:

```
PS C:\foo> Get-PSRepository

Name                      InstallationPolicy   SourceLocation
----                      ------------------   --------------
PSGallery                 Untrusted            https://www.powershellgallery.com/api/v2
```

In *Schritt 7* untersuchen Sie weitere Provider, die sich in `PSGallery` befinden und die Sie bei Bedarf herunterladen und verwenden können:

```
PS C:\foo> Find-PackageProvider -Source PSGallery |
    Select-Object -Property Name, Summary |
        Format-Table -Wrap -autosize

Name                       Summary
----                       -------
PowerShellGet              PowerShell module with commands for discovering, installing, updating and publishing the
                           PowerShell artifacts like Modules, DSC Resources, Role Capabilities and Scripts.
ChocolateyGet              An PowerShell OneGet provider that discovers packages from https://www.chocolatey.org.
DockerProvider             PowerShell module with commands for discovering, installing, and updating Docker images.
ContainerImage             This is a PackageManagement provider module which helps in discovering, downloading and installing
                           Windows Container OS images.
                           For more details and examples refer to our project site at
                           https://github.com/PowerShell/ContainerProvider.
DockerMsftProvider         PowerShell module with commands for discovering, installing, and updating Docker images.
NanoServerPackage          A PackageManagement provider to  Discover, Save and Install Nano Server Packages on-demand
GitLabProvider             GitLab PackageManagement provider
DockerMsftProviderInsider PowerShell module with commands for discovering, installing, and updating Docker images.
GistProvider               Gist-as-a-Package - PackageManagement  PowerShell Provider to interop with Github Gists
GitHubProvider             GitHub-as-a-Package - PackageManagement PowerShell Provider to interop with Github
TSDProvider                PowerShell PackageManager provider to search & install TypeScript definition files from the
                           community DefinitelyTyped repo
0install                   OneGet Package Provider for Zero Install
OfficeProvider             OfficeProvider allows users to install Microsoft Office365 ProPlus from Powershell.
AppxGet                    Powershell Package Management (OneGet) Provider for AppX packages.
MyAlbum                    MyAlbum provider discovers the photos in your remote file repository and installs them to your
                           local folder.
WSAProvider                Provider to Discover, Install and inventory windows server apps
ChocoOneGet                OneGet provider for Chocolatey
Pacman-Provider            Pacman provider enables installation of pacman packages using OneGet
```

Um einige der Dinge zu entdecken, die Sie mit `PowerShellGet` finden können, rufen Sie in *Schritt 8* die Befehle im Modul ab, die das Verb `Find` verwenden:

```
PS C:\foo> Get-Command -Module PowerShellGet -Verb Find

CommandType     Name                       Version    Source
-----------     ----                       -------    ------
Function        Find-Command               2.2        PowerShellGet
Function        Find-DscResource           2.2        PowerShellGet
Function        Find-Module                2.2        PowerShellGet
Function        Find-RoleCapability        2.2        PowerShellGet
Function        Find-Script                2.2        PowerShellGet
```

Es gibt eine Vielzahl von Ressourcen, die Sie von `PSGallery` abrufen können. In *Schritt 9*, *Schritt 10* und *Schritt 11* ermitteln Sie die Befehle, Module und DSC-Ressourcen, die sich in `PSGallery` befinden. Diese Schritte erzeugen keine Ausgabe. In *Schritt 12* geben Sie die ermittelte Anzahl aus, was folgendermaßen aussieht:

```
PS C:\foo> "$CommandCount Befehle in PowerShellGet verfügbar"
           "$DSCResourcesCount DSC-Ressourcen im PowerShell-Katalog verfügbar"
           "$ModuleCount Module im PowerShell-Katalog verfügbar"

26 Befehle in PowerShellGet verfügbar
1525 DSC-Ressourcen im PowerShell-Katalog verfügbar
4130 Module im PowerShell-Katalog verfügbar
```

In *Schritt 13* installieren Sie von `PSGallery` das Modul `TreeSize`, was keine Ausgabe erzeugt. In *Schritt 14* sehen Sie sich die Befehle an, die das Modul enthält (es existiert nur ein Befehl). Anschließend führen Sie den Befehl aus, was wie folgt aussieht:

```
PS C:\foo> Get-Command -Module TreeSize

CommandType     Name                                  Version    Source
-----------     ----                                  -------    ------
Function        Get-TreeSize                          2.0        TreeSize

PS C:\foo> Get-TreeSize -Path C:\Windows\System32\Drivers -Depth 1

      ├─ Drivers\      3496090
         ├─ de-DE\     25088
         ├─ en-US\     0
         ├─ UMDF\      0
            ├─ en-US\  0
```

In *Schritt 15* entfernen Sie das Modul; dieser Schritt erzeugt keine Bildschirmausgabe.

In bestimmten Fällen möchten Sie das Modul möglicherweise in einen eigenen Ordner herunterladen. So können Sie das Modul testen, bevor Sie es formal installieren. In *Schritt 16* erstellen Sie einen Ordner in Ihrem Benutzerverzeichnis, was keine Ausgabe erzeugt. Anschließend speichern Sie in *Schritt 17* das Modul in diesem Ordner ab und schauen sich an, welche Dateien sich in dem Ordner mit den heruntergeladenen Dateien befinden. Dies sieht folgendermaßen aus:

```
PS C:\foo> $Path = "$env:HOMEDRIVE\DownloadedModules"
PS C:\foo> Save-Module -Name TreeSize -Path $Path
PS C:\foo> Get-ChildItem -Path $Path -Recurse | format-Table Fullname

FullName
--------
C:\DownloadedModules\TreeSize
C:\DownloadedModules\TreeSize\2.0
C:\DownloadedModules\TreeSize\2.0\ReadMe.md
C:\DownloadedModules\TreeSize\2.0\TreeSize.Format.ps1xml
C:\DownloadedModules\TreeSize\2.0\TreeSize.psd1
C:\DownloadedModules\TreeSize\2.0\TreeSize.psm1
```

In *Schritt 18* laden Sie das Modul aus dem Download-Ordner. Wenn Sie den Parameter `-Verbose` verwenden, können Sie sehen, was `Import-Module` genau macht. Die Ausgabe sieht folgendermaßen aus:

```
PS C:\foo> $ModuleFolder = "$env:HOMEDRIVE\downloadedModules\TreeSize"
PS C:\foo> Get-ChildItem -Path $ModuleFolder -Filter *.psm1 -Recurse |
             Select-Object -ExpandProperty FullName -First 1 |
               Import-Module -Verbose

AUSFÜHRLICH: Modul wird aus Pfad "C:\downloadedModules\TreeSize\2.0\TreeSize.psm1" geladen.
AUSFÜHRLICH: Exportfunktion "Get-TreeSize".
AUSFÜHRLICH: Exportieren des Alias "TreeSize".
AUSFÜHRLICH: Funktion "Get-TreeSize" wird importiert.
AUSFÜHRLICH: Alias "TreeSize" wird importiert.
```

Nachdem Sie das Modul importiert haben, können Sie entweder die Funktion `Get-TreeSize` oder deren Alias `TreeSize` verwenden.

Weitere Informationen

In *Schritt 3* ermitteln Sie, dass auf dem Host die Version 1.0.0.1 des `PowerShellGet`-Moduls installiert ist. Dies ist die Version, die mit Windows 10 ausgeliefert wird. Nach der anfänglichen Veröffentlichung von Windows 10 wurde `PowerShellGet` zu einem quelloffenen Projekt, das von der Entwickler-Community weiterentwickelt wird und sich auf GitHub befindet. Die jeweils aktuelle Version des Moduls steht auf GitHub oder über `PSGallery` zur Verfügung, wobei die Verwendung von `PSGallery` vermutlich für die meisten IT-Profis einfacher ist. Weitere Informationen finden Sie auf der GitHub-Website: `https://github.com/PowerShell/PowerShellGet`.

In *Schritt 4* laden Sie die aktuellste Version des Moduls `PowerShellGet` auf Ihr System und sehen in *Schritt 5*, dass nun zwei Versionen installiert sind. PowerShell verwendet standardmäßig die neue Version, es sei denn, Sie geben vor der Verwendung der Befehle des Moduls explizit an, dass eine frühere Version geladen werden soll.

In diesem Rezept haben Sie das Modul `TreeSize` heruntergeladen, verwendet und wieder entfernt. Dies ist nur eines von Tausenden Modulen, die Sie kostenlos herunterladen und nutzen können. Zu anderen beliebten Modulen im PowerShell-Katalog gehören u. a. die folgenden:

- Azure-Module (einschließlich `MSOnline`): Azure stellt eine große Anzahl kleinerer Module bereit; die meisten hiervon werden oft heruntergeladen (siehe auch Kapitel 12).
- `PowerShellGet` und `PackageManagement`
- `PSWindowsUpdate`
- `PSSlack`
- `IISAdministration`
- `SQLServer`
- `CredentialManager`
- `Posh-SSH`

Siehe auch …

Für die meisten IT-Profis ist `PSGallery` der bevorzugte Ort, um nützliche Module zu erhalten und um zu vermeiden, dass sie das Rad neu erfinden müssen. Vielleicht haben auch Sie ein besonders nützliches Modul (oder ein Skript oder eine DSC-Ressource) entwickelt und wollen es im PowerShell-Katalog veröffentlichen, um es anderen zur Verfügung zu stellen.

Unter `https://docs.microsoft.com/de-de/powershell/gallery/concepts/publishing-guidelines` finden Sie Richtlinien zur Veröffentlichung im PowerShell-Katalog. Sie sollten bei der Entwicklung Ihrer Skripte erwägen, die auf dieser Seite aufgeführten bewährten Methoden zu implementieren.

Ein internes PowerShell-Repository erstellen

Öffentliche Kataloge wie beispielsweise `PSGallery` sind hervorragende Quellen für interessante und nützliche Module. Sie können jedoch auch Ihre eigenen PowerShell-Repositorys erstellen, und diese entweder selbst oder im Rahmen Ihrer Organisation nutzen.

Es gibt unterschiedliche Verfahren, um ein internes Repository einzurichten. Sie können hierfür beispielsweise Tools von Drittanbietern verwenden, wie ProGet von Inedo (siehe `https://inedo.com` für weitere Informationen). Der einfachste Weg ist, eine SMB-Dateifreigabe zu erstellen und dann den Befehl `Register-PSRepository` zu verwenden, um das Repository einzurichten. Nach der Einrichtung können Sie den Befehl `Publish-Module` verwenden, um Module in das neue Repository hochzuladen, und dann das Repository verwenden, um in Ihrer Organisation Module zu verteilen.

Vorbereitungen

Dieses Rezept wird auf dem Server `SRV1` ausgeführt.

So wird's gemacht

1. Erstellen Sie den Ordner für das Repository:

```
$LPATH = 'C:\RKRepo'
New-Item -Path $LPATH -ItemType Directory
```

2. Geben Sie den Ordner frei:

```
$SMBHT = @{
  Name = 'RKRepo'
  Path = $LPATH
  Description = 'Reskit Repository'
  FullAccess = 'Jeder'
}
New-SmbShare @SMBHT
```

3. Erstellen Sie das Repository und konfigurieren Sie es als vertrauenswürdig:

```
$Path = '\\SRV1\RKRepo'
$REPOHT = @{
  Name = 'RKRepo'
  SourceLocation = $Path
  PublishLocation = $Path
  InstallationPolicy = 'Trusted'
}
Register-PSRepository @REPOHT
```

4. Sehen Sie sich die konfigurierten Repositorys an:

```
Get-PSRepository
```

5. Erstellen Sie einen »Hello World«-Modulordner:

```
New-Item C:\HW -ItemType Directory | Out-Null
```

6. Erstellen Sie ein sehr einfaches Modul:

```
$HS = @"
Function Get-HelloWorld {'Hello World'}
Set-Alias GHW Get-HelloWorld
"@
$HS | Out-File C:\HW\HW.psm1
```

7. Laden Sie das Modul und testen Sie es:

```
Import-Module -Name c:\hw -verbose
GHW
```

8. Erstellen Sie für das neue Modul ein Modulmanifest:

```
$NMHT = @{
  Path = 'C:\HW\HW.psd1'
  RootModule = 'HW.psm1'
  Description = 'Hello World-Modul'
  Author = 'DoctorDNS@Gmail.com'
  FunctionsToExport = 'Get-HelloWorld'
}
New-ModuleManifest @NMHT
```

9. Veröffentlichen Sie das Modul in RKRepo:

```
Publish-Module -Path C:\HW -Repository RKRepo
```

10. Sehen Sie sich die Ergebnisse der Veröffentlichung des Moduls an:

```
Find-Module -Repository RKRepo
```

11. Schauen Sie sich an, was sich im Ordner C:\RKRepo befindet:

```
Get-ChildItem -Path C:\RKRepo
```

So funktioniert's

Sie beginnen dieses Rezept in *Schritt 1* damit, dass Sie einen Ordner erstellen, den Sie für Ihr Repository verwenden wollen. In diesem Fall wird der Ordner C:\RKRepo wie folgt erstellt:

```
PS C:\foo> $SMBHT = @{
             Name = 'RKRepo'
             Path = $LPATH
             Description = 'Reskit Repository'
             FullAccess = 'Jeder'
           }
PS C:\foo> New-SmbShare @SMBHT


Name   ScopeName Path      Description
----   --------- ----      -----------
RKRepo *         C:\RKRepo Reskit Repository
```

In *Schritt 2* geben Sie diesen Ordner wie folgt frei:

```
PS C:\foo> $SMBHT = @{
             Name = 'RKRepo'
             Path = $LPATH
             Description = 'Reskit Repository'
             FullAccess = 'Jeder'
           }
PS C:\foo> New-SmbShare @SMBHT

Name   ScopeName Path      Description
----   --------- ----      -----------
RKRepo *         C:\RKRepo Reskit Repository
```

In *Schritt 3* erstellen Sie in dem freigegebenen Ordner das Repository, was zu keiner Ausgabe führt. In *Schritt 4* lassen Sie die auf dem System konfigurierten Repositorys anzeigen:

```
PS C:\foo> Get-PSRepository

Name          InstallationPolicy   SourceLocation
----          ------------------   --------------
PSGallery     Untrusted            https://www.powershellgallery.com/api/v2
RKRepo        Trusted              \\SRV1\RKRepo
```

Anschließend erstellen Sie ein einfaches Modul, das Sie in Ihrem Repository veröffentlichen wollen. Hierzu erstellen Sie zuerst in *Schritt 5* einen Arbeitsordner für das Modul; in *Schritt 6* erstellen Sie ein sehr einfaches Skriptmodul, das lediglich eine Funktion enthält. Keiner dieser Schritte erzeugt eine Ausgabe.

In *Schritt 7* testen Sie das Modul, indem Sie es aus dem Arbeitsordner importieren. Durch die Verwendung des Schalters `-Verbose` können Sie beobachten, wie PowerShell das Modul importiert. Abschließend rufen Sie die Funktion `Get-HelloWorld` auf, indem Sie den Alias der Funktion, `GHW`, verwenden:

```
PS C:\foo> Import-Module -Name c:\hw -verbose   <----
AUSFÜHRLICH: Modul wird aus Pfad "C:\hw\hw.psm1" geladen.
AUSFÜHRLICH: Exportfunktion "Get-HelloWorld".
AUSFÜHRLICH: Exportieren des Alias "GHW".
AUSFÜHRLICH: Funktion "Get-HelloWorld" wird importiert.
AUSFÜHRLICH: Alias "GHW" wird importiert.

PS C:\foo> GHW
Hello World          <----
```

Obwohl das Modul so wie es ist, funktioniert, benötigen Sie ein Manifest, um das Modul veröffentlichen zu können. In *Schritt 8* erstellen Sie ein sehr einfaches Modulmanifest und speichern es im Modulordner ab. In *Schritt 9* veröffentlichen Sie das Modul. Keine dieser drei Aktionen erzeugt eine Ausgabe.

Nachdem das Modul veröffentlicht ist, können Sie in *Schritt 10* `Find-Module` verwenden, um zu erkunden, was sich im Repository befindet. Dies sieht folgendermaßen aus:

```
PS C:\foo> Find-Module -Repository RKRepo

Version     Name     Repository     Description
-------     ----     ----------     -----------
1.0.0       hw       RKRepo         Hello world module
```

Das Repository ist einfach nur eine Dateifreigabe, in der sich ein oder mehrere NuGet-Packages befinden. Wie Sie in *Schritt 11* sehen können, enthält unser Repository lediglich ein veröffentlichtes Element, wie hier gezeigt:

```
PS C:\foo> Get-ChildItem -Path C:\RKRepo

    Verzeichnis: C:\RKRepo

Mode                LastWriteTime         Length Name
----                -------------         ------ ----
-a----         10.07.19     13:26           3696 hw.1.0.0.nupkg
```

Weitere Informationen

In *Schritt 2* haben Sie eine Netzwerkfreigabe erstellt, die allen vollen Zugriff auf das Repository gewährt. In einer Firmenumgebung sollten Sie die Berechtigungen auf das Repository anpassen. Sie können beispielsweise authentifizierten Benutzern Leserechte gewähren und Schreibrechte einer kleinen Gruppe von Administratoren vorbehalten.

Wie Sie in *Schritt 11* sehen können, handelt es sich bei einem PowerShell-Repository einfach nur um eine Dateifreigabe, die NuGet-Pakete enthält. Ein Ansatz kann sein, dass Sie den Quellcode der Module in Ihrem Quellcode-Repository speichern und sie dann im internen PowerShellGet-Repository veröffentlichen, wenn dies erforderlich ist.

Eine Umgebung für die Codesignierung einrichten

In bestimmten Umgebungen kann es wichtig sein, zu wissen, dass ein Programm oder ein PowerShell-Skript nach dem Release nicht mehr verändert wurde. Sie können dies für PowerShell-Skripte erreichen, indem Sie das Skript digital signieren und dann als Ausführungsrichtlinie die Option `AllSigned` oder `RemoteSigned` erzwingen.

Nachdem Sie Ihr Skript digital signiert haben, können Sie feststellen, ob nach dem Signieren Änderungen am Skript vorgenommen wurden. Verwenden Sie die Ausführungsrichtlinie von PowerShell, um PowerShell zu zwingen, die Gültigkeit der digitalen Signatur zu überprüfen und nur die Skripte auszuführen, die den Test bestehen. Sie können dies so konfigurieren, dass PowerShell dies bei allen Skripten tut (indem Sie die Ausführungsrichtlinie auf `AllSigned` festlegen) oder nur bei Skripten, die von einer externen Site heruntergeladen wurden (indem Sie die Ausführungsrichtlinie auf `RemoteSigned` festlegen).

Sie sollten hierbei jedoch nicht vergessen, dass es auch dann, wenn Sie die Ausführungsrichtlinie auf `AllSigned` festgelegt haben, sehr einfach möglich ist, jedes nicht signierte Skript auszuführen. Laden Sie das Skript einfach in die PowerShell ISE, markieren Sie das gesamte Skript und führen Sie es dann aus. Außerdem können Sie das Cmdlet `Unblock-File` verwenden, um ein Remote-Skript faktisch in ein lokales Skript zu konvertieren.

Das Signieren eines Skripts ist einfach, nachdem Sie ein digitales Zertifikat besitzen, das von einer Zertifizierungsstelle herausgegeben wurde. Ihnen stehen drei Möglichkeiten zur Verfügung, um ein entsprechendes Zertifikat zu erhalten:

- Nutzen Sie eine der bekannten öffentlichen Zertifizierungsstellen (Certificate Authority, CA), wie beispielsweise Digicert (siehe `https://www.digicert.com/code-signing` für Details zu den Zertifikaten für die Codesignierung).
- Verwenden Sie eine interne Zertifizierungsstelle und fordern Sie bei der Zertifizierungsstelle Ihrer Organisation ein Zertifikat an.
- Verwenden Sie ein selbstsigniertes Zertifikat.

Öffentliche Zertifikate sind sinnvoll, aber in der Regel nicht kostenlos. Sie können recht einfach Ihre eigene Zertifizierungsstelle einrichten oder selbstsignierte Zertifikate verwenden. Selbstsignierte Zertifikate eignen sich gut, um das Signieren von Skripten zu testen und sie dann zu verwenden. Mit allen drei oben genannten Methoden erhalten Sie ein Zertifikat, das Sie für das Signieren von PowerShell-Skripten verwenden können.

Vorbereitungen

Führen Sie dieses Rezept auf dem Windows 10-Client (`CL1`) aus, den Sie weiter vorn im Rezept »Remoteserver-Verwaltungstools auf Windows 10 und Windows Server 2019 installieren« auf Seite 30 verwendet haben.

So wird's gemacht

1. Erstellen Sie ein selbstsigniertes Zertifikat für die Codesignierung:

```
$CHT = @{
   Subject = 'Reskit Code Signing'
   Type = 'CodeSigning'
   CertStoreLocation = 'Cert:\CurrentUser\My'
}
$Cert = New-SelfSignedCertificate @CHT
```

2. Schauen Sie sich das neu erstellte Zertifikat an:

```
Get-ChildItem -Path Cert:\CurrentUser\my -CodeSigningCert |
  Where-Object {$_.Subjectname.Name -match $CHT.Subject}
```

3. Erstellen Sie ein einfaches Skript:

```
$Script = @"
# Beispielskript
'Hello World!'
Hostname
"@
$Script | Out-File -FilePath C:\Foo\signed.ps1
Get-ChildItem -Path C:\Foo\signed.ps1
```

4. Signieren Sie das Skript:

```
$SHT = @{
  Certificate = $Cert
  FilePath = 'C:\Foo\signed.ps1'
}
Set-AuthenticodeSignature @SHT -Verbose
```

5. Schauen Sie sich das Skript an, nachdem es signiert wurde:

```
Get-ChildItem -Path C:\Foo\signed.ps1
```

6. Testen Sie die Signatur:

```
Get-AuthenticodeSignature -FilePath C:\Foo\signed.ps1 |
  Format-List
```

7. Sorgen Sie dafür, dass das Zertifikat vertrauenswürdig ist:

```
$DestStoreName = 'Root'
$DestStoreScope = 'CurrentUser'
$Type = 'System.Security.Cryptography.X509Certificates.X509Store'
$MHT = @{
  TypeName = $Type
  ArgumentList = ($DestStoreName, $DestStoreScope)
}
$DestStore = New-Object @MHT
$DestStore.Open(
  [System.Security.Cryptography.X509Certificates.OpenFlags]::
  ReadWrite)
$DestStore.Add($cert)
$DestStore.Close()
```

8. Signieren Sie erneut mit einem vertrauenswürdigen Zertifikat:

```
Set-AuthenticodeSignature @SHT | Out-Null
```

9. Prüfen Sie die Signatur des Skripts:

```
Get-AuthenticodeSignature -FilePath C:\Foo\signed.ps1 |
  Format-List
```

So funktioniert's

In *Schritt 1* erstellen Sie ein selbstsigniertes Zertifikat für die Codesignierung, das Sie in einem Zertifikatsspeicher für persönliche Zertifikate des aktuellen Benutzerkontos (auch bekannt als `Cert:\CurrentUser\My`) speichern. Da Sie das Zertifikat in `$Cert` abspeichern, erzeugt dieser Schritt keine Ausgabe. In *Schritt 2* untersuchen Sie die Code-Signing-Zertifikate im persönlichen Zertifikatsspeicher des aktuellen Benutzers:

```
PS C:\foo> Get-ChildItem -Path Cert:\CurrentUser\my -CodeSigningCert |
           Where-Object {$_.Subjectname.Name -match $CHT.Subject}


   PSParentPath: Microsoft.PowerShell.Security\Certificate::CurrentUser\my

Thumbprint                                Subject
----------                                -------
9639ABD36386DAA066D84D549EF575446B522E72  CN=Reskit Code Signing
```

In *Schritt 3* erstellen Sie ein sehr einfaches PowerShell-Skript, das Sie in `C:\Foo\Signed.ps1` speichern. Anschließend lassen Sie die Details der Datei anzeigen, wie hier zu sehen:

```
PS C:\foo> $Script = @"
             # Beispielskript
             'Hello World!'
             Hostname
           "@
PS C:\foo> $Script | Out-File -FilePath c:\foo\signed.ps1
PS C:\foo> Get-ChildItem -Path C:\foo\signed.ps1


    Verzeichnis: C:\foo

Mode                 LastWriteTime         Length Name
----                 -------------         ------ ----
-a----          10.07.19     18:47             92 signed.ps1
```

Nachdem Sie nun ein Skript haben, signieren Sie es in *Schritt 4*. Beachten Sie, dass dies den Statusfehler `UnknownError` erzeugt (was bedeutet, dass das zur Signierung verwendete Zertifikat nicht vertrauenswürdig ist). Die Ausgabe dieses Schritts sieht folgendermaßen aus:

```
PS C:\foo> $SHT = @{
             Certificate = $cert
             FilePath    = 'C:\foo\signed.ps1'
           }
PS C:\foo> Set-AuthenticodeSignature @SHT


    Verzeichnis: C:\foo

SignerCertificate                         Status                 Path
-----------------                         ------                 ----
9639ABD36386DAA066D84D549EF575446B522E72  UnknownError           signed.ps1
```

In *Schritt 5* sehen Sie sich die Informationen zur Skriptdatei an und stellen fest, dass die Datei erheblich größer ist (was an der Länge der digitalen Signatur liegt). Die Ausgabe sieht wie folgt aus:

```
PS C:\foo> Get-ChildItem -Path C:\foo\signed.ps1

    Verzeichnis: C:\foo

Mode                 LastWriteTime         Length Name
----                 -------------         ------ ----
-a----          10.07.19     18:49           4208 signed.ps1
```

In *Schritt 6* testen Sie das Skript, um die Signatur zu validieren:

```
PS C:\foo> Get-AuthenticodeSignature -FilePath C:\foo\signed.ps1 |
           Format-List

SignerCertificate      : [Subject]
                           CN=Reskit Code Signing
                         [Issuer]
                           CN=Reskit Code Signing
                         [Serial Number]
                           6F9960491C0EDD934E02AEEF07392074
                         [Not Before]
                           10.07.19 18:27:33
                         [Not After]
                           10.07.20 18:47:33
                         [Thumbprint]
                           9639ABD36386DAA066D84D549EF575446B522E72

TimeStamperCertificate :
Status                 : UnknownError
StatusMessage          : Eine Zertifikatkette wurde zwar verarbeitet, endete jedoch
                         mit einem Stammzertifikat, das beim Vertrauensanbieter
                         nicht als vertrauenswürdig gilt
Path                   : C:\foo\signed.ps1
SignatureType          : Authenticode
IsOSBinary             : False
```

Wie Sie sehen können, ist die Ursache für den Status `UnknownError`, dass das zum Signieren verwendete Zertifikat nicht vertrauenswürdig ist. Sie können Windows so konfigurieren, dass es das Zertifikat als vertrauenswürdig einstuft, indem Sie Ihr selbstsigniertes Zertifikat in den Zertifikatsspeicher für vertrauenswürdige Stammzertifizierungsstellen kopieren (entweder in den Speicher des aktuellen Benutzers oder des Computers).

In *Schritt 7* kopieren Sie Ihr selbstsigniertes Zertifikat in den Zertifikatsspeicher für vertrauenswürdige Stammzertifizierungsstellen des aktuellen Benutzers. Sie verwenden hierfür das .NET Framework. Das Kopieren des Zertifikats in den Stammzertifikatsspeicher erzeugt keine Ausgabe auf der Konsole, sondern führt dazu, dass ein Dialogfeld angezeigt wird, das wie folgt aussieht:

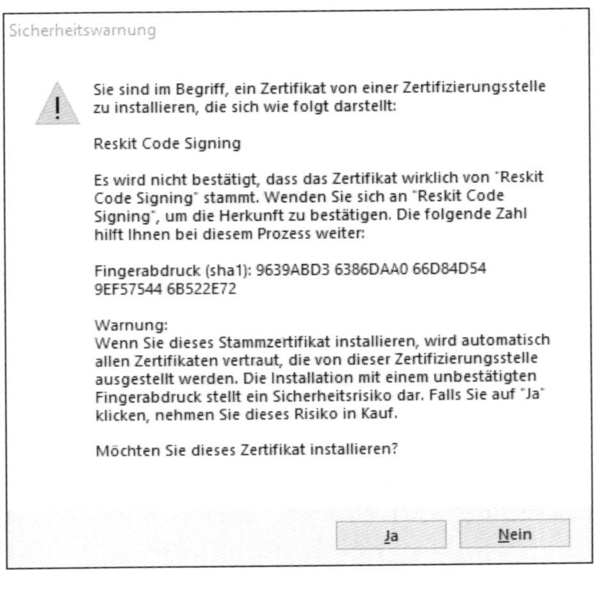

Nachdem das Code-Signing-Zertifikat als vertrauenswürdigt gilt, signieren Sie das Skript in *Schritt 8* erneut, was keine Ausgabe erzeugt. In *Schritt 9* testen Sie das ein weiteres Mal signierte Skript wie hier gezeigt:

```
PS C:\foo> Get-AuthenticodeSignature -FilePath C:\foo\signed.ps1 |
           Format-List

SignerCertificate      : [Subject]
                           CN=Reskit Code Signing
                         [Issuer]
                           CN=Reskit Code Signing
                         [Serial Number]
                           6F9960491C0EDD934E02AEEF07392074
                         [Not Before]
                           10.07.19 18:27:33
                         [Not After]
                           10.07.20 18:47:33
                         [Thumbprint]
                           9639ABD36386DAA066D84D549EF575446B522E72
TimeStamperCertificate :
Status                 : Valid
StatusMessage          : Signatur wurde überprüft.
Path                   : C:\foo\signed.ps1
SignatureType          : Authenticode
IsOSBinary             : False
```

Weitere Informationen

Vom Zertifikat-Provider von PowerShell wird das Kopieren eines Zertifikats in Zertifikatsspeicher für Stammzertifizierungsstellen nicht unterstützt. Sie können diese Einschränkung umgehen, indem Sie wie in *Schritt 7* gezeigt .NET Framework nutzen, obwohl dies zur Anzeige eines Dialogfeldes führt, wie weiter vorn gezeigt.

Nachdem Sie diese Schritte des Rezepts durchgeführt haben, können Sie mit einer Ausführungsrichtlinie experimentieren, Änderungen vornehmen und die Ergebnisse beobachten. Nachdem Sie beispielsweise, wie in *Schritt 8* gezeigt, ein Skript signiert haben, versuchen Sie das Skript zu aktualisieren. Setzen Sie die Ausführungsrichtlinie auf `AllSigned` und führen Sie das Skript erneut aus. Die Einrichtung einer sicheren Umgebung zur Codesignierung kann einen erheblichen Aufwand darstellen. Nachdem Sie das Code-Signing-Zertifikat besitzen, müssen Sie es sicher aufbewahren (beispielsweise auf einer Smartcard, die in einen Safe eingeschlossen wird, zu dem nur sehr wenige Personen Zugriff haben). Danach müssen Sie Prozeduren implementieren, damit die Skripte Ihres Unternehmens signiert werden können. Das Einrichten der Infrastruktur, um den gesamten Prozess zu verwalten, einschließlich des Umgangs mit der Smartcard und dem Safe, ist vermutlich für viele zu viel des Guten.

Wenn Sie Skripte kommerziell oder öffentlich (beispielsweise auf GitHub oder im PowerShell-Katalog) veröffentlichen, ist es dennoch eine gute Idee, das zu signieren, was Sie veröffentlichen wollen. Hierbei ist die Verwendung eines von einer öffentlichen Zertifizierungsstelle herausgegebenen Zertifikats die beste Option.

Unter `https://www.globalsign.com/en/blog/the-importance-of-code-signing-redux` finden Sie einige Gedanken über die Wichtigkeit des Signierens von Code im Allgemeinen.

Gleichgültig, ob Sie Möglichkeiten zur Codesignierung bereitstellen oder nicht, es ist nützlich zu wissen, wie es geht.

Just Enough Administration implementieren

Just Enough Administration, auch unter der Abkürzung JEA bekannt, ist ein Sicherheits-Framework, mit dem Sie sehr detaillierte administrative Delegierung implementieren können. Mit JEA geben Sie einem Benutzer gerade ausreichende administrative Rechte, damit er seine Arbeit erledigen kann, aber nicht mehr. JEA ist eine viel sicherere Alternative als einfach nur Benutzer den Gruppen Domänen-Admins oder Organisations-Admins hinzuzufügen.

Mit JEA können Sie es einem Domänenbenutzer erlauben, auf Ihre Domänencontroller zuzugreifen, damit er den DNS-Dienst auf dem Server verwalten kann. Mit JEA schränken Sie ein, was der Benutzer auf dem geschützten Server machen darf. So können Sie dem Benutzer erlauben, den DNS-Dienst zu beenden und zu starten (mit `Stop-Service` und `Start-Service`), aber keine anderen Dienste.

JEA verwendet eine Reihe von Objekten:

- **JEA-Rollenfunktionsdatei** (`.psrc`): Diese Datei definiert eine Rolle, in der die Rechte der Rolle festgelegt werden. Die JEA-Rolle `RKDnsAdmins` darf auf dem Domänencontroller einen kleinen Satz von Cmdlets verwenden (und zwar diejenigen, die zur Verwaltung von DNS benötigt werden).
- **JEA-Rollenmodul**: Dies ist ein einfaches Modul, in welchem sich innerhalb des Ordners `RoleCapabilities` des Moduls die JEA-Rollenfunktionsdatei befindet. Das Modul könnte beispielsweise den Namen `RKDnsAdmins` verwenden.
- **JEA-Sitzungskonfigurationsdatei** (`.pssc`): Diese Datei definiert eine JEA-Sitzung und legt fest, wer die Sitzung verwenden und was in der Sitzung gemacht werden darf. Sie können beispielsweise allen Mitgliedern der AD-Sicherheitsgruppe `RKDnsAdmins` erlauben, mit dem JEA-Endpunkt auf den Server zuzugreifen. Die Sitzungskonfigurationsdatei legt die Aktionen fest, die innerhalb der JEA-Sitzung erlaubt sind und verweist dabei auf die Rollendefinitionsdatei. Die geschützte JEA-Sitzung kann nur von bestimmten Personen benutzt werden und diese dürfen dann in der Sitzung nur genau das tun, was in der Rollendefinitionsdatei festgelegt wurde.

Nachdem Sie diese Dateien und das Modul erstellt haben, registrieren Sie den JEA-Endpunkt beim Server (und testen die Konfiguration).

Nachdem der JEA-Endpunkt registriert ist, kann ein Benutzer, der Mitglied der Domänensicherheitsgruppe `RKDnsAdmins` ist, die Befehle `Invoke-Command` oder `Enter-PssSession` verwenden und dabei den Remoteserver und den JEA-Endpunkt angeben, um auf den geschützten Server zuzugreifen. Nachdem die Sitzung eingerichtet wurde, darf der Benutzer nur das tun, was die Rollendefinitionsdatei erlaubt.

Die folgende Abbildung zeigt die zentralen Komponenten von JEA:

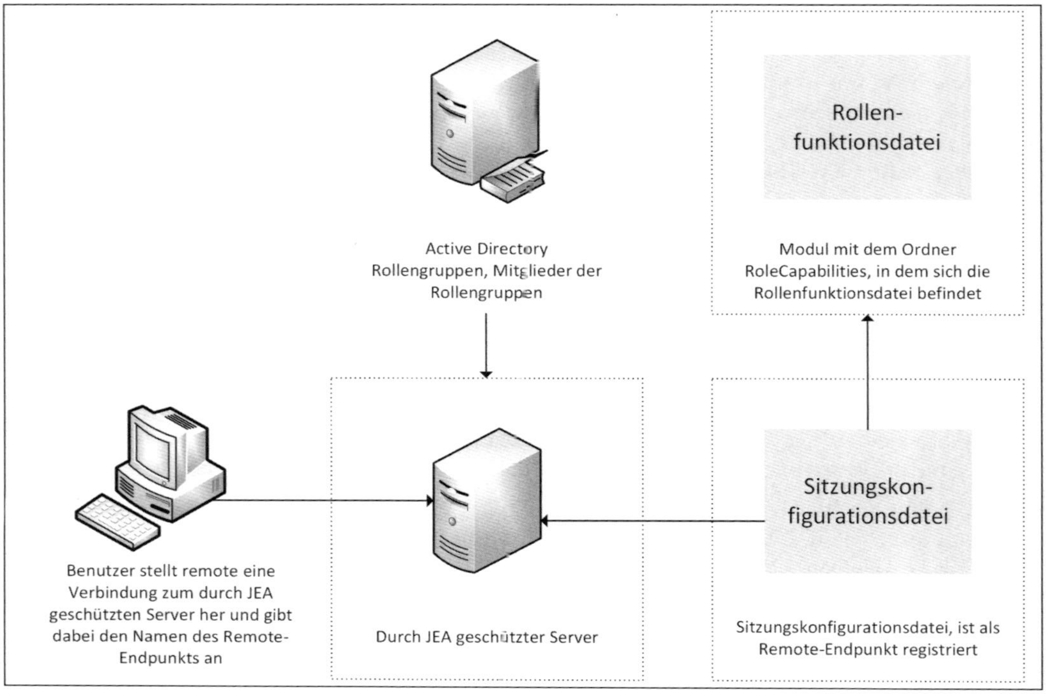

Vorbereitungen

Bevor Sie dieses Rezept einsetzen, müssen Sie die Domänenkonten und Gruppen erstellen, die Sie in diesem Rezept verwenden. Hierzu gehören ein Benutzer (JerryG) und eine Sicherheitsgruppe (RKDnsAdmins), die den Benutzer enthält. Beide befinden sich in einer Organisationseinheit (OU) mit dem Namen IT. Sie haben die RSAT-Tools im Rezept »Remoteserver-Verwaltungstools auf Windows 10 und Windows Server 2019 installieren« auf Seite 30 installiert und daher können Sie diesen Schritt entweder auf CL1 oder auf DC1 ausführen. Das Erstellen der entsprechenden AD-Objekte sieht folgendermaßen aus:

```
# Die OU IT erstellen
$DomainRoot = 'DC=Reskit,DC=Org'
New-ADOrganizationalUnit -Name IT -Path $DomainRoot

# In dieser OU einen Benutzer - JerryG - erstellen
$OURoot = "OU=IT,$DomainRoot"
$PW = 'Pa$$w0rd'
$PWSS = ConvertTo-SecureString -String $PW -AsPlainText -Force
$NUHT = @{
  Name                  = 'Jerry Garcia'
  SamAccountName        = 'JerryG'
  AccountPassword       = $PWSS
  Enabled               = $true
  PasswordNeverExpires  = $true
  ChangePasswordAtLogon = $false
  Path                  = $OURoot
}
```

```
New-ADUser @NUHT

# In der OU die universale Sicherheitsgruppe RKDnsAdmins erstellen
$NGHT = @{
  Name         = 'RKDnsAdmins '
  Path         =  $OURoot
  GroupScope   = 'Universal'
  Description = 'RKDnsAdmins Gruppe für JEA'
}
New-ADGroup -Name RKDnsAdmins -Path $OURoot -GroupScope Universal

# JerryG zur Gruppe RKDnsAdmins hinzufügen
Add-ADGroupMember -Identity 'RKDNSADMINS' -Members 'JerryG'

# Das JEA-Aufzeichnungsverzeichnis erstellen
New-Item -Path C:\foo\JEATranscripts -ItemType Directory
```

So wird's gemacht

1. Erstellen Sie auf DC1 einen neuen Ordner für das JEA-Modul RKDnsAdmins:

```
$PF = $env:Programfiles
$CP = 'WindowsPowerShell\Modules\RKDnsAdmins'
$ModPath = Join-Path -Path $PF -ChildPath $CP
New-Item -Path $ModPath -ItemType Directory | Out-Null
```

2. Definieren und erstellen Sie eine JEA-Rollenfunktionsdatei:

```
$RCHT = @{
  Path             = 'C:\Foo\RKDnsAdmins.psrc'
  Author           = 'Reskit Administration'
  CompanyName      = 'Reskit.Org'
  Description      = 'Definiert die Rollenfunktion für RKDnsAdmins'
  AliasDefinition = @{name='gh';value='Get-Help'}
  ModulesToImport = 'Microsoft.PowerShell.Core','DnsServer'
  VisibleCmdlets  = ("Restart-Service",
                     @{ Name = "Restart-Computer";
                        Parameters = @{Name = "ComputerName"}
                        ValidateSet = 'DC1, DC2'},
                        'DNSSERVER\*')
  VisibleExternalCommands = ('C:\Windows\System32\whoami.exe')
  VisibleFunctions = 'Get-HW'
  FunctionDefinitions = @{
    Name = 'Get-HW'
    Scriptblock = {'Hello JEA World'}}
} # Ende der Hash-Tabelle
New-PSRoleCapabilityFile @RCHT
```

3. Erstellen Sie im Modulordner das Modulmanifest:

```
$P = Join-Path -Path $ModPath -ChildPath 'RKDnsAdmins.psd1'
New-ModuleManifest -Path $P -RootModule 'RKDNSAdmins.psm1'
```

4. Erstellen Sie den Ordner für die Rollendefinition und kopieren Sie die Rollenfunktionsdatei in den Modulordner:

```
$RCF = Join-Path -Path $ModPath -ChildPath 'RoleCapabilities'
New-Item -ItemType Directory $RCF
Copy-Item -Path $RCHT.Path -Destination $RCF -Force
```

5. Erstellen Sie eine JEA-Sitzungskonfigurationsdatei:

```
$P = 'C:\Foo\RKDnsAdmins.pssc'
$RDHT = @{
  'Reskit\RKDnsAdmins' = @{RoleCapabilities = 'RKDnsAdmins'}
}
$PSCHT= @{
  Author = 'DoctorDNS@Gmail.Com'
  Description = Sitzungskonfiguration für RKDnsAdmins'
  SessionType = 'RestrictedRemoteServer'
  Path = $P
  RunAsVirtualAccount = $true
  TranscriptDirectory = 'C:\Foo\JEATranscripts'
  RoleDefinitions = $RDHT
}
New-PSSessionConfigurationFile @PSCHT
```

6. Testen Sie die JEA-Sitzungskonfigurationsdatei:

```
Test-PSSessionConfigurationFile -Path C:\foo\RKDnsAdmins.pssc
```

7. Registrieren Sie die JEA-Sitzungskonfiguration:

```
$SCHT = @{
  Path  = 'C:\foo\RKDnsAdmins.pssc'
  Name  = 'RKDnsAdmins'
  Force =  $true
}
Register-PSSessionConfiguration @SCHT
```

8. Prüfen Sie, was der Benutzer mit einer solchen Konfiguration machen darf:

```
Get-PSSessionCapability -ConfigurationName rkdnsadmins -Username 'reskit\jerryg'
```

9. Erstellen Sie ein Objekt mit den Anmeldeinformationen für den Benutzer `JerryG`:

```
$U = 'Reskit\JerryG'
$P = ConvertTo-SecureString 'Pa$$w0rd' -AsPlainText -Force
$Cred = New-Object System.Management.Automation.PSCredential $U,$P
```

10. Definieren Sie zwei Skriptblöcke sowie eine Hash-Tabelle für den Aufruf von `Invoke-Command`:

```
$SB1 = {Get-HW}
$SB2 = {Get-Command -Name '*-DNSSERVER*'}
$ICMHT = @{
  ComputerName      = 'LocalHost'
  Credential        = $Cred
  ConfigurationName = 'RKDnsAdmins'
}
```

11. Rufen Sie in einer JEA-Sitzung die in JEA definierte Funktion auf (`Get-HW`) und tun Sie dies als `JerryG`:

```
Invoke-Command -ScriptBlock $SB1 @ICMHT
```

12. Ermitteln Sie die Anzahl der DNSServer-Befehle in der JEA-Sitzung, die JerryG verwenden darf:

```
$C = Invoke-command -ScriptBlock $SB2 @ICMHT | Measure-Object
"$($C.Count) DNS-Befehle verfügbar"
```

13. Lassen Sie den Inhalt des JEA-Aufzeichnungsverzeichnisses anzeigen:

```
Get-ChildItem -Path $PSCHT.TranscriptDirectory
```

14. Untersuchen Sie eine Sitzungsaufzeichnung:

```
Get-ChildItem -Path $PSCHT.TranscriptDirectory |
  Select -First 1 |
    Get-Content
```

So funktioniert's

Dieses Rezept richtet auf DC1 einen JEA-Endpunkt ein und verwendet diesen, um zu demonstrieren, wie JEA funktioniert. Das Rezept basiert auf einem Benutzer (JerryG), der Mitglied einer Gruppe (RKDnsAdmins) in der Organisationseinheit IT innerhalb der Domäne Reskit.Org ist. (Bitte beachten Sie, dass die Domäne erst in einem Rezept in Kapitel 3 erstellt wird.) Das Rezept stellt dem Benutzer die Befehle zur Verfügung, die erforderlich sind, um die Arbeit eines DNS-Administrators zu erfüllen, und sonst nichts.

In *Schritt 1* erstellen Sie auf DC1 einen temporären Ordner für die Rollenfunktionsdatei, die Sie in *Schritt 2* definieren. In *Schritt 3* erstellen Sie ein Modulmanifest im Modulordner. Anschließend erstellen Sie in *Schritt 4* innerhalb des Modulordners den Ordner RoleCapabilities und kopieren die zuvor erstellte .PSRC-Datei in diesen neuen Ordner. In *Schritt 5* erstellen Sie die JEA-Sitzungskonfigurationsdatei. Diese fünf Schritte erzeugen keine Ausgabe.

In *Schritt 6* testen Sie die Sitzungskonfigurationsdatei, wie hier gezeigt:

```
PS C:\foo> Test-PSSessionConfigurationFile -Path C:\foo\RKDnsAdmins.pssc
True
```

Dieser Schritt gibt den Wert True zurück, was bedeutet, dass die Sitzungskonfigurationsdatei zum Erstellen einer JEA-Sitzung verwendet wird.

Nachdem nun alle Voraussetzungen erfüllt sind, registrieren Sie in *Schritt 7* wie folgt den JEA-Endpunkt:

```
PS C:\foo> $SCHT = @{
             Path  = 'C:\foo\RKDnsAdmins.pssc'
             Name  = 'RKDnsAdmins'
             Force =  $true
           }
PS C:\foo> Register-PSSessionConfiguration @SCHT


   WSManConfig: Microsoft.WSMan.Management\WSMan::localhost\Plugin

Type            Keys                                Name
----            ----                                ----
Container       {Name=RKDnsAdmins}                  RKDnsAdmins
```

In *Schritt 8* überprüfen Sie, welche Befehle (einschließlich Aliase, Funktionen, Cmdlets und Anwendungen) ein Benutzer verwenden darf, wenn er diesen JEA-Endpunkt verwendet. Da der Ordner mit den Rollenfunktionen so eingerichtet wurde, dass der Benutzer Zugriff auf alle DNS-Serverbefehle erhält, steht eine große Anzahl von DNS-Cmdlets zur Verfügung, die, um Platz zu sparen, in der Abbildung nicht alle angezeigt werden. Die gekürzte Ausgabe dieses Schritts sieht wie folgt aus:

```
PS C:\foo> Get-PSSessionCapability -ConfigurationName rkdnsadmins -Username 'reskit\jerryg'

CommandType     Name                                      Version    Source
-----------     ----                                      -------    ------
Alias           clear -> Clear-Host
Alias           cls -> Clear-Host
Alias           exsn -> Exit-PSSession
Alias           gcm -> Get-Command
Alias           gh -> Get-Help
Alias           measure -> Measure-Object
Alias           select -> Select-Object
Function        Add-DnsServerClientSubnet                 2.0.0.0    DnsServer
Function        Add-DnsServerConditionalForwarderZone     2.0.0.0    DnsServer
Function        Add-DnsServerDirectoryPartition           2.0.0.0    DnsServer
Function        Add-DnsServerForwarder                    2.0.0.0    DnsServer
  ...
Cmdlet          Restart-Service                           3.0.0.0    Microsoft.PowerShell.Management
Application     whoami.exe                                10.0.17... C:\Windows\system32\whoami.exe
```

Die abschließende Aufgabe besteht darin, herauszufinden, was ein Benutzer in einer JEA-Sitzung tun kann. In *Schritt 9* erstellen Sie für den Benutzer `JerryG` ein Objekt mit Anmeldeinformationen und definieren in *Schritt 10* Hash-Tabellen, die später verwendet werden. Diese beiden Schritte erzeugen keine Ausgabe.

In *Schritt 11* rufen Sie einen Skriptblock auf, der die benutzerdefinierte JEA-Funktion `Get-HW` aufruft, was wie folgt aussieht:

```
PS C:\foo> Invoke-Command -ScriptBlock $SB1 @ICMHT

Hello JEA World
```

In *Schritt 12* ermitteln Sie, wie viele DNS-Befehle in einer JEA-Sitzung für die Mitglieder der Gruppe `RKDnsAdmins` verfügbar sind, und erhalten die folgende Ausgabe:

```
PS C:\foo> $C = Invoke-command -ScriptBlock $SB2 @ICMHT
PS C:\foo> "$($C.Count) DNS-Befehle verfügbar"

131 DNS-Befehle verfügbar
```

In *Schritt 13* zeigen Sie die Inhalte des JEA-Aufzeichnungsverzeichnisses an, das Sie als Teil der Sitzungskonfigurationsdatei definiert haben (hier in *Schritt 5*). Sie können die beiden Transkripte sehen, die als Reaktion auf den Aufruf von `Invoke-Command` (in *Schritt 11* und *Schritt 12*) erstellt wurden:

```
PS C:\foo> Get-ChildItem -Path $PSCHT.TranscriptDirectory

    Verzeichnis: C:\foo\jeatranscripts

Mode                LastWriteTime         Length Name
----                -------------         ------ ----
-a----       18.07.2019     12:14            804 PowerShell_transcript.DC1.nsPjjO2G.20190718121418.txt
-a----       18.07.2019     12:15          12843 PowerShell_transcript.DC1.o6F_8nYQ.20190718121528.txt
```

In *Schritt 14* untersuchen Sie den Inhalt des ersten Transkripts (das Ergebnis von *Schritt 11*). Im Transkriptheader können Sie sehen, dass der Benutzer `RESKIT\JerryG` als virtueller `RunAs`-Benutzer den JEA-Endpunkt `RKDnsAdmins` auf `DC1` remote nutzt. Im weiteren Verlauf der Aufzeichnung können Sie den Aufruf der Funktion `Get-HW` und die Ausgabe der Funktion sehen. Dieses Transkript sieht wie folgt aus:

```
PS C:\foo> Get-ChildItem -Path $PSCHT.TranscriptDirectory |
             Select -First 1  |
               Get-Content

**********************
Start der Windows PowerShell-Aufzeichnung
Startzeit: 20190718121418
Benutzername: RESKIT\JerryG  ←
RunAs-Benutzer: WinRM Virtual Users\WinRM VA_1_RESKIT_JerryG  ←
Konfigurationsname: RKDnsAdmins  ←
Computer: DC1 (Microsoft Windows NT 10.0.17763.0)  ←
Hostanwendung: C:\Windows\system32\wsmprovhost.exe -Embedding
Prozess-ID: 3244
PSVersion: 5.1.17763.316
PSEdition: Desktop
PSCompatibleVersions: 1.0, 2.0, 3.0, 4.0, 5.0, 5.1.17763.316
BuildVersion: 10.0.17763.316
CLRVersion: 4.0.30319.42000
WSManStackVersion: 3.0
PSRemotingProtocolVersion: 2.3
SerializationVersion: 1.1.0.1
**********************
PS>CommandInvocation(Get-HW): "Get-HW"  ←
Hello JEA World
**********************
Ende der Windows PowerShell-Aufzeichnung  ←
Endzeit: 20190718121418
```

Wenn Sie diese Ausgabe mit der Ausgabe von *Schritt 11* vergleichen, können Sie sehen, dass das Transkript eine detailliertere Beschreibung dessen enthält, was genau in der Remote-JEA-Sitzung passiert ist.

Weitere Informationen

Das `DNSServer`-Modul, auf das das Rezept dem JEA-Endpunkt `RKDnsAdmins` Zugriff gewährt, enthält drei Aliase. Da diese Aliase in der Rollenfunktionsdatei nicht explizit freigegeben sind, sind sie in der JEA-Sitzung nicht verfügbar.

In diesem Rezept haben Sie `Invoke-Command` verwendet, um zwei einfache Skriptblöcke in einer JEA-Sitzung auszuführen. Nachdem Sie JEA auf `DC1` (oder einem anderen Server) eingerichtet haben, können Sie wie folgt eine JEA-Sitzung starten:

```
# Eine JEA-Sitzung einrichten und ausprobieren, was Sie tun dürfen
$ICMHT = @{
  ComputerName = 'Localhost'
  Credential = $Cred # Reskit\JerryG
  ConfigurationName = 'RKDnsAdmins'
}
Enter-PSSession @ICMHT
```

Sobald Sie sich in der Remoting-Session befinden, können Sie untersuchen, welche Befehle für den Benutzer `JerryG` verfügbar sind.

Siehe auch …

In diesem Rezept haben Sie die Aufzeichnungen untersucht, die von jeder Remotesitzung generiert wurden. Zusätzlich zu den Transkripten protokolliert PowerShell die Verwendung eines JEA-Endpunkts auch im Ereignisprotokoll. Weitere Informationen zu Ereignisprotokolleinträgen und dem allgemeinen Thema der Überwachung und Berichterstellung zu JEA finden Sie unter: `https://docs.microsoft.com/de-de/powershell/jea/audit-and-report`.

In diesem Rezept haben Sie einige der zentralen Sperr- und Schutzfunktionen verwendet, die von JEA bereitgestellt werden. Aber es gibt noch mehr! Einen genaueren Blick auf das, was Sie mit JEA tun und wie Sie damit umgehen können, finden Sie in der JEA-Dokumentation, deren Startseite Sie hier finden: `https://docs.microsoft.com/de-de/powershell/jea/overview`

Kapitel 2

Windows-Netzwerke verwalten

In diesem Kapitel werden die folgenden Rezepte vorgestellt:

- **Neue Wege, um Altbekanntes zu tun**
- **IP-Adressen konfigurieren**
- **Einen DHCP-Server installieren und autorisieren**
- **DHCP-Bereiche konfigurieren**
- **Statt statischer IP-Adresse DHCP verwenden**
- **DHCP-Failover und Lastenausgleich konfigurieren**
- **DNS-Server, Zonen und Ressourceneinträge konfigurieren**

Einführung

Das Herzstück jeder Organisation ist das Netzwerk, die Infrastruktur, die es ermöglicht, das Clients und Serversysteme miteinander kommunizieren können. Windows enthielt bereits seit den frühen Tagen von Windows for Workgroups 3.1 die entsprechenden Netzwerkkomponenten (und noch früher den Microsoft LAN Manager).

Zahlreiche Tools, die IT-Profis heute verwenden, stehen bereits seit geraumer Zeit zur Verfügung, jedoch wurden sie in der letzten Zeit durch entsprechende PowerShell-Cmdlets ersetzt. Im Rezept »Neue Wege, um Altbekanntes zu tun« auf Seite 66 sehen wir uns einige der alten Befehle und die Cmdlets, die diese Befehle ersetzen, an.

Jeder Server und jeder Client in Ihrer Netzwerkumgebung benötigt eine korrekte IP-Konfiguration. Im Rezept »IP-Adressen konfigurieren« auf Seite 73 sehen wir uns an, wie die IP-Konfiguration einer Netzwerkschnittstelle festgelegt werden kann, einschließlich der DNS-Einstellungen.

Als Alternative zu statischen IP-Adressen können Sie einen DHCP-Server einrichten, der den Clients dynamisch die IP-Adress-Konfiguration zur Verfügung stellt. Verwenden Sie hierfür das Rezept »Einen DHCP-Server installieren und autorisieren« auf Seite 75. Nachdem Ihr DHCP-Server eingerichtet ist, können Sie das Rezept »DHCP-Bereiche konfigurieren« auf Seite 77 verwenden, um die Details der IP-Konfiguration festzulegen, mit denen der DHCP-Server die Clients versorgt. Im Rezept

»Statt statischer IP-Adresse DHCP verwenden« auf Seite 79 wird ein Computer, der bisher mit statischen IP-Adressen arbeitete, so umkonfiguriert, dass er stattdessen die IP-Konfiguration via DHCP erhält.

Im Rezept »DHCP-Failover und Lastenausgleich konfigurieren« auf Seite 81 stellen wir einen zweiten DHCP-Server bereit und konfigurieren diesen so, dass er als DHCP-Failover fungiert und für den Lastenausgleich des DHCP-Dienstes sorgt.

Im letzten Rezept dieses Kapitels, »DNS-Server, Zonen und Ressourceneinträge konfigurieren« auf Seite 84 richten wir einen zweiten DNS-Server ein und konfigurieren den DNS-Server auf `DC1` mit Zonen und weiteren Ressourceneinträgen.

Neue Wege, um Altbekanntes zu tun

Netzwerkspezialisten in der Windows Server-Welt verwenden seit Jahrzehnten eine Reihe von Konsolenanwendungen, um grundlegende Diagnoseaufgaben durchzuführen. Werkzeuge wie `Ipconfig`, `Tracert` und `NSlookup` werden von IT-Profis überall auf der Welt eingesetzt. Die Network Shell (`netsh`) ist eine weitere, vielseitige Werkzeugsammlung, mit der sich die Netzwerkkomponenten von Windows konfigurieren und verwalten lassen.

PowerShell implementiert eine Reihe von Cmdlets, die einen großen Teil der Aufgaben erledigen, die früher von den Win32-Konsolenanwendungen erledigt wurden. Cmdlets wie beispielsweise `Get-NetIPConfiguration` und `Resolve-DnsName` sind moderne Alternativen für Tools wie `ipconfig.exe` und `nslookup.exe`.

Diese Cmdlets stellen darüber hinaus zusätzliche nützliche Funktionalität bereit. So ist es beispielsweise mit `Test-NetConnection` möglich zu überprüfen, ob ein Host, der eventuell ICMP blockiert, auf einem bestimmten Port eingehenden Verkehr zulässt. `ping.exe` hingegen verwendet lediglich ICMP, dessen Datenpakete eventuell irgendwo auf dem Weg zum Server blockiert werden.

Ein administrativer Vorteil der Verwendung von Cmdlets anstelle der alten Konsolenanwendung liegt im Bereich der Remote-Sicherheit. Mit JEA, das im Rezept »Just Enough Administration implementieren« in Kapitel 1, »PowerShell-Umgebung für die Systemverwaltung einrichten«, erörtert wird, können Sie einen Benutzer so einschränken, dass er nur bestimmte Cmdlets und Parameterwerte verwenden darf. Generell lässt sich feststellen, dass es Cmdlets viel einfacher machen, Server abzusichern, die für den Fernzugriff (Remoting) geöffnet sind.

Dieses Rezept zeigt Ihnen einige der neuen Cmdlets, die in PowerShell und Windows Server 2019 verfügbar sind.

Vorbereitungen

Dieses Rezept verwendet zwei Server: `DC1.Reskit.Org` und `SRV1.Reskit.Org`. `DC1` ist ein Domänencontroller in der Domäne `Reskit.Org` und `SRV1` ist ein Mitgliedsserver. Im Rezept »Active Directory mit DNS installieren« in Kapitel 3 finden Sie weitere Details dazu, wie Sie `DC1` als Domänencontroller konfigurieren. Dieses Rezept müssen Sie auf `SRV1` laufen lassen.

So wird's gemacht

1. Verwenden Sie zwei Varianten, um die IP-Adress-Konfiguration abzurufen (ipconfig versus ein neues Cmdlet):

```
# Zwei Variationen der traditionellen Art
ipconfig.exe
ipconfig.exe /all

# Auf die neue Art
Get-NetIPConfiguration
```

2. Pingen Sie einen Computer an:

```
# Auf die traditionelle Art
Ping DC1.Reskit.Org -4

# Auf die neue Art
Test-NetConnection DC1.Reskit.Org

# Und ein paar Dinge, die Ping nicht kann!
Test-NetConnection DC1.Reskit.Org -CommonTCPPort SMB
$ILHT = @{InformationLevel = 'Detailed'}
Test-NetConnection DC1.Reskit.Org -port 389 @ILHT
```

3. Verwenden Sie einen auf DC1 freigegebenen Ordner:

```
# Die traditionelle Art, um einen freigegebenen Ordner zu verwenden
net use X:  \\DC1.Reskit.Org\c$

# Die neue Art verwendet ein SMB-Cmdlet
New-SMBMapping -LocalPath 'Y:' -RemotePath \\DC1.Reskit.Org\c$

# Prüfen, welche Freigaben verwendet werden: die klassische Art
net use

# und auf die neue Art
Get-SMBMapping
```

4. Geben Sie auf SRV1 einen Ordner frei:

```
# Zuerst auf die klassische Art freigeben
net share Windows=C:\windows
# und dann auf die neue Art
New-SmbShare -Path C:\Windows -Name Windows2
# Auf die traditionelle Art anzeigen, was freigegeben wurde
net share
# und auf die neue Art
Get-SmbShare
```

5. Zeigen Sie den Inhalt des DNS-Auflösungscache an:

```
# Auf die klassische Art
ipconfig /displaydns
# auf die neue Art
Get-DnsClientCache
```

6. Leeren Sie den DNS-Auflösungscache auf die klassische und die neue Art:

```
Ipconfig /flushdns
# Das ist die neue Methode
Clear-DnsClientCache
```

7. Führen Sie DNS-Abfragen durch:

```
Nslookup DC1.Reskit.Org
Resolve-DnsName -Name DC1.Reskit.Org  -Type ALL
```

So funktioniert's

In *Schritt 1* haben Sie die alte und die neue Art verwendet, um sich die IP-Konfiguration eines Windows-Host mit ipconfig.exe und dem Cmdlet Get-NetIPConfiguration anzeigen zu lassen. Zuerst haben Sie ipconfig.exe in zwei Variationen verwendet, was folgende Ausgabe erzeugt:

```
PS C:\foo> ipconfig.exe

Windows-IP-Konfiguration
Ethernet-Adapter Ethernet:

   Verbindungsspezifisches DNS-Suffix: local
   Verbindungslokale IPv6-Adresse  . : fe80::8105:33a6:47e5:9ccc%14
   IPv4-Adresse  . . . . . . . . . . : 10.10.10.50
   Subnetzmaske  . . . . . . . . . . : 255.255.255.0
   Standardgateway . . . . . . . . . : 10.0.0.10

PS C:\foo> ipconfig.exe /all

Windows-IP-Konfiguration

   Hostname  . . . . . . . . . . . . : SRV1
   Primäres DNS-Suffix . . . . . . . : Reskit.Org
   Knotentyp . . . . . . . . . . . . : Hybrid
   IP-Routing aktiviert  . . . . . . : Nein
   WINS-Proxy aktiviert  . . . . . . : Nein
   DNS-Suffixsuchliste . . . . . . . : Reskit.Org


Ethernet-Adapter Ethernet:

   Verbindungsspezifisches DNS-Suffix:
   Beschreibung. . . . . . . . . . . : Microsoft Hyper-V-Netzwerkadapter
   Physische Adresse . . . . . . . . : 00-1C-42-5B-32-98
   DHCP aktiviert. . . . . . . . . . : Nein
   Autokonfiguration aktiviert . . . : Ja
   Verbindungslokale IPv6-Adresse  . : fe80::8105:33a6:47e5:9ccc%14(Bevorzugt)
   IPv4-Adresse  . . . . . . . . . . : 10.10.10.50(Bevorzugt)
   Subnetzmaske  . . . . . . . . . . : 255.255.255.0
   Standardgateway . . . . . . . . . : 10.0.0.10
   DHCPv6-IAID . . . . . . . . . . . : 100670530
   DHCPv6-Client-DUID. . . . . . . . : 00-01-00-01-24-70-91-60-00-1C-42-5B-32-98
   DNS-Server  . . . . . . . . . . . : 10.10.10.10
   NetBIOS über TCP/IP . . . . . . . : Aktiviert
```

Das Cmdlet `Get-NetIPConfiguration` gibt ähnliche Informationen zurück, wie hier zu sehen ist:

```
PS C:\foo> Get-NetIPConfiguration

InterfaceAlias       : Ethernet
InterfaceIndex       : 7
InterfaceDescription : Microsoft Hyper-V-Netzwerkadapter
IPv4Address          : 10.10.10.50
IPv6DefaultGateway   :
IPv4DefaultGateway   : 10.0.0.10
DNSServer            : 10.10.10.10
```

In *Schritt 2* haben Sie den Befehl `ping.exe` und das neue Cmdlet `Test-NetConnection` untersucht. Wenn Sie diese beiden Befehle verwenden, um von `SRV1` aus `DC1` anzupingen, erhalten Sie folgende Ausgabe:

```
PS C:\foo> ping DC1.Reskit.Org -4

Ping wird ausgeführt für DC1.Reskit.Org [10.10.10.10] mit 32 Bytes Daten:
Antwort von 10.10.10.10: Bytes=32 Zeit<1ms TTL=128
Antwort von 10.10.10.10: Bytes=32 Zeit<1ms TTL=128
Antwort von 10.10.10.10: Bytes=32 Zeit<1ms TTL=128
Antwort von 10.10.10.10: Bytes=32 Zeit<1ms TTL=128

Ping-Statistik für 10.10.10.10:
    Pakete: Gesendet = 4, Empfangen = 4, Verloren = 0
    (0% Verlust),
Ca. Zeitangaben in Millisek.:
    Minimum = 0ms, Maximum = 0ms, Mittelwert = 0ms


PS C:\foo> Test-NetConnection DC1.Reskit.Org


ComputerName           : DC1.Reskit.Org
RemoteAddress          : 10.10.10.10
InterfaceAlias         : Ethernet
SourceAddress          : 10.10.10.50
PingSucceeded          : True
PingReplyDetails (RTT) : 0 ms
```

Mit dem Cmdlet `Test-NetConnection` können Sie außerdem einige Dinge tun, die mit `ping.exe` nicht möglich sind. Sie können beispielsweise prüfen, ob Sie auf dem Zielhost auf einen bestimmten Port zugreifen können (im Gegensatz zur Verwendung von ICMP). Und es kann detaillierte Informationen über die Verbindung zu dem Remote-Port ausgeben, wie hier gezeigt:

```
PS C:\foo> Test-NetConnection DC1.Reskit.Org -CommonTCPPort SMB

ComputerName     : DC1.Reskit.Org
RemoteAddress    : 10.10.10.10
RemotePort       : 445
InterfaceAlias   : Ethernet
SourceAddress    : 10.10.10.50
TcpTestSucceeded : True

PS C:\foo> $ILHT = @{InformationLevel = 'Detailed'}
PS C:\foo> Test-NetConnection DC1.Reskit.Org -port 389 @ILHT

ComputerName             : DC1.Reskit.Org
RemoteAddress            : 10.10.10.10
RemotePort               : 389
NameResolutionResults    : 10.10.10.10
                           10.10.1.30
MatchingIPsecRules       :
NetworkIsolationContext  : Private Network
InterfaceAlias           : Ethernet
SourceAddress            : 10.10.10.50
NetRoute (NextHop)       : 0.0.0.0
TcpTestSucceeded         : True
```

In *Schritt 3* haben Sie das alte und das neue Verfahren untersucht, um auf dem lokalen Host eine Laufwerkszuordnung zu erstellen, die auf einen freigegebenen Ordner auf einen Server zeigt. Der Befehl net.exe, der bereits seit den Tagen des Microsoft LAN Managers existiert, erlaubt es, Laufwerke zuzuordnen und sich eine Liste der zugeordneten Laufwerke anzeigen zu lassen. Die SMB-Cmdlets erfüllen ähnliche Funktionen, wie Sie nachfolgend sehen können:

```
PS C:\foo> net use X: \\DC1.Reskit.Org\c$
Der Befehl wurde erfolgreich ausgeführt.

PS C:\foo> New-SMBMapping -LocalPath 'Y:' -RemotePath \\DC1.Reskit.Org\c$

Status Local Path Remote Path
------ ---------- -----------
OK     Y:         \\DC1.Reskit.Org\c$

PS C:\foo> net use

Neue Verbindungen werden gespeichert.

Status        Lokal     Remote                    Netzwerk
-------------------------------------------------------------------------------
OK            X:        \\DC1.Reskit.Org\c$       Microsoft Windows Network
OK            Y:        \\DC1.Reskit.Org\c$       Microsoft Windows Network
Der Befehl wurde erfolgreich ausgeführt.

PS C:\foo> Get-SMBMapping

Status Local Path Remote Path
------ ---------- -----------
OK     X:         \\DC1.Reskit.Org\c$
OK     Y:         \\DC1.Reskit.Org\c$
```

In *Schritt 4* haben Sie auf SRV1 eine SMB-Freigabe erstellt und hierzu sowohl net.exe als auch die entsprechenden SMB-Cmdlets verwendet. Dieser Schritt sieht folgendermaßen aus:

```
PS C:\foo> net share Windows=C:\windows

Windows wurde erfolgreich freigegeben.

PS C:\foo> New-SmbShare -Path C:\Windows -Name Windows2

Name       ScopeName Path       Description
----       --------- ----       -----------
Windows2   *         C:\Windows

PS C:\foo> net share

Name         Ressource                        Beschreibung
-------------------------------------------------------------
C$           C:\                              Standardfreigabe
IPC$                                          Remote-IPC
ADMIN$       C:\Windows                       Remoteverwaltung
RKRepo       C:\RKRepo                        RK Repo
Windows      C:\windows
Windows2     C:\Windows
Der Befehl wurde erfolgreich ausgeführt.

PS C:\foo> Get-SmbShare

Name             ScopeName Path              Description
----             --------- ----              -----------
ADMIN$           *         C:\Windows        Remoteverwaltung
C$               *         C:\               Standardfreigabe
IPC$             *                           Remote-IPC
RKRepo           *         C:\RKRepo         RK Repo
Windows          *         C:\windows
Windows2         *         C:\Windows
```

DNS steht allzu oft im Fokus von Problemlösungsaktivitäten in Netzwerken. Der Windows-DNS-Client hält einen Cache von zuvor aufgelösten Netzwerknamen und deren IP-Adressen vor. Hierdurch wird vermieden, dass Windows-Systeme bei jeder Verwendung eines Hostnamens erneut eine DNS-Abfrage durchführen müssen. In *Schritt 5* haben Sie sich die alten und neuen Möglichkeiten angeschaut, den lokalen DNS-Auflösungscache anzuzeigen, was wie folgt aussieht:

```
PS C:\foo> ipconfig /displaydns

Windows-IP-Konfiguration

    dc1.reskit.org
    ----------------------------------------
    Eintragsname . . . . . : DC1.Reskit.Org
    Eintragstyp  . . . . . : 1
    Gültigkeitsdauer . . . : 2941
    Datenlänge . . . . . . : 4
    Abschnitt. . . . . . . : Antwort
    (Host-)A-Eintrag . . . : 10.10.10.10

    dc1
    ----------------------------------------
    Eintragsname . . . . . : DC1.Reskit.Org
    Eintragstyp  . . . . . : 1
    Gültigkeitsdauer . . . : 2712
    Datenlänge . . . . . . : 4
    Abschnitt. . . . . . . : Antwort
    (Host-)A-Eintrag . . . : 10.10.10.10

PS C:\foo> Get-DnsClientCache

Entry            RecordName       Record Status   Section TimeTo Data   Data
                                  Type                    Live   Length
-----            ----------       ------ ------   ------- ------ ------ ----
dc1.reskit.org   dc1.Reskit.Org   A      Success  Answer    2903      4 10.10.10.10
dc1              dc1.Reskit.Org   A      Success  Answer    2627      4 10.10.10.10
```

Eine oft eingesetzte Methode zur Problembehandlung besteht darin, den DNS-Auflösungscache auf dem Client zu leeren. Sie können hierfür `ipconfig.exe` oder das Cmdlet `Clear-DNSClientCache` verwenden, wie in *Schritt 6* gezeigt. Weder der Befehl `ipconfig.exe` noch das Cmdlet `Clear-DNSClientCache` erzeugen eine Ausgabe.

Eine andere Technik zur Fehlerbehandlung besteht darin, den DNS-Server zu fragen, einen DNS-Namen aufzulösen. Früher hätten Sie hierfür `nslookup.exe` verwendet; dieser Befehl wurde in PowerShell durch das Cmdlet `Resolve-DNSName` ersetzt. Die beiden Methoden, die Sie in *Schritt 7* verwenden, sehen folgendermaßen aus:

```
PS C:\foo> Nslookup DC1.Reskit.Org
Server:  UnKnown
Address:  10.10.10.10

Name:    DC1.Reskit.Org
Address:  10.10.10.10

PS C:\foo> Resolve-DnsName -Name DC1.Reskit.Org  -Type ALL

Name             Type   TTL   Section    IPAddress
----             ----   ---   -------    ---------
DC1.Reskit.Org   A      3600  Answer     10.10.10.10
```

Weitere Informationen

In *Schritt 2* haben Sie sich zwei Methoden angeschaut, um die IP-Konfiguration eines Hosts zu ermitteln. `Get-NetIPconfiguration` gibt standardmäßig auch die IP-Adresse des DNS-Servers zurück, wohingegen `ipconfig.exe` dies nicht macht, es sei denn, Sie verwenden den Parameter `/all`. Auf der anderen Seite ist `ipconfig.exe` erheblich schneller.

Ping steht für **Packet InterNetwork Groper** und ist ein wichtiges Werkzeug, um zu ermitteln, ob ein Remotesystem online ist oder nicht. `ping.exe` verwendet ICMP Echo-Request- und Echo-Reply-Pakete, jedoch wird ICMP von vielen Firewalls blockiert, da diese in der Vergangenheit für Netzwerkangriffe eingesetzt wurden. Das Cmdlet `Get-NetIPconfiguration` hat den entscheidenden Vorteil, dass es testen kann, ob auf dem Remote-Host ein bestimmter Port geöffnet ist. Wenn der Host beispielsweise ICMP blockiert, muss er, wenn er einen bestimmten Dienst wie SMB-Freigaben bereitstellen will, die relevanten Ports öffnen. Daher ist `Test-NetConnection` für das Lösen von Netzwerkproblemen ein viel nützlicheres Tool als `ping.exe`.

In *Schritt 2* haben Sie einen Server angepingt. Neben `ping.exe` gibt es auch zahlreiche Tools von Drittanbietern, mit denen Sie ermitteln können, ob ein Server online ist. Die Anwendung `TCPing` beispielsweise pingt einen Server auf einem bestimmten Port an, und verwendet dazu TCP/IP, um auf dem angegebenen Port eine Verbindung zu öffnen und zu schließen. Sie können dieses kostenlose Tool von `https://www.elifulkerson.com/projects/tcping.php` herunterladen.

IP-Adressen konfigurieren

Windows verwendet standardmäßig DHCP, um alle Netzwerkschnittstellen zu konfigurieren, die während der Installation gefunden wurde. Nachdem Sie die Installation von Windows fertiggestellt haben, können Sie das Tool `netsh.exe` oder PowerShell verwenden, um die IP-Konfiguration manuell vorzunehmen.

Vorbereitungen

Dieses Rezept wird auf `SRV2.Reskit.Org` ausgeführt. Dieser Host ist ein Mitgliedsserver der Domäne und besitzt eine Netzwerkschnittstelle, die anfänglich so eingerichtet wurde, dass sie ihre Konfiguration über DHCP erhält.

So wird's gemacht

1. Die aktuellen IP-Adressinformationen für `SRV2` abrufen:

```
$IPType = 'IPv4'
$Adapter = Get-NetAdapter |
  Where-Object Status -eq 'Up'
$Interface = $Adapter |
  Get-NetIPInterface -AddressFamily $IPType
$IfIndex = $Interface.ifIndex
$IfAlias = $Interface.Interfacealias
Get-NetIPAddress -InterfaceIndex $Ifindex -AddressFamily $IPType
```

2. Die IP-Adresse für SRV2 festlegen:

```
$IPHT = @{
  InterfaceAlias = $IfAlias
  PrefixLength   = 24
  IPAddress      = '10.10.10.51'
  DefaultGateway = '10.10.10.254'
  AddressFamily  = $IPType
}
New-NetIPAddress @IPHT | Out-Null
```

3. Die Adresse des DNS-Servers festlegen:

```
$CAHT = @{
  InterfaceIndex  = $IfIndex
  ServerAddresses = '10.10.10.10'
}
Set-DnsClientServerAddress  @CAHT
```

4. Die neue Konfiguration testen:

```
Get-NetIPAddress -InterfaceIndex $IfIndex -AddressFamily IPv4
Test-NetConnection -ComputerName DC1.Reskit.Org
Resolve-DnsName -Name SRV2.Reskit.Org -Server DC1.Reskit.Org |
  Where-Object Type -eq 'A'
```

So funktioniert's

In *Schritt 1* haben Sie die aktuelle IP-Konfiguration von SRV2 ermittelt, was wie folgt aussieht:

```
PS C:\foo> $IPType = 'IPv4'
PS C:\foo> $Adapter = Get-NetAdapter | Where-Object Status -eq 'Up'
PS C:\foo> $Interface = $Adapter |
             Get-NetIPInterface -AddressFamily $IPType
PS C:\foo> $IfIndex = $Interface.ifIndex
PS C:\foo> $IfAlias = $Interface.Interfacealias
PS C:\foo> Get-NetIPAddress -InterfaceIndex $Ifindex -AddressFamily $IPType

IPAddress         : 10.10.10.150
InterfaceIndex    : 14
InterfaceAlias    : Ethernet
AddressFamily     : IPv4
Type              : Unicast
PrefixLength      : 24
PrefixOrigin      : Dhcp
SuffixOrigin      : Dhcp
AddressState      : Preferred
ValidLifetime     : 7.23:54:40
PreferredLifetime : 7.23:54:40
SkipAsSource      : False
PolicyStore       : ActiveStore
```

In *Schritt 2* haben Sie für die Netzwerkschnittstelle von SRV2 eine statische IP-Adresse festgelegt, was keine Ausgabe erzeugt. In *Schritt 3* haben Sie die IP-Adresse des DNS-Servers festgelegt, was ebenfalls keine Ausgabe erzeugt.

In *Schritt 4* haben Sie die neue IP-Konfiguration getestet, was folgendermaßen aussieht:

```
PS C:\foo> Get-NetIPAddress -InterfaceIndex $IfIndex -AddressFamily IPv4

IPAddress         : 10.10.10.51
InterfaceIndex    : 14
InterfaceAlias    : Ethernet
AddressFamily     : IPv4
Type              : Unicast
PrefixLength      : 24
PrefixOrigin      : Manual
SuffixOrigin      : Manual
AddressState      : Preferred
ValidLifetime     : Infinite ([TimeSpan]::MaxValue)
PreferredLifetime : Infinite ([TimeSpan]::MaxValue)
SkipAsSource      : False
PolicyStore       : ActiveStore

PS C:\foo> Test-NetConnection -ComputerName DC1.Reskit.Org

ComputerName           : DC1.Reskit.Org
RemoteAddress          : 10.10.10.10
InterfaceAlias         : Ethernet
SourceAddress          : 10.10.10.51
PingSucceeded          : True
PingReplyDetails (RTT) : 0 ms

PS C:\foo> Resolve-DnsName -Name SRV2.Reskit.Org -Server DC1.Reskit.Org |
              Where-Object Type -eq 'A'

Name                     Type   TTL   Section    IPAddress
----                     ----   ---   -------    ---------
SRV2.Reskit.Org          A      1200  Question   10.10.10.51
```

Weitere Informationen

In *Schritt 1* haben Sie das Cmdlet `Get-NetIPConfiguration` verwendet. Zwei verwandte Cmdlets, die im Rezept nicht gezeigt werden, sind `Get-NetIPInterface` und `Get-NetAdapter`. Beide liefern zusätzliche Informationen über den Netzwerkadapter/die Netzwerkschnittstelle.

In *Schritt 4* haben Sie die IP-Konfiguration mit `Get-NetIPAddress` geprüft, um die IP-Adresse und Subnetzmaske anzeigen zu lassen. Sie hätten stattdessen auch das Cmdlet `Get-NetIPConfiguration` verwenden können, das die IP-Adresse, die Subnetzmaske sowie Details zum Standardgateway und die IP-Adresse Ihres DNS-Servers ausgibt.

Einen DHCP-Server installieren und autorisieren

In den meisten Organisationen besitzen die Server eine statische IP-Adress-Konfiguration, wohingegen Client-Computer ihre IP-Adressen von einem DHCP-Server beziehen. In Windows (und bei Linux, Macintosh und Mobiltelefonen) enthält das Betriebssystem einen DHCP-Client, der mit einem DHCP-Server kommuniziert, um eine IP-Adress-Konfiguration zu erhalten (einschließlich der IP-Adresse, der Subnetzmaske, des Standardgateway und der IP-Adresse des DNS-Servers).

Die Installation und Autorisierung eines DHCP-Servers ist einfach und unkompliziert. Sie können hierfür auch den Server-Manager verwenden. Der Server-Manager ist jedoch lediglich eine grafische Benutzeroberfläche, die im Hintergrund PowerShell verwendet. Alternativ können Sie, wie in diesem Rezept gezeigt, PowerShell verwenden, um die Installation und Konfiguration von DHCP zu automatisieren.

Vorbereitungen

Dieses Rezept installiert den DHCP-Dienst sowie die entsprechenden Verwaltungstools auf dem Computer `DC1.Reskit.Org`. `DC1` ist ein Domänencontroller in der Domäne `Reskit.Org`, und er fungiert außerdem als DNS-Server.

So wird's gemacht

1. Das DHCP-Feature auf `DC1` installieren:

   ```
   Install-WindowsFeature -Name DHCP -IncludeManagementTools
   ```

2. Die Sicherheitsgruppen des DHCP-Servers hinzufügen:

   ```
   Add-DHCPServerSecurityGroup -Verbose
   ```

3. DHCP darüber informieren, dass alles konfiguriert ist:

   ```
   $RegHT = @{
     Path  = 'HKLM:\SOFTWARE\Microsoft\ServerManager\Roles\12'
     Name  = 'ConfigurationState'
     Value = 2
   }
   Set-ItemProperty @RegHT
   ```

4. Den DHCP-Server in Active Directory autorisieren:

   ```
   Add-DhcpServerInDC -DnsName DC1.Reskit.Org
   ```

5. DHCP-Dienst neu starten:

   ```
   Restart-Service -Name DHCPServer -Force
   ```

So funktioniert's

In *Schritt 1* haben Sie das Cmdlet `Install-WindowsFeature` verwendet, um den DHCP-Server und die DHCP-Verwaltungstools zu installieren, was folgendermaßen aussieht:

```
PS C:\foo> Install-WindowsFeature -Name DHCP -IncludeManagementTools

Success Restart Needed Exit Code      Feature Result
------- -------------- ---------      --------------
True    No             Success        {DHCP-Server, DHCP-Servertools}
```

In *Schritt 2* haben Sie die erforderlichen DHCP-Sicherheitsgruppen hinzugefügt. Standardmäßig erzeugt dieses Cmdlet keine Ausgabe. Wenn Sie ausführliche Ausgaben sehen wollen, können Sie den Schalter `-Verbose` verwenden. Falls Sie dies tun, gibt das Cmdlet ein paar Informationen aus:

```
PS C:\foo> Add-DHCPServerSecurityGroup -Verbose
AUSFÜHRLICH: Fügt Sicherheitsgruppen für DHCP-Benutzer und DHCP-Administratoren auf dem DHCP-Server "DC1" hinzu.
```

In *Schritt 3* haben Sie Windows darüber informiert, dass die DHCP-Konfiguration abgeschlossen ist. Dieser Schritt erzeugt keine Ausgabe und ist erforderlich, um DHCP wissen zu lassen, dass die benötigten Sicherheitsgruppen erstellt wurden.

Bevor ein DHCP-Server in der Lage ist, DHCP-Clients mit einer IP-Konfiguration zu versehen, müssen Sie den DHCP-Server in AD autorisieren. Dies erfolgt in *Schritt 4*, der ebenfalls keine Ausgabe erzeugt.

Im letzten Schritt, *Schritt 5*, haben Sie den DHCP-Dienst neu gestartet. Nachdem Sie den DHCP-Server im Active Directory autorisiert haben, kann der DHCP-Dienst nun gestartet werden. Nach dem Neustart können Sie den DHCP-Server mit Adressdetails und Werten für DHCP-Optionen, die an die DHCP-Clients verteilt werden sollen, konfigurieren.

Weitere Informationen

In *Schritt 1* haben Sie den DHCP-Server-Dienst unter Verwendung des Cmdlets `Install-WindowsFeature` installiert. In früheren Versionen des Server-Manager-PowerShell-Modus hieß dieses Cmdlet `Add-WindowsFeature`. Bei Windows Server 2019 ist `Add-WindowsFeature` ein Alias für `Install-WindowsFeature`.

In *Schritt 2* haben Sie den Schalter `-Verbose` angegeben. Wenn Sie bei einem Cmdlet den Schalter `-Verbose` angeben, erhalten Sie zusätzliche Bildschirmausgaben, die zeigen, was das Cmdlet (oder die Funktion) macht. Die Menge der zusätzlichen Informationen, die angezeigt werden, hängen vom jeweiligen Cmdlet ab. Einige Cmdlets sind besonders wortkarg und erzeugen nur wenige oder keine zusätzlichen Ausgaben. Andere Cmdlets hingegen versorgen Sie mit detaillierten Informationen.

In *Schritt 4* haben Sie den DHCP-Server explizit im Active Directory autorisiert. Diese Sicherheitsmaßnahme hilft zu vermeiden, dass ein unberechtigter Benutzer einen DHCP-Server einrichtet, der dann unangemessene IP-Konfigurationen verteilt. Wenn Sie mehrere Domänencontroller einsetzen, ist es sinnvoll, eine AD-Replikation zu erzwingen, damit alle Domänencontroller diesen Server als autorisiert anzeigen. Obwohl die Replikation sehr schnell abgeschlossen sein sollte, schadet es nicht, den Replikationsstatus zu überprüfen, bevor Sie in *Schritt 5* den DHCP-Dienst aktivieren.

DHCP-Bereiche konfigurieren

Im vorherigen Rezept, »Einen DHCP-Server installieren und autorisieren« auf Seite 75 haben Sie auf `DC1.Reskit.Org` einen DHCP-Server installiert und autorisiert. Bevor der Server DHCP-Clients eine IP-Adress-Konfiguration zuweisen kann, müssen Sie einen DHCP-Bereich erstellen sowie DHCP-Optionen festlegen. Ein DHCP-Bereich ist ein Bereich von DHCP-Adressen, die Ihr DHCP-Server (für ein bestimmtes IP-Subnetz) ausgeben kann. DHCP-Optionen sind bestimmte Konfigurationsoptionen, die Ihr DHCP-Server zur Verfügung stellt, wie beispielsweise die IP-Adresse des DNS-Servers. Je nach den Anforderungen Ihres Unternehmens können DHCP-Optionen auf der Bereichsebene oder der Serverebene festgelegt werden.

Vorbereitungen

Dieses Rezept fügt Ihrem DHCP-Dienst auf `DC1` einen DHCP-Bereich hinzu. Sie haben den DHCP-Dienst im Rezept »Einen DHCP-Server installieren und autorisieren« auf Seite 75 installiert und autorisiert.

So wird's gemacht

1. Erstellen Sie einen neuen DHCP-Bereich:

```
$SHT = @{
  Name         = 'Reskit'
  StartRange   = '10.10.10.150'
  EndRange     = '10.10.10.199'
  SubnetMask   = '255.255.255.0'
  ComputerName = 'DC1.Reskit.Org'
}
Add-DhcpServerV4Scope @SHT
```

2. Rufen Sie die vorhandenen DHCP-Bereiche vom Server ab:

```
Get-DhcpServerv4Scope -ComputerName DC1.Reskit.Org
```

3. Legen Sie DHCP-Optionswerte für den DHCP-Server fest:

```
$OHT = @{
  ComputerName = 'DC1.Reskit.Org'
  DnsDomain = 'Reskit.Org'
  DnsServer = '10.10.10.10'
}
Set-DhcpServerV4OptionValue @OHT
```

4. Rufen Sie die konfigurierten Optionen ab:

```
Get-DhcpServerv4OptionValue -ComputerName DC1.Reskit.Org
```

So funktioniert's

In diesem Rezept, das das DHCP-Server-Modul verwendet, haben Sie einige grundlegende Aufgaben zur Verwaltung von DHCP-Bereichen durchgeführt und einen DHCP-Bereich erstellt und aktualisiert. In *Schritt 1* haben Sie einen neuen Bereich für das Subnetz 10.10.10.0/24 erstellt. Dieser Schritt erzeugt keine Ausgabe.

In *Schritt 2* haben Sie das Cmdlet `Get-DHCPServerV4Scope` verwendet, um Details zu den auf `DC1` definierten Bereichen abzurufen; hier wird auch der Bereich angezeigt, den Sie in *Schritt 1* erstellt haben. Die Ausgabe dieses Schritts sieht wie folgt aus:

```
PS C:\foo> Get-DhcpServerv4Scope -ComputerName DC1.Reskit.Org

ScopeId       SubnetMask      Name     State   StartRange     EndRange       LeaseDuration
-------       ----------      ----     -----   ----------     --------       -------------
10.10.10.0    255.255.255.0   Reskit   Active  10.10.10.150   10.10.10.199   8.00:00:00
```

Damit der DHCP-Server in der Lage ist, die DHCP-Clients mit allen Details der IP-Konfiguration zu versehen, haben Sie DHCP-Optionen angegeben. Eine DHCP-Option ist eine bestimmte Einstellung, die der DHCP-Server den Clients zur Verfügung stellen kann, wie beispielsweise die IP-Adresse eines DNS-Servers. Je nach Ihren Anforderungen können Sie eine Option auf der Serverebene oder der Bereichsebene festlegen.

In *Schritt 3* legen Sie zwei DHCP-Optionen als Serveroptionen fest und zwar den DNS-Domänennamen, (der bei Client-DNS-Registrierungen verwendet wird) sowie die IP-Adresse des DNS-Servers. Dieser Schritt erzeugt keine Ausgabe.

In *Schritt 4* verwenden Sie das Cmdlet `Get-DHCPServerV4OptionValue`, um die auf `DC1` festgelegten DHCP-Serveroptionen anzeigen zu lassen, und erhalten die folgende Ausgabe:

```
PS C:\foo> Get-DhcpServerv4OptionValue -ComputerName DC1.Reskit.Org

OptionId  Name              Type       Value          VendorClass    UserClass    PolicyName
--------  ----              ----       -----          -----------    ---------    ----------
15        DNS-Domänenname   String     {Reskit.Org}
6         DNS-Server        IPv4Add... {10.10.10.10}
```

Weitere Informationen

In *Schritt 1* haben Sie mit dem Cmdlet `New-DHCPServerV4Scope` den Bereich erstellt. Es wird ein Bereich für das Subnetz `10.10.10.0/24` erstellt, der einen Bereich von IP-Adressen enthält, die der Server aus diesem Subnetz den DHCP-Clients zuweisen kann (hier die Adressen von `10.10.10.150` bis `10.10.10.199`).

In *Schritt 4* haben Sie eine Option konfiguriert und einen Optionswert für den DNS-Server festgelegt und hierzu das Cmdlet `Set-DhcpServerV4OptionValue` eingesetzt. Wenn Sie die IP-Adresse eines DNS-Servers konfigurieren, prüft dieses Cmdlet, ob es sich bei der angegebenen IP-Adresse auch tatsächlich um einen DNS-Server handelt (und zeigt eine Fehlermeldung an, falls dies nicht der Fall sein sollte).

In diesem Rezept haben Sie einen einfachen Bereich für lediglich ein Subnetz erstellt, der nur zwei Optionen enthält. Falls Sie DHCP skalieren, wird die Aufgabe ein wenig komplexer, wozu auch die Frage gehört, ob eine Option als Bereichsoption oder als Serveroption konfiguriert werden soll, sowie die Frage nach Clientklassen, was in diesem Kapitel nicht behandelt wird. Dennoch sind die Cmdlets, die in diesem Rezept vorgestellt werden, der Kern dessen, was Sie vermutlich in der Praxis einsetzen.

Statt statischer IP-Adresse DHCP verwenden

Es kann vorkommen, dass Sie die IP-Einstellungen eines Servers so ändern wollen, dass er statt einer statischen Adresse seine IP-Konfiguration über DHCP bezieht. Eventuell hatte der Server eine statische IP-Adresse, weil er eine bestimmte Rolle innehatte. Sie wollen den Server nun für einen anderen Zweck einsetzen und ihn daher so umkonfigurieren, dass er seine IP-Konfiguration von einem DHCP-Server erhält.

Vorbereitungen

Dieses Rezept verwendet den Server `SRV1`, der am Anfang des Rezepts eine manuelle IP-Konfiguration verwendet, wie die, die Sie mit dem Rezept »IP-Adressen konfigurieren« auf Seite 73 erstellt haben. In diesem Rezept ändern Sie die statische Konfiguration in eine IP-Konfiguration via DHCP ab. Deses Rezept setzt weiterhin voraus, dass Sie einen funktionierenden DHCP-Server haben, der auf den Rezepten »Einen DHCP-Server installieren und autorisieren« auf Seite 75 sowie »DHCP-Bereiche konfigurieren« auf Seite 77 basiert.

So wird's gemacht

1. Rufen Sie die aktuellen IP-Adressinformationen ab:

```
$IPType = 'IPv4'
$Adapter = Get-NetAdapter |
    Where-Object Status -eq 'up'
$Interface = $Adapter |
    Get-NetIPInterface -AddressFamily $IPType
$IfIndex = $Interface.ifIndex
$IfAlias = $Interface.Interfacealias
Get-NetIPAddress -InterfaceIndex $IfIndex -AddressFamily $IPType
```

2. Für die Netzwerkschnittstelle festlegen, dass die Adresse über DHCP bezogen wird:

```
Set-NetIPInterface -InterfaceIndex $IfIndex -DHCP Enabled
```

3. Testen Sie die Ergebnisse:

```
Get-NetIPAddress -InterfaceIndex $IfIndex -AddressFamily $IPType
```

So funktioniert's

In *Schritt 1* überprüfen Sie die IP-Adresse, die SRV1 zugewiesen ist. Die Adresse ist manuell konfiguriert. Die Ausgabe dieses Schritts sieht folgendermaßen aus:

```
PS C:\foo> $IPType = 'IPv4'
PS C:\foo> $Adapter = Get-NetAdapter |
             Where-Object Status -eq 'up'
PS C:\foo> $Interface = $Adapter |
             Get-NetIPInterface -AddressFamily $IPType
PS C:\foo> $IfIndex = $Interface.ifIndex
PS C:\foo> $IfAlias = $Interface.Interfacealias
PS C:\foo> Get-NetIPAddress -InterfaceIndex $IfIndex -AddressFamily $IPType

IPAddress         : 10.10.10.50
InterfaceIndex    : 14
InterfaceAlias    : Ethernet
AddressFamily     : IPv4
Type              : Unicast
PrefixLength      : 24
PrefixOrigin      : Manual
SuffixOrigin      : Manual
AddressState      : Preferred
ValidLifetime     : Infinite ([TimeSpan]::MaxValue)
PreferredLifetime : Infinite ([TimeSpan]::MaxValue)
SkipAsSource      : False
PolicyStore       : ActiveStore
```

In *Schritt 2* legen Sie fest, dass die Netzwerkschnittstelle ihre IP-Konfiguration via DHCP erhalten soll. Dieser Schritt erzeugt keine Ausgabe.

In *Schritt 3* prüfen Sie die Ergebnisse, nachdem Sie die IP-Einstellungen von manueller Konfiguration auf DHCP zurückgesetzt haben, was wie folgt aussieht:

```
PS C:\foo> Get-NetIPAddress -InterfaceIndex $IfIndex -AddressFamily $IPType

IPAddress         : 10.10.10.150
InterfaceIndex    : 14
InterfaceAlias    : Ethernet
AddressFamily     : IPv4
Type              : Unicast
PrefixLength      : 24
PrefixOrigin      : Dhcp
SuffixOrigin      : Dhcp
AddressState      : Preferred
ValidLifetime     : 7.23:59:03
PreferredLifetime : 7.23:59:03
SkipAsSource      : False
PolicyStore       : ActiveStore
```

Weitere Informationen

In *Schritt 3* haben Sie die IP-Adresse von SRV1 mit Get-NetIPAddress abgerufen. Wie im Rezept »Neue Wege, um Altbekanntes zu tun« auf Seite 66 erwähnt, hätten Sie stattdessen auch ipconfig.exe verwenden können, und so schneller das Ergebnis erhalten.

DHCP-Failover und Lastenausgleich konfigurieren

Die Installation und Konfiguration eines einzelnen DHCP-Servers, wie in den Rezepten »Einen DHCP-Server installieren und autorisieren« auf Seite 75 und »DHCP-Bereiche konfigurieren« auf Seite 77 gezeigt, ist recht unkompliziert. Jedoch stellt ein einzelner DHCP-Server auch einen Single Point of Failure dar. Eine Standardlösung dieses Problems besteht darin, DHCP-Failover und Lastenausgleich zu implementieren. Microsoft hatte HDCP mit Windows 2012 um diese Möglichkeiten erweitert. Dieses Feature, und selbstverständlich auch DHCP, stehen auch in Windows Server 2019 zur Verfügung.

Vorbereitungen

Dieses Rezept erfordert zwei Server, wobei einer der Server (DC1) mit einem funktionierenden DHCP-Bereich konfiguriert sein muss. Sie erreichen dies, indem Sie die Rezepte »Einen DHCP-Server installieren und autorisieren« auf Seite 75 und »DHCP-Bereiche konfigurieren« auf Seite 77 weiter vorn in diesem Kapitel verwenden. Dieses Rezept benötigt einen zweiten Server (in diesem Fall den Server DC2.Reskit.Org).

So wird's gemacht

1. Auf DC2 das Feature DHCP-Server installieren:

```
$FHT = @{
  Name         = 'DHCP','RSAT-DHCP'
  ComputerName =  'DC2.Reskit.Org'}
Install-WindowsFeature @FHT
```

2. DHCP darüber informieren, dass auf DC2 alles konfiguriert ist:

```
$IPHT = @{
  Path   = 'HKLM:\SOFTWARE\Microsoft\ServerManager\Roles\12'
  Name   = 'ConfigurationState'
  Value  = 2
}
Set-ItemProperty @IPHT
```

3. Den DHCP-Server in AD autorisieren und die Ergebnisse anzeigen:

```
Add-DhcpServerInDC -DnsName DC2.Reskit.Org
```

4. Die in der Domäne autorisierten DHCP-Server anzeigen:

```
Get-DhcpServerInDC
```

5. Failover und Lastenausgleich zwischen DC1 und DC2 konfigurieren:

```
$FHT= @{
  ComputerName       = 'DC1.Reskit.Org'
  PartnerServer      = 'DC2.Reskit.Org'
  Name               = 'DC1-DC2'
  ScopeID            = '10.10.10.0'
  LoadBalancePercent = 60
  SharedSecret       = 'j3RryIsG0d!'
  Force              = $true
}
Add-DhcpServerv4Failover @FHT
```

6. Aktive Leases im Bereich anzeigen (von beiden Servern!):

```
'DC1', 'DC2' |
   ForEach-Object {Get-DhcpServerv4Lease -ScopeID 10.10.10.0 -ComputerName $_}
```

7. Jetzt die Serverstatistiken von beiden Servern abrufen:

```
'DC1', 'DC2' |
   ForEach-Object { Get-DhcpServerv4ScopeStatistics -ComputerName $_}
```

So funktioniert's

In *Schritt 1* haben Sie das Feature DHCP-Server auf DC2.Reskit.org installiert, was wie folgt aussieht:

```
PS C:\foo> $FHT = @{
             Name         = 'DHCP','RSAT-DHCP'
             ComputerName = 'DC2.Reskit.Org' }
PS C:\foo> Install-WindowsFeature @FHT

Success Restart Needed Exit Code      Feature Result
------- -------------- ---------      --------------
True    No             Success        {DHCP-Server}
```

In *Schritt 2* haben Sie in der Windows-Registrierungsdatenbank einen Schlüssel erstellt, um Windows darüber zu informieren, das DHCP vollständig konfiguriert ist. In *Schritt 3* haben Sie diesen DHCP-Server in Active Directory autorisiert. Beide Schritte erzeugen keine Ausgabe.

In *Schritt 4* haben Sie sich die Details über die in der Domäne Reskit.Org autorisierten DHCP-Server anzeigen lassen, was folgendermaßen aussieht:

```
PS C:\foo> Get-DhcpServerInDC

IPAddress                DnsName
---------                -------
10.10.10.10              dc1.reskit.org
10.10.10.11              dc2.reskit.org
```

In *Schritt 5* haben Sie für DC1 und DC2 das Failover und den Lastenausgleich konfiguriert. Dieser Schritt erzeugt keine Ausgabe.

In *Schritt 6* lassen Sie die aktiven Leases auf den beiden DHCP-Servern anzeigen, was folgendermaßen aussieht:

```
PS C:\foo> 'DC1', 'DC2' |
             ForEach-Object {Get-DhcpServerv4Lease -ScopeID 10.10.10.0 -ComputerName $_}

IPAddress       ScopeId      ClientId            HostName          AddressState   LeaseExpiryTime
---------       -------      --------            --------          ------------   ---------------
10.10.10.150    10.10.10.0   00-15-5D-5A-DE-01   srv1.reskit.org   Active         24.07.2019 07:13:48
10.10.10.151    10.10.10.0   00-15-5D-5A-DD-00   srv2.reskit.org   Active         24.07.2019 07:07:32
10.10.10.152    10.10.10.0   00-15-5D-5A-DD-01   psrv.reskit.org   Active         20.07.2019 08:01:36
10.10.10.150    10.10.10.0   00-15-5D-5A-DE-01   srv1.reskit.org   Active         24.07.2019 07:13:48
10.10.10.151    10.10.10.0   00-15-5D-5A-DD-00   srv2.reskit.org   Active         24.07.2019 07:07:32
10.10.10.152    10.10.10.0   00-15-5D-5A-DD-01   psrv.reskit.org   Active         20.07.2019 08:01:36
```

In *Schritt 7* rufen Sie von beiden Servern die DHCP-Serverstatistiken ab. Sie erhalten diese Ausgabe:

```
PS C:\foo> 'DC1', 'DC2' |
             ForEach-Object {
               Get-DhcpServerv4ScopeStatistics -ComputerName $_}

ScopeId      Free   InUse   PercentageInUse   Reserved   Pending   SuperscopeName
-------      ----   -----   ---------------   --------   -------   --------------
10.10.10.0   47     3       6                 0          0
10.10.10.0   47     3       6                 0          0
```

Weitere Informationen

In *Schritt 2* haben Sie auf dem DHCP-Server einen Schlüssel in der Registry erstellt, der angibt, dass der DHCP-Server vollständig installiert ist. Wenn Sie DHCP mit dem Server-Manger (also in der Benutzeroberfläche) installieren, wird dieser Schritt automatisch ausgeführt.

Mit *Schritt 3* autorisieren Sie diesen DHCP-Server in Active Directory. Ohne diesen Schritt könnte der DHCP-Dienst auf DC2 nie vollständig gestartet werden. Dieses Verhalten ist beabsichtigt, um sicherzustellen, dass nur autorisierte DHCP-Server DHCP-Adressen ausgeben können. In *Schritt 4* lassen Sie die Liste der in der Domäne autorisierten DHCP-Server anzeigen.

In *Schritt 5* richten Sie DC2 als Failover- und Lastenausgleichs-DHCP-Server ein, wobei DC1 der andere Partner in dieser Beziehung ist. Wie Sie in *Schritt 6* und *Schritt 7* sehen können, sind die beiden Server synchronisiert (mit 3 verwendeten und 47 unbenutzten Adressen).

DNS-Server, Zonen und Ressourceneinträge konfigurieren

In Kapitel 3, »Windows Active Directory verwalten«, installieren Sie im Rezept »Active Directory mit DNS installieren« einen DNS-Server als Teil der Installation von Active Directory. Hierdurch wird `DC1` der anfängliche DNS-Server, auf dem sich verschiedene DNS-Einträge befinden, die von AD für die Domäne `Reskit.Org` erstellt wurden. Wenn Sie einen DHCP-Bereich mit DHCP-Optionen für den DNS-Server hinzufügen und hierbei `10.10.10.10` verwenden (die IP-Adresse von `DC1.Reskit.Org`) führt dies dazu, dass die DHCP-Clients `DC1` als DNS-Server verwenden (und auch auf diesem Server ihre IP-Adressen registrieren).

Nachdem Sie diese beiden Rezepte durchgeführt haben, erhalten die DHCP-Clients IP-Adress-Konfigurationen einschließlich der Adresse eines DNS-Servers. Daher können die DHCP-Clients gegenseitig und für die Gesamtstruktur einfach IP-Adressen auflösen. (Die DNS-Auflösung versorgt AD-Clients mit IP-Adressinformationen für den Domänencontroller und globale Katalogserver.)

Der Installationsprozess des Domänencontrollers bedeutet in Kombination mit DNS-Autoregistrierung, dass die grundlegenden DNS-Operationen nur für Clients (und Domänencontroller) funktionieren, die für DHCP konfiguriert sind. Jeder Windows-Client und Windows-Server registriert seine Details beim DNS-Server auf `DC1`, damit diese für die Namensauflösung verwendet werden können. Sie erhalten so eine gute, jedoch einfache DNS-Infrastruktur. Wenn Sie statisch konfigurierte Server einsetzen, müssen Sie sicherstellen, dass die DNS-Einstellungen auf allen Hosts korrekt konfiguriert sind, und dass diese auf beide DNS-Server zeigen. Die IP-Adressen, die Sie statisch zuweisen, dürfen sich nicht mit dem IP-Adressbereich überschneiden, der vom DHCP-Server ausgegeben wird.

Nachdem Ihr erster DNS-Server läuft (und Active Directory installiert ist), sollten Sie der Domäne sowohl einen zweiten Domänencontroller hinzufügen (dies wird in diesem Kapitel nicht behandelt), als auch einen zweiten DNS-Server einrichten (und dann die DHCP-Optionen aktualisieren, um sicherzustellen, dass die DHCP-Clients mit den IP-Adressen beider DNS-Server konfiguriert werden. Das Hinzufügen eines zweiten DNS-Servers (und eines zweiten Domänencontrollers) sorgt für System- und Betriebsstabilität, sollte ein Domänencontroller/DNS-Server ausfallen.

In diesem Rezept fügen Sie einen zweiten DNS-Server hinzu, aktualisieren Sie die DHCP-Einstellungen und fügen dann eine neue DNS-Zone sowie neue Ressourceneinträge hinzu.

Vorbereitungen

Dieses Rezept verwendet drei Systeme: `DC1` und `DC2` sowie einen Client-Computer, `CL1`. `DC1` ist ein Domänencontroller, auf dem DNS installiert ist. `DC2` ist ein zweiter Domänencontroller, auf dem jedoch kein DNS installiert ist. `CL1` ist ein Windows 10-System, das als DHCP-Client konfiguriert ist.

So wird's gemacht

1. DNS-Server-Dienst auf `DC2` hinzufügen:

   ```
   Install-WindowsFeature -Name DNS -ComputerName Dc2.Reskit.Org
   ```

2. Prüfen, ob `DC1.Reskit.Org` zu `DC2` repliziert wurde, nachdem DNS installiert wurde:

   ```
   $DnsSrv = 'DC2.Reskit.Org'
   Resolve-DnsName -Name DC1.Reskit.Org -Type A -Server $DnsSrv
   ```

3. Den neuen DNS-Server zu den DHCP-Optionen hinzufügen:

```
$OHT = @{
  ComputerName = 'DC1.Reskit.Org'
  DnsDomain    = 'Reskit.Org'
  DnsServer    = '10.10.10.10','10.10.10.11'
}
Set-DhcpServerV4OptionValue @OHT
```

4. Die DHCP-Optionen auf DC1 überprüfen:

```
Get-DhcpServerv4OptionValue | Format-Table -AutoSize
```

5. Auf CL1 die IP-Konfiguration überprüfen:

```
Get-DhcpServerv4OptionValue | Format-Table -AutoSize
```

6. Eine neue primäre Forward-Lookup-DNS-Zone erstellen:

```
$ZHT = @{
  Name              = 'Cookham.Reskit.Org'
  ReplicationScope  = 'Forest'
  DynamicUpdate     = 'Secure'
  ResponsiblePerson = 'DNSADMIN.reskit.org'
}
Add-DnsServerPrimaryZone @ZHT
```

7. Eine neue primäre Reverse-Lookup-Domäne (für IPv4) erstellen:

```
$PSHT = @{
  Name              = '10.in-addr.arpa'
  ReplicationScope  = 'Forest'
  DynamicUpdate     = 'Secure'
  ResponsiblePerson = 'DNSADMIN.Reskit.Org.'
}
Add-DnsServerPrimaryZone @PSHT
```

8. Überprüfen, ob beide Zonen verfügbar sind:

```
Get-DNSServerZone -Name 'Cookham.Reskit.Org', '10.in-addr.arpa'
```

9. Einen A-Ressourceneintrag (Host) zur Zone Cookham.Reskit.Org hinzufügen:

```
$RRHT1 = @{
  ZoneName       =  'Cookham.Reskit.Org'
  A              =  $true
  Name           = 'Home'
  AllowUpdateAny =  $true
  IPv4Address    = '10.42.42.42'
  TimeToLive     = (30 * (24 * 60 * 60))  # 30 Tage in Sekunden
}
Add-DnsServerResourceRecord @RRHT1
```

10. Ergebnisse der Ressourceneinträge in der Zone Cookham.Reskit.Org prüfen:

```
$Zname = 'Cookham.Reskit.Org'
Get-DnsServerResourceRecord -ZoneName $Zname -Name 'home'
```

11. Die Reverse-Lookup-Informationen für DC2 überprüfen:

```
$RRH = @{
  ZoneName     = '10.in-addr.arpa'
  RRType       = 'Ptr'
  ComputerName = 'DC2'
}
Get-DnsServerResourceRecord @RRH
```

12. Weitere Ressourceneinträge zur Zone reskit.org hinzufügen:

```
$RRHT2 = @{
  ZoneName       = 'reskit.org'
  A              =  $true
  Name           = 'mail'
  CreatePtr      =  $true
  AllowUpdateAny = $true
  IPv4Address    = '10.10.10.42'
  TimeToLive     = '21:00:00'
}
Add-DnsServerResourceRecord  @RRHT2

$MXHT = @{
  Preference     = 10
  Name           = '.'
  TimeToLive     = '1:00:00'
  MailExchange   = 'mail.reskit.org'
  ZoneName       = 'reskit.org'
}
Add-DnsServerResourceRecordMX @MXHT

$GHT = @{
  ZoneName = 'reskit.org'
  Name     = '@'
  RRType   = 'Mx'
}
Get-DnsServerResourceRecord  @GHT
```

13. Den DNS-Dienst auf DC1 testen:

```
Test-DnsServer -IPAddress 10.10.10.10 -Context DnsServer
Test-DnsServer -IPAddress 10.10.10.10 -Context RootHints
Test-DnsServer -IPAddress 10.10.10.10 -ZoneName 'Reskit.Org'
```

So funktioniert's

In *Schritt 1* installieren Sie zuerst das Feature DNS-Server auf DC2. Die Ausgabe dieses Schritts sieht wie folgt aus:

```
PS C:\foo> Install-WindowsFeature -Name DNS -ComputerName DC2.Reskit.Org

Success Restart Needed Exit Code      Feature Result
------- -------------- ---------      --------------
True    No             Success        {DNS-Server}
```

In *Schritt 2* überprüfen Sie den DNS-Server auf DC2, um sicherzustellen, dass dort die Zonendetails von DC1 repliziert wurden. Sie tun dies, indem Sie überprüfen, ob DC2 die IP-Adresse von DC1 auflösen kann, was folgendermaßen aussieht:

```
PS C:\foo> $DnsSrv = 'DC2.Reskit.Org'
PS C:\foo> Resolve-DnsName -Name DC1.Reskit.Org -Type A -Server $DnsSrv

Name                    Type   TTL    Section     IPAddress
----                    ----   ---    -------     ---------
DC1.Reskit.Org          A      1200   Question    10.10.10.10
```

In *Schritt 3*, der keine Ausgabe erzeugt, fügen Sie die IP-Adresse von DC2 zum DHCP-Bereich hinzu, den Sie weiter vorn erstellt haben. Hierdurch können die Clients sowohl DC1 als auch DC2 als DNS-Server verwenden.

In *Schritt 4* überprüfen Sie die DHCP-Optionen, um sicherzustellen, dass die zweite DNS-Serveradresse als Teil von DHCP konfiguriert ist, was wie folgt aussieht:

```
PS C:\foo> Get-DhcpServerv4OptionValue | Format-Table -AutoSize

OptionId  Name             Type        Value                      VendorClass  UserClass  PolicyName
--------  ----             ----        -----                      -----------  ---------  ----------
15        DNS-Domänenname  String      {Reskit.Org}
6         DNS-Server       IPv4Address {10.10.10.10, 10.10.10.11}
```

Nachdem Sie DHCP so konfiguriert haben, dass bei allen Leases, die der DHCP-Dienst ausgibt, beide DNS-Serveradressen übermittelt werden, können Sie dies überprüfen, indem Sie *Schritt 5* auf CL1 (einem Windows 10-Host, der Mitglied der Domäne ist und der für DHCP konfiguriert wurde) ausführen. Die Ausgabe sieht folgendermaßen aus:

```
PS C:\foo> ipconfig /all

Windows-IP-Konfiguration

   Hostname . . . . . . . . . . . . : CL1
   Primäres DNS-Suffix . . . . . . . : Reskit.Org
   Knotentyp . . . . . . . . . . . . : Hybrid
   IP-Routing aktiviert  . . . . . . : Nein
   WINS-Proxy aktiviert  . . . . . . : Nein
   DNS-Suffixsuchliste . . . . . . . : Reskit.Org

Ethernet-Adapter LAN-Verbindung:

   Verbindungsspezifisches DNS-Suffix:
   Beschreibung. . . . . . . . . . . : Microsoft Hyper-V-Netzwerkadapter
   Physische Adresse . . . . . . . . : 00-1C-42-BE-41-7C
   DHCP aktiviert. . . . . . . . . . : Ja
   Autokonfiguration aktiviert . . . : Ja
   Verbindungslokale IPv6-Adresse  . : fe80::6d2c:f0ec:40c:ee4a%13(Bevorzugt)
   IPv4-Adresse (Auto. Konfiguration): 10.10.10.181(Bevorzugt)
   Subnetzmaske  . . . . . . . . . . : 255.255.255.0
   Lease erhalten. . . . . . . . . . : Donnerstag, 11. Juli 2019 06:46:20
   Lease läuft ab. . . . . . . . . . : Donnerstag, 18. Juli 2019 09:46:20
   Standardgateway . . . . . . . . . :
   DHCP-Server . . . . . . . . . . . : 10.10.10.11
   DHCPv6-IAID . . . . . . . . . . . : 234888258
   DHCPv6-Client-DUID. . . . . . . . : 00-01-00-01-24-70-BF-C9-00-1C-42-BE-41-7C
   DNS-Server  . . . . . . . . . . . : 10.10.10.10
                                       10.10.10.11
   NetBIOS über TCP/IP . . . . . . . : Aktiviert
```

In *Schritt 6* haben Sie weitere DNS-Wartungsaufgaben durchgeführt und eine Forward-Lookup-Zone für `Cookham.Reskit.Org` erstellt. Anschließend haben Sie in *Schritt 7* eine neue IPv4-Reverse-Lookup-Domäne erstellt. Diese beiden Schritte erzeugen keine Ausgabe.

In *Schritt 8* überprüfen Sie, ob diese beiden Zonen verfügbar sind, was wie folgt aussieht:

```
PS C:\foo> Get-DNSServerZone -Name 'Cookham.Reskit.Org', '10.in-addr.arpa'

ZoneName              ZoneType    IsAutoCreated    IsDsIntegrated    IsReverseLookupZone    IsSigned
--------              --------    -------------    --------------    -------------------    --------
Cookham.Reskit.Org    Primary     False            True              False                  False
10.in-addr.arpa       Primary     False            True              True                   False
```

In *Schritt 9* haben Sie einen Ressourceneintrag für `Home.Cookham.Reskit.Org` erstellt. Dies erzeugt keine Ausgabe. In *Schritt 10* prüfen Sie, ob diese Ressourceneinträge verfügbar sind, was folgendermaßen aussieht:

```
PS C:\foo> $Zname = 'Cookham.reskit.Org'
PS C:\foo> Get-DnsServerResourceRecord -ZoneName $Zname -Name 'home'

HostName    RecordType Type      Timestamp    TimeToLive    RecordData
--------    ---------- ----      ---------    ----------    ----------
home        A          1         0            00:00:00      10.42.42.42  <-----
```

In *Schritt 11* schauen Sie sich die Inhalte der Reverse-Lookup-Zone an. Abhängig davon, wie viele Hosts sich bei DNS registriert haben, kann die Ausgabe ein wenig variieren, aber der prinzipielle Aufbau sollte so sein, wie hier gezeigt:

```
PS C:\foo> Get-DnsServerResourceRecord -ZoneName '10.in-addr.arpa' -RRType Ptr

HostName       RecordType Type     Timestamp              TimeToLive     RecordData
--------       ---------- ----     ---------              ----------     ----------
10.10.10       PTR        12       14.07.2019 16:00:00    00:20:00       DC1.Reskit.Org.
10.10.11       PTR        12       14.07.2019 16:00:00    00:20:00       DC2.Reskit.Org.
181.10.10      PTR        12       15.07.2019 09:00:00    00:15:00       CL1.Reskit.Org.
50.10.10       PTR        12       14.07.2019 16:00:00    00:20:00       SRV1.Reskit.Org.
51.10.10       PTR        12       14.07.2019 16:00:00    00:20:00       SRV2.Reskit.Org.
```

In *Schritt 12* fügen Sie einen Ressourceneintrag des Typs `A` (Host) für `Mail.Reskit.Org` sowie einen Eintrag des Typs Mail-Exchanger (`MX`) hinzu, der auf `Mail.Reskit.Org` zeigt. Das Hinzufügen dieser beiden Ressourceneinträge zu DNS erzeugt keine Ausgabe.

In *Schritt 13* testen Sie den DNS-Dienst auf `DC1`, indem Sie das Cmdlet `Test-DNSServer` verwenden. Sie verwenden dieses Cmdlet, um zu testen, ob der DNS-Dienst vorhanden ist, ob er korrekt mit Stammhinweisen konfiguriert ist und ob der Server Adressen innerhalb der Domäne `Reskit.Org` auflösen kann. Die Ausgabe dieses Schritts sieht wie folgt aus:

```
PS C:\foo> Test-DnsServer -IPAddress 10.10.10.10 -Context DnsServer

IPAddress    Result   RoundTripTime TcpTried UdpTried
---------    ------   ------------- -------- --------
10.10.10.10 Success  00:00:00      False    True

PS C:\foo> Test-DnsServer -IPAddress 10.10.10.10 -Context RootHints

IPAddress    Result   RoundTripTime TcpTried UdpTried
---------    ------   ------------- -------- --------
10.10.10.10 Success  00:00:00      False    True

PS C:\foo> Test-DnsServer -IPAddress 10.10.10.10 -ZoneName 'Reskit.Org'

IPAddress    Result   RoundTripTime TcpTried UdpTried
---------    ------   ------------- -------- --------
10.10.10.10 Success  00:00:00      False    True
```

Weitere Informationen

In *Schritt 1* haben Sie den DNS-Dienst auf DC2 installiert, bei dem es sich um einen Domänencontroller handelt. Wenn Sie in Kapitel 3, »Windows Active Directory verwalten« im Rezept »Active Directory mit DNS installieren« Active Directory installieren, erstellt der Installationsprozess eine DNS-Zone für Reskit.Org und konfiguriert die Replikation so, dass AD mit allen Domänencontrollern in der Gesamtstruktur repliziert wird. Wenn Sie also DNS auf DC2 installieren, sollte der Server sofort in der Lage sein, alle Ressourceneinträge der Domäne Reskit.Org aufzulösen. Wie Sie sehen können, ist DC2 in der Lage, die Adressen in der Reskit.Org-Zone auf DC1 aufzulösen.

In *Schritt 3* nehmen Sie am DHCP-Bereich, der in Rezept »DHCP-Bereiche konfigurieren« auf Seite 77 erstellt wurde, Änderungen vor. Sie testen diese Änderungen, indem Sie zuerst sicherstellen, dass der DHCP-Bereich mit den IP-Adressen beider DNS-Server konfiguriert wurde, und dass ein DHCP-Client im Rahmen seiner IP-Konfiguration die Adressen beider DNS-Server erhält.

In *Schritt 6* erstellen Sie im DNS eine Forward-Lookup-Zone und in *Schritt 7* eine Reverse-Lookup-Zone für den IP-Adressbereich 10.0.0.0/8. In *Schritt 8* überprüfen Sie dann, ob diese beiden Zonen verfügbar sind.

In *Schritt 9* erstellen Sie einen Ressourceneintrag des Typs A (Host) für den Host Home.Cookham.Reskit.Org. Wie Sie in *Schritt 10* sehen können, ließ sich dieser Ressourceneintrag erfolgreich auflösen.

In *Schritt 11* haben Sie die Ressourceneinträge in der Zone 10.in-addr.arpa untersucht (also für Hosts mit einer IP-Adresse aus dem Bereich 10.0.0.0/8).

In *Schritt 12* fügen Sie einen Ressourceneintrag des Typs A für einen Mailserver hinzu (Mail.Reskit.Org) sowie einen MX-Eintrag, der auf diesen Mail-Host zeigt. Hosts, die an einen beliebigen Benutzer in der Domäne Reskit.Org eine E-Mail senden wollen (z. B. an ThomasLee@Reskit.Org), würden diese an Mail.Reskit.Org senden. Beachten Sie, dass dieser DNS-Server (und die Mail-bezogenen Ressourceneinträge) nur innerhalb des Reskit.Org-Netzwerks existieren. Wenn Reskit.Org auch Mails aus dem Internet empfangen soll, dann müssen Sie Ihre externen DNS-Zonen mit den entsprechenden Mailserver-Adressen konfigurieren.

Heutzutage steigen viele Unternehmen und Organisation auf Cloud-Mail um, wie beispielsweise Googles Gmail. In diesen Fällen müssen Sie beim Anbieter der Cloud-Mail-Dienste prüfen, welche Ressourceneinträge eingerichtet werden und was diese enthalten müssen. Sie müssen außerdem das

Sender Protected Framework (SPF) konfigurieren, um die Menge an Spam, die von Ihrer Domäne kommt, zu minimieren. Die Einrichtung eines Mailservers und die Konfiguration der SPF-Ressourceneinträge würden den Rahmen dieses Kapitels sprengen. Sehen Sie sich exemplarisch diesen Artikel an `https://support.google.com/domains/answer/6304562?hl=de-de`, der beschreibt, wie Sie die E-Mail-Sicherheit für die G Suite (Googles Cloud-Mail-Produkt) einrichten.

Kapitel 3
Windows Active Directory verwalten

In diesem Kapitel werden die folgenden Rezepte vorgestellt:

- **Active Directory mit DNS installieren**
- **AD-Benutzer, Gruppen und Computer erstellen und verwalten**
- **Benutzer aus einer CSV-Datei in AD importieren**
- **Ein Gruppenrichtlinienobjekt erstellen**
- **Berichte zu AD-Benutzern**
- **Inaktive Computer und Benutzer im AD finden**

Einführung

Das **Active Directory (AD)** ist ein zentraler Bestandteil der IT-Infrastruktur fast aller Unternehmen. Active Directory ermöglicht die Zugriffskontrolle, Benutzer- und Systemanpassungen und stellt eine Reihe von Verzeichnis- und anderen Diensten zur Verfügung.

Durch den Einsatz der Active Directory-Domänendienste können Sie in Ihrem Unternehmen eine Reihe von Domänencontrollern bereitstellen. Verwenden Sie das Rezept »Active Directory mit DNS installieren« auf Seite 92, um ein Domänencontrollerpaar zu installieren, das gleichzeitig für die neu erstellte AD-Gesamtstruktur DNS-Dienste bereitstellt. Im Rezept »AD-Benutzer, Gruppen und Computer erstellen und verwalten« auf Seite 97 erstellen, verschieben und entfernen Sie Benutzerobjekte. Sie erstellen Organisationseinheiten sowie Gruppen und fügen diesen AD-Objekten dann Mitglieder hinzu. Das Rezept »Benutzer aus einer CSV-Datei in AD importieren« auf Seite 103 zeigt, wie Sie eine CSV-Datei verwenden, die Details zu den Benutzern enthält, die Sie in das AD einfügen wollen.

Gruppenrichtlinien sind ein weiteres wichtiges Feature von Active Directory. Mit Gruppenrichtlinien können Sie Einstellungen für Benutzer und Computer festlegen, die dem Benutzer und/oder dem Computer automatisch zugewiesen werden. Im Rezept »Ein Gruppenrichtlinienobjekt erstellen« auf Seite 105 erstellen Sie eine einfache Gruppenrichtlinie und schauen sich an, wie sie angewendet wird.

Im vorletzten Rezept, »Berichte zu AD-Benutzern« auf Seite 109, fragen Sie AD ab, um Informationen zu Benutzern zu finden, die seit längerer Zeit nicht angemeldet waren, zu Computern, die längere Zeit nicht verwendet wurden, sowie zu Benutzern, die Mitglied in speziellen Sicherheitsgruppen sind (wie beispielsweise Organisations-Admins). Das letzte Rezept, »Inaktive Computer und Benutzer im AD finden« auf Seite 113, sucht im AD nach Computer- und Benutzerobjekten, die seit Längerem nicht benutzt wurden. Das ist hilfreich, um alte Objekte aus dem AD zu entfernen.

Active Directory mit DNS installieren

Die Installation von Active Directory und DNS war schon immer ziemlich unkompliziert. Sie können hierfür auch den Server-Manager verwenden, aber auch mit PowerShell ist dies sehr einfach.

Vorbereitungen

Dieses Rezept beginnt bei zwei Servern, die noch keiner Domäne beigetreten sind, `DC1` und `DC2`. Beide Hosts führen Windows Server 2019 aus; es sind keine weiteren Tools geladen. Nach dem Erstellen der Gesamtstruktur und des Domänencontrollers für die neue Gesamtstruktur (`DC1`) konvertieren Sie `DC2` in einen weiteren Domänencontroller, der ebenfalls als DNS-Server fungiert.

So wird's gemacht

Der erste Teil dieses Rezepts wird auf `DC1` ausgeführt.

1. Installieren Sie auf `DC1` das Feature Active Directory-Domänendienste und die betreffenden Verwaltungstools:

```
Install-WindowsFeature AD-Domain-Services -IncludeManagementTools
```

2. Installieren Sie `DC1` als ersten Domänencontroller (`DC1.Reskit.Org`) für eine neue Gesamtstruktur:

```
$PSSHT = @{
  String      = 'Pa$$w0rd'
  AsPlainText = $true
  Force       = $true
}
$PSS = ConvertTo-SecureString @PSSHT
$ADHT = @{
  DomainName                    = 'Reskit.Org'
  SafeModeAdministratorPassword = $PSS
  InstallDNS                    = $true
  DomainMode                    = 'WinThreshold'
  ForestMode                    = 'WinThreshold'
  Force                         = $true
  NoRebootOnCompletion          = $true
}
Install-ADDSForest @ADHT
```

3. Führen Sie auf `DC1` einen Neustart durch:

```
Restart-Computer -Force
```

4. Melden Sie sich nach dem Neustart auf DC1 als Reskit\Administrator an und rufen Sie dann das Objekt ab, das den Stamm der Verzeichnisinformationsstruktur eines Verzeichnisservers darstellt:

```
Get-ADRootDSE |
  Format-Table -Property dns*, *functionality
```

Der nächste Teil dieses Rezepts wird auf DC2 ausgeführt. Nachdem die obigen Schritte durchgeführt wurden, handelt es sich bei DC1 um einen Domänencontroller. DC2 ist derzeit noch ein Arbeitsgruppenserver, der noch keiner Domäne beigetreten ist und auf dem keine weiteren Rollen bzw. Features installiert wurden.

1. Melden Sie sich auf DC2 an und prüfen Sie, ob DC1 aufgelöst werden kann und ob der Server von DC2 aus über die Ports 445 und 389 erreicht werden kann:

```
Resolve-DnsName -Name DC1.Reskit.Org -Type A
Test-NetConnection -ComputerName DC1.Reskit.Org -Port 445
Test-NetConnection -ComputerName DC1.Reskit.Org -Port 389
```

2. Installieren Sie auf DC2 die Active Directory-Domänendienste:

```
$Features = 'AD-Domain-Services', 'DNS','RSAT-DHCP', 'Web-Mgmt-Tools'
Install-WindowsFeature -Name $Features
```

3. Stufen Sie DC2 zum zweiten Domänencontroller in der Domäne Reskit.Org herauf:

```
$URK = "administrator@reskit.org"
$PSS = ConvertTo-SecureString -String 'Pa$$w0rd' -AsPlainText -Force
$CredRK = New-Object system.management.automation.PSCredential $URK,$PSS
$IHT =@{
  DomainName                    = 'Reskit.org'
  SafeModeAdministratorPassword = $PSS
  SiteName                      = 'Default-First-Site-Name'
  NoRebootOnCompletion          = $true
  Force                         = $true
}
Install-ADDSDomainController @IHT -Credential $CredRK
```

4. Führen Sie auf DC2 einen Neustart aus:

```
Restart-Computer -Force
```

5. Melden Sie sich nach dem Neustart auf DC1 an und lassen Sie die Gesamtstruktur anzeigen:

```
Get-AdForest |
  Format-Table -Property *master*,globaL*,Domains
```

6. Lassen Sie die Details zur Domäne Reskit.Org anzeigen:

```
Get-ADDomain |
  Format-Table -Property DNS*,PDC*,*master,Replica*
```

So funktioniert's

In *Schritt 1* installieren Sie das Feature Active Directory-Domänendienste sowie die Verwaltungstools (das PowerShell-Modul sowie die MMC-Konsolen für AD), was wie folgt aussieht:

```
PS C:\foo> Install-WindowsFeature AD-Domain-Services -IncludeManagementTools

Success Restart Needed Exit Code    Feature Result
------- -------------- ---------    --------------
True    No             Success      | {Active Directory-Domänendienste, Gruppenr...
```

In *Schritt 2* installieren Sie `DC1` als Domänencontroller für eine neue Gesamtstruktur, was folgendermaßen aussieht:

```
PS C:\foo> $PSSHT = @{
  String      = 'Pa$$w0rd'
  AsPlainText = $true
  Force       = $true
}
$PSS = ConvertTo-SecureString @PSSHT
$ADHT = @{
  DomainName                    = 'Reskit.Org'
  SafeModeAdministratorPassword = $PSS
  InstallDNS                    = $true
  DomainMode                    = 'WinThreshold'
  ForestMode                    = 'WinThreshold'
  Force                         = $true
  NoRebootOnCompletion          = $true
}
Install-ADDSForest @ADHT

WARNUNG: Domänencontroller unter Windows Server 2019 haben einen Standardwert für die
Sicherheitseinstellung "Mit Windows NT 4.0 kompatible Kryptografiealgorithmen zulassen".
Durch diese Einstellung wird verhindert, dass beim Herstellen  von Sicherheitskanalsitzungen
schwächere Kryptografiealgorithmen verwendet werden.

Weitere Informationen zu dieser Einstellung finden Sie im Knowledge Base-Artikel 942564
(http://go.microsoft.com/fwlink/?LinkId=104751).


WARNUNG: Für den DNS-Server kann keine Delegierung erstellt werden, da die autorisierende
übergeordnete Zone nicht gefunden wurde oder Windows DNS-Server nicht ausgeführt wird. Wenn
Sie eine Integration in eine vorhandene DNS-Infrastruktur vornehmen möchten, sollten Sie in
der übergeordneten Zone manuell eine Delegierung an den DNS-Server erstellen, um eine
zuverlässige Namensauflösung von außerhalb der Domäne "Reskit.Org" zu gewährleisten.
Andernfalls ist keine Aktion erforderlich.


Message                                       Context             RebootRequired  Status
-------                                       -------             --------------  ------
Sie müssen den Computer neu starten, um den ...  DCPromo.General.4           True Success
```

In diesem Schritt werden verschiedene Warnungen angezeigt. In diesem Fall sind die Warnungen harmlos und Sie können sie ignorieren. Nachdem das Heraufstufen zum Domänencontroller abgeschlossen ist, führen Sie in *Schritt 3* einen Neustart des Hosts durch. Nach dem Neustart von `DC1` melden Sie sich in *Schritt 4* auf `DC1` an und lassen das Objekt anzeigen, das den Stamm der Verzeichnisinformationsstruktur des Verzeichnisservers darstellt:

```
PS C:\foo> Get-ADRootDSE |
            Format-Table -Property dns*, *functionality

dnsHostName     domainControllerFunctionality domainFunctionality forestFunctionality
-----------     ----------------------------- ------------------- -------------------
DC1.Reskit.Org                    Windows2016   Windows2016Domain   Windows2016Forest
```

In *Schritt 1* des zweiten Teils melden Sie sich auf DC2 an und prüfen, ob Sie von DC2 aus die IP-Adresse von DC1 auflösen können und ob der Domänencontroller DC1 über die Ports 445 und 389 erreichbar ist. Wenn diese Überprüfungen fehlschlagen wird das Heraufstufen von DC2 zu einem Domänencontroller ebenfalls nicht gelingen. Die Ausgabe dieses Schritts sollte wie folgt aussehen:

```
PS C:\foo> Resolve-DnsName -Name DC1.Reskit.Org -Type A

Name                                           Type   TTL   Section    IPAddress
----                                           ----   ---   -------    ---------
DC1.Reskit.Org                                 A      1200  Answer     10.10.10.10
DC1.Reskit.Org                                 A      1200  Answer     10.10.1.30

PS C:\foo> Test-NetConnection -ComputerName DC1.Reskit.Org -Port 445

ComputerName     : DC1.Reskit.Org
RemoteAddress    : 10.10.10.10
RemotePort       : 445
InterfaceAlias   : Ethernet
SourceAddress    : 10.10.10.11
TcpTestSucceeded : True

PS C:\foo> Test-NetConnection -ComputerName DC1.Reskit.Org -Port 389

ComputerName     : DC1.Reskit.Org
RemoteAddress    : 10.10.10.10
RemotePort       : 389
InterfaceAlias   : Ethernet
SourceAddress    : 10.10.10.11
TcpTestSucceeded : True
```

Diese Tests zeigen, dass DC2 den Host DC1 über die entscheidenden Ports erreichen kann; daher sollten Sie in der Lage sein, DC2 zum Domänencontroller heraufzustufen. In *Schritt 2* des zweiten Teils installieren Sie auf DC2 die Active Directory-Domänendienste, wie Sie es bereits für DC1 gemacht haben. Die Ausgabe dieses Schritts sollte folgendermaßen aussehen:

```
PS C:\foo> $Features = 'AD-Domain-Services', 'DNS','RSAT-DHCP', 'Web-Mgmt-Tools'
PS C:\foo> Install-WindowsFeature -Name $Features

Success Restart Needed Exit Code      Feature Result
------- -------------- ---------      --------------
True    No             Success        {Active Directory-Domänendienste, DNS-Serv...
```

In diesem Schritt fügen Sie einige weitere Tools hinzu, einschließlich der RSAT-DHCP-Tools. An diesem Punkt können Sie festlegen, welche Optionen hinzugefügt werden sollen. Sie benötigen auf jeden Fall die Features AD-Domain-Services und DNS; die anderen Features sind hingegen optional.

Nachdem die Tests erfolgreich verlaufen und die Voraussetzungen installiert sind, stufen Sie in *Schritt 3* DC2 zu einem weiteren Domänencontroller in der Domäne Reskit.Org herauf:

```
PS C:\foo> $URK = "administrator@reskit.org"
PS C:\foo> $PSS = ConvertTo-SecureString -String 'Pa$$w0rd' -AsPlainText -Force
PS C:\foo> $CredRK = New-Object system.management.automation.PSCredential $URK,$PSS
PS C:\foo> $IHT =@{
             DomainName                    = 'Reskit.org'
             SafeModeAdministratorPassword = $PSS
             SiteName                      = 'Default-First-Site-Name'
             NoRebootOnCompletion          = $true
             Force                         = $true
           }
PS C:\foo> Install-ADDSDomainController @IHT -Credential $CredRK

WARNUNG: Domänencontroller unter Windows Server 2019 haben einen Standardwert für die
Sicherheitseinstellung "Mit Windows NT 4.0 kompatible Kryptografiealgorithmen zulassen".
Durch diese Einstellung wird verhindert, dass beim Herstellen von Sicherheitskanalsitzungen
schwächere Kryptografiealgorithmen verwendet werden.

Weitere Informationen zu dieser Einstellung finden Sie im Knowledge Base-Artikel 942564
(http://go.microsoft.com/fwlink/?LinkId=104751).

WARNUNG: Für den DNS-Server kann keine Delegierung erstellt werden, da die autorisierende
übergeordnete Zone nicht gefunden wurde oder Windows DNS-Server nicht ausgeführt wird.
Wenn Sie eine Integration in eine vorhandene DNS-Infrastruktur vornehmen möchten, sollten
Sie in der übergeordneten Zone manuell eine Delegierung an den DNS-Server erstellen, um
eine zuverlässige Namensauflösung von außerhalb der Domäne "Reskit.Org" zu gewährleisten.
Andernfalls ist keine Aktion erforderlich.


Message                                         Context           RebootRequired  Status
-------                                         -------           --------------  ------
Sie müssen den Computer neu starten, um den Vor... DCPromo.General.4           True Success
```

Wenn die Installation von DC2 als Domänencontroller abgeschlossen ist, führen Sie in *Schritt 4* des zweiten Teils einen Neustart von DC2 durch, was keine Ausgabe erzeugt.

Nach dem Neustart von DC2 melden Sie sich in *Schritt 5* des zweiten Teils auf DC1 an und lassen sich verschiedene Aspekte der Gesamtstruktur Reskit.Org anzeigen:

```
PS C:\foo> Get-AdForest |
             Format-Table -Property *master*,globaL*,Domains

DomainNamingMaster SchemaMaster   GlobalCatalogs                       Domains
------------------ ------------   --------------                       -------
DC1.Reskit.Org     DC1.Reskit.Org {DC1.Reskit.Org, DC2.Reskit.Org} {Reskit.Org}
```

Im letzten Schritt des zweiten Teils, *Schritt 6*, lassen Sie sich Details zur Domäne Reskit.Org anzeigen:

```
PS C:\foo> Get-ADDomain |
             Format-Table -Property DNS*,PDC*,*master,Replica*

DNSRoot    PDCEmulator    InfrastructureMaster RIDMaster      ReplicaDirectoryServers
-------    -----------    -------------------- ---------      -----------------------
Reskit.Org DC1.Reskit.Org DC1.Reskit.Org       DC1.Reskit.Org {DC1.Reskit.Org, DC2.Reskit.Org}
```

Weitere Informationen

In *Schritt 2* des ersten Teils haben Sie DC1 zum ersten Domänencontroller in der Gesamtstruktur Reskit.Org gemacht. Nachdem der Installationsvorgang abgeschlossen ist, müssen Sie DC1 neu starten, bevor er als Domänencontroller fungieren kann (dies machen Sie in *Schritt 3* des ersten Teils).

In *Schritt 4* untersuchen Sie den sogenannten Root Directory Server Agent Service Entry (RootDSE) in Ihrer Domäne. Dieser Eintrag, der Teil des LDAP-Standards und in RFC 2251, Abschnitt 3.4, definiert ist, ermöglicht es einem LDAP-Server, anderen LDAP-Servern und Clients Informationen über die Fähigkeit dieses Servers und die Daten, die er enthält, bereitzustellen. Diese Informationen stehen ohne irgendeine Authentifizierung zur Verfügung. Weitere Informationen über das RootDSE-Objekt und seine Attribute finden Sie unter https://docs.microsoft.com/en-us/windows/desktop/adschema/rootdse.

In *Schritt 1* des zweiten Teils prüfen Sie, ob über die Ports 445 und 389 eine Verbindung hergestellt werden kann. Windows Server 2019 verwendet Port 445 für SMB-Dateifreigaben; Port 389 wird für LDAP verwendet. Hosts, die einer Domäne beitreten, müssen über diese Ports auf den Domänencontroller zugreifen, um Details zu Gruppenrichtlinien abrufen zu können.

Nachdem die Installation von Active Directory auf DC2 abgeschlossen ist, müssen Sie auf DC2 einen Neustart durchführen. Nach dem Neustart ist DC2 ein zweiter Domänencontroller in der Domäne Reskit.Org und außerdem ein DNS-Server.

AD-Benutzer, Gruppen und Computer erstellen und verwalten

Nachdem Sie Ihre Gesamtstruktur/Domäne und Ihre Domänencontroller eingerichtet haben, können Sie mit der Verwaltung der Kernobjekte von Active Directory beginnen. Dies sind Benutzer, Gruppen, Computer und Organisationseinheiten (organizational units, OUs).

Benutzer- und Computerkonten identifizieren einen bestimmten Benutzer oder Computer. Diese Objekte werden verwendet, damit sich der Computer und der Benutzer sicher anmelden können. Gruppen erlauben es, Benutzer in einem einzigen Gruppenkonto zusammenzufassen, was die Konfiguration von Zugriffsrechten auf Ressourcen wie beispielsweise Dateien oder Dateifreigaben vereinfacht.

Organisationseinheiten dienen in Ihrem Active Directory zwei wichtigen Aufgaben und Funktionen. Die erste Aufgabe ist die Rollendelegation. Sie können die Verwaltung jeder Organisationseinheit (und der untergeordneten OUs) delegieren und so unterschiedlichen Gruppen zuweisen. Angenommen, Sie haben in der Domäne Reskit.Org auf der obersten Ebene eine OU mit dem Namen UK erstellt. Sie können dann die Rechte der Objekte in dieser OU an eine Gruppe delegieren, beispielsweise an UKAdmins. Hierdurch ist jedes Mitglied dieser Gruppe in der Lage, die AD-Objekte in der Organisationseinheit UK und in den untergeordneten OUs zu verwalten. Eine andere OU, beispielsweise NA, könnte an eine andere Gruppe delegiert werden, wie beispielsweise der Administratorengruppe Nord-Amerika (NAAdmins). Auf diese Weise können Sie die AD-Verwaltung einfach delegieren.

Die zweite Funktion von OUs besteht darin, dass mit einer OU Gruppenrichtlinienobjekte verknüpft werden können. Sie könnten ein Gruppenrichtlinienobjekt für das IT-Team erstellen und dieses der OU IT zuweisen. Sie können eine eigene OU sowie eine Gruppenrichtlinie erstellen, die nur für die Computer- und Benutzerobjekte in dieser Organisationseinheit gelten. Somit wird jeder Benutzer und jeder Computer in einer bestimmten OU auf Basis der Gruppenrichtlinie konfiguriert.

In diesem Rezept erstellen, aktualisieren und entfernen Sie AD-Benutzerobjekte. Außerdem erstellen Sie eine Organisationseinheit sowie eine Sicherheitsgruppe, denen Sie dann Mitglieder zuweisen. Dieses Rezept erstellt und verwaltet lediglich AD-Objekte. Sie werden im Rezept »Ein Gruppenrichtlinienobjekt erstellen« auf Seite 105 weiter hinten in diesem Kapitel eine Gruppenrichtlinie zuweisen.

Dieses Rezept erstellt Objekte, die in anderen Rezepten dieses Buches verwendet werden.

Vorbereitungen

Dieses Rezept setzt voraus, dass Sie die Domäne `Reskit.Org` erstellt haben, wie im Rezept »Active Directory mit DNS installieren« auf Seite 92 beschrieben, und dass Sie zwei funktionsfähige Domänencontroller (`DC1` und `DC2`) haben.

Führen Sie dieses Rezept aus, um auf `DC1` Organisationseinheiten, Benutzer, Computer sowie Gruppen zu erstellen. Nachdem Sie die verschiedenen Objekte aus diesem Rezept auf dem Domänencontroller `DC1` erstellt haben, repliziert AD diese Änderungen auf den anderen Domänencontroller, `DC2`.

So wird's gemacht

1. Erstellen Sie eine Hash-Tabelle für die allgemeinen Benutzerattribute:

```
$PW = 'Pa$$w0rd'
$PSS = ConvertTo-SecureString -String $PW -AsPlainText -Force
$NewUserHT = @{}
$NewUserHT.AccountPassword       = $PSS
$NewUserHT.Enabled               = $true
$NewUserHT.PasswordNeverExpires  = $true
$NewUserHT.ChangePasswordAtLogon = $false
```

2. Erstellen Sie zwei neue Benutzer, und fügen Sie dazu der Hash-Tabelle aus dem vorigen Schritt weitere Attribute hinzu:

```
# Den ersten Benutzer ThomasL erstellen
$NewUserHT.SamAccountName    = 'ThomasL'
$NewUserHT.UserPrincipalName = 'thomasl@reskit.org'
$NewUserHT.Name              = 'ThomasL'
$NewUserHT.DisplayName       = 'Thomas Lee (IT)'
New-ADUser @NewUserHT

# Den zweiten Benutzer RLT erstellen
$NewUserHT.SamAccountName    = 'RLT'
$NewUserHT.UserPrincipalName = 'rlt@reskit.org'
$NewUserHT.Name              = 'Rebecca Tanner'
$NewUserHT.DisplayName       = 'Rebecca Tanner (IT)'
New-ADUser @NewUserHT
```

3. Erstellen Sie eine OU für die Abteilung IT und verschieben Sie Benutzer in diese Organisationseinheit:

```
# Die OU erstellen
$OUHT = @{
    Name        = 'IT'
    DisplayName = 'Reskit IT Team'
    Path        = 'DC=Reskit,DC=Org'
```

```
}
New-ADOrganizationalUnit @OUHT

# ThomasL in die OU verschieben
$MHT1 = @{
    Identity   = 'CN=ThomasL,CN=Users,DC=Reskit,DC=ORG'
    TargetPath = 'OU=IT,DC=Reskit,DC=Org'
}
Move-ADObject @MHT1

# Rebecca in die OU verschieben
$MHT2 = @{
    Identity = 'CN=Rebecca Tanner,CN=Users,DC=Reskit,DC=ORG'
    TargetPath = 'OU=IT,DC=Reskit,DC=Org'
}
Move-ADObject @MHT2
```

4. Erstellen Sie direkt in der OU IT einen dritten Benutzer:

```
$NewUserHT.SamAccountName    = 'JerryG'
$NewUserHT.UserPrincipalName = 'jerryg@reskit.org'
$NewUserHT.Description       = 'Virtualization Team'
$NewUserHT.Name              = 'Jerry Garcia'
$NewUserHT.DisplayName       = 'Jerry Garcia (IT)'
$NewUserHT.Path              = 'OU=IT,DC=Reskit,DC=Org'
New-ADUser @NewUserHT
```

5. Erstellen Sie zwei Benutzer, die später wieder entfernt werden:

```
# Erster Benutzer, der wieder entfernt wird
$NewUserHT.SamAccountName    = 'TBR1'
$NewUserHT.UserPrincipalName = 'tbr@reskit.org'
$NewUserHT.Name              = 'TBR1'
$NewUserHT.DisplayName       = 'Benutzer, der entfernt wird'
$NewUserHT.Path              = 'OU=IT,DC=Reskit,DC=Org'
New-ADUser @NewUserHT

# Zweiter Benutzer, der wieder entfernt wird
$NewUserHT.SamAccountName     = 'TBR2'
$NewUserHT.UserPrincipalName  = 'tbr2@reskit.org'
$NewUserHT.Name               = 'TBR2'
New-ADUser @NewUserHT
```

6. Zeigen Sie die Benutzer an, die derzeit vorhanden sind:

```
Get-ADUser -Filter *  -Property *|
  Format-Table -Property Name, Displayname, SamAccountName
```

7. Einen Benutzer mit dem Pattern `Get | Remove` entfernen:

```
Get-ADUser -Identity 'CN=TBR1,OU=IT,DC=Reskit,DC=Org' |
    Remove-ADUser -Confirm:$false
```

8. Einen Benutzer direkt anhand des eindeutigen Namens entfernen:

```
$RUHT = @{
  Identity = 'CN=TBR2,OU=IT,DC=Reskit,DC=Org'
  Confirm  = $false}
Remove-ADUser @RUHT
```

9. Aktualisieren Sie Benutzerdetails und lassen Sie diese dann anzeigen:

```
$TLHT =@{
  Identity     = 'ThomasL'
  OfficePhone  = '4416835420'
  Office       = 'Cookham HQ'
  EmailAddress = 'ThomasL@Reskit.Org'
  GivenName    = 'Thomas'
  Surname      = 'Lee'
  HomePage     = 'Https://tfl09.blogspot.com'
}
Set-ADUser @TLHT
Get-ADUser -Identity ThomasL -Properties * |
  Format-Table -Property DisplayName,Name,Office,
                         OfficePhone,EmailAddress
```

10. Erstellen Sie eine neue Gruppe:

```
$NGHT = @{
  Name        = 'IT-Team'
  Path        = 'OU=IT,DC=Reskit,DC=org'
  Description = 'Alle Mitglieder des IT-Teams'
  GroupScope  = 'DomainLocal'
}
New-ADGroup @NGHT
```

11. Verschieben Sie alle Benutzer aus dem IT-Team in die OU `IT`:

```
$SB = 'OU=IT,DC=Reskit,DC=Org'
$ItUsers = Get-ADUser -Filter * -SearchBase $SB
Add-ADGroupMember -Identity 'IT-Team'  -Members $ItUsers
```

12. Lassen Sie die Mitglieder anzeigen:

```
Get-ADGroupMember -Identity 'IT-Team'
  Format-Table SamAccountName, DistinguishedName
```

13. Fügen Sie in AD ein Computerkonto ein.

```
$NCHT = @{
  Name                   = 'Wolf'
  DNSHostName            = 'Wolf.Reskit.Org'
  Description            = 'Einer für Jerry'
  Path                   = 'OU=IT,DC=Reskit,DC=Org'
  OperatingSystemVersion = 'Windows Server 2019 Data Center'
}
New-ADComputer @NCHT
```

14. Zeigen Sie die Computer in der Domäne `Reskit.Org` an:

```
Get-ADComputer -Filter * -Properties * |
  Format-Table Name, DNSHost*,LastLogonDate
```

So funktioniert's

In *Schritt 1* erstellen Sie eine Hash-Tabelle mit Eigenschaften, die für den neuen Benutzer festgelegt werden. Sie verwenden diese Hash-Tabelle in *Schritt 2*, um zwei Benutzerkonten zu erstellen. In *Schritt 3* erstellen Sie eine neue Organisationseinheit und verschieben Benutzer in die neue OU. In *Schritt 4* erstellen Sie einen dritten Benutzer, und zwar direkt in der OU. In *Schritt 5* fügen Sie zwei weitere Benutzer in Active Directory ein. Diese Schritte erzeugen keine Ausgabe.

In *Schritt 6* rufen Sie alle Benutzer in der Domäne `Reskit.Org` ab und zeigen sie an:

```
PS C:\foo> Get-ADUser -Filter *  -Property *|
           Format-Table -Property Name, Displayname, SamAccountName

Name             Displayname                SamAccountName
----             -----------                --------------
Administrator                               Administrator
Gast                                        Gast
krbtgt                                      krbtgt
ThomasL          Thomas Lee (IT)            ThomasL
Rebecca Tanner   Rebecca Tanner (IT)        RLT
Jerry Garcia     Jerry Garcia (IT)          JerryG
TBR1             Benutzer, der entfernt wird TBR1
TBR2             Benutzer, der entfernt wird TBR2
```

In *Schritt 7* und *Schritt 8* entfernen Sie zwei Benutzer und verwenden hierbei zwei verschiedene Verfahren. Der erste Benutzer wird über ein `Get | Remove`-Pattern entfernt, indem Sie mit dem Cmdlet `Get-ADUser` zuerst ein Objekt abrufen und es dann über die Pipeline an das Cmdlet `Remove-ADUser` übergeben. Beim zweiten Benutzer wird das Cmdlet `Remove-ADUser` direkt aufgerufen. Beide Schritte erzeugen keine Ausgabe.

In *Schritt 9* aktualisieren Sie einen Benutzer und zeigen dann das aktualisierte Benutzerkonto an, was folgende Ausgabe erzeugt:

```
PS C:\foo> Get-ADUser -Identity ThomasL -Properties * |
           Format-Table -Property DisplayName,Name,Office,
                      OfficePhone,EmailAddress


DisplayName     Name    Office     OfficePhone EmailAddress
-----------     ----    ------     ----------- ------------
Thomas Lee (IT) ThomasL Cookham HQ 4416835420  ThomasL@Reskit.Org
```

In *Schritt 10* erstellen Sie eine neue lokale Sicherheitsgruppe, `IT-Team`, und in *Schritt 11* fügen Sie in die Gruppe Benutzer aus der Organisationseinheit `IT` ein. Keiner dieser Schritte erzeugt eine Ausgabe.

In *Schritt 12* zeigen Sie die Mitglieder der Gruppe `IT-Team` an, was wie folgt aussieht:

```
PS C:\foo> Get-ADGroupMember -Identity 'IT-Team' |
           Format-Table SamAccountName, DistinguishedName


SamAccountName DistinguishedName
-------------- -----------------
JerryG         CN=Jerry Garcia,OU=IT,DC=Reskit,DC=Org
RLT            CN=Rebecca Tanner,OU=IT,DC=Reskit,DC=Org
ThomasL        CN=ThomasL,OU=IT,DC=Reskit,DC=Org
```

In *Schritt 13* stellen Sie vorab ein Computerkonto für einen neuen Host (`Wolf.Reskit.Org`) bereit, was keine Ausgabe erzeugt. In *Schritt 14* zeigen Sie dann alle Computerkonten in der Domäne `Reskit.Org` an, was folgendermaßen aussieht:

```
PS C:\foo> Get-ADComputer -Filter * -Properties * |
             Format-Table Name, DNSHost*,LastLogonDate

Name  DNSHostName     LastLogonDate
----  -----------     -------------
DC1   DC1.Reskit.Org   11.07.2019 20:48:15
DC2   DC2.Reskit.Org   11.07.2019 21:22:42
CH1   CH1.Reskit.Org   11.07.2019 16:22:42
CL1   CL1.Reskit.Org   11.07.2019 21:37:51
SRV1  SRV1.Reskit.Org  10.07.2019 19:01:12
SRV2  SRV2.Reskit.Org  10.07.2019 14:03:20
Wolf  Wolf.Reskit.Org
```

Weitere Informationen

In diesem Rezept verwenden wir zwei verschiedene Ansätze, um einen Benutzer zu erstellen. Im ersten Ansatz verwenden Sie `New-ADUser`, um einen neuen Benutzer zu erstellen, der von AD standardmäßig im Container `Users` in der Domäne erstellt wird. Da AD-Containern keine Gruppenrichtlinien zugewiesen werden können, müssen Sie die neu erstellten Benutzerobjekte in die betreffende OU verschieben, um Gruppenrichtlinien zu erlauben und um die AD-Verwaltung delegieren zu können.

Im zweiten Ansatz, der im Rezept verwendet wird, wird beim Erstellen des Benutzers der Parameter `PATH` verwendet, und der Benutzer so direkt in einer Organisationseinheit erstellt. Beim Erstellen eines neuen Benutzers ist es besser, diesen in die korrekte OU aufzunehmen, als ihn im Container `Users` zu belassen, was insbesondere dann gilt, wenn Sie auf diesen Benutzer Gruppenrichtlinienobjekte anwenden wollen.

Das gleiche Prinzip gilt auch für Computerkonten. Standardmäßig werden neue Computerobjekte im AD-Container `Computer` erstellt. Wie bei Benutzern gilt auch hier, dass Objekte im Container `Computer` nicht mit Gruppenrichtlinien verknüpft werden können.

Wenn Sie auf einem Computer Windows Server 2019 installieren und diesen dann zu einem Domänencontroller heraufstufen, wird während der Installation der Domäne das Computerkonto dieses Computers in die OU `Domain Controllers` verschoben. Computer in dieser OU sind mit der Standardgruppenrichtlinie *Default Domain Controllers Policy* verknüpft.

Im Laufe der Zeit wird es sicherlich erforderlich sein, dass Sie Benutzer oder Computer von einer OU in eine andere verschieben müssen. So kann es beispielsweise sein, dass Rebecca, deren Benutzerkonto in *Schritt 2* erstellt wird, anfänglich in der IT-Abteilung arbeitet. Aufgrund eines Wechsels arbeitet sie jedoch nun in einer anderen Abteilung. Um diesen Arbeitsplatzwechsel zu unterstützen, verschieben Sie ihr Benutzer- und Computerkonto in eine andere OU und ändern ihre Gruppenmitgliedschaft. Nachdem Rebecca ihren Computer neu gestartet und sich neu angemeldet hat, erhält sie die Rechte, die sie für ihre neue Tätigkeit benötigt und ihr Benutzer- und Computerkonto wird dann über alle entsprechenden Gruppenrichtlinienobjekte konfiguriert.

In *Schritt 7* und *Schritt 8* verwenden Sie zwei verschiedene Methoden, um ein Objekt (in diesem Fall ein AD-Benutzerobjekt) aus dem Active Directory zu entfernen. Die erste Methode ist für die Befehlszeile nützlich. Hierbei suchen Sie zuerst nach dem/den Objekt/en, das/die entfernt werden soll/en und verwenden dann das Pipelining, um die Ergebnisse in den Befehl `Remove-ADUser` zu laden.

Der zweite Weg, um ein Objekt zu entfernen, ist `Remove-ADObject` (oder `Remove-ADUser` oder `Remove-ADComputer`) direkt aufzurufen. Wenn Sie den vollständigen eindeutigen Namen (distinguished name, DN) des Objekts kennen, ist dieser Ansatz ein wenig schneller. Ein Risiko dieses Ansatzes besteht darin, dass Sie versehentlich den falschen DN in den Befehl eintippen, was dazu führt, dass das falsche Benutzer- oder Computerkonto entfernt wird. Sie können dieses Risiko minimieren, indem Sie den AD-Papierkorb konfigurieren.

Das Hinzufügen eines Computers zu einer Domäne umfasst zwei spezifische Schritte. Es muss für den Computer ein Konto in AD erstellt werden, und dann muss der Computer ein Mitglied der Domäne werden. Wenn Sie einen neuen Computer einrichten, können Sie sich als Administrator anmelden und dann den Computer in die Domäne einfügen. Hierbei werden dann beide Schritte durchgeführt. Alternativ können Sie das Computerkonto vorab bereitstellen (Prestaging), wobei es sich um den ersten der beiden erforderlichen Schritte handelt, und dann zu einem späteren Zeitpunkt den Domänenbeitritt durchführen.

In *Schritt 13* führen Sie das Prestaging eines Computerkontos durch. Hierbei wird ein AD-Konto für einen Computer erstellt, ohne dass dieser Computer Mitglied der Domäne wird. Dies muss durch ein Konto erfolgen, das die erforderlichen Berechtigungen besitzt. Standardmäßig sind das die Mitglieder der Gruppen Domänen-Admins und Organisations-Admins. Nachdem das Computerkonto erstellt wurde, können Sie den Prozess des Domänenbeitritts abschließen (indem Sie beispielsweise das Cmdlet `Add-Computer` verwenden). Indem Sie das Konto vorab bereitstellen, kann auch ein Benutzer mit weniger Rechten den letzten Schritt durchführen, da hierfür keine privilegierten Anmeldeinformationen benötigt werden.

Benutzer aus einer CSV-Datei in AD importieren

Wie mehrfach in diesem Buch erwähnt, finden Sie auf `https://www.spiceworks.com` ein sehr aktives PowerShell-Support-Forum (Sie erreichen es über `https://community.spiceworks.com/programming/powershell`). Eine häufig gestellte (und auch beantwortete) Frage lautet: Wie kann ich mehrere Benutzer hinzufügen und hierfür eine Eingabedatei verwenden. Dieses Rezept macht genau das.

Sie beginnen mit einer CSV-Datei, die die Details zu den Benutzern enthält, die Sie hinzufügen wollen. Dieses Rezept zeigt, wie Sie die CSV-Datei strukturieren und dann die Benutzer zu Active Directory hinzufügen.

Vorbereitungen

Dieses Rezept geht davon aus, dass Sie eine Domäne eingerichtet und in AD die Organisationseinheit `IT` erstellt haben. Sie haben dies in früheren Rezepten in diesem Kapitel gemacht. Außerdem benötigt dieses Rezept eine CSV-Datei, die Informationen zu den Benutzern enthält, die Sie hinzufügen wollen. Diese CSV-Datei können Sie folgendermaßen erstellen:

```
$CSVDATA = @'
Firstname, Initials, LastName, UserPrincipalName, Alias, Description, Password
S,K,Masterly, skm, Sylvester, Data Team, $Christmas42
C,B Smith, CBS, Claire, Claire, Rezeption, $Christmas42
Billy-Bob, Joe-Bob, Bob, BBJB, BBJB, Eine der Bobs, $Christmas42
Malcolm, DoWrite, Duelittle, Malcolm, Malcolm, Mr Danger, $Christmas42
'@
$CSVDATA | Out-File -FilePath C:\Foo\Benutzer.Csv
```

So wird's gemacht

1. Importieren Sie eine CSV-Datei, die Details zu den Benutzern enthält, die Sie dem AD hinzufügen wollen:

```
$Users = Import-CSV -Path C:\Foo\Benutzer.Csv |
  Sort-Object  -Property Alias
$users | Sort-Object -Property Alias | Format-Table
```

2. Fügen Sie die in der CSV-Datei enthaltenen Benutzer hinzu:

```
ForEach ($User in $Users) {
#    Eine Hash-Tabelle mit Eigenschaften erstellen, die dem neu
#    erstellten Benutzer zugewiesen werden
$Prop = @{}
#    Werte eintragen
$Prop.GivenName          = $User.Firstname
$Prop.Initials           = $User.Initials
$Prop.Surname            = $User.Lastname
$Prop.UserPrincipalName =
  $User.UserPrincipalName+"@reskit.org"
$Prop.Displayname        = $User.firstname.trim() + " " +
  $user.lastname.trim()
$Prop.Description        = $User.Description
$Prop.Name               = $User.Alias
$PW = ConvertTo-SecureString -AsPlainText $user.password -Force
$Prop.AccountPassword    = $PW
#    Um sicher zu sein!
$Prop.ChangePasswordAtLogon = $true
#    Jetzt den Benutzer erstellen
New-ADUser @Prop -Path 'OU=IT,DC=Reskit,DC=ORG' -Enabled:$true
#   Abschließend den neu erstellten Benutzer anzeigen
"Erstellt $($Prop.Displayname)"
}
```

So funktioniert's

In *Schritt 1* importieren Sie die CSV-Datei `C:\Foo\Benutzer.Csv`, die im Abschnitt »Vorbereitungen« auf Seite 103 dieses Rezepts erstellt wurde. Das Importieren der CSV-Datei erzeugt keine Ausgabe.

In *Schritt 2* durchlaufen Sie die Benutzer aus der CSV-Datei in einer Schleife. Sie erstellen für jeden Benutzer aus der Datei zuerst eine Hash-Tabelle (`$Prop`), die Sie dann an `New-ADUser` übergeben, um den Benutzer zu AD hinzuzufügen.

Nachdem Sie einen Benutzer hinzugefügt haben, zeigt das Rezept eine Meldung an, die darüber informiert, dass der neue Benutzer zu AD hinzugefügt wurde. Wenn Sie das vollständige Rezept als Einzelskript ausführen, das in der Datei `Add-UsersToAD.ps1` gespeichert ist und Sie die Datei `C:\foo\Benutzer.Csv` verwenden, die am Anfang des Rezepts erstellt wurde, dann sieht die Ausgabe wie folgt aus:

```
PS C:\foo> Add-UsersToAD.ps1
User Billy JoeBob wurde erstellt
User C Smith wurde erstellt
User Malcolm Duelittle wurde erstellt
User S Masterly wurde erstellt
```

Weitere Informationen

Der grundlegende Ansatz, um Benutzer anhand von Daten in einer CSV-Datei hinzufügen, ist unkompliziert. Sie können diesen Ansatz variieren und ihn an Ihre spezifischen Anforderungen anpassen. Sie können die Daten in der CSV-Datei erweitern, um so für jeden neuen Benutzer weitere Eigenschaften und Attribute in Active Directory einzutragen. Sie können beispielsweise eine Handynummer, die Büroanschrift und vieles mehr verwenden. Eine andere Variante besteht darin, in der CSV-Datei eine oder mehrere Sicherheitsgruppen anzugeben, in die der neue Benutzer aufgenommen werden soll.

Ein Gruppenrichtlinienobjekt erstellen

Gruppenrichtlinien erlauben es, Konfigurationseinstellungen für Computer und Benutzer vorzunehmen, die dafür sorgen, dass ein System entsprechend den Richtlinien konfiguriert ist.

Um Gruppenrichtlinien zu verwenden, erstellen Sie zuerst im Active Directory ein Gruppenrichtlinienobjekt (Group Policy Object, GPO). Anschließend konfigurieren Sie das Gruppenrichtlinienobjekt, sodass Computer in der IT-Organisationseinheit PowerShell-Skripte auf diesen Systemen verwenden können.. Es gibt Tausende von Einstellungen, die Sie für einen Benutzer oder einen Computer mithilfe von Gruppenrichtlinien konfigurieren können.

Nachdem Sie das Gruppenrichtlinienobjekt konfiguriert haben, verknüpfen Sie das Richtlinienobjekt mit der OU, die Sie konfigurieren wollen. Sie können ein Gruppenlinienobjekt auch auf die gesamte Domäne, auf einen bestimmten AD-Standort oder auf eine beliebige Organisationseinheit anwenden. Ein einzelnes GPO kann mit mehreren Stellen verknüpft werden, was das Design Ihrer Organisationseinheiten vereinfacht.

Die Konfiguration eines Gruppenrichtlinienobjekts führt typischerweise dazu, dass ein paar Daten generiert werden, auf die der Gruppenrichtlinien-Agent des Hosts (der Code, der die GPO-Objekte anwendet) zugreifen kann. Diese Informationen informieren den Agenten darüber, was er machen soll. Einstellungen die mithilfe administrativer Vorlagen erstellt werden, verwenden Registry-Einstellungen, die sich in `Registry.POL`-Dateien befinden. Der Gruppenrichtlinien-Agent ruft die Richtliniendetails aus der Freigabe `SYSVOL` des Domänencontrollers ab und wendet diese an, wenn sich ein Benutzer anmeldet bzw. abmeldet oder wenn ein Computer gestartet bzw. heruntergefahren wird.

Das Gruppenrichtlinienmodul ermöglicht es außerdem, gutaussehende Berichte zu erstellen, die das Gruppenrichtlinienobjekt beschreiben.

Vorbereitungen

Dieses Rezept wird auf dem Domänencontroller `DC1` ausgeführt, der in den vorigen Rezepten in diesem Kapitel eingerichtet und konfiguriert wurde.

So wird's gemacht

1. Erstellen Sie ein Gruppenrichtlinienobjekt:

```
$Pol =
  New-GPO -Name ITPolicy -Comment "IT GPO" -Domain Reskit.Org
```

2. Stellen Sie sicher, dass nur die Computereinstellungen aktiviert sind:

```
$Pol.GpoStatus = 'UserSettingsDisabled'
```

3. Konfigurieren Sie die Richtlinie mit zwei Einstellungen:

```
$EPHT1= @{
  Name    = 'ITPolicy'
  Key     = 'HKLM\Software\Policies\Microsoft\Windows\PowerShell'
  ValueName = 'ExecutionPolicy'
  Value   = 'Unrestricted'
  Type    = 'String'
}
Set-GPRegistryValue @EPHT1 | Out-Null
$EPHT2= @{
  Name    = 'ITPolicy'
  Key     = 'HKLM\Software\Policies\Microsoft\Windows\PowerShell'
  ValueName = 'EnableScripts'
  Type    = 'DWord'
  Value   = 1
}
Set-GPRegistryValue @EPHT2 | Out-Null
```

4. Erstellen Sie ein weiteres Gruppenrichtlinienobjekt, um den Bildschirmschoner zu deaktivieren, legen Sie den Status fest und geben Sie einen Kommentar an:

```
$Pol2 = New-GPO -Name 'Screen Saver Time Out'
$Pol2.GpoStatus    = 'ComputerSettingsDisabled'
$Pol2.Description = '15 Minuten Wartezeit'
```

5. Schreiben Sie einen Wert in die Registry:

```
$EPHT3= @{
  Name    = 'Screen Saver Time Out'
  Key     = 'HKCU\Software\Policies\Microsoft\Windows\'+
              'Control Panel\Desktop'
  ValueName = 'ScreenSaveTimeOut'
  Value   = 900
  Type    = 'DWord'
}
Set-GPRegistryValue @EPHT3 | Out-Null
```

6. Verknüpfen Sie die GPOs mit der OU IT:

```
$GPLHT1 = @{
  Name      = 'ITPolicy'
  Target    = 'OU=IT,DC=Reskit,DC=org'
}
New-GPLink @GPLHT1 | Out-Null
$GPLHT2 = @{
  Name      = 'Screen Saver Time Out'
  Target    = 'OU=IT,DC=Reskit,DC=org'
}
New-GPLink @GPLHT2 | Out-Null
```

7. Zeigen Sie die Gruppenrichtlinienobjekte der Domäne an:

```
Get-GPO -All -Domain Reskit.Org |
  Sort -Property DisplayName |
    Format-Table -Property Displayname, Description, GpoStatus
```

8. Erzeugen Sie einen GPO-Bericht und zeigen Sie ihn an:

```
$RPath = 'C:\Foo\GPOReport1.HTML'
Get-GPOReport -Name 'ITPolicy' -ReportType Html -Path $RPath
Invoke-Item -Path $RPath
```

So funktioniert's

In *Schritt 1* erstellen Sie ein Gruppenrichtlinienobjekt. In *Schritt 2* aktualisieren Sie das GPO und legen fest, dass das GPO lediglich Einstellungen für die Computerkonfiguration enthält. Anschließend konfigurieren Sie in *Schritt 3* die Richtlinie mit zwei Einstellungen. In *Schritt 4* und *Schritt 5* erstellen Sie ein Gruppenrichtlinienobjekt für die Benutzerkonfiguration, die Werte für den Bildschirmschoner festlegt, und verknüpfen dann das GPO in *Schritt 6*. Diese Schritte erzeugen keine Ausgabe.

In *Schritt 7* lassen Sie alle GPO-Objekte in der Domäne `Reskit.Org` anzeigen, was wie folgt aussieht:

```
PS C:\foo> Get-GPO -All -Domain Reskit.Org |
              Sort -Property DisplayName |
                Format-Table -Property Displayname, Description, GpoStatus

DisplayName                          Description                         GpoStatus
-----------                          -----------                         ---------
Default Domain Controllers Policy                                 AllSettingsEnabled
Default Domain Policy                                             AllSettingsEnabled
ITPolicy                             IT GPO                     UserSettingsDisabled
Screen Saver Time Out                15 Minuten Wartezeit ComputerSettingsDisabled
```

In *Schritt 8* erstellen Sie einen GPO-Bericht. Dieser Bericht zeigt die Details des GPO-Objekts an, einschließlich der Einstellungen, die das Gruppenrichtlinienobjekt konfiguriert. Der Bericht sieht folgendermaßen aus:

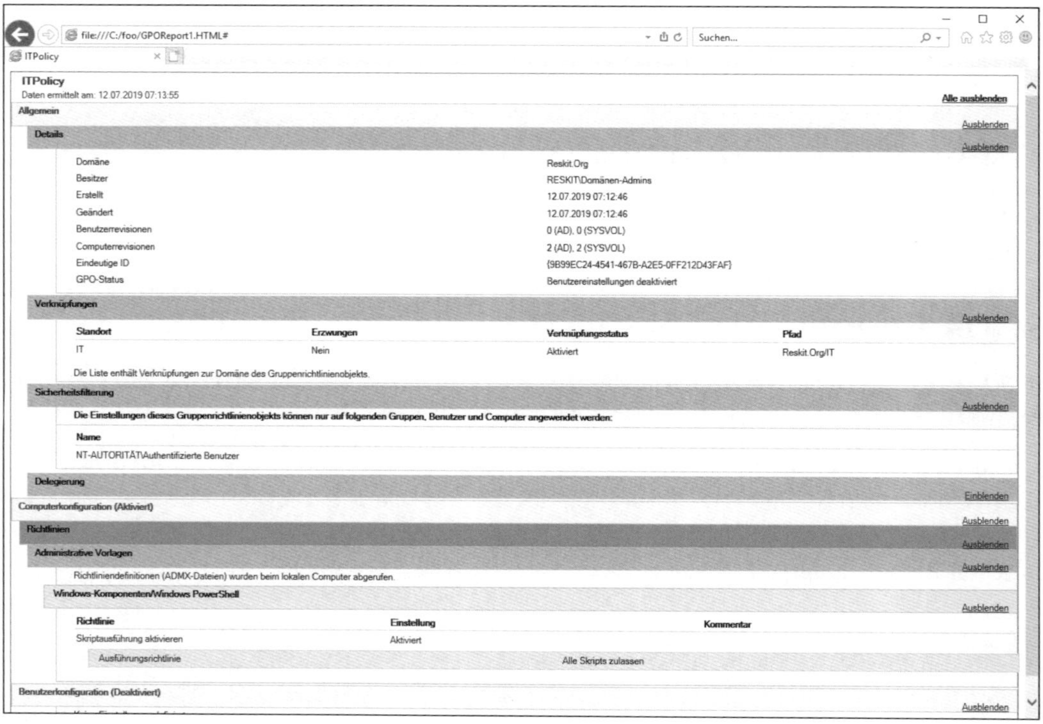

Weitere Informationen

Gruppenrichtlinien sind ein umfangreiches und vielschichtiges Thema, vielleicht sogar eins, dem man ein eigenes Buch widmen kann. In diesem Rezept haben Sie die Grundlagen zur Erstellung, Verknüpfung und Aktualisierung kennengelernt, und Sie wissen nun, wie Sie einen Bericht über GPOs erstellen können. Es gibt aber noch viel mehr Möglichkeiten und Themen, wie beispielsweise Vererbung, Sichern/Wiederherstellen, Export/Import usw.

Siehe auch ...

Mit den administrativen Vorlagen für Gruppenrichtlinien stehen Ihnen buchstäblich Tausende von Einstellungen zur Verfügung, wobei jede eine Registry-Einstellung besitzt, die Sie wie in diesem Rezept gezeigt, verwenden können. Das Finden einer bestimmten Einstellung und der zugehörigen Registry-Werte kann sehr aufwändig sein. Um Sie dabei zu unterstützen, veröffentlicht Microsoft eine Excel-Arbeitsmappe, die die Einstellungen aufführt. Sie finden die Excel-Datei unter `https://www.microsoft.com/en-us/download/details.aspx?displaylang=en&id=25250`.

Berichte zu AD-Benutzern

Die Verwaltung des Active Directory ist eine wichtige, wenn auch zeitaufwändige Aufgabe. Benutzerkonten zu entdecken, die seit einiger Zeit nicht genutzt wurden oder die fälschlicherweise Mitglied in einer privilegierten Gruppe sind (zum Beispiel in der Gruppe Organisations-Admins), kann dabei helfen, mögliche Sicherheitsrisiken in der Organisation aufzuspüren. Regelmäßige Berichte können dabei helfen, sich auf Konten zu konzentrieren, die sinnvollerweise deaktiviert werden sollten. Das könnte bedeuten, dass das Konto entweder aus einer Sicherheitsgruppe oder sogar ganz entfernt wird.

Dieses Rezept erstellt einen Bericht über Benutzer, Computer sowie die Mitgliedschaft in privilegierten Gruppen und zeigt diesen Bericht auf der Konsole an.

Vorbereitungen

Dieses Rezept, das Sie auf `DC1` ausführen, erstellt einen Bericht zu Benutzerkonten mit eventuellen Problemen: ein Benutzer, der sich seit einiger Zeit nicht mehr angemeldet hat, der eine Vielzahl von Anmeldeversuchen mit einem falschen Passwort durchgeführt hat oder der fälschlicherweise Mitglied einer privilegierten Gruppe ist.

So wird's gemacht

1. Definieren Sie die Funktion `Get-ReskitUser`:

```
Function Get-ReskitUser {
# PDC-Emulator-DC holen
$PrimaryDC = Get-ADDomainController -Discover -Service PrimaryDC
# Benutzer abrufen
$ADUsers = Get-ADUser -Filter * -Properties * -Server $PrimaryDC
# Benutzer in Schleife durchlaufen und Hash-Tabelle $Userinfo erstellen:
Foreach ($ADUser in $ADUsers) {
    # Eine Benutzerinfo HT erstellen
    $UserInfo = [Ordered] @{}
    $UserInfo.SamAccountname = $ADUser.SamAccountName
    $Userinfo.DisplayName    = $ADUser.DisplayName
    $UserInfo.Office         = $ADUser.Office
    $Userinfo.Enabled        = $ADUser.Enabled
    $userinfo.LastLogonDate  = $ADUser.LastLogonDate
    $UserInfo.ProfilePath    = $ADUser.ProfilePath
    $Userinfo.ScriptPath     = $ADUser.ScriptPath
    $UserInfo.BadPWDCount    = $ADUser.badPwdCount
    New-Object -TypeName PSObject -Property $UserInfo
    }
} # Ende der Funktion
```

2. Rufen Sie die Benutzerobjekte in der Domäne `Reskit.Org` ab:

```
$RKUsers = Get-ReskitUser
```

3. Erstellen Sie den Berichtsheader:

```
$RKReport = ''
$RkReport += "*** Reskit.Org-AD-Bericht`n"
$RKReport += "*** Erstellt [$(Get-Date)]`n"
$RKReport += "*******************************`n`n"
```

4. Erstellen Sie die Liste mit den deaktivierten Benutzerkonten:

```
$RkReport += "*** Deaktivierte Benutzerkonten`n"
$RKReport += $RKUsers |
    Where-Object {$_.Enabled -NE $true} |
        Format-Table -Property SamAccountName, Displayname |
            Out-String
```

5. Erstellen Sie die Liste der Benutzer, die sich in der letzten Zeit nicht angemeldet haben:

```
$OneWeekAgo = (Get-Date).AddDays(-7)
$RKReport += "`n*** Benutzer, die sich seit $OneWeekAgo nicht angemeldet haben`n"
$RkReport += $RKUsers |
    Where-Object {$_.Enabled -and $_.LastLogonDate -le $OneWeekAgo} |
        Sort-Object -Property LastlogonDate |
            Format-Table -Property SamAccountName,lastlogondate |
                Out-String
```

6. Erstellen Sie die Liste der Benutzer mit einer großen Anzahl Anmeldefehlversuchen:

```
$RKReport += "`n*** Große Anzahl von Anmeldefehlversuchen`n"
$RKReport += $RKUsers | Where-Object BadPwdCount -ge 5 |
  Format-Table -Property SamAccountName, BadPwdCount |
    Out-String
```

7. Fügen Sie für diesen Teil des Berichts eine weitere Überschrift ein und erstellen Sie ein leeres Array für die privilegierten Benutzerkonten:

```
$RKReport += "`n*** Bericht zu privilegierten Benutzern`n"
$PUsers = @()
```

8. Rufen Sie die Mitglieder der Gruppen Organisations-Admins, Domänen-Admins und Schema-Admins ab und hängen Sie diese an das Array `$PUsers` an:

```
# Mitglieder der Gruppe Organisations-Admins abrufen
$Members = Get-ADGroupMember -Identity 'Organisations-Admins' -Recursive |
    Sort-Object -Property Name
$PUsers += foreach ($Member in $Members) {
    Get-ADUser -Identity $Member.SID -Properties * |
        Select-Object -Property Name,
               @{Name='Group';expression={'Organisations-Admins'}},
               whenCreated,LastlogonDate
}
```

```
# Mitglieder der Gruppe Domänen-Admins abrufen
$Members =
  Get-ADGroupMember -Identity 'Domänen-Admins' -Recursive |
    Sort-Object -Property Name
$PUsers += Foreach ($Member in $Members)
    {Get-ADUser -Identity $member.SID -Properties * |
        Select-Object -Property Name,
                @{Name='Group';expression={'Domänen-Admins'}},
                WhenCreated, Lastlogondate,SamAccountName
}
# Mitglieder der Gruppe Schema-Admins abrufen
$Members =
  Get-ADGroupMember -Identity 'Schema-Admins' -Recursive |
    Sort-Object Name
$PUsers += Foreach ($Member in $Members) {
    Get-ADUser -Identity $member.SID -Properties * |
        Select-Object -Property Name,
            @{Name='Group';expression={'Schema-Admins'}}, `
            WhenCreated, Lastlogondate,SamAccountName
}
```

9. Hängen Sie die Liste mit den privilegierten Benutzerkonten an den Bericht an:

```
$RKReport += $PUsers | Out-String
```

10. Zeigen Sie den Bericht auf der Konsole an:

```
$RKReport
```

So funktioniert's

Dieses Rezept, das einen Bericht erstellt, definiert in *Schritt 1* zuerst eine Funktion, die einige der wichtigen Eigenschaften der Benutzer in der Domäne `Reskit.Org` zurückgibt. In *Schritt 2* rufen Sie die Funktion auf, um ein Array aller Benutzerkonten in der Domäne zu erhalten. Diese beiden Schritte erzeugen keine Ausgabe.

In *Schritt 2* bis *Schritt 9* erstellen Sie die einzelnen Teile des Berichts und fügen sie in die Variable `$RKReport` ein. Auch diese Schritte erzeugen keine Ausgabe.

In *Schritt 10* zeigen Sie den Bericht auf der Konsole an und erhalten diese Ausgabe:

```
PS C:\foo> $RKReport

*** Reskit.Org-AD-Bericht
*** Erstellt [07/12/2019 07:38:33]
*******************************

*** Deaktivierte Benutzerkonten

SamAccountname DisplayName
-------------- -----------
Gast
krbtgt
SueBob         SueBob


*** Benutzer, die sich seit 07/05/2019 07:38:33 nicht angemeldet haben

SamAccountname  LastLogonDate
--------------  -------------
RLT             23.04.2019 16:10.06
Claire          14.06.2018 11:14:51
Sylvester       12.01.2019 02:26:09
Malcolm         20.11.2017 15:32:42


*** Große Anzahl von Anmeldefehlversuchen

SamAccountname  BadPwdCount
--------------  -----------
ThomasL                   6
Claire                  218

*** Bericht zu privilegierten Benutzern

Name          Group                  whenCreated         LastlogonDate
----          -----                  -----------         -------------
Administrator Organisations-Admins   10.07.2018 20:40:33 11.07.2019 20:54:01
BillyBob      Organisations-Admins   10.07.2019 21:14:10 11.07.2019 13:24:15
Administrator Domänen-Admins         10.07.2018 20:40:33 11.07.2019 20:54:01
BillyBob      Domänen-Admins         10.07.2019 21:14:10 11.07.2019 13:24:15
Administrator Schema-Admins          10.07.2018 20:40:33 11.07.2019 20:54:01
```

Weitere Informationen

In diesem Rezept erstellen Sie den Bericht und zeigen ihn auf der Konsole an. Es gibt ein paar Dinge, die Sie tun könnten, um noch größeren Nutzen aus diesem Rezept zu ziehen:

- Speichern Sie das Rezept als Skript ab und richten Sie eine geplante Aufgabe ein, damit das Skript täglich ausgeführt wird.
- Erstellen Sie auf dem Domänencontroller eine SMB-Freigabe und speichern Sie die Berichte in diesem Ordner ab, oder mailen Sie ihn an eine E-Mail-aktivierte Gruppe.
- Deaktivieren Sie automatisch alle Benutzerkonten, die beispielsweise in den letzten 30 Tagen nicht verwendet wurden. Senden Sie eine E-Mail an den Manager dieses Benutzers, um ihn hierüber zu informieren.

- Erstellen Sie eine Liste der Benutzer, die autorisiert sind, in den hochprivilegierten Gruppen Mitglied zu sein, und sorgen Sie dafür, dass die Gruppen auch nur diese Benutzer enthalten.
- Passen Sie das Rezept so an, dass HTML ausgegeben wird, um so die Lesbarkeit und Benutzerfreundlichkeit des Berichts zu verbessern.

In *Schritt* 7 ruft dieses Rezept mehrfach `Get-ADUser` auf, wobei alle Attribute zurückgegeben werden. Sie können hier den Code optimieren und nur die Eigenschaften abrufen, die für die Erstellung dieses Berichts benötigt werden.

Inaktive Computer und Benutzer im AD finden

Die Objekte in Ihrer AD-Datenbank – die Benutzer, Computer, Gruppen, Organisationseinheiten, Richtlinien usw. – sind in fast allen Unternehmen ständigen Änderungen unterzogen. Benutzer verlassen die Organisation, Computer werden ausgemustert, OUs und Richtlinien werden hinzugefügt, entfernt, umbenannt usw. Die einzige Konstante ist die ständige Veränderung.

Ein Nebeneffekt dieser Änderungen besteht darin, dass sich im AD verwaiste Objekte befinden: Benutzerkonten von Mitarbeitern, die nicht mehr in Ihrem Unternehmen arbeiten, oder Computerkonten, deren Hardware es nicht mehr gibt. Es können außerdem Objekte existieren, die zwar gültig sind, aber seit längerer Zeit nicht mehr verwendet wurden.

Diese Konten stellen ein potenzielles Sicherheitsrisiko dar. So kann ein nicht mehr verwendetes Benutzerkonto, das existiert, obwohl der Benutzer das Unternehmen verlassen hat, einen Bedrohungsfaktor darstellen. Ein Beispiel: Ruth hat in der Buchhaltung gearbeitet (und konnte dort auf die Finanzdaten der Firma zugreifen) und hat nun das Unternehmen verlassen. Falls ihr Benutzerkonto weiterhin aktiv bleibt, kann jemand, der ihr Passwort errät, diese Anmeldeinformationen verwenden, um auf vertrauliche Informationen zuzugreifen. Das Risiko ist dann noch größer, wenn Ruth in der Lage war, über das Internet auf diese Informationen zuzugreifen.

Bei abgelaufenen Computern (auf denen seit längerer Zeit keine Anmeldung mehr erfolgte) ist möglicherweise kein Computerkennwort mehr mit AD synchronisiert. Dies kann dazu führen, dass dieser Computer keine WSUS-Updates oder auf Gruppenrichtlinienobjekten basierende Konfiguration mehr erhält.

Dieses Rezept findet alle Computer, die seit mehr als einem Monat nicht mehr verwendet wurden sowie die Benutzer, die sich im gleichen Zeitraum nicht mehr angemeldet haben. Dieses Rezept erstellt dann einen Bericht und zeigt ihn auf der Konsole an.

Vorbereitungen

Führen Sie dieses Rezept auf `DC1` aus. Idealerweise sollten sich in Ihrer Domäne eine große Anzahl von Benutzer- und Computerkonten befinden.

So wird's gemacht

1. Erstellen Sie den Header des Berichts:

```
$RKReport = ''
$RkReport += "*** Täglicher AD-Bericht für Reskit.Org`n"
$RKReport += "*** Erstellt [$(Get-Date)]`n"
$RKReport += "***********************************`n`n"
```

2. Erstellen Sie eine Liste der Computerkonten, die sich seit mehr als einem Monat nicht mehr angemeldet haben:

```
$RkReport += "*** Maschinen, die sich im vergangenen Monat nicht angemeldet haben`n"
$AMonthAgo = (Get-Date).AddMonths(-1)
$ADCHT2 = @{
  Properties = 'lastLogonDate'
  Filter     = 'lastLogonDate -lt $AMonthAgo'
}
$RkReport += Get-ADComputer @ADCHT2 |
    Sort-Object -Property lastLogonDate |
        Format-Table -Property Name, LastLogonDate |
            Out-String
```

3. Erstellen Sie eine Liste der Benutzerkonten, die sich seit mehr als einem Monat nicht mehr angemeldet haben:

```
$RKReport += "*** Benutzer, die sich im vergangenen Monat nicht angemeldet haben`n"
$RkReport += Get-AdUser @ADCHT2 |
    Sort-Object -Property lastLogonDate |
        Format-Table -Property Name, LastLogonDate |
            Out-String
```

4. Suchen Sie nach allen Benutzerkonten, die deaktiviert sind:

```
$ADCHT3 = @{
  Properties = 'Enabled'
}
$RKReport += "*** Deaktivierte Benutzerkonten`n"
$RkReport += Get-ADUser @Adcht3 -Filter {Enabled -ne $true}|
                 Sort-Object -Property lastLogonDate |
                     Format-Table -Property Name, LastLogonDate |
                        Out-String
```

5. Zeigen Sie den Bericht an:

```
$RKReport
```

So funktioniert's

In *Schritt 1* erstellen Sie den Header für Ihren Bericht. In *Schritt 2* fügen Sie eine Liste der Computerkonten und in *Schritt 3* eine Liste der Benutzerkonten, die sich längere Zeit nicht mehr angemeldet haben, in den Bericht ein. In *Schritt 4* ergänzen Sie Details zu deaktivierten Konten. Diese vier Schritte erzeugen keine Ausgabe.

In *Schritt 5* zeigen Sie den Bericht auf der Konsole an und erhalten diese Ausgabe:

```
PS C:\foo> $RKReport

*** Täglicher AD-Bericht für Reskit.Org
*** Erstellt [07/12/2019 07:46:52]
**************************************

*** Maschinen, die sich im vergangenen Monat nicht angemeldet haber

Name                  LastLogonDate
----                  -------------
JaneBobPC             20.04.2017 14:20:15 <———
SRV21                 18.09.2018 04:00:20


*** Benutzer, die sich im vergangenen Monat nicht angemeldet haben

Name                  LastLogonDate
----                  -------------
RLT                   23.08.2018 16:10:06
Claire                14.06.2018 11:14:51
JaneBob               20.04.2017 07:54:20 <———
Malcolm               20.11.2017 15:32:42


*** Deaktivierte Benutzerkonten

Name                  LastLogonDate
----                  -------------
Gast
krbtgt
AliceBob              08.12.2018 14:10:20 <———
```

Weitere Informationen

In *Schritt 5* können Sie im Bericht einige Dinge erkennen, auf die Sie achten sollten. Ein Benutzer hat sich seit sehr langer Zeit nicht mehr angemeldet (was auch für sein System zutrifft). Sie können außerdem einige deaktivierte Benutzerkonten erkennen. Die ersten beiden (`Gast` und `krbtgt`) sind normal und daher auch erwartet. Der letzte Eintrag zeigt einen Benutzer, dessen Konto deaktiviert ist und der sich seit sehr langer Zeit nicht mehr angemeldet hat. Beide Benutzerkonten sollten überprüft werden, um zu entscheiden, ob sie im Unternehmen noch benötigt werden.

Kapitel 4
Windows-Speichertechnologien verwalten

In diesem Kapitel werden die folgenden Rezepte vorgestellt:

- **Physikalische Datenträger und Volumes verwalten**
- **NTFS-Berechtigungen verwalten**
- **Speicherreplikat verwalten**
- **Kontingente für Dateiserver verwalten**
- **Speicherberichte verwenden**

Einführung

Windows Server 2019 stellt einen ganzen Satz von Features zur Verfügung, die es erlauben, unterschiedliche Speicherarten und Storage-Technologien zu verwenden. Windows unterstützt die klassischen Festplatten, USB-Speichersticks und SSD-Datenträger (einschließlich NVMe SSD).

Bevor ein Datenträger verwendet werden kann, müssen Sie auf dem Gerät Partitionen oder Volumes (logische Laufwerke) erstellen und anschließend das Volume formatieren. Wenn Sie einen Datenträger initialisieren, müssen Sie festlegen, welches Partitionsschema verwendet werden soll. Sie haben zwei Optionen: **Master Boot Record** (**MBR**) oder **GUID-Partitionstabelle** (**GPT**). Eine gute Erörterung der Unterschiede zwischen diesen beiden Mechanismen finden Sie hier:

`https://www.howtogeek.com/193669/whats-the-difference-between-gptand-mbr-when-partitioning-a-drive`.

Nachdem das logische Laufwerk erstellt ist, können Sie den Datenträger formatieren. Windows unterstützt fünf wesentliche Dateisysteme, die Sie verwenden können: ReFS, NTFS, exFAT, UDF und FAT32. Details zu den vier letztgenannten finden Sie unter: `https://docs.microsoft.com/en-us/windows/desktop/fileio/filesystem-functionality-comparison`. Das ReFS-Dateisystem ist neuer, basiert auf NFTS, jedoch stellt es einige Features nicht zur Verfügung, die ein Dateiserver möglicherweise benötigt (ReFS unterstützt keine verschlüsselten Dateien). Einen Vergleich der Dateisysteme ReFS und NTFS finden Sie unter `https://www.iperiusbackup.net/de/10148`. Sie werden im Rezept »Physikalische Datenträger und logische Laufwerke verwalten« auf Seite 118 das Partitionieren und das Formatieren von Volumes untersuchen.

NTFS- (und ReFS)-Volumes erlauben das Erstellen von **Zugriffssteuerungslisten** (**access control lists**, **ACLs**), die den Zugriff auf die Dateien und Ordner steuern, die sich in Windows-Volumes befinden. Die Verwaltung der Zugriffssteuerungslisten ist ein wenig schwierig und die Unterstützung von PowerShell ist in diesem Bereich nur rudimentär. Um die ACLs auf Windows-Datenträgern zu verwalten, können Sie, wie Sie im Rezept »NTFS-Berechtigungen verwalten« auf Seite 123 sehen werden, `NTFSSecurity` herunterladen, ein Modul eines Drittanbieters.

Das Feature **Ressourcen-Manager für Dateiserver** (**File Server Resource Manager**, **FSRM**) in Windows Server 2019 hilft Ihnen dabei, Ressourcen zu verwalten, auf denen Dateien gespeichert werden. Mit FSRM können Sie Kontingente für das Speichern von Dateien erstellen. Bei weichen Kontingenten können Benutzer das Kontingent überschreiten und die Administratoren werden benachrichtigt, wenn dies passiert. Bei harten Kontingenten können die Benutzer keine Dateien mehr abspeichern, wenn sie den zugeteilten Speicherplatz komplett verbraucht haben. Sie werden die Verwaltung von Kontingenten im Rezept »Kontingente für Dateiserver verwalten« auf Seite 133 kennenlernen.

FSRM unterstützt außerdem das Erstellen von Berichten über Dateiserver, was Sie im Rezept »Speicherberichte verwenden« auf Seite 141 untersuchen werden. Diese Berichte und die hierbei erstellten XML-Dateien können bei der Verwaltung und der Überwachung von Dateiservern hilfreich sein.

Dieses Kapitel und insbesondere das Rezept »Kontingente für Dateiserver verwalten« auf Seite 133 verwendet ein kostenloses E-Mail-Konto von `Sendgrid.com`. Dies erlaubt Ihnen, den Windows SMTP-Server so zu konfigurieren, dass er Mails an SendGrid weiterleitet, von wo aus die E-Mails an ihre Empfänger verschickt werden. Dies kann ein guter Weg sein, um die Berichterstellung zu testen und um Probleme mit internen SMTP-Servern zu vermeiden.

Physikalische Datenträger und logische Laufwerke verwalten

Windows Server 2019 setzt einen Computer mit mindestens einem Laufwerk voraus (das Laufwerk `C:\`). Die Datenträger können über verschiedene Bussysteme wie beispielsweise IDE, SATA, SAS oder USB angeschlossen sein. Bevor Sie in Windows einen Datenträger verwenden können, müssen Sie ihn initialisieren und Partitionen oder logische Laufwerke erstellen.

Es gibt zwei Partitionsschemata, die Sie verwenden können. Das ältere Master Boot Record-Format (MBR) und die neue GUID-Partitionstabelle (GPT). Das MBR-Schema, das erstmalig mit PC DOS 2 im Jahre 1983 eingeführt wurde, weist eine Reihe von Einschränkungen auf. So unterstützt MBR nur Partitionen, die maximal 2 TB groß sein können. Wenn Sie mehr als vier Partitionen erstellen wollen, müssen Sie zuerst eine erweiterte Partition erstellen und dann innerhalb der erweiterten Partition weitere Partitionen erstellen. Das GPT-Schema unterstützt hingegen viel größere Laufwerke (die maximale Partitionsgröße hängt vom Betriebssystem ab) sowie bis zu 128 Partitionen je Datenträger.

In diesem Rezept erweitern Sie Server `SRV1` um zwei weitere Datenträger und erstellen anschließend auf den neuen Datenträgern Volumes und Partitionen.

Vorbereitungen

Sie führen dieses Rezept auf `SRV1` aus. Um das Rezept nutzen zu können, benötigt `SRV1` zwei weitere Datenträger. Falls Sie eine Hyper-V-VM verwenden, um das Rezept zu testen, können Sie das folgende Skript verwenden, um die erforderlichen Datenträger zu erstellen. Führen Sie dieses Skript auf dem Hyper-V-Host aus, der die VM `SRV1` hostet:

```
# Auf SRV1 virtuelle Datenträger erstellen, die in die VM eingehängt werden
New-VHD -Path D:\v6\SRV1\SRV1-F.vhdx -SizeBytes 20gb -Dynamic
New-VHD -Path D:\v6\SRV1\SRV1-G.vhdx -SizeBytes 20gb -Dynamic

# Datenträger in die VM einhängen
$HDHT1 = @{
  VMName = 'SRV1'
  Path = 'D:\v6\SRV1\SRV1-F.vhdx'
  controllerType = 'SCSI'
  controllerNumber = 0
}
Add-VMHardDiskDrive @HDHT1

$HDHT2 = @{
  VMName = 'SRV1'
  Path = 'D:\v6\SRV1\SRV1-G.vhdx'
  controllerType = 'SCSI'
  controllerNumber = 0
}
Add-VMHardDiskDrive @HDHT2
```

In den Begleitdateien für dieses Buch (siehe Einleitung) befindet sich ein Skript, `Add-DiskstoSrv1+2.ps1`, das die Datenträger, die in diesem und anderen Rezepten dieses Kapitels verwendet werden, erstellt. Nachdem Sie die virtuellen Datenträger zum Server `SRV1` hinzugefügt haben, können Sie die **Datenträgerverwaltung**, ein MMC-Snap-In, verwenden, und sich die Ausgangskonfiguration für dieses Rezept ansehen:

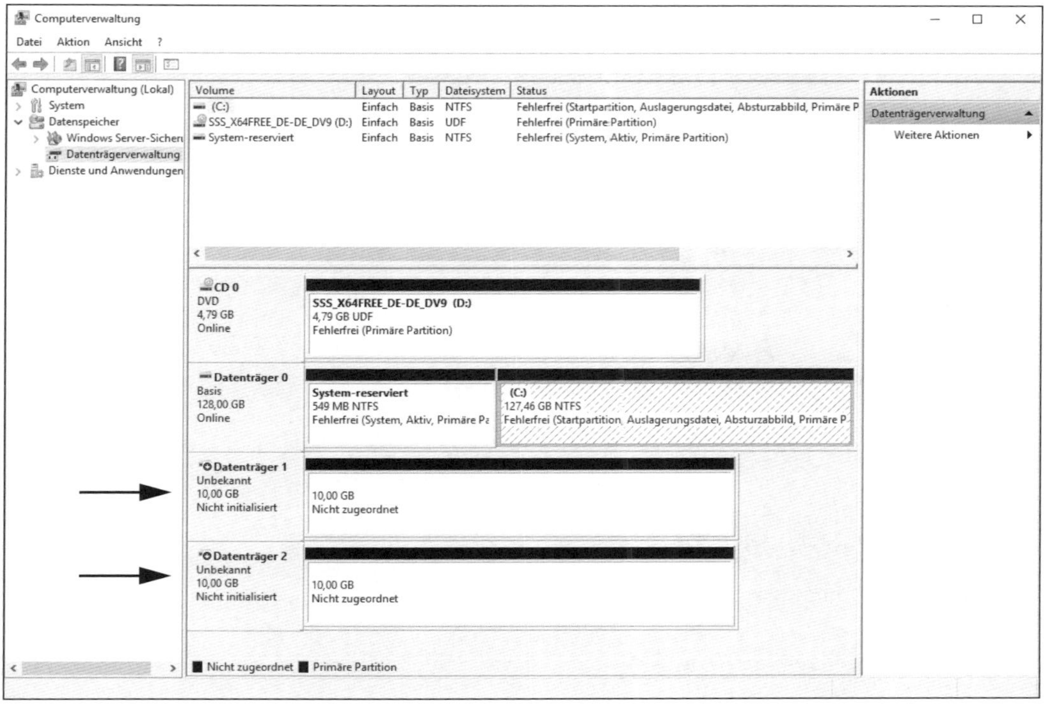

So wird's gemacht

1. Rufen Sie die für das System sichtbaren Datenträger auf:

```
Get-Disk |
  Format-Table -AutoSize
```

2. Initialisieren Sie, falls erforderlich, die Datenträger mit dem GPT-Schema:

```
Get-Disk |
  Where PartitionStyle -eq Raw |
    Initialize-Disk -PartitionStyle GPT
```

3. Zeigen Sie die Datenträger erneut an:

```
Get-Disk |
  Format-Table -AutoSize
```

4. Erstellen Sie auf Datenträger `1` das logische Laufwerk `F:`

```
$NVHT1 = @{
  DiskNumber   =  1
  FriendlyName = 'Storage(F)'
  FileSystem   = 'NTFS'
  DriveLetter  = 'F'
}
New-Volume @NVHT1
```

5. Erstellen Sie auf Datenträger `2` zwei logische Laufwerke; zuerst wird das Laufwerk `G:` erstellt:

```
New-Partition -DiskNumber 2  -DriveLetter G -Size 4gb
```

6. Erstellen Sie eine zweite Partition `H:`:

```
New-Partition -DiskNumber 2  -DriveLetter H -UseMaximumSize
```

7. Formatieren Sie die Laufwerke `G:` und `H:`:

```
$NVHT1 = @{
  DriveLetter        = 'G'
  FileSystem         = 'NTFS'
  NewFileSystemLabel = 'Log'}
Format-Volume @NVHT1
$NVHT2 = @{
  DriveLetter        = 'H'
  FileSystem         = 'NTFS'
  NewFileSystemLabel = 'GDShow'}
Format-Volume @NVHT2
```

8. Rufen Sie die auf dem System vorhandenen Partitionen ab:

```
Get-Partition  |
  Sort-Object -Property DriveLetter |
    Format-Table -Property DriveLetter, Size, Type
```

9. Rufen Sie die Volumes auf `SRV1` ab:

```
Get-Volume |
  Sort-Object -Property DriveLetter
```

So funktioniert's

In *Schritt 1* sehen Sie sich die auf `SRV1` verfügbaren Datenträger an und erkennen die beiden neuen Datenträger:

```
PS C:\foo> Get-Disk |
             Format-Table -AutoSize

Number Friendly Name     Serial Number HealthStatus OperationalStatus Total Size Partition Style
------ -------------     ------------- ------------ ----------------- ---------- ---------------
0      Virtual HD                      Healthy      Online                128 GB MBR
1      Msft Virtual Disk               Healthy      Online                 10 GB RAW
2      Msft Virtual Disk               Healthy      Online                 10 GB RAW
```

In *Schritt 2* initialisieren Sie die beiden neuen Datenträger; dieser Schritt erzeugt keine Ausgabe. In *Schritt 3* zeigen Sie die Datenträger erneut an und erhalten diese Ausgabe:

```
PS C:\foo> Get-Disk |
             Format-Table -AutoSize

Number Friendly Name     Serial Number HealthStatus OperationalStatus Total Size Partition Style
------ -------------     ------------- ------------ ----------------- ---------- ---------------
0      Virtual HD                      Healthy      Online                128 GB MBR
1      Msft Virtual Disk               Healthy      Online                 10 GB GPT
2      Msft Virtual Disk               Healthy      Online                 10 GB GPT
```

In *Schritt 4* verwenden Sie das Cmdlet `New-Volume`, um ein logisches Laufwerk zu erstellen und zu partitionieren, und zwar auf dem ersten neuen Datenträger. Sie erhalten diese Ausgabe:

```
PS C:\foo> $NVHT1 = @{
             DiskNumber   =  1
             FriendlyName = 'Storage(F)'
             FileSystem   = 'NTFS'
             DriveLetter  = 'F'
           }
PS C:\foo> New-Volume @NVHT1

DriveLetter FriendlyName FileSystemType DriveType HealthStatus OperationalStatus SizeRemaining    Size
----------- ------------ -------------- --------- ------------ ----------------- -------------    ----
F           Storage(F)   NTFS           Fixed     Healthy      OK                      9.94 GB 9.98 GB
```

In *Schritt 5* erstellen Sie die erste von zwei Partitionen auf dem zweiten Datenträger, der zu `SRV1` hinzugefügt wurde. Dieser Schritt sieht wie folgt aus:

```
PS C:\foo> New-Partition -DiskNumber 2  -DriveLetter G -Size 4gb

DiskId               : \\?\ide#diskvirtual_hd______________________________1.1.1___#5&cfb56de&0&1.1.0#{53f56307-b6bf-11d0-94f2-00a0c91efb8b}
DiskNumber           : 2
DriveLetter          : G
Offset               : 16777216
OperationalStatus    : Online
PartitionNumber      : 2
Size                 : 4294967296
Type                 : Basic
DiskPath             : \\?\ide#diskvirtual_hd______________________________1.1.1___#5&cfb56de&0&1.1.0#{53f56307-b6bf-11d0-94f2-00a0c91efb8b}
(... Ausgabe etwas gekürzt)
```

In *Schritt 6* erstellen Sie eine zweite Partition auf dem zweiten Datenträger; dies wird Laufwerk `H:`. Dieser Schritt sieht wie folgt aus:

```
PS C:\foo> New-Partition -DiskNumber 2  -DriveLetter H -UseMaximumSize

DiskId               : \\?\ide#diskvirtual_hd______________________________1.1.1___#5&cfb56de&0&1.1.0#{53f56307-b6bf-11d0-94f2-00a0c91efb8b}
DiskNumber           : 2
DriveLetter          : H
Offset               : 4311744512
OperationalStatus    : Online
PartitionNumber      : 3
Size                 : 6424625152
Type                 : Basic
DiskPath             : \\?\ide#diskvirtual_hd______________________________1.1.1___#5&cfb56de&0&1.1.0#{53f56307-b6bf-11d0-94f2-00a0c91efb8b}
(... Ausgabe etwas gekürzt)
```

In *Schritt 7* formatieren Sie die beiden Partitionen, die Sie soeben erstellt haben, was wie folgt aussieht:

```
PS C:\foo> $NVHT1 = @{
             DriveLetter        = 'G'
             FileSystem         = 'NTFS'
             NewFileSystemLabel = 'Log'
           }
PS C:\foo> Format-Volume @NVHT1
PS C:\foo> $NVHT2 = @{
             DriveLetter        = 'H'
             FileSystem         = 'NTFS'
             NewFileSystemLabel = 'GDShow'
           }
PS C:\foo> Format-Volume @NVHT2

DriveLetter FriendlyName FileSystemType DriveType HealthStatus OperationalStatus SizeRemaining    Size
----------- ------------ -------------- --------- ------------ ----------------- -------------    ----
G           Log          NTFS           Fixed     Healthy      OK                      3.97 GB    4 GB
H           GDShow       NTFS           Fixed     Healthy      OK                      5.95 GB 5.98 GB
```

In *Schritt 8* verwenden Sie das Cmdlet `Get-Partition`, um die Partitionen auf Server `SRV1` abzurufen, und erhalten diese Ausgabe:

```
PS C:\foo> Get-Partition  |
             Sort-Object -Property DriveLetter |
               Format-Table -Property DriveLetter, Size, Type

DriveLetter         Size Type
-----------         ---- ----
               575668224 IFS
                16759808 Reserved
                16759808 Reserved
          C 136861188096 IFS
          F  10719592448 Basic
          G   4294967296 Basic
          H   6424625152 Basic
```

In *Schritt 9* verwenden Sie das Cmdlet `Get-Volume`, um eine Liste der logischen Laufwerke auf Server `SRV1` abzurufen, was wie folgt aussieht:

```
PS C:\foo> Get-Volume |
             Sort-Object -Property DriveLetter

DriveLetter FriendlyName           FileSystemType DriveType HealthStatus OperationalStatus SizeRemaining      Size
----------- ------------           -------------- --------- ------------ ----------------- -------------      ----
            System-reserviert      NTFS           Fixed     Healthy      OK                     108.3 MB    549 MB
A                                  Unknown        Removable Healthy      Unknown                     0 B       0 B
C                                  NTFS           Fixed     Healthy      OK                    117.52 GB 127.46 GB
D           SSS_X64FREE_DE-DE_DV9  Unknown        CD-ROM    Healthy      OK                          0 B   4.79 GB
F           Storage(F)             NTFS           Fixed     Healthy      OK                      9.94 GB   9.98 GB
G           Log                    NTFS           Fixed     Healthy      OK                      3.97 GB      4 GB
H           GDShow                 NTFS           Fixed     Healthy      OK                      5.95 GB   5.98 GB
```

Weitere Informationen

Im Abschnitt »Vorbereitungen« dieses Rezepts haben Sie zwei neue Datenträger zu `SRV1` hinzugefügt. Diese neuen Datenträger sind nicht initialisiert. Daher ist das Erste, was Sie in *Schritt 1* getan haben, diese Datenträger zu initialisieren.

In *Schritt 4* erstellen Sie ein neues Laufwerk auf Datenträger 1. Hierdurch wird das Laufwerk partitioniert und formatiert. In *Schritt 5* und *Schritt 6* erstellen Sie auf Datenträger 2 zwei neue Partitionen, die Sie in *Schritt 7* formatieren. Sie haben so zwei Methoden kennengelernt, um auf einem Datenträger Laufwerke zu erstellen.

In *Schritt 8* und *Schritt 9* verwenden Sie verschiedene Cmdlets, um die im Prinzip gleichen Objekte zurückzugeben: die Laufwerke/Partitionen auf `SRV1`.

NTFS-Berechtigungen verwalten

Jede Datei und jeder Ordner im NTFS-Dateisystem besitzt eine **Zugriffssteuerungsliste** (**Access Control List, ACL**). Jede ACL wiederum enthält einen Satz von **Zugriffssteuerungseinträgen** (**Access Control Entries**, **ACEs**). Jeder Zugriffssteuerungseintrag definiert für ein Konto die Berechtigungen für eine Datei oder einen Ordner. So könnte beispielsweise der globalen AD-Gruppe `Sales` Vollzugriff auf eine Datei erteilt werden.

Berechtigungen können auch von übergeordneten Ordnern geerbt werden. Wenn Sie einen neuen Ordner und dann in diesem neuen Ordner eine Datei erstellen, erbt die neue Datei standardmäßig die Berechtigungen vom übergeordneten Ordner und des übergeordneten Ordners dieses Ordners. Sie können die Zugriffssteuerungsliste bearbeiten, Berechtigungen hinzufügen oder entfernen sowie die Vererbungseinstellungen anpassen.

Die Unterstützung von PowerShell für die Verwaltung der NTFS-Berechtigungen ist begrenzt. Zwar kennt PowerShell die Cmdlets `Get-ACL` und `Set-ACL`, jedoch müssen Sie für das Erstellen von individuellen Zugriffssteuerungseinträgen standardmäßig auf das .NET Framework zurückgreifen. Ein einfacherer Ansatz besteht darin, ein Modul eines Drittanbieters zu verwenden, in diesem Fall `NTFSSecurity`, mit dem die Verwaltung von ACEs und ACLs, einschließlich der Vererbungseinstellungen, erheblich einfacher ist.

Vorbereitungen

Dieses Rezept verwendet `SRV1`, einen universellen Server, der der Domäne beigetreten ist und auf dem Windows Server 2019 ausgeführt wird. Außerdem muss ein Domänencontroller (beispielsweise `DC1`) laufen und erreichbar sein. Die Gruppe `Sales` sollte im Active Directory vorhanden sein; falls sie noch nicht vorhanden ist, wird sie vom Rezept erstellt. Sie sollten ein Benutzerkonto verwenden, das Mitglied der Gruppe Domänen-Admins ist und das Rezept in einer Konsole mit erhöhten Rechten ausführen. Außerdem sollten auf `SRV1` die AD Remoteserver-Verwaltungstools geladen sein.

So wird's gemacht

1. Laden Sie das Modul `NTFSSecurity` von `PSGallery` herunter und installieren Sie es:

   ```
   Install-Module NTFSSecurity -Force
   ```

2. Lassen Sie eine Liste aller Befehle dieses Moduls anzeigen:

   ```
   Get-Command -Module NTFSSecurity
   ```

3. Erstellen Sie einen neuen Ordner und dann eine neue Datei in diesem Ordner:

   ```
   New-Item -Path C:\Secure1 -ItemType Directory |
       Out-Null
   "Secure" | Out-File -FilePath C:\Secure1\Secure.Txt
   Get-ChildItem -Path c:\Secure1
   ```

4. Lassen Sie die ACL dieses Ordners anzeigen:

```
Get-NTFSAccess -Path C:\Secure1 |
  Format-Table -AutoSize
```

5. Lassen Sie die ACL der Datei anzeigen:

```
Get-NTFSAccess C:\Secure1\Secure.Txt |
  Format-Table -AutoSize
```

6. Erstellen Sie die Gruppe Sales, falls diese noch nicht existiert:

```
try {
  Get-ADGroup -Identity 'Sales' -ErrorAction Stop
}
catch {
  New-ADGroup -Name Sales -GroupScope Global |
    Out-Null
}
```

7. Lassen Sie Informationen zu der Gruppe anzeigen:

```
Get-ADGroup -Identity Sales
```

8. Erteilen Sie den Domänen-Admins explizit Vollzugriff auf den Ordner:

```
$AHT1 = @{
  Path         = 'C:\Secure1'
  Account      = 'Reskit\Domänen-Admins'
  AccessRights = 'FullControl'
}
Add-NTFSAccess @AHT1
```

9. Entfernen Sie die Zugriffsrechte für VORDEFINIERT\Benutzer von der Datei secure.txt:

```
$AHT2 = @{
  Path         = 'C:\Secure1\Secure.Txt'
  Account      = 'VORDEFINIERT\Benutzer'
  AccessRights = 'FullControl'
}
Remove-NTFSAccess @AHT2
```

10. Entfernen Sie die vererbten Zugriffsrechte von diesem Ordner:

```
$IRHT1 = @{
  Path                       = 'C:\Secure1'
  RemoveInheritedAccessRules = $True
}
Disable-NTFSAccessInheritance @IRHT1
```

11. Erteilen Sie der Gruppe Sales Vollzugriff auf den Ordner:

```
$AHT3 = @{
  Path         = 'C:\Secure1\'
  Account      = 'Reskit\Sales'
  AccessRights = 'FullControl'
}
Add-NTFSAccess @AHT3
```

12. Rufen Sie die aktualisierte Zugriffssteuerungsliste des Ordners ab:

```
Get-NTFSAccess -Path C:\Secure1 |
  Format-Table -AutoSize
```

13. Rufen Sie die aktualisierte Zugriffssteuerungsliste der Datei ab:

```
Get-NTFSAccess -Path C:\Secure1\Secure.Txt |
  Format-Table -AutoSize
```

So funktioniert's

In *Schritt 1* laden Sie das Modul `NTFSSecurity` vom PowerShell-Katalog im Internet herunter und installieren es, was keine Ausgabe erzeugt. In *Schritt 2* verwenden Sie das Cmdlet `Get-Command`, um die Befehle anzuzeigen, die das Modul `NTFSSecurity` enthält, was wie folgt aussieht:

```
PS C:\foo> Get-Command -Module NTFSSecurity

CommandType     Name                               Version    Source
-----------     ----                               -------    ------
Cmdlet          Add-NTFSAccess                     4.2.6      NTFSSecurity
Cmdlet          Add-NTFSAudit                      4.2.6      NTFSSecurity
Cmdlet          Clear-NTFSAccess                   4.2.6      NTFSSecurity
Cmdlet          Clear-NTFSAudit                    4.2.6      NTFSSecurity
Cmdlet          Copy-Item2                         4.2.6      NTFSSecurity
Cmdlet          Disable-NTFSAccessInheritance      4.2.6      NTFSSecurity
Cmdlet          Disable-NTFSAuditInheritance       4.2.6      NTFSSecurity
Cmdlet          Disable-Privileges                 4.2.6      NTFSSecurity
Cmdlet          Enable-NTFSAccessInheritance       4.2.6      NTFSSecurity
Cmdlet          Enable-NTFSAuditInheritance        4.2.6      NTFSSecurity
Cmdlet          Enable-Privileges                  4.2.6      NTFSSecurity
Cmdlet          Get-ChildItem2                     4.2.6      NTFSSecurity
Cmdlet          Get-DiskSpace                      4.2.6      NTFSSecurity
Cmdlet          Get-FileHash2                      4.2.6      NTFSSecurity
Cmdlet          Get-Item2                          4.2.6      NTFSSecurity
Cmdlet          Get-NTFSAccess                     4.2.6      NTFSSecurity
Cmdlet          Get-NTFSAudit                      4.2.6      NTFSSecurity
Cmdlet          Get-NTFSEffectiveAccess            4.2.6      NTFSSecurity
Cmdlet          Get-NTFSHardLink                   4.2.6      NTFSSecurity
Cmdlet          Get-NTFSInheritance                4.2.6      NTFSSecurity
Cmdlet          Get-NTFSOrphanedAccess             4.2.6      NTFSSecurity
Cmdlet          Get-NTFSOrphanedAudit              4.2.6      NTFSSecurity
Cmdlet          Get-NTFSOwner                      4.2.6      NTFSSecurity
Cmdlet          Get-NTFSSecurityDescriptor         4.2.6      NTFSSecurity
Cmdlet          Get-NTFSSimpleAccess               4.2.6      NTFSSecurity
Cmdlet          Get-Privileges                     4.2.6      NTFSSecurity
Cmdlet          Move-Item2                         4.2.6      NTFSSecurity
Cmdlet          New-NTFSHardLink                   4.2.6      NTFSSecurity
Cmdlet          New-NTFSSymbolicLink               4.2.6      NTFSSecurity
Cmdlet          Remove-Item2                       4.2.6      NTFSSecurity
Cmdlet          Remove-NTFSAccess                  4.2.6      NTFSSecurity
Cmdlet          Remove-NTFSAudit                   4.2.6      NTFSSecurity
Cmdlet          Set-NTFSInheritance                4.2.6      NTFSSecurity
Cmdlet          Set-NTFSOwner                      4.2.6      NTFSSecurity
Cmdlet          Set-NTFSSecurityDescriptor         4.2.6      NTFSSecurity
Cmdlet          Test-Path2                         4.2.6      NTFSSecurity
```

In *Schritt 3* erstellen Sie einen neuen Ordner, `C:\Secure1`, und eine Datei innerhalb dieses Ordners (`C:\Secure1\Secure.Txt`), was wie folgt aussieht:

```
PS C:\foo> New-Item -Path C:\Secure1 -ItemType Directory |
             Out-Null
PS C:\foo> "Secure" | Out-File -FilePath C:\Secure1\Secure.Txt
PS C:\foo> Get-ChildItem -Path c:\Secure1


    Verzeichnis: C:\Secure1

Mode                 LastWriteTime         Length Name
----                 -------------         ------ ----
-a----        17.07.2019     09:57             18 Secure.Txt
```

In *Schritt 4* verwenden Sie das Cmdlet `Get-NTFSAccess`, um sich die ACL des Ordners `C:\Secure1` anzusehen, und erhalten die folgende Ausgabe:

```
PS C:\foo> Get-NTFSAccess -Path C:\Secure1 |
             Format-Table -AutoSize

    Path: C:\Secure1 (Inheritance enabled)

Account                          Access Rights                Applies to                     Type  IsInherited InheritedFrom
-------                          -------------                ----------                     ----  ----------- -------------
NT-AUTORITÄT\SYSTEM              FullControl                  ThisFolderSubfoldersAndFiles   Allow True        C:
VORDEFINIERT\Administratoren     FullControl                  ThisFolderSubfoldersAndFiles   Allow True        C:
VORDEFINIERT\Benutzer            ReadAndExecute, Synchronize  ThisFolderSubfoldersAndFiles   Allow True        C:
VORDEFINIERT\Benutzer            CreateDirectories            ThisFolderAndSubfolders        Allow True        C:
VORDEFINIERT\Benutzer            CreateFiles                  ThisFolderAndSubfolders        Allow True        C:
ERSTELLER-BESITZER               GenericAll                   SubfoldersAndFilesOnly         Allow True        C:
```

In *Schritt 5* verwenden Sie das Cmdlet `Get-NTFSAccess`, um sich die ACL der Datei `C:\Secure1\Secure.txt` anzusehen, und erhalten die folgende Ausgabe:

```
PS C:\foo> Get-NTFSAccess C:\Secure1\Secure.Txt |
             Format-Table -AutoSize

    Path: C:\Secure1\Secure.Txt (Inheritance enabled)

Account                          Access Rights                Applies to     Type  IsInherited InheritedFrom
-------                          -------------                ----------     ----  ----------- -------------
NT-AUTORITÄT\SYSTEM              FullControl                  ThisFolderOnly Allow True        C:
VORDEFINIERT\Administratoren     FullControl                  ThisFolderOnly Allow True        C:
VORDEFINIERT\Benutzer            ReadAndExecute, Synchronize  ThisFolderOnly Allow True        C:
```

In *Schritt 6* erstellen Sie in der Domäne `Reskit.Org` eine globale Gruppe (`Sales`), falls die Gruppe nicht bereits existiert. Gleichgültig, ob die globale Gruppe existiert oder nicht, erzeugt dieser Schritt keine Ausgabe. In *Schritt 7* lassen Sie Details zur globalen Gruppe `Sales` anzeigen, was wie folgt aussieht:

```
PS C:\foo> Get-ADGroup -Identity Sales

DistinguishedName : CN=Sales,OU=Sales,DC=Reskit,DC=Org
GroupCategory     : Security
GroupScope        : Global
Name              : Sales
ObjectClass       : group
ObjectGUID        : 21ec38da-af78-4281-bad3-6887a3203850
SamAccountName    : Sales
SID               : S-1-5-21-1666168338-3639645042-4083363113-1127
```

In *Schritt 8* erstellen Sie einen expliziten Zugriffssteuerungseintrag, der den Mitgliedern der Gruppe `Domänen-Admins` Vollzugriff erteilt. In *Schritt 9* entfernen Sie den ACE für `VORDEFINIERT\Benutzer` aus der ACL der Datei. Und in *Schritt 10* entfernen Sie die ACE-Einträge von der Datei `C:\Secure1\Secure.txt`, die ursprünglich vom Ordner `C:\Secure1` geerbt wurden. In *Schritt 11* ergänzen Sie eine ACL, die den

Mitgliedern der globalen Gruppe Reskit\Sales Vollzugriff erteilt. Diese vier Schritte erzeugen keine Ausgabe.

In *Schritt 12* verwenden Sie das Cmdlet Get-NTFSAccess, um sich die ACL für den Ordner C:\Secure1 anzeigen zu lassen und erhalten die folgende Ausgabe:

```
PS C:\foo> Get-NTFSAccess -Path C:\Secure1 |
             Format-Table -AutoSize

    Path: C:\Secure1 (Inheritance disabled)

Account                  Access Rights Applies to                Type  IsInherited InheritedFrom
-------                  ------------- ----------                ----  ----------- -------------
RESKIT\Domänen-Admins    FullControl   ThisFolderSubfoldersAndFiles Allow False
RESKIT\Sales             FullControl   ThisFolderSubfoldersAndFiles Allow False
```

In *Schritt 13* geben Sie die ACL für die Datei C:\Secure1\Secure.txt aus, was wie folgt aussieht:

```
PS C:\foo> Get-NTFSAccess -Path C:\Secure1\Secure.Txt |
             Format-Table -AutoSize

    Path: C:\Secure1\Secure.Txt (Inheritance enabled)

Account                  Access Rights Applies to     Type  IsInherited InheritedFrom
-------                  ------------- ----------     ----  ----------- -------------
RESKIT\Domänen-Admins    FullControl   ThisFolderOnly Allow True        C:\Secure1
RESKIT\Sales             FullControl   ThisFolderOnly Allow True        C:\Secure1
```

Weitere Informationen

In *Schritt 3* erstellen Sie einen Ordner (C:\Secure1) und eine Datei (C:\Secure1\Secure.Txt). In den weiteren Schritten passen Sie die ACLs der Datei und des Ordners an, um die Sicherheitsrichtlinien Ihres Unternehmens umzusetzen.

In *Schritt 6* stellen Sie sicher, dass die globale Gruppe Sales im AD existiert, da Sie diese verwenden, um ACLs festzulegen. Wenn die globale Gruppe bereits vorhanden ist (weil Sie beispielsweise andere Rezepte in diesem Buch verwendet haben, die diese Gruppe einsetzen), dann macht dieser Schritt nichts.

In *Schritt 8* erteilen Sie der Gruppe Reskit\Domänen-Admins mittels eines ACEs Vollzugriff auf den Ordner. Dies bedeutet, dass Sie, da Sie als Mitglied dieser Gruppe angemeldet sind, auch nach dem Entfernen des Standard-Zugriffssteuerungseintrags für VORDEFINIERT\Benutzer in *Schritt 9* weiterhin Zugriff auf den Ordner und die Ordnerinhalte haben und daher die weiteren Schritte des Rezepts durchführen können.

Nachdem Sie die Zugriffssteuerungsliste des Ordners geändert haben, sehen Sie in *Schritt 12* und *Schritt 13*, dass der Ordner C:\Secure1 nicht mehr länger die ACEs des übergeordneten Ordners erbt. Außerdem können Sie sehen, dass die Zugriffssteuerungsliste der Datei einen Zugriffssteuerungseintrag enthält, der von diesem Ordner geerbt wurde.

In einer Produktivumgebung kann es angebracht sein, die Berechtigungen für das Konto Domänen-Admins zu entfernen, nachdem die Anwender in der Lage sind, auf den Ordner zuzugreifen und ihn erfolgreich zu verwenden. Wenn ein Domänen-Administrator die ACL ändern muss, kann er einfach den Besitz des Ordners übernehmen, sich selbst Vollzugriff auf den Ordner gewähren und dann die erforderlichen Verwaltungsaufgaben durchführen. (Der temporäre Zugriff kann wieder entfernt werden, nachdem die administrativen Aufgaben abgeschlossen sind.)

Siehe auch ...

Dieses Rezept zeigt, wie Sie das Modul `NTFSSecurity` verwenden, um verschiedene Aspekte der Zugriffssteuerungslisten von Ordnern und Dateien zu verwalten. Dieses Modul wurde im Jahre 2014 angekündigt und seitdem kontinuierlich verbessert. Weitere Informationen über dieses Modul finden Sie unter `https://blogs.technet.microsoft.com/fieldcoding/2014/12/05/ntfssecurity-tutorial-1-getting-adding-and-removing-permissions`.

Speicherreplikat verwalten

Speicherreplikat (**SR**) ist ein Feature von Windows Server 2019, das die Replikation von Volumes zwischen Systemen ermöglicht. Das Feature Speicherreplikat steht für Windows Server 2019 Datacenter Edition und Windows Server 2019 Standard Edition zur Verfügung. In der Standard Edition ist der Funktionsumfang eingeschränkt: Hier repliziert das Speicherreplikat ein einzelnes Volume (anstatt einer unbegrenzten Anzahl). Außerdem ist die Größe der replizierten Volumes auf 2 TB beschränkt.

Vorbereitungen

Dieses Rezept verwendet zusätzliche Datenträger-Volumes auf `SRV1` und `SRV2`. Im Rezept »Physikalische Datenträger und logische Laufwerke verwalten« auf Seite 118 haben Sie `SRV1` zwei zusätzliche Datenträger hinzugefügt. In diesem Rezept benötigen Sie auf `SRV2` ebenfalls zwei zusätzliche Datenträger, die als Basis für die Speicherreplizierung dienen. Sie können das Skript `Add-DiskstoSrv1+2.ps1` verwenden, um die Datenträger zu erstellen, die in diesem und anderen Rezepten dieses Kapitels verwendet werden. Sie finden das Skript in den Begleitdateien zu diesem Buch und dort im Ordner mit den Skripten dieses Kapitels (siehe Einleitung).

So wird's gemacht

Führen Sie dieses Rezept auf `SRV1` aus, wobei `SRV2` und `DC1` online sein müssen.

1. Erstellen Sie im Laufwerk `F:` auf dem Server `SRV1` ein paar Inhalte:

```
1..100 | ForEach {
  $NF = "F:\CoolFolder$_"
  New-Item -Path $NF -ItemType Directory | Out-Null
  1..100 | ForEach {
    $NF2 = "$NF\CoolFile$_"
    "Cool File" | Out-File -PSPath $NF2
  }
}
```

2. Zeigen Sie an, was sich lokal (`SRV1`) auf Laufwerk `F:` befindet:

```
Get-ChildItem -Path F:\ -Recurse | Measure-Object
```

3. Lassen Sie die Inhalte des gleichen Laufwerks auf `SRV2` remote anzeigen:

```
$SB = {
  Get-ChildItem -Path F:\ -Recurse |
    Measure-Object
```

```
}
Invoke-Command -ComputerName SRV2 -ScriptBlock $SB
```

4. Installieren Sie das Feature Speicherreplikat auf SRV1:

```
Add-WindowsFeature -Name Storage-Replica
```

5. Führen Sie auf SRV1 einen Neustart durch, um die Installation abzuschließen:

```
Restart-Computer
```

6. Installieren Sie das Feature Speicherreplikat auf SRV2:

```
$SB= {
  Add-WindowsFeature -Name Storage-Replica | Out-Null
}
Invoke-Command -ComputerName SRV2 -ScriptBlock $SB
```

7. Führen Sie auf SRV2 einen Neustart durch und warten Sie, bis der Neustart erfolgt ist:

```
$RSHT = @{
  ComputerName = 'SRV2'
  Force        = $true
}
Restart-Computer @RSHT -Wait -For PowerShell
```

8. Richten Sie eine Speicherreplikat-Partnerschaft von Laufwerk F: auf SRV1 zu Laufwerk F: auf SRV2 ein:

```
$SRHT =  @{
  SourceComputerName        = 'SRV1'
  SourceRGName              = 'SRV1RG'
  SourceVolumeName          = 'F:'
  SourceLogVolumeName       = 'G:'
  DestinationComputerName   = 'SRV2'
  DestinationRGName         = 'SRV2RG'
  DestinationVolumeName     = 'F:'
  DestinationLogVolumeName  = 'G:'
  LogSizeInBytes            = 2gb
}
New-SRPartnership @SRHT -Verbose
```

9. Zeigen Sie Informationen zur Speicherreplikat-Partnerschaft an:

```
Get-SRPartnership
```

10. Lassen Sie Informationen zu den Laufwerken auf SRV2 anzeigen:

```
$SB = {
  Get-Volume |
    Sort-Object -Property DriveLetter |
      Format-Table
}
Invoke-Command -ComputerName SRV2 -ScriptBlock $SB
```

11. Ändern Sie die Replikationsrichtung:

```
$SRHT2 = @{
  NewSourceComputerName    = 'SRV2'
  SourceRGName             = 'SRV2RG'
```

```
    DestinationComputerName = 'SRV1'
    DestinationRGName       = 'SRV1RG'
    Confirm                 = $false
  }
  Set-SRPartnership @SRHT2
```

12. Zeigen Sie Informationen zur Speicherreplikat-Partnerschaft an, nachdem die Replikationsrichtung geändert wurde:

```
Get-SRPartnership
```

13. Untersuchen Sie die gleichen Laufwerke remote auf SRV2:

```
$SB = {
  Get-ChildItem -Path F:\ -Recurse |
    Measure-Object
}
Invoke-Command -ComputerName SRV2 -ScriptBlock $SB
```

So funktioniert's

In *Schritt 1* erstellen Sie 100 Ordner im Laufwerk F: auf Server SRV1. Innerhalb jedes Ordners erstellen Sie 100 Dateien, die ein paar Inhalte enthalten. Dieser Schritt erzeugt keine Ausgabe. In *Schritt 2* lassen Sie sich anzeigen, was Sie in *Schritt 1* erstellt haben:

```
PS C:\foo> Get-ChildItem -Path F:\ -Recurse | Measure-Object

Count    : 10100
Average  :
Sum      :
Maximum  :
Minimum  :
Property :
```

In *Schritt 3* lassen Sie sich Laufwerk F: auf Server SRV2 anzeigen, das noch keine Dateien enthält. Die Ausgabe von *Schritt 3* sieht wie folgt aus:

```
PS C:\foo> $SB = {
             Get-ChildItem -Path F:\ -Recurse |
             Measure-Object
           }
PS C:\foo> Invoke-Command -ComputerName SRV2 -ScriptBlock $SB

Count          : 0
Average        :
Sum            :
Maximum        :
Minimum        :
Property       :
PSComputerName : SRV2
```

In *Schritt 4* installieren Sie das Feature Speicherreplikat auf SRV1, was wie folgt aussieht:

```
PS C:\foo> Add-WindowsFeature -Name Storage-Replica

Success Restart Needed Exit Code      Feature Result
------- -------------- ---------      --------------
True    Yes            SuccessRest... {Speicherreplikat}
WARNUNG: Sie müssen den Server neu starten, um den Installationsprozess abzuschließen.
```

In *Schritt 5* führen Sie auf SRV1 einen Neustart durch. In *Schritt 6* und *Schritt 7* installieren Sie das Feature Speicherreplikat auf SRV2 und starten dann SRV2 neu. Diese drei Schritte erzeugen keine Ausgabe.

In *Schritt 8* erstellen Sie eine Speicherreplikat-Partnerschaft, die die Inhalte von F: auf SRV1 zu F: auf SRV2 repliziert (wobei das Laufwerk G: auf beiden Servern als Ordner für die Protokolldateien für die Speicherreplizierung verwendet wird). Die Ausgabe dieses Schritts sieht wie folgt aus:

```
PS C:\foo> $SRHT =  @{
             SourceComputerName        = 'SRV1'
             SourceRGName              = 'SRV1RG'
             SourceVolumeName          = 'F:'
             SourceLogVolumeName       = 'G:'
             DestinationComputerName   = 'SRV2'
             DestinationRGName         = 'SRV2RG'
             DestinationVolumeName     = 'F:'
             DestinationLogVolumeName = 'G:'
             LogSizeInBytes            = 2gb
           }
PS C:\foo> New-SRPartnership @SRHT -Verbose

DestinationComputerName  : SRV2
DestinationRGName        : SRV2RG
Id                       : 084afd15-3340-4695-9f9a-5fdc666a89c6
SourceComputerName       : SRV1
SourceRGName             : SRV1RG
PSComputerName           :
```

In *Schritt 9* verwenden Sie das Cmdlet Get-SRPartnership, um sich die Eigenschaften der Replikationspartnerschaft anzeigen zu lassen, was wie folgt aussieht:

```
PS C:\foo> Get-SRPartnership

DestinationComputerName  : SRV2    <-----
DestinationRGName        : SRV2RG
Id                       : 084afd15-3340-4695-9f9a-5fdc666a89c6
SourceComputerName       : SRV1    <-----
SourceRGName             : SRV1RG
PSComputerName           :
```

In *Schritt 10* untersuchen Sie die logischen Laufwerke, die auf SRV2 verfügbar sind, was so aussieht:

```
PS C:\foo> $SB = {
             Get-Volume |
             Sort-Object -Property DriveLetter |
             Format-Table
           }
PS C:\foo> Invoke-Command -ComputerName SRV2 -ScriptBlock $SB

DriveLetter FriendlyName FileSystemType DriveType HealthStatus OperationalStatus SizeRemaining      Size
----------- ------------ -------------- --------- ------------ ----------------- -------------      ----
                         FAT32          Fixed     Healthy      OK                     70.16 MB     96 MB
                         NTFS           Fixed     Healthy      OK                    284.93 MB    300 MB
C                        NTFS           Fixed     Healthy      OK                    245.17 GB 255.48 GB
D                        Unknown        CD-ROM    Healthy      Unknown                     0 B       0 B
E                        Unknown        CD-ROM    Healthy      Unknown                     0 B       0 B
F           Volume       NTFS           Fixed     Healthy      OK                      9.94 GB   9.98 GB
G           Log          NTFS           Fixed     Healthy      OK                      9.91 GB   9.98 GB
```

Bisher verwenden Sie SRV1 als Quellserver und SRV2 als Zielserver. In *Schritt 11* ändern Sie die Replikationsrichtung, was keine Ausgabe erzeugt. In *Schritt 12* können Sie sehen, dass die Replikationsrichtung geändert wurde und jetzt Dateien von SRV2 zu SRV1 repliziert werden. Die Ausgabe dieses Schritts sieht wie folgt aus:

```
PS C:\foo> Get-SRPartnership

DestinationComputerName : SRV1  <--------
DestinationRGName       : SRV1RG
Id                      : 084afd15-3340-4695-9f9a-5fdc666a89c6
SourceComputerName      : SRV2  <--------
SourceRGName            : SRV2RG
PSComputerName          :
```

In *Schritt 13* zählen Sie die Dateien, die jetzt auf SRV2 liegen, und erhalten diese Ausgabe:

```
PS C:\foo> $SB = {
             Get-ChildItem -Path F:\ -Recurse |
             Measure-Object
           }
PS C:\foo> Invoke-Command -ComputerName SRV2 -ScriptBlock $SB

Count          : 10100  <--------
Average        :
Sum            :
Maximum        :
Minimum        :
Property       :
PSComputerName : SRV2  <--------
```

Weitere Informationen

In diesem Rezept haben Sie auf SRV1 100 Ordner und 10.000 Dateien erstellt, die Sie dann zu SRV2 replizieren. Nachdem die Replikation gestartet ist, können Sie auf SRV2 keine Daten sehen, da das Volume nun von Speicherreplikat verwendet wird. Wie Sie in *Schritt 10* sehen können, sind die replizierten Daten auf SRV2 nicht zu sehen; die Partition, in der Speicherreplikat die Replizierung vornimmt, hat anscheinend kein Dateisystem. Nachdem Sie die Replikationsrichtung geändert haben, sind, wie Sie in *Schritt 11* und *Schritt 12* sehen können, nun die Dateien und Ordner auf SRV2 sichtbar und auf SRV1 hingegen nicht mehr. Hierbei handelt es sich um ein Feature von Speicherreplikat das dafür sorgt, dass nicht versehentlich Daten auf dem replizierten Datenträger gespeichert werden.

Kontingente für Dateiserver verwalten

Das Feature **Ressourcen-Manager für Dateiserver** (**File Server Resource Manager**, **FSRM**) ist ein Feature von Windows Server, das Sie bei der Verwaltung Ihrer Dateiserver unterstützt. Der Ressourcen-Manager für Dateiserver besitzt drei zentrale Features:

- **Kontingentverwaltung:** Mit dem Ressourcen-Manager für Dateiserver können Sie für Volumes und Ordner weiche und harte Kontingentgrenzen festlegen. Beim Erreichen einer weichen Kontingentgrenze wird diese nicht erzwungen, jedoch werden alle konfigurierten Benachrichtigungen generiert. Wird die harte Kontingentgrenze erreicht, wird der Benutzer daran gehindert, weitere Dateien zu speichern. Sie können für Kontingente Schwellenwerte sowie Schwellenwertaktionen konfigurieren. Wenn der Benutzer beispielsweise 65% der Kontingentgrenze erreicht hat, kann der Ressourcen-Manager eine E-Mail senden. Bei 90% können Sie im Ereignisprotokoll ein Ereignis protokollieren oder ein Programm starten. Für die verschiedenen Schwellenwerte stehen Ihnen verschiedene Aktionen zur Verfügung. Dieses Rezept zeigt, wie Sie Kontingente verwenden.
- **Dateiprüfung:** Sie können einen Dateifilter einrichten und einen Benutzer daran hindern, bestimmte Dateien zu speichern, die durch den Filter gelaufen sind. Sie können beispielsweise auf .MP3- oder FLAC-Dateien prüfen lassen. Wenn der Benutzer versucht, eine Datei zu speichern (beispielsweise `jg75-02-28D1T1.flac`), weist der Filter diese Anfrage zurück und erlaubt es dem Benutzer nicht, die Datei zu speichern.
- **Speicherberichte:** Der Ressourcen-Manager für Dateiserver hilft Ihnen dabei, ganz unterschiedliche Speicherberichte zu erstellen, die für administrative Aufgaben und Verwaltungszwecke sehr nützlich sein können.

In diesem Rezept installieren Sie das Feature FSRM, nehmen ein paar allgemeine Einstellungen vor und setzen dann weiche und harte Kontingentgrenzen ein.

Vorbereitungen

Dieses Rezept verwendet einen E-Mail-Server, damit der Ressourcen-Manager für Dateiserver E-Mails an den Admin senden kann. Um die E-Mail-bezogenen Komponenten testen zu können, brauchen Sie einen SMTP-Server oder einen E-Mail-Forwarder. Die E-Mails, die dieses Rezept generiert, wurden an `SRV1` gesendet und dann an den kostenlosen E-Mail-Service `https://www.sendgrid.com` weitergeleitet. Wenn Sie ein SendGrid-Konto besitzen, können Sie auf einem Server in Ihrer Umgebung einen SMTP-Dienst einrichten und diesen so konfigurieren, dass er die Mails an SendGrid weiterleitet, von wo aus die Mails dann an den Empfänger geschickt werden.

So wird's gemacht

1. Installieren Sie das Feature Ressourcen-Manager für Dateiserver (FSRM):

```
$IHT = @{
  Name                   = 'FS-Resource-Manager'
  IncludeManagementTools = $True
}
Install-WindowsFeature @IHT
```

2. Konfigurieren Sie die SMTP-Einstellungen für FSRM:

```
$MHT = @{
  SmtpServer        = 'SRV1.Reskit.Org'   # wurde bereits eingerichtet
  FromEmailAddress  = 'FSRM@Reskit.Org'
  AdminEmailAddress = 'psrezepte@hits-amsterdam.nl'
}
Set-FsrmSetting @MHT
```

3. Senden Sie eine Test-E-Mail, um die Konfiguration zu testen:

```
$MHT = @{
  ToEmailAddress = 'psrezepte@hits-aachen.de'
  Confirm        = $false
}
Send-FsrmTestEmail @MHT
```

4. Erstellen Sie eine neue Kontingentvorlage für 10 MB:

```
$QHT1 = @{
  Name        = '10 MB-Grenze'
  Description = '10 MB Kontingent'
  Size        = 10MB
}
New-FsrmQuotaTemplate @QHT1
```

5. Erstellen Sie eine weitere Kontingentvorlage mit 5 MB:

```
$QHT2 = @{
  Name        = '5 MB-Grenze Softlimit'
  Description = 'Weiche Kontingentgrenze von 5 MB'
  Size        = 5MB
  SoftLimit   = $True
}
New-FsrmQuotaTemplate @QHT2
```

6. Lassen Sie die vorhandenen FSRM-Kontingentvorlagen anzeigen:

```
Get-FsrmQuotaTemplate |
  Format-Table -Property Name, Description, Size, SoftLimit
```

7. Legen Sie zwei neue Ordner an, denen später Kontingente zugewiesen werden:

```
If (-Not (Test-Path C:\Quota)) {
  New-Item -Path C:\Quota -ItemType Directory  |
    Out-Null
}
If (-Not (Test-Path C:\QuotaS)) {
  New-Item -Path C:\QuotaS -ItemType Directory  |
    Out-Null
}
```

8. Erstellen Sie eine FSRM-Aktion, die beim Überschreiten des Schwellenwerts ausgeführt werden soll:

```
$Body = @'
Benutzer [Source Io Owner] hat den Schwellenwert [Quota Threshold]% für das Kontingent
von [Quota Path] auf Server [Server] überschritten. Die Kontingentgrenze ist [Quota Limit
MB] MB;
derzeit werden [Quota Used MB] MB verwendet ([Quota Used Percent]% des Grenzwerts).
'@
```

```
$NAHT = @{
  Type       = 'Email'
  MailTo     = 'psrezepte@hits-amsterdam.nl'
  Subject    = 'Kontingentgrenze erreicht [Source Io Owner]'
  Body       = $Body
}
$Action1 = New-FsrmAction @NAHT
```

9. Erstellen Sie eine weitere FSRM-Aktion für die Überschreitung des weichen Schwellenwerts:

```
$Thresh = New-FsrmQuotaThreshold -Percentage 85 -Action $Action1
```

10. Weisen Sie dem Ordner `C:\Quotas` die weiche Kontingentgrenze von 5 MB und einen Schwellenwert (in *Schritt 9* erstellt) zu:

```
$NQHT1 = @{
  Path        = 'C:\QuotaS'
  Template    = '5 MB-Grenze Softlimit'
  Description = 'Weicher Grenzwert 5 MB'
  Threshold = $Thresh
}
New-FsrmQuota @NQHT1
```

11. Testen Sie den 85%-Schwellenwert und die weiche Kontingentgrenze auf `C:\QuotaS`:

```
Get-ChildItem c:\quotas -Recurse | Remove-Item -Force
$S = '42'
1..24 | foreach {$s = $s + $s}
$S | Out-File -FilePath C:\QuotaS\Demos.txt
Get-ChildItem -Path C:\QuotaS\Demos.txt
```

12. Prüfen Sie, ob Sie in Outlook oder einem anderen E-Mail-Client eine Benachrichtigung erhalten haben.
13. Erstellen Sie eine zweite Schwellenwertaktion, die das Ereignis im Ereignisprotokoll einträgt:

```
$Action2 = New-FsrmAction -Type Event -EventType Error
$Action2.Body = $Body
```

14. Erstellen Sie zwei Schwellenwerte für ein neues Kontingent:

```
$Thresh2 = New-FsrmQuotaThreshold -Percentage 65
$Thresh3 = New-FsrmQuotaThreshold -Percentage 85
$Thresh2.Action = $Action2
$Thresh3.Action = $Action2  # gleiche Aktion wie bei $Thresh2
```

15. Erstellen Sie eine harte Kontingentgrenze mit zwei Schwellenwerten und entsprechenden Schwellenwertaktionen auf Basis einer Vorlage:

```
$NQHT = @{
  Path        = 'C:\Quota'
  Template    = '10 MB-Grenze'
  Threshold   =  ($Thresh2, $Thresh3)
  Description = 'Harte Kontingentgrenze mit 2 Aktionen'
}
New-FsrmQuota @NQHT
```

16. Entfernen Sie die existierenden Dateien, falls vorhanden:

```
Get-ChildItem C:\Quota -Recurse | Remove-Item -Force
```

17. Testen Sie die harte Kontingentgrenze `C:\Quota` unter einem anderen Benutzerkonto:

```
$URK = "ThomasL@reskit.org"
$PRK = ConvertTo-SecureString 'Pa$$w0rd' -AsPlainText -Force
$CredRK = New-Object system.management.automation.PSCredential $URK,$PRK
$SB = {
  $S = '42'
  1..27 | foreach {$s = $s + $s}
  $S | Out-File -FilePath C:\Quota\Demos.Txt -Encoding ascii
  $Len = (Get-ChildItem -Path C:\Quota\Demos.Txt).Length}
$ICMHT = @{
  ComputerName = 'SRV1'
  Credential   = $CredRK
  ScriptBlock  = $SB}
Invoke-Command -ComputerName SRV1 -Credential $CredRK -ScriptBlock $SB
```

18. Lassen Sie die Einträge in der Ereignisanzeige anzeigen, die durch das Überschreiten der Schwellenwerte erzeugt wurden:

```
Get-EventLog -LogName Application -Source SRMSVC  |
  Format-Table -AutoSize -Wrap
```

So funktioniert's

In *Schritt 1* installieren Sie das Feature Ressourcen-Manager für Dateiserver (File Server Resource Manager, FSRM) auf `SRV1`, was wie folgt aussieht:

```
PS C:\foo> $IHT = @{
             Name                   = 'FS-Resource-Manager'
             IncludeManagementTools = $True
           }
PS C:\foo> Install-WindowsFeature @IHT

Success Restart Needed Exit Code      Feature Result
------- -------------- ---------      --------------
True    No             Success        {Ressourcen-Manager für Dateiserver, Tools...
```

In *Schritt 2* konfigurieren Sie die SMTP-Server-Einstellungen für FSRM, was keine Ausgabe erzeugt. Dieser Schritt geht davon aus, dass Sie `SRV1` als E-Mail-Forwarder konfiguriert haben, der die Mails an einen anderen Server weiterleitet, der schließlich die Mails an die Empfänger sendet.

In *Schritt 3* testen Sie den SMTP-Dienst, indem Sie das Cmdlet `Send-FsrmTestEmail` verwenden. Dieser Schritt erzeugt keine Ausgabe, jedoch sollte die sich so ergebende E-Mail ungefähr so aussehen:

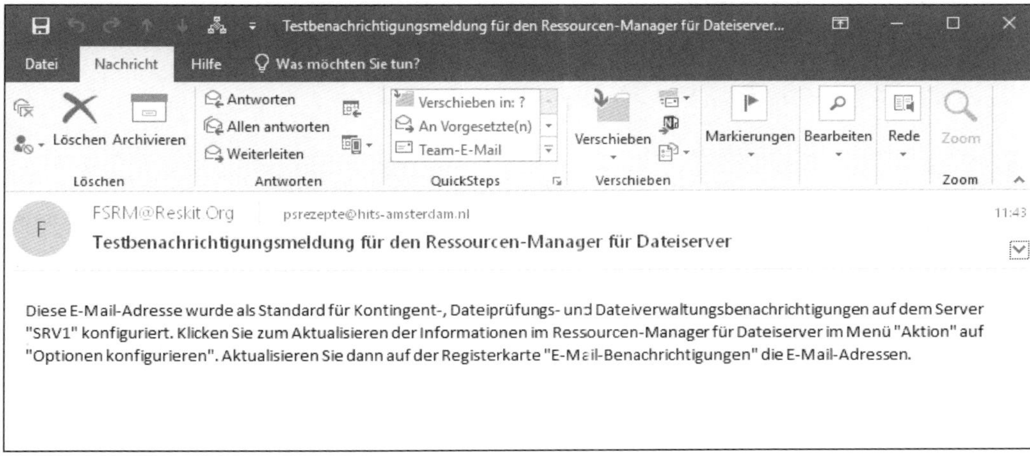

In *Schritt 4* erstellen Sie eine FSRM-Kontingentvorlage, was wie folgt aussieht:

```
PS C:\foo> $QHT1 = @{
             Name        = '10 MB-Grenze'
             Description = '10 MB Kontingent'
             Size        = 10MB
           }
PS C:\foo> New-FsrmQuotaTemplate @QHT1

Description           : 10 MB Kontingent
Name                  : 10 MB-Grenze
Size                  : 10485760
SoftLimit             : False
Threshold             :
UpdateDerived         : False
UpdateDerivedMatching : False
PSComputerName        :
```

In *Schritt 5* erstellen Sie eine weitere FSRM-Kontingentvorlage, diesmal für 5 MB, was folgendermaßen aussieht:

```
PS C:\foo> $QHT2 = @{
             Name        = '5 MB-Grenze Softlimit'
             Description = 'Weiche Kontingentgrenze von 5 MB'
             Size        = 5mb
             SoftLimit   = $True
           }
PS C:\foo> New-FsrmQuotaTemplate @QHT2

Description           : Weiche Kontingentgrenze von 5 MB
Name                  : 5 MB-Grenze Softlimit
Size                  : 5242880
SoftLimit             : True
Threshold             :
UpdateDerived         : False
UpdateDerivedMatching : False
PSComputerName        :
```

In *Schritt 6* lassen Sie alle FSRM-Kontingentvorlagen anzeigen, die auf SRV1 verfügbar sind. Zu diesen Vorlagen gehören die Standardvorlagen, die zusammen mit dem Feature Ressourcen-Manager für Dateiserver installiert wurden, sowie die eigenen Vorlagen, die Sie in *Schritt 4* und *Schritt 5* erstellt haben. Die Liste der verfügbaren Vorlagen sieht folgendermaßen aus:

```
PS C:\foo> Get-FsrmQuotaTemplate |
             Format-Table -Property Name, Description, Size, SoftLimit

Name                                        Description                           Size SoftLimit
----                                        -----------                           ---- ---------
100 MB-Grenze                                                                104857600     False
200 MB-Grenze mit Bericht an Benutzer                                        209715200     False
200 GB-Volumebelegung überwachen                                          214748364800      True
500 MB-Freigabe überwachen                                                   524288000      True
200 MB-Grenze mit 50 MB Erweiterung                                          209715200     False
250 MB erweiterte Grenze                                                     262144000     False
2-GB-Limit                                                                  2147483648     False
5-GB-Limit                                                                  5368709120     False
10-GB-Limit                                                                10737418240     False
3-TB-Volumebelegung überwachen                                           3298534883328      True
5-TB-Volumebelegung überwachen                                           5497558138880      True
10-TB-Volumebelegung überwachen                                         10995116277760      True
10 MB-Grenze                                10 MB Kontingent                  10485760     False
5 MB-Grenze Softlimit                       Weiche Kontingentgrenze von 5 MB   5242880      True
```

In *Schritt 7* erstellen Sie auf SRV1 zwei neue Ordner, um die weichen und harten Kontingentgrenzen zu testen. In *Schritt 8* und *Schritt 9* erstellen Sie zwei neue Aktionen, die beim Überschreiten der Kontingente ausgeführt werden sollen. Diese drei Schritte erzeugen keine Ausgabe.

In *Schritt 10* weisen Sie C:\QuotaS eine neue weiche Kontingentgrenze zu, was wie folgt aussieht:

```
PS C:\foo> $NQHT1 = @{
             Path        = 'C:\QuotaS'
             Template    = '5 MB-Grenze Softlimit'
             Description = 'Weicher Grenzwert 5 MB'
             Threshold = $Thresh
           }
PS C:\foo> New-FsrmQuota @NQHT1

Description     : Weicher Grenzwert 5 MB
Disabled        : False
MatchesTemplate : False
Path            : C:\QuotaS
PeakUsage       : 1024
Size            : 5242880
SoftLimit       : True
Template        : 5 MB-Grenze Softlimit
Threshold       : {MSFT_FSRMQuotaThreshold}
Usage           : 1024
PSComputerName  :
```

In *Schritt 11* testen Sie die weiche Kontingentgrenze, indem Sie eine lange Zeichenfolge erstellen und diese Zeichenfolge in eine Datei schreiben, die das weiche Kontingent überschreitet. Die Ausgabe dieses Schritts sieht folgendermaßen aus:

```
PS C:\foo> Get-ChildItem c:\quotas -Recurse | Remove-Item -Force
PS C:\foo> $S = '42'
PS C:\foo> 1..24 | foreach {$s = $s + $s}
PS C:\foo> $S | Out-File -FilePath C:\QuotaS\Demos.txt
PS C:\foo> Get-ChildItem -Path C:\QuotaS\Demos.txt

    Verzeichnis: C:\QuotaS

Mode                LastWriteTime         Length Name
----                -------------         ------ ----
-a----       17.07.2019     12:20       67108870 Demos.txt
```

Wenn die weiche Kontingentgrenze überschritten wird, wird eine E-Mail-Nachricht generiert, die wie folgt aussieht:

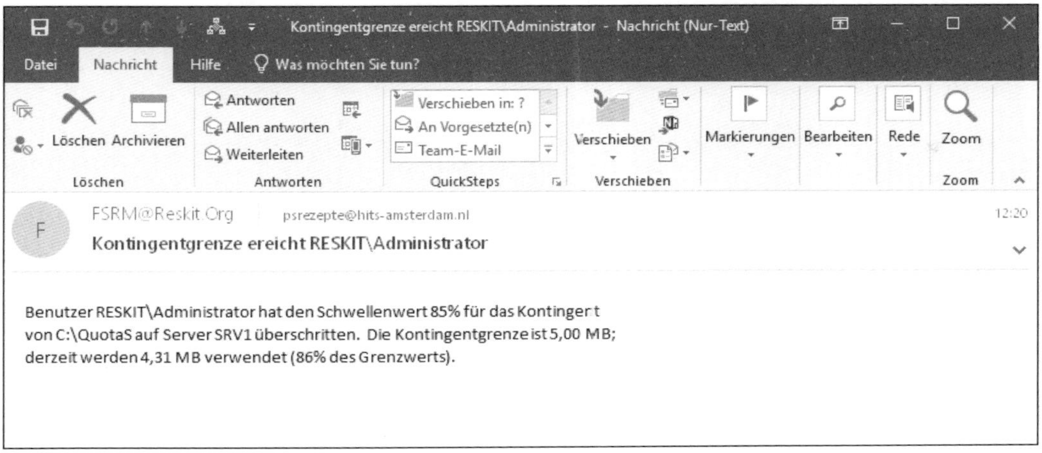

In *Schritt 13* erzeugen Sie eine zweite Schwellenwertaktion, die das Ereignis im Ereignisprotokoll einträgt. In *Schritt 14* erstellen Sie zwei neue Kontingentschwellenwerte (65 % des Kontingents überschritten, 85 % des Kontingents überschritten). Diese beiden Schritte erzeugen keine Ausgabe.

In *Schritt 15* erstellen Sie eine harte Kontingentgrenze für `C:\Quota`, mit der zwei Schwellenwertaktionen verknüpft sind, die Sie in den beiden vorigen Schritten erstellt haben. Diese Ausgabe dieses Schritts sieht folgendermaßen aus:

```
PS C:\foo> $NQHT = @{
             Path          = 'C:\Quota'
             Template      = '10 MB-Grenze'
             Threshold     =  ($Thresh2, $Thresh3)
             Description = 'Harte Kontingentgrenze mit 2 Aktionen'
           }
PS C:\foo> New-FsrmQuota @NQHT

Description     : Harte Kontingentgrenze mit 2 Aktionen
Disabled        : False
MatchesTemplate : False
Path            : C:\Quota
PeakUsage       : 1024
Size            : 10485760
SoftLimit       : False
Template        : 10 MB-Grenze
Threshold       : {MSFT_FSRMQuotaThreshold, MSFT_FSRMQuotaThreshold}
Usage           : 1024
PSComputerName  :
```

In *Schritt 16* löschen Sie alle eventuell in `C:\Quota` vorhandenen Dateien, was keine Ausgabe erzeugt. In *Schritt 17* testen Sie die harte Kontingentgrenze, was wie folgt aussieht:

```
PS C:\foo> $URK = "ThomasL@reskit.org"
PS C:\foo> $PRK = ConvertTo-SecureString 'Pa$$w0rd' -AsPlainText -Force
PS C:\foo> $CredRK = New-Object system.management.automation.PSCredential $URK,$PRK
PS C:\foo> $SB = {
             $S = '42'
             1..27 | foreach {$s = $s + $s}
             $S | Out-File -FilePath C:\Quota\Demos.Txt -Encoding ascii
             $Len = (Get-ChildItem -Path C:\Quota\Demos.Txt).Length
           }
PS C:\foo> $ICMHT = @{
             ComputerName = 'SRV1'
             Credential   = $CredRK
             ScriptBlock  = $SB
           }
PS C:\foo> Invoke-Command -ComputerName SRV1 -Credential $CredRK -ScriptBlock $SB

Es steht nicht genug Speicherplatz auf dem Datenträger zur Verfügung.
    + CategoryInfo          : NotSpecified: (:) [out-lineoutput], IOException
    + FullyQualifiedErrorId : System.IO.IOException,Microsoft.PowerShell.Commands.OutLineOutputCommand
    + PSComputerName        : SRV1
```

In *Schritt 18* schauen Sie sich die Einträge im Ereignisprotokoll `Anwendung` an, die FSRM erstellt hat, als die beiden Kontingentschwellenwerte überschritten wurden (also als das Kontingent zu 65% und zu 85% ausgeschöpft war). Die Ausgabe sieht folgendermaßen aus:

```
PS C:\foo> Get-EventLog -LogName Application -Source SRMSVC |
             Format-Table -AutoSize -Wrap

Index Time         EntryType  Source InstanceID Message
----- ----         ---------  ------ ---------- -------
  406 Jul 17 12:30 Error      SRMSVC 2147758117 Benutzer RESKIT\ThomasL hat den Schwellenwert 85%
                                                für das Kontingent von C:\Quota auf Server SRV1
                                                überschritten. Die Kontingentgrenze ist 10,00 MB;
                                                derzeit werden 8,50 MB verwendet (85% des Grenzwerts).
  405 Jul 17 12:30 Error      SRMSVC 2147758117 Benutzer RESKIT\ThomasL hat den Schwellenwert 65% für das
                                                Kontingent vom C:\Quota auf Server SRV1 überschritten.
                                                Die Kontingentgrenze ist 10,00 MB; derzeit werden 6,50 MB
                                                verwendet (65% des Grenzwerts).
```

Weitere Informationen

In diesem Rezept haben Sie sowohl eine weiche als auch eine harte FSRM-Kontingentgrenze eingerichtet und getestet. Die weiche Kontingentgrenze haben Sie so konfiguriert, dass eine E-Mail gesendet wird, die den Empfänger darüber informiert, dass der Speicherplatz ausgeschöpft ist. Für die harte Kontingentgrenze haben Sie zwei Einträge im Ereignisprotokoll erstellt: einen, wenn das Kontingent zu 65% ausgeschöpft ist, und den zweiten bei 85%. Bei einer weichen Kontingentgrenze kann der Benutzer den festgelegten Wert überschreiten; bei einer harten Kontingentgrenze kann der Benutzer nur so lange speichern, bis der maximale Wert erreicht ist. Wie Sie in *Schritt 17* sehen können, war die Größe der Datei, die in `C:\Quota` gespeichert werden kann, auf nur 10 MB begrenzt.

Die Kontingente, die dieses Rezept verwendet, sind extrem klein und in einer Produktivumgebung vermutlich nicht geeignet. Jedoch lässt sich eine Änderung, beispielsweise von `10 MB` in `10 GB`, einfach vornehmen. Wenn die weiche Kontingentgrenze überschritten wird, führt dies dazu, dass als Aktion eine E-Mail gesendet wird, während für die harte Kontingentgrenze lediglich Einträge im Ereignisprotokoll erstellt werden. In einer Produktivumgebung würden Sie die E-Mail sowohl an einen Administrator als auch an den Benutzer senden, der den Schwellenwert oder das Kontingent überschritten hat.

In *Schritt 14* haben Sie zwei Kontingentschwellenwerte erstellt (einen, der bei 65 % ausgelöst wird, und den zweiten bei 85 %). Für beide Schwellenwerte haben Sie den gleichen Text festgelegt, der protokolliert wird, falls einer der beiden Schwellenwerte erreicht wird. Sie können die beiden Meldungen in *Schritt 18* sehen.

Speicherberichte verwenden

Ein weiteres Feature der FSRM-Komponente ist die Berichterstellung. FSRM definiert eine Reihe von einfachen Berichttypen, die Sie anfordern können. Diese Berichte können entweder sofort (also interaktiv) erstellt werden, oder zu einem vorher festgelegten Zeitpunkt. Im letzteren Fall führt das dazu, das FSRM wöchentlich oder monatlich Berichte erstellt.

Vorbereitungen

Führen Sie dieses Rezept auf `SRV1` aus, nachdem Sie das Feature Ressourcen-Manager für Dateiserver installiert haben. Dies haben Sie bereits im Rezept »Kontingente für Dateiserver verwalten« auf Seite 133 erledigt. Dieses Rezept hat außerdem zwei große Dateien erstellt. Falls Sie das Rezept nicht verwendet haben, sollten Sie auf `SRV1` ein paar große Dateien erstellen, bevor Sie dieses Rezept ausführen.

So wird's gemacht

1. Erstellen Sie einen neuen Speicherbericht für große Dateien auf `C:\` auf `SRV1`:

```
$NRHT = @{
  Name             = 'Große Dateien auf SRV1'
  NameSpace        = 'C:\'
  ReportType       = 'LargeFiles'
  LargeFileMinimum = 10MB
  Interactive      = $true
  }
New-FsrmStorageReport @NRHT
```

2. Rufen Sie die aktuell verfügbaren Berichtstypen ab:

```
Get-FsrmStorageReport *
```

3. Nachdem der Speicherbericht ausgeführt wurde, sehen Sie sich die erzeugten Berichte im Dateisystem an:

```
$Path = 'C:\StorageReports\Interactive'
Get-ChildItem -Path $Path
```

4. Sehen Sie sich den HTML-Bericht an:

```
$Rep = Get-ChildItem -Path $Path\*.html
Invoke-item -Path $Rep
```

5. Rufen Sie die Schlüsselinformationen aus dem XML ab:

```
$XF   = Get-ChildItem -Path $Path\*.xml
$XML  = [XML] (Get-Content -Path $XF)
$Files = $XML.StorageReport.ReportData.Item
$Files | Where-Object Path -NotMatch '^Windows|^Program|^Users'|
  Format-Table -Property name, path,
  @{ name ='Sizemb'
     expression = {(([int]$_.size)/1mb).tostring('N2')}},
     DaysSinceLastAccessed -AutoSize
```

6. Erstellen Sie eine monatliche FSRM-Aufgabe in der Aufgabenplanung:

```
$Date = Get-Date '04:00'
$NTHT = @{
  Time    = $Date
  Monthly = 1
}
$Task = New-FsrmScheduledTask @NTHT
$NRHT = @{
  Name                = 'Monatsbericht Dateien nach Dateityp'
  Namespace           = 'C:\'
  Schedule            = $Task
  ReportType          = 'FilesbyFileGroup'
  FileGroupInclude = 'Textdateien'
  LargeFileMinimum = 25MB
}
New-FsrmStorageReport @NRHT | Out-Null
```

7. Rufen Sie Details der geplanten Aufgabe ab:

```
Get-ScheduledTask |
  Where-Object taskname -Match 'Monatsbericht' |
    Format-Table -AutoSize
```

8. Starten Sie die Aufgabe jetzt:

```
Get-ScheduledTask -TaskName '*Monatsbericht*' |
  Start-ScheduledTask
Get-ScheduledTask -TaskName '*Monatsbericht*'
```

9. Sehen Sie sich den von der Aufgabe erstellten Bericht an:

```
$Path = 'C:\StorageReports\Interactive'
$Rep = Get-ChildItem -Path $path\*.html
Invoke-item -Path $Rep
```

So funktioniert's

In *Schritt 1* verwenden Sie das Cmdlet `New-FsrmStorageReport` um einen neuen Bericht zu erstellen, der alle Dateien auf `C:\` ausgibt, die größer als 10 MB sind. Sie erhalten die folgende Ausgabe:

```
PS C:\foo> $NRHT = @{
             Name              = 'Große Dateien auf SRV1'
             NameSpace         = 'C:\'
             ReportType        = 'LargeFiles'
             LargeFileMinimum  = 10MB
             Interactive       = $true
           }
PS C:\foo> New-FsrmStorageReport @NRHT

FileGroupIncluded          :
FileOwnerFilePattern       :
FileOwnerUser              :
FileScreenAuditDaysSince   : 0
FileScreenAuditUser        :
FolderPropertyName         :
Interactive                : True
LargeFileMinimum           : 10485760
LargeFilePattern           :
LastError                  :
LastReportPath             :
LastRun                    :
LeastAccessedFilePattern   :
LeastAccessedMinimum       : 0
MailTo                     :
MostAccessedFilePattern    :
MostAccessedMaximum        : 0
Name                       : Große Dateien auf SRV1
Namespace                  : {C:\}
PropertyFilePattern        :
PropertyName               :
QuotaMinimumUsage          : 0
ReportFormat               : {DHtml, XML}
ReportType                 : LargeFiles
Schedule                   :
Status                     : Queued
PSComputerName             :
```

In *Schritt 2* sehen Sie sich die vorhandenen FSRM-Berichte an, was wie folgt aussieht:

```
PS C:\foo> Get-FsrmStorageReport *

FileGroupIncluded          :
FileOwnerFilePattern       :
FileOwnerUser              :
FileScreenAuditDaysSince   : 0
FileScreenAuditUser        :
FolderPropertyName         :
Interactive                : True
LargeFileMinimum           : 10485760
LargeFilePattern           :
LastError                  :
LastReportPath             :
LastRun                    :
LeastAccessedFilePattern   :
LeastAccessedMinimum       : 0
MailTo                     :
MostAccessedFilePattern    :
MostAccessedMaximum        : 0
Name                       : Große Dateien auf SRV1
Namespace                  : {C:\}
PropertyFilePattern        :
PropertyName               :
QuotaMinimumUsage          : 0
ReportFormat               : {DHtml, XML}
ReportType                 : LargeFiles
Schedule                   :
Status                     : Running
PSComputerName             :
```

Nachdem der Speicherbericht zu großen Dateien gelaufen ist, schauen Sie sich in *Schritt 3* die Ergebnisse im Dateisystem an, was wie folgt aussieht:

```
PS C:\foo> $Path = 'C:\StorageReports\Interactive'
PS C:\foo> Get-ChildItem -Path $Path

    Verzeichnis: C:\StorageReports\Interactive

Mode                LastWriteTime         Length Name
----                -------------         ------ ----
d-----       17.07.2019     12:39                GroßeDateien2_2019-07-17_12-39-02_files
-a----       17.07.2019     12:39         191540 GroßeDateien2_2019-07-17_12-39-02.html
-a----       17.07.2019     12:39         422144 GroßeDateien2_2019-07-17_12-39-02.xml
```

In *Schritt 4* öffnen Sie den HTML-Bericht, der so aussieht:

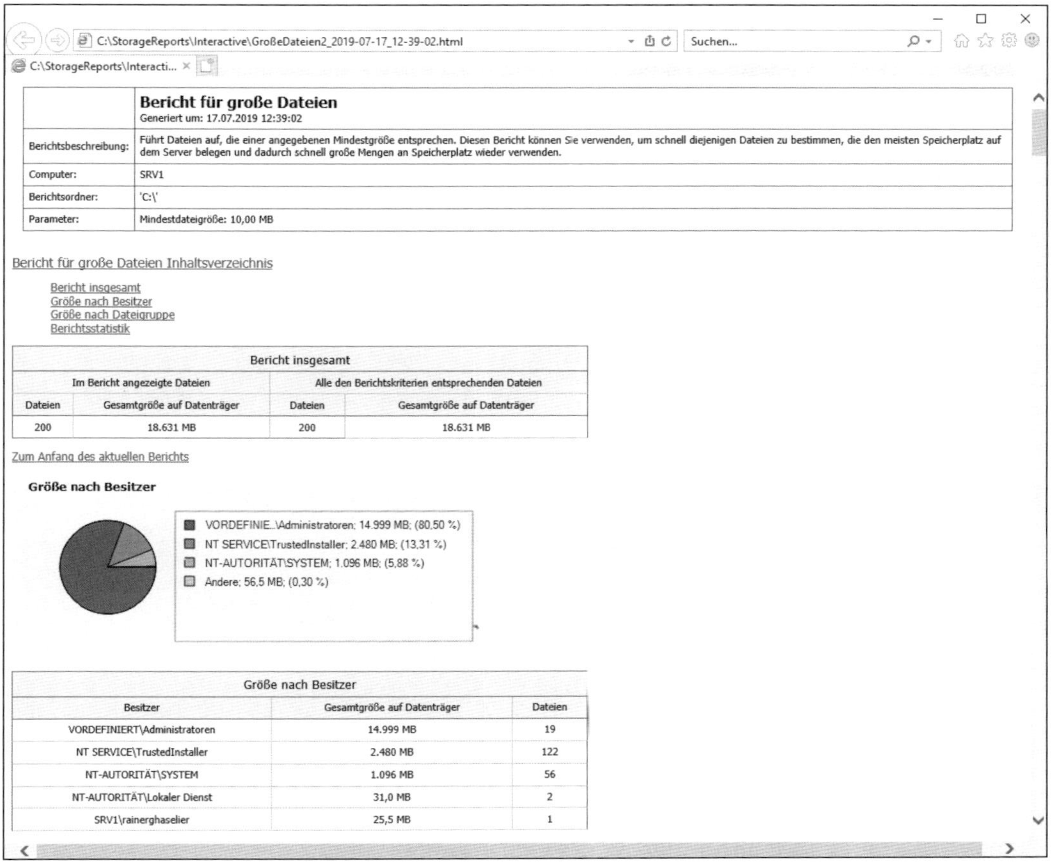
C:\StorageReports\Interactive\GroßeDateien2_2019-07-17_12-39-02.html

	Bericht für große Dateien Generiert um: 17.07.2019 12:39:02
Berichtsbeschreibung:	Führt Dateien auf, die einer angegebenen Mindestgröße entsprechen. Diesen Bericht können Sie verwenden, um schnell diejenigen Dateien zu bestimmen, die den meisten Speicherplatz auf dem Server belegen und dadurch schnell große Mengen an Speicherplatz wieder verwenden.
Computer:	SRV1
Berichtsordner:	'C:\'
Parameter:	Mindestdateigröße: 10,00 MB

Bericht für große Dateien Inhaltsverzeichnis

- Bericht insgesamt
- Größe nach Besitzer
- Größe nach Dateigruppe
- Berichtsstatistik

Bericht insgesamt			
Im Bericht angezeigte Dateien		Alle den Berichtskriterien entsprechenden Dateien	
Dateien	Gesamtgröße auf Datenträger	Dateien	Gesamtgröße auf Datenträger
200	18.631 MB	200	18.631 MB

Zum Anfang des aktuellen Berichts

Größe nach Besitzer

VORDEFINIE..\Administratoren: 14.999 MB; (80,50 %)
NT SERVICE\TrustedInstaller: 2.480 MB; (13,31 %)
NT-AUTORITÄT\SYSTEM: 1.096 MB; (5,88 %)
Andere: 56,5 MB; (0,30 %)

Besitzer	Gesamtgröße auf Datenträger	Dateien
VORDEFINIERT\Administratoren	14.999 MB	19
NT SERVICE\TrustedInstaller	2.480 MB	122
NT-AUTORITÄT\SYSTEM	1.096 MB	56
NT-AUTORITÄT\Lokaler Dienst	31,0 MB	2
SRV1\rainerghaselier	25,5 MB	1

In *Schritt 5* extrahieren Sie Informationen aus der XML-Version des interaktiven FSRM-Berichts zu großen Dateien und erhalten diese Ausgabe:

```
PS C:\foo> $XF   = Get-ChildItem -Path $Path\*.xml
PS C:\foo> $XML  = [XML] (Get-Content -Path $XF)
PS C:\foo> $Files = $XML.StorageReport.ReportData.Item
PS C:\foo> $Files | Where-Object Path -NotMatch '^Windows|^Program|^Users'|
             Format-Table -Property name, path,
             @{ name ='Sizemb'
                expression = {(([int]$_.size)/1mb).tostring('N2')}},
                   DaysSinceLastAccessed -AutoSize

Name                                    Path                     Sizemb   DaysSinceLastAccessed
----                                    ----                     ------   ---------------------
1{3808876b-c176-4e48-b7ae-04046e6cc752} System Volume Information         0
pagefile.sys                                                     1.751,55 0
Demos.txt                               QuotaS                   64,00    0
Demos.Txt                               Quota                    10,00    0
```

In *Schritt 6* erstellen Sie eine Aufgabe für einen geplanten Bericht, was keine Ausgabe erzeugt. In *Schritt 7* schauen Sie sich die Details der geplanten Aufgabe an:

```
PS C:\foo> Get-ScheduledTask |
             Where-Object taskname -Match 'Monatsbericht' |
               Format-Table -AutoSize

TaskPath                                        TaskName                                       State
--------                                        --------                                       -----
\Microsoft\Windows\File Server Resource Manager\ StorageReport-Monatsbericht Dateien nach Dateityp Ready
```

In *Schritt 8* starten Sie die in *Schritt 7* definierte Aufgabe und sehen, dass der Bericht ausgeführt wird, was wie folgt aussieht:

```
PS C:\foo> Get-ScheduledTask -TaskName '*Monatsbericht*' |
             Start-ScheduledTask
PS C:\foo> Get-ScheduledTask -TaskName '*Monatsbericht*'

TaskPath                                 TaskName                              State
--------                                 --------                              -----
\Microsoft\Windows\File Server Resource Man... StorageReport-Monatsbericht Da... Running
```

In *Schritt 9* sehen Sie sich den Bericht nach Dateitypen an, der wie folgt aussieht:

Weitere Informationen

In *Schritt 2* lassen Sie die vorhandenen FSRM-Berichte anzeigen und verwenden hierfür das Cmdlet `Get-FsrmStorageReport`. Sie sehen dann alle aktiven FSRM-Berichte (geplant und interaktiv), obwohl FSRM, nachdem ein interaktiver Bericht erstellt wurde, diesen mit `Get-FsrmStorageReport` nicht mehr anzeigt.

In *Schritt 3* sehen Sie sich die Ausgabe an, die FSRM für den interaktiven Speicherbericht generiert hat. Wie Sie sehen können, wird der Bericht sowohl im HTML- als auch im XML-Format erzeugt. Die HTML-Ausgabe sieht gut aus (wie Sie in *Schritt 4* sehen können), jedoch kann das Format nicht angepasst werden. Sie erhalten jedoch im XML alle Informationen, die auch im HTML-Bericht enthalten sind. Sie können das XML verwenden, um die Ergebnisse wie gewünscht zu formatieren. Die XML-Dateistruktur ist recht einfach und Sie können die grundlegenden Informationen aus dem XML extrahieren, um die Details zu sehen, an denen Sie interessiert sind (siehe *Schritt 5*).

In *Schritt 9* sehen Sie sich den zweiten Bericht an, einen Bericht, der nach den Dateitypen organisiert ist. In diesem Beispiel werden lediglich Textdateien angezeigt. Gäbe es andere Dateien, die zu anderen Dateitypen gehörten, dann wären diese ebenfalls im Bericht enthalten. Bitte beachten Sie, dass sich die Berichte, die von geplanten Aufgaben erstellt werden, im Ordner `C:\StorageReports\Scheduled` befinden. Da die Erstellung des zweiten Berichtes jedoch in *Schritt 8* manuell gestartet wurde, finden Sie ihn im Ordner `C:\StorageReports\Interactive`.

Kapitel 5

Freigegebene Daten verwalten

In diesem Kapitel werden die folgenden Rezepte vorgestellt:

- **Einen SMB-Dateiserver einrichten und absichern**
- **SMB-Freigaben erstellen und absichern**
- **Auf Daten auf SMB-Freigaben zugreifen**
- **Ein iSCSI-Ziel erstellen**
- **Ein iSCSI-Ziel verwenden**
- **Einen DFS-Namespace konfigurieren**
- **DFS-Replikation konfigurieren**

Einführung

Die gemeinsame Nutzung von Daten in einem Netzwerk ist bereits seit den sehr frühen Tagen der Netzwerktechnologien ein zentrales Feature. Dieses Kapitel erörtert die Windows Server 2019-Features, die es Ihnen erlauben, Dateien und Ordner freizugeben und die von Ihnen freigegebenen Daten zu nutzen. Daher ist dieses Kapitel die Fortsetzung von Kapitel 4, »Windows-Speichertechnologien verwalten«.

Microsoft Lan Manager war das erste Netzwerkprodukt, das Microsoft anbot. Es ermöglichte Client-Computern auf sichere Weise, Dateifreigaben zu erstellen, zu verwalten und zu nutzen. Das Protokoll, das LAN Manager verwendete, um diese Client-/Server-Funktionalität bereitzustellen, war eine frühe Version des **Server Message Block**-Protokolls (**SMB**).

SMB ist ein Speicherprotokoll auf Dateiebene, das über TCP/IP ausgeführt wird. Mit SMB können Sie Dateien und Ordner sicher und zuverlässig freigeben. Um die Zuverlässigkeit von SMB-Servern zu verbessern, können Sie ein Cluster erstellen und die Dateiserver-Rolle im Cluster ausführen. Dies ist eine Aktiv/Passiv-Lösung die gut funktioniert, solange auf die zugrundeliegenden Daten zugegriffen werden kann.

Dieses Kapitel zeigt, wie Sie die Features zur gemeinsamen Nutzung von Daten implementieren, einschließlich SMB in Windows Server 2019. Die ersten Rezepte in diesem Kapitel beschreiben, wie Sie einfache SMB-Dateifreigaben erstellen und verwenden. Anschließend erstellen Sie eine iSCSI-Infrastruktur, die Sie nutzen, wenn Sie einen Scale-Out File-Server (SOFS) erstellen.

Abschließend werfen wir einen Blick auf das **Distributed File System** (**DFS**). Mit DFS erstellen Sie einen einzigen logischen Namespace für mehrere freigegebene Ordner, die sich auf zahlreichen Servern in Ihrem Unternehmen befinden. Ein DFS-Namespace ist die virtuelle Ansicht der Dateien und Ordner innerhalb einer DFS-Bereitstellung.

Im ersten Rezept, »Einen SMB-Dateiserver einrichten und absichern« auf Seite 150 verbessern Sie die Sicherheit auf Ihrem SMB-Dateiserver. In den Rezepten »SMB-Freigaben erstellen und absichern« auf Seite 153 und »Auf Daten auf SMB-Freigaben zugreifen« auf Seite 158 richten Sie eine einfache Ordnerfreigabe ein und greifen dann auf die freigegebenen Dateien zu. Im Rezept »Ein iSCSI-Ziel erstellen« auf Seite 162 erstellen Sie ein iSCSI-Target auf dem Server `SRV2`, und im Rezept »Ein iSCSI-Ziel verwenden« auf Seite 165 verwenden Sie diesen freigegebenen iSCSI-Datenträger vom Server `FS1` aus. iSCSI ist eine weit verbreite **Storage Area Networking**-Technologie (**SAN**); diese beiden Rezepte zeigen, wie Sie die Features Microsoft iSCSI-Initiator und iSCSI-Target verwenden.

Unter dem Begriff DFS werden zwei verschiedene Features zusammengefasst. **DFS-Namespaces** erlaubt es, eine logische Ordnerstruktur zu erstellen, die auf Freigaben (Ordnerziele) verweist, die sich auf mehreren Computern befinden. DFS-Replikation repliziert Daten, die sich im DFS-Zielordner befinden, um eine transparente, fehlertolerante und Last ausgleichende DFS-Implementierung zur Verfügung zu stellen. Beachten Sie, dass sich die DFS-Replikation vom Feature Speicherreplikat unterscheidet, das in Kapitel 4, »Windows-Speichertechnologien verwalten«, erörtert wird.

Im Rezept »Einen DFS-Namespace konfigurieren« auf Seite 169 werden Sie einen domänenbasierten DFS-Namespace einrichten. Anschließend richten Sie im Rezept »DFS-Replikation konfigurieren« auf Seite 174 die DFS-Replikation ein und konfigurieren sie.

In den Rezepten dieses Kapitels werden eine ganze Reihe von Servern verwendet. Jedes Rezept beschreibt genau, welche spezifischen Server für das Rezept benötigt werden. Wie in den anderen Kapiteln sind auch hier alle Server Mitglieder der Domäne `Reskit.Org`.

Einen SMB-Dateiserver einrichten und absichern

Der erste Schritt bei der Einrichtung eines Dateiservers besteht darin, die benötigten Features auf dem Server zu installieren, und dann den Server zu härten. Sie verwenden das Cmdlet `Add-WindowsFeature`, um die für einen Dateiserver erforderlichen Komponenten zu installieren. Anschließend verwenden Sie das Cmdlet `Set-SmbServerConfiguration`, um die Standardkonfiguration zu optimieren.

Da Ihr Dateiserver sensible Informationen enthalten kann, müssen Sie angemessene Schritte unternehmen, um einige der üblichen Angriffsmechanismen abzuwehren und einige der erprobten Sicherheitspraktiken anzuwenden. Sicherheit ist eine gute Sache, aber seien Sie, wie immer, vorsichtig! Wenn Sie Ihren SMB-Dateiserver zu hart absichern, kann dies dazu führen, dass Sie bestimmte Benutzer vom Server aussperren. SMB 1.0 hat eine Reihe von Schwächen und sollte generell entfernt werden. Aber wenn Sie SMB 1.0 deaktivieren, werden Sie feststellen, dass ältere Computer (zum Beispiel solche, die Windows XP verwenden) nicht mehr auf die freigegebenen Daten zugreifen können. Bevor Sie eine der Server-Konfigurationen deaktivieren, sollten Sie Ihre Änderungen sorgfältig testen.

Vorbereitungen

Führen Sie dieses Rezept auf `FS1` (für File Server 1) aus, einem neuen Server in der Domäne `Reskit.Org`.

So wird's gemacht

1. Installieren Sie die Dateiserver-Features und RSAT-Tools auf `FS1`:

```
$Features = 'FileAndStorage-Services','File-Services',
            'FS-FileServer','RSAT-File-Services'
Add-WindowsFeature -Name $Features
```

2. Rufen Sie die aktuellen SMB-Server-Einstellungen ab:

```
Get-SmbServerConfiguration
```

3. Deaktivieren Sie das SMB1-Protokoll:

```
$CHT = @{
  EnableSMB1Protocol = $false
  Confirm            = $false
}
Set-SmbServerConfiguration @CHT
```

4. Schalten Sie die SMB-Signierung und Verschlüsselung ein:

```
$SHT1 = @{
    RequireSecuritySignature = $true
    EnableSecuritySignature  = $true
    EncryptData              = $true
    Confirm                  = $false
}
Set-SmbServerConfiguration @SHT1
```

5. Deaktivieren Sie die Standard-Server- und Workstation-Freigaben:

```
$SHT2 = @{
    AutoShareServer       = $false
    AutoShareWorkstation  = $false
    Confirm               = $false
}
Set-SmbServerConfiguration @SHT2
```

6. Schalten Sie die Serverankündigungen ab:

```
$SHT3 = @{
    ServerHidden   = $true
    AnnounceServer = $false
    Confirm        = $false
}
Set-SmbServerConfiguration @SHT3
```

7. Starten Sie den Dienst mit der neuen Konfiguration neu:

```
Restart-Service lanmanserver
```

So funktioniert's

In *Schritt 1* fügen Sie dem Server FS1 vier Features hinzu (FileAndStorage-Services, File-Services, FS-FileServer, RSAT-File-Services), was wie folgt aussieht:

```
PS C:\foo> $Features = 'FileAndStorage-Services','File-Services',
                       'FS-FileServer','RSAT-File-Services'
PS C:\foo> Add-WindowsFeature -Name $Features

Success Restart Needed Exit Code      Feature Result
------- -------------- ---------      --------------
True    No             Success        {Datei- und iSCSI-Dienste, Dateiserver, Re...
```

Nachdem Sie die erforderlichen Features auf FS1 installiert haben, verwenden Sie in *Schritt 2* das Cmdlet Get-SMBServerConfiguration, um die aktuelle Konfiguration des SMB-Servers abzurufen. Sie sehen dann 43 verschiedene Konfigurationseigenschaften. Sie können einige dieser Eigenschaften ändern, um Ihren Server zu härten oder um Besonderheiten Ihrer Infrastruktur zu berücksichtigen. Einige dieser Eigenschaften sind jedoch relativ undurchsichtig – wenn Sie nicht genau wissen, was sie machen, sollten Sie die Standardwerte nicht verändern.

Die Ausgabe dieses Schritts sieht folgendermaßen aus:

```
PS C:\foo> Get-SmbServerConfiguration

AnnounceComment                 :
AnnounceServer                  : False
AsynchronousCredits             : 512
AuditSmb1Access                 : False
AutoDisconnectTimeout           : 15
AutoShareServer                 : True
AutoShareWorkstation            : True
CachedOpenLimit                 : 10
DurableHandleV2TimeoutInSeconds : 180
EnableAuthenticateUserSharing   : False
EnableDownlevelTimewarp         : False
EnableForcedLogoff              : True
EnableLeasing                   : True
EnableMultiChannel              : True
EnableOplocks                   : True
EnableSecuritySignature         : False
EnableSMB1Protocol              : False
EnableSMB2Protocol              : True
EnableStrictNameChecking        : True
EncryptData                     : False
IrpStackSize                    : 15
KeepAliveTime                   : 2
MaxChannelPerSession            : 32
MaxMpxCount                     : 50
MaxSessionPerConnection         : 16384
MaxThreadsPerQueue              : 20
MaxWorkItems                    : 1
NullSessionPipes                :
NullSessionShares               :
OplockBreakWait                 : 35
PendingClientTimeoutInSeconds   : 120
RejectUnencryptedAccess         : True
RequireSecuritySignature        : False
ServerHidden                    : True
Smb2CreditsMax                  : 8192
Smb2CreditsMin                  : 512
SmbServerNameHardeningLevel     : 0
TreatHostAsStableStorage        : False
ValidateAliasNotCircular        : True
ValidateShareScope              : True
ValidateShareScopeNotAliased    : True
ValidateTargetName              : True
```

In *Schritt 3* schalten Sie SMB1 ab. (A.d.Ü.: Wie Sie in der vorigen Abbildung sehen können, ist SMB1 auf Windows Server 2019 standardmäßig deaktiviert. Daher brauchen Sie diesen Schritt nicht auszuführen. Wir haben ihn im Buch belassen, damit Sie für den Fall der Fälle wissen, wie es geht.)

In *Schritt 4* konfigurieren Sie den Server so, dass alle SMB-Pakete signiert werden und dass der gesamte SMB-Datenverkehr verschlüsselt wird. Die SMB-Signierung ist besonders sinnvoll, um das Risiko der Man-in-the-Middle-Angriffe zu reduzieren. Die Datenverschlüsselung erhöht die Sicherheit der Unternehmensdaten, während diese zwischen Server- und Client-Computern transportiert werden. Ein weiterer Vorteil der Verwendung von SMB-Verschlüsselung anstelle von beispielsweise IPSec ist, dass Sie zur Bereitstellung lediglich die Konfiguration des SMB-Servers anpassen müssen.

Windows besitzt eine Reihe von administrativen Freigaben, die standardmäßig erstellt werden. In den meisten Fällen können Sie diese deaktivieren. In *Schritt 5* deaktivieren Sie die Standard-Server/Workstation-Freigaben. Es ist wichtig zu erwähnen, dass, falls Sie die DFS-Replikation einrichten, die DFS-Replikation-Cmdlets Zugriff auf diese administrativen Freigaben haben müssen.

In *Schritt 6* schalten Sie außerdem die Serverankündigungen ab, was die Sichtbarkeit Ihres Dateiservers für Hacker reduziert.

Nachdem Sie diese Konfigurationseinstellungen aktualisiert haben, führen Sie in *Schritt 7* einen Neustart des Dateiserver-Dienstes `lanmanserver` durch. Beachten Sie, dass durch den Neustart alle offenen Verbindungen geschlossen werden. Stellen Sie sicher, dass Sie diesen Neustart während eines geplanten Wartungsfensters durchführen oder dann, wenn Sie sicher sind, dass der Dateiserver inaktiv ist. Die letzten fünf Schritte erzeugen keine Ausgabe. Nachdem Sie die Konfiguration geändert haben, können Sie erneut das Cmdlet `Get-SMBServerConfiguration` verwenden, um zu überprüfen, ob die korrekten Servereinstellungen aktiv sind.

Weitere Informationen

In diesem Rezept haben Sie eine Komplettinstallation von Windows Server 2019 (also mit Desktopdarstellung) gehärtet. Um Ihren Server noch besser zu härten, sollten Sie in Erwägung ziehen, für Ihre Hosts Server Core zu verwenden.

In *Schritt 3* haben Sie SMB1 deaktiviert. SMB1 ist eine ältere und weniger sichere Version des SMB-Protokolls und stellt somit ein Sicherheitsrisiko dar. Der Nachteil bei der Deaktivierung von SMB1 ist, dass ältere Computer nur SMB1 unterstützen, was dazu führt, dass diese dann nicht mehr auf die freigegebenen Daten zugreifen können. Zu diesen älteren Clients gehören Windows XP und Windows Server 2003. Windows Vista, Windows Server 2008 und alle nachfolgenden Windows-Versionen unterstützen von Haus aus SMB2. Falls Sie also nur Clients einsetzen, die SMB2 unterstützen, sollten Sie in der Lage sein, SMB1 zu deaktivieren.

In größeren Organisationen können Sie die Konfigurationseinstellung `AuditSmb1Access` verwenden. Diese Einstellung protokolliert alle Zugriffe auf Ihren Server, die über SMB1 erfolgen. Um ältere SMB-Clients ausfindig zu machen, die von der Abschaltung von SMB1 betroffen wären, können Sie das SMB-Ereignisprotokoll durchsuchen.

SMB-Freigaben erstellen und absichern

Nachdem Sie Ihren Dateiserver eingerichtet haben, ist der nächste Schritt bei der Bereitstellung, SMB-Freigaben zu erstellen und diese abzusichern. Jahrzehntelang haben Administratoren für das Einrichten freigegebener Ordner (und für viele andere Dinge) den Befehl `net.exe` verwendet. Dieser funktioniert auch weiterhin, aber vielleicht finden Sie, dass die neuen Cmdlets einfacher zu verwenden sind, insbesondere dann, wenn Sie in großem Maßstab SMB-Server-Bereitstellungen automatisieren.

Dieses Rezept beschreibt, wie Sie auf der Windows Server 2019-Plattform das PowerShell-Modul `SMBServer` verwenden. Sie werden außerdem Cmdlets aus dem Modul `NTFSSecurity` einsetzen (ein Modul eines Drittanbieters, das Sie vom PowerShell-Katalog (PSGallery) herunterladen können).

Vorbereitungen

Sie führen dieses Rezept auf dem Dateiserver `FS1` aus, den Sie im Rezept »Einen SMB-Dateiserver einrichten und absichern« auf Seite 150 eingerichtet und gehärtet haben. In diesem Rezept geben Sie auf dem Dateiserver einen Ordner frei (`C:\Foo`). Sie haben diesen Ordner bereits früher erstellt. Anschließend erstellen Sie im Ordner `C:\Foo`, den Sie soeben freigegeben haben, eine Datei und legen fest, dass die ACL (Access Control List, Zugriffssteuerungsliste) der Datei mit der der Freigabe identisch sein soll. Hierfür verwenden Sie das Cmdlet `Set-SMBPathAcl`. Anschließend überprüfen Sie sowohl für den Ordner als auch für die Datei die ACL

Dieses Rezept verwendet eine globale Sicherheitsgruppe, `Sales`, die Sie in der Domäne `Reskit.Org` erstellen. In der Einführung von Kapitel 7, »Drucker verwalten«, finden Sie das Skript Snippet, das Sie verwenden können, um die Gruppen, Benutzer und Gruppenmitgliedschaften zu erstellen, die von diesem Rezept verwendet werden.

Außerdem verwenden Sie in diesem Rezept das Cmdlet `Get-NTFSAccess` aus `NTFSSecurity`, ein Modul eines Drittanbieters, das Sie aus vom PowerShell-Katalog heruntergeladen haben. Im Rezept »NTFS-Berechtigungen verwalten« in Kapitel 4 finden Sie weitere Details zu diesem Modul und eine Anleitung dazu, wie Sie es herunterladen.

So wird's gemacht

1. Ermitteln Sie die vorhandenen Freigaben und deren Zugriffsrechte:

```
Get-SmbShare -Name * |
  Get-SmbShareAccess |
    Format-Table -GroupBy Name
```

2. Geben Sie einen Ordner frei:

```
New-SmbShare -Name Foo -Path C:\Foo
```

3. Aktualisieren Sie die Freigabe und ergänzen Sie eine Beschreibung:

```
$CHT = @{Confirm=$False}
Set-SmbShare -Name Foo -Description 'Foo-Freigabe für IT' @CHT
```

4. Legen Sie den Aufzählungsmodus des Ordners fest:

```
$CHT = @{Confirm = $false}
Set-SMBShare -Name Foo -FolderEnumerationMode AccessBased @CHT
```

5. Aktivieren Sie für die Freigabe `Foo` die Verschlüsselung:

```
Set-SmbShare -Name Foo -EncryptData $true @CHT
```

6. Entfernen Sie die Zugriffsrechte für `Jeder` von der Freigabe `Foo`:

```
$AHT1 = @{
  Name        =  'foo'
  AccountName =  'Jeder'
  Confirm     =  $false
}
Revoke-SmbShareAccess @AHT1 | Out-Null
```

7. Erteilen Sie `Reskit\Administrator` Lesezugriff auf die Freigabe:

```
$AHT2 = @{
    Name          = 'foo'
    AccessRight   = 'Read'
    AccountName   = 'Reskit\ADMINISTRATOR'
    ConFirm       =  $false
}
Grant-SmbShareAccess @AHT2 | Out-Null
```

8. Erteilen Sie dem Betriebssystem Vollzugriff auf die Freigabe:

```
$AHT3 = @{
    Name          = 'foo'
    AccessRight   = 'Full'
    AccountName   = 'NT Authority\SYSTEM'
    Confirm       = $False
}
Grant-SmbShareAccess  @AHT3 | Out-Null
```

9. Legen Sie fest, dass Ersteller und Besitzer Vollzugriff haben:

```
$AHT4 = @{
    Name          = 'foo'
    AccessRight   = 'Full'
    AccountName   = ERSTELLER-BESITZER'
    Confirm       = $False
}
Grant-SmbShareAccess @AHT4  | Out-Null
```

10. Erteilen Sie dem `Sales`-Team Lesezugriff, die `SalesAdmins` erhalten Vollzugriff:

```
$AHT5 = @{
    Name        = 'Foo'
    AccessRight = 'Read'
    AccountName = 'Sales'
    Confirm     = $false
}
Grant-SmbShareAccess @AHT5 | Out-Null
$AHT6 = @{
    Name        = 'Foo'
    AccessRight = 'Full'
    AccountName = 'SalesAdmins'
    Confirm     = $false
}
Grant-SmbShareAccess  @AHT6 | Out-Null
```

11. Lassen Sie die Zugriffssteuerungsliste (ACL) der Freigabe anzeigen:

```
Get-SmbShareAccess -Name Foo |
  Sort-Object AccessRight
```

12. Legen Sie fest, dass die Dateisystemberechtigungen mit denen der Freigabe identisch sein sollen:

```
Set-SmbPathAcl -ShareName 'Foo'
```

13. Erstellen Sie in `C:\Foo` die Textdatei `Foo.Txt`:

```
'foo' | Out-File -FilePath C:\Foo\Foo.Txt
```

14. Rufen Sie mit `Get-NTFSAccess` die ACL des Ordners ab:

```
Get-NTFSAccess -Path C:\Foo |
  Format-Table -AutoSize
```

15. Rufen Sie mit `Get-NTFSAccess` die ACL der Datei `Foo.txt` ab:

```
Get-NTFSAccess -Path C:\Foo\Foo.Txt |
  Format-Table -AutoSize
```

So funktioniert's

In *Schritt 1* lassen Sie die vorhandenen Freigaben und Zugriffsrechte anzeigen, was so aussieht:

```
PS C:\foo> Get-SmbShare -Name * |
             Get-SmbShareAccess |
               Format-Table -GroupBy Name

   Name: IPC$

Name ScopeName AccountName                   AccessControlType AccessRight
---- --------- -----------                   ----------------- -----------
IPC$ *         BUILTIN\Administrators        Allow             Full
IPC$ *         BUILTIN\Backup Operators      Allow             Full
IPC$ *         NT AUTHORITY\INTERACTIVE      Allow             Full
```

In *Schritt 2* erstellen Sie eine neue SMB-Freigabe (`Foo`) für den Ordner `C:\Foo`, was folgendermaßen aussieht:

```
PS C:\foo> New-SmbShare -Name Foo -Path C:\Foo

Name ScopeName Path   Description
---- --------- ----   -----------
Foo  *         C:\Foo
```

In *Schritt 3* ergänzen Sie die Freigabe um eine Beschreibung. In *Schritt 4* aktivieren Sie für die Freigabe den zugriffsbasierten Aufzählungsmodus. In *Schritt 5* aktivieren Sie die Verschlüsselung für Daten, die zu und von der Freigabe `Foo` übertragen werden. In *Schritt 6* entfernen Sie explizit die Zugriffsrechte für die Gruppe `Jeder`. In *Schritt 7* erteilen Sie `Reskit\Administrator` Leserechte auf die Freigabe. In *Schritt 8* erteilen Sie dem Betriebssystem Vollzugriff auf die Freigaben. In *Schritt 9* erteilen Sie dem Ersteller oder Besitzer Vollzugriff auf die Dateien und Ordner in der Freigabe. In *Schritt 10* erteilen Sie allen Mitgliedern der Gruppe `Sales` Leserechte auf die Daten in der Freigabe; die Mitglieder der Gruppe `SalesAdmins` erhalten Vollzugriff. Die *Schritte 3* bis *10* erzeugen keine Ausgabe.

Nachdem Sie die Zugriffsrechte der Freigabe konfiguriert haben, verwenden Sie in *Schritt 11* das Cmdlet `Get-SMBShareAccess`, um sich die Zugriffssteuerungsliste der Freigabe `Foo` anzeigen zu lassen, die folgendermaßen aussieht:

```
PS C:\foo> Get-SmbShareAccess -Name Foo |
             Sort-Object AccessRight

Name ScopeName AccountName                AccessControlType AccessRight
---- --------- -----------                ----------------- -----------
Foo  *         NT-AUTORITÄT\SYSTEM        Allow             Full
Foo  *         ERSTELLER-BESITZER         Allow             Full
Foo  *         RESKIT\SalesAdmins         Allow             Full
Foo  *         RESKIT\administrator       Allow             Read
Foo  *         RESKIT\Sales               Allow             Read
```

In *Schritt 12* legen Sie fest, dass die NTFS-Datei- und Ordnerberechtigungen mit denen der Freigabe identisch sein sollen. In *Schritt 13* erstellen Sie im Ordner `C:\Foo` eine neue Datei. Diese beiden Schritte erzeugen keine Ausgabe.

In *Schritt 14* lassen Sie sich die aktualisierte ACL des Ordners `C:\Foo` anzeigen und erhalten die folgende Ausgabe:

```
PS C:\foo> Get-NTFSAccess -Path C:\Foo |
             Format-Table -AutoSize

    Path: C:\Foo (Inheritance enabled)

Account                          Access Rights                 Applies to                    Type  IsInherited InheritedFrom
-------                          -------------                 ----------                    ----  ----------- -------------
ERSTELLER-BESITZER               FullControl                   SubFoldersAndFilesOnly        Allow False
NT-AUTORITÄT\SYSTEM              FullControl                   ThisFolderSubfoldersAndFiles  Allow False
VORDEFINIERT\Administratoren     FullControl                   ThisFolderOnly                Allow False
RESKIT\administrator             ReadAndExecute, Synchronize   ThisFolderSubfoldersAndFiles  Allow False
RESKIT\SalesAdmins               FullControl                   ThisFolderSubfoldersAndFiles  Allow False
RESKIT\Sales                     ReadAndExecute, Synchronize   ThisFolderSubfoldersAndFiles  Allow False
NT-AUTORITÄT\SYSTEM              FullControl                   ThisFolderSubfoldersAndFiles  Allow True        C:
VORDEFINIERT\Administratoren     FullControl                   ThisFolderSubfoldersAndFiles  Allow True        C:
VORDEFINIERT\Benutzer            ReadAndExecute, Synchronize   ThisFolderSubfoldersAndFiles  Allow True        C:
VORDEFINIERT\Benutzer            CreateDirectories             ThisFolderAndSubfolders       Allow True        C:
VORDEFINIERT\Benutzer            CreateFiles                   ThisFolderAndSubfolders       Allow True        C:
ERSTELLER-BESITZER               GenericAll                    SubFoldersAndFilesOnly        Allow True        C:
```

Abschließend lassen Sie sich in *Schritt 15* die ACL der Datei anzeigen, die Sie in *Schritt 13* erstellt haben, was wie folgt aussieht:

```
PS C:\foo> Get-NTFSAccess -Path C:\Foo\Foo.Txt |
             Format-Table -AutoSize

    Path: C:\Foo\Foo.Txt (Inheritance enabled)

Account                        Access Rights                Applies to      Type  IsInherited InheritedFrom
-------                        -------------                ----------      ----  ----------- -------------
VORDEFINIERT\Administratoren   FullControl                  ThisFolderOnly  Allow True        C:\Foo
NT-AUTORITÄT\SYSTEM            FullControl                  ThisFolderOnly  Allow True        C:\Foo
RESKIT\administrator           ReadAndExecute, Synchronize  ThisFolderOnly  Allow True        C:\Foo
RESKIT\SalesAdmins             FullControl                  ThisFolderOnly  Allow True        C:\Foo
RESKIT\Sales                   ReadAndExecute, Synchronize  ThisFolderOnly  Allow True        C:\Foo
VORDEFINIERT\Benutzer          ReadAndExecute, Synchronize  ThisFolderOnly  Allow True        C:
```

Weitere Informationen

In *Schritt 1* zeigen Sie die vorhandenen SMB-Freigaben an. Dieser Schritt wird auf dem Dateiserver `FS1` ausgeführt, nachdem Sie ihn gehärtet haben (siehe Rezept »Einen SMB-Dateiserver einrichten und absichern« auf Seite 150). Daher sind alle Standardfreigaben (bis auf die Freigabe `IPC$`) auf `FS1` nicht mehr vorhanden.

Die Freigabe `IPC$` wird auch Null-Session-Verbindung genannt. Diese Session erlaubt es anonymen Benutzern, ohne Authentifizierung die Namen aller Domänenkonten und Netzwerkfreigaben aufzulisten. Diese Freigabe wird standardmäßig vom Dienst `lanmanserver` erstellt, obwohl Sie diese deaktivieren können. Die Freigabe `IPC$` wird außerdem für die Unterstützung von Named-Pipes-Verbindungen zu Ihrem Server verwendet.

In *Schritt 4* aktivieren Sie für die Freigabe `Foo` den zugriffsbasierten Aufzählungsmodus. Dies bedeutet, dass Sie, wenn Sie in der Freigabe nach Ordnern und Dateien suchen, Sie nur die Objekte sehen, auf die Sie Zugriff haben. Dies ist eine Verbesserung der Sicherheit (da Benutzer keine Dateien sehen können, auf die sie keinen Zugriff haben), führt aber gleichzeitig zu einer kleinen Leistungseinbuße.

In *Schritt 5* legen Sie fest, dass alle Daten, die zu und von dieser Freigabe übertragen werden, verschlüsselt werden sollen. Hiermit wird die Servereinstellung überschrieben, die Sie im Rezept »Einen SMB-Dateiserver einrichten und absichern« auf Seite 150 vorgenommen haben.

In *Schritt 14* und *Schritt 15* untersuchen Sie die Zugriffssteuerungsliste des Ordners und der Datei, nachdem Sie festgelegt haben, dass die NTFS-Berechtigungen mit denen der Freigabe `Foo` identisch sein sollen. Da Sie in diesem Rezept die Vererbung nicht deaktiviert haben, sehen Sie, dass aufgrund der Vererbung bestimmte Benutzer weiterhin Zugriff auf die Dateien und Ordner in diesem Ordner haben. Um diesen Ordner weiter abzusichern, sollten Sie für den Ordner `C:\Foo` die NTFS-Vererbung entfernen.

Siehe auch …

Weitere Informationen zur Freigabe `IPC$` finden Sie unter `https://support.microsoft.com/de-de/help/3034016/ipc-share-and-null-session-behavior-in-windows`. Seien Sie vorsichtig, wenn Sie sich entscheiden, die `IPC$`-Freigabe zu deaktivieren und testen Sie die sich dadurch ergebende Konfiguration sehr sorgfältig.

Auf Daten auf SMB-Freigaben zugreifen

Im Rezept »SMB-Freigaben erstellen und absichern« auf Seite 153 haben Sie auf `FS1` eine Freigabe erstellt. Dateien, die Sie mit SMB freigeben, verhalten sich, wenn Sie auf die Freigabe beispielsweise im Explorer zugreifen, wie lokale Dateien. In diesem Rezept greifen Sie vom Windows 10-Client `CL1`, den Sie in Kapitel 1 erstellt haben, auf die Freigabe `Foo` auf `FS1` zu.

Vorbereitungen

Sie sollten das Rezept »SMB-Freigaben erstellen und absichern« auf Seite 153 vollständig durchgeführt haben. Außerdem sollte das Windows 10-System `CL1` funktionsfähig sein; Sie haben dieses System in Kapitel 1 erstellt.

Sie sollten dieses Rezept in einer Konsole mit erhöhten Rechten ausführen.

So wird's gemacht

1. Untersuchen Sie die SMB-Client-Konfiguration:

   ```
   Get-SmbClientConfiguration
   ```

2. Legen Sie auf dem Client fest, das SMB-Pakete signiert werden müssen:

   ```
   $CHT = @{Confirm=$false}
   Set-SmbClientConfiguration -RequireSecuritySignature $True @CHT
   ```

3. Untersuchen Sie die SMB-Netzwerkschnittstelle des Clients:

   ```
   Get-SmbClientNetworkInterface |
     Format-Table Friendlyname, RSS*, RD*, Speed, IpAddresses
   ```

4. Zeigen Sie die Freigaben an, die `FS1` zur Verfügung stellt:

   ```
   $FS1CS = New-CimSession -ComputerName FS1
   Get-SmbShare -CimSession $FS1CS
   ```

5. Erstellen Sie eine Laufwerkszuordnung. Weisen Sie der Freigabe `Foo` auf dem Server `FS1` den Laufwerksbuchstaben `R:` zu:

   ```
   New-SmbMapping -LocalPath R: -RemotePath \\FS1.Reskit.Org\foo
   ```

6. Zeigen Sie eine Liste der zugeordneten Freigaben an:

   ```
   Get-SmbMapping
   ```

7. Zeigen Sie die Inhalte des freigegebenen Ordners an:

   ```
   Get-ChildItem -Path r:
   ```

8. Zeigen Sie die Liste der aktuellen SMB-Verbindungen an:

   ```
   Get-SmbConnection
   ```

9. Zeigen Sie die derzeit geöffneten Ordner und Dateien auf `FS1` an:

   ```
   Notepad R:\Foo.Txt # Wurde in einem früheren Rezept erstellt
   Get-SmbOpenFile -CimSession $FS1CS
   ```

So funktioniert's

In *Schritt 1* lassen Sie die SMB-Client-Konfiguration anzeigen, die folgendermaßen aussieht:

```
PS C:\foo> Get-SmbClientConfiguration

ConnectionCountPerRssNetworkInterface : 4
DirectoryCacheEntriesMax              : 16
DirectoryCacheEntrySizeMax            : 65536
DirectoryCacheLifetime                : 10
DormantFileLimit                      : 1023
EnableBandwidthThrottling             : True
EnableByteRangeLockingOnReadOnlyFiles : True
EnableInsecureGuestLogons             : True
EnableLargeMtu                        : True
EnableLoadBalanceScaleOut             : True
EnableMultiChannel                    : True
EnableSecuritySignature               : True
ExtendedSessionTimeout                : 1000
FileInfoCacheEntriesMax               : 64
FileInfoCacheLifetime                 : 10
FileNotFoundCacheEntriesMax           : 128
FileNotFoundCacheLifetime             : 5
KeepConn                              : 600
MaxCmds                               : 50
MaximumConnectionCountPerServer       : 32
OplocksDisabled                       : False
RequireSecuritySignature              : False
SessionTimeout                        : 60
UseOpportunisticLocking               : True
WindowSizeThreshold                   : 8
```

In *Schritt 2* legen Sie explizit fest, dass SMB die SMB-Pakete signieren soll. Dieser Schritt erzeugt keine Ausgabe.

In *Schritt 3* zeigen Sie Details zur Netzwerkschnittstelle des Clients an, und erhalten eine Ausgabe ähnlich der folgenden:

```
PS C:\foo> Get-SmbClientNetworkInterface |
             Format-Table Friendlyname, RSS*, RD*, Speed, IpAddresses

Friendlyname                   RssCapable RdmaCapable Speed IpAddresses
------------                   ---------- ----------- ----- -----------
Ethernet                       True       False             {fe80::340b:dd6d:1a00:e5bd, 10.10.10.181}
vSwitch (Default Switch)       False      False             {}
vEthernet (Default Switch)     True       False             {fe80::85b6:3013:a25f:a9dc, 192.168.145.145}
```

In *Schritt 4* richten Sie eine CIM-Session zu `FS1` ein und verwenden dann diese Sitzung, um zu ermitteln, welche Freigaben auf `FS1` verfügbar sind. Sie erhalten die folgende Ausgabe:

```
PS C:\foo> $FS1CS = New-CimSession -ComputerName FS1
PS C:\foo> Get-SmbShare -CimSession $FS1CS

Name  ScopeName Path    Description          PSComputerName
----  --------- ----    -----------          --------------
Foo   *         C:\Foo  Foo-Freigabe für IT  FS1
IPC$  *                 Remote-IPC           FS1
```

In *Schritt 5* erstellen Sie eine neue clientseitige Laufwerkszuordnung und verknüpfen den Laufwerksbuchstaben `R:` auf `CL1` mit der der Freigabe `FS1\Foo`. Die Ausgabe sieht wie folgt aus:

```
PS C:\foo> New-SmbMapping -LocalPath R: -RemotePath \\FS1.Reskit.Org\foo

Status Local Path Remote Path
------ ---------- -----------
OK     R:         \\FS1.Reskit.Org\foo
```

In *Schritt 6* zeigen Sie alle Laufwerkszuordnungen an, die auf dem Client vorhanden sind, was wie folgt aussieht:

```
PS C:\foo> Get-SmbMapping

Status       Local Path Remote Path
------       ---------- -----------
OK           R:         \\FS1.Reskit.Org\foo
```

In *Schritt 7* verwenden Sie das Cmdlet `Get-ChildItem`, um sich die Inhalte von Laufwerk `R:` anzeigen zu lassen und um zu sehen, welche Dateien in der Freigabe `Foo` auf `FS1` existieren. Die Ausgabe dieses Schritts sieht folgendermaßen aus:

```
PS C:\foo> Get-ChildItem -Path r:

    Verzeichnis: r:\

Mode                LastWriteTime         Length Name
----                -------------         ------ ----
-a----         11.07.19     10:06             12 Foo.Txt
```

In *Schritt 8* zeigen Sie eine Liste der aktuellen SMB-Verbindungen an, was wie folgt aussieht:

```
PS C:\foo> Get-SmbConnection

ServerName      ShareName UserName             Credential                 Dialect NumOpens
----------      --------- --------             ----------                 ------- --------
FS1.Reskit.Org  foo       RESKIT\administrator RESKIT.CRG\Administrator 3.1.1   1
```

In *Schritt 9* öffnen Sie in Notepad eine Datei auf Laufwerk `R:` und verwenden dann die CIM-Session (die Sie in *Schritt 4* erstellt haben), um sich die geöffneten Dateien und Ordner auf `FS1` anzeigen zu lassen. Die Ausgabe sieht wie folgt aus:

```
PS C:\foo> Get-SmbOpenFile -CimSession $FS1CS

FileId      SessionId   Path            ShareRelativePath ClientComputerName ClientUserName        PSComputerName
------      ---------   ----            ----------------- ------------------ --------------        --------------
34359738385 34359738377 C:\Foo\                           10.10.10.181         RESKIT\Administrator FS1
34359738401 34359738377 C:\Foo\Foo.txt Foo.txt            10.10.10.181         RESKIT\Administrator FS1
```

Weitere Informationen

In *Schritt 4* haben Sie von CL1 aus eine CIM-Session zu FS1 eingerichtet und dann geprüft, welche Freigaben auf FS1 zur Verfügung stehen. Für den Befehl `net view <Servername>` gibt es kein entsprechendes Cmdlet.

In *Schritt 7* hat, da Sie die Zugriffsrechte festgelegt haben, ein normales Konto eines Domänen-Admins keinen Zugriff. Das Konto muss entweder Mitglied der Gruppe Sales oder der Gruppe SalesAdmins sein.

In *Schritt 9* verwenden Sie das Cmdlet `Get-SmbOpenFile`, um zu überprüfen, welche Dateien auf FS1 geöffnet sind. Wie Sie sehen können, werden Details zur geöffneten Datei und zu dem Computer, der die Verbindung herstellt, angezeigt. Es werden sowohl der vollständige Pfad für jede geöffnete Datei und jeden geöffneten Ordner als auch ein Pfad relativ zur Freigabe angezeigt. Sie können erkennen, dass es sich bei der Datei `R:\Foo.Txt` auf CL1 um die Datei `C:\Foo\Foo.Txt` auf FS1 handelt.

Ein iSCSI-Ziel erstellen

iSCSI ist ein Industriestandardprotokoll, das Blockspeicherung (block storage) über ein TCP/IP-Netzwerk implementiert. Bei iSCSI stellt der Server, oder Initiator, ein Volume zur Verfügung, das via iSCSI freigegeben wird. Tatsächlich handelt es sich bei den freigegebenen Volumes um logische iSCSI-Einheitennummern (logical unit numbers – LUNs). Der iSCSI-Client betrachtet diese Datenträger dann als lokal verbunden. Vom iSCSI-Client aus können Sie den Datenträger wie jeden anderen lokal angeschlossenen Speicher verwalten.

Windows Server 2019 enthält Features, um als iSCSI-Target (Server) und als iSCSI-Initiator (Client) agieren zu können. Sie richten ein iSCSI-Ziel auf einem Server ein und verwenden dann einen iSCSI-Initiator auf einem Client-System, um auf das iSCSI-Target zuzugreifen. Sie können sowohl Initiatoren als auch Targets von Microsoft sowie von Drittanbieten verwenden. Falls Sie jedoch gemischte Anbieter einsetzen, müssen Sie die Kombination sehr sorgfältig testen, um sicher zu sein, dass diese in Ihrer Umgebung funktioniert.

Bei iSCSI ist ein Target ein einzelner Datenträger, auf den der Client mit einem iSCSI-Client zugreift. Ein iSCSI-Target-Server kann ein oder mehrere Targets hosten, wobei dann jedes iSCSI-Target einer LUN in einem **Fibre Channel SAN** entspricht. Der iSCSI-Initiator ist eine in Windows Server 2019 (und Windows 10) eingebaute Komponente. Das Feature iSCSI-Zielserver können Sie optional auf Windows Server 2019 installieren.

Sie können iSCSI in einem Cluster von Hyper-V-Servern verwenden. Die Server im Cluster können den iSCSI-Initiator verwenden, um auf das iSCSI-Taget zuzugreifen. Über das **Cluster Shared Volume** wird das freigegebene iSCSI-Target von den Knoten in einem Failover-Cluster gemeinsam genutzt; hierdurch erreichen Sie für die VMs in diesem Cluster eine hohe Verfügbarkeit.

Vorbereitungen

In diesem Rezept erstellen Sie ein iSCSI-Target auf dem Server SRV1. Führen Sie dieses Rezept auf SRV1 aus.

So wird's gemacht

1. Installieren Sie das Feature iSCSI-Zielserver auf `SRV1`:

```
Install-WindowsFeature FS-iSCSITarget-Server
```

2. Untersuchen Sie die Einstellungen des iSCSI-Zielservers:

```
Get-IscsiTargetServerSetting
```

3. Erstellen Sie auf `SRV1` einen Ordner für den virtuellen iSCSI-Datenträger:

```
$NIHT = @{
  Path        = 'C:\iSCSI'
  ItemType    = 'Directory'
  ErrorAction = 'SilentlyContinue'
}
New-Item @NIHT | Out-Null
```

4. Erstellen Sie einen neuen virtuellen iSCSI-Datenträger (eine LUN):

```
$LP = 'C:\iSCSI\SalesData.Vhdx'
$LN = 'SalesTarget'
$VDHT = @{
   Path        = $LP
   Description = 'LUN Für Sales'
   SizeBytes   = 100MB
}
New-IscsiVirtualDisk @VDHT
```

5. Richten Sie ein iSCSI-Target ein und legen Sie fest, wer eine iSCSI-Verbindung initiieren kann:

```
$THT = @{
  TargetName   = $LN
  InitiatorIds = 'DNSNAME:FS1.Reskit.Org'
}
New-IscsiServerTarget @THT
```

6. Weisen Sie dem virtuellen Datenträger ein Target zu:

```
Add-IscsiVirtualDiskTargetMapping -TargetName $LN -Path $LP
```

So funktioniert's

In *Schritt 1* fügen Sie dem Server `SRV1` das Feature `FS-iSCSITarget-Server` (iSCSI-Zielserver) hinzu, was wie folgt aussieht:

```
PS C:\foo> Install-WindowsFeature FS-iSCSITarget-Server

Success Restart Needed Exit Code      Feature Result
------- -------------- ---------      --------------
True    No             Success        {iSCSI-Zielserver}
```

In *Schritt 2* rufen Sie die Einstellungen des iSCSI-Zielservers ab und erhalten die folgende Ausgabe:

```
PS C:\foo> Get-IscsiTargetServerSetting

ComputerName             : SRV1.Reskit.Org
IsClustered              : False
Version                  : 10.0
DisableRemoteManagement  : False
Portals                  : {+10.10.10.50:3260, -[fe80::8105:33a6:47e5:9ccc%14]:3260}
```

In *Schritt 3*, der keine Ausgabe erzeugt, stellen Sie sicher, dass sich auf SRV1 ein Ordner befindet, in dem Sie die neuen iSCSI-Datenträger erstellen können. In *Schritt 4* erstellen Sie dann den virtuellen iSCSI-Datenträger, was wie folgt aussieht:

```
PS C:\foo> $LP = 'C:\iSCSI\SalesData.Vhdx'
PS C:\foo> $LN = 'SalesTarget'
PS C:\foo> $VDHT = @{
             Path        = $LP
             Description = 'LUN Für Sales'
             SizeBytes   = 100MB
           }
PS C:\foo> New-IscsiVirtualDisk @VDHT

ClusterGroupName     :
ComputerName         : SRV1.Reskit.Org
Description          : LUN Für Sales
DiskType             : Dynamic
HostVolumeId         : {C66003CE-4C33-45AF-A876-FD262730CB4E}
LocalMountDeviceId   :
OriginalPath         :
ParentPath           :
Path                 : C:\iSCSI\SalesData.Vhdx
SerialNumber         : 20211BC4-F786-4D04-9DC5-CE308A32C496
Size                 : 104857600
SnapshotIds          :
Status               : NotConnected
VirtualDiskIndex     : 250711204
```

In *Schritt 5* erstellen Sie auf SRV1 das iSCSI-Target, was folgendermaßen aussieht:

```
PS C:\foo> $THT = @{
             TargetName   = $LN
             InitiatorIds = 'DNSNAME:FS1.Reskit.Org'
           }
PS C:\foo> New-IscsiServerTarget @THT

ChapUserName                   :
ClusterGroupName               :
ComputerName                   : SRV1.Reskit.Org
Description                    :
EnableChap                     : False
EnableReverseChap              : False
EnforceIdleTimeoutDetection    : True
FirstBurstLength               : 65536
IdleDuration                   : 00:00:00
InitiatorIds                   : {DnsName:FS1.Reskit.Org}
LastLogin                      :
LunMappings                    : {}
MaxBurstLength                 : 262144
MaxReceiveDataSegmentLength    : 65536
ReceiveBufferCount             : 10
ReverseChapUserName            :
Sessions                       : {}
Status                         : NotConnected
TargetIqn                      : iqn.1991-05.com.microsoft:srv1-salestarget-target
TargetName                     : SalesTarget
```

In *Schritt 6* schließen Sie die Erstellung des iSCSI-Ziels ab, indem Sie dem virtuellen Datenträger ein Target zuweisen.

Weitere Informationen

In *Schritt 4* erstellen Sie die neue LUN und verwenden hierfür `New-IscsiVirtualDisk`. Wenn Sie dieses Cmdlet einsetzen, müssen Sie eine Datei mit der Erweiterung VHDX verwenden. Windows Server 2019 unterstützt bei neuen iSCSI-Targets keine VHD-Dateien. Falls Sie ältere VHD-Dateien besitzen, die Sie als virtuelle iSCSI-Datenträger verwenden wollen, können Sie ein Target erstellen, das auf diese Datei zeigt. Es ist nur nicht möglich, neue virtuelle iSCSI-Datenträger im VHD-Format zu erstellen.

Der in *Schritt 4* erstellte virtuelle Datenträger ist nicht initialisiert und besitzt kein Dateisystem. Um den iSCSI-Datenträger zu verwenden, verwenden Sie den iSCSI-Initiator, um das Laufwerk so bereitzustellen und zu verwalten, als wäre es lokal. Dies wird im Rezept »Ein iSCSI-Ziel verwenden« auf Seite 165 gezeigt.

Sie können die Sicherheit verbessern, indem Sie die Authentifizierung über das **Challenge Handshake Authentication Protocol (CHAP)** vornehmen. Sie geben den CHAP-Benutzernamen und das Kennwort sowohl auf dem Initiator als auch auf dem Target an, um die Verbindung zu einem iSCSI-Ziel zu authentifizieren. Falls die Sicherheit des iSCSI-Datenverkehrs ein Thema ist, können Sie den iSCSI-Datenverkehr auch mit IPSec absichern.

Siehe auch …

Falls Sie mit iSCSI und iSCSI-Targets nicht vertraut sind, finden Sie hier einen Überblick: `https://docs.microsoft.com/de-de/windows-server/storage/iscsi/iscsi-target-server`. Weitere Informationen zu iSCSI finden Sie auch hier: `https://en.wikipedia.org/wiki/ISCSI` und hier: `https://de.wikipedia.org/wiki/ISCSI` (wobei der englischsprachige Wikipedia-Artikel etwas ausführlicher ist).

Ein iSCSI-Ziel verwenden

Nachdem Sie ein iSCSI-Ziel definiert haben, was Sie im Rezept »Ein iSCSI-Ziel erstellen« auf Seite 162 gemacht haben, können Sie es verwenden. Hierzu verbinden Sie sich mit dem iSCSI-Zielserver (in unserem Fall `SRV1`). Nachdem Sie die Verbindung hergestellt haben, gibt das Cmdlet `Get-Disk` den iSCSI-Datenträger zurück, als wäre er ein lokaler Datenträger. Sie können den iSCSI-Datenträger dann formatieren und wie eine lokale Festplatte verwenden.

Vorbereitungen

Dieses Rezept verwendet das iSCSI-Ziel, das Sie im Rezept »Ein iSCSI-Ziel erstellen« auf Seite 162 erstellt haben. Sie verwenden `SRV1` als iSCSI-Zielserver und greifen auf das Target vom iSCSI-Initiator (`FS1`) aus zu.

So wird's gemacht

1. Konfigurieren Sie auf FS1 den iSCSI-Dienst, damit er automatisch gestartet wird. Starten Sie anschließend den Dienst:

   ```
   Set-Service MSiSCSI -StartupType 'Automatic'
   Start-Service MSiSCSI
   ```

2. Richten Sie SRV1 als iSCSI-Portal ein:

   ```
   $PHT = @{
     TargetPortalAddress     = 'SRV1.Reskit.Org'
     TargetPortalPortNumber  = 3260
   }
   New-IscsiTargetPortal @PHT
   ```

3. Suchen Sie auf dem Portal nach SalesTarget und zeigen Sie es an:

   ```
   $Target  = Get-IscsiTarget |
                Where-Object NodeAddress -Match 'SalesTarget'
   $Target
   ```

4. Stellen Sie eine Verbindung zum Target auf SRV1 her:

   ```
   $CHT = @{
     TargetPortalAddress = 'SRV1.Reskit.Org'
     NodeAddress         = $Target.NodeAddress
   }
   Connect-IscsiTarget  @CHT
   ```

5. Zeigen Sie von FS1 aus den iSCSI-Datenträger auf SRV1 an:

   ```
   $ISD =  Get-Disk |
     Where-Object BusType -eq 'iscsi'
   $ISD |
     Format-Table -AutoSize
   ```

6. Schalten Sie den Datenträger online und machen Sie ihn beschreibbar:

   ```
   $ISD |
     Set-Disk -IsOffline  $False
   $ISD |
     Set-Disk -Isreadonly $False
   ```

7. Erstellen Sie auf FS1 auf dem iSCSI-Datenträger ein logisches Laufwerk:

   ```
   $NVHT = @{
     FriendlyName = 'SalesData'
     FileSystem   = 'NTFS'
     DriveLetter  = 'I'
   }
   $ISD |
     New-Volume @NVHT
   ```

8. Verwenden Sie den iSCSI-Datenträger wie ein lokales Laufwerk:

   ```
   Set-Location -Path I:
   New-Item -Path I:\  -Name SalesData -ItemType Directory |
     Out-Null
   'Testing 1-2-3' |
     Out-File -FilePath I:\SalesData\Test.Txt
   Get-ChildItem I:\SalesData
   ```

So funktioniert's

In *Schritt 1* konfigurieren Sie den Microsoft iSCSI-Dienst so, dass er automatisch gestartet wird. Anschließend starten Sie den Dienst. Dieser Schritt erzeugt keine Ausgabe.

In *Schritt 2* erstellen Sie ein Portal für den iSCSI-Server auf `SRV1`, was folgendermaßen aussieht:

```
PS C:\foo> $PHT = @{
             TargetPortalAddress      = 'SRV1.Reskit.Org'
             TargetPortalPortNumber   = 3260
           }
PS C:\foo> New-IscsiTargetPortal @PHT

InitiatorInstanceName    :
InitiatorPortalAddress   :
IsDataDigest             : False
IsHeaderDigest           : False
TargetPortalAddress      : SRV1.Reskit.Org
TargetPortalPortNumber   : 3260
PSComputerName           :
```

In *Schritt 3* verwenden Sie das Portal, das Sie soeben erstellt haben, um von `SRV1` das iSCSI-Target `SalesTarget` abzurufen, was wie folgt aussieht:

```
PS C:\foo> $Target  = Get-IscsiTarget |
             Where-Object NodeAddress -Match 'SalesTarget'
PS C:\foo> $Target

IsConnected NodeAddress                                            PSComputerName
----------- -----------                                            --------------
      False iqn.1991-05.com.microsoft:srv1-salestarget-target
```

In *Schritt 4* stellen Sie eine Verbindung zum iSCSI-Target auf `SRV1` her, was folgendermaßen aussieht:

```
PS C:\foo> $CHT = @{
             TargetPortalAddress = 'SRV1.Reskit.Org'
             NodeAddress         = $Target.NodeAddress
           }
PS C:\foo> Connect-IscsiTarget  @CHT

AuthenticationType       : NONE
InitiatorInstanceName    : ROOT\ISCSIPRT\0000_0
InitiatorNodeAddress     : iqn.1991-05.com.microsoft:fs1.reskit.org
InitiatorPortalAddress   : 0.0.0.0
InitiatorSideIdentifier  : 400001370000
IsConnected              : True
IsDataDigest             : False
IsDiscovered             : False
IsHeaderDigest           : False
IsPersistent             : False
NumberOfConnections      : 1
SessionIdentifier        : ffffa48758373010-4000013700000002
TargetNodeAddress        : iqn.1991-05.com.microsoft:srv1-salestarget-target
TargetSideIdentifier     : 0100
PSComputerName           :
```

Nachdem die Verbindung zum iSCSI-Ziel hergestellt ist, können Sie in *Schritt 5* den Datenträger sehen, der über iSCSI bereitgestellt wird, was folgende Ausgabe erzeugt:

```
PS C:\foo> $ISD =  Get-Disk |
             Where-Object BusType -eq 'iscsi'
PS C:\foo> $ISD |
             Format-Table -AutoSize

Number Friendly Name    Serial Number                          HealthStatus OperationalStatus Total Size Partition Style
------ -------------    -------------                          ------------ ----------------- ---------- ---------------
1      MSFT Virtual HD  3F123A44-45F7-4918-8294-7517058FEE36  Healthy      Online                100 MB RAW
```

In *Schritt 6* schalten Sie den Datenträger online und machen ihn beschreibbar. Dieser Schritt erzeugt keine Ausgabe. In *Schritt 7* erstellen Sie auf dem Datenträger ein neues logisches Laufwerk, was folgende Ausgabe erzeugt:

```
PS C:\foo> $NVHT = @{
             FriendlyName = 'SalesData'
             FileSystem   = 'NTFS'
             DriveLetter  = 'I'
           }
PS C:\foo> $ISD |
             New-Volume @NVHT

DriveLetter FriendlyName FileSystemType DriveType HealthStatus OperationalStatus SizeRemaining     Size
----------- ------------ -------------- --------- ------------ ----------------- -------------     ----
I           SalesData    NTFS           Fixed     Healthy      Online                 92.45 MB 97.93 MB
```

In *Schritt 8* verwenden Sie den iSCSI-Datenträger so, als ob er eine lokale Festplatte wäre:

```
PS C:\foo> Set-Location -Path I:
PS C:\foo> New-Item -Path I:\  -Name SalesData -ItemType Directory |
             Out-Null
PS C:\foo> 'Testing 1-2-3' |
             Out-File -FilePath I:\SalesData\Test.Txt
PS C:\foo> Get-ChildItem I:\SalesData

    Verzeichnis: I:\SalesData

Mode                LastWriteTime         Length Name
----                -------------         ------ ----
-a-----        11.07.2019     17:51           32 Test.txt
```

Weitere Informationen

Dieses Rezept zeigt, wie Sie den Microsoft iSCSI-Initiator verwenden, um eine Verbindung zu einem Target herzustellen, das von Microsoft iSCSI bereitgestellt wird. Diese integrierten Funktionen sind für einfache Anwendungsbereiche gut geeignet.

Die Windows Server 2019-Features iSCSI-Initiator und iSCSI-Zielserver sind, seitdem sie vor mehr als einem Jahrzehnt veröffentlicht wurden, nur wenig weiterentwickelt und verbessert worden. Es kann gut sein, dass Sie unabhängige iSCSI-Drittanbieter finden, die für Ihre speziellen Anforderungen besser geeignet sind.

Einen DFS-Namespace konfigurieren

Das **Distributed File System** (**DFS**, Deutsch: **Verteiltes Dateisystem**) ist ein Satz von Windows-Diensten, die es erlauben, auf zwei oder mehr Servern in Ihrem Unternehmen eine strukturierte, replizierte Dateiablage zu erstellen. Microsoft veröffentlichte DFS zuerst als Add-On für Windows NT 4.0. DFS wurde seitdem signifikant verbessert.

In Windows Server 2019 besteht DFS aus zwei getrennten Komponenten. Die erste Komponente ist **DFS-Namespace** (**DFSN**). DFSN ermöglicht es Ihnen, einen einzigen zusammenhängenden Namespace zu erstellen, der auf Freigaben verweist, die sich auf mehreren Servern befinden. Die zweite Komponente, **DFS-Replikation** (**DFSR**) repliziert Daten zwischen DFS-Knoten im DFS-Namespace.

Mit DFS-Namespaces können Sie freigegebene Ordner verwenden, die sich auf unterschiedlichen Computern in Ihrem Unternehmen befinden, um einen einzigen, logisch strukturierten Namespace zu erstellen. Für den Anwender sieht dieser Namespace wie ein zusammenhängender, gut organisierter Satz von Ordnern und Unterordnern aus, obwohl sich die eigentlich freigegebenen Daten auf unabhängig vom Namespace benannten Freigaben auf einem oder mehreren Computern in Ihrer Organisation befinden.

Bevor Sie Ihren DFS-Namespace erstellen, müssen Sie die freigegebenen Ordner erstellen, die Sie Ihrem DFS-Namespace hinzufügen wollen. Der Entwurf des Namespace entscheidet dann darüber, an welcher Stelle innerhalb der Namespacehierarchie der Ordner eingefügt wird. Außerdem legen Sie die Namen der Ordner im Namespace fest, die sich von den Namen der damit verknüpften Dateifreigaben unterscheiden können. Wenn Sie sich den DFS-Namespace ansehen, sieht es so aus, als ob sich die Ordner innerhalb einer einzigen Freigabe befinden, die mehrere Ordner und Unterordner enthält. Sie können dann einfach im DFS-Namespace navigieren und müssen die Namen der Server und Freigaben, auf denen sich die eigentlichen Daten befinden, nicht kennen.

Es ist wichtig, darauf hinzuweisen, dass die Verwendung von DFSN nicht automatisch dazu führt, dass die Daten zwischen den Ordnerzielen repliziert werden. Hierfür würden Sie üblicherweise die DFS-Replikation verwenden. Wenn Sie Daten replizieren müssen, gibt es hierfür eine Reihe von anderen Werkzeugen, die für Ihre Anforderungen möglicherweise besser geeignet sind. Einen Überblick zu Werkzeugen für die Dateisynchronisierung finden Sie hier: `https://en.wikipedia.org/wiki/Comparison_of_file_synchronization_software`.

Sowohl für DFSN als auch für DFSR gibt es entsprechende PowerShell-Module. Sie verwenden das DFSN-Modul, um die DFS-Namespaces in Ihrer DFS-Implementierung zu verwalten. Um die DFSR-Replikation zu verwalten, setzen Sie das DFSR-Modul ein.

In diesem Rezept richten Sie auf den Servern `SRV1` und `SRV2` einen domänenbasierten DFS-Namespace ein und konfigurieren ihn. Auf anderen Computern erstellen Sie weitere DFS-Namespace-Ordnerziele und fügen diese dem DFS-Namespace hinzu. Im nachfolgenden Rezept »DFS-Replikation konfigurieren« auf Seite 174 werden Sie die Replikation mit DFSR einrichten.

Vorbereitungen

Dieses Rezept verwendet verschiedene Server: `DC1`, `DC2`, `FS1`, `FS2`, `SRV1` und `SRV2`. Jeder dieser Server hostet eine oder mehrere Freigaben, die Sie in diesem Rezept erstellen und als Ordnerziele für den DFS-Namespace verwenden. Sie führen dieses Rezept auf dem Windows 10-Client (Version 1809) `CL1` aus.

Hinweis Falls Sie auf `CL1` eine frühere Version von Windows 10 verwenden, wird *Schritt 1* bei Ihnen nicht funktionieren, da sich mit der Version 1809 der Mechanismus zum Hinzufügen der RSAT-Tools geändert hat. Wenn Sie Windows 10, Version 1709 oder 1803 einsetzen, finden Sie unter `https://tfl09.blogspot.com/2018/10/installing-rsat-tools.html` Informationen dazu, wie Sie die RSAT-Tools hinzufügen. Wenn Sie für Ihre Tests eine ältere Version von Windows 10 einsetzen, können Sie alternativ auch ein ISO-Image der Evaluierungsversion von Windows Server 2019 herunterladen und mit diesem ISO-Image eine VM erstellen.

In diesem Rezept erstellen Sie einen DFS-Namespace, wie in der folgenden Tabelle gezeigt:

Ordner im DFS-Namespace	Ziel (SMB-Freigabe)
`\\Reskit.Org\ShareData\IT`	n.v.
`\\Reskit.Org\ShareData\IT\ITData`	`\\FS1\ITData` `\\FS2\ITData`
`\\Reskit.Org\ShareData\IT\ITManagement`	`\\DC1\ITManagement` `\\DC2\Mananagement`

So wird's gemacht

1. Installieren Sie auf `CL1` die DFSN-RSAT-Tools :

```
Get-WindowsCapability -Online -Name *FileServices.Tools* |
  Add-WindowsCapability -Online |
    Out-Null
```

2. Installieren Sie auf `SRV1` und `SRV2` die Features DFS-Namespaces, DFS-Replikation und die entsprechenden Verwaltungstools:

```
$IHT = @{
  Name                   = 'FS-DFS-Namespace'
  IncludeManagementTools = $True
}
Install-WindowsFeature @IHT -ComputerName SRV1
Install-WindowsFeature @IHT -ComputerName SRV2
```

3. Zeigen Sie das DFSN-Modul und die DFSN-Cmdlets an:

```
Get-Module -Name DFSN -ListAvailable
```

4. Erstellen Sie Ordner und Freigabe für den DFS-Stamm:

```
$SB = {
  New-Item -Path C:\ShareData -ItemType Directory -Force |
    Out-Null
  New-SmbShare -Name ShareData -Path C:\ShareData -FullAccess Jeder
}
Invoke-Command -ComputerName SRV1, SRV2 -ScriptBlock $SB |
  Out-Null
```

5. Erstellen Sie einen neuen DFS-Namespace-Stamm, der auf die Freigabe `\\SRV1\ShareData` zeigt:

```
$NSHT = @{
    Path        = '\\Reskit.Org\ShareData'
    TargetPath  = '\\SRV1\ShareData'
    Type        = 'DomainV2'
    Description = 'Reskit Freigabe für DFS-Stamm'
}
New-DfsnRoot @NSHT
```

6. Fügen Sie ein zweites Ziel für den DFS-Stamm hinzu, und zeigen Sie die Ergebnisse an:

```
$NSHT2 = @{
    Path       = '\\Reskit.Org\ShareData'
    TargetPath = '\\Srv2\ShareData'
}
New-DfsnRootTarget @NSHT2 | Out-Null
Get-DfsnRootTarget -Path \\Reskit.Org\ShareData
```

7. Erstellen Sie weitere Freigaben für IT-Daten und legen Sie dort ein paar Inhalte ab:

```
# Ordner und Freigaben auf FS1
$SB = {
    New-Item -Path C:\IT2 -ItemType Directory | Out-Null
    New-SmbShare -Name 'ITData' -Path C:\IT2 -FullAccess Everyone
    # Erstellen Sie dort eine Datei
    'Root' | Out-File -FilePath C:\IT2\Root.Txt
}
Invoke-Command -ScriptBlock $SB -Computer FS1 | Out-Null

# Ordner und Freigaben auf FS2
$SB = {
    New-Item -Path C:\IT2 -ItemType Directory | Out-Null
    New-SmbShare -Name 'ITData' -Path C:\IT2 -FullAccess Everyone
    'Root' | Out-File -FilePath c:\IT2\Root.Txt
}
Invoke-Command -ScriptBlock $SB -Computer FS2 | Out-Null

# Ordner und Freigaben auf DC1
$SB = {
    #New-Item -Path C:\ITM -ItemType Directory | Out-Null
    New-SmbShare -Name 'ITM' -Path C:\ITM -FullAccess Everyone
    'Root' | Out-File -Filepath C:\ITM\Root.Txt
}
Invoke-Command -ScriptBlock $SB -Computer DC1 | Out-Null

# Ordner und Freigaben auf DC2
$SB = {
    New-Item C:\ITM -ItemType Directory | Out-Null
    New-SmbShare -Name 'ITM' -Path C:\ITM -FullAccess Everyone
    'Root' | Out-File -FilePath c:\ITM\Root.Txt
}
Invoke-Command -ScriptBlock $SB -Computer DC2
```

8. Erstellen Sie den DFS-Namespace und fügen Sie DFS-Ordnerziele hinzu:

```
$NSHT1 = @{
  Path                 = '\\Reskit\ShareData\IT\ITData'
  TargetPath           = '\\FS1\ITData'
  EnableTargetFailback = $true
  Description          = 'IT-Daten'
}
New-DfsnFolder @NSHT1 | Out-Null

$NSHT2 = @{
    Path       = '\\Reskit\ShareData\IT\ITData'
    TargetPath = '\\FS2\ITData'
}
New-DfsnFolderTarget @NSHT2 | Out-Null

$NSHT3 = @{
   Path                 = '\\Reskit\ShareData\IT\ITManagement'
   TargetPath           = '\\DC1\ITM'
   EnableTargetFailback = $true
   Description          = 'IT-Management Daten'
}
New-DfsnFolder @NSHT3 | Out-Null

$NSHT4 = @{
    Path       = '\\Reskit\ShareData\IT\ITManagement'
    TargetPath = '\\DC2\ITM'
}
New-DfsnFolderTarget @NSHT4 | Out-Null
```

9. Zeigen Sie die Hierarchie an:

```
Get-ChildItem -Path \\Reskit.Org\ShareData\IT -Recurse
```

So funktioniert's

In *Schritt 1* installieren Sie die RSAT-Tools, die für DFS-Namespaces (und für DFS-Replikation) benötigt werden, was keine Ausgabe erzeugt. In *Schritt 2* installieren Sie auf SRV1 und SRV2 das Feature DFS-Namespaces, was wie folgt aussieht:

```
PS C:\foo> $IHT = @{
             Name                   = 'FS-DFS-Namespace'
             IncludeManagementTools = $True
           }

PS C:\foo> Install-WindowsFeature @IHT -ComputerName SRV1
PS C:\foo> Install-WindowsFeature @IHT -ComputerName SRV2

Success Restart Needed Exit Code      Feature Result
------- -------------- ---------      --------------
True    No             Success        {DFS-Namespaces, DFS-Verwaltungstools}
True    No             Success        {Datei- und iSCSI-Dienste, DFS-Namespaces,...
```

In *Schritt 3* zeigen Sie das DFSN-Modul an, das die zentralen DFSN-Cmdlets enthält, was die folgende Ausgabe erzeugt:

```
PS C:\Foo> Get-Module -Name DFSN -ListAvailable

    Verzeichnis: C:\WINDOWS\system32\WindowsPowerShell\v1.0\Modules

ModuleType Version    Name    ExportedCommands
---------- -------    ----    ----------------
Manifest   1.0        DFSN    {Get-DfsnRoot, Remove-DfsnRoot, Set-DfsnRoot, New-DfsnRoot...}
```

In *Schritt 4* erstellen Sie die Ordner und die Freigaben, die für die Unterstützung des DFS-Namespace, den Sie erstellen, benötigt werden. Dieser Schritt erzeugt keine Ausgabe.

In *Schritt 5* erstellen Sie den DFSN-Stamm, der auf `\\SRV1\ShareData` zeigt. Die Ausgabe dieses Schritts sieht wie folgt aus:

```
PS C:\foo> $NSHT = @{
             Path        = '\\Reskit.Org\ShareData'
             TargetPath  = '\\SRV1\ShareData'
             Type        = 'DomainV2'
             Description = 'Reskit Freigabe für DFS-Stamm'
           }
PS C:\foo> New-DfsnRoot @NSHT

Path                    Type      Properties TimeToLiveSec State  Description
----                    ----      ---------- ------------- -----  -----------
\\Reskit.Org\ShareData Domain V2             300           Online Reskit Freigabe für DFS-Stamm
```

In *Schritt 6* erstellen Sie ein zweites Ziel für den DFS-Stamm. Anschließend rufen Sie die Details des DFSN-Stammziels ab. Die Ausgabe dieses Schritts sieht folgendermaßen aus:

```
PS C:\foo> $NSHT2 = @{
             Path       = '\\Reskit.Org\ShareData'
             TargetPath = '\\Srv2\ShareData'
           }
PS C:\foo> New-DfsnRootTarget @NSHT2 | Out-Null
PS C:\foo> Get-DfsnRootTarget -Path \\Reskit.Org\ShareData

New-DfsnRootTarget : Das angeforderte Objekt wurde nicht gefunden.
In Zeile:5 Zeichen:1
+ New-DfsnRootTarget @NSHT2 | Out-Null
+ ~~~~~~~~~~~~~~~~~~~~~~~~~
    + CategoryInfo          : ObjectNotFound: (MSFT_DfsNamespaceRootTarget:ROOT\Microsoft\...spaceRootTarget)
    [New-DfsnRootTarget], CimException
    + FullyQualifiedErrorId : MI RESULT 6,New-DfsnRootTarget

Path                   TargetPath                        State  ReferralPriorityClass ReferralPriorityRank
----                   ----------                        -----  --------------------- --------------------
\\Reskit.Org\ShareData \\SRV1.Reskit.Org\ShareData Online sitecost-normal       0
\\Reskit.Org\ShareData \\SRV2.Reskit.Org\ShareData Online sitecost-normal       0
```

In *Schritt 7* erstellen Sie weitere Freigaben und fügen in diese Freigaben Daten ein. In *Schritt 8* erstellen Sie DFS-Namespace-Ordner für die neu erstellten Freigaben. Diese beiden Schritte erzeugen keine Ausgabe.

In *Schritt 9* zeigen Sie die Ordner und Dateien im neu erstellten DFS-Stamm an, was so aussieht:

```
PS C:\foo> Get-ChildItem -Path \\Reskit.Org\ShareData\IT -Recurse

    Verzeichnis: \\Reskit.Org\ShareData\IT

Mode                 LastWriteTime         Length Name
----                 -------------         ------ ----
d-----        11.07.2019     17:13                ITData
d-----        11.07.2019     17:13                ITManagement

    Verzeichnis: \\Reskit.Org\ShareData\IT\ITData

Mode                 LastWriteTime         Length Name
----                 -------------         ------ ----
-a----        11.07.2019     17:11             14 root.txt

    Verzeichnis: \\Reskit.Org\ShareData\IT\ITManagement

Mode                 LastWriteTime         Length Name
----                 -------------         ------ ----
-a----        11.07.2019     17:12             14 root.txt
```

Weitere Informationen

In *Schritt 1* haben Sie die RSAT-Tools hinzugefügt, die für DFSN (und DFS-Replikation) benötigt werden. Die Methoden für das Hinzufügen der RSAT-Tools zu Windows 10 haben sich weiterentwickelt. Die Technik, die in diesem Rezept verwendet wird, kann für Windows 10, Version 1809 oder neuer, eingesetzt werden. Wenn Sie eine frühere Version verwenden (wie 1803 oder 170) finden Sie unter `https://tfl09.blogspot.com/2018/10/installing-rsat-tools.html` weiterführende Informationen.

In *Schritt 6* erstellen Sie ein zweites Target. Wie Sie im Screenshot erkennen können, erstellt dieser Schritt das zweite DFS-Stammziel, löst aber gleichzeitig eine CIM-Ausnahme aus. Dieser Fehler ist jedoch harmlos; abgesehen davon, dass die Meldung angezeigt wird, erledigt dieser Schritt seine Arbeit. Es handelt sich hierbei um ein Problem des Cmdlets, das hier dokumentiert ist: `https://github.com/MicrosoftDocs/windows-powershell-docs/issues/541`

DFS-Replikation konfigurieren

DFSR ist eine effiziente Engine für die Dateireplikation, die in Windows Server 2019 eingebaut ist. Sie können DFS-Replikation verwenden, um DFSN-Ziele effizient zu replizieren, insbesondere über Verbindungen mit geringer Bandbreite.

Bei DFSR ist eine Replikationsgruppe eine Gruppe von Computern, die **Mitglieder** genannt werden. Jedes Mitglied der Replikationsgruppe hostet replizierte Ordner. Replizierte Ordner sind Ordner, bei denen sich DFSR um die Synchronisation kümmert. Mit DFS-Replikationsgruppen können Sie die Ordner replizieren, die sich in Ihrem DFS-Namespace befinden.

Ein replizierter Ordner ist ein Ordner, den DFSR für jedes Mitglied synchron hält. Im Rezept »Einen DFS-Namespace konfigurieren« auf Seite 169 haben Sie verschiedene Ordner erstellt, die Sie zwischen den Servern replizieren wollen. Wenn sich die Daten in einem replizierten Ordner ändern, repliziert DFSR die Änderungen über die Verbindungen, die zwischen den Mitgliedern der Replikationsgruppe vorhanden sind. Die Verbindungen, die Sie zwischen den Mitgliedern erstellen, bilden die Replikationstopologie.

Das Erstellen mehrerer replizierter Ordner in einer einzelnen Replikationsgruppe vereinfacht die Bereitstellung von replizierten Ordnern, da DFSR die Topologie, den Zeitplan und die Bandbreiteneinstellungen der Replikationsgruppe automatisch allen replizierten Ordnern zuweist. Jeder replizierte Ordner besitzt zahlreiche Eigenschaften. Hierzu gehören Dateifilter und Unterordnerfilter, die es erlauben, bestimmte Dateien und Unterordner aus jedem replizierten Ordner auszuschließen.

In diesem Rezept richten Sie die Replikation der im DFS-Namespace freigegebenen Ordner, die Sie im Rezept »Einen DFS-Namespace konfigurieren« auf Seite 169 erstellt haben, ein. Anschließend führen Sie einen praktischen Test der Replikation durch.

Vorbereitungen

Dieses Rezept verwendet die gleichen Systeme, die Sie im Rezept »Einen DFS-Namespace konfigurieren« auf Seite 169 verwendet haben. Außerdem setzt dieses Rezept voraus, dass die Schritte im vorigen Rezept erfolgreich durchlaufen wurden. Dieses Rezept konfiguriert die Replikation für die im vorigen Rezept eingerichteten DFS-Ordner. Sie führen dieses Rezept auf dem Windows 10-System `CL1` durch, das Sie in Kapitel 1 eingerichtet haben.

So wird's gemacht

1. Installieren Sie auf den beteiligten Servern das Feature DFS-Replikation:

```
$SB = {
  $IHT = @{
    Name                   ='FS-DFS-Replication'
    IncludeManagementTools = $true
  }
  Add-WindowsFeature @IHT
}
$ICHT = @{
  ScriptBlock     = $SB
  ComputerName    = 'DC1', 'DC2', 'FS1', 'FS2', 'SRV1', 'SRV2'
}
Invoke-Command @ICHT |
  Format-Table -Property PSComputername,FeatureResult, Success
```

2. Aktivieren Sie die administrativen Freigaben:

```
$SB2 = {
  $SCHT = @{
    AutoShareServer      = $true
    AutoShareWorkstation = $true
    Confirm              = $false
  }
  Set-SmbServerConfiguration @SCHT
  "Neustart von LanmanServer auf $(hostname)"
```

```
  Stop-Service -Name  LanManServer -Force
  Start-Service -Name  LanManServer
}
$CN = @('DC1','DC2','FS1','FS2','SRV1','SRV2')
Invoke-Command -ScriptBlock $SB2 -ComputerName $CN
```

3. Schauen Sie sich die DFSR-Cmdlets an:

```
Get-Module -Name DFSR -ListAvailable
Get-Command -Module DFSR | Measure-Object
```

4. Erstellen Sie die Replikationsgruppen:

```
$RGHT1 = @{
  GroupName   = 'FSShareRG'
  DomainName  = 'Reskit.org'
  Description = 'Replikationsgruppe für Freigaben auf FS1, FS2'
}
$RGHT2 = @{
  GroupName    = 'DCShareRG'
  DomainName   = 'Reskit.Org'
  Description  = 'Replikationsgruppe für Freigaben auf DC1, DC2'
}
New-DfsReplicationGroup @RGHT1 | Out-Null
New-DfsReplicationGroup @RGHT2 | Out-Null
```

5. Rufen Sie die Replikationsgruppen in `Reskit.Org` ab und zeigen Sie sie an:

```
Get-DfsReplicationGroup -DomainName Reskit.Org |
    Format-Table
```

6. Legen Sie die Mitglieder der Replikationsgruppe `FSShareRG` fest:

```
$MHT1 = @{
  GroupName    = 'FSShareRG'
  Description  = 'IT-Daten auf FS1/2'
  ComputerName = ('FS1','FS2')
  DomainName   = 'Reskit.Org'
}
Add-DfsrMember @MHT1
```

7. Fügen Sie den DFSN-Ordner der Replikationsgruppe `FSShareRG` hinzu, damit die Freigabe `\ITData` repliziert wird:

```
$RFHT1 = @{
GroupName   = 'FSShareRG'
FolderName  = 'ITData'
Domain      = 'Reskit.Org'
Description = 'IT-Daten auf FS1/2'
DfsnPath    = '\\Reskit.Org\ShareData\IT\ITData'
}
New-DfsReplicatedFolder @RFHT1
```

8. Legen Sie die Mitglieder der Replikationsgruppe `DCShareRG` fest:

```
$MHT2 = @{
GroupName    = 'DCShareRG'
Description  = 'DC-Server-Mitglieder'
ComputerName = ('DC1','DC2')
```

```
DomainName   = 'Reskit.Org'
}
Add-DfsrMember @MHT2 |
  Out-Null
```

9. Fügen Sie den DFSN-Ordner der Replikationsgruppe DCShareRG hinzu:

```
$RFHT2 = @{
GroupName   = 'DCShareRG'
FolderName  = 'ITManagement'
Domain      = 'Reskit.Org'
Description = 'Daten IT-Management'
DfsnPath    = '\\Reskit.Org\ShareData\IT\ITManagement'
}
New-DfsReplicatedFolder @RFHT2 |
  Out-Null
```

10. Zeigen Sie die replizierten Ordner an:

```
Get-DfsReplicatedFolder |
  Format-Table -Property DomainName, GroupName,
                         FolderName, Description
```

11. Konfigurieren Sie die Mitgliedschaftseinstellungen für die Replikationsgruppe FSShareRG:

```
$DMHT1 = @{
  GroupName     = 'FSShareRG'
  FolderName    = 'ITData'
  ComputerName  = 'FS1'
  ContentPath   = 'C:\IT2'
  PrimaryMember = $true
  Force         = $true
}
Set-DfsrMembership  @DMHT1 | Out-Null
$DMHT2 = @{
  GroupName     = 'FSShareRG'
  FolderName    = 'ITData'
  ComputerName  = 'FS2'
  ContentPath   = 'C:\IT2'
  PrimaryMember = $false
  Force         = $true
}
Set-DfsrMembership @DMHT2 | Out-Null
```

12. Konfigurieren Sie die Mitgliedschaftseinstellungen für die Replikationsgruppe DCShareRG:

```
$DMHT3 = @{
    GroupName     = 'DCShareRG'
    FolderName    = 'ITManagement'
    ComputerName  = 'DC1'
    ContentPath   = 'C:\ITM'
    PrimaryMember = $true
    Force         = $true
}
Set-DfsrMembership @DMHT3 | Out-Null
$DMHT4 = @{
    GroupName     = 'DCShareRG'
    FolderName    = 'ITManagement'
```

```
    ComputerName  = 'DC2'
    ContentPath   = 'C:\ITM'
    Force         = $true
}
Set-DfsrMembership @DMHT4 | Out-Null
```

13. Zeigen Sie die DFSR-Mitgliedschaftseinstellungen der beiden Replikationsgruppen an:

```
Get-DfsrMembership -GroupName FSShareRG -ComputerName FS1, FS2 |
    Format-Table -Property GroupName, ComputerName,
                           ComputerDomainName, ContentPath, Enabled
Get-DfsrMembership -GroupName DCShareRG -ComputerName DC1, DC2 |
    Format-Table -Property GroupName, ComputerName,
                           ComputerDomainName, ContentPath, Enabled
```

14. Fügen Sie die Replikationsverbindungen für beide Replikationsgruppen hinzu:

```
$RCHT1 = @{
  GroupName                 = 'FSShareRG'
  SourceComputerName        = 'FS1'
  DestinationComputerName = 'FS2'
  Description               = 'FS1-FS2 Verbindung'
  DomainName                = 'Reskit.Org'
}
Add-DfsrConnection @RCHT1| Out-Null
$RCHT2 = @{
    GroupName                   = 'DCShareRG'
    SourceComputerName          = 'DC1'
        DestinationComputerName = 'DC2'
        Description             = 'DC1-DC2 Verbindung'
        DomainName              = 'Reskit.Org'
}
Add-DfsrConnection @RCHT2 | Out-Null
```

15. Rufen Sie die DFSR-Mitgliedschaft ab und geben Sie diese als Tabelle aus:

```
Get-DfsrMember |
  Format-Table -Property Groupname, DomainName,
                         DNSName, Description
```

16. Aktualisieren Sie die DFSR-Konfiguration:

```
Update-DfsrConfigurationFromAD -ComputerName DC1, DC2, FS1, FS2
```

17. Überprüfen Sie die existierenden Ordner und schauen Sie sich die aktuellen Inhalte der DFS-Freigabe an:

```
$Path  = '\\reskit.org\sharedata\it\ITManagement'
$Path1 = '\\dc1\itm'
$Path2 = '\\dc2\itm'
Get-Childitem -Path $Path
Get-Childitem -Path $Path1
Get-ChildItem -Path $Path2
```

18. Erstellen Sie Dateien in der DFS-Freigabe und prüfen Sie erneut die dahinterliegenden Freigaben:

```
1..100 | foreach { "foo" |
  Out-File \\Reskit.Org\ShareData\IT\ITManagement\Stuff$_.txt}
$P  = (Get-ChildItem -Path $Path  | Measure-Object).count
```

```
$P1 = (Get-ChildItem -Path $Path1 | Measure-Object).count
$P2 = (Get-ChildItem -Path $Path2 | Measure-Object).count
"$P Objekte im DFS-Stamm"
"$P1 Objekte auf \\DC1"
"$P2 Objekte auf \\DC2"
```

So funktioniert's

In *Schritt 1* installieren Sie auf mehreren Servern das Feature DFS-Replikation, was folgendermaßen aussieht:

```
PS C:\foo> $SB = {
             $IHT = @{
               Name                    ='FS-DFS-Replication'
               IncludeManagementTools = $true
             }
             Add-WindowsFeature @IHT
           }
PS C:\foo> $ICHT = @{
             ScriptBlock       = $SB
             ComputerName      = 'DC1', 'DC2', 'FS1', 'FS2', 'SRV1', 'SRV2'
           }
PS C:\foo> Invoke-Command @ICHT |
             Format-Table -Property PSComputername,FeatureResult, Success

PSComputerName FeatureResult                                                        Success
-------------- -------------                                                        -------
SRV1           {DFS-Replikation}                                                    True
SRV2           {DFS-Replikation}                                                    True
DC1            {DFS-Replikation, DFS-Verwaltungstools, Tools für Dateidienste}      True
DC2            {DFS-Replikation, DFS-Verwaltungstools, Tools für Dateidienste}      True
FS1            {DFS-Replikation, DFS-Verwaltungstools}                              True
FS2            {DFS-Replikation, Remoteserver-Verwaltungstools, DFS-Verwalt...      True
```

Nachdem Sie das Feature DFSR installiert haben, nehmen Sie in *Schritt 2* an der Konfiguration des SMB-Servers Änderungen vor und führen dann auf den Zielservern einen Neustart durch, was wie folgt aussieht:

```
PS C:\foo>$SB2 = {
            $SCHT = @{
              AutoShareServer      = $true
              AutoShareWorkstation = $true
              Confirm              = $false
            }
            Set-SmbServerConfiguration @SCHT
            "Neustart von LanmanServer auf $(hostname)"
            Stop-Service -Name  LanManServer -Force
            Start-Service -Name  LanManServer
          }
PS C:\foo> $CN = @('DC1','DC2','FS1','FS2','SRV1','SRV2')
PS C:\foo> Invoke-Command -ScriptBlock $SB2 -ComputerName $CN

Neustart von LanmanServer auf DC1
Neustart von LanmanServer auf DC2
Neustart von LanmanServer auf SRV1
Neustart von LanmanServer auf SRV2
Neustart von LanmanServer auf FS1
Neustart von LanmanServer auf FS2
```

In *Schritt 3* untersuchen Sie das DFSR-Modul und zeigen die Anzahl der Cmdlets an, die das Modul zur Verfügung stellt. Die Ausgabe sieht folgendermaßen aus:

```
PS C:\foo> Get-Module -Name DFSR -ListAvailable
PS C:\foo> Get-Command -Module DFSR | Measure-Object

    Verzeichnis: C:\Windows\system32\WindowsPowerShell\v1.0\Modules

ModuleType Version    Name   ExportedCommands
---------- -------    ----   ----------------
Binary     2.0.0.0    DFSR   {New-DfsReplicationGroup, Get-DfsReplicationGroup, Set-DfsReplic...

Count    : 45
Average  :
Sum      :
Maximum  :
Minimum  :
Property :
```

In *Schritt 4*, der keine Ausgabe erzeugt, definieren Sie die Replikationsgruppen (FSShareRG und DCShareRG). In *Schritt 5* zeigen Sie die domänenbasierten DFSR-Replikationsgruppen an und erhalten diese Ausgabe:

```
PS C:\foo> Get-DfsReplicationGroup -DomainName Reskit.Org |
             Format-Table

Groupname DomainName Identifier                            Description                                   State
--------- ---------- ----------                            -----------                                   -----
FSShareRG Reskit.Org a8ff93e7-aab3-4330-ab66-dcab60dd9d1b  Replikationsgruppe für Freigaben auf FS1, FS2 Normal
DCShareRG Reskit.Org 81251362-e30f-4c1e-b6b0-23906c1ebdd7  Replikationsgruppe für Freigaben auf DC1, DC2 Normal
```

In *Schritt 6* legen Sie die Mitglieder der Replikationsgruppe FSShareRG fest, was wie folgt aussieht:

```
PS C:\foo> $MHT1 = @{
             GroupName    = 'FSShareRG'
             Description  = 'IT-Daten auf FS1/2'
             ComputerName = ('FS1','FS2')
             DomainName   = 'Reskit.Org'
           }
PS C:\foo> Add-DfsrMember @MHT1

GroupName                      : FSShareRG
ComputerName                   : FS1
DomainName                     : Reskit.Org
Identifier                     : 838bba5e-b487-4d1e-8c1c-d2303af49e2a
Description                    : IT-Daten auf FS1/2
DnsName                        : FS1.Reskit.Org
Site                           : Default-First-Site-Name
NumberOfConnections            : 0
NumberOfInboundConnections     : 0
NumberOfOutboundConnections    : 0
NumberOfInterSiteConnections   : 0
NumberOfIntraSiteConnections   : 0
IsClusterNode                  : False
State                          : Normal

GroupName                      : FSShareRG
ComputerName                   : FS2
DomainName                     : Reskit.Org
Identifier                     : 93ba0e66-cfb3-4cec-b5e8-48fc99764325
Description                    : IT-Daten auf FS1/2
DnsName                        : FS2.Reskit.Org
Site                           : Default-First-Site-Name
NumberOfConnections            : 0
NumberOfInboundConnections     : 0
NumberOfOutboundConnections    : 0
NumberOfInterSiteConnections   : 0
NumberOfIntraSiteConnections   : 0
IsClusterNode                  : False
State                          : Normal
```

In *Schritt 7* fügen Sie den DFSN-Ordner der Replikationsgruppe hinzu, was keine Ausgabe erzeugt.

In *Schritt 8* legen Sie die Mitglieder der Replikationsgruppe `DCShareRG` fest und in *Schritt 9* fügen Sie den DFSN-Ordner der Replikationsgruppe `DCShareRG` hinzu. Diese beiden Schritte erzeugen keine Ausgabe.

In *Schritt 10* zeigen Sie die replizierten Ordner in der Domäne `Reskit.org` an, was wie folgt aussieht:

```
PS C:\foo> Get-DfsReplicatedFolder |
             Format-Table -Property DomainName, GroupName,
                          FolderName, Description

DomainName GroupName FolderName    Description
---------- --------- ----------    -----------
Reskit.Org FSShareRG ITData        IT-Daten auf FS1/2
Reskit.Org DCShareRG ITManagement  Daten IT-Management
```

In *Schritt 11* legen Sie Mitgliedschaftseinstellungen für die Replikationsgruppe `FSShareRG` fest und in *Schritt 12* nehmen Sie Einstellungen für die Replikationsgruppe `DCShareRG` vor. Diese beiden Schritte erzeugen keine Ausgabe.

In *Schritt 13* zeigen Sie die DFSR-Mitgliedschaft der beiden Replikationsgruppen an, was wie folgt aussieht:

```
PS C:\foo> Get-DfsrMembership -GroupName FSShareRG -ComputerName FS1, FS2 |
              Format-Table -Property GroupName, ComputerName,
                                     ComputerDomainName, ContentPath, Enabled

GroupName ComputerName ComputerDomainName ContentPath Enabled
--------- ------------ ------------------ ----------- -------
FSShareRG FS1          Reskit.Org         C:\IT2         True
FSShareRG FS2          Reskit.Org         C:\IT2         True

PS C:\foo> Get-DfsrMembership -GroupName DCShareRG -ComputerName DC1, DC2 |
             Format-Table -Property GroupName, ComputerName,
                                    ComputerDomainName, ContentPath, Enabled

GroupName ComputerName ComputerDomainName ContentPath Enabled
--------- ------------ ------------------ ----------- -------
DCShareRG DC1          Reskit.Org         C:\ITM         True
DCShareRG DC2          Reskit.Org         C:\ITM         True
```

In *Schritt 14* fügen Sie Verbindungen für die beiden Replikationsgruppen hinzu, was keine Ausgabe erzeugt. In *Schritt 15* rufen Sie die DFSR-Mitgliedschaften der Gruppen in `Reskit.Org` ab und formatieren die wichtigsten Eigenschaften, was wie folgt aussieht:

```
PS C:\foo> Get-DfsrMember |
             Format-Table -Property Groupname, DomainName,
                          DNSName, Description

Groupname DomainName DNSName        Description
--------- ---------- -------        -----------
FSShareRG Reskit.Org FS1.Reskit.Org IT-Daten auf FS1/2
FSShareRG Reskit.Org FS2.Reskit.Org IT-Daten auf FS1/2
DCShareRG Reskit.Org DC1.Reskit.Org DC-Server-Mitglieder
DCShareRG Reskit.Org DC2.Reskit.Org DC-Server-Mitglieder
```

In *Schritt 16* erzwingen Sie eine Aktualisierung der DFSR-Konfiguration, was keine Ausgabe erzeugt. In *Schritt 17* prüfen Sie, dass in der DFS-Freigabe keine Dateien existieren. Dieser Schritt erzeugt keine Ausgabe.

In *Schritt 18* testen Sie die DFS-Replikation, indem Sie in der DFS-Freigabe (`\\Reskit.Org\ShareData`) eine Reihe von Dateien erzeugen und sich dann die Anzahl der Dateien ansehen, die sich in den mit der DSF-Freigabe verknüpften Ordnerzielen befinden. Die Ausgabe, die bei Ihnen vermutlich andere Werte enthält, sollte diesem Screenshot ähneln:

```
PS C:\foo> 1..100 | foreach { "foo" |
             Out-File \\Reskit.Org\ShareData\IT\ITManagement\Stuff$_.txt}
PS C:\foo> $P  = (Get-ChildItem -Path $Path  | Measure-Object).count
PS C:\foo> $P1 = (Get-ChildItem -Path $Path1 | Measure-Object).count
PS C:\foo> $P2 = (Get-ChildItem -Path $Path2 | Measure-Object).count
PS C:\foo> "$P Objekte im DFS-Stamm"
PS C:\foo> "$P1 Objekte auf \\DC1"
PS C:\foo> "$P2 Objekte auf \\DC2"

100 Objekte im DFS-Stamm
92 Objekte auf \\DC1
100 Objekte auf \\DC2
```

Weitere Informationen

In *Schritt 2* aktivieren Sie die administrativen Freigaben. Das ist eine Voraussetzung für die Einrichtung der DFS-Replikation. Nachdem Sie die Replikation eingerichtet haben, können Sie, wenn gewünscht, diese administrativen Freigaben wieder deaktivieren.

In *Schritt 9* legen Sie für jeden freigegebenen Ordner der Replikationsgruppe `FSShareRG` das primäre Mitglied fest. Falls ein Dokument von mehreren, unterschiedlichen Mitgliedern der Replikationsgruppe geändert wird, dann wird die Kopie auf dem primären Mitglied als maßgeblich erachtet.

In *Schritt 11* richten Sie einfache DFS-Replikationsverbindungen ein. DFS erlaubt die Verwaltung von vielfältigen Topologien; außerdem lassen sich Replikationszeitpläne und Bandbreiteneinschränkungen konfigurieren.

Einen Vergleich zwischen DFS-Replikation und Speicherreplikaten finden Sie hier: `https://www.petri.com/windows-server-2016-dfs-r-vs-storage-replica`.

In *Schritt 17* prüfen Sie, welche Dateien in der DFS-Freigabe existieren (derzeit keine). Anschließend testen Sie in *Schritt 18* die DFS-Replikation, indem Sie 100 neue Dateien in der DFS-Freigabe erstellen und dann beobachten, wie viele Dateien sich in den verknüpften Ordnerzielen befinden. Wie Sie an der Ausgabe erkennen, befinden sich sowohl auf das DFS-Freigabe als auch auf `DC1` 100 Dateien, jedoch wurden zum Zeitpunkt der Skriptausführung nur 92 Dateien repliziert. Wenn Sie nach dem Erstellen der Dateien noch einige Sekunden gewartet hätten, hätten Sie eine abgeschlossene Replikation gesehen.

Siehe auch …

Dieses Rezept richtet einen einfachen Satz von replizierten Ordnern ein: vier replizierte Ordner auf vier Servern und zwar auf Basis des DFS-Namespace, der weiter vorne erstellt wurde. Um dieses Rezept zu erweitern, könnten Sie weitere Ordner zu den Replikationsgruppen hinzufügen, die kein Teil des DFS-Namespace waren.

DFS-Replikation ist ein Verfahren, um Dateien in einer Organisation zu replizieren. DFS wurde für Netzwerke mit niedriger Bandbreite entwickelt, daher kann es passieren, dass DFS-Replikate nicht mehr synchron sind. Außerdem wird bei der DFS-Replikation erst dann eine Datei repliziert, nachdem sie geschlossen wurde. In Windows Server 2019 stellt das Feature Speicherreplikat eine Alternative zu DFSR dar. Außerdem führt das Feature Speicherreplikat (SR) die Replikation auf Blockebene durch, wohingegen DFSR auf Dateiebene arbeitet. Daher kann SR auch geöffnete Dateien replizieren.

Kapitel 6

Windows Update verwalten

In diesem Kapitel werden die folgenden Rezepte vorgestellt:

- **Windows Server Update Services installieren**
- **WSUS-Update-Synchronisierung konfigurieren**
- **Den Windows Update-Client konfigurieren**
- **Computer-Zielgruppen erstellen**
- **Automatische Genehmigungen für WSUS konfigurieren**
- **WSUS-Updates verwalten**

Einführung

Die Systeme, und das gilt sowohl für Clients als auch für Server, mit Patches und Updates auf dem neuesten Stand zu halten, ist eine wichtige Aufgabe von Windows-Administratoren. **Windows Server Update Services** (**WSUS**) ist ein Feature von Windows Server 2019, mit dem Sie den Download und die Verteilung von Updates an die Computer Ihres Unternehmens verwalten können.

Neben dem Update von Windows können Sie mit WSUS auch Patches und Updates für eine ganze Reihe anderer Microsoft Software-Produkte verwalten. Daher kann ein Update, das Sie von Microsoft herunterladen und über WSUS verteilen, für Windows sein, für Office und für viele andere Microsoft-Anwendungen.

In diesem Kapitel lernen Sie, wie Sie sowohl WSUS-Server als auch WSUS-Clientcomputer installieren und konfigurieren. In den Rezepten werden die Verwaltung, die Genehmigung und die Installation von Updates untersucht. Außerdem zeige ich Ihnen, wie Sie Berichte über den Status der Update-Installation erstellen können.

Windows Server Update Services installieren

WSUS ist ein Feature von Windows Server 2019. Um Windows Server Update Services verwenden zu können, müssen Sie zuerst das Windows-Feature WSUS installieren, und dann ein paar grundlegende Konfigurations- und Einrichtungsschritte durchführen. In diesem Rezept installieren Sie WSUS und schauen sich die Ergebnisse dieser Installation an.

Vorbereitungen

Dieses Rezept verwendet den Server `WSUS1`, der zur Domäne `Reskit.Org` gehört. Zu Beginn dieses Rezepts sind auf `WSUS1` keine weiteren Features oder andere Software installiert.

So wird's gemacht

1. Installieren Sie das Windows Update-Feature und die zugehörigen Verwaltungstools:

```
$IFHT = @{
  Name                   = 'UpdateServices'
  IncludeManagementTools = $true
}
Install-WindowsFeature @IFHT
```

2. Schauen Sie sich an, welche Features auf dem Server `WSUS1` nach der Installation von WSUS vorhanden sind:

```
Get-WindowsFeature | Where-Object Installed
```

3. Erstellen Sie einen Ordner für die Update-Inhalte von WSUS:

```
$WSUSDir = 'C:\WSUS'
If (-Not (Test-Path -Path $WSUSDir -ErrorAction SilentlyContinue))
    {New-Item -Path $WSUSDir -ItemType Directory | Out-Null}
```

4. Führen Sie mit `WsusUtil.exe` die Nachinstallationskonfiguration durch:

```
$CMD ="$env:ProgramFiles\" + "Update Services\Tools\WsusUtil.exe "
& $CMD Postinstall CONTENT_DIR=$WSUSDir
```

5. Zeigen Sie die Nachinstallationsprotokolldatei an:

```
$LOG = "$env:localappdata\temp\WSUS_Post*.log"
Get-ChildItem -Path $LOG
```

6. Zeigen Sie die WSUS-Website an, die auf `WSUS1` erstellt wurde:

```
Get-Website -Name ws* | Format-Table -AutoSize
```

7. Zeigen Sie die Cmdlets im Modul `UpdateServices` an:

```
Get-Command -Module UpdateServices
```

8. Inspizieren Sie den Typnamen und die Eigenschaften des Objekts, das `Get-WsusServer` zurückgibt:

```
$WSUSServer = Get-WsusServer
$WSUSServer.GetType().Fullname
$WSUSServer | Select-Object -Property *
```

9. Zeigen Sie die Methoden an, die verfügbar sind:

```
($WSUSServer | Get-Member -MemberType Method).count
$WSUSServer | Get-Member -MemberType Method
```

10. Zeigen Sie die WSUS-Konfiguration auf dem Server `WSUS1` an:

```
$WSUSServer.GetConfiguration() |
    Select-Object -Property SyncFromMicrosoftUpdate,LogFilePath
```

11. Zeigen Sie die nach der Erstinstallation vorhandenen Produktkategorien an:

```
$WSUSProducts = Get-WsusProduct -UpdateServer $WSUSServer
$WSUSProducts.Count
$WSUSProducts
```

12. Zeigen Sie Informationen über den Synchronisierungszeitplan an:

```
$WSUSSubscription = $WSUSServer.GetSubscription()
$WSUSSubscription | Select-Object -Property * | Format-List
```

13. Aktualisieren Sie die Produktkategorien, indem Sie sie von den Microsoft Update Servern abrufen:

```
$WSUSSubscription.StartSynchronization()
Do {
     Write-Output $WSUSSubscription.GetSynchronizationProgress()
     Start-Sleep -Seconds 5
   }
While ($WSUSSubscription.GetSynchronizationStatus() -ne
                                              'NotProcessing')
```

14. Wenn die Synchronisierung beendet ist, zeigen Sie die Ergebnisse der Synchronisierung an:

```
$WSUSSubscription.GetLastSynchronizationInfo()
```

15. Zeigen Sie die nach der Synchronisierung vorhandenen Produktkategorien an:

```
$WSUSProducts = Get-WsusProduct -UpdateServer $WSUSServer
$WSUSProducts.Count
$WSUSProducts
```

So funktioniert's

In *Schritt 1* installieren Sie das Feature Windows Server Update Services und die zugehörigen Verwaltungstools, was wie folgt aussieht:

```
PS C:\foo> $IFHT = @{
                      Name                   = 'UpdateServices'
                      IncludeManagementTools = $true
                    }
PS C:\foo> Install-WindowsFeature @IFHT

Success Restart Needed Exit Code      Feature Result
------- -------------- ---------      --------------
True    No             Success        {ASP.NET 4.7, HTTP-Aktivierung, Remoteserv...
WARNUNG: Möglicherweise ist eine weitere Konfiguration erforderlich. Lesen Sie den
Artikel "Verwalten von WSUS mithilfe von PowerShell" in der TechNet-Bibliothek
("http://go.microsoft.com/fwlink/?LinkId=235499"), um weitere Informationen zu den
empfohlenen Schritten zum Durchführen einer WSUS-Installation mithilfe von PowerShell
zu erhalten.
```

Durch die Installation des Features Windows Server Update Services werden eine Reihe verwandter Dienste installiert, was Sie in *Schritt 2* sehen können, der so aussieht:

```
PS C:\foo> Get-WindowsFeature | Where-Object Installed

Display Name                                            Name                       Install State
------------                                            ----                       -------------
[X] Datei-/Speicherdienste                              FileAndStorage-Services        Installed
    [X] Speicherdienste                                 Storage-Services               Installed
[X] Webserver (IIS)                                     Web-Server                     Installed
    [X] Webserver  <------                              Web-WebServer                  Installed
        [X] Allgemeine HTTP-Features                    Web-Common-Http                Installed
            [X] Standarddokument                        Web-Default-Doc                Installed
            [X] Statischer Inhalt                       Web-Static-Content             Installed
        [X] Leistung                                    Web-Performance                Installed
            [X] Komprimieren dynamischer Inhalte        Web-Dyn-Compression            Installed
        [X] Sicherheit                                  Web-Security                   Installed
            [X] Anforderungsfilterung                   Web-Filtering                  Installed
            [X] Windows-Authentifizierung               Web-Windows-Auth               Installed
        [X] Anwendungsentwicklung                       Web-App-Dev                    Installed
            [X] .NET-Erweiterbarkeit 4.7                Web-Net-Ext45                  Installed
            [X] ASP.NET 4.7                             Web-Asp-Net45                  Installed
            [X] ISAPI-Erweiterungen                     Web-ISAPI-Ext                  Installed
            [X] ISAPI-Filter                            Web-ISAPI-Filter               Installed
    [X] Verwaltungsprogramme                            Web-Mgmt-Tools                 Installed
        [X] IIS-Verwaltungskonsole                      Web-Mgmt-Console               Installed
        [X] Kompatibilität mit der IIS 6-Verwaltung     Web-Mgmt-Compat                Installed
            [X] IIS 6-Metabasiskompatibilität           Web-Metabase                   Installed
[X] Windows Server Update Services (WSUS) <-----        UpdateServices                 Installed
    [X] WID Connectivity                                UpdateServices-WidDB           Installed
    [X] WSUS Services                                   UpdateServices-Services        Installed
[X] .NET Framework 4.7-Funktionen                       NET-Framework-45-Fea...        Installed
    [X] .NET Framework 4.7                              NET-Framework-45-Core          Installed
    [X] ASP.NET 4.7  <------                            NET-Framework-45-ASPNET        Installed
    [X] WCF-Dienste                                     NET-WCF-Services45             Installed
        [X] HTTP-Aktivierung                            NET-WCF-HTTP-Activat...        Installed
        [X] TCP-Portfreigabe                            NET-WCF-TCP-PortShar...        Installed
[X] Interne Windows-Datenbank                           Windows-Internal-Dat...        Installed
[X] Remoteserver-Verwaltungstools                       RSAT                           Installed
    [X] Rollenverwaltungstools                          RSAT-Role-Tools                Installed
        [X] Windows Server Update Services-Tools <---   UpdateServices-RSAT            Installed
            [X] API- und PowerShell-Cmdlets             UpdateServices-API             Installed
            [X] Benutzeroberfläche der Verwaltungsko... UpdateServices-UI              Installed
[X] Windows Defender Antivirus                          Windows-Defender               Installed
[X] Windows PowerShell                                  PowerShellRoot                 Installed
    [X] Windows PowerShell 5.1                          PowerShell                     Installed
    [X] Windows PowerShell ISE                          PowerShell-ISE                 Installed
[X] Windows-Prozessaktivierungsdienst                   WAS                            Installed
    [X] Prozessmodell                                   WAS-Process-Model              Installed
    [X] Konfigurations-APIs                             WAS-Config-APIs                Installed
[X] WoW64-Unterstützung                                 WoW64-Support                  Installed
[X] XPS Viewer                                          XPS-Viewer                     Installed
```

In *Schritt 3* erstellen Sie einen Ordner, den Sie für die WSUS-Inhalte verwenden werden. In *Schritt 4* führen Sie die Nachinstallationsaufgaben durch und verwenden hierfür das Befehlszeilentool `wsusutil.exe`, das ebenfalls keine Ausgabe erzeugt.

Die Anwendung `wsusutil.exe` erstellt eine Protokolldatei, die Details zu den Aktionen enthält, die die Anwendung vorgenommen hat. In *Schritt 5* sehen Sie sich die Protokolldatei an, die von `wsusutil.exe` in *Schritt 4* generiert wurde:

```
PS C:\foo> $LOG = "$env:localappdata\temp\WSUS_Post*.log"
PS C:\foo> Get-ChildItem -Path $LOG


    Verzeichnis: C:\Users\administrator\AppData\Local\temp

Mode                LastWriteTime         Length Name
----                -------------         ------ ----
-a----       15.07.2019     07:38          57344 WSUS_PostInstall_20190715T053748.log
```

Der WSUS-Installer richtet auf dem WSUS-Server eine Website ein, um mit den WSUS-Clients zu kommunizieren. In *Schritt 6* sehen Sie sich diese Website an, wie Sie hier sehen können:

```
PS C:\foo> Get-Website -Name ws* | Format-Table -AutoSize

Name            ID        State   Physical Path                                Bindings
----            --        -----   -------------                                --------
WSUS-Verwaltung 891557314 Started C:\Program Files\Update Services\WebServices\Root\ http :8530:
                                                                               https :8531: sslFlags=0
```

In *Schritt 7* sehen Sie sich Befehle im Modul `UpdateServices` an, das ebenfalls in *Schritt 1* installiert wurde. Die Ausgabe dieses Schritts sieht wie folgt aus:

```
PS C:\foo> Get-Command -Module UpdateServices

CommandType     Name                                Version    Source
-----------     ----                                -------    ------
Cmdlet          Add-WsusComputer                    2.0.0.0    UpdateServices
Cmdlet          Add-WsusDynamicCategory             2.0.0.0    UpdateServices
Cmdlet          Approve-WsusUpdate                  2.0.0.0    UpdateServices
Cmdlet          Deny-WsusUpdate                     2.0.0.0    UpdateServices
Cmdlet          Get-WsusClassification              2.0.0.0    UpdateServices
Cmdlet          Get-WsusComputer                    2.0.0.0    UpdateServices
Cmdlet          Get-WsusDynamicCategory             2.0.0.0    UpdateServices
Cmdlet          Get-WsusProduct                     2.0.0.0    UpdateServices
Cmdlet          Get-WsusServer                      2.0.0.0    UpdateServices
Cmdlet          Get-WsusUpdate                      2.0.0.0    UpdateServices
Cmdlet          Invoke-WsusServerCleanup            2.0.0.0    UpdateServices
Cmdlet          Remove-WsusDynamicCategory          2.0.0.0    UpdateServices
Cmdlet          Set-WsusClassification              2.0.0.0    UpdateServices
Cmdlet          Set-WsusDynamicCategory             2.0.0.0    UpdateServices
Cmdlet          Set-WsusProduct                     2.0.0.0    UpdateServices
Cmdlet          Set-WsusServerSynchronization       2.0.0.0    UpdateServices
```

In *Schritt 8* untersuchen Sie den Status Ihres WSUS-Servers, indem Sie das Cmdlet `Get-WsusServer` verwenden, dass ein `UpdateServer`-Objekt zurückgibt, das folgendermaßen aussieht:

```
PS C:\foo> $WSUSServer = Get-WsusServer
PS C:\foo> $WSUSServer.GetType().Fullname
PS C:\foo> $WSUSServer | Select-Object -Property *

Microsoft.UpdateServices.Internal.BaseApi.UpdateServer

WebServiceUrl                     : http://WSUS1:8530/ApiRemoting30/WebService.asmx
BypassApiRemoting                 : False
IsServerLocal                     : True
Name                              : WSUS1
Version                           : 10.0.17763.134
IsConnectionSecureForApiRemoting  : True
PortNumber                        : 8530
PreferredCulture                  : de
ServerName                        : WSUS1
UseSecureConnection               : False
ServerProtocolVersion             : 1.20
```

Das Objekt `$WSUSServer`, das Sie in *Schritt 8* instanziieren, enthält eine Vielzahl von Methoden, die Sie aufrufen können, um die verschiedenen Aspekte des WSUS-Servers zu verwalten. Wie Sie an der Ausgabe von *Schritt 9* erkennen können, gibt es insgesamt 77 Methoden. Um Platz zu sparen, werden nur ein paar ausgegeben, wie hier gezeigt:

```
PS C:\foo> $WSUSServer = Get-WsusServer
PS C:\foo> ($WSUSServer | Get-Member -MemberType Method).count

77

PS C:\foo> $WSUSServer | Get-Member -MemberType Method

   TypeName: Microsoft.UpdateServices.Internal.BaseApi.UpdateServer

Name                             MemberType Definition
----                             ---------- ----------
AddDynamicCategories             Method     void AddDynamicCategories(Sy...
AddDynamicCategory               Method     void AddDynamicCategory(Micr...
CancelAllDownloads               Method     void CancelAllDownloads(), v...
CreateComputerTargetGroup        Method     Microsoft.UpdateServices.Adm...
CreateDynamicCategory            Method     Microsoft.UpdateServices.Adm...
CreateInstallApprovalRule        Method     Microsoft.UpdateServices.Adm...
CreateObjRef                     Method     System.Runtime.Remoting.ObjR...
... (weitere Methoden, aus Platzgründen für diese Abbildung entfernt)
```

WSUS erstellt außerdem eine wichtige Protokolldatei, `SoftwareDistribution.log`, die für die Fehlerbehandlung unverzichtbar ist. Sie können den Dateinamen in *Schritt 10* sehen, wie hier gezeigt:

```
PS C:\foo> $WSUSServer.GetConfiguration() |
             Select-Object -Property SyncFromMicrosoftUpdate,LogFilePath

SyncFromMicrosoftUpdate LogFilePath
----------------------- -----------
                   True C:\Program Files\Update Services\LogFiles\SoftwareDistribution.log
```

Nach der anfänglichen Installation und der Konfiguration, die Sie bisher vorgenommen haben, können Sie sehen, dass der Server `WSUS1` derzeit Updates für eine geringe Anzahl von Produkten (insgesamt 17) erhält, wie nachfolgend zu sehen:

```
PS C:\foo> $WSUSProducts = Get-WsusProduct -UpdateServer $WSUSServer
PS C:\foo> $WSUSProducts.Count

17

PS C:\foo> $WSUSProducts

Title                                    ID
-----                                    --
Exchange 2000 Server                     83a83e29-7d55-44a0-afed-aea164bc35e6
Exchange Server 2003                     3cf32f7c-d8ee-43f8-a0da-8b88a6f8af1a
Exchange                                 352f9494-d516-4b40-a21a-cd2416098982
Lokal veröffentlichte Pakete             5cc25303-143f-40f3-a2ff-803a1db69955
Lokaler Herausgeber                      7c40e8c2-01ae-47f5-9af2-6e75a0582518
Microsoft Corporation                    56309036-4c77-4dd9-951a-99ee9c246a94
Office 2003                              1403f223-a63f-f572-82ba-c92391218055
Office XP                                6248b8b1-ffeb-dbd9-887a-2acf53b09dfe
Office                                   477b856e-65c4-4473-b621-a8b230bb70d9
SQL Server                               7145181b-9556-4b11-b659-0162fa9df11f
SQL                                      0a4c6c73-8887-4d7f-9cbe-d08fa8fa9d1e
Windows 2000-Produktfamilie              3b4b8621-726e-43a6-b43b-37d07ec7019f
Windows Server 2003, Datacenter Edition  7f44c2a7-bc36-470b-be3b-c01b6dc5dd4e
Windows Server 2003-Produktfamilie       dbf57a08-0d5a-46ff-b30c-7715eb9498e9
Windows XP 64-Bit Edition Version 2003   a4bedb1d-a809-4f63-9b49-3fe31967b6d0
Windows XP-Produktfamilie                558f4bc3-4827-49e1-accf-ea79fd72d4c9
Windows                                  6964aab4-c5b5-43bd-a17d-ffb4346a8e1d
```

In *Schritt 12* rufen Sie Informationen über den Synchronisierungszeitplan ab und zeigen sie an, was wie folgt aussieht:

```
PS C:\foo> $WSUSSubscription = $WSUSServer.GetSubscription()
PS C:\foo> $WSUSSubscription | Select-Object -Property * | Format-List

UpdateServer                         : Microsoft.UpdateServices.Internal.BaseApi.UpdateServer
SynchronizeAutomatically             : False
SynchronizeAutomaticallyTimeOfDay    : 10:03:59
LastModifiedTime                     : 15.07.2019 05:40:11
LastModifiedBy                       : RESKIT\administrator
LastSynchronizationTime              : 01.01.0001 00:00:00
Anchor                               : 0,2000-01-01 00:00:01.000
DeploymentAnchor                     :
NumberOfSynchronizationsPerDay       : 1
IsCategoryOnlySync                   : False
```

In *Schritt 13* führen Sie eine vollständige Synchronisierung durch, indem Sie die Methode `StartSynchronization()` des WSUS-Serverobjekts aufrufen. Dies ist ein asynchroner Vorgang – wenn Sie die Methode aufrufen, führt WSUS die Serveraktualisierung im Hintergrund aus. Sie können die Methode `GetSynchronizationStatus()` aufrufen, um den Status anzeigen zu lassen, was Sie in *Schritt 13* tun. Die Synchronisierung ist nicht sonderlich schnell und es kann mehrere Stunden dauern, bis sie abgeschlossen ist. In verkürzter Fassung sieht die Ausgabe dieses Schritts ungefähr so aus:

```
PS C:\foo> $WSUSSubscription.StartSynchronization()
PS C:\foo> Do {
             Write-Output $WSUSSubscription.GetSynchronizationProgress()
             Start-Sleep -Seconds 5
           }
           While ($WSUSSubscription.GetSynchronizationStatus() -ne
                                                'NotProcessing')

TotalItems ProcessedItems          Phase
---------- --------------          -----
         0              0 NotProcessing
         0              0 NotProcessing
      3516              0     Categories
      3516           3516     Categories
     99341              0        Updates
     99341             75        Updates
...
     99341            153        Updates
     99341            189        Updates
...
     99341          99341        Updates
```

Nachdem die Synchronisierung abgeschlossen ist, sehen Sie sich in *Schritt 14* eine Zusammenfassung der Ergebnisse an, die wie folgt aussieht:

```
PS C:\foo> $WSUSSubscription.GetLastSynchronizationInfo()

Id               : 2c87f439-ab7c-45fb-9a85-671fb79bedef
StartTime        : 15.07.2019 06:07:49
EndTime          : 15.07.2019 16:34:06
StartedManually  : True
Result           : Succeeded
Error            : NotApplicable
ErrorText        :
```

Da nun die erste vollständige Synchronisierung abgeschlossen ist, ist WSUS in der Lage, eine größere Anzahl von Microsoft-Produkten zu unterstützen, was Sie an der Ausgabe von *Schritt 15* erkennen können:

```
PS C:\foo> $WSUSProducts = Get-WsusProduct -UpdateServer $WSUSServer
PS C:\foo> $WSUSProducts.Count
331

PS C:\foo> $WSUSProducts

Title                                                          ID
-----                                                          --
Active Directory Rights Management Services Client 2.0         fdcfda10-5b1f-4e57-8298-c744257e30db
Active Directory                                               57742761-615a-4e06-90bb-008394eaea47
Antigen for Exchange/SMTP                                      5d6a452a-55ba-4e11-adac-85e180bda3d6
Antigen                                                        116a3557-3847-4858-9f03-38e94b977456
ASP.NET Web and Data Frameworks                                4756f399-b049-8e6e-94e9-ff63d0e236a7
ASP.NET Web Frameworks                                         fa5ef799-b817-439e-abf7-c76ba0cacb75
Azure File Sync agent updates for Windows Server 2012 R2       fb08c71c-dbe9-40ab-8302-fb0231b1c814
Azure File Sync agent updates for Windows Server 2016          7ff1d901-fd38-441b-aaba-36d7b0ebf264
Azure File Sync agent updates for Windows Server 2019          84a044f8-631c-4eb5-90be-9f1d127d6cc2
Azure File Sync                                                9d6f2556-534f-047e-5ec9-91bf0da81a75

... (weitere Titel, aus Platzgründen gekürzt)
Writer-Installation und -Upgrades                              a13d331b-ce8f-40e4-8a18-227bf18f22f3
```

Weitere Informationen

In *Schritt 2* können Sie erkennen, dass durch die Installation von Windows Server Update Services auf `WSUS1` auch der Webserver (Internet Information Server) zusammen mit ASP.NET 4.7 installiert wird.

In *Schritt 3* erstellen Sie einen Ordner für die heruntergeladenen Updates, die Sie überprüfen und dann in Ihrer Organisation bereitstellen werden. Dieser Ordner kann sehr groß werden, insbesondere dann, wenn Sie Updates für mehrere Sprachen implementieren. Daher sollten Sie Ihre Updates auf einem Volume vorhalten, auf dem auch in der Zukunft ausreichend Platz zur Verfügung steht. Außerdem ist es wichtig, das Laufwerk fehlertolerant zu machen, da Sie planen, WSUS bereitzustellen.

In *Schritt 13* führen Sie eine vollständige Synchronisierung mit den Windows Update-Servern durch. Dies kann mehrere Stunden dauern. Sie können im `Start-Sleep`-Befehl einen größeren Wert angeben, da Sie ansonsten mehrere tausend Zeilen an Bildschirmausgaben erhalten.

In diesem Rezept haben Sie WSUS auf einem Server installiert. Sie können WSUS auf mehreren Servern installieren, falls Sie größere Netzwerke unterstützen müssen. Sie können einen WSUS-Server so konfigurieren, dass er sich mit anderen Servern im Netzwerk synchronisiert. Sie können Web-Proxys einrichten und SQL Server anstelle der internen Windows-Datenbank (Windows Internal Database, WID) verwenden.

Siehe auch …

Die Anforderungen für WSUS und Bereitstellungsszenarien sind hier dokumentiert: `https://docs.microsoft.com/de-de/windows-server/administration/windowsserver-update-services/plan/plan-your-wsus-deployment`.

Die Befehle im Modul `UpdateServices` sind nützlich, dennoch werden Sie für viele Aufgaben, die Sie in PowerShell durchführen, die Objekte `UpdateServer` sowie `Subscription` und deren Methoden einsetzen.

Auf MSDN finden Sie die Dokumentation der Objekte im Namespace `Microsoft.UpdateServices.Administration`. Die Adresse lautet: `https://docs.microsoft.com/en-us/previous-versions/windows/desktop/ms748969(v=vs.85)`.

WSUS-Update-Synchronisierung konfigurieren

Nachdem Sie WSUS installiert und die erste Synchronisierung durchgeführt haben, konfigurieren Sie WSUS und geben die Produkte an, für die Ihr Unternehmen Updates benötigt und die Klassifizierungen der Updates, die WSUS herunterladen soll.

Nachdem diese definiert sind, können Sie die Updates entweder manuell synchronisieren oder einen Synchronisierungszeitplan einrichten. Hierdurch lädt Ihr WSUS-Server nur die Updates für die Produktkategorien und Updateklassifizierungen herunter, die Sie ausgewählt haben, und zwar zu einem von Ihnen festgelegten Zeitpunkt. Die erste Synchronisierung kann, je nach Ihrer Auswahl, Stunden dauern. Bei nachfolgenden Synchronisierungen werden nur die neuesten Aktualisierungen seit der letzten Synchronisierung abgerufen.

Vorbereitungen

Dieses Rezept konfiguriert den WSUS-Server `WSUS1`, der Mitglied der Domäne ist. Dieses Rezept geht davon aus, dass Sie Windows Server Update Services, wie im Rezept »Windows Server Update Services installieren« auf Seite 184 beschrieben, eingerichtet haben.

So wird's gemacht

1. Ermitteln Sie die Versionen von Windows Server, die von Windows Update unterstützt werden:

```
Get-WsusProduct |
  Where-Object -FilterScript {$_.product.title -match
                              '^Windows Server'}
```

2. Rufen Sie außerdem die Titel für Windows 10-Updates ab:

```
Get-WsusProduct -TitleIncludes 'Windows 10'
```

3. Erstellen Sie eine Liste der Softwareprodukte, deren Updates synchronisiert werden sollen, und zeigen Sie diese an:

```
$CHP =
  (Get-WsusProduct |
     Where-Object -FilterScript {$_.product.title -match
                                 '^Windows Server'}).Product.Title
$CHP += @('Microsoft SQL Server 2016','Windows 10')
$CHP
```

4. Legen Sie fest, dass die gewünschten Produkte von Windows Update synchronisiert werden sollen:

```
Get-WsusProduct |
  Where-Object {$PSItem.Product.Title -in $CHP} |
      Set-WsusProduct
```

5. Rufen Sie die Liste der Updateklassifizierungen ab, die Sie von Windows Update abrufen und an Ihre Clients verteilen können:

```
Get-WsusClassification
```

6. Erstellen Sie eine Liste der Updateklassifizierung, die Sie auf Ihrem WSUS-Server verfügbar machen wollen:

```
$CCL = @('Wichtige Updates',
         'Definitionsupdates',
         'Sicherheitsupdates',
         'Service Packs',
         'Update-Rollups',
         'Updates')
```

7. Legen Sie nun die Liste der gewünschten Updateklassifizierungen in WSUS fest:

```
Get-WsusClassification |
    Where-Object {$_.Classification.Title -in
                           $CCL} |
            Set-WsusClassification
```

8. Rufen Sie Details zu den aktuellen Synchronisierungen ab:

```
$WSUSServer = Get-WsusServer
$WSUSSubscription = $WSUSServer.GetSubscription()
```

9. Starten Sie die Synchronisierung der verfügbaren Updates auf Basis der oben definierten Kategorien:

```
$WSUSSubscription.StartSynchronization()
```

10. Warten Sie in einer Schleife, bis die Synchronisierung fertig ist:

```
$IntervalSeconds = 5
$NP = 'NotProcessing'
Do {
    $WSUSSubscription.GetSynchronizationProgress()
    Start-Sleep -Seconds $IntervalSeconds
  } While ($WSUSSubscription.GetSynchronizationStatus() -eq $NP)
```

11. Synchronisieren Sie die Updates, was ein wenig dauern kann:

```
$IntervalSeconds = 1
$NP = 'NotProessing'
#   Warten Sie darauf, dass die Synchronisierung beginnt
Do {
Write-Output $WSUSSubscription.GetSynchronizationProgress()
Start-Sleep -Seconds $IntervalSeconds
}
While ($WSUSSubscription.GetSynchronizationStatus() -eq $NP)
#    Warten Sie, bis alle Phasen des Prozesses beendet sind
Do {
Write-Output $WSUSSubscription.GetSynchronizationProgress()
Start-Sleep -Seconds $IntervalSeconds
}
Until ($WSUSSubscription.GetSynchronizationStatus() -eq $NP)
```

12. Wenn die letzte Schleife beendet ist, überprüfen Sie die Ergebnisse der Synchronisierung:

```
$WSUSSubscription.GetLastSynchronizationInfo()
```

13. Konfigurieren Sie die automatische Synchronisierung; sie soll einmal täglich erfolgen:

```
$WSUSSubscription = $WSUSServer.GetSubscription()
$WSUSSubscription.SynchronizeAutomatically = $true
$WSUSSubscription.NumberOfSynchronizationsPerDay = 1
$WSUSSubscription.Save()
```

So funktioniert's

In *Schritt 1* untersuchen Sie, welche Produktupdates, in deren Titel der Text Windows Server enthalten ist, zur Verfügung stehen.

```
PS C:\foo> Get-WsusProduct |
             Where-Object -FilterScript {$_.product.title -match
                                         '^Windows Server'}

Title                                                                    ID
-----                                                                    --
Windows Server 2003, Datacenter Edition                                  7f44c2a7-bc36-470b-be3b-c01b6dc5dd4e
Windows Server 2003                                                      dbf57a08-0d5a-46ff-b30c-7715eb9498e9
Windows Server 2008 R2                                                   fdfe8200-9d98-44ba-a12a-772282bf60ef
Windows Server 2008 Server-Manager - Dynamic Installer                   ec9aaca2-f868-4f06-b201-fb8eefd84cef
Windows Server 2008                                                      ba0ae9cc-5f01-40b4-ac3f-50192b5d6aaf
Windows Server 2012 Language Packs                                       26cbba0f-45de-40d5-b94a-3cbe5b761c9d
Windows Server 2012 R2  and later drivers                                f3c2263d-b256-4c49-a246-973c0e366449
Windows Server 2012 R2 Drivers                                           bfd3e48c-c96b-43fd-8b09-98cdc89dc77e
Windows Server 2012 R2 Language Packs                                    8b4e84f6-595f-41ed-854f-4ca886e317a5
Windows Server 2012 R2                                                   d31bd4c3-d872-41c9-a2e7-231f372588cb
Windows Server 2012                                                      a105a108-7c9b-4518-bbbe-73f0fe30012b
Windows Server 2016 and Later Servicing Drivers                          3c54bb6c-66d1-4a79-884c-8a0c96fa20d1
Windows Server 2016                                                      569e8e8f-c6cd-42c8-92a3-efbb20a0f6f5
Windows Server 2019 and later, Servicing Drivers                         b645dd0f-2965-43e8-b055-8ea47e2d71d7
Windows Server 2019 and later, Upgrade & Servicing Drivers               ecf560de-38d7-4aa0-beef-e74041c581a4
Windows Server 2019                                                      f702a48c-919b-45d6-9aef-ca4248d50397
Windows Server Drivers                                                   323cceaf-b60b-4a0d-8a8a-3069efde76bf
Windows Server Solutions Best Practices Analyzer 1.0                     eef074e9-61d6-4dac-b102-3dbe15fff3ea
Windows Server Technical Preview Language Packs                          0b378f2d-bff3-47dd-9b7f-5c9f966bdd81
Windows Server, version 1903 and later                                   21210d67-50bc-4254-a695-281765e10665
Windows Server-Manager - Windows Server Updates Services (WSUS) Dynamic Installer 4e487029-f550-4c22-8b31-9173f3f95786
```

In *Schritt 2* überprüfen Sie, welche Version von Windows 10 Sie mit WSUS und Windows Update aktualisieren können:

```
PS C:\foo> Get-WsusProduct -TitleIncludes 'Windows 10'

Title                                                                  ID
-----                                                                  --
Windows 10 and later drivers                                           05eebf61-148b-43cf-80da-1c99ab0b8699
Windows 10 and later upgrade & servicing drivers                       34f268b4-7e2d-40e1-8966-8bb6ea3dad27
Windows 10 Anniversary Update and Later Servicing Drivers              bab879a4-c1af-4b52-9617-0f9ae1286fb6
Windows 10 Anniversary Update and Later Upgrade & Servicing Drivers    0ba562e6-a6ba-490d-bdce-93a770ba8d21
Windows 10 Creators Update and Later Servicing Drivers                 cfe7182c-14a0-4d7e-9f5e-505d5c3a66f6
Windows 10 Creators Update and Later Servicing Drivers                 f5b5092c-d05e-4eb1-8a6a-919770378ff6
Windows 10 Creators Update and Later Upgrade & Servicing Drivers       06da2f0c-7937-4e28-b46c-a37317eade73
Windows 10 Dynamic Update                                              e4b04398-adbd-4b69-93b9-477322331cd3
Windows 10 Fall Creators Update and Later Servicing Drivers            876ad18f-f41d-442a-ac64-f5c5ce74cc83
Windows 10 Fall Creators Update and Later Upgrade & Servicing Drivers  c70f1038-66ac-443d-9e58-ac22e891e4fb
Windows 10 Feature On Demand                                           e104dd76-2895-41c4-9eb5-c483a61e9427
Windows 10 GDR-DU FOD                                                  3efabf46-3037-4c85-a752-3189e574b621
Windows 10 GDR-DU LP                                                   6111a83d-7a6b-4a2c-a7c2-f222eebcabf4
Windows 10 GDR-DU                                                      abc45868-0c9c-4bc0-a36d-03d54113baf4
Windows 10 Language Interface Packs                                    7d247b99-caa2-45e4-9c8f-6d60d0aae35c
Windows 10 Language Packs                                              fc7c9913-7a1e-4b30-b602-3c62fffd9b1a
Windows 10 LTSB                                                        d2085b71-5f1f-43a9-880d-ed159016d5c6
Windows 10 S and Later Servicing Drivers                               c1006636-eab4-4b0b-b1b0-d50282c0377e
Windows 10 S Version 1709 and Later Servicing Drivers for testing      bb06ba08-3df8-4221-8794-18effb79156a
Windows 10 S Version 1709 and Later Upgrade & Servicing Drivers for testing b7f52cfb-c9e9-4481-9bc0-c8b4e208ba39
Windows 10 S Version 1803 and Later Servicing Drivers                  e727f134-a089-4b23-83f1-3004e054f658
Windows 10 S Version 1803 and Later Upgrade & Servicing Drivers        761370fd-6dbb-427f-899e-c19d56e22a9b
Windows 10 S, version 1809 and later, Servicing Drivers                39d54f77-4f1f-4e46-9752-c2de4cf2244d
Windows 10 S, version 1809 and later, Upgrade & Servicing Drivers      bb0dab86-78bd-4561-a71c-fb0071efd262
Windows 10 S, version 1903 and later, Servicing Drivers                a011d83e-195d-467c-95d7-14b0dd6ea4c8
Windows 10 S, version 1903 and later, Upgrade & Servicing Drivers      05d9f254-88be-4293-8d10-2ddd42982e39
Windows 10 version 1803 and Later Servicing Drivers                    8570b1a2-0551-42c8-a3e7-d3783c3d36d4
Windows 10 Version 1803 and Later Upgrade   & Servicing Drivers        29e060d2-aa33-4784-9b50-2021bb84cc18
Windows 10, version 1809 and later, Servicing Drivers                  7ddc06c4-f2ff-4bb0-bc87-17b385c89a63
Windows 10, version 1809 and later, Upgrade & Servicing Drivers        13610e13-fac1-4017-b703-82062db96be4
Windows 10, version 1903 and later, Servicing Drivers                  0e297a89-e334-4987-827b-370a429083b9
Windows 10, version 1903 and later, Upgrade & Servicing Drivers        b488e84c-6d2c-4170-b915-c36f9bbcf6e7
Windows 10, version 1903 and later                                     b3c75dc1-155f-4be4-b015-3f1a91758e52
Windows 10                                                             a3c2375d-0c8a-42f9-bce0-28333e198407
```

In den meisten Fällen wollen Sie vermutlich nicht alle Microsoft-Produkte unterstützen. Um diese zu erreichen, erstellen Sie zuerst in *Schritt 3* eine Liste der Produkte, die Sie unterstützen wollen. In diesem Schritt fügen Sie alle Versionen von Windows Server, SQL Server 2016 sowie alle Versionen von Windows 10 hinzu, was wie folgt aussieht:

```
PS C:\foo> $CHP =
             (Get-WsusProduct |
               Where-Object -FilterScript {$_.product.title -match
                                      '^Windows Server'}).Product.Title
PS C:\foo> $CHP += @('Microsoft SQL Server 2016','Windows 10')
PS C:\foo> $CHP

Windows Server 2003, Datacenter Edition
Windows Server 2003
Windows Server 2008 R2
Windows Server 2008 Server-Manager - Dynamic Installer
Windows Server 2008
Windows Server 2012 Language Packs
Windows Server 2012 R2  and later drivers
Windows Server 2012 R2 Drivers
Windows Server 2012 R2 Language Packs
Windows Server 2012 R2
Windows Server 2012
Windows Server 2016 and Later Servicing Drivers
Windows Server 2016
Windows Server 2019 and later, Servicing Drivers
Windows Server 2019 and later, Upgrade & Servicing Drivers
Windows Server 2019
Windows Server Drivers
Windows Server Solutions Best Practices Analyzer 1.0
Windows Server Technical Preview Language Packs
Windows Server, version 1903 and later
Windows Server-Manager - Windows Server Updates Services (WSUS) Dynamic Installer
Microsoft SQL Server 2016
Windows 10
```

In *Schritt 4* geben Sie an, dass Ihr WSUS-Server Updates für die Produkte im Array `$CHP` abrufen soll. Dieser Schritt erzeugt keine Ausgabe.

Für alle unterstützten Produkte kann Windows Update Sie mit verschiedenen Arten von Updates versorgen, die Klassifizierungen genannt werden. In *Schritt 5* rufen Sie die Update-Klassifizierungen ab, was wie folgt aussieht:

```
PS C:\foo> Get-WsusClassification

Title              ID
-----              --
Anwendungen        5c9376ab-8ce6-464a-b136-22113dd69801
Definitionsupdates e0789628-ce08-4437-be74-2495b842f43b
Feature Packs      b54e7d24-7add-428f-8b75-90a396fa584f
Service Packs      68c5b0a3-d1a6-4553-ae49-01d3a7827828
Sicherheitsupdates 0fa1201d-4330-4fa8-8ae9-b877473b6441
Tools              b4832bd8-e735-4761-8daf-37f882276dab
Treiber            ebfc1fc5-71a4-4f7b-9aca-3b9a503104a0
Treibersätze       77835c8d-62a7-41f5-82ad-f28d1af1e3b1
Update-Rollups     28bc880e-0592-4cbf-8f95-c79b17911d5f
Updates            cd5ffd1e-e932-4e3a-bf74-18bf0b1bbd83
Upgrades           3689bdc8-b205-4af4-8d4a-a63924c5e9d5
Wichtige Updates   e6cf1350-c01b-414d-a61f-263d14d133b4
```

Vermutlich wollen Sie nicht all dieses Updates erhalten. Um dies zu erreichen, erstellen Sie in *Schritt 6* eine Liste der Update- Klassifizierungen, die Sie unterstützen wollen. In *Schritt 7* konfigurieren Sie Ihren WSUS-Server mit dieser Liste. In *Schritt 8* rufen Sie den Synchronisierungsstatus von `WSUS1` ab und in *Schritt 9* initiieren Sie die Synchronisierung der auf `WSUS1` festlegten Kategorien von Windows Update. Diese vier Schritte erzeugen keine Ausgabe.

In *Schritt 10* erstellen Sie eine Schleife, die den Synchronisierungsstatus ermittelt, und, falls die Arbeiten noch abgeschlossen sind, warten noch etwas. Diese Synchronisierung dauert sehr lange und sieht so aus – (wobei die Ausgabe stark verkürzt wurde):

```
TotalItems ProcessedItems Phase
---------- -------------- -----
         0              0 NotProcessing
     27438            800 Updates
```

Anschließend synchronisieren Sie auf Basis der vorher festgelegten Konfiguration die Updates. Dies erzeugt in verkürzter Form diese Ausgabe:

```
PS C:\foo> $IntervalSeconds = 1
           $NP = 'NotProessing'
           #   Warten Sie darauf, dass die Synchronisierung beginnt
           Do {
             Write-Output $WSUSSubscription.GetSynchronizationProgress()
             Start-Sleep -Seconds $IntervalSeconds
           }
           While ($WSUSSubscription.GetSynchronizationStatus() -eq $NP)
           #  Warten Sie, bis alle Phasen des Prozesses beendet sind
           Do {
             Write-Output $WSUSSubscription.GetSynchronizationProgress()
             Start-Sleep -Seconds $IntervalSeconds
           }
           Until ($WSUSSubscription.GetSynchronizationStatus() -eq $NP)
TotalItems ProcessedItems   Phase
---------- --------------   -----
     55461           2898 Updates
...
     55461          22704 Updates
```

Nachdem die Synchronisierung abgeschlossen ist, können Sie sich in *Schritt 12* den Synchronisierungsstatus ansehen, der jetzt folgendermaßen aussieht:

```
PS C:\foo> $WSUSSubscription.GetLastSynchronizationInfo()

Id               : 152f973c-a2ee-4281-aa2e-26a5e1d802e7
StartTime        : 15.07.2019 17:09:38
EndTime          : 15.07.2019 18:33:53
StartedManually  : True
Result           : Succeeded
Error            : NotApplicable
ErrorText        :
UpdateErrors     : {}
```

In *Schritt 13* erstellen Sie einen Synchronisierungszeitplan und legen fest, dass für die vorher festgelegten Produkte und Klassifizierungen einmal täglich neue Updates heruntergeladen werden. Dieser Schritt erzeugt keine Ausgabe.

Weitere Informationen

In *Schritt 1* haben Sie untersucht, welche Updates für alle Versionen von Windows Server verfügbar sind. Wie Sie sehen können, werden hier noch sehr alte Versionen von Windows Server aufgeführt, wie beispielsweise Windows 2003, für den der Support ausgelaufen ist und der in Ihrem Unternehmen hoffentlich nicht mehr eingesetzt wird. Dennoch gibt es noch immer Unternehmen, die, hoffentlich aus guten Gründen, Windows Server 2003 verwenden. Es ist gut zu wissen, dass auch dann noch Updates verfügbar sind, wenn das Produkt bereits seit Jahren durch einen Nachfolger ersetzt wurde.

WSUS unterstützt eine große Anzahl von Produkten und unterschiedliche Update-Klassifizierungen. Überlegen Sie sorgfältig, für welche Produkte Sie Updates erhalten wollen und welche Updatetypen Sie unterstützen. Sie können zwar auf Nummer Sicher gehen, jedoch führt dies dazu, dass Sie eine Unmenge an Dateien und Updates herunterladen, die Sie nie brauchen.

Den Windows Update-Client konfigurieren

Standardmäßig laden Windows-Computer, und zwar sowohl die Server- als auch die Client-Version, Updates von den Microsoft Windows Update Servern im Internet herunter. Um die Windows-Hosts so zu konfigurieren, dass Sie Updates von einem internen WSUS-Server empfangen, müssen Sie die Konfiguration des Windows Update-Clients, der in Windows eingebaut ist, aktualisieren.

Die einfachste Methode, um den Windows Update-Client zu konfigurieren, ist die Verwendung von Gruppenrichtlinien. Sie erstellen ein **Gruppenrichtlinienobjekt** (**Group Policy Object**, **GPO**), konfigurieren die Richtlinie mit den Servernamen sowie anderen Einstellungen und weisen dann die Richtlinie zu.

Sie können eine einzelne GPO der gesamten Domäne zuweisen (wodurch der Windows Update-Client auf jedem Host konfiguriert wird, der der Domäne beigetreten ist) oder, je nachdem wie komplex Ihre WSUS-Implementierung ist, die Richtlinie auf der Ebene des Standorts oder der Organisationseinheiten zuweisen. Ein kleines Unternehmen mit einem Standort wird vermutlich lediglich eine Richtlinie der gesamten Domäne zuweisen. Große multinationale Unternehmen, die weltweit mehrere WSUS-Server einsetzen, benötigen vermutlich mehrere Windows Update-Richtlinien, die in einem großen Netzwerk mit mehreren Gesamtstrukturen angewandt werden.

Vorbereitungen

Sie führen dieses Rezept auf Ihrem Client-Host `CL1` aus, den Sie im Rezept »Remoteserver-Verwaltungstools auf Windows 10 und Windows Server 2019 installieren« in Kapitel 1 konfiguriert haben.

So wird's gemacht

1. Erstellen Sie anhand der Eigenschaften, die von `Get-WsusServer` zurückgegeben werden, die URL des WSUS-Servers:

```
$WSUSServer = Get-WsusServer -Name WSUS1.Reskit.Org -Port 8530
$FS =  "http{2}://{0}:{1}"
$N  = $WSUSServer.Name
$P  = 8530 # Standardport
$WSUSServerURL = $FS -f $n, $p, ('','s')[$WSUSServer.UseSecureConnection]
$WSUSServerURL
```

2. Erstellen Sie ein Gruppenrichtlinienobjekt (GPO) und verknüpfen Sie es mit der Domäne:

```
$PolicyName = 'Reskit WSUS Policy'
New-GPO -Name $PolicyName
New-GPLink -Name $PolicyName -Target 'DC=RESKIT,DC=Org'
```

3. Legen Sie die Registry-Einstellungen des GPOs für den WSUS-Server fest:

```
# Festlegen, dass WSUS anstelle von WU verwendet werden soll
$KEY1 = 'HKLM\Software\Policies\Microsoft\Windows\WindowsUpdate\AU'
$RVHT1 = @{
  Name        = $PolicyName
  Key         = $KEY1
  ValueName   = 'UseWUServer'
  Type        = 'DWORD'
  Value       = 1
}
Set-GPRegistryValue @RVHT1 | Out-Null
# Optionen für automatische Updates festlegen
# 2 = Vor dem Download und der Installation benachrichtigen
$KEY2 = 'HKLM\Software\Policies\Microsoft\Windows\WindowsUpdate\AU'
$RVHT2 = @{
  Name      = $PolicyName
  Key       = $KEY2
  ValueName = 'AUOptions'
  Type      = 'DWORD'
  Value     = 2
}
Set-GPRegistryValue  @RVHT2 | Out-Null
# URL des WSUS-Servers festlegen
$KEY3 = 'HKLM\Software\Policies\Microsoft\Windows\WindowsUpdate'
$RVHT3 = @{
  Name      = $PolicyName
  Key       = $KEY3
  ValueName = 'WUServer'
  Type      = 'String'
  Value     = $WSUSServerURL
}
Set-GPRegistryValue @RVHT3  | Out-Null
# URL des Windows Update Statusservers festlegen
$KEY4 = 'HKLM\Software\Policies\Microsoft\Windows\WindowsUpdate'
$RVHT4 = @{
  Name        = $PolicyName
  Key         = $KEY4
  ValueName   = 'WUStatusServer'
```

```
    Type       = 'String'
    Value      = $WSUSServerURL
  }
  Set-GPRegistryValue @RVHT4 | Out-Null
```

4. Erstellen Sie einen Bericht für das Gruppenrichtlinienobjekt und zeigen Sie den Bericht an:

```
  $RHT = @{
    Name       = $PolicyName
    ReportType = 'Html'
    Path       = 'C:\foo\out.html'
  }
  Get-GPOReport @RHT
  Invoke-Item -Path $RHT.Path
```

So funktioniert's

In *Schritt 1* instanziieren Sie ein WSUS-Server-Objekt, das in späteren Schritten des Rezepts verwendet wird. Anschließend verwenden Sie dieses Objekt, um die URL zu erstellen, die Windows Update-Clients verwenden, um Ihren WSUS-Server zu kontaktieren. Dieser Schritt erzeugt keine Ausgabe.

In *Schritt 2* erstellen Sie ein neues Gruppenrichtlinienobjekt (`Reskit WSUS Policy`) und verknüpfen diese Richtlinie mit der Domäne `Reskit.Org`. Dies führt dazu, dass alle Computer, die der Domäne `Reskit.Org` beigetreten sind, ihre Updates von `WSUS1.Reskit.Org` beziehen. Dieser Schritt erzeugt die folgende Ausgabe:

```
PS C:\foo> $PolicyName = 'Reskit WSUS Policy'
PS C:\foo> New-GPO -Name $PolicyName

DisplayName      : Reskit WSUS Policy
DomainName       : Reskit.Org
Owner            : RESKIT\Domänen-Admins
Id               : 855d606f-8e2a-47b0-abaa-f673536100d8
GpoStatus        : AllSettingsEnabled
Description      :
CreationTime     : 15.07.19 19:25:52
ModificationTime : 15.07.19 19:25:53
UserVersion      : AD-Version: 0, SysVol-Version: 0
ComputerVersion  : AD-Version: 0, SysVol-Version: 0
WmiFilter        :

PS C:\foo> New-GPLink -Name $PolicyName -Target 'DC=RESKIT,DC=Org'

DisplayName   : Reskit WSUS Policy
GpoId         : 855d606f-8e2a-47b0-abaa-f673536100d8
Enabled       : True
Enforced      : False
Order         : 2
Target        : DC=Reskit,DC=Org
GpoDomainName : Reskit.Org
```

In *Schritt 3* legen Sie die Werte für verschiedene Registry-Einstellungen fest, die Teil des Gruppenrichtlinienobjekts sind. Hierdurch wird die GPO mit den erforderlichen Informationen versorgt, damit Windows Update die Windows Server Update Services in Ihrer Organisation verwenden können. Dieser Schritt erzeugt keine Ausgabe.

In *Schritt 4* erstellen Sie einen Bericht über das soeben erstellte Gruppenrichtlinienobjekt und zeigen diesen an, was wie folgt aussieht:

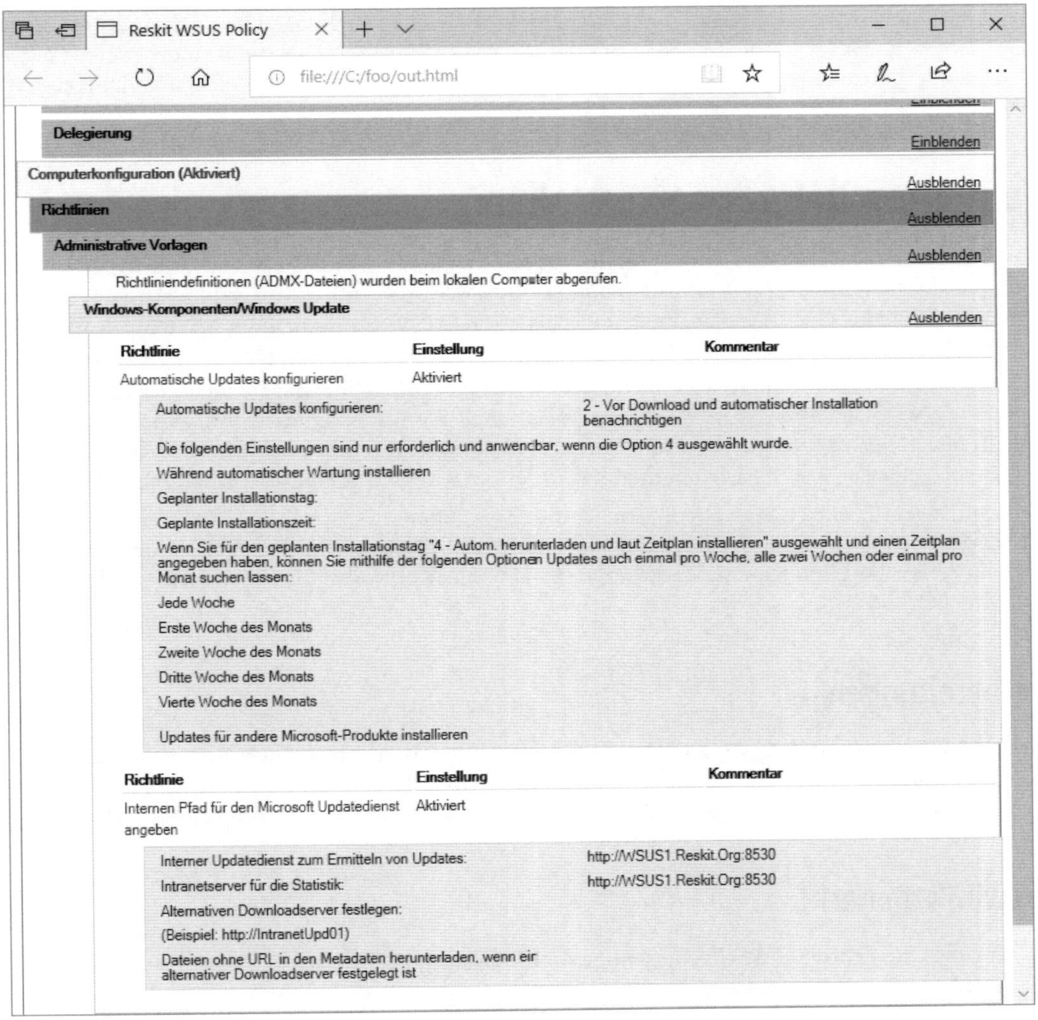

Weitere Informationen

In *Schritt 2* haben Sie das WSUS-Gruppenrichtlinienobjekt erstellt und es mit der Domäne verknüpft. Für große Organisationen ist es eventuell besser, mehrere Richtlinien zu erstellen und diese mit eigenen Organisationseinheiten oder Sites in Ihrem AD zu verknüpfen. Bei sehr großen Unternehmen wollen Sie vielleicht mehrere WSUS-Implementierungen an den weltweiten Standorten erstellen.

In *Schritt 3* haben Sie das Gruppenrichtlinienobjekt mit vier Einstellungen in der Registry konfiguriert. Dieses Rezept verwendet `Out-Null`, um die Menge der Bildschirmausgaben zu reduzieren. Während Sie mit diesem Rezept experimentieren, sollten Sie erwägen, die Ausgabe nicht an NULL zu senden, damit Sie die erzeugten Ausgaben sehen können.

Computer-Zielgruppen erstellen

Mit den bisherigen Rezepten dieses Kapitels haben Sie einen WSUS-Server eingerichtet und eine Gruppenrichtlinie erstellt, mit der der Windows Update-Client auf Ihren Computern konfiguriert wird. Der nächste Schritt besteht darin, Zielgruppen zu erstellen; dies sind Gruppen von Computern, die Sie für die zielgerichtete Verteilung von WSUS-Updates verwenden.

In jeder Organisation besitzen verschiedene Gruppen von Hosts unterschiedliche Updateanforderungen. So wird auf Ihren Windows-Clients vermutlich Software wie Microsoft Office ausgeführt, die auf einem Server nur selten anzutreffen ist. Ihre geschäftskritischen Server erfordern möglicherweise einen eigenen Test- und Genehmigungsprozess, bevor die Updates verteilt werden können.

Um Updates effizient zu verwalten, erstellen Sie Zielgruppen (beispielsweise Domain Controllers (DCs), SQL Server usw.) und legen dann fest, welche Computer zu welcher Zielgruppe gehören. In diesem Rezept erstellen Sie eine Zielgruppe für Domänencontroller (in unserem Beispielnetzwerk sind dies `DC1` und `DC2`).

Vorbereitungen

Dieses Rezept wird auf dem WSUS-Server `WSUS1` ausgeführt. In den bisherigen Rezepten dieses Kapitels haben Sie den WSUS-Server eingerichtet, WSUS-Updates konfiguriert und die Windows Update-Client-Computer mittels einer Gruppenrichtlinie konfiguriert.

So wird's gemacht

1. Erstellen Sie eine neue WSUS-Zielgruppe für die Domänencontroller:

```
$WSUSServer = Get-WsusServer  -Name WSUS1 -port 8530
$WSUSServer.CreateComputerTargetGroup('Domänencontroller')
```

2. Untersuchen Sie die vorhandenen Zielgruppen und zeigen Sie die neue an:

```
$WSUSServer.GetComputerTargetGroups() |
  Format-Table -Property Name
```

3. Ermitteln Sie die Domänencontroller, die sich bei `WSUS1` registriert haben:

```
Get-WsusComputer -NameIncludes DC
```

4. Fügen Sie `DC1` und `DC2` der Zielgruppe `Domänencontroller` hinzu:

```
Get-WsusComputer -NameIncludes DC |
  Add-WsusComputer -TargetGroupName 'Domänencontroller'
```

5. Rufen Sie die Gruppe `Domänencontroller` ab:

```
$DCGroup = $WSUSServer.GetComputerTargetGroups() |
             Where-Object Name -eq 'Domänencontroller'
```

6. Zeigen Sie die Computer dieser Gruppe an:

```
Get-WsusComputer |
  Where-Object ComputerTargetGroupIDs -Contains $DCGroup.id |
    Sort-Object -Property FullDomainName |
        Format-Table -Property FullDomainName, ClientVersion,
                               LastSyncTime
```

So funktioniert's

In *Schritt 1* erstellen Sie eine neue Computer-Zielgruppe mit dem Namen `Domänencontroller`, was wie folgt aussieht:

```
PS C:\foo> $WSUSServer = Get-WsusServer  -Name WSUS1 -port 8530
PS C:\foo> $WSUSServer.CreateComputerTargetGroup('Domänencontroller')

UpdateServer                                          Id                                   Name
------------                                          --                                   ----
Microsoft.UpdateServices.Internal.BaseApi.UpdateServer 887e1474-9e68-4907-ae99-dfed4b07004f Domänencontroller
```

In *Schritt 2* verwenden Sie das Objekt `$WSUSServer`, um die aktuellen Zielgruppen abzurufen und anzuzeigen, einschließlich der Gruppe, die Sie soeben erstellt haben. Sie erhalten die folgende Ausgabe:

```
PS C:\foo> $WSUSServer.GetComputerTargetGroups() |
             Format-Table -Property Name

Name
----
Alle Computer
Domänencontroller
Nicht zugewiesene Computer
```

In *Schritt 3* rufen Sie die Computer ab, deren Name `DC` enthält und die sich beim WSUS-Server registriert haben, was folgendermaßen aussieht:

```
PS C:\foo> Get-WsusComputer -NameIncludes DC

Computer         IP Address   Operating System                Last Status Report
--------         ----------   ----------------                ------------------
dc1.reskit.org 10.10.10.10  Windows Server 2019 Datacenter  01.01.0001 00:00:00
dc2.reskit.org 10.10.10.11  Windows Server 2019 Datacenter  01.01.0001 00:00:00
```

In *Schritt 4*, der keine Ausgabe erzeugt, fügen Sie die beiden Domänencontroller der Zielgruppe `Domänencontroller` hinzu. In *Schritt 5*, der ebenfalls keine Ausgabe erzeugt, rufen Sie die Zielgruppe vom WSUS-Computer ab.

Abschließend untersuchen Sie in *Schritt 6* die Computer der Zielgruppe, die Betriebssystemversion und den Zeitpunkt der letzten Synchronisation (wobei die Zeit in UTC angegeben wird), und erhalten diese Ausgabe:

```
PS C:\foo> Get-WsusComputer |
             Where-Object ComputerTargetGroupIDs -Contains $DCGroup.id |
               Sort-Object -Property FullDomainName |
                 Format-Table -Property FullDomainName, ClientVersion,
                                        LastSyncTime

FullDomainName ClientVersion  LastSyncTime
-------------- -------------  ------------
dc1.reskit.org 10.0.17763.292 15.07.2019 17:49:01
dc2.reskit.org 10.0.17763.292 15.07.2019 18:25:05
```

Weitere Informationen

In *Schritt 6* zeigen Sie die Computer der Zielgruppe `Domänencontroller` an. Nachdem Sie das Gruppenrichtlinienobjekt erstellt haben, kann es 24 Stunden oder länger dauern, bis alle Computer in Ihrer Domäne und speziell die Computer in der Zielgruppe `Domänencontroller` WSUS verwenden. Da die Einrichtung eines WSUS-Servers zeitaufwändig ist, ist dies eine Aufgabe, die man am besten an einem langen Wochenende erledigen kann.

Automatische Genehmigungen für WSUS konfigurieren

Microsoft Windows Update kann zu einer großen Anzahl von Updates führen, die Sie verwalten müssen (inspizieren, genehmigen/ablehnen und bereitstellen). Bestimmte Updatetypen oder kritische Updates können zu den Updates gehören, die Sie automatisch genehmigen wollen. Sobald Sie eines dieser Updates erhalten, können Sie mit dessen Bereitstellung beginnen.

Vorbereitungen

Dieses Rezept geht davon aus, dass Sie, wie in den bisherigen Rezepten dieses Kapitels beschrieben, den WSUS-Server `WSUS1` eingerichtet haben. Sie können auch Ihren eigenen WSUS-Server verwenden und das Rezept, wo nötig, anpassen.

So wird's gemacht

1. Erstellen Sie die Regel für die automatische Genehmigung:

```
$WSUSServer = Get-WsusServer
$ApprovalRule =
    $WSUSServer.CreateInstallApprovalRule('Wichtige Updates')
```

2. Legen Sie einen Zeitpunkt für die Regel fest:

```
$Type = 'Microsoft.UpdateServices.Administration.' +
        'AutomaticUpdateApprovalDeadline'
$RuleDeadLine = New-Object -Typename $Type
$RuleDeadLine.DayOffset = 3
$RuleDeadLine.MinutesAfterMidnight = 180
$ApprovalRule.Deadline = $RuleDeadLine
```

3. Fügen Sie der Regel Updateklassifizierungen hinzu:

```
$UC = $ApprovalRule.GetUpdateClassifications()
$C= $WSUSServer.GetUpdateClassifications() |
     Where-Object -Property Title -eq 'Wichtige Updates'
$UC.Add($C)
$D = $WSUSServer.GetUpdateClassifications() |
      Where-Object -Property Title -eq 'Definitionsupdates'
$UC.Add($D)
$ApprovalRule.SetUpdateClassifications($UpdateClassification)
```

4. Weisen Sie die Regel einer Computer-Zielgruppe zu:

```
$Type = 'Microsoft.UpdateServices.Administration.'+
        'ComputerTargetGroupCollection'
$TargetGroups = New-Object $Type
$TargetGroups.Add(($WSUSServer.GetComputerTargetGroups() |
  Where-Object -Property Name -eq "Domänencontroller"))
$ApprovalRule.SetComputerTargetGroups($TargetGroups)
```

5. Aktivieren Sie die Regeln und speichern Sie sie:

```
$ApprovalRule.Enabled = $true
$ApprovalRule.Save()
```

6. Rufen Sie eine Liste der vorhandenen Genehmigungsregeln ab:

```
$WSUSServer.GetInstallApprovalRules()  |
  Format-Table -Property Name, Enabled, Action
```

So funktioniert's

In diesem Rezept haben Sie für bestimmte Updates die automatische Genehmigung konfiguriert. Diese Regel genehmigt automatisch Updates, bei denen es sich entweder um wichtige Updates oder um Definitionsupdates handelt. Alle Updates, die zu einer dieser beiden Klassifizierungen gehören, werden automatisch für die Verwendung durch die Clients genehmigt.

In *Schritt 1* erstellen Sie im Speicher ein Objekt für eine Genehmigungsregel. Anschließend definieren Sie in *Schritt 2* einen Zeitpunkt für die Regel. In *Schritt 3* erweitern Sie die Regel um einige Updateklassifizierungen. In *Schritt 4* weisen Sie die Regel einer Computergruppe zu. In *Schritt 5* aktivieren Sie die Regel und speichern sie. Diese fünf Schritte erzeugen keine Ausgabe.

In *Schritt* 6 lassen Sie die Genehmigungsregeln anzeigen, die auf Ihrem WSUS-Server vorhanden sind, was wie folgt aussieht:

```
PS C:\foo> $WSUSServer.GetInstallApprovalRules() |
             Format-Table -Property Name, Enabled, Action

Name                                              Enabled  Action
----                                              -------  ------
Standardregel für automatische Genehmigung          False  Install
Wichtige Updates                                     True  Install
```

Weitere Informationen

Dieses Rezept verwendet das WSUS-Server-Objekt sowie zahlreiche Methoden, die das Objekt zur Verfügung stellt. Dies ähnelt ein wenig der Programmierung mit COM-Objekten der alten Schule. Andere Windows-Features verwenden Cmdlets, um Verwaltungsaufgaben durchzuführen, wohingegen Sie hier Aufrufe von Objektmethoden verwenden. Das integrierte PowerShell-Hilfesystem enthält nur wenige Informationen über die Methoden und dazu, wie sie verwendet werden müssen. Außerdem gibt es derzeit weder zu den Methoden noch zu den Objekten eine aktuelle Dokumentation.

WSUS-Updates verwalten

Jedes Entwicklerteam für die einzelnen PowerShell-Module, zu denen die verschiedenen Feature-Teams im Windows Server-Produktteam gehören, löst Aufgaben in ihrem Problemfeld leicht unterschiedlich. Ihr Produkt, das PowerShell-Modul, hat einen bestimmten Verwendungsstil..

Ein wichtiges Unterscheidungsmerkmal ist das Verhältnis zwischen Cmdlets und dem Aufruf von Objektmethoden. Bei bestimmten Modulen verwalten Sie den Dienst komplett über Cmdlets. Die Module `DNSServer` und `DHCPServer` sind Beispiele hierfür.

Auf der anderen Seite verwendet das Windows Update-Modul Methodenaufrufe, um die betreffenden Verwaltungsaufgaben durchzuführen, wie beispielsweise die Genehmigung oder das Ablehnen eines bestimmten Updates. Dies bedeutet, dass viele administrative Aufgaben mittels Methodenaufrufen und nicht mit Cmdlets vorgenommen werden.

Das folgende Rezept zeigt, wie Sie das Objekt `UpdateServer` und seine vielfältigen Methoden einsetzen können.

Vorbereitungen

Dieses Rezept wird auf `WSUS1` ausgeführt, einem WSUS-Server, den Sie in den bisherigen Rezepten in diesem Kapitel eingerichtet haben. Selbstverständlich können Sie dieses Rezept so anpassen, dass Sie es für Ihren eigenen lokalen WSUS-Server verwenden können.

So wird's gemacht

1. Öffnen Sie eine PowerShell-Sitzung und sehen Sie sich den Status aller Windows Updates auf `WSUS1` an:

```
$WSUSServer = Get-WsusServer
$WSUSServer.GetStatus()
```

2. Sehen Sie sich die Computer an, die dieser WSUS-Server bedient:

```
$WSUSServer.GetComputerTargets() |
  Sort-Object -Property FullDomainName |
    Format-Table -Property FullDomainName, IPAddress, Last*
```

3. Suchen Sie auf dem WSUS-Server nach Updates, deren Titel den Text Windows Server 2019 enthalten. Rufen Sie dann die Sicherheitsupdates ab und sortieren Sie diese nach dem Erstellungsdatum:

```
$ST = 'Windows Server 2019'
$SU = 'Sicherheitsupdates'
$SecurityUpdates = $WSUSServer.SearchUpdates($ST) |
  Where-Object UpdateClassificationTitle -eq $SU |
    Sort-Object -Property CreationDate -Descending
```

4. Sehen Sie sich die ersten zehn übereinstimmenden Updates auf `WSUS1` an:

```
$SecurityUpdates |
  Sort-Object -Property Title |
    Select-Object -First 10 |
      Format-Table -Property Title, Description
```

5. Wählen Sie eines der Updates anhand der Knowledge Base-Artikel-ID aus, um es zu genehmigen:

```
$SelectedUpdate = $SecurityUpdates |
    Where-Object KnowledgebaseArticles -eq 4483235
```

6. Definieren Sie die Zielgruppe, für die Sie das Update genehmigen wollen:

```
$DCTargetGroup = $WSUSServer.GetComputerTargetGroups() |
    Where-Object -Property Name -eq 'Domänencontroller'
```

7. Genehmigen Sie das Update für die Installation in der Zielgruppe:

```
$SelectedUpdate.Approve('Install',$DCTargetGroup)
```

8. Wählen Sie ein Update aus, das Sie verwerfen wollen, und verwenden Sie die Artikel-ID aus der Knowledge Base:

```
$DeclinedUpdate = $SecurityUpdates |
  Where-Object -Property KnowledgebaseArticles -eq 4020821
```

9. Lehnen Sie das Update ab:

```
$DeclinedUpdate.Decline($DCTargetGroup)
```

So funktioniert's

In *Schritt 1* verwenden Sie das Cmdlet `Get-WsusServer`, um ein `UpdateServer`-Objekt abzurufen. Dieses Objekt und seine Methoden bilden den Kern für die Automation von WSUS. Anschließend verwenden Sie die Methode `GetStatus()`, um den Status Ihres WSUS-Servers abzurufen, was wie folgt aussieht:

```
PS C:\foo> $WSUSServer = Get-WsusServer
PS C:\foo> $WSUSServer.GetStatus()

UpdateCount                                   : 19701
DeclinedUpdateCount                           : 15
ApprovedUpdateCount                           : 1035
NotApprovedUpdateCount                        : 18651
UpdatesWithStaleUpdateApprovalsCount          : 0
ExpiredUpdateCount                            : 0
CriticalOrSecurityUpdatesNotApprovedForInstallCount : 12185
WsusInfrastructureUpdatesNotApprovedForInstallCount : 0
UpdatesWithClientErrorsCount                  : 0
UpdatesWithServerErrorsCount                  : 0
UpdatesNeedingFilesCount                      : 995
UpdatesNeededByComputersCount                 : 12
UpdatesUpToDateCount                          : 18651
CustomComputerTargetGroupCount                : 1
ComputerTargetCount                           : 1
ComputerTargetsNeedingUpdatesCount            : 1
ComputerTargetsWithUpdateErrorsCount          : 0
ComputersUpToDateCount                        : 0
UnrecognizedClientRequestedTargetGroupNames   : {}
ShouldDeleteUnneededRevisions                 : False
```

In *Schritt 2* verwenden Sie die Methode `GetComputerTargets()`, um die Host-Computer zu ermitteln, die von Ihrem WSUS-Server bedient werden, was wie folgt aussieht:

```
PS C:\foo> $WSUSServer.GetComputerTargets() |
             Sort-Object -Property FullDomainName |
               Format-Table -Property FullDomainName, IPAddress, Last*

FullDomainName    IPAddress                 LastSyncTime        LastSyncResult LastReportedStatusTime LastReportedInventoryTime
--------------    ---------                 ------------        -------------- ---------------------- -------------------------
dc1.reskit.org    10.10.10.10               15.07.2019 17:49:01 Succeeded      15.07.2019 17:57:48    01.01.0001 00:00:00
dc2.reskit.org    10.10.10.10               15.07.2019 17:53:05 Succeeded      15.07.2019 18:02:12    01.01.0001 00:00:00
srv1.reskit.org   10.10.10.50               15.07.2019 18:05:14 Succeeded      15.07.2019 18:13:32    01.01.0001 00:00:00
srv2.reskit.org   10.10.10.51               15.07.2019 18:46:02 Succeeded      15.07.2019 19:01:01    01.01.0001 00:00:00
wsus1.reskit.org fe80::1c4f:ede7:333a:dfc%4 15.07.2019 16:22:33 Succeeded      15.07.2019 16:31:15    01.01.0001 00:00:00
```

In *Schritt 3* verwenden Sie die Methode `SearchUpdates()`, um die Sicherheitsupdates für Hosts zu ermitteln, die Windows Server 2019 verwenden. Dieser Schritt erzeugt keine Ausgabe.

In *Schritt 4* lassen Sie die ersten zehn Sicherheitsupdates anzeigen, was so aussieht:

```
PS C:\foo> $SecurityUpdates |
             Sort-Object -Property Title |
               Select-Object -First 10 |
                 Format-Table -Property Title, Description

Title                                                                                                      Description
-----                                                                                                      -----------
2018-10 Kumulatives Update für Windows Server 2019 (1809) für x64-basierte Systeme (KB4464330)               Installieren Sie die...
2018-10 Update für Windows Server 2019 (1809) für x64-basierte Systeme (KB4465477)                           Installieren Sie die...
2018-11 Kumulatives Update für Windows Server 2019 für x64-basierte Systeme (KB4467708)                      Installieren Sie die...
2018-11 Sicherheitsupdate für Adobe Flash Player für Windows Server 2019 für x64-basierte Systeme (KB4467694) In einem Microsoft-S...
2018-11 Sicherheitsupdate für Adobe Flash Player für Windows Server 2019 für x64-basierte Systeme (KB4477029) In einem Microsoft-S...
2018-11 Update für Windows Server 2019 für x64-basierte Systeme (KB4465664)                                  Installieren Sie die...
2018-11 Update für Windows Server 2019 für x64-basierte Systeme (KB4470788)                                  Installieren Sie die...
2018-12 Kumulatives Update für .NET Framework 3.5 und 4.7.2 für Windows Server 2019 für x64 (KB4470502)      In einem Microsoft-S...
2018-12 Kumulatives Update für Windows Server 2019 für x64-basierte Systeme (KB4471332)                      Installieren Sie die...
2018-12 Kumulatives Update für Windows Server 2019 für x64-basierte Systeme (KB4483235)                      Installieren Sie die...
```

In *Schritt 5*, der keine Ausgabe erzeugt, wählen Sie ein bestimmtes Update anhand der Knowledge Base-Artikel-ID aus. In *Schritt 6* definieren Sie eine Zielgruppe, auf die Sie das ausgewählte Update anwenden werden. Dieser Schritt erzeugt keine Ausgabe.

In *Schritt 7* genehmigen Sie die Installation des ausgewählten Patches für alle Computer in der Zielgruppe `Domänencontroller`. Die Ausgabe dieses Schritts sieht folgendermaßen aus:

```
PS C:\foo> $SelectedUpdate.Approve('Install',$DCTargetGroup)

UpdateServer            : Microsoft.UpdateServices.Internal.BaseApi.UpdateServer
Id                      : 2a854e27-1d59-4db5-8af6-26fa9b6e9351
CreationDate            : 15.07.2019 18:23:02
Action                  : Install
GoLiveTime              : 15.07.2019 18:23:02
Deadline                : 31.12.9999 23:59:59
IsOptional              : False
State                   : Pending
AdministratorName       : RESKIT\administrator
UpdateId                : Microsoft.UpdateServices.Administration.UpdateRevisionId
ComputerTargetGroupId   : 887e1474-9e68-4907-ae99-dfed4b07004f
IsAssigned              : True
```

In *Schritt 8* wählen Sie ein Update aus, das Sie nicht installieren wollen. Dieser Schritt erzeugt keine Ausgabe. In *Schritt 9* lehnen Sie das Update für die Computergruppe `Domänencontroller` ab.

Weitere Informationen

In *Schritt 3* haben Sie nach Sicherheitsupdates für Windows Server 2019 gesucht. Sie hätten stattdessen auch nach `Updates` oder `Wichtige Updates` suchen können. Außerdem können Sie den Wert des Parameter `$ST` ändern, um nach anderen Produkten, wie beispielsweise `Windows 10` oder `Office` zu suchen.

In *Schritt 5* haben Sie ein bestimmtes Update ausgewählt. Falls Sie als IT-Mitarbeiter in Ihrem Unternehmen für Windows Update Services verantwortlich sind, müssen Sie die wichtigen Updates im Auge behalten, damit Sie kritische Patches so schnell wie möglich bereitstellen können.

In *Schritt 9* haben Sie für eine Computergruppe ein bestimmtes Update abgelehnt. Wenn Sie WSUS verwalten, kann es vorkommen, dass Sie auf bestimmte Updates treffen, die abgelehnt werden können, da sie eine bestimmte Zielgruppe nicht tangieren. Es kann eine Menge Arbeit bedeuten, zu überprüfen, welche Patches genehmigt oder abgelehnt werden müssen. Es ist jedoch von entscheidender Bedeutung, um sicherzustellen, dass Ihre Systeme umgehend aktualisiert werden.

Kapitel 7
Windows-Druckumgebung verwalten

In diesem Kapitel werden die folgenden Rezepte vorgestellt:

- **Drucker installieren und freigeben**
- **Einen Drucker veröffentlichen**
- **Spoolerverzeichnis ändern**
- **Druckertreiber ändern**
- **Eine Testseite drucken**
- **Druckerberechtigungen verwalten**
- **Einen Druckerpool einrichten**

Einführung

Drucken ist ein Feature, das bereits seit der ersten Version des Betriebssystems Windows vorhanden war und das im Laufe der Jahre weiterentwickelt wurde. Die Druckerkonfiguration und Verwaltung in Windows Server 2019 hat sich im Vergleich zu früheren Versionen nur wenig geändert und Sie können Druckserver erstellen und auf dem Druckserver Drucker einrichten, die Sie für die Benutzer in Ihrem Unternehmen freigeben können.

Beim Drucker unter Windows wird das physikalische Gerät, das die Ausgabe auf dem Papier rendert, **Druckgerät** genannt. Ein **Drucker** ist eine Warteschlange für ein Druckgerät. Ein **Druckserver** kann mehrere Drucker bedienen.

Jedes Druckgerät besitzt einen entsprechenden **Druckertreiber**, der Ihre Dokumente für ein bestimmtes Druckgerät in ein druckbares Format konvertiert. Einige Treiber befinden sich bereits im Lieferumfang von Windows; weitere erhalten Sie beim Hersteller Ihres Druckers. In den meisten Fällen können Sie diese Treiber aus dem Internet herunterladen; in anderen Fällen müssen Sie ein Treiberinstallationsprogramm herunterladen und ausführen, um die korrekten Druckertreiber Ihrem Druckserver hinzuzufügen.

Die Windows-Drucker drucken an ein Druckgerät über einen **Druckeranschluss** (wie USB, Parallelanschluss oder Netzwerk). Bei Netzwerkdrucken müssen Sie zuerst den Anschluss definieren, bevor Sie einen Windows-Drucker erstellen können.

Die grundlegende Druckarchitektur hat sich in Windows Server 2019 nicht geändert. In Windows Server 2012 wurde eine neue Treiberarchitektur eingeführt, die auch von Windows Server 2019 unterstützt wird. Das neue Treibermodell erlaubt die Verwendung von zwei unterschiedlichen Treibertypen: Klassentreiber und modellspezifische Treiber. Ein **Klassentreiber** ist ein Treiber, der eine Vielzahl verschiedener Druckgeräte unterstützt, wohingegen **modellspezifische Treiber** lediglich für ein Druckermodell vorgesehen sind. Eine immer größer werdende Anzahl von Druckerherstellern implementieren mehr und mehr generische Treiber, die das Rollout von freigegebenen Druckern in einem Unternehmen vereinfachen.

Eine weitere Änderung in Windows Server 2012, die auch in Windows Server 2019 enthalten ist, ist, dass Sie nicht mehr den Druckserver verwenden, um Druckertreiber zu verteilen (was insbesondere für Netzwerkdrucker relevant ist). Sie können in diesen Fällen System Center Configuration Manager oder Gruppenrichtlinien verwenden, um Druckertreiber zu verteilen.

Dieses Kapitel erörtert die Installation, Verwaltung und Aktualisierung von Druckern, Druckertreibern und Druckeranschlüssen auf einem Windows Server 2019 Server. Einige der Verwaltungstools, die in diesem Kapitel verwendet werden, stehen auf Windows Server Core-Systemen nicht zur Verfügung. Um die Verwaltung von Druckern durchführen zu können, benötigen Sie die Windows-Benutzeroberfläche, einschließlich Desktop Experience.

Im Rezept »Drucker installieren und freigeben« auf Seite 212 werden Sie einen Drucker installieren und ihn für andere freigeben. Im Rezept »Einen Drucker veröffentlichen« auf Seite 215 veröffentlichen Sie den Drucker im Active Directory (AD), wodurch andere Benutzer in der Domäne das Active Directory durchsuchen können, um den Drucker zu finden.

Wenn Sie einen Druckserver erstellen (Druckeranschlüsse, Drucker usw. hinzufügen) ist das Standard-Spoolerverzeichnis (unterhalb von `C:\Windows`) möglicherweise nicht der ideale Speicherort für die Warteschlange. Im Rezept »Spoolerverzeichnis ändern« auf Seite 217 werden Sie sehen, wie Sie das Spoolerverzeichnis ändern.

Es kann vorkommen, dass Sie einen Drucker eingerichtet haben und zu einem späteren Zeitpunkt das Druckgerät gegen ein anderes Modell austauschen wollen. Im Rezept »Druckertreiber ändern« auf Seite 220 werden Sie den Treiber für den Drucker ändern, den Sie in einem der vorherigen Rezepte erstellt haben. Ein nützlicher Schritt bei der Problemlösung für Drucker besteht darin, eine Testseite auszudrucken, was Sie im Rezept »Eine Testseite drucken« auf Seite 221 machen werden.

Drucker können, wie Dateien, eine **Zugriffssteuerungsliste** (**Access Control List**, **ACL**) besitzen, die angibt, wer den Drucker verwenden darf. Im Rezept »Druckerberechtigungen verwalten« auf Seite 222 einsehen und verändern können.

Unter Windows ist ein **Druckerpool** ein Drucker, dem zwei oder mehr Druckgeräte zugeordnet sind. Dies bedeutet, dass Sie zwei oder mehr physikalische Drucker haben (Druckgeräte mit jeweils eigenen Anschlüssen), die die Anwender als einen Drucker sehen. Dies kann dann nützlich sein, wenn die Benutzer umfangreiche Dokumente drucken. Im Rezept »Einen Druckerpool einrichten« auf Seite 227 werden Sie sehen, wie Sie `RunDLL32.Exe` verwenden, um die Erstellung eines Druckerpools zu automatisieren.

Dieses Kapitel verwendet ein Verkaufsteam in `Reskit.Org` als Beispiel, das aus mehreren Benutzern und Gruppen besteht, die in einer Organisationseinheit (organizational unit, OU) zusammengefasst sind. Sie erstellen diese AD-Ressourcen wie folgt:

```
# Create-SalesTeam.ps1
# Erstellt die OU, Gruppen, Benutzer und Gruppenmitgliedschaften
# in der Domäne Reskit.Org

# Erstellen Sie die OU Sales
$OUPath = 'DC=Reskit,DC=Org'
New-ADOrganizationalUnit -Name Sales -Path $OUPath

# Vorbereitungen, um die Benutzer für die OU Sales zu erstellen
$OUPath = 'OU=Sales,DC=Reskit,DC=Org'
$Password   = 'Pa$$w0rd'
$PasswordSS = ConvertTo-SecureString  -String $Password -AsPlainText -Force
$NewUserHT  = @{
  AccountPassword       = $PasswordSS;
  Enabled               = $true;
  PasswordNeverExpires  = $true;
  ChangePasswordAtLogon = $false
  Path                  = $OUPath
}
$Password   = 'Pa$$w0rd'
$PasswordSS = ConvertTo-SecureString  -String $Password -AsPlainText -Force

#  Die Benutzerkonten Nigel, Samantha, Pippa und Jeremy erstellen
New-ADUser @NewUserHT -SamAccountName Nigel   -UserPrincipalName 'Nigel@reskit.org' `
                      -Name "Nigel" -DisplayName 'Nigel Hawthorne-Smyth'

New-ADUser @NewUserHT -SamAccountName Samantha  -UserPrincipalName 'Samantha@reskit.org' `
                      -Name "Samantha" -DisplayName 'Samantha Rhees-Jenkins'

New-ADUser @NewUserHT -SamAccountName Pippa  -UserPrincipalName 'Pippa@reskit.org' `
                      -Name "Pippa" -DisplayName 'Pippa van Spergel'

New-ADUser @NewUserHT -SamAccountName Jeremy  -UserPrincipalName 'Jeremy@reskit.org' `
                      -Name "Jeremy" -DisplayName 'Jeremy Cadwalender'

# Die verschiedenen Gruppen der OU Sales erstellen
$OUPath = 'OU=Sales,DC=Reskit,DC=Org'
New-ADGroup -Name Sales -Path $OUPath -GroupScope Global
New-ADGroup -Name SalesAdmins -Path $OUPath -GroupScope Global
New-ADGroup -Name SalesPrinterUsers -Path $OUPath -GroupScope Global

# Benutzer den Gruppen hinzufügen
Add-ADGroupMember -Identity Sales -Members Nigel, Samantha, Pippa, Jeremy
Add-ADGroupMember -Identity SalesAdmins -Members Nigel, Samantha
Add-AdgroupMember -Identity SalesPrinterUsers -Members Sales, ThomasL
```

Sie finden dieses Skript in den Begleitdateien zum Buch (siehe Einleitung).

Drucker installieren und freigeben

Der erste Schritt bei der Einrichtung eines Druckservers für Ihr Unternehmen besteht darin, das Feature Druckserver, die Druckertreiber und die Druckeranschlüsse zu installieren. Nachdem diese installiert sind, können Sie einen Drucker erstellen und diesen für andere freigeben.

In diesem Rezept laden Sie zwei Xerox-Druckertreiber herunter und installieren sie. Einen der Druckertreiber wird in diesem Rezept verwendet; der andere wird im Rezept »Druckertreiber ändern« auf Seite 220 weiter hinten in diesem Kapitel benutzt. Die Druckertreiber befinden sich in einer ZIP-Datei, die Sie extrahieren müssen, bevor Sie die Treiber verwenden können.

Hinweis Wenn Sie dieses Rezept für andere Druckerhersteller und andere Druckertypen einsetzen wollen, müssen Sie das Rezept entsprechend anpassen. In manchen Fällen (wie bei Hewlett Packard-Druckern), werden die Druckertreiber mit einer ausführbaren Datei installiert, die nicht für die Automation vorgesehen ist. Sie müssen die heruntergeladene Datei ausführen und dann die Installation auf Ihrem Druckserver starten, um die Treiber hinzuzufügen.

Vorbereitungen

In diesem Rezept installieren Sie das Feature **Druckserver**, um auf PSRV einen Druckserver einzurichten. Anschließend richten Sie einen TCP/IP-Drucker ein. PSRV ist ein Windows Server 2019, der Mitglied der Domäne ist und auf dem nur die Standardfeatures installiert sind. Dieser Server wird im weiteren Verlauf des Kapitels verwendet.

So wird's gemacht

1. Installieren Sie auf PSRV das Feature Druckserver (Print-Server) sowie die Remoteserver-Verwaltungstools für die Druckdienste:

```
Install-WindowsFeature -Name Print-Server, RSAT-Print-Services
```

2. Erstellen Sie auf PSRV einen Ordner für die Xerox-Druckertreiber:

```
$NIHT = @{
  Path        = 'C:\Foo\Xerox'
  ItemType    = 'Directory'
  Force       = $true
  ErrorAction = "Silentlycontinue"
}
New-Item @NIHT | Out-Null
```

3. Laden Sie die Druckertreiber für die Xerox-Drucker herunter:

```
$URL='http://download.support.xerox.com/pub/drivers/6510/'+
     'drivers/win10x64/ar/6510_5.617.7.0_PCL6_x64.zip'
$Target='C:\Foo\Xerox\Xdrivers.zip'
Start-BitsTransfer -Source $URL -Destination $Target
```

4. Extrahieren Sie die ZIP-Datei in den Ordner C:\Foo\Xerox\Drivers:

```
$Drivers = 'C:\Foo\Xerox\Drivers'
Expand-Archive -Path $Target -DestinationPath $Drivers
```

5. Installieren Sie die beiden Xerox-Druckertreiber:

```
$M1 = 'Xerox Phaser 6510 PCL6'
$P =  'C:\Foo\Xerox\Drivers\6510_5.617.7.0_PCL6_x64_Driver.inf\'+
      'x3NSURX.inf'
rundll32.exe printui.dll,PrintUIEntry /ia /m "$M1"  /f "$P"
$M2 = 'Xerox WorkCentre 6515 PCL6'
rundll32.exe printui.dll,PrintUIEntry /ia /m "$M2"  /f "$P"
```

6. Fügen Sie einen IP-basierten Anschluss für einen neuen Drucker hinzu:

```
$PPHT = @{
  Name               = 'SalesPP'
  PrinterHostAddress = '10.10.10.61'
}
Add-PrinterPort @PPHT
```

7. Fügen Sie den Drucker zu PSRV hinzu:

```
$PRHT = @{
  Name = 'SalesPrinter1'
  DriverName = $m1
  PortName   = 'SalesPP'
}
Add-Printer @PRHT
```

8. Geben Sie den Drucker frei:

```
Set-Printer -Name SalesPrinter1 -Shared $True
```

9. Schauen Sie sich den Druckeranschluss, die Druckertreiber und den Drucker an, die Sie soeben erstellt bzw. installiert haben:

```
Get-PrinterPort -Name SalesPP |
  Format-Table -Autosize -Property Name, Description,
               PrinterHostAddress, PortNumber
Get-PrinterDriver -Name xerox* |
  Format-Table -Property Name, Manufacturer,
               DriverVersion, PrinterEnvironment
Get-Printer -ComputerName PSRV -Name SalesPrinter1 |
  Format-Table -Property Name, ComputerName,
               Type, PortName, Location, Shared
```

So funktioniert's

In *Schritt 1* installieren Sie auf PSRV das Feature Druckserver sowie die zugehörigen Verwaltungstools, was wie folgt aussieht:

```
PS C:\foo> Install-WindowsFeature -Name Print-Server, RSAT-Print-Services

Success Restart Needed Exit Code      Feature Result
------- -------------- ---------      --------------
True    No             Success        {Druckerserver, Druck- und Dokumentdienste...
```

In *Schritt 2* stellen Sie sicher, dass es einen Ordner für die Druckertreiber gibt. In *Schritt 3* verwenden Sie den BITS-Dienst, um die Treiber herunterzuladen. In *Schritt 4* extrahieren Sie das heruntergeladene ZIP-Archiv mit den Druckertreibern. In *Schritt 5* installieren Sie einen Druckertreiber. In *Schritt 6* fügen Sie einen Druckeranschluss für einen Netzwerkdrucker hinzu. In *Schritt 7* erstellen Sie den Netzwerkdrucker und verwenden dazu den Druckeranschluss und den Druckertreiber, die Sie soeben hinzugefügt haben. Abschließend geben Sie in *Schritt 8* den Drucker frei. Diese Schritte erzeugen keine Ausgabe.

In *Schritt 9* zeigen Sie den Druckeranschluss, den Druckertreiber und den Drucker an, den Sie in diesem Rezept erstellt haben, was wie folgt aussieht:

```
PS C:\foo> Get-PrinterPort -Name SalesPP |
             Format-Table -Autosize -Property Name, Description,
                            PrinterHostAddress, PortNumber

Name    Description          PrinterHostAddress PortNumber
----    -----------          ------------------ ----------
SalesPP Standard-TCP/IP-Port 10.10.10.61              9100

PS C:\foo> Get-PrinterDriver -Name xerox* |
             Format-Table -Property Name, Manufacturer,
                            DriverVersion, PrinterEnvironment

Name                        Manufacturer       DriverVersion PrinterEnvironment
----                        ------------       ------------- ------------------
Xerox Phaser 6510 PCL6      Xerox        1581047950660861952 Windows x64
Xerox WorkCentre 6515 PCL6  Xerox        1581047950660861952 Windows x64

PS C:\foo> Get-Printer -ComputerName PSRV -Name SalesPrinter1 |
             Format-Table -Property Name, ComputerName,
                            Type, PortName, Location, Shared

Name          ComputerName  Type PortName Location Shared
----          ------------  ---- -------- -------- ------
SalesPrinter1 PSRV         Local SalesPP             True
```

Weitere Informationen

In *Schritt 5* verwenden Sie `PrintUI.DLL` und `RunDLL32.EXE`. `PrintUI.DLL` ist eine Bibliothek mit Funktionen zur Druckerverwaltung. Wenn Sie das Benutzeroberflächentool *Druckverwaltung* zum Verwalten von Druckern verwenden, ruft die grafische Oberfläche diese DLL auf, um die ausgewählte Aktion auszuführen. Dies kann häufig dazu führen, dass ein weiteres Windows-Dialogfeld angezeigt und keine Textausgabe generiert wird.

Mit `RunDLL32.EXE` können Sie dieselben Funktionen ausführen, die sich in `PrintUI.DLL` befinden. In vielen Fällen erzeugt die Verwendung von `PrintUI.DLL` ein Dialogfeld, das Sie verwenden können, was nützlich, aber in Bezug auf die Automatisierung nicht sonderlich hilfreich ist.

In der Praxis werden bei der Verwendung von `PrintUI.DLL` manchmal merkwürdige Fehler angezeigt. Die Lösung besteht darin, den Server neu zu starten.

Ein weiterer Nachteil bei der Verwendung von `PrintUI.DLL` ist, dass die Fehlermeldungen nicht sehr hilfreich sind, falls Ihnen wegen der komplexen Syntax Fehler unterlaufen. Sie können Hilfeinformationen abrufen, indem Sie ein PowerShell-Konsolenfenster öffnen und den folgenden Befehl ausführen:

```
rundll32 printui.dll PrintUIEntry
```

In diesem Rezept haben Sie zwei Treiber heruntergeladen und installiert, obwohl Sie nur einen zum Erstellen des Druckers `SalesPrinter1` verwendet haben. Sie verwenden den zweiten Treiber im Rezept »Druckertreiber ändern« auf Seite 220 weiter hinten in diesem Kapitel.

Einen Drucker veröffentlichen

Nachdem Sie, wie im vorigen Rezept gezeigt, einen Drucker erstellt und freigegeben haben, können Sie ihn außerdem im Active Directory veröffentlichen. Wenn Sie einen Drucker veröffentlichen, können Sie zusätzlich den Standort des Druckers angeben. Ihre Benutzer können anhand des Standorts nach Druckern suchen oder für die Suche auch Druckereigenschaften (wie beispielsweise Farbdrucker) verwenden. In diesem Rezept veröffentlichen Sie den im vorherigen Rezept erstellten Drucker und sehen sich die Ergebnisse an.

Vorbereitungen

Bevor Sie dieses Rezept ausführen, müssen Sie den Druckserver `PSRV` eingerichtet haben (Sie haben dies im Rezept »Drucker installieren und freigeben« auf Seite 212 erledigt). Außerdem muss der Drucker `SalesPrinter1` erstellt sein.

So wird's gemacht

1. Rufen Sie den Drucker ab, den Sie veröffentlichen wollen, und speichern Sie das zurückgegebene Objekt in `$Printer`:

   ```
   $Printer = Get-Printer -Name SalesPrinter1
   ```

2. Zeigen Sie den Veröffentlichungsstatus an:

   ```
   $Printer | Format-Table -Property Name, Published
   ```

3. Veröffentlichen Sie den Drucker im AD und geben Sie ihn frei:

   ```
   $Printer | Set-Printer -Location '10. Stock 10E4'
   $Printer | Set-Printer -Shared $true -Published $true
   ```

4. Zeigen Sie den aktualisierten Veröffentlichungsstatus an:

   ```
   Get-Printer -Name SalesPrinter1 |
     Format-Table -Property Name, Location, Drivername, Published
   ```

So funktioniert's

In *Schritt 1* rufen Sie Druckerdetails für den Drucker `SalesPrinter1` ab, den Sie im Rezept »Drucker installieren und freigeben« auf Seite 212 eingerichtet haben. Dieser Schritt erzeugt keine Ausgabe.

In *Schritt 2* zeigen Sie Details zum Drucker an und können erkennen, dass der Drucker noch nicht veröffentlicht ist, was wie folgt aussieht:

```
PS C:\foo> $Printer | Format-Table -Property Name, Published

Name          Published
----          ---------
SalesPrinter1     False
```

In *Schritt 3* verwenden Sie das Cmdlet `Set-Printer`, um den Standort des Druckers anzugeben und um den Drucker in Active Directory zu veröffentlichen. Dieser Schritt aktualisiert die Druckerdetails in Active Directory und erzeugt keine Ausgabe.

In *Schritt 4* zeigen Sie die Details des Druckers an, was folgendermaßen aussieht:

```
PS C:\foo> Get-Printer -Name SalesPrinter1 |
             Format-Table -Property Name, Location, Drivername,Published

Name          Location     Drivername                 Published
----          --------     ----------                 ---------
SalesPrinter1 10. Stock 10E4 Xerox Phaser 6510 PCL6        True
```

Weitere Informationen

Wenn Sie einen Drucker im AD veröffentlichen, können Benutzer das Dialogfeld **Drucker hinzufügen** verwenden, um nach Druckern zu suchen, die sich in ihrer Nähe befinden. Wenn Sie sich beispielsweise auf dem Clientcomputer `CL1` anmelden, können Sie dieses Dialogfeld öffnen, indem Sie auf **Start** | **Einstellungen** | **Geräte** | **Drucker und Scanner** klicken, um das Dialogfeld **Drucker und Scanner hinzufügen** zu öffnen. Klicken Sie in diesem Dialogfeld auf **Drucker oder Scanner hinzufügen**. Warten Sie, bis die Suche abgeschlossen ist und klicken Sie dann auf **Der gewünschte Drucker ist nicht aufgelistet**. Hierdurch wird das Dialogfeld **Drucker hinzufügen** geöffnet, das Sie in der folgenden Abbildung sehen:

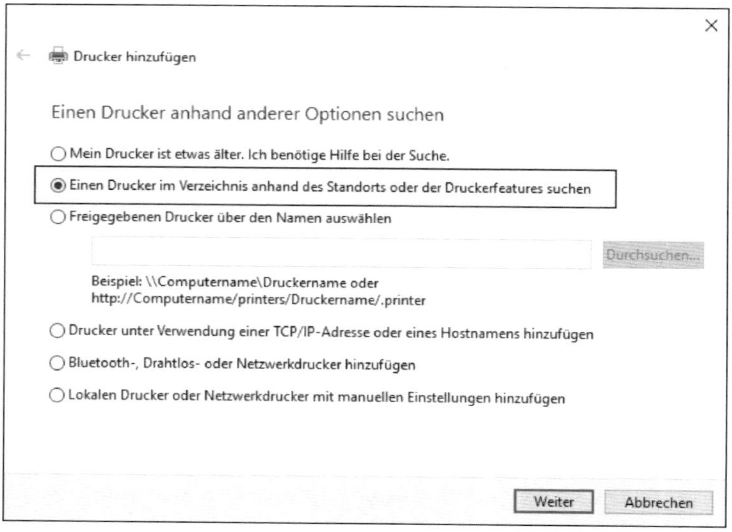

Klicken Sie in diesem Dialogfeld auf **Weiter**, um das Dialogfeld **Drucker suchen** anzeigen zu lassen:

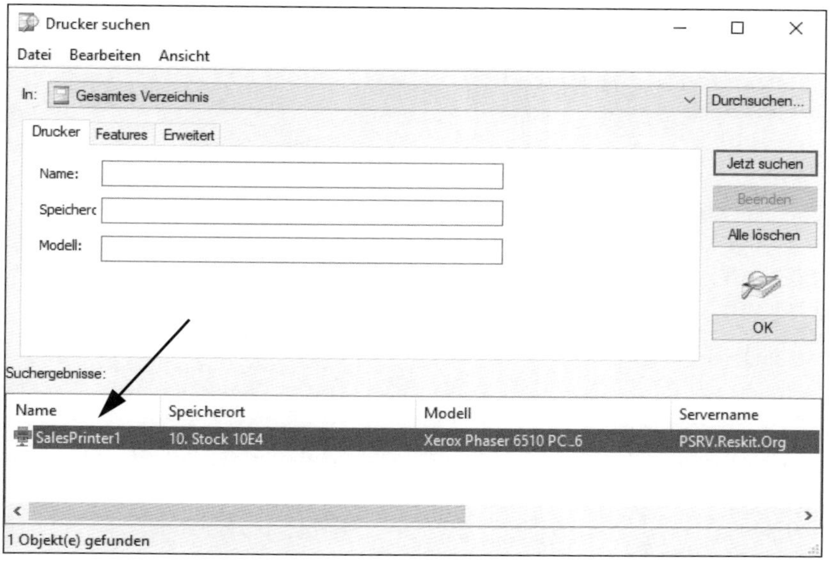

Spoolerverzeichnis ändern

Während des Druckvorgangs verwendet die Windows-Druckwarteschlange einen Ordner auf der Festplatte, in dem temporäre Dateien abgelegt werden, die während des Druckens erstellt werden. Wenn zahlreiche Benutzer jeweils große Dokumente an einen einzigen Drucker senden, kann die Druckwarteschlange sehr groß werden. Standardmäßig wird der Ordner `C:\Windows\System32\spool\PRINTERS` verwendet. Bei einem intensiv benutzten Druckserver mit mehreren Druckern möchten Sie vielleicht das Standard-Spoolerverzeichnis ändern.

Vorbereitungen

Dieses Rezept verwendet den Druckserver `PSRV`, der im Rezept »Drucker installieren und freigeben« auf Seite 212 eingerichtet wurde.

So wird's gemacht

1. Laden Sie die Namespaces und Klassen aus `System.Printing`:

```
Add-Type -AssemblyName System.Printing
```

2. Definieren Sie die erforderlichen Berechtigungen – in diesem Fall die Berechtigung zur Verwaltung des Druckservers:

```
$Permissions =
   [System.Printing.PrintSystemDesiredAccess]::
         AdministrateServer
```

3. Erstellen Sie (im Speicher) ein `PrintServer`-Objekt mit den erforderlichen Berechtigungen:

```
$NOHT = @{
  TypeName     = 'System.Printing.PrintServer'
  ArgumentList = $Permissions
}
$PS = New-Object @NOHT
```

4. Erstellen Sie einen neuen Ordner für die Druckwarteschlange:

```
$NIHT = @{
  Path        = 'C:\SpoolPath'
  ItemType    = 'Directory'
  Force       = $true
  ErrorAction = 'SilentlyContinue'
}
New-Item @NIHT | Out-Null
```

5. Aktualisieren Sie im `PrintServer`-Objekt, das sich im Speicher befindet, das Standard-Spoolerverzeichnis:

```
$Newpath = 'C:\SpoolPath'
$PS.DefaultSpoolDirectory = $Newpath
```

6. Übernehmen Sie die Änderungen:

```
$PS.Commit()
```

7. Führen Sie einen Neustart des Spooler-Dienstes durch, damit der neue Ordner verwendet wird:

```
Restart-Service -Name Spooler
```

8. Nachdem der Spooler-Dienst neu gestartet wurde, zeigen Sie die Ergebnisse an:

```
New-Object -TypeName System.Printing.PrintServer |
  Format-Table -Property Name,
                DefaultSpoolDirectory
```

Eine andere Methode, um das Spoolerverzeichnis zu ändern, ist, direkt die Registry zu bearbeiten. Dies geht wie folgt:

1. Halten Sie zuerst den Spooler-Dienst an:

```
Stop-Service -Name Spooler
```

2. Erstellen Sie das neue Spoolerverzeichnis, das der Spooler-Dienst verwenden soll:

```
$SPL = 'C:\SpoolViaRegistry'
$NIHT2 = @{
  Path        = $SPL
  Itemtype    = 'Directory'
  ErrorAction = 'SilentlyContinue'
}
New-Item  @NIHT2 | Out-Null
```

3. Konfigurieren Sie das neue Spoolerverzeichnis in der Registry:

```
$RPath = 'HKLM:\SYSTEM\CurrentControlSet\Control\' +
         'Print\Printers'
$Spooldir = 'C:\SpoolViaRegistry' # Ordner sollte existieren
$IP = @{
  Path    = $RPath
```

```
    Name     = 'DefaultSpoolDirectory'
    Value    = $SPL
  }
  Set-ItemProperty @IP
```

4. Starten Sie den Spooler-Dienst:

```
Start-Service -Name Spooler
```

5. Zeigen Sie die Ergebnisse an:

```
New-Object -TypeName System.Printing.PrintServer |
  Format-Table -Property Name, DefaultSpoolDirectory
```

So funktioniert's

In *Schritt 1* haben Sie die Assembly `System.Printing` geladen, damit Ihnen weitere .NET-Klassen im Zusammenhang mit Drucken und Druckservern zur Verfügung stehen. In *Schritt 2* haben Sie ein Objekt erstellt, das die Berechtigungen definiert, die für die Administration des Druckservers erforderlich sind. In *Schritt 3* haben Sie im Speicher ein `PrintServer`-Objekt erstellt, das die soeben definierten Berechtigungen besitzt. In *Schritt 4* haben Sie einen neuen Ordner erstellt, der als Spoolerverzeichnis dienen soll. In *Schritt 5* aktualisieren Sie im `PrintServer`-Objekt, das sich im Speicher befindet, das Standard-Spoolerverzeichnis. In *Schritt 6* weisen Sie die vorgenommenen Änderungen zu und führen in *Schritt 7* einen Neustart des Spooler-Dienstes durch.

Nachdem der Spooler-Dienst neu gestartet ist, sehen Sie sich in *Schritt 8* die Eigenschaften des Druckservers an, einschließlich des Spoolerverzeichnisses, das Sie soeben geändert haben. Sie erhalten diese Ausgabe:

```
PS C:\foo> New-Object -TypeName System.Printing.PrintServer |
             Format-Table -Property Name, DefaultSpoolDirectory

Name   DefaultSpoolDirectory
----   ---------------------
\\PSRV C:\SpoolPath
```

In der zweiten Variante haben Sie das Spoolerverzeichnis geändert, indem Sie direkt die Registry bearbeiten. In *Schritt 1* (der zweiten Variante) haben Sie den Spooler-Dienst angehalten. In *Schritt 2* haben Sie einen zweiten Ordner für die Warteschlange erstellt und in *Schritt 3* die betreffenden Änderungen in der Registry vorgenommen, damit der neue Ordner als Spoolerverzeichnis verwendet wird. Dann haben Sie in *Schritt 4* den Spooler-Dienst wieder gestartet. Diese vier Schritte erzeugen keine Ausgabe.

In *Schritt 5* haben Sie sich die aktualisierten Einstellungen des Druckspoolers angesehen, was wie folgt aussieht:

```
PS C:\foo> New-Object -TypeName System.Printing.PrintServer |
             Format-Table -Property Name, DefaultSpoolDirectory

Name   DefaultSpoolDirectory
----   ---------------------
\\PSRV C:\SpoolViaRegistry
```

Weitere Informationen

In diesem Rezept haben Sie zwei verschiedene Verfahren verwendet, um das Spoolerverzeichnis zu ändern. Eine Methode verwendet ein .NET-Objekt (das standardmäßig nicht geladen wird) und beim zweiten Verfahren wird direkt die Windows-Registry bearbeitet. Wenn Sie die Druckerkonfiguration per Skript bereitstellen, ist sorgfältiges Testen wichtig, besonders wenn Sie mit Ihren Skripten die Registry bearbeiten.

Viele der Schritte in diesem Rezept erzeugen keine Ausgabe. Dies ist normal, wenn Sie direkt .NET-Klassen und -Methoden verwenden und wenn Sie die Registry bearbeiten.

Druckertreiber ändern

Ab und zu kann es erforderlich sein, den Druckertreiber für einen Drucker zu ändern, beispielsweise wenn Sie ein vorhandenes Druckergerät durch ein neues oder anderes Modell ersetzen. In diesem Fall wollen Sie, dass sich der Druckername nicht ändert, jedoch müssen Sie den vorhandenen Treiber aktualisieren. Im Rezept »Drucker installieren und freigeben« auf Seite 212 haben Sie zwei Xerox-Druckertreiber heruntergeladen und installiert. Sie haben den ersten Treiber, `Xerox Phaser 6510 PCL6`, verwendet, als Sie den Drucker `SalesPrinter1` definierten.

In diesem Rezept ändern Sie den Treiber für den Drucker und verwenden den anderen, bereits installierten Treiber `Xerox Phaser 6515 PCL6`.

Dieses Rezept geht davon aus, dass sich der Druckername und der Druckeranschluss (einschließlich der IP-Adresse des Druckers und der Portnummer) nicht ändern, sondern nur der Treiber aktualisiert wird.

Vorbereitungen

Führen Sie dieses Rezept auf dem Druckserver `PSRV` aus, den Sie im Rezept »Drucker installieren und freigeben« auf Seite 212 eingerichtet haben.

So wird's gemacht

1. Fügen Sie den Druckertreiber für das neue Druckergerät hinzu:

```
$M2 = 'Xerox WorkCentre 6515 PCL6'
Add-PrinterDriver -Name $M2
```

2. Rufen Sie das Druckerobjekt für den Gruppendrucker der Gruppe `Sales` ab und speichern Sie es in `$Printer` ab:

```
$Printern = 'SalesPrinter1'
$Printer = Get-Printer -Name $Printern
```

3. Verwenden Sie das Cmdlet `Set-Printer`, um den Treiber zu ändern:

```
$Printer | Set-Printer -DriverName $M2
```

4. Zeigen Sie die Ergebnisse an:

```
Get-Printer -Name $Printern |
  Format-Table -Property Name, DriverName, PortName,
                Published, Shared
```

So funktioniert's

In *Schritt 1* fügen Sie einen Druckertreiber für das Gerät Xerox 6515 hinzu. In *Schritt 2* instanziieren Sie im Speicher ein Druckerobjekt, das den Druckserver auf PSRV repräsentiert. In *Schritt 3* aktualisieren Sie den Drucker SalesPrinter1 mit Informationen über den Namen des aktualisierten Treibers. Diese Schritte erzeugen keine Ausgabe.

In *Schritt 4* zeigen Sie die vorgenommenen Änderungen an, was wie folgt aussieht:

```
PS C:\foo> Get-Printer -Name $Printern |
             Format-Table -Property Name, DriverName, PortName,
                Published, Shared

Name          DriverName                 PortName Published Shared
----          ----------                 -------- --------- ------
SalesPrinter1 Xerox WorkCentre 6515 PCL6 SalesPP       True   True
```

Eine Testseite drucken

Es gibt Situationen, in denen Sie auf einem Drucker eine Testseite ausdrucken wollen, beispielsweise wenn Sie den Toner oder die Druckertinte auf einem Gerät gewechselt haben oder nachdem Sie den Druckertreiber geändert haben (wie im Rezept »Druckertreiber ändern« auf Seite 220 gezeigt). In diesen Fällen hilft Ihnen das Drucken einer Testseite dabei sicherzustellen, dass der Drucker einwandfrei funktioniert.

Vorbereitungen

Führen Sie dieses Rezept auf dem Druckserver PSRV aus, den Sie im Rezept »Drucker installieren und freigeben« auf Seite 212 eingerichtet haben.

So wird's gemacht

1. Rufen Sie die Druckerobjekte von WMI ab:

```
$Printers = Get-CimInstance -ClassName Win32_Printer
```

2. Zeigen Sie die Anzahl der auf PSRV definierten Drucker an:

```
'{0} Drucker auf diesem System definiert' -f $Printers.Count
```

3. Rufen Sie das WMI-Objekt für den Gruppendrucker SalesPrinter1 ab:

```
$Printer = $Printers |
  Where-Object Name -eq 'SalesPrinter1'
```

4. Zeigen Sie Details zu diesem Drucker an:

```
$Printer | Format-Table -AutoSize
```

5. Drucken Sie eine Testseite:

```
Invoke-CimMethod -InputObject $Printer -MethodName PrintTestPage
```

So funktioniert's

In *Schritt 1* verwenden Sie `Get-CimInstance`, um alle Drucker abzurufen, die auf diesem System definiert sind. Dieser Schritt erzeugt keine Ausgabe.

In *Schritt 2* geben Sie die Anzahl der definierten Drucker aus, was wie folgt aussieht:

```
PS C:\foo> '{0} Drucker auf diesem System definiert' -f $Printers.Count
3 Drucker auf diesem System definiert
```

In *Schritt 3* rufen Sie das Objekt ab, das dem Gruppendrucker der Gruppe `Sales` entspricht; dies erzeugt keine Ausgabe. In *Schritt 4* zeigen Sie die Details dieses Druckers an, was folgendermaßen aussieht:

```
PS C:\foo> $Printer | Format-Table -AutoSize
Name          ShareName     SystemName PrinterState PrinterStatus Location
----          ---------     ---------- ------------ ------------- --------
SalesPrinter1 SalesPrinter1 PSRV       0            0             10. Stock 10E4
```

In *Schritt 4* rufen Sie für den Gruppendrucker `SalesPrinter1` die Methode `PrintTestPage` auf, um auf diesem Drucker eine Testseite zu drucken. Wenn Sie das Fenster für die Druckwarteschlange öffnen, sieht das Erzeugen einer Testseite wie folgt aus:

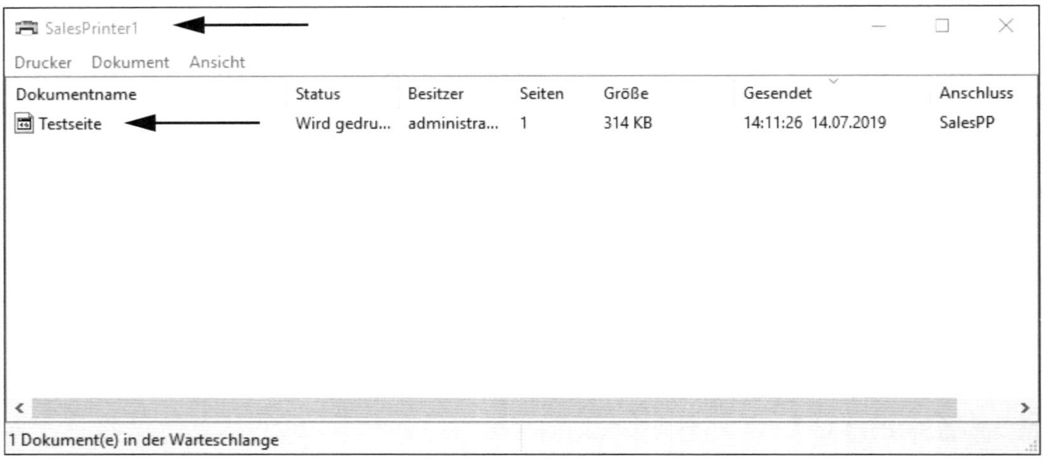

Druckerberechtigungen verwalten

Jeder Windows-Drucker besitzt eine Zugriffssteuerungsliste (**access control list**, **ACL**). Jede ACL enthält einen oder mehrere Zugriffssteuerungseinträge (**access control entries**, **ACEs**). Jeder ACE definiert eine bestimmte Berechtigung für eine bestimmte Gruppe oder einen Benutzer. Sie können eine Gruppe definieren (wie beispielsweise `SalesAdmins`) und dieser Gruppe die Berechtigung erteilen, Dokumente zu verwalten, und einer anderen Gruppe (`Sales`) nur das Recht erteilen, auf einem Drucker auszudrucken.

Wenn Sie einen Drucker erstellen, fügt Windows automatisch einige ACEs in die ACL des Druckers ein. Hierzu gehört, dass die Gruppe `Jeder` das Recht erhält, auf dem Drucker zu drucken, bei bestimmten Druckern kann dies jedoch unerwünscht sein. Aus diesem Grunde müssen Sie in der Lage sein, die ACL anzupassen, was dieses Rezept zeigt.

Das Modul `PrintManagement` enthält eine Reihe von Cmdlets, mit denen Sie Ihre Drucker verwalten können, jedoch gibt es keine Cmdlets für die Bearbeitung der Drucker-ACLs. Sie können immer .NET direkt verwenden, um die Zugriffssteuerungsliste zu verwalten, oder ein Skript eines Drittanbieters verwenden, das diese Aufgabe für Sie erledigt. Jedoch ist der Code hierfür recht komplex (und kann die Dinge schnell durcheinanderbringen). Um es einfach zu halten, werden Sie ein Skript herunterladen und verwenden, `Set-PrintPermissions.ps1`, das auf TechNet zur Verfügung steht.

Mit dem Skript `Set-PrintPermissions.ps1` können Sie Druckerberechtigungen für AD-Benutzer oder Gruppen gewähren oder entfernen. In diesem Rezept werden Sie dieses Skript verwenden, um die Berechtigungen für die Gruppe `Jeder` zu entfernen, und dann den Mitgliedern einer anderen Gruppe das Drucken sowie die Dokument- und Druckerverwaltung erlauben. Dieses Skript verwendet für die Zugriffsberechtigungen Namen, die IT-Profis bekannt sind, wodurch sich das Skript einfach einsetzen lässt.

Ein Nachteil dieses Skripts besteht darin, dass es damit nicht möglich ist, die Berechtigungen eines Druckerobjekts anzuzeigen. Sie können hierfür immer die .NET-Sicherheitsklassen verwenden, um die Zugriffsrechte zu untersuchen oder (wie in diesem Rezept gezeigt) hierfür die grafische Benutzeroberfläche verwenden.

Hinweis Während der Entwicklung von Windows Server 2019 waren die Drucker, die mit diesen Rezepten erstellt wurden, mit ein paar interessanten ACEs versehen. Einer dieser ACEs wurde für eine SID gesetzt, die einem Benutzer mit dem Namen `'defaultuser0'` zugeordnet war. Um Verwirrung zu vermeiden, werden in den Abbildungen für dieses Rezept diese ACEs nicht angezeigt.

Vorbereitungen

Dieses Rezept verwendet AD-Konten, die mit dem Skript `Create-SalesTeam.ps1` in der Einführung dieses Kapitels erstellt wurden. Sie benötigen den Druckserver `PSRV` sowie den Domänencontroller `DC1`. Verwenden Sie `CL1`, um die Zugriffsrechte zu testen.

So wird's gemacht

1. Laden Sie das Skript `Set-PrinterPermissions` von TechNet herunter:

```
$URL = 'https://gallery.technet.microsoft.com/scriptcenter/' +
        'Modify-Printer-Permissions-149ae172/file/116651/1/' +
        'Set-PrinterPermissions.ps1'
$Target = 'C:\Foo\Set-PrinterPermissions.ps1'
Start-BitsTransfer -Source $URL -Destination $Target
```

2. Zeigen Sie die Hilfe für dieses Skript an:

```
Get-Help $Target
```

3. Verwenden Sie `PrintUI.DLL`, um das Dialogfeld **Druckereigenschaften** anzuzeigen:

```
rundll32.exe printui.dll,PrintUIEntry /p /nSalesprinter1
```

4. Klicken Sie in der GUI auf **Sicherheit**, um die anfängliche ACL zu sehen.
5. Entfernen Sie die Zugriffssteuerungseinträge der Gruppe `Jeder` aus der Zugriffssteuerungsliste des Druckers:

```
$SPHT1 = @{
  ServerName        = 'PSRV'
  Remove            = $True
  AccountName       = 'Jeder'
  SinglePrinterName = 'SalesPrinter1'
}
C:\foo\Set-PrinterPermissions.ps1 @SPHT1
```

6. Fügen Sie die Gruppe `Sales` der Zugriffssteuerungsliste hinzu und gewähren Sie die Berechtigung *Drucken*:

```
$SPHT2 = @{
  ServerName        = 'PSRV'
  AccountName       = 'Reskit\Sales'
  AccessMask        = 'Print'
  SinglePrinterName = 'SalesPrinter1'
}
C:\foo\Set-PrinterPermissions.ps1 @SPHT2
```

7. Erteilen Sie der Gruppe `SalesAdmins` die Berechtigung *Dokumente verwalten:*

```
$SPHT3 = @{
  ServerName        = 'PSRV'
  AccountName       = 'Reskit\SalesAdmins'
  AccessMask        = 'ManageDocuments'
  SinglePrinterName = 'SalesPrinter1'
}
C:\foo\Set-PrinterPermissions.ps1 @SPHT3
```

8. Lassen Sie das Dialogfeld mit den Eigenschaften des Druckers anzeigen:

```
rundll32.exe printui.dll,PrintUIEntry /p /nSalesprinter1
```

9. Klicken Sie auf die Registerkarte **Sicherheit** und sehen Sie sich die aktualisierte ACL an.

So funktioniert's

In *Schritt 1* verwenden Sie den BITS-Dienst, um das Skript `Set-PrinterPermissions` herunterzuladen. Dieser Schritt erzeugt keine Ausgabe.

Das Skript `Set-PrinterPermissions` stellt kommentarbasierte Hilfe zur Verfügung, die Sie beim Einsatz des Skripts unterstützt. In *Schritt 2* verwenden Sie `Get-Help`, um sich die Hilfeinformationen anzeigen zu lassen, was folgendermaßen aussieht:

```
PS C:\foo> Get-Help $Target

NAME
    C:\Foo\Set-PrinterPermissions.ps1

ÜBERSICHT
    Purpose:  Modifies Printer Permissions.


SYNTAX
    C:\Foo\Set-PrinterPermissions.ps1 [[-ServerName] <String>] [-AccountName] <String> [[-SinglePrinterName]
    <String>] [[-AccessMask] <String>] [[-Deny]] [[-Remove]] [[-AceFlag] <Int32>] [[-IntAccessMask] <UInt32>]
    [[-NoLog]] [[-LogFile] <String>] [<CommonParameters>]


BESCHREIBUNG
    This script was created to modify the DACL of printer objects.  It can be
    used to add specific permissions or remove permissions from printers on
    the localhost or a specified server.

    See -full help for example usage.  If no parameters are set, aside from the
    mandatory AccountName, it will set the "Print" permission on all printers
    of the host it is ran on.

    As an alternative to this script, something like SubInACL.exe can be used
    to alter printer permissions.


VERWANDTE LINKS

HINWEISE
    Zum Aufrufen der Beispiele geben Sie Folgendes ein: "get-help C:\Foo\Set-PrinterPermissions.ps1 -examples".
    Weitere Informationen erhalten Sie mit folgendem Befehl: "get-help C:\Foo\Set-PrinterPermissions.ps1 -detailed".
    Technische Informationen erhalten Sie mit folgendem Befehl: "get-help C:\Foo\Set-PrinterPermissions.ps1 -full".
```

In *Schritt 3* verwenden Sie `PrintUI.DLL`, um die Eigenschaften des Druckers `SalesPrinter1` anzeigen zu lassen. In *Schritt 4* sehen Sie sich die anfängliche ACL dieses Druckers an, die wie folgt aussieht:

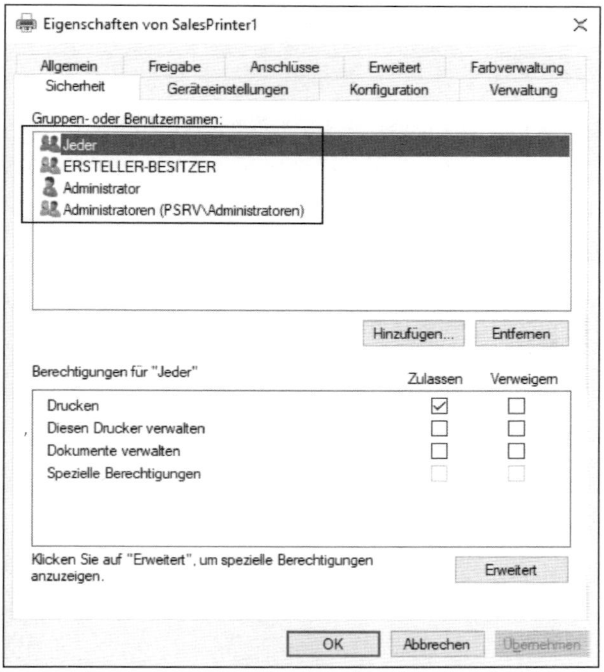

In *Schritt 5* verwenden Sie das Skript `Set-Printerpermissions`, um die Standard-ACE zu entfernen, die jedem das Drucken auf diesem Drucker erlaubt. In *Schritt 6* erlauben Sie den Mitgliedern der Gruppe `Sales` auf diesem Drucker zu drucken und gewähren den Mitgliedern der Gruppe `SalesAdmins` die Berechtigung, Dokumente zu verwalten. Diese Schritte erzeugen auf der Konsole keine Ausgabe.

In *Schritt 8* öffnen Sie erneut das Dialogfeld **Eigenschaften** für den Drucker und sehen sich in *Schritt 9* die aktualisierte ACL für den Drucker `SalesPrinter1` an. Wenn Sie auf **Sales** klicken, sehen Sie die Berechtigungen der Gruppe `Sales`:

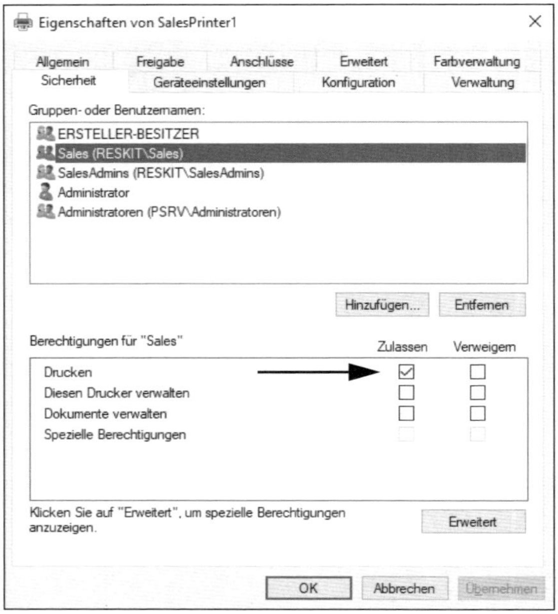

Wenn Sie die Gruppe **SalesAdmins** anklicken, sehen Sie die Berechtigungen dieser Gruppe:

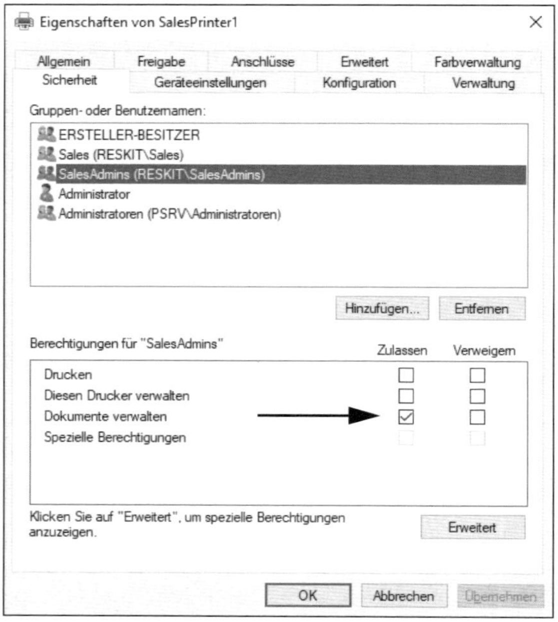

Weitere Informationen

In *Schritt 1* haben Sie den BITS-Dienst verwendet, um das Skript `Set-PrinterPermissions` herunterzuladen, und hierzu die URL des Skripts benutzt. Alternativ hätten Sie auch Ihre Suchmaschine verwenden und das Skript direkt herunterladen können. Dieses Skript steht in der PowerShell-Gallery nicht zur Verfügung.

In *Schritt 3* und *Schritt 8* haben Sie `PrintUI.DLL` eingesetzt, um ein Dialogfeld zur Druckerverwaltung anzuzeigen. In diesem Dialogfeld können Sie die anfängliche und die aktualisierte ACL des Druckers sehen. Sie können erkennen, dass die Mitglieder der Gruppe `Sales` nach der Änderung drucken und dass die Mitglieder der Gruppe `SalesAdmins` Dokumente verwalten können.

Einen Druckerpool einrichten

Windows erlaubt das Erstellen eines Druckerpools. Hierbei handelt es sich um einen Drucker, für den zwei oder mehr Druckgeräte (also Druckeranschlüsse) zur Verfügung stehen. Windows sendet die verschiedenen Druckaufträge an einen beliebigen Drucker im Pool. Dieses Feature ist in Umgebungen nützlich, in denen die Benutzer viel drucken und wenn sie die Geschwindigkeit benötigen, die zusätzliche Drucker bieten. Die Benutzer müssen dann auch kein bestimmtes Druckgerät auswählen.

Für die Einrichtung eines Druckerpools existieren keine PowerShell-Cmdlets. Auch WMI stellt keinen Mechanismus bereit, um einen Druckerpool zu erstellen. So wie in anderen Rezepten dieses Kapitels werden Sie `PrintUI.DLL` und `RunDLL32` verwenden, um einen Druckerpool bereitzustellen. Dies ist ein weiteres Beispiel dafür, wie Sie ältere Konsolenanwendungen verwenden können, um Ihr Ziel zu erreichen.

Vorbereitungen

Führen Sie dieses Rezept auf dem Druckserver `PSRV` aus. Dieses Rezept verwendet den Drucker und den Druckeranschluss, den Sie im Rezept »Drucker installieren und freigeben« auf Seite 212 eingerichtet haben.

So wird's gemacht

1. Erstellen Sie einen zusätzlichen Anschluss für den Drucker `SalesPrinter1`:

```
$P = 'SalesPP2' # Neuer Anschlussname
Add-PrinterPort -Name $P -PrinterHostAddress 10.10.10.62
```

2. Erstellen Sie den Druckerpool für `SalesPrinter1`:

```
$P1='SalesPP'
$P2='SalesPP2'
rundll32.exe printui.dll,PrintUIEntry /Xs /n $p Portname $P1,$P2
```

3. Lassen Sie die Ergebnisse anzeigen; Sie sehen jetzt beide Anschlüsse:

```
$P = 'SalesPrinter1'
Get-Printer $P |
  Format-Table -Property Name, Type, DriverName, PortName
```

So funktioniert's

In *Schritt 1* fügen Sie einen neuen Druckeranschluss (`SalesPP2`) hinzu, der als zweiter Anschluss für den Drucker `SalesPrinter1` dienen soll. In *Schritt 2* weisen Sie `SalesPrinter1` die beiden Druckeranschlüsse zu und erstellen so den Druckerpool. Diese Schritte erzeugen keine Ausgabe.

In *Schritt 3* zeigen Sie das Ergebnis der ersten beiden Schritte an. Beachten Sie, dass dem Drucker `SalesPrinter1` jetzt zwei Druckeranschlüsse zur Verfügung stehen, wie Sie hier sehen können:

```
PS C:\foo> $P = 'SalesPrinter1'
PS C:\foo> Get-Printer $P |
             Format-Table -Property Name, Type, DriverName, PortName

Name          Type  DriverName                 PortName
----          ----  ----------                 --------
SalesPrinter1 Local Xerox WorkCentre 6515 PCL6 SalesPP,SalesPP2
```

Weitere Informationen

Wenn Sie einen Druckerpool erstellen, ist es wichtig sicherzustellen, dass alle Druckgeräte im Pool identisch sind oder dass diese zumindest den gleichen Druckertreiber verwenden können. So können Sie beispielsweise die HP-Druckertreiber für viele Druckgeräte verwenden. Es ist jedoch vorzuziehen, identische Druckermodelle mit den passenden Treibern zu verwenden.

Kapitel 8

Einführung in Container

In diesem Kapitel werden die folgenden Rezepte vorgestellt:

- **Einen Container-Host konfigurieren**
- **Eine Hello World-Beispielanwendung bereitstellen**
- **IIS in einem Container bereitstellen**
- **Ein Dockerfile verwenden, um einen Container zu erstellen und zu verwenden**

Einführung

Container existieren bereits seit längerer Zeit für die Virtualisierung von Unix. Zum größten Teil werden Container für die Bereitstellung von Anwendungen genutzt, die durch die Open Source-Initiative Docker populär wurden. Mit Windows Server 2019 unterstützt Windows Server Docker und die in Hyper-V integrierte Docker-Containerisierung.

Die meisten Verwaltungsaufgaben, die Sie vermutlich für Container in Windows Server 2019 vornehmen, führen Sie nicht mit Cmdlets, sondern mit dem Befehlszeilentool `docker.exe` durch. Wenn Sie sich an den objekt- und aufgabenorientierten Ansatz von PowerShell gewöhnt haben, kann es schwierig sein, diese Anwendung zu verwenden. Damit stehen Sie nicht alleine da. Die Anwendung `docker.exe` funktioniert auch in PowerShell und Sie können natürlich PowerShell verwenden, um den Befehl einzupacken.

Um in Windows Server 2019 Container nutzen zu können, müssen Sie eine Reihe von Komponenten herunterladen und installieren. Im Rezept »Eine Hello World-Beispielanwendung bereitstellen« auf Seite 234 werden Sie Basis-Betriebssystemimages herunterladen und einsetzen. Hierfür ist eine Internetverbindung erforderlich.

Container bieten Skalierbarkeit, da Sie damit in der Lage sind, direkt auf Windows Server 2019 mehrere Container auszuführen. Hierfür werden erheblich weniger Ressourcen benötigt, als wenn jeder Container in seiner eigenen **virtuellen Maschine** (**VM**) laufen würde.

Dieser Ansatz hat jedoch eine theoretische Sicherheitsschwachstelle, da Malware eines bösartigen Akteurs in der Lage ist, von einem Container aus auf die Inhalte eines anderen Containers zuzugreifen. Um diese Risiken zu minimieren, können Sie Container in Hyper-V ausführen. Ein Hyper-V-

Container wird in einer komplett virtualisierten Umgebung ausgeführt, die zusätzliche Sicherheit auf der Hardware-Ebene bietet, jedoch geht dies zulasten der Performance. Hyper-V-Container sind in einer von mehreren Nutzern gemeinsam genutzten Umgebung nützlich, in der ein Container-Host mehrere Container ausführt, die zu unterschiedlichen Unternehmen bzw. Organisationen gehören.

Nachdem Sie einen Container-Host konfiguriert haben, ist es eine gute Idee zu testen, ob Sie Container erfolgreich ausführen können. Es gibt eine Vielzahl von Beispielcontainern, die Sie herunterladen können, um die grundlegende Funktionalität des Containers zu testen (und um sich mit `docker.exe` vertraut zu machen). Sie werden dies im Rezept »Eine Hello World-Beispielanwendung bereitstellen« auf Seite 234 tun und sich dort außerdem ansehen, wie Sie Container mit Hyper-V-Virtualisierung verwenden.

Bei Containern verpacken Sie Anwendungen in einen Container, der dann einen gemeinsam genutzten Kernel verwendet. Dieser eine, gemeinsam genutzte Kernel stellt dann allen Containern, die auf einem Container-Host bereitgestellt werden, die Features auf Kernel-Ebene zur Verfügung. Der Container führt eine Anwendung aus und nutzt dabei den gemeinsamen Kernel.

Um unter Windows Server 2019 Container bereitzustellen, müssen Sie einen Container-Host einrichten (um den Container auszuführen). Außerdem brauchen Sie ein oder mehrere Images, die Docker als Container ausführen kann. Sie können auch Basis-Betriebssystemimages aus dem Docker Repository herunterladen und diese als Grundlage für eigene Images verwenden.

Wie Sie in diesem Kapitel sehen werden, verwenden Sie `docker.exe` (und in bestimmten Fällen auch Hyper-V), um Container zu erstellen und bereitzustellen. Im Rezept »Eine Hello World-Beispielanwendung bereitstellen« auf Seite 234 werden Sie Basis-Betriebssystemimages kennenlernen und herunterladen.

Eine Anwendung, die sich einfach containerisieren lässt, sind die Internetinformationsdienste (Internet Information Services, IIS). Dies ist sehr einfach, wie Sie im Rezept »IIS in einem Container bereitstellen« auf Seite 240 sehen werden.

Zur Bereitstellung eines Containers können Sie auch ein Dockerfile verwenden. Hierbei handelt es sich um eine einfache Textdatei, die die Anweisungen für die Erstellung des Containers enthält. Docker verwendet diese Datei, um ein benutzerdefiniertes Container-Image zu bauen, das Sie dann bereitstellen können. Sie werden sich die Erstellung eines Images mit einem Dockerfile in dem Rezept mit dem aussagekräftigen Namen »Ein Dockerfile verwenden, um einen Container zu erstellen und zu verwenden« auf Seite 243 ansehen.

Dieses Kapitel kann lediglich eine Einführung in Container, Images, `docker.exe` und Dockerfiles bieten. Im Zusammenhang mit Containern gibt es noch viele weitere Dinge zu entdecken. Themen wie Vernetzung und Docker, Docker Swarm und viele weitere werden nicht behandelt, da sie den Rahmen dieses Buches sprengen würden. Wenn Sie mehr über Docker erfahren wollen, schauen Sie sich das Buch *Docker* von *Adrian Mouat* an, das im dpunkt.verlag erschienen ist. Weitere Informationen über Windows-Container finden Sie über diesen Link: `https://docs.microsoft.com/de-de/virtualization/windowscontainers/about`.

Hinweis Die Rezepte in diesem Kapitel verwenden das Befehlszeilenprogramm `docker.exe`. Für diejenigen, die mit der fantastischen PowerShell vertraut sind und sich dort zu Hause fühlen, kann `docker.exe` ein wenig schockierend sein. Das Programm bietet keine Tab-Vervollständigung, bei der Ausgabe handelt es sich lediglich um Text und keine Objekte, die Namen der Parameter scheinen willkürlich und merkwürdig zu sein, die Online-Hilfe ist nicht sehr hilfreich und die Fehlermeldungen sind geradezu schrecklich. `docker.exe` ist nicht so einfach in den Griff zu bekommen, ist weniger einfach zu automatisieren als andere Windows-Features und fühlt sich auch auf einer gut ausgestatteten Workstation sehr, sehr langsam an.

Container als Feature sind großartig. Falls Sie vorhaben, Container einzusetzen, sollten Sie ein wenig Zeit mit der Erstellung eines guten Frameworks und von Framework-Tools für Ihre Umgebung verbringen. Wenn Sie die großen Suchmaschinen verwenden, um weitere Aspekte von Containern zu entdecken, erhalten Sie zwar eine ganze Menge an nützlichen Suchergebnissen, die sich jedoch meist mit der Verwendung von Linux als Container-Host und mit dem Einsatz von Linux in einem Container befassen.

Einen Container-Host konfigurieren

Der erste Schritt bei der Container-Virtualisierung besteht darin, einen Container-Host zu konfigurieren. Beim Container-Host handelt es sich um eine (virtuelle oder physikalische) Maschine, auf der Windows Server 2019 ausgeführt wird und auf der die für Container erforderlichen Dienste und andere Systemvoraussetzungen installiert sind und ausgeführt werden. Sie können Container auch auf Windows 10 ausführen, jedoch wird das in diesem Kapitel nicht behandelt.

In diesem Kapitel installieren Sie die für Container erforderlichen Komponenten und werden hierbei auch die Docker-Komponenten laden.

Vorbereitungen

Dieses Rezept verwendet ein neues Windows Server 2019-System mit dem Namen `CH1` (CH = **C**ontainer **H**ost). Zu Beginn dieses Kapitels enthält `CH1` nur die standardmäßig installierten Windows-Features und wurde nicht für andere Rezepte in diesem Buch verwendet.

Sie können für dieses Rezept wahlweise die PowerShell ISE oder die PowerShell-Konsole verwenden.

So wird's gemacht

1. Installieren Sie den Package-Provider `nuget`:

   ```
   Install-PackageProvider -Name nuget -Force
   ```

2. Installieren Sie den Docker-Provider:

   ```
   $IHT1 = @{
     Name       = 'DockerMSFTProvider'
     Repository = 'PSGallery'
     Force      = $True
   }
   Install-Module @IHT1
   ```

3. Installieren Sie die aktuellste Version des Docker-Package. Hierdurch wird gleichzeitig das Feature Containers in Windows Server aktiviert:

   ```
   $IHT2 = @{
     Name         = 'Docker'
     ProviderName = 'DockerMSFTProvider'
     Force        = $True
   }
   Install-Package @IHT2
   ```

4. Stellen Sie sicher, dass Hyper-V und die Hyper-V-Verwaltungstools installiert sind:

```
Add-WindowsFeature -Name Hyper-V -IncludeManagementTools |
  Out-Null
```

5. Entfernen Sie Windows Defender, da es zu Problemen mit Docker führen kann:

```
Remove-WindowsFeature -Name Windows-Defender |
  Out-Null
```

6. Starten Sie den Computer neu, um Docker und Windows Containers zu aktivieren:

```
Restart-Computer
```

7. Überprüfen Sie, ob auf `CH1` die Windows-Features Containers und Hyper-V installiert sind:

```
Get-WindowsFeature -Name Containers, Hyper-V
```

8. Zeigen Sie den Status des Docker-Dienstes an:

```
Start-Service -Name Docker
Get-Service -Name Docker
```

9. Zeigen Sie Informationen zur Docker-Version an:

```
docker version
```

10. Zeigen Sie die Docker-Konfigurationsinformationen an:

```
docker info
```

So funktioniert's

In *Schritt 1* fügen Sie den Paketprovider `nuget` hinzu. Die Ausgabe dieses Schritts sieht wie folgt aus:

```
PS C:\foo> Install-PackageProvider -Name nuget -Force

Name      Version      Source          Summary
----      -------      ------          -------
nuget     2.8.5.208    https://onege... NuGet provider for the OneGet meta-package manager
```

In *Schritt 2*, der keine Ausgabe erzeugt, installieren Sie den Provider `DockerMSFTProvider`.

Anschließend installieren Sie in *Schritt 3* die aktuelle Version der Docker-Pakete. Dieser Schritt erzeugt die folgende Ausgabe:

```
PS C:\foo> $IHT2 = @{
             Name         = 'Docker'
             ProviderName = 'DockerMSFTProvider'
             Force        = $True
           }
PS C:\foo> Install-Package @IHT2

WARNUNG: A restart is required to enable the containers feature. Please restart your machine.

Name      Version    Source          Summary
----      -------    ------          -------
Docker    18.09.7    DockerDefault   Contains Docker EE for use with Windows Server.
```

In *Schritt 4* installieren Sie das Hyper-V-Feature und die betreffenden Verwaltungstools. In *Schritt 5* entfernen Sie Windows Defender, da dieser zu Problemen beim Einsatz von Docker führen kann. In *Schritt 6* führen Sie einen Neustart des Systems durch, um die Installation der Core-Container-Features abzuschließen. Diese drei Schritte erzeugen keine Ausgabe.

Nach dem Neustart von CH1 überprüfen Sie in *Schritt 7* die Windows-Features Containers sowie Hyper-V, was wie folgt aussieht.

```
PS C:\foo> Get-WindowsFeature -Name Containers, Hyper-V

Display Name                Name                  Install State
------------                ----                  -------------
[X] Hyper-V                 Hyper-V                   Installed
[X] Containers              Containers                Installed
```

In *Schritt 8* überprüfen Sie, ob der Docker-Dienst ausgeführt wird, was folgende Ausgabe erzeugt:

```
PS C:\foo> Get-Service -Name Docker

Status   Name          DisplayName
------   ----          -----------
Running  Docker        Docker Engine
```

In *Schritt 9* verwenden Sie den Befehl docker.exe und lassen sich Details zur Version des Docker-Clients und des Docker-Servers anzeigen, was wie folgt aussieht:

```
PS C:\foo> docker version

Client: Docker Engine - Enterprise
 Version:           18.09.7
 API version:       1.39
 Go version:        go1.10.8
 Git commit:        b81f47481d
 Built:             06/27/2019 17:58:58
 OS/Arch:           windows/amd64
 Experimental:      false

Server: Docker Engine - Enterprise
 Engine:
  Version:          18.09.7
  API version:      1.39 (minimum version 1.24)
  Go version:       go1.10.8
  Git commit:       b81f47481d
  Built:            06/27/2019 17:57:09
  OS/Arch:          windows/amd64
  Experimental:     false
```

In *Schritt 10* lassen Sie die Docker-Konfigurationsdetails anzeigen und erhalten diese Ausgabe:

```
PS C:\foo> docker info

Containers: 0
 Running: 0
 Paused: 0
 Stopped: 0
Images: 0
Server Version: 18.09.8
Storage Driver: windowsfilter
 Windows:
Logging Driver: json-file
Plugins:
 Volume: local
 Network: ics l2bridge l2tunnel nat null overlay transparent
 Log: awslogs etwlogs fluentd gelf json-file local logentries splunk syslog
Swarm: inactive
Default Isolation: process
Kernel Version: 10.0 17763 (17763.1.amd64fre.rs5_release.180914-1434)
Operating System: Windows Server 2019 Datacenter Version 1809 (OS Build 17763.379)
OSType: windows
Architecture: x86_64
CPUs: 4
Total Memory: 3.418GiB
Name: CH1
ID: Q5XO:2NEX:P4ML:IDUP:FRY5:EVY2:RVFN:CMFS:FJM5:HHZ4:NVPC:AGFK
Docker Root Dir: C:\ProgramData\docker
Debug Mode (client): false
Debug Mode (server): false
Registry: https://index.docker.io/v1/
Labels:
Experimental: false
Insecure Registries:
 127.0.0.0/8
Live Restore Enabled: false
```

Weitere Informationen

In *Schritt 1* laden Sie den `NuGet`-Provider herunter und installieren ihn. Dies ermöglicht es, den Docker-Provider und das Docker Application Package aus der PowerShell-Gallery herunterzuladen. Weitere Informationen über `NuGet` finden Sie unter `https://docs.microsoft.com/de-de/nuget/what-is-nuget`.

Eine Hello World-Beispielanwendung bereitstellen

Nachdem Sie einen Container-Host konfiguriert haben, müssen Sie sicherstellen, dass Ihre Umgebung erfolgreich konfiguriert wurde und Container nutzen kann. Ein wirklich sehr einfacher Weg zu prüfen, dass Ihr Container-Host gut funktioniert, besteht darin, eine Anwendung herunterzuladen und auszuführen. Wenn sich diese Container-Anwendung erfolgreich ausführen lässt, wissen Sie, dass Container und Docker funktionsfähig eingerichtet sind.

Es gibt einige einfache Anwendungen, die Sie nutzen können, um die Container-Umgebung auf `CH1` (den Sie im Rezept »Einen Container-Host konfigurieren« auf Seite 231 eingerichtet haben) zu testen. Ein paar dieser Anwendungen verwenden Sie in diesem Rezept.

Bevor Sie einen Container ausführen können, müssen Sie ein Container-Image beschaffen. Es gibt verschiedene Wege, um Images zu erhalten, wie Sie im Verlauf dieses Kapitels noch sehen werden. Docker stellt eine Online-Registry zur Verfügung, auf der sich eine Vielzahl von Container-Images befinden, die Sie nutzen können. Sie verwenden den Befehl docker, um nach Images zu suchen und diese herunterzuladen. Sie können diese Images entweder direkt einsetzen oder sie als Basis für benutzerdefinierte Images verwenden (was Sie im Rezept »Ein Dockerfile verwenden, um einen Container zu erstellen und zu verwenden« auf Seite 243 kennenlernen). In diesem Rezept werden Sie verschiedene Images herunterladen, diese als Container ausführen und danach Ihre Umgebung wieder aufräumen.

Dieses Rezept zeigt, wie Sie die Docker-Registry verwenden, um Images zu erhalten und wie Sie diese Images dann lokal nutzen. Außerdem untersucht dieses Rezept einige grundlegende Aufgaben der Container-Verwaltung und zeigt verschiedene Methoden, um den Befehl `docker.exe` zu automatisieren.

Vorbereitungen

Dieses Rezept setzt einen konfigurierten Container-Host, `CH1`, voraus. Sie richten diesen Host im Rezept »Einen Container-Host konfigurieren« auf Seite 231 ein.

Sie können für dieses Rezept wahlweise die PowerShell ISE oder die PowerShell-Konsole verwenden.

So wird's gemacht

1. Suchen Sie auf dem Docker-Hub nach `hello-world`-Containern:
```
docker search hello-world
```
2. Laden Sie das offizielle Docker-Image `hello-world` herunter:
```
docker pull hello-world
```
3. Prüfen Sie das Image, das Sie soeben heruntergeladen haben:
```
docker image ls
```
4. Führen Sie das Container-Image `hello-world` aus:
```
docker run hello-world
```
5. Suchen Sie auf dem Docker-Hub nach Images von Microsoft:
```
docker search microsoft
```
6. Laden Sie das Basis-Betriebssystemimage des Nano Servers herunter:
```
docker image pull mcr.microsoft.com/windows/nanoserver:1809
```
7. Führen Sie das Basis-Betriebssystemimage `nanoserver` aus:
```
docker run mcr.microsoft.com/windows/nanoserver:1809
```
8. Prüfen Sie, welche Images jetzt auf `CH1` zur Verfügung stehen:
```
docker image ls
```
9. Untersuchen Sie das zweite Image:
```
$Images = docker image ls
$Image = (($Images[1]).Split(' ')|where {$_.Length -ge 1})[2]
docker inspect $image | ConvertFrom-Json
```

10. Laden Sie ein weiteres (älteres) Image herunter und versuchen Sie, es auszuführen:

    ```
    docker image pull microsoft/nanoserver:10.0.14393.1358 | Out-Null
    docker run microsoft/nanoserver:10.0.14393.1358
    ```

11. Versuchen Sie nun, das Image mit Hyper-V-Isolierung auszuführen:

    ```
    docker run --isolation=hyperv microsoft/nanoserver:10.0.14393.1358
    ```

12. Untersuchen Sie die Laufzeitunterschiede:

    ```
    # Ohne Isolierung ausführen
    $S1 = Get-Date
    docker run hello-world | Out-Null
    $E1 = Get-Date
    $T1 = ($E1-$S1).TotalMilliseconds

    # Mit Isolierung ausführen
    $S2 = Get-Date
    docker run --isolation=hyperv hello-world | Out-Null
    $E2 = get-date
    $T2 = ($E2-$S2).TotalMilliseconds

    "Ohne Isolierung, Dauer : $T1 Millisekunden"
    "Mit Isolierung, Dauer  : $T2 Millisekunden"
    ```

13. Löschen Sie alle Container-Images:

    ```
    docker rmi $(docker images -q) -f | out-Null
    ```

14. Zeigen Sie die noch vorhandenen Images an und verifizieren Sie, dass die Container entfernt wurden:

    ```
    docker image ls
    docker container ls
    ```

So funktioniert's

In *Schritt 1* durchsuchen Sie die Docker-Registry nach `hello-world`-Images, was so aussieht:

```
PS C:\foo> docker search hello-world

NAME                                        DESCRIPTION                                      STARS   OFFICIAL   AUTOMATED
hello-world                                 Hello World! (an example of minimal Dockerizâ€¦   963     [OK]
kitematic/hello-world-nginx                 A light-weight nginx container that demonstrâ€¦   126
tutum/hello-world                           Image to test docker deployments. Has Apacheâ€¦   61                 [OK]
dockercloud/hello-world                     Hello World!                                     15                 [OK]
crccheck/hello-world                        Hello World web server in under 2.5 MB           8                  [OK]
ppc64le/hello-world                         Hello World! (an example of minimal Dockerizâ€¦   2
markmnei/hello-world-java-docker            Hello-World-Java-docker                          1                  [OK]
souravpatnaik/hello-world-go                hello-world in Golang                            1
carinamarina/hello-world-app                This is a sample Python web application, runâ€¦   1                  [OK]
kevindockercompany/hello-world                                                               0
burdz/hello-world-k8s                       To provide a simple webserver that can have â€¦   0                  [OK]
koudaiii/hello-world                                                                         0
infrastructureascode/hello-world            A tiny "Hello World" web server with a healtâ€¦   0                  [OK]
freddiedevops/hello-world-spring-boot                                                        0
ansibleplaybookbundle/hello-world-db-apb    An APB which deploys a sample Hello World! aâ€¦   0                  [OK]
uniplaces/hello-world                                                                        0
ansibleplaybookbundle/hello-world           Simple containerized application that tests â€¦   0
datawire/hello-world                        Hello World! Simple Hello World implementatiâ€¦   0                  [OK]
nirmata/hello-world                                                                          0                  [OK]
ansibleplaybookbundle/hello-world-apb       An APB which deploys a sample Hello World! aâ€¦   0                  [OK]
stumacsolutions/hello-world-container                                                        0
sharor/hello-world                                                                           0
mbrainar/hello-world                        Python-based hello-world web service             0
ebenjaminv9/hello-world                     Hello-world                                      0
s390x/hello-world                           Hello World! (an example of minimal Dockerizâ€¦   0
```

In *Schritt 2* laden Sie das offizielle Docker `hello-world`-Image auf Ihren Container-Host herunter, was folgendermaßen aussieht:

```
PS C:\foo> docker pull hello-world

... (Fortschritt des Downloads, gekürzt)
Digest: sha256:6540fc08ee6e6b7b63468dc3317e3303aae178cb8a45ed3123180328bcc1d20f
Status: Downloaded newer image for hello-world:latest
```

In *Schritt 3* verwenden Sie den Befehl `docker`, um die Images auf `CH1` aufzulisten und erhalten diese Ausgabe:

```
PS C:\foo> docker image ls

REPOSITORY      TAG       IMAGE ID       CREATED       SIZE
hello-world     latest    af5989ee148f   4 days ago    250MB
```

In *Schritt 4* führen Sie das Docker-Image `hello-world` aus, was die folgende Ausgabe produziert:

```
PS C:\foo> docker run hello-world

Hello from Docker!
This message shows that your installation appears to be working correctly.

To generate this message, Docker took the following steps:
 1. The Docker client contacted the Docker daemon.
 2. The Docker daemon pulled the "hello-world" image from the Docker Hub.
    (windows-amd64, nanoserver-1809)
 3. The Docker daemon created a new container from that image which runs the
    executable that produces the output you are currently reading.
 4. The Docker daemon streamed that output to the Docker client, which sent it
    to your terminal.

To try something more ambitious, you can run a Windows Server container with:
 PS C:\> docker run -it mcr.microsoft.com/windows/servercore powershell

Share images, automate workflows, and more with a free Docker ID:
 https://hub.docker.com/

For more examples and ideas, visit:
 https://docs.docker.com/get-started/
```

In *Schritt 5* suchen Sie in der Docker Online-Registry nach Images von Microsoft und erhalten eine Ausgabe ähnlich wie die folgende:

```
PS C:\foo> docker search microsoft

NAME                                     DESCRIPTION                                         STARS   OFFICIAL   AUTOMATED
microsoft/dotnet                         Official images for .NET Ccre and ASP.NET Coâ€¦      1446               [OK]
microsoft/mssql-server-linux             Deprecated SQL Server on Linux Container Repâ€¦      1135
microsoft/aspnet                         Microsoft IIS images                                823                [OK]
microsoft/windowsservercore              The official Windows Server Core base image         653
microsoft/aspnetcore                     Official images for running compiled ASP.NETâ€¦     601                [OK]
microsoft/nanoserver                     The official Nano Server base image                 479
microsoft/iis                            Microsoft IIS images                                360
microsoft/mssql-server-windows-developer Official Microsoft SQL Server Developer Editâ€¦     334
microsoft/mssql-server-windows-express   Official Microsoft SQL Server Express Editioâ€¦     312
microsoft/aspnetcore-build               Official images for building ASP.NET Core apâ€¦     288                [OK]
microsoft/dotnet-framework               Official images for running .NET Framework aâ€¦     247
microsoft/azure-cli                      Official images for Microsoft Azure CLI             169                [OK]
microsoft/vsts-agent                     Official images for the Visual Studio Team Sâ€¦     121
microsoft/dynamics-nav                   Official images for Microsoft Dynamics NAV oâ€¦     121
microsoft/dotnet-samples                 .NET Core Docker Samples                            77                 [OK]
microsoft/bcsandbox                      Business Central Sandbox                            53
microsoft/mssql-tools                    Official images for Microsoft SQL Server Comâ€¦     51
microsoft/oms                            Monitor your containers using the Operationsâ€¦     42                 [OK]
microsoft/cntk                           CNTK images from github.com/Microsoft/CNTK-dâ€¦     38                 [OK]
microsoft/wcf                            Microsoft WCF images                                29
microsoft/dotnet-nightly                 Preview images for the .NET Core SDK                23                 [OK]
microsoft/dotnet-framework-build         The .NET Framework build images have moved tâ€¦     17                 [OK]
microsoft/mmlspark                       Microsoft Machine Learning for Apache Spark         8
microsoft/service-fabric-reverse-proxy   Official image for running Reverse Proxy on â€¦     5
microsoft/cntk-nightly                   CNTK nightly image from github.com/Microsoftâ€¦     2
```

In *Schritt 6* laden Sie ein weiteres Basis-Betriebssystemimage aus der Docker-Registry herunter, was die folgende Ausgabe erzeugt:

```
PS C:\foo> docker image pull mcr.microsoft.com/windows/nanoserver:1809

1809: Pulling from windows/nanoserver
58fd16eaae0b: Already exists
Digest: sha256:f4e90ea2a4fa220edd3db4ab1e22b287c3a7bd9ee2d07c71f92f126b42161634
Status: Downloaded newer image for mcr.microsoft.com/windows/nanoserver:1809
```

In *Schritt 7* führen Sie das Image nanoserver:1809 aus, was wie folgt aussieht:

```
PS C:\foo> docker run mcr.microsoft.com/windows/nanoserver:1809

Microsoft Windows [Version 10.0.17763.615]
(c) 2018 Microsoft Corporation. All rights reserved.

C:\>
```

In *Schritt 8* zeigen Sie eine Liste der Images an, die Sie bisher heruntergeladen haben, was wie folgt aussieht:

```
PS C:\foo> docker image ls

REPOSITORY                              TAG       IMAGE ID       CREATED       SIZE
hello-world                             latest    af5989ee148f   4 days ago    250MB
mcr.microsoft.com/windows/nanoserver    1809      cf751d69394a   4 days ago    250MB
```

In *Schritt 9* verwenden Sie den Befehl docker inspect, um mehr Informationen über das Image nanoserver zu erhalten, was wie folgt aussieht:

```
PS C:\foo> $Images = docker image ls
PS C:\foo> $Image = (($Images[2]).Split(' ')|where {$_.Length -ge 1})[2]
PS C:\foo> docker inspect $image | ConvertFrom-Json

Id              : sha256:cf751d69394af7dc72bd2a251b5f206c623d58ad3c227b4eb38b7f78695fd6c6
RepoTags        : {mcr.microsoft.com/windows/nanoserver:1809}
RepoDigests     : {mcr.microsoft.com/windows/nanoserver@sha256:f4e90ea2a4fa220edd3db4ab1e22b287c3a7
                   bd9ee2d07c71f92f126b42161634}
Parent          :
Comment         :
Created         : 2019-07-09T11:04:08.2782134-07:00
Container       :
ContainerConfig : @{Hostname=; Domainname=; User=; AttachStdin=False; AttachStdout=False;
                  AttachStderr=False; Tty=False; OpenStdin=False;
                  StdinOnce=False; Env=; Cmd=; Image=; Volumes=; WorkingDir=; Entrypoint=; OnBuild=; Labels=}
DockerVersion   :
Author          :
Config          : @{Hostname=; Domainname=; User=ContainerUser; AttachStdin=False; AttachStdout=False;
                  AttachStderr=False; Tty=False; OpenStdin=False; StdinOnce=False; Env=; Cmd=System.Object[];
                  Image=; Volumes=; WorkingDir=; Entrypoint=; OnBuild=; Labels=}
Architecture    : amd64
Os              : windows
OsVersion       : 10.0.17763.615
Size            : 250409559
VirtualSize     : 250409559
GraphDriver     : @{Data=; Name=windowsfilter}
RootFS          : @{Type=layers; Layers=System.Object[]}
Metadata        : @{LastTagTime=0001-01-01T00:00:00Z}
```

In *Schritt 10* laden Sie einen Container, der Isolierung benötigt, herunter und führen ihn aus. Sie erhalten die folgende Docker-Fehlermeldung:

```
PS C:\foo> docker image pull microsoft/nanoserver:10.0.14393.1358 | Out-Null
PS C:\foo> docker run microsoft/nanoserver:10.0.14393.1358

C:\Program Files\Docker\docker.exe: Error response from daemon:
CreateComputeSystem
7a069b10100c4d4babbf8f487033ec78c2e31e8536e35094f0bbdff74f4be6ea:
Das Containerbetriebssystem entspricht nicht dem Hostbetriebssystem.

(extra info: {"SystemType":"Container","Name":"7a069b10100c4d4babbf8f487033ec78c2e31e8536e35094f0b
bdff74f4be6ea","Owner":"docker","VolumePath":"\\\\?\\Volume{f22f96f6-013b-408a-b7a4-f94ff304fd5f}",
"IgnoreFlushesDuringBoot":true,"LayerFolderPath":"C:\\ProgramData\\docker\\windowsfilter\\7a069b101
00c4d4babbf8f487033ec78c2e31e8536e35094f0bbdff74f4be6ea',"Layers":[{"ID":"d75edd80-6a10-5656-a2af-1
1683f564ed3","Path":"C:\\ProgramData\\docker\\windowsfilter\\ae56a3f9ec2d8c869bd7ae931fedb848964d88
3f6638cfb5e1eb6d92b0fa1bf1"},{"ID":"3402f364-8cbf-551a-bee0-74715710a150","Path":"C:\\ProgramData\\
docker\\windowsfilter\\a76ae432b6357fc20305043c795245788f7a296c0508ac5fc3db1b088dd40f37"}],"HostNam
e":"7a069b10100c","HvPartition":false,"EndpointList":["172E33A2-EB11-413D-9B0F-B004974984F6"],"Allow
UnqualifiedDNSQuery":true}).
ERRO[0048] error waiting for container: context canceled
```

In *Schritt 11* führen Sie das gleiche Image aus, diesmal aber mit Hyper-V-Isolierung. Die Ergebnisse sind eher das, was Sie erwarten, und was der folgende Screenshot zeigt:

```
PS C:\foo> docker run --isolation=hyperv microsoft/nanoserver:10.0.14393.1358

Microsoft Windows [Version 10.0.14393]
(c) 2018 Microsoft Corporation. All rights reserved.

C:\>
```

In *Schritt 12* untersuchen Sie, wie sich die Verwendung von Hyper-V-Isolierung auf die Leistung auswirkt und erhalten die folgenden Ergebnisse:

```
PS C:\foo> #Ohne Isolierung ausführen
PS C:\foo> $S1 = Get-Date
PS C:\foo> docker run hello-world |
             Out-Null
PS C:\foo> $E1 = Get-Date
PS C:\foo> $T1 = ($E1-$S1).TotalMilliseconds
PS C:\foo> # Mit Isolierung ausführen
PS C:\foo> $S2 = Get-Date
PS C:\foo> docker run --isolation=hyperv hello-world | Out-Null
PS C:\foo> $E2 = get-date
PS C:\foo> $T2 = ($E2-$S2).TotalMilliseconds
PS C:\foo> "Ohne Isolierung, Dauer : $T1 Millisekunden"
PS C:\foo> "Mit Isolierung, Dauer  : $T2 Millisekunden"

Ohne Isolierung, Dauer : 16165.5532 Millisekunden
Mit Isolierung, Dauer  : 41120.4259 Millisekunden
```

In *Schritt 13* entfernen Sie alle Container-Images von `CH1`, was keine Ausgabe erzeugt. In *Schritt 14* zeigen Sie erneut die auf `CH1` vorhandenen Image-Dateien und Container an, und erhalten die folgende Ausgabe:

```
PS C:\foo> docker image ls
PS C:\foo> docker container ls

REPOSITORY     TAG      IMAGE ID     CREATED     SIZE
CONTAINER ID   IMAGE    COMMAND      CREATED     STATUS     PORTS     NAMES
```

Weitere Informationen

In *Schritt 4* führen Sie den Container hello-world aus, den Sie in *Schritt 2* heruntergeladen haben. Der Container gibt etwas Text aus und beendet sich dann. Dies ist ein guter Beweis dafür, dass Ihr Container-Host eingerichtet ist, ausgeführt wird und in der Lage ist, Container zu hosten.

In *Schritt 7* laden Sie das nanoserver-Image herunter. Durch die Angabe des Tags :1809 im Namen des Images stellen Sie sicher, dass docker.exe ein Image herunterlädt, das mit dem Kernel in Windows Server 2019 (und Windows 10 1809) übereinstimmt.

In *Schritt 9* verwenden Sie den Befehl docker image, um alle auf dem Container-Host (CH1) vorhandenen Images abzurufen. Docker.exe gibt die auf dem System vorhandenen Images als Array von Zeichenfolgen zurück (also nicht als Objekte!). Der erste Eintrag ($Images[0]) ist eine Zeichenfolge, die die Texte der Spaltenüberschriften enthält. Die beiden folgenden Einträge im Array $Images beziehen sich auf die Images nanoserver und hello-world. Sie erzeugen den Wert $Image, indem Sie einen regulären Ausdruck verwenden, um den Namen der Docker-Abbilddatei aus dem von docker zurückgegebenen String zu extrahieren. Diejenigen von Ihnen, die sich mit den dunklen Künsten regulärer Ausdrücke besser auskennen, sind zweifelsohne in der Lage, diesen Schritt zu optimieren.

In *Schritt 10* laden Sie einen Container herunter, dessen eingebautes Betriebssystem sich von dem Betriebssystem unterscheidet, das auf CH1 ausgeführt wird. Sie können beim Befehl docker image pull sehen, dass Sie beim Download auch die exakte Windows-Versionsnummer angeben können. Nach dem Download versuchen Sie den Container auszuführen. Sie erhalten eine Fehlermeldung, was auch nicht anders zu erwarten war, und haben nun zwei Optionen. Eine Variante besteht darin, ein aktuelleres Container-Image herunterzuladen – eines das mit Ihrer Betriebssystemversion übereinstimmt (oder selbst ein aktualisiertes Image zu erstellen, wie im Rezept »Ein Dockerfile verwenden, um einen Container zu erstellen und zu verwenden« auf Seite 243 beschrieben). Die andere Option besteht darin, den Container mit aktiver Hyper-V-Isolierung auszuführen, was prima funktioniert, wie Sie es in *Schritt 11* selbst sehen.

Wenn Sie die Isolierung verwenden, hat dies jedoch Auswirkungen auf die Performance. Dieser Ansatz verbessert zwar die Sicherheit, was in einer Shared-Hosting-Umgebung angemessen sein kann, jedoch ist der Startvorgang signifikant langsamer, was in *Schritt 12* zu sehen ist. Die gute Nachricht ist, dass der Overhead für die Ausführung eines Containers mit der Isolierung, die Hyper-V bereitstellt, nicht mehr groß ist, nachdem der Container einmal gestartet wurde.

Siehe auch ...

Weitere Informationen, die beim Einstieg in Docker helfen, finden Sie unter dieser Adresse: https://docs.docker.com/get-started.

IIS in einem Container bereitstellen

In diesem Rezept werden Sie ein Server Core-Image mit installiertem IIS herunterladen und starten und dann eine Webseite im Container anzeigen lassen. Wenn Sie dieses Image ausführen, wird IIS im Container geladen. Durch die Portweiterleitung ist es möglich, die im Container vorhandene Website anzeigen zu lassen, obwohl IIS im Container-Host nicht geladen wurde.

Damit dieses Rezept wie gezeigt funktioniert, muss der Container das gleiche Basis-Betriebssystem verwenden wie Ihr Container-Host. Dieses Rezept geht daher davon aus, dass der Host die Version 1809 (sowohl für Windows 10 als auch Windows Server 2019) verwendet. Wenn Sie dieses Rezept auf einem älteren Betriebssystem ausführen (beispielsweise 1709 oder Windows Server 2016), führt Docker den Container nicht aus und Sie erhalten eine Fehlermeldung. Stellen Sie daher sicher, dass die Kernel-Versionen des Container-Hosts und des Containers selbst identisch sind (oder verwenden Sie Hyper-V-Isolierung).

Vorbereitungen

Dieses Rezept verwendet den Host CH1, den Sie im Rezept »Einen Container-Host konfigurieren« auf Seite 231 konfiguriert haben.

Führen Sie dieses Rezept in der PowerShell-Konsole aus und nicht in der PowerShell ISE.

So wird's gemacht

1. Erstellen Sie den Ordner ReskitApp:

```
$EA = @{ErrorAction='SilentlyContinue'}
New-Item -Path C:\ReskitApp -ItemType Directory @EA
```

2. Erstellen Sie eine Webseite:

```
$Fn = 'C:\Reskitapp\Index.htm'
$Index = @"
<!DOCTYPE html>
<html><head><title>
ReskitApp Container-Anwendung</title></head>
<body><p><center><b>
HOMEPAGE DER ANWENDUNG RESKITAPP</b></p>
Wird in einem Container auf Windows Server 2019 ausgeführt<p>
</center><br><hr></body></html>
"@
$Index | Out-File -FilePath $Fn
```

3. Laden Sie ein Server Core-Image mit geladenen IIS aus der Docker-Registry herunter:

```
docker pull mcr.microsoft.com/windows/servercore/iis
```

4. Führen Sie das Image als Container mit dem Namen rkwebc aus:

```
$image = 'mcr.microsoft.com/windows/servercore/iis'
docker run -d -p80:80 --name rkwebc "$image"
```

5. Kopieren Sie die Webseite aus *Schritt 2* in den Container:

```
Set-Location -Path C:\Reskitapp
docker cp .\index.htm rkwebc:c:\inetpub\wwwroot\index.htm
```

6. Zeigen Sie die Webseite an:

```
Start-Process "Http://CH1.Reskit.Org/Index.htm"
```

7. Räumen Sie ein wenig auf:

```
docker rm rkwebc -f | Out-Null
docker image rm  mcr.microsoft.com/windows/servercore/iis |
  Out-Null
```

So funktioniert's

In *Schritt 1* erstellen Sie auf CH1 einen Ordner, in dem Sie die Webseite erstellen. In *Schritt 2* erstellen Sie eine sehr einfache Homepage im HTML-Format. In *Schritt 3* laden Sie ein Server Core-Image herunter, das IIS enthält. Diese ersten drei Schritte erzeugen keine Ausgabe.

In *Schritt 4* führen Sie das Image als Container mit dem Namen rkwebc aus und leiten den lokalen Port 80 an den Port 80 des Containers weiter, was wie folgt aussieht:

```
PS C:\foo> $image = 'mcr.microsoft.com/windows/servercore/iis'
PS C:\foo> docker run -d -p80:80 --name rkwebc "$image"

54978e7761df5b6cea144176d04fac2616db7461a3fd085e38cef3436bb1a361
```

In *Schritt 5* kopieren Sie die HTML-Datei mit der Webseite in den Container, was keine Ausgabe erzeugt. In *Schritt 6* zeigen Sie die Webseite des Containers an, was wie folgt aussieht:

In *Schritt 7* beenden Sie den Container und entfernen danach das Container-Image, was keine Ausgabe erzeugt.

Weitere Informationen

Dieses Rezept erstellt (in *Schritt 1* und *Schritt 2*) eine neue Webseite auf dem Host CH1, und kopiert diese Datei dann in den laufenden Container (*Schritt 5*). Beim Starten des Containers verwenden Sie eine Portweiterleitung und weisen Docker an, Port 80 auf dem Container-Host an Port 80 im Container weiterzuleiten. Das bedeutet, dass, obwohl die IIS auf CH1 nicht ausgeführt werden, die Internetinformationsdienste *innerhalb* des Containers geladen sowie aktiv sind und dort eine Website ausführen können. Eine andere Methode, um Daten in einen Container zu übertragen, lernen Sie im Rezept »Ein Dockerfile verwenden, um einen Container zu erstellen und zu verwenden« auf Seite 243 kennen.

In *Schritt 5* verwenden Sie den Befehl docker cp, um Dateien vom Container-Host in den Container zu kopieren. In diesem Rezept fügen Sie lediglich eine einzelne Seite in die Standardwebsite ein, die durch die Installation von IIS erstellt wurde. Sie können den Befehl docker exec verwenden, um im Container eine neue Website zu erstellen und auszuführen, ähnlich wie Sie es im Kapitel über IIS gesehen haben. Sie können auch alle Dateien und weiteren Ressourcen kopieren, die für eine richtige

Website benötigt werden, SSL konfigurieren und Hostheader verwenden, um mehrere Container zu unterstützen.

In diesem Rezept haben Sie den auf Port 80 des Container-Hosts eingehenden Datenverkehr an Port 80 im Container weitergeleitet. Dieses ist ein sehr einfaches Modell, um Container und die Vernetzung in Containern zu verwenden. Sie können auch ein Docker-Netzwerk erstellen und Ihrem Container eine eindeutige IP-Konfiguration zuweisen. Weitere Informationen zur Vernetzung und Docker finden Sie hier: `http://rafalgolarz.com/blog/2017/04/10/networking_golang_app_with_docker_containers` und hier `https://docs.docker.com/v17.09/engine/userguide/networking`. Sie können natürlich wie immer Ihre bevorzugte Suchmaschine verwenden, um mehr über Container und Vernetzung zu erfahren. Bei Ihrer Suche sollten Sie jedoch im Hinterkopf behalten, dass sich die meisten der Suchergebnisse auf die Ausführung von Containern unter Linux beziehen, wo der Netzwerk-Stack ganz anders ist und auch anders verwaltet wird.

Siehe auch ...

Dieses Rezept verwendet den Befehl `docker cp`, um eine Datei in den Container zu kopieren. Es gibt jedoch auch andere Möglichkeiten, um Informationen zwischen Ihrem Container und anderen Hosts in Ihrer Umgebung zu übertragen. Unter dieser Adresse finden Sie Informationen zu anderen Methoden, mit denen Sie Daten in Container hinein und aus ihnen heraus transferieren können: `https://markheath.net/post/transfer-files-docker-windows-containers`.

Ein Dockerfile verwenden, um einen Container zu erstellen und zu verwenden

Es gibt zahlreiche Möglichkeiten für den Einsatz von Containern. In den meisten Fällen wollen Sie Ihre eigenen benutzerdefinierten Images erstellen, die auch ein Betriebssystem, Betriebssystemfeatures sowie Anwendungen enthalten. Ein großartiges Verfahren, um ein eigenes Image zu erstellen, ist die Verwendung eines Dockerfiles, das die Anweisungen für die Erstellung des neuen Images enthält, und dann den Befehl `docker build` zu verwenden, um einen benutzerdefinierten Container zu erstellen, den Sie ausführen können.

Vorbereitungen

In diesem Rezept verwenden Sie den Host `CH1`, den Sie im Rezept »Einen Container-Host konfigurieren« auf Seite 231 konfiguriert haben.

Führen Sie dieses Rezept in der PowerShell-Konsole aus und nicht in der PowerShell ISE.

So wird's gemacht

1. Erstellen Sie auf `CH1` einen Ordner und legen Sie diesen Ordner als aktuellen Speicherort fest:

```
$SitePath = 'C:\RKWebContainer'
$NIHT = @{
  Path          = $SitePath
  ItemType      = 'Directory'
```

```
  ErrorAction  = 'SilentlyContinue'
}
New-Item @NIHT | Out-Null
Set-Location -Path $NIHT.Path
```

2. Erstellen Sie ein Skript, das im Container ausgeführt werden soll und das im Container eine neue Website erstellt:

```
$SB = {
# 2.1 Erstellen Sie im Container einen Ordner
$SitePath = 'C:\RKWebContainer'
$NIHT = @{
  Path          = $SitePath
  ItemType      = 'Directory'
  ErrorAction   = 'SilentlyContinue'
}
New-Item @NIHT | Out-Null
Set-Location -Path $NIHT.Path

# 2.2 Erstellen Sie eine Seite für die Website
$PAGE = @'
<!DOCTYPE html>
<html>
<head><title>Homepage für RKWeb.Reskit.Org</title></head>
<body><p><center><b>
HOMEPAGE FÜR RKWEB.RESKIT.ORG</b></p>
Container und PowerShell rocken!
</center></body></html>
'@
$PAGE | OUT-FILE $SitePath\Index.html | Out-Null

#2.3 Erstellen Sie im Container eine neue Website, die Hostheader verwendet
$WSHT = @{
  PhysicalPath = $SitePath
  Name         = 'RKWeb'
  HostHeader   = 'RKWeb.Reskit.Org'
}
New-Website @WSHT
} # Ende des Skriptblocks
```

3. Speichern Sie den Skriptblock in einer Datei ab:

```
$SB | Out-File $SitePath\Config.ps1
```

4. Erstellen und testen Sie einen neuen A-Record für die Website, die sich später im Container befindet:

```
Invoke-Command -Computer DC1.Reskit.Org -ScriptBlock {
  $DNSHT = @{
    ZoneName  = 'Reskit.Org'
    Name      = 'RKWeb'
    IpAddress = '10.10.10.221'
  }
  Add-DnsServerResourceRecordA @DNSHT
}
Resolve-DnsName -Name Rkweb.Reskit.Org
```

5. Erstellen Sie das Dockerfile mit den Anweisungen für die Erstellung des Image:

```
$DF = @"
FROM mcr.microsoft.com/windows/servercore:1809
LABEL Description="RKWEB Container" Vendor="PS Partnership" Version="1.0.0.42"
RUN powershell -Command Add-WindowsFeature Web-Server
RUN powershell -Command GIP
WORKDIR C:\\RKWebContainer
COPY Config.ps1 \Config.ps1
RUN powershell -command ".\Config.ps1"
"@
$DF | Out-File -FilePath .\Dockerfile -Encoding ascii
```

6. Erstellen Sie das Image:

```
docker build -t rkwebc .
```

7. Führen Sie das Image aus:

```
docker run -d --name rkwebc -p 80:80 rkwebc
```

8. Überprüfen Sie, ob das Image ausgeführt wird:

```
docker ps
```

9. Rufen Sie die Website mit `Invoke-WebRequest` ab:

```
Invoke-WebRequest -UseBasicParsing HTTP://RKweb.Reskit.Org
```

10. Zeigen Sie die Seite im Browser an:

```
Start-Process "http://RKWeb.Reskit.Org"
```

11. Räumen Sie auf:

```
docker container rm rkwebc -f
```

So funktioniert's

In *Schritt 1* erstellen Sie auf `CH1` den Ordner `C:\RKWebContainer`, in dem Sie später alle in diesem Rezept benötigten Dateien erstellen. In *Schritt 2* erstellen Sie einen Skriptblock, den Sie später verwenden werden, um in dem Container eine Website zu erstellen. In *Schritt 3* speichern Sie diesen Skriptblock auf `CH1` in einer Datei ab. In *Schritt 4* fügen Sie einen DNS-Ressourceneintrag des Typs A für `RKWeb.Reskit.Org` hinzu, der auf die gleiche IP-Adresse wie der Host `CH1` zeigt. In *Schritt 5* erstellen Sie die Datei `Dockerfile`, die die Anweisungen für die Erstellung des Docker-Images enthält. Diese Schritte erzeugen keine Ausgabe.

In *Schritt 6* verwenden Sie den Befehl `docker build`, um auf `CH1` ein benutzerdefiniertes Image mit dem Namen `rkwebc` zu erstellen. Die Ausgabe sieht wie folgt aus:

```
PS C:\RKWebcontainer> docker build -t rkwebc .
Sending build context to Docker daemon  4.608kB

Step 1/7 : FROM mcr.microsoft.com/windows/servercore:1809
 ---> 3a516dd45ed8
Step 2/7 : LABEL Description="RKWEB Container" Vendor="PS Partnership" Version="1.0.0.42"
 ---> Running in 0cc3a457999b
Removing intermediate container 0cc3a457999b
 ---> 61399eca480d
Step 3/7 : RUN powershell -Command Add-WindowsFeature Web-Server
 ---> Running in 5d10144c4452

Success Restart Needed Exit Code      Feature Result
------- -------------- ---------      --------------
True    No             Success        {Common HTTP Features, Default Documen...

Removing intermediate container 5d10144c4452
 ---> 2eeaa6daf4f6
Step 4/7 : RUN powershell -Command GIP
 ---> Running in b6d83e66d5a7

InterfaceAlias       : vEthernet (Ethernet) 2
InterfaceIndex       : 22
InterfaceDescription : Hyper-V Virtual Ethernet Adapter #3
IPv4Address          : 172.30.96.14
IPv6DefaultGateway   :
IPv4DefaultGateway   : 172.30.96.1
DNSServer            : 172.30.96.1
                       10.10.10.10
                       10.10.10.11

Removing intermediate container b6d83e66d5a7
 ---> bc1505ca069a
Step 5/7 : WORKDIR C:\\RKWebContainer
 ---> Running in 7c8ea027b42a
Removing intermediate container 7c8ea027b42a
 ---> 542667f34526
Step 6/7 : COPY Config.ps1 \Config.ps1
 ---> 6cac94eb911a
Step 7/7 : RUN powershell -command ".\Config.ps1"
 ---> Running in f8d59873e136

Name             ID   State      Physical Path                  Bindings
----             --   -----      -------------                  --------
RKWeb            1299 Started    C:\RKWebContainer              http *:80:RKWeb
                 8361                                           .Reskit.Org
                 53


Removing intermediate container f8d59873e136
 ---> 4e52d3056830
Successfully built 4e52d3056830
Successfully tagged rkwebc:latest
```

Nachdem das Image erstellt wurde, führen Sie das Image in *Schritt 7* als Container aus, was keine Ausgabe erzeugt. In *Schritt 8* verwenden Sie den Befehl `docker ps`, um sich Informationen über den Container `rkwebc` anzeigen zu lassen, der auf `CH1` ausgeführt wird, was folgendermaßen aussieht:

```
PS C:\RKWebcontainer> docker ps

CONTAINER ID  IMAGE    COMMAND                    CREATED             STATUS              PORTS                 NAMES
2768c094abab  rkwebc   "c:\\windows\\system32…"   About an hour ago   Up About an hour    0.0.0.0:80->80/tcp    rkwebc
```

In *Schritt 9* verwenden Sie `Invoke-WebRequest`, um die neu erstellte Website abrufen zu lassen. Die Ausgabe sieht wie folgt aus:

```
PS C:\RKWebcontainer> Invoke-WebRequest -UseBasicParsing HTTP://RKweb.Reskit.Org

StatusCode        : 200
StatusDescription : OK
Content           : ÿþ< ! D O C T Y P E   h t m l >
                     < h t m l >
                     < h e a d > < t i t l e > H o m e p a g e   f ü r
                     R K W e b . R e s k i t . O r g < / t i t l e > < / h e a d >
                     < b o d y > < p > < c e n t ...
RawContent        : HTTP/1.1 200 OK
                    Accept-Ranges: bytes
                    Content-Length: 412
                    Content-Type: text/html
                    Date: Wed, 24 Jul 2019 04:47:10 GMT
                    ETag: "a81e1b766b3ad51:0"
                    Last-Modified: Sun, 14 Jul 2019 17:42:09 GMT
                    Serve...
Forms             :
Headers           : {[Accept-Ranges, bytes], [Content-Length, 412], [Content-Type, text/html],
                    [Date, Wed, 24 Jul 2019 04:47:10 GMT]...}
Images            : {}
InputFields       : {}
Links             : {}
ParsedHtml        :
RawContentLength  : 412
```

In *Schritt 10* öffnen Sie die Website im Browser, was folgendermaßen aussieht:

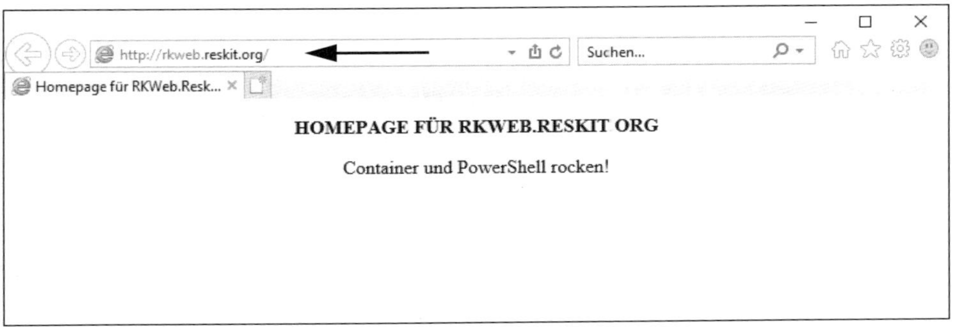

Weitere Informationen

In diesem Rezept haben Sie ein Basis-Betriebssystemimage eines Containers verwendet, das Sie aus der Docker-Registry heruntergeladen haben (`mcr.microsoft.com/windows/servercore:1809`). Anschließend erstellen Sie einen Container, der das Webserver-Feature enthält, in dem Sie das Skript `Config.ps1` ausführen können. Hierdurch wird der Container so konfiguriert, dass er Ihre Website ausführen kann. Weitere Informationen über Dockerfiles finden Sie unter dieser Adresse: `https://docs.docker.com/engine/reference/builder`.

Siehe auch …

In diesem Rezept haben Sie ein Dockerfile erstellt und ausgeführt, um ein Image zu erstellen. Im Dockerfile haben Sie die Anweisung `RUN` verwendet, um während der Erstellung des Images zweimal PowerShell auszuführen. Um den Container zu optimieren, können Sie die beiden Befehle (um das Windows-Feature hinzuzufügen und um das Skript `Config.ps1` auszuführen) als einzelnes Docker-Image ausführen. Weitere Tipps für die Erstellung von Container-Images finden Sie unter dieser URL: `https://cloud.google.com/blog/products/gcp/7-best-practices-for-building-containers`.

Kapitel 9

Internetinformationsdienste verwalten

In diesem Kapitel werden die folgenden Rezepte vorgestellt:

- **IIS installieren**
- **IIS für SSL konfigurieren**
- **TLS-Verschlüsselungssuites verwalten**
- **Einen zentralen Zertifikatsspeicher konfigurieren**
- **IIS-Bindungen konfigurieren**
- **IIS-Protokollierung und Protokolldateien verwalten**
- **IIS-Anwendungen und Anwendungspools verwalten**
- **IIS-Protokolldateien analysieren**
- **Netzwerklastenausgleich verwalten und überwachen**

Einführung

Internet Information Services (**IIS**), auf Deutsch Internetinformationsdienste, ist ein Windows-Feature, das einen erweiterbaren Webserver implementiert. IIS wurde erstmals als Add-On für Windows NT 4.0 veröffentlicht und wurde seitdem substanziell weiterentwickelt. IIS ist ein Add-On-Feature, das Microsoft sowohl in Windows Server 2019 als auch Windows 10 eingebaut hat.

Mit IIS und Windows Server können Sie sowohl von außen erreichbare öffentliche Websites erstellen, als auch Sites in Ihrem internen Intranet. Sie können IIS mit Enterprise-Anwendungen integrieren, einschließlich SharePoint, Exchange und System Center.

IIS bietet eine Plattform für eine Vielzahl webbasierter Anwendungen. Sie können mit IIS eine einfache, HTML-basierte, statische Website zur Verfügung stellen, aber auch mehrschichtige Anwendungen. Sie können die Anwendungen, die auf IIS laufen, mit Backend-Datenbanken wie beispielsweise Microsoft SQL Server kombinieren.

So wie bei anderen Features von Windows Server gibt es auch für IIS eine gute Abdeckung von PowerShell-Cmdlets. Sie können zwei PowerShell-Module verwenden: Das Modul `WebAdministration`, das in früheren Windows Server-Versionen eingeführt wurde, und das Modul `IISAdministration`, das zusätzliche Cmdlets zur Verfügung stellt. Während viele PowerShell-Module gut in PowerShell Core funktionieren, kann keines der IIS-Module mit PowerShell Core benutzt werden. Falls Sie PowerShell Core verwenden, können Sie als Workaround PowerShell-Remoting einsetzen, um diese Cmdlets remote auf dem IIS-Server auszuführen.

Dieses Kapitel erörtert die Installation, Konfiguration, Verwaltung und Wartung von IIS auf Windows Server 2019. Sie können IIS auch unter Windows 10 laden und verwenden, jedoch liegt der Fokus dieses Kapitels auf dem Einsatz von IIS unter Windows Server 2019.

IIS installieren

Bevor Sie IIS verwenden können, müssen Sie IIS auf Ihrem Host installieren. So wie bei anderen Rollen und Features von Windows Server 2019, die in diesem Buch behandelt werden, installieren Sie auch IIS mit dem Cmdlet `Install-WindowsFeature`. Nachdem Sie den Webserver installiert haben, können Sie einen Blick auf den Host werfen.

Vorbereitungen

Dieses Rezept verwendet `SRV1` und geht von einer neuen Installation aus. Falls Sie `SRV1` verwendet haben, um vorherige Rezepte auszuprobieren, kann es sein, dass Sie zuerst das Feature `Web-Server` entfernen müssen, bevor Sie dieses Rezept verwenden können. Außerdem sollte sich die Installations-DVD von Windows Server 2019 im Laufwerk `D:` von `SRV1` befinden.

So wird's gemacht

1. Installieren Sie auf `SRV1` das Feature `Web-Server`, dessen Sub-Features sowie die Verwaltungstools:

```
$FHT = @{
  Name                     = 'Web-Server'
  IncludeAllSubFeature     = $true
  IncludeManagementTools = $true
}
Install-WindowsFeature  @FHT
```

2. Lassen Sie sich anzeigen, welche Features installiert sind:

```
Get-WindowsFeature -Name Web* | Where-Object Installed
```

3. Prüfen Sie die Module zur Administration:

```
$Modules = @('WebAdministration', 'IISAdministration')
Get-Module -Name $Modules -ListAvailable
```

4. Rufen Sie die Anzahl der Befehle in den beiden Modulen ab:

```
$C1 = (Get-Command -Module WebAdministration |
        Measure-Object |
          Select-Object -Property Count).Count
$C2 = (Get-Command -Module IISAdministration |
```

```
        Measure-Object |
          Select-Object -Property Count).Count
"$C1 Befehle im Modul WebAdministration"
"$C2 Befehle im Modul IISAdministration"
```

5. Rufen Sie Details zum IIS-Provider ab, der im Modul `WebAdministration` enthalten ist:

```
Import-Module -Name WebAdministration
Get-PSProvider -PSProvider WebAdministration
```

6. Zeigen Sie die Inhalte des Laufwerks `IIS:` an:

```
Get-ChildItem -Path IIS:\
```

7. Ermitteln Sie, was sich im Ordner `Sites` befindet:

```
Get-Childitem -Path IIS:\Sites
```

8. Lassen Sie die Standardwebsite anzeigen:

```
$IE  = New-Object -ComObject InterNetExplorer.Application
$URL = 'HTTP://SRV1'
$IE.Navigate2($URL)
$IE.Visible = $true
```

So funktioniert's

In *Schritt 1* verwenden Sie das Cmdlet `Install-WindowsFeature`, um IIS, verschiedene Webserver-Sub-Features sowie die Verwaltungstools zu installieren, was wie folgt aussieht:

```
PS C:\foo> $FHT = @{
             Name                   = 'Web-Server'
             IncludeAllSubFeature   = $true
             IncludeManagementTools = $true
           }
PS C:\foo> Install-WindowsFeature  @FHT

Success Restart Needed Exit Code      Feature Result
------- -------------- ---------      --------------
True    No             Success        {ASP.NET 4.7, .NET Framework 3.5 (enthält ...
```

In *Schritt 2* verwenden Sie das Cmdlet `Get-WindowsFeature`, um die Webserver-bezogenen Features abzurufen, die auf `SRV1` installiert sind, und erhalten eine Ausgabe wie die folgende:

```
PS C:\foo> Get-WindowsFeature -Name Web*  | Where-Object Installed

Display Name                                            Name                       Install State
------------                                            ----                       -------------
[X] Webserver (IIS)                                     Web-Server                     Installed
    [X] Webserver                                       Web-WebServer                  Installed
        [X] Allgemeine HTTP-Features                    Web-Common-Http                Installed
            [X] HTTP-Fehler                             Web-Http-Errors                Installed
            [X] Standarddokument                        Web-Default-Doc                Installed
            [X] Statischer Inhalt                       Web-Static-Content             Installed
            [X] Verzeichnis durchsuchen                 Web-Dir-Browsing               Installed
            [X] HTTP-Umleitung                          Web-Http-Redirect              Installed
            [X] WebDAV-Veröffentlichung                 Web-DAV-Publishing             Installed
        [X] Leistung                                    Web-Performance                Installed
            [X] Komprimierung statischer Inhalte        Web-Stat-Compression           Installed
            [X] Komprimieren dynamischer Inhalte        Web-Dyn-Compression            Installed
        [X] Sicherheit                                  Web-Security                   Installed
            [X] Anforderungsfilterung                   Web-Filtering                  Installed
            [X] Authentifizierung über Clientzertifi... Web-Client-Auth                Installed
            [X] Authentifizierung über IIS-Clientzer... Web-Cert-Auth                  Installed
            [X] Digestauthentifizierung                 Web-Digest-Auth                Installed
            [X] IP- und Domäneneinschränkungen          Web-IP-Security                Installed
            [X] Standardauthentifizierung               Web-Basic-Auth                 Installed
            [X] Unterstützung zentraler SSL-Zertifikate Web-CertProvider               Installed
            [X] URL-Autorisierung                       Web-Url-Auth                   Installed
            [X] Windows-Authentifizierung               Web-Windows-Auth               Installed
        [X] Systemzustand und Diagnose                  Web-Health                     Installed
            [X] HTTP-Protokollierung                    Web-Http-Logging               Installed
            [X] Ablaufverfolgung                        Web-Http-Tracing               Installed
            [X] Anforderungsüberwachung                 Web-Request-Monitor            Installed
            [X] Benutzerdefinierte Protokollierung      Web-Custom-Logging             Installed
            [X] ODBC-Protokollierung                    Web-ODBC-Logging               Installed
            [X] Protokollierungstools                   Web-Log-Libraries              Installed
        [X] Anwendungsentwicklung                       Web-App-Dev                    Installed
            [X] .NET-Erweiterbarkeit 3.5                Web-Net-Ext                    Installed
            [X] .NET-Erweiterbarkeit 4.7                Web-Net-Ext45                  Installed
            [X] Anwendungsinitialisierung               Web-AppInit                    Installed
            [X] ASP                                     Web-ASP                        Installed
            [X] ASP.NET 3.5                             Web-Asp-Net                    Installed
            [X] ASP.NET 4.7                             Web-Asp-Net45                  Installed
            [X] CGI                                     Web-CGI                        Installed
            [X] ISAPI-Erweiterungen                     Web-ISAPI-Ext                  Installed
            [X] ISAPI-Filter                            Web-ISAPI-Filter               Installed
            [X] Serverseitige Include-Dateien           Web-Includes                   Installed
            [X] WebSocket-Protokoll                     Web-WebSockets                 Installed
    [X] FTP-Server                                      Web-Ftp-Server                 Installed
        [X] FTP-Dienst                                  Web-Ftp-Service                Installed
        [X] FTP-Erweiterbarkeit                         Web-Ftp-Ext                    Installed
    [X] Verwaltungsprogramme                            Web-Mgmt-Tools                 Installed
        [X] IIS-Verwaltungskonsole                      Web-Mgmt-Console               Installed
        [X] IIS-Verwaltungsskripts und -tools           Web-Scripting-Tools            Installed
        [X] Kompatibilität mit der IIS 6-Verwaltung     Web-Mgmt-Compat                Installed
            [X] IIS 6-Metabasiskompatibilität           Web-Metabase                   Installed
            [X] IIS 6-Skripttools                       Web-Lgcy-Scripting             Installed
            [X] IIS 6-Verwaltungskonsole                Web-Lgcy-Mgmt-Console          Installed
            [X] Kompatibilität mit WMI für IIS 6        Web-WMI                        Installed
        [X] Verwaltungsdienst                           Web-Mgmt-Service               Installed
```

In *Schritt 3* ermitteln Sie die IIS-Module auf `SRV1`, was die folgende Ausgabe erzeugt:

```
PS C:\foo> $Modules = @('WebAdministration', 'IISAdministration')
PS C:\foo> Get-Module -Name $Modules -ListAvailable

    Verzeichnis: C:\Windows\system32\WindowsPowerShell\v1.0\Modules

ModuleType Version    Name                     ExportedCommands
---------- -------    ----                     ----------------
Script     1.1.0.0    IISAdministration        {Get-IISAppPool, Start-IISCommitDelay, Stop-IISCommitDelay, Get-IISSite...}
Manifest   1.0.0.0    WebAdministration        {Start-WebCommitDelay, Stop-WebCommitDelay, Get-WebConfigurationLock, Re...}
```

In *Schritt 4* ermitteln Sie die Anzahl der Befehle, die in den Modulen `WebAdministration` sowie `IISAdministration` zur Verfügung stehen und geben die Anzahl aus:

```
PS C:\foo> $C1 = (Get-Command -Module WebAdministration |
                  Measure-Object |
                  Select-Object -Property Count).Count
PS C:\foo> $C2 = (Get-Command -Module IISAdministration |
                  Measure-Object |
                  Select-Object -Property Count).Count
PS C:\foo> "$C1 Befehle im Modul WebAdministration"
PS C:\foo> "$C2 Befehle im Modul IISAdministration"

79 Befehle im Modul WebAdministration
34 Befehle im Modul IISAdministration
```

In *Schritt 5* importieren Sie das Modul `WebAdministration`, wodurch der IIS-Provider geladen wird. Anschließend rufen Sie Details zum Provider ab, was folgendermaßen aussieht:

```
PS C:\foo> Import-Module -Name WebAdministration
PS C:\foo> Get-PSProvider -PSProvider WebAdministration

Name                 Capabilities     Drives
----                 ------------     ------
WebAdministration    ShouldProcess    {IIS}
```

In *Schritt 6* verwenden Sie den Provider, um sich die Inhalte von `IIS:` anzeigen zu lassen, und erhalten diese Ausgabe:

```
PS C:\foo> Get-ChildItem -Path IIS:\

Name
----
AppPools
Sites
SslBindings
```

In *Schritt 7* zeigen Sie die Inhalte von `IIS:\Sites` an, was wie folgt aussieht:

```
PS C:\foo> Get-Childitem -Path IIS:\Sites

Name             ID   State      Physical Path                  Bindings
----             --   -----      -------------                  --------
Default Web Site 1    Started    %SystemDrive%\inetpub\wwwroot  http *:80:
```

In *Schritt 8* verwenden Sie Internet Explorer, um sich den Webdienst auf `SRV1` anzeigen zu lassen, und erhalten dieses Fenster:

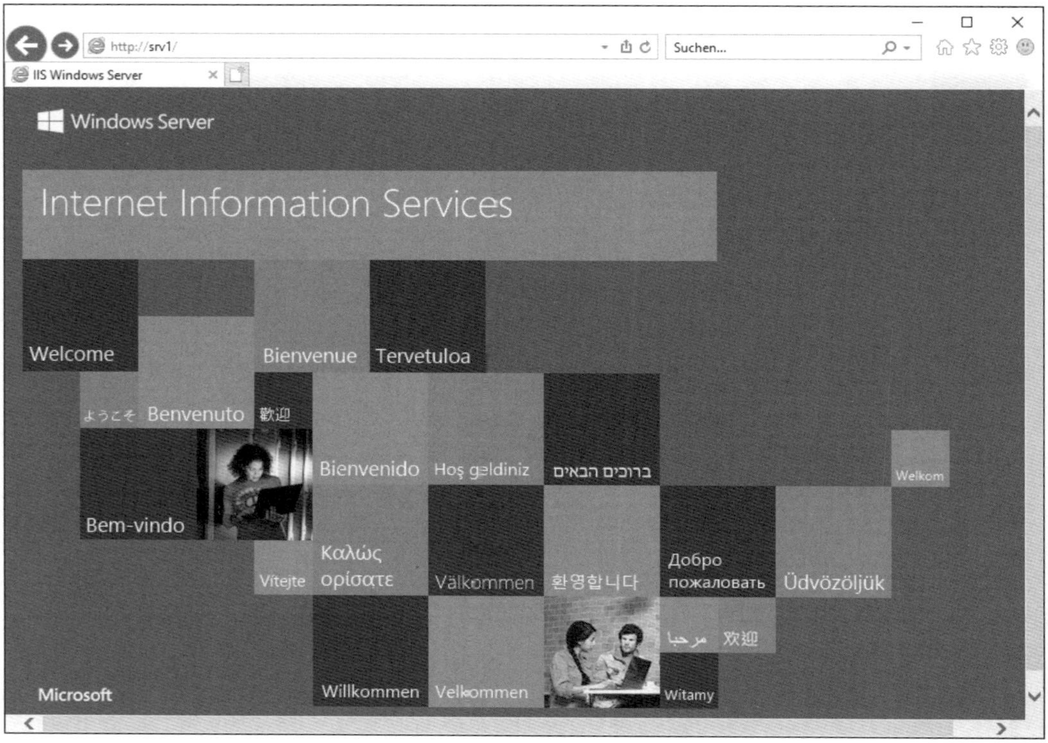

Weitere Informationen

In *Schritt 1* installieren Sie die IIS-Verwaltungstools. Hierzu gehören die grafische Oberfläche *Internetinformationsdienste-Manager* sowie die PowerShell-Module `WebAdministration` und `IISAdministration`.

In *Schritt 5* laden Sie manuell das Modul `WebAdministration`. Wenn Sie das Modul importieren, wird von PowerShell neben den Cmdlets/Funktionen des Moduls außerdem der `WebAdministration`-PowerShell-Provider geladen. Mit diesem Provider können Sie verschiedene Aspekte des Webservers untersuchen, einschließlich der vorhandenen Sites, der Anwendungspools sowie der SSL-Bindungen auf dem Host. Sie werden dieses Feature in späteren Rezepten dieses Kapitels verwenden. Wenn Sie ein beliebiges Cmdlet im Modul `WebAdministration` verwenden, wird das Modul standardmäßig automatisch von PowerShell geladen. Wenn Sie jedoch lediglich den Provider verwenden wollen, müssen Sie, wie in diesem Rezept gezeigt, zuerst das Modul manuell laden.

In *Schritt 8* sehen Sie sich die Standardwebsite an, die der Installationsprozess für Sie hinzugefügt hat. Den Server so aufzurufen ist eine hervorragende Möglichkeit, um festzustellen, ob IIS auf `SRV1` geladen ist und ausgeführt wird.

IIS für SSL konfigurieren

Der Datenverkehr zwischen einem Webbrowser und einem Webserver im Internet oder sogar innerhalb eines Unternehmensintranets ist offen und kann abgefangen werden. Um eine Gefährdung der Daten zu vermeiden, können Sie zusammen mit IIS Protokolle verwenden, die in Ihrem Webbrowser integriert sind, um Verschlüsselung und Authentifizierung bereitzustellen.

In den 1990er Jahren entwickelte Netscape Communications ein Protokoll, das die erforderliche Sicherheit in Form des SSL-Protokolls (**Secure Socket Layer**) bot. SSL 1.0 wurde nie kommerziell veröffentlicht, während SSL 2.0 und SSL 3.0 entwickelt und veröffentlicht wurden, aber jetzt als unsicher und veraltet gelten.

Transport Layer Security (**TLS**) wurde quelloffen als Nachfolger von SSL entwickelt. Bei TLS 1.0 handelt es sich im Wesentlichen um SSL 3.1. Im Jahr 2014 identifizierte Google eine schwerwiegende Schwachstelle sowohl in SSL 3.0 als auch in TLS 1.0. Damit bleibt TLS 2.0 das beste Protokoll, das bisher entwickelt wurde, und es ist das einzige Protokoll, das standardmäßig mit IIS in Windows Server 2019 installiert wird.

Heutzutage wird SSL als Protokoll zugunsten von TLS abgelehnt. Die meisten großen Websites verwenden das SSL-Protokoll nicht mehr. Nichtsdestotrotz bezeichnen wir solche Websites als »verwendet SSL« und wir nutzen weiterhin das HTTPS-Schema, da die Endbenutzer nicht explizit zwischen SSL und TLS wählen können.

Wenn der Benutzer eine URL angibt, die mit `HTTPS:` beginnt, kontaktiert der Browser den Server über Port 443. Browser und Server handeln dann aus, welches Sicherheitsprotokoll (z. B. TLS 2.0) und welche Verschlüsselungssuite zum Schutz der übertragenen Daten verwendet werden sollen. Eine Verschlüsselungssuite (Cipher Suite) ist ein eindeutiger Satz von Algorithmen, um den Schlüsselaustausch und die Verschlüsselungsalgorithmen für Massenverschlüsselung und Hashing bereitzustellen.

Um IIS für die sichere Übertragung einzurichten, benötigen Sie zunächst ein Zertifikat. Das Zertifikat identifiziert den Server anhand des Namens und gibt an, wofür das Zertifikat verwendet werden kann. Dem Zertifikat sind öffentliche und private Schlüssel zugeordnet.

Wenn Sie IIS als internen Webserver einrichten, sollten Sie das Webserverzertifikat mithilfe der internen **Zertifizierungsstelle** (**Certificate Authority, CA**) erstellen. Wenn Ihr Webserver mit dem Internet verbunden sein soll, sollten Sie ein Zertifikat bei einer öffentlichen Zertifizierungsstelle anfordern. Denken Sie daran, dass das Zertifikat von einer Zertifizierungsstelle ausgestellt (und signiert) werden sollte, der jeder Client, der auf die sichere Website zugreift, explizit vertraut. Viele öffentliche Zertifizierungsstellen auf der ganzen Welt werden von den meisten modernen Browsern automatisch als vertrauenswürdig eingestuft. Darüber hinaus können Sie Arbeitsstationen und Server so konfigurieren, dass das Stammzertifikat Ihrer internen Zertifizierungsstelle automatisch registriert wird.

In diesem Rezept verwenden Sie selbstsignierte Zertifikate. Dies funktioniert wunderbar in einer Testumgebung, sollte aber nie in der Produktionsumgebung verwendet werden. Die Technik, die Sie in diesem Rezept verwenden, generiert zunächst ein selbstsigniertes Zertifikat, das Sie dann in den vertrauenswürdigen Stammspeicher des lokalen Computers kopieren. Durch diese Aktion vertraut der lokale Computer dem selbstsignierten Zertifikat. Sollten Sie von einem beliebigen anderen Host auf den Server zugreifen, generiert der Browser Zertifikatsfehler, da diese anderen Computer dem Zertifikat nicht vertrauen.

Vorbereitungen

Sie müssen dieses Rezept auf `SRV1` ausführen, nachdem Sie mit dem Rezept »IIS installieren« auf Seite 250 das Webserver-Feature installiert haben.

So wird's gemacht

1. Importieren Sie das Modul `WebAdministration`:

   ```
   Import-Module -Name WebAdministration
   ```

2. Erstellen Sie ein selbstsigniertes Zertifikat:

   ```
   $CHT = @{
     CertStoreLocation = 'CERT:\LocalMachine\MY'
     DnsName           = 'SRV1.Reskit.Org'
   }
   $SSLCert = New-SelfSignedCertificate @CHT
   ```

3. Kopieren Sie das Zertifikat in den Stammspeicher auf `SRV1`:

   ```
   $C = 'System.Security.Cryptography.X509Certificates.X509Store'
   $AL = 'Root', 'LocalMachine'
   $Store = New-Object -TypeName $C -ArgumentList $AL
   $Store.Open('ReadWrite')
   $Store.Add($SSLcert)
   $Store.Close()
   ```

4. Erstellen Sie für die Standardwebsite `Default Web Site` eine neue SSL-Bindung:

   ```
   $NBHT = @{
     Name     = 'Default Web Site'
     Protocol = 'https'
     Port     = 443
   }
   New-WebBinding @NBHT
   ```

5. Ordnen Sie dieser neuen Bindung das vorher erstellte Zertifikat zu:

   ```
   $SSLCert | New-Item -Path IIS:\SslBindings\0.0.0.0!443
   ```

6. Öffnen Sie die Website mit HTTPS:

   ```
   $IE  = New-Object -ComObject InterNetExplorer.Application
   $URL = 'https://srv1.reskit.org'
   $IE.Navigate2($URL)
   $IE.Visible = $true
   ```

So funktioniert's

In *Schritt 1* importieren Sie das Modul `WebAdministration` manuell. In *Schritt 2* erstellen Sie ein selbstsigniertes Zertifikat für `SRV1`, und in *Schritt 3* kopieren Sie das neu erstellte Zertifikat in dem Stammzertifikatsspeicher des lokalen Computers. In *Schritt 4* erstellen Sie eine neue Bindung für Port `443` für die Standardwebsite. Diese Schritte erzeugen keine Ausgabe.

In *Schritt 5* weisen Sie Ihr selbstsigniertes Zertifikat der Standardwebsite zu, was wie folgt aussieht:

```
PS C:\foo> $SSLCert | New-Item -Path IIS:\SslBindings\0.0.0.0!443

IP Address          Port    Host Name          Store         Sites
----------          ----    ---------          -----         -----
0.0.0.0             443                        MY            Default Web Site
```

In *Schritt 6* verwenden Sie HTTPS, um die Standardwebsite auf dem Server SRV1 zu öffnen, was wie folgt aussieht:

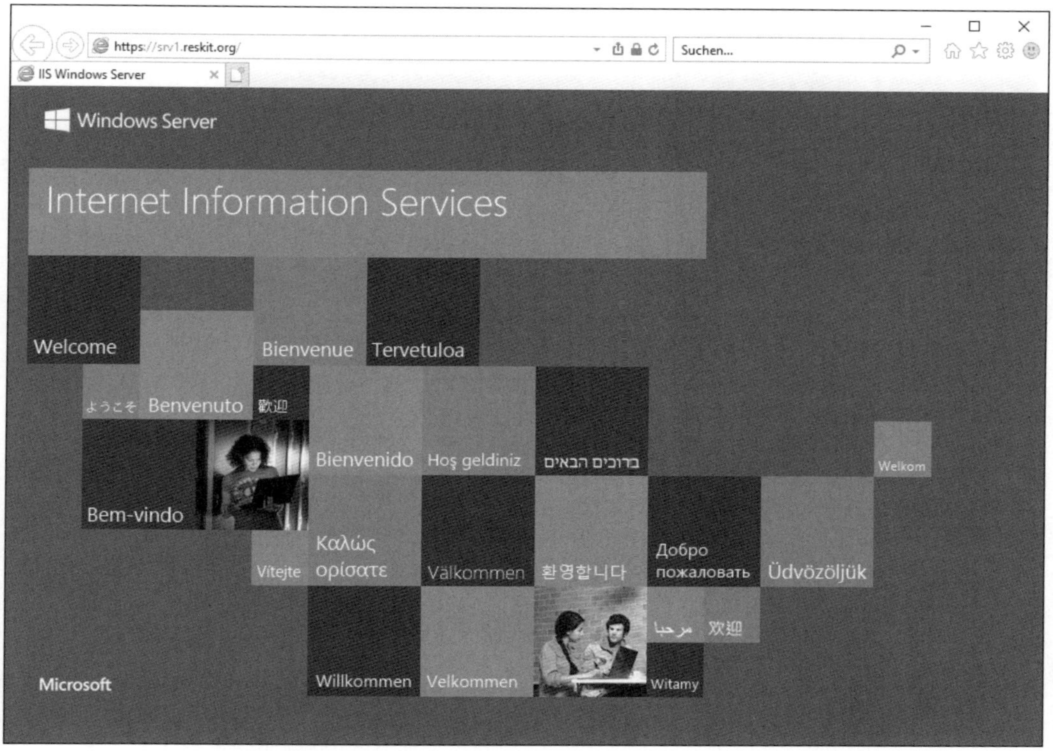

Weitere Informationen

In diesem Rezept importieren Sie in *Schritt 1* manuell das Modul `WebAdministration`. Sie müssen dies tun, da Sie in *Schritt 5* den IIS-Provider verwenden, um das Zertifikat an den SSL/TLS-Port (Port 443) zu binden. Da Sie keines der Cmdlets in diesem Modul nutzen, müssen Sie das Modul importieren, bevor Sie den Provider verwenden können.

In *Schritt 3* verwenden Sie das .NET-Framework, um das selbstsignierte Zertifikat in den Zertifikatsspeicher mit den vertrauenswürdigen Stammzertifikaten des lokalen Servers zu kopieren. Hierdurch ist SRV1 in der Lage, dem selbstsignierten Zertifikat zu vertrauen. Sie müssen hierfür .NET verwenden, da der PowerShell-Zertifikatsprovider keine Kopieroperation unterstützt. Als Alternative können Sie die Cmdlets `Export-Certificate` und `Import-Certificate` verwenden, um das Zertifikat in eine Datei zu exportieren, und es dann reimportieren.

Die Ausgabe für *Schritt 6* in diesem Rezept ist mit der Ausgabe von *Schritt 8* im Rezept »IIS installieren« auf Seite 250 identisch. Der Unterschied besteht darin, dass Sie in diesem Rezept TLS verwenden, um die Webseite anzuzeigen.

TLS-Verschlüsselungssuites verwalten

Eine Verschlüsselungssuite (Cipher Suite) ist ein bestimmter Satz von Methoden oder Algorithmen, die Funktionen bereitstellen, einschließlich Schlüsselaustausch, Massenverschlüsselung, Hashing und Erstellen von Nachrichten-Digests. Zahlreiche Windows-Dienste, wie beispielsweise TLS, SSH und IPSEC, verwenden Verschlüsselungssuites bei der Kommunikation mit anderen Hosts. Für TLS können Sie die Cmdlets der TLS-Verschlüsselungssuite verwenden, um die Verschlüsselungssuites zu verwalten, die Ihr IIS-Webserver aushandeln wird (oder nicht).

Sobald der Browser eine Verbindung zum Webserver herstellt, verhandeln der Webserver und der Browser und wählen die beste Verschlüsselungssuite aus, die von beiden Seiten unterstützt wird. Wenn der Browser nur nach Verschlüsselungssuites fragt, die der Webserver nicht unterstützt, beendet der Server die Kommunikation.

Standardmäßig unterstützt Windows Server 2019 31 Verschlüsselungssuites, die verschiedene Algorithmen und Schlüssellängen bereitstellen. In diesem Rezept rufen Sie die Verschlüsselungssuites unter Windows Server 2019 ab, und werden eine bestimmte Verschlüsselungssuite zuerst deaktivieren und dann wieder aktivieren.

Vorbereitungen

Dieses Rezept verwendet den Server `SRV1`, nachdem Sie das Rezept »IIS installieren« auf Seite 250 ausgeführt haben.

So wird's gemacht

1. Rufen Sie die Verschlüsselungssuites auf `SRV1` ab und zeigen Sie sie wie folgt an:

```
Get-TlsCipherSuite |
  Format-Table Name, Exchange, Cipher, Hash, Certificate
```

2. Suchen Sie mit dem folgenden Befehl nach Verschlüsselungssuites, die 3DES unterstützen:

```
Get-TlsCipherSuite -Name 3DES |
  Format-Table Name, Exchange, Cipher, Hash, Certificate
```

3. Deaktivieren Sie die 3DES-Verschlüsselungssuites:

```
Foreach ($CS in (Get-TlsCipherSuite -Name '3DES'))
  {Disable-TlsCipherSuite -Name $CS.Name}
```

4. Prüfen Sie, ob weitere Verschlüsselungssuites vorhanden sind, die 3DES unterstützen:

```
Get-TlsCipherSuite 3DES |
  Format-Table Name, Exchange, Cipher, Hash, Certificate
```

5. Reaktivieren Sie die 3DES-Verschlüsselungssuites:

```
Enable-TlsCipherSuite -Name TLS_RSA_WITH_3DES_EDE_CBC_SHA
```

6. Suchen Sie erneut nach Verschlüsselungssuites, die 3DES unterstützen und die aktiviert sind:

```
Get-TlsCipherSuite 3DES |
  Format-Table -Property Name, Exchange, Cipher,
                         ggeHash, Certificate
```

So funktioniert's

In *Schritt 1* rufen Sie die auf SRV1 verfügbaren Verschlüsselungssuites ab, was wie folgt aussieht:

```
PS C:\foo> Get-TlsCipherSuite |
             Format-Table Name, Exchange, Cipher, Hash, Certificate

Name                                    Exchange Cipher Hash   Certificate
----                                    -------- ------ ----   -----------
TLS_AES_256_GCM_SHA384                           AES
TLS_AES_128_GCM_SHA256                           AES
TLS_ECDHE_ECDSA_WITH_AES_256_GCM_SHA384
TLS_ECDHE_ECDSA_WITH_AES_128_GCM_SHA256 ECDH     AES           ECDSA
TLS_ECDHE_RSA_WITH_AES_256_GCM_SHA384   ECDH     AES           RSA
TLS_ECDHE_RSA_WITH_AES_128_GCM_SHA256   ECDH     AES           RSA
TLS_DHE_RSA_WITH_AES_256_GCM_SHA384     DH       AES           RSA
TLS_DHE_RSA_WITH_AES_128_GCM_SHA256     DH       AES           RSA
TLS_ECDHE_ECDSA_WITH_AES_256_CBC_SHA384
TLS_ECDHE_ECDSA_WITH_AES_128_CBC_SHA256 ECDH     AES    SHA256 ECDSA
TLS_ECDHE_RSA_WITH_AES_256_CBC_SHA384   ECDH     AES    SHA384 RSA
TLS_ECDHE_RSA_WITH_AES_128_CBC_SHA256   ECDH     AES    SHA256 RSA
TLS_ECDHE_ECDSA_WITH_AES_256_CBC_SHA    ECDH     AES    SHA1   ECDSA
TLS_ECDHE_ECDSA_WITH_AES_128_CBC_SHA    ECDH     AES    SHA1   ECDSA
TLS_ECDHE_RSA_WITH_AES_256_CBC_SHA      ECDH     AES    SHA1   RSA
TLS_ECDHE_RSA_WITH_AES_128_CBC_SHA      ECDH     AES    SHA1   RSA
TLS_RSA_WITH_AES_256_GCM_SHA384         RSA      AES           RSA
TLS_RSA_WITH_AES_128_GCM_SHA256         RSA      AES           RSA
TLS_RSA_WITH_AES_256_CBC_SHA256         RSA      AES    SHA256 RSA
TLS_RSA_WITH_AES_128_CBC_SHA256         RSA      AES    SHA256 RSA
TLS_RSA_WITH_AES_256_CBC_SHA            RSA      AES    SHA1   RSA
TLS_RSA_WITH_AES_128_CBC_SHA            RSA      AES    SHA1   RSA
TLS_RSA_WITH_3DES_EDE_CBC_SHA           RSA      3DES   SHA1   RSA
TLS_RSA_WITH_NULL_SHA256                RSA             SHA256 RSA
TLS_RSA_WITH_NULL_SHA                   RSA             SHA1   RSA
TLS_PSK_WITH_AES_256_GCM_SHA384
TLS_PSK_WITH_AES_128_GCM_SHA256         PSK      AES
TLS_PSK_WITH_AES_256_CBC_SHA384         PSK      AES    SHA384
TLS_PSK_WITH_AES_128_CBC_SHA256         PSK      AES    SHA256
TLS_PSK_WITH_NULL_SHA384                PSK             SHA384
TLS_PSK_WITH_NULL_SHA256                PSK             SHA256
```

In *Schritt 2* ermitteln Sie, welche der Verschlüsselungssuites 3DES nutzen, was wie folgt aussieht:

```
PS C:\foo> Get-TlsCipherSuite -Name 3DES |
             Format-Table Name, Exchange, Cipher, Hash, Certificate

Name                          Exchange Cipher Hash Certificate
----                          -------- ------ ---- -----------
TLS_RSA_WITH_3DES_EDE_CBC_SHA RSA      3DES   SHA1 RSA
```

In *Schritt 3* deaktivieren Sie alle Verschlüsselungssuites, die auf 3DES basieren, was keine Ausgabe erzeugt. In *Schritt 4* prüfen Sie erneut, welche Verschlüsselungssuites 3DES unterstützen. Da Sie diese Suite soeben deaktiviert haben, erzeugt dieser Schritt keine Ausgabe. In *Schritt 5* aktivieren Sie die Verschlüsselungssuite mit dem Namen `TLS_RSA_WITH_3DES_EDE_CBC_SHA` (das ist diejenige, die Sie weiter vorne deaktiviert haben). Auch dieser Schritt erzeugt keine Ausgabe.

Im letzten Schritt, *Schritt 6*, überprüfen Sie, welche TLS-Verschlüsselungssuites, die 3DES unterstützen, aktiviert sind, was wie folgt aussieht:

```
PS C:\foo> Get-TlsCipherSuite -Name 3DES |
             Format-Table Name, Exchange, Cipher, Hash, Certificate

Name                          Exchange Cipher Hash Certificate
----                          -------- ------ ---- -----------
TLS_RSA_WITH_3DES_EDE_CBC_SHA RSA      3DES   SHA1 RSA
```

Weitere Informationen

In *Schritt 5* haben Sie die 3DES-Verschlüsselungssuite, die Sie in *Schritt 3* deaktivieren, reaktiviert. Um die Verschlüsselungssuite zu aktivieren, haben Sie deren vollständigen Namen verwendet. Es gibt kein Cmdlet, das anzeigen kann, welche Verschlüsselungssuites auf Ihrem System derzeit deaktiviert sind; Sie können nur diejenigen sehen, die aktiviert sind. Seien Sie daher vorsichtig, wenn Sie Verschlüsselungssuites deaktivieren, die Sie zu einem späteren Zeitpunkt wieder reaktivieren müssen.

Siehe auch ...

Weitere Details zu den Verschlüsselungssuites in Windows finden Sie hier: `https://docs.microsoft.com/en-us/windows/desktop/secauthn/cipher-suites-in-schannel`.

Der kryptografische 3DES-Algorithmus verwendet eine Blockverschlüsselung mit einer Blockgröße von 64 Bit. Die unter dem Namen »SWEET32 Birthday Attacks« bekannte Sicherheitslücke zeigt, wie unsicher die Blockverschlüsselung bei kleinen Blöcken ist, was auch für 3DES zutrifft. Aus diesem Grund und insbesondere dann, wenn Sie IIS in großem Maßstab auf über das Internet erreichbaren Servern einsetzen, sollten Sie die auf 3DES-basierenden Verschlüsselungen, wie im Rezept gezeigt, deaktivieren. Weitere Informationen über Blockverschlüsselungen und über die »SWEET32 Birthday Attack« finden Sie hier: `https://sweet32.info`.

Einen zentralen Zertifikatsspeicher konfigurieren

Wenn Sie mehrere sichere Webserver für das Internet hosten, kann die Zertifikatsverwaltung eine Herausforderung darstellen. Jedes Mal, wenn Sie Ihrer Infrastruktur einen neuen IIS-Host hinzufügen, müssen Sie sicherstellen, dass auf diesem Host alle erforderlichen Zertifikate installiert sind und dass die richtige Webbindung (Bindung der Zertifikate an IIS) für jeden sicheren Standort vorhanden ist. Hinzu kommt, dass Sie das Ablaufdatum der Zertifikate im Auge behalten und zum richtigen Zeitpunkt auf jedem IIS-Sever, der diese Zertifikate verwendet, die Zertifikate erneuern müssen.

Windows Server 2019 bietet mit dem **zentralen Zertifikatsspeicher** (**Central Certificate Store**, **CCS**), ein Feature, das die Verwaltung von Zertifikaten vereinfacht. Mit CCS speichern Sie Zertifikate an einem zentralen Speicherort, z.B. auf einer SMB-Dateifreigabe, und verwenden IIS, um Zertifikate aus der zentralen CCS-Freigabe zu laden.

In diesem Rezept konfigurieren Sie `SRV1` so, dass er eine neue SMB-Freigabe auf `DC1` verwendet, die als Freigabe für den zentralen Zertifikatsspeicher dient. Sie erstellen den Zertifikatsspeicher, erstellen ein neues Zertifikat für `SRV1` und verschieben dieses Zertifikat in die zentrale Zertifikatsfreigabe auf `DC1`. Anschließend konfigurieren Sie IIS so, dass der zentrale Zertifikatsspeicher verwendet wird, und nicht der lokale Zertifikatsspeicher, wie Sie es im Rezept »IIS für SSL konfigurieren« auf Seite 255 getan haben.

Vorbereitungen

Dieses Rezept verwendet zwei Server: `SRV1` ist ein IIS-Server, und `DC1` wird so konfiguriert, dass sich dort der zentrale SSL-Zertifikatsspeicher befindet.

Diese beiden Server sollten gestartet sein. Außerdem geht dieses Rezept davon aus, das Sie IIS zumindest teilweise geladen und für SSL eingerichtet haben. Anders ausgedrückt: die Rezepte »IIS installieren« auf Seite 250 und »IIS für SSL konfigurieren« auf Seite 255 sollten bereits ausgeführt worden sein. Dieses Rezept prüft und stellt sicher, dass auf `SRV1` die erforderlichen Features vorhanden sind bzw. hinzugefügt werden. Sie sollten ebenfalls sicherstellen, dass auf `SRV1` die Active Directory-Cmdlets vorhanden sind.

So wird's gemacht

1. Entfernen Sie von `SRV1` die vorhandenen Zertifikate:

```
Get-ChildItem Cert:\localmachine\My |
  Where-Object Subject -Match 'SRV1.Reskit.Org' |
    Remove-Item -ErrorAction SilentlyContinue
Get-ChildItem Cert:\localmachine\root |
  Where-Object Subject -match 'SRV1.Reskit.Org' |
    Remove-Item
```

2. Entfernen Sie eventuell vorhandene SSL-Webbindungen:

```
Import-Module -Name WebAdministration
Get-WebBinding |
  Where-Object protocol -EQ 'https' |
    Remove-WebBinding
Get-ChildItem IIS:\SslBindings |
  Where-Object Port -eq 443 |
     Remove-Item
```

3. Erstellen Sie auf `DC1` einen Ordner für Zertifikate und geben Sie diesen Ordner frei:

```
$SB = {
  If ( -NOT (Test-Path c:\SSLCerts)) {
     New-Item  -Path c:\SSLCerts -ItemType Directory |
                  Out-Null}
  $SHAREHT= @{
    Name        = 'SSLCertShare'
    Path        = 'C:\SSLCerts'
```

```
    FullAccess  = 'Jeder'
    Description = 'Freigabe für SSL-Zertifikate'
  }
  New-SmbShare @SHAREHT
  'SSL Cert Share' | Out-File C:\SSLCerts\Readme.Txt
}
Invoke-Command -ScriptBlock $SB -ComputerName DC1 |
  Out-Null
```

4. Überprüfen Sie die neue Freigabe auf DC1:

```
New-SmbMapping -LocalPath X: -RemotePath \\dc1\SSLCertShare |
    Out-Null
Get-ChildItem -Path X:
```

5. Fügen Sie dem Stammzertifikatsspeicher auf SRV1 neue SSL-Zertifikate hinzu:

```
$SSLHT = @{
  CertStoreLocation = 'CERT:\LocalMachine\MY'
  DnsName           = 'SRV1.Reskit.Org'
}
$SSLCert = New-SelfSignedCertificate @SSLHT
$C = 'System.Security.Cryptography.X509Certificates.X509Store'
$NOHT = @{
  TypeName     = $C
  ArgumentList = 'Root','LocalMachine'
}
$Store = New-Object @NOHT
$Store.Open('ReadWrite')
$Store.Add($SSLcert)
$Store.Close()
```

6. Exportieren Sie das Zertifikat als PFX-Datei:

```
$Certpw   = 'SSLCerts101!'
$Certpwss = ConvertTo-SecureString -String $Certpw -Force -AsPlainText
$CertHT = @{
  Cert     = $SSLCert
  FilePath = 'C:\Srv1.Reskit.Org.pfx'
  Password = $Certpwss
}
Export-PfxCertificate @CertHT
```

7. Verschieben Sie das Zertifikat in der PFX-Datei auf DC1 in die Freigabe SSLCertShare:

```
$MHT = @{
  Path        = 'C:\SRV1.Reskit.Org.pfx'
  Destination = '\\DC1\SSLCertShare\Srv1.Reskit.Org.Pfx'
  Force       = $True
}
Move-Item @MHT
```

8. Fügen Sie auf SRV1 das Feature »Unterstützung zentraler SSL-Zertifikate« hinzu:

```
Install-WindowsFeature Web-CertProvider
```

9. Erstellen Sie einen neuen Benutzer für die Freigabe von Zertifikaten:

```
$User        = 'Reskit\SSLCertShare'
$Password    = 'Pa$$w0rd'
$SSHT2 = @{
  String      = $Password
  AsPlainText = $true
  Force       = $True
}
$PSS = ConvertTo-SecureString  @SSHT2
$NewUserHT  = @{
  AccountPassword       = $PSS
  Enabled               = $true
  PasswordNeverExpires  = $true
  ChangePasswordAtLogon = $false
  SamAccountName        = 'SSLCertShare'
  UserPrincipalName     = 'SSLCertShare@reskit.org'
  Name                  = 'SSLCertShare'
  DisplayName           = 'SSL Cert Share User'
}
New-ADUser @NewUserHT
```

10. Konfigurieren Sie die SSL-Zertifikatsfreigabe in der Registry:

```
$IPHT = @{
  Path   = 'HKLM:\SOFTWARE\Microsoft\IIS\CentralCertProvider\'
  Name   = 'Enabled'
  Value  = 1
}
Set-ItemProperty @IPHT
$IPHT.Name     = 'CertStoreLocation'
$IPHT.Value    = '\\DC1\SSLCertShare'
Set-ItemProperty @IPHT
```

11. Aktivieren Sie folgendermaßen den zentralen SSL-Zertifikatsspeicher:

```
$WCHT = @{
  CertStoreLocation  = '\\DC1\SSLCertShare'
  UserName           = $User
  Password           = $Password
  PrivateKeyPassword = $Certpw
}
Enable-WebCentralCertProvider @WCHT
$CPHT = @{
  UserName           = 'Reskit\SSLCertShare'
  Password           = $Password
  PrivateKeyPassword = $Certpw
}
Set-WebCentralCertProvider @CPHT
```

12. Konfigurieren Sie die Standardwebsite für SSL:

```
New-WebBinding -Name 'Default Web Site' -Protocol https -Port 443
$SslCert | New-Item -Path IIS:\SslBindings\0.0.0.0!443
```

13. Entfernen Sie das Zertifikat von SRV1:

```
Get-ChildItem Cert:\LocalMachine\My    |
  Where-Object Subject -Match 'SRV1.RESKIT.ORG' |
    Remove-Item -Force
```

14. Lassen Sie die Website mit SSL anzeigen:

```
$IE  = New-Object -ComObject InterNetExplorer.Application
$URL = 'HTTPS://SRV1.Reskit.Org/'
$IE.Navigate2($URL)
$IE.Visible = $true
```

So funktioniert's

In *Schritt 1* entfernen Sie aus dem Zertifikatsspeicher MY auf LocalMachine alle Zertifikate. In *Schritt 2* entfernen Sie für SRV1 alle SSL-Bindungen. In *Schritt 3* erstellen Sie auf DC1 einen neuen Ordner für die zentral bereitgestellten Zertifikate und geben diesen Ordner frei. Diese drei Schritte erzeugen keine Ausgabe.

In *Schritt 4* überprüfen Sie die Inhalte der Freigabe \\DC1\SSLCertShare, was wie folgt aussieht:

```
PS C:\foo> New-SmbMapping -LocalPath X: -RemotePath \\dc1\SSLCertShare |
             Out-Null
PS C:\foo> Get-ChildItem -Path X:

    Verzeichnis: X:\

Mode                 LastWriteTime         Length Name
----                 -------------         ------ ----
-a----        12.07.2019     13:05             34 Readme.Txt
```

In *Schritt 5* erstellen Sie im Zertifikatsspeicher LocalMachine\MY ein selbstsigniertes Zertifikat. Dieses Zertifikat wird dann in den Zertifikatsspeicher LocalMachine\Root kopiert. Diese Schritte erzeugen keine Ausgabe.

In *Schritt 6* exportieren Sie das neu erstellte selbstsignierte Zertifikat in eine PFX-Datei, was wie folgt aussieht:

```
PS C:\foo> $Certpw   = 'SSLCerts101!'
PS C:\foo> $Certpwss = ConvertTo-SecureString -String $Certpw -Force -AsPlainText
PS C:\foo> $CertHT = @{
             Cert       = $SSLCert
             FilePath   = 'C:\Srv1.Reskit.Org.pfx'
             Password   = $Certpwss
           }
PS C:\foo> Export-PfxCertificate @CertHT

    Verzeichnis: C:\

Mode                 LastWriteTime         Length Name
----                 -------------         ------ ----
-a----        12.07.2019     13:08           2669 Srv1.Reskit.Org.pfx
```

In *Schritt 7* verschieben Sie die PFX-Datei mit dem Zertifikat in die Freigabe `SSLCertShare` auf `DC1`. In *Schritt 8* installieren Sie auf `SRV1` das Feature `Web-CertProvider`. In *Schritt 9* erstellen Sie in Active Directory einen neuen Benutzer für die Zertifikatsfreigabe. In *Schritt 10* konfigurieren Sie in der Registry auf `SRV1` den zentralen SSL-Zertifikatsspeicher. Anschließend aktivieren Sie in *Schritt 11* den zentralen SSL-Zertifikatsspeicher. Diese fünf Schritte erzeugen keine Ausgabe.

In *Schritt 12* fügen Sie eine Webbindung hinzu, was wie folgt aussieht:

```
PS C:\foo> New-WebBinding -Name 'Default Web Site' -Protocol https -Port 443
PS C:\foo> $SslCert | New-Item -Path IIS:\SslBindings\0.0.0.0!443

IP Address          Port   Host Name          Store          Sites
----------          ----   ---------          -----          -----
0.0.0.0             443                       MY             Default Web Site
```

In *Schritt 13*, der keine Ausgabe erzeugt, entfernen Sie das Zertifikat aus dem lokalen Zertifikatsspeicher. Abschließend verwenden Sie in *Schritt 14* Internet Explorer, um mit `HTTPS` zur Standardwebsite auf `SRV1` zu navigieren, was folgendermaßen aussieht:

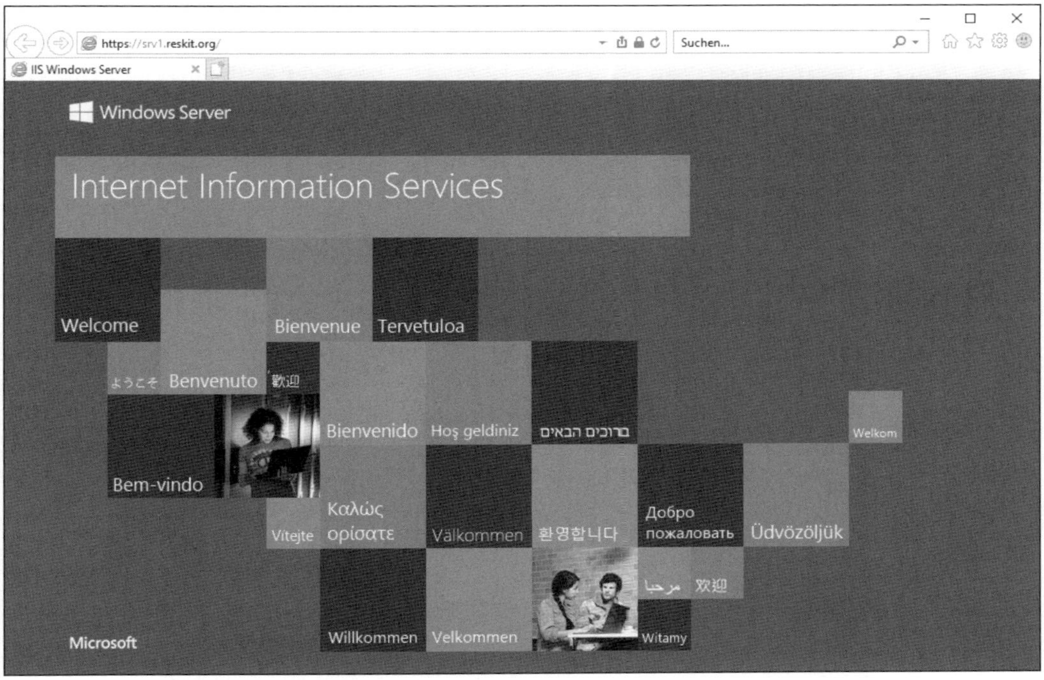

Weitere Informationen

In *Schritt 5* erstellen Sie im Zertifikatsspeicher `LocalMachine\MY` ein selbstsigniertes Zertifikat, das Sie anschließend in den Zertifikatsspeicher `LocalMachine\Root` kopieren. Diese Kopieraktion bewirkt, dass `SRV1` dem neu erstellten Zertifikat vertraut. In einer Produktivumgebung würden Sie das Zertifikat von einer vertrauenswürdigen Zertifizierungsstelle ausstellen lassen und hierdurch das Kopieren des Zertifikats vermeiden (da das System dieser Zertifizierungsstelle bereits vertraut).

IIS-Bindungen konfigurieren

In IIS besteht eine Bindung aus einer IP-Adresse, einem Port und einem Hostnamen, auf die der Webserver für eingehende Anforderungen hört. Diese Bindung informiert ISS darüber, wie eingehende HTTP/HTTPS-Anforderungen geroutet werden sollten.

In diesem Rezept erstellen Sie auf SRV1 eine neue Website und fügen Bindungen hinzu, um die Website zu aktivieren. Im Rezept werden Sie lediglich eine HTTP-Bindung konfigurieren.

Vorbereitungen

Sie führen dieses Rezept auf SRV1 aus, nachdem IIS installiert ist (was Sie im Rezept »IIS installieren« auf Seite 250 erledigt haben). Da Sie im Rezept einen neuen DNS-Eintrag erstellen, muss DC1 ausgeführt werden.

So wird's gemacht

1. Importieren Sie das Modul WebAdministration:

```
Import-Module -Name WebAdministration
```

2. Erstellen Sie eine neue Webseite und legen Sie deren HTML-Inhalte fest:

```
$SitePath = 'C:\inetpub\WWW2'
New-Item $SitePath -ItemType Directory | Out-Null
$page = @'
<!DOCTYPE html>
<html>
<head><title>Homepage für WWW2.Reskit.Org</title></head>
<body><p><center>
<b>HOMEPAGE FÜR WWW2.RESKIT.ORG</b></p>
Dies ist das Standarddokument dieser Website
</body>
</html>
'@
$PAGE | OUT-FILE $sitepath\INDEX.HTML | Out-Null
```

3. Erstellen Sie eine neue Website, die Hostheader verwendet:

```
$WSHT = @{
  PhysicalPath = $SitePath
  Name         = 'WWW2'
  HostHeader   = 'WWW2.reskit.org'
}
New-Website @WSHT
```

4. Erstellen Sie auf DC1 einen DNS-Eintrag für WWW2.Reskit.Org:

```
Invoke-Command -Computer DC1.Reskit.Org -ScriptBlock {
  $DNSHT = @{
    ZoneName  = 'Reskit.Org'
    Name      = 'www2'
    IpAddress = '10.10.10.50'
  }
  Add-DnsServerResourceRecordA @DNSHT
}
```

5. Zeigen Sie abschließend wie folgt die Website an:

```
$IE  = New-Object -ComObject InterNetExplorer.Application
$URL = 'http://www2.reskit.org'
$IE.Navigate2($URL)
$IE.Visible = $true
```

So funktioniert's

In *Schritt 1* importieren Sie explizit das Modul `WebAdministration`, um so den IIS-Provider zu laden. In *Schritt 2* erstellen Sie auf `SRV1` eine neue Webseite, die als Homepage für eine neue Website dienen soll. Diese beiden Schritte erzeugen keine Ausgabe.

In *Schritt 3* erstellen Sie auf `SRV1` eine neue Website, und zwar `WWW2.Reskit.Org`. Die Ausgabe dieses Schritts sieht folgendermaßen aus:

```
PS C:\foo> $WSHT = @{
             PhysicalPath = $SitePath
             Name         = 'WWW2'
             HostHeader   = 'WWW2.reskit.org'
           }
PS C:\foo> New-Website @WSHT

Name        ID   State      Physical Path          Bindings
----        --   -----      -------------          --------
WWW2        2    Started    C:\inetpub\WWW2        http *:80:WWW2.reskit.org
```

In *Schritt 4* erstellen Sie einen neuen DNS-Ressourceneintrag, der auf diese neue Website zeigt; dies erzeugt keine Ausgabe. In *Schritt 5* verwenden Sie Internet Explorer, um zur neuen Website zu navigieren, was wie folgt aussieht:

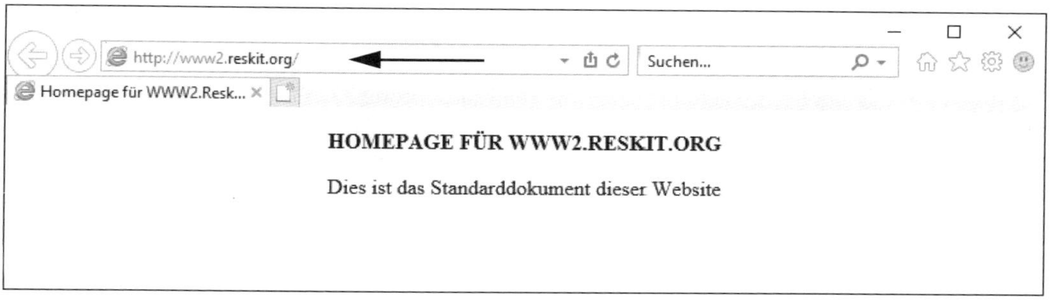

Weitere Informationen

Während Sie auf einem Webserver so viele HTTP-Websites hosten können, wie Sie möchten, können Sie standardmäßig nur eine HTTPS-Website verwenden. Dies liegt daran, dass sich die Details der Website, nach der der Webbrowser fragt, im verschlüsselten Inhalt befinden und erst dann zugänglich sind, nachdem diese entschlüsselt wurden.

Um diese Einschränkung zu umgehen, verwendet IIS ein TLS-Feature mit dem Namen **Server Name Indication** (**SNI**). Mit SNI ist es möglich, den Hostnamen des Webservers, der kontaktiert werden soll, während des SSL/TLS-Handshake anzugeben. Hierdurch ist es IIS möglich, mehr als eine sichere Website zu unterstützen. Damit SNI verwendet werden kann, müssen sowohl der Browser oder der Webclient als auch der Webserver SNI unterstützen. Die modernen Webbrowser unterstützen SNI, das bereits seit vielen Versionen als IIS-Feature von Windows Server zur Verfügung steht.

In *Schritt 3* erstellen Sie einen DNS-Ressourceneintrag des Typs `A`, der auf die Site mit der IP-Adresse `10.10.10.50` verweist. Wenn sich Ihre Website an einer anderen IP-Adresse befindet, ändern Sie diesen Eingabewert entsprechend ab.

Siehe auch ...

SNI gehört bereits seit einiger Zeit zum IIS-Feature. Details über das SNI-Feature der Internetinformationsdienste in Windows Server finden Sie hier: `https://docs.microsoft.com/en-us/iis/get-started/whats-new-in-iis-8/iis-80-server-name-indication-sni-ssl-scalability`. Allgemeine Informationen zu SNI finden Sie hier: `https://de.wikipedia.org/wiki/Server_Name_Indication`.

IIS-Protokollierung und Protokolldateien verwalten

Standardmäßig protokolliert IIS, wenn eine Anforderung von einem Client empfangen wird, diese Anforderung in einer Protokolldatei. Sie können PowerShell verwenden, um dieses Verhalten zu ändern. Sie können die Protokollierung deaktivieren, die Protokollierungshäufigkeit oder den Ordner ändern, in dem IIS die Protokolldateien speichert.

Protokolldateien eignen sich hervorragend zur Fehlerbehebung Ihres Webservers oder zur Analyse des Datenverkehrs auf Ihrer Website. IIS-Webserverprotokolle sind auch für die Kapazitätsplanung nützlich und helfen Ihnen, den Datenverkehr zu analysieren (z. B. woher kommt er, welche Clients werden verwendet, auf welche Websites/Seiten wird zugegriffen usw.).

Standardmäßig erstellt IIS jeden Tag eine separate Protokolldatei. Dies hat Vorteile, aber auf einem ausgelasteten Webserver mit vielen Websites kann die Verwaltung von Protokolldateien zu einer Herausforderung werden. Ein Webserver, der seit einem Monat betriebsbereit ist, verfügt über 30 separate Protokolldateien. Möglicherweise möchten Sie weniger häufig neue Protokolldateien erstellen lassen.

Da IIS die Protokolldateien standardmäßig innerhalb des Ordners `C:\Windows` erstellt, möchten Sie vielleicht den Speicherort der Protokolldateien ändern. In Abhängigkeit von der Größe Ihrer IIS-Protokolle können Sie die Protokolldateien in einem anderen Ordner auf Ihrem C:-Laufwerk oder auf einem separaten Laufwerk erstellen lassen.

In diesem Rezept konfigurieren Sie die IIS-Protokollierung mit PowerShell und dem IIS-Provider, den Sie aus dem Modul `WebAdministration` laden. Diese Technik verwendet `Set-ItemProperty`, um die IIS-Protokollierung zu konfigurieren.

Vorbereitungen

Dieses Rezept geht davon aus, dass Sie die Internetinformationsdienste, wie im Rezept »IIS installieren« auf Seite 250 beschrieben, installiert haben.

So wird's gemacht

1. Importieren Sie das Modul `WebAdministration`, um sicherzustellen, dass der IIS-Provider geladen ist:

```
Import-Module WebAdministration
```

2. Sehen Sie sich den aktuellen Speicherort der Protokolldateien an:

```
$IPHT1 = @{
  Path  = 'IIS:\Sites\Default Web Site'
  Name  =  'logfile.directory'
}
$LogfileLocation = (Get-ItemProperty @IPHT1).value
$LogFileFolder = [System.Environment]::ExpandEnvironmentVariables("$LogfileLocation")
Get-ChildItem $LogFileFolder -Recurse
```

3. Ändern Sie den Speicherort der Protokolldateien in `C:\IISLogs` ab:

```
New-Item -Path C:\IISLogs -ItemType Directory
$IPHT2 = @{
  Path  = 'IIS:\Sites\Default Web Site'
  Name  =  'logfile.directory'
}
Set-ItemProperty @IPHT2 -Value 'C:\IISLogs'
```

4. Ändern Sie das Format der Protokolldatei:

```
$IPHT3 = @{
  Path = 'IIS:\Sites\Default Web Site'
  Name = 'logFile.logFormat'
}
Set-ItemProperty @IPHT3 -Value 'W3C'
```

5. Legen Sie fest, in welchem Intervall eine neue Protokolldatei erstellt werden soll:

```
$IPHT3 = @{
  Path = 'IIS:\Sites\Default Web Site'
  Name = 'logFile.period'
}
Set-ItemProperty @IPHT3 -Value Weekly
```

6. Legen Sie zuerst fest, dass ab einer bestimmten Dateigröße eine neue Protokolldatei erstellt werden soll, und geben Sie dann die maximale Größe für Protokolldateien an:

```
$IPHT4 = @{
  Path = 'IIS:\Sites\Default Web Site'
  Name = 'logFile.period'
}
Set-ItemProperty @IPHT4 -Value 'MaxSize'
$Size = 1GB
$IPHT5 = @{
  Path = 'IIS:\Sites\Default Web Site'
  Name = 'logFile.truncateSize'
}
Set-ItemProperty @IPHT5 -Value $size
```

7. Deaktivieren Sie die Protokollierung:

```
$IPHT5 = @{
  Path = 'IIS:\Sites\Default Web Site'
  Name = 'logFile.enabled'
}
Set-ItemProperty @IPHT5 -Value $false
```

8. Löschen Sie alle Protokolldateien, die älter sind als 30 Tage:

```
$LogDirs = Get-ChildItem -Path IIS:\Sites |
             Get-ItemProperty -Name logFile.directory.value |
               Select -Unique
$Age = 30 # Wie lang sollen Protokolldateien aufbewahrt werden
$DaysOld = (Get-Date).AddDays(-$Age)
foreach ($LogDir in $LogDirs){
  $Dir = [Environment]::ExpandEnvironmentVariables($LogDir)
  $DIR
  Get-ChildItem -Path $Dir -Recurse -ErrorAction SilentlyContinue |
    Where-Object LastWriteTime -lt $DaysOld
      Remove-Item
}
```

So funktioniert's

In *Schritt 1* importieren Sie explizit das Modul `WebAdministration`; hierdurch wird der IIS-Provider geladen, der das PowerShell-Laufwerk `IIS:` erstellt. Dieser Schritt erzeugt keine Ausgabe.

In *Schritt 2* verwenden Sie den IIS-Provider, um den aktuellen Speicherort der IIS-Protokolldateien auf `SRV1` abzurufen, und lassen sich dann die vorhandenen Logdateien anzeigen. Abhängig davon, wie oft Sie die beiden Websites aufgerufen haben, die mit den Rezepten dieses Kapitels erstellt wurden (also die Standardwebsite aus dem Rezept »IIS installieren« auf Seite 250 und die `WWW2`-Website aus dem Rezept »IIS-Bindungen konfigurieren« auf Seite 266), sieht Ihre Ausgabe ähnlich aus wie die folgende:

```
PS C:\foo> $IPHT1 = @{
             Path  = 'IIS:\Sites\Default Web Site'
             Name  = 'logfile.directory'
           }
PS C:\foo> $LogfileLocation = (Get-ItemProperty @IPHT1).value
PS C:\foo> $LogFileFolder = [System.Environment]::ExpandEnvironmentVariables("$LogfileLocation")
PS C:\foo> Get-ChildItem $LogFileFolder -Recurse

    Verzeichnis: C:\inetpub\logs\LogFiles

Mode                 LastWriteTime         Length Name
----                 -------------         ------ ----
d-----        12.07.2019     12:13                W3SVC1
d----         12.07.2019     13:56                W3SVC2

    Verzeichnis: C:\inetpub\logs\LogFiles\W3SVC1

Mode                 LastWriteTime         Length Name
----                 -------------         ------ ----
-a----        12.07.2019     13:15           3799 u_ex190712.log
-a---         08.07.2019     07:50            626 u_ex190708.log
-a---         18.06.2019     15:05            626 u_ex190618.log
-a---         17.06.2019     09:36            626 u_ex190617.log

    Verzeichnis: C:\inetpub\logs\LogFiles\W3SVC2

Mode                 LastWriteTime         Length Name
----                 -------------         ------ ----
-a---         10.07.2019     01:56         236227 u_ex190709.log
-a---         11.07.2019     01:56         235993 u_ex190710.log
-a---         12.07.2019     01:54         236224 u_ex190711.log
-a---         12.07.2019     06:18          42991 u_ex190712.log
```

In *Schritt 3* erstellen Sie den Ordner `C:\IISLogs` und legen den Speicherort für die Protokolldateien auf diesen Ordner fest. In *Schritt 4* ändern Sie das Format der Protokolldateien in `W3C` ab; in *Schritt 5* legen Sie das Intervall fest, in dem IIS neue Protokolldateien erstellen soll; in *Schritt 6* legen Sie die maximale Größe der Protokolldateien fest. In *Schritt 7* deaktivieren Sie die Protokollierung für die Standardwebsite. Abschließend löschen Sie in *Schritt 8* alle Protokolldateien, die älter sind als 30 Tage. Diese sechs Schritte erzeugen keine Ausgabe.

Weitere Informationen

In *Schritt 2* sehen Sie sich die bisher erstellten Protokolldateien an. Ihre Ausgabe ist wahrscheinlich unterschiedlich, je nachdem, wie viele Clients Sie für den Zugriff auf die beiden Websites verwendet haben, die in den Rezepten in diesem Kapitel erstellt wurden. In der Ausgabe stellen Sie möglicherweise fest, dass das Stammverzeichnis der Protokolldateien (`C:\inetpub\logs\LogFiles`) über zwei Unterordner verfügt, die für jeden Tag eigene Protokolldateien enthalten. Die Protokolldateien, die im Unterordner `W3SVC1` angezeigt werden, beziehen sich auf die Standardwebsite, während sich die Protokolldateien im Unterordner `W3SVC2` auf die Website `WWW2.Reskit.Org` beziehen.

In *Schritt 3* haben Sie den Ordner geändert, der die IIS-Protokolle enthält. In einer Produktivumgebung können Sie IIS-Protokolldateien auf eigenen Datenträgern speichern, was eine bewährte Methode ist.

In *Schritt 4* haben Sie das Format der Protokolldateien für die IIS-Protokollierung in `W3C` geändert. Für das Format der Protokolldateien stehen Ihnen mehrere Optionen zur Verfügung. Weitere Informationen zu IIS-Protokolldateiformaten finden Sie unter `https://docs.microsoft.com/en-us/iis/manage/provisioning-and-managing-iis/configure-logging-in-iis`.

In *Schritt 6* ändern Sie die Protokollierung und legen die maximale Größe der Protokolldateien fest. Hierdurch bleibt die Größe der Protokolldateien unter Kontrolle, jedoch kann dies dazu führen, dass nicht alle Ereignisse protokolliert werden.

In *Schritt 7* deaktivieren Sie die Protokollierung für die Standardwebsite. Hierdurch kann Ihr IIS-Server ein wenig effizienter arbeiten (da keine Ereignisse mehr protokolliert werden). Außerdem ist so das Risiko geringer, dass kein Speicherplatz mehr zur Verfügung steht. Wie bei den meisten Windows-Protokollierungen ist auch die IIS-Protokollierung standardmäßig aktiviert; Sie können sie einfach deaktivieren oder basierend auf Ihren Anforderungen neu konfigurieren.

In *Schritt 8* löschen Sie die Protokolldateien, die älter sind als 30 Tage. Anstatt sie zu löschen, wollen Sie diese vielleicht an einen zentralen Speicherort kopieren, um weitere Analysen durchzuführen. Die regulären Protokolldateien sind für einfache Analysen gut geeignet; für die längerfristige Kapazitätsplanung ist es nützlich, wenn mehr Daten zur Verfügung stehen.

Sie können Ihre Protokolldateien auch weniger als 30 Tage auf Ihren Webservern aufbewahren. Um zu vermeiden, dass die Protokolle Ihre Webserver verstopfen, können Sie dieses Rezept aktualisieren, um die ältesten Protokolldateien in ein zentrales Repository zu kopieren.

Protokolldateien können viel Speicherplatz verbrauchen. Sie können sie auch in einem Ordner speichern, den Sie mit der NTFS-Dateikomprimierung komprimieren, oder indem Sie Tools wie WinZIP oder WinRAR verwenden, um die Dateien zu komprimieren (und um sie wieder zu dekomprimieren, wenn Sie weitere Analysen durchführen müssen).

Siehe auch ...

Weitere Infos darüber, wie Sie mithilfe von IIS-Protokolldateien Anwendungsprobleme lösen können, finden Sie unter `https://www.sumologic.com/blog/log-management-analysis/iis-logs-troubleshooting`.

IIS-Anwendungen und Anwendungspools verwalten

In den ersten Versionen von IIS wurden alle Webseiten und Websites auf einem bestimmten System in einem einzigen Windows-Prozess ausgeführt. Dies bedeutete, dass eine Anwendung, wenn sie nicht gut geschrieben war, Probleme für andere Anwendungen verursachen konnte. Eine Anwendung mit einem Speicher- oder Handle-Leak konnte daher dazu führen, dass schließlich ein Neustart dieses einzelnen Prozesses (oder sogar ein Neustart des Servers) erforderlich war.

In späteren Versionen von IIS hat Microsoft IIS um das Konzept von Webanwendungen und Anwendungspools erweitert. Bei IIS ist eine Webanwendung ein Satz von einer oder mehreren URLs (Webseiten). Beispielsweise werden die Seiten für das Beispiel `WWW2.Reskit.Org`, das Sie im Rezept »IIS-Bindungen konfigurieren« auf Seite 266 erstellt haben, im Ordner `C:\inetpub\www2` auf `SRV1` gespeichert. Sie können IIS so konfigurieren, dass verschiedene Webanwendungen innerhalb unabhängiger Arbeitsprozesse ausgeführt werden. Dies bedeutet, dass Ihre Standardwebsite und die `WWW2`-Website innerhalb völlig unterschiedlicher Arbeitsprozesse ausgeführt werden können; Probleme mit einer Website wirken sich auf diese Weise nicht auf die andere aus.

Ein Anwendungspool ist ein Satz von Arbeitsprozessen, die IIS zum Ausführen einer bestimmten Anwendung verwendet. Sie können eine oder mehrere Anwendungen innerhalb eines bestimmten Anwendungspools ausführen oder jede Anwendung in jeweils eigenen Anwendungspools. Technisch gesehen sind eine Website und eine Webanwendung nicht identisch, aber in vielen Fällen sind unterschiedliche Websites am Ende auch gleichzeitig unterschiedliche Anwendungen.

Das Feature Anwendungspool bietet die Möglichkeit, Anwendungen voneinander zu isolieren, sodass Sie eventuell instabile Anwendungen unabhängig von anderen ausführen können. Und da Sie einen Anwendungspool so konfigurieren können, dass mehr als ein Arbeitsprozess ausgeführt wird, bieten Anwendungspools ein gewisses Maß an Skalierbarkeit (da sie die modernen Multikernprozessoren verwenden).

Mit Anwendungspools kann IIS in jedem Arbeitsprozess, den IIS parallel ausführt, zahlreiche Threads erstellen, wodurch die Vorteile der heutigen Multikernprozessoren genutzt werden. IIS kann Arbeitsprozesse bei Bedarf erstellen und zerstören; wenn die Arbeitslast höher ist, werden weitere Arbeitsprozesse erstellt, die dann wieder zerstört werden, wenn sie nicht benötigt werden.

Sie können die Arbeitsprozesse auch so einrichten, dass sie von IIS recycelt werden (d.h. sie können beendet und dann wieder neu gestartet werden). Wenn also eine instabile Anwendung ein Speicherleak enthält (was z.B. bei Verwendung älterer ISAPI-Technologien durchaus möglich ist), gibt das Recycling die geleakten Ressourcen an das Betriebssystem zurück. Somit kann auch eine sehr schlecht geschriebene Anwendung innerhalb von IIS einigermaßen gut ausgeführt werden.

Es gibt eine Vielzahl von Bedingungen, die Sie festlegen können, um das Recycling eines Anwendungspools auszulösen. Sie können einen Zeitplan erstellen, der festlegt, wann recycelt werden soll. Sie können recyceln, wenn der private Speicher einen vordefinierten Wert überschreitet (beispielsweise 1 GB) oder nach einer bestimmten Anzahl von Anforderungen (z.B. das Recycling des Anwendungspools nach 1 Million Zugriffen auslösen).

Weitere Informationen finden Sie unter `https://technet.microsoft.com/en-us/library/cc745955.aspx`.

Zwar bezieht sich diese Seite auf IIS 7, aber die Details sind noch immer mit denen der IIS-Version, die sowohl mit Windows 10 als auch mit Server 2019 ausgeliefert wird, identisch. Ein weiteres schönes Feature von Anwendungspools ist, dass Sie jeden Anwendungspool mit separaten Anmeldeinformationen konfigurieren können, was eine erhöhte Sicherheit von IIS-Anwendungen bietet. Beispielsweise kann eine HR-Anwendung (also eine für die Abteilung Human Resources) mit den Anmeldeinformationen `Reskit\HRApp` ausgeführt werden, während Sie eine Buchhaltungswebanwendung so konfigurieren können, dass sie als `Reskit\AccountApp` ausgeführt wird. Sie können dann basierend auf diesen Benutzer-IDs Zugriffssteuerungslisten für die verschiedenen Ressourcen (Dateien, SQL-Datenbanken usw.) einrichten.

In diesem Rezept erstellen Sie eine neue IIS-Webanwendung auf Basis der `WWW2`-Website, die Sie im Rezept »IIS-Bindungen konfigurieren« auf Seite 266 erstellt haben. Außerdem erstellt und konfiguriert dieses Rezept einen Anwendungspool, der die Anwendung/Website hostet.

Vorbereitungen

Sie müssen dieses Rezept auf `SRV1` ausführen, nachdem Sie IIS konfiguriert haben (im Rezept »IIS installieren« auf Seite 250) und nachdem Sie die Website `WWW2` erstellt haben (im Rezept »IIS-Bindungen konfigurieren« auf Seite 266).

So wird's gemacht

1. Importieren Sie das Modul `WebAdministration`:

```
Import-Module -Name WebAdministration
```

2. Erstellen Sie einen neuen Anwendungspool:

```
New-WebAppPool -Name WWW2Pool
```

3. Erstellen Sie eine neue Anwendung in diesem Pool:

```
$WAHT = @{
  Name            = 'WWW2'
  Site            = 'WWW2'
  ApplicationPool = 'WWW2Pool'
  PhysicalPath    = 'C:\inetpub\WWW2'
}
New-WebApplication @WAHT
```

4. Zeigen Sie die auf `SRV1` vorhandenen Anwendungspools an:

```
Get-IISAppPool
```

5. Legen Sie wie folgt feste Zeiten für den Neustart des Anwendungspools fest:

```
$IPHT1 = @{
  Path = 'IIS:\AppPools\WWW2Pool'
  Name = 'Recycling.periodicRestart.schedule'
}
Clear-ItemProperty  @IPHT1
$RestartAt = @('07:55', '19:55')
New-ItemProperty @IPHT1 -Value $RestartAt
```

6. Legen Sie wie folgt das Limit für den privaten Speicher des Anwendungspools fest:

```
$IPHT2 = @{
  Path = 'IIS:\AppPools\WWW2Pool'
  Name = 'Recycling.periodicRestart.privatememory'
}
Clear-ItemProperty @IPHT2
[int32] $PrivMemMax = 150mb
Set-ItemProperty -Path 'IIS:\AppPools\WWW2Pool'
                 -Name 'Recycling.periodicRestart.privateMemory'
                 -Value $PrivMemMax
```

7. Legen Sie die maximale Anzahl der Anforderungen fest, nach der der Anwendungspool wiederverwendet wird, und zeigen Sie dann diesen Wert an:

```
$IPHT3 = @{
  Path = 'IIS:\AppPools\WWW2Pool'
  Name = 'Recycling.periodicRestart.requests'
}
Clear-ItemProperty @IPHT3
[int32] $MaxRequests = 104242
Set-ItemProperty @IPHT3 -Value $MaxRequests
Get-ItemProperty @IPHT3
```

8. Initiieren Sie die sofortige Wiederverwendung des Anwendungspools:

```
$Pool = Get-IISAppPool -Name WWW2Pool
$Pool.Recycle()
```

So funktioniert's

In *Schritt 1* importieren Sie explizit das Modul `WebAdministration`; hierdurch wird der IIS-Provider geladen, der das PowerShell-Laufwerk `IIS:` erstellt. Dieser Schritt erzeugt keine Ausgabe.

In *Schritt 2* erstellen Sie einen neuen Anwendungspool (`WWW2Pool`). Dieser Anwendungspool zeigt auf die Website `WWW2`, die Sie weiter vorne erstellt haben. Während diese Website derzeit lediglich eine einzige Seite enthält, können Sie die Website erweitern. In diesem Fall würde der Anwendungspool alle Seiten in diesem Ordner bearbeiten. Dieser Schritt erzeugt eine Ausgabe wie die folgende:

```
PS C:\foo> New-WebAppPool -Name WWW2Pool

Name                    State        Applications
----                    -----        ------------
WWW2Pool                Started
```

Nachdem Sie den Anwendungspool erstellt haben, können Sie eine neue Webanwendung erstellen, die die Website `WWW2` hostet, die Sie weiter vorne erstellt haben. In *Schritt 3* erstellen Sie innerhalb des Anwendungspools, den Sie soeben erstellt haben, eine Anwendung. Die Ausgabe sieht wie folgt aus:

```
PS C:\foo> $WAHT = @{
             Name            = 'WWW2'
             Site            = 'WWW2'
             ApplicationPool = 'WWW2Pool'
             PhysicalPath    = 'C:\inetpub\WWW2'
           }
PS C:\foo> New-WebApplication @WAHT

Name        Application pool   Protocols    Physical Path
----        ----------------   ---------    -------------
WWW2        WWW2Pool           http         C:\inetpub\WWW2
```

In *Schritt 4* überprüfen Sie die auf SRV1 vorhandenen Anwendungspools (einschließlich des Pools, den Sie etwas weiter vorne erstellt haben). Die Ausgabe dieses Schritts sieht wie folgt aus:

```
PS C:\foo> Get-IISAppPool

Name                 Status    CLR Ver  Pipeline Mode  Start Mode
----                 ------    -------  -------------  ----------
DefaultAppPool       Started   v4.0     Integrated     OnDemand
Classic .NET AppPool Started   v2.0     Classic        OnDemand
.NET v2.0 Classic    Started   v2.0     Classic        OnDemand
.NET v2.0            Started   v2.0     Integrated     OnDemand
.NET v4.5 Classic    Started   v4.0     Classic        OnDemand
.NET v4.5            Started   v4.0     Integrated     OnDemand
WWW2Pool             Started   v4.0     Integrated     OnDemand
```

In *Schritt 5* konfigurieren Sie IIS so, dass der Anwendungspool um 7:55 Uhr und um 19:55 Uhr wiederverwendet wird. In *Schritt 6* legen Sie fest, dass der maximale private Speicher des Anwendungspools 150 MB betragen darf; wird das Limit überschritten, dann wird der Anwendungspool neu gestartet. Diese beiden Schritte erzeugen keine Ausgabe.

In *Schritt 7* geben Sie an, dass IIS den Anwendungspool nach einer bestimmten Anzahl von Anforderungen (in diesem Fall 104.242) wiederverwenden soll, und lassen sich dann das Ergebnis dieses Schritts anzeigen und erhalten die folgende Ausgabe:

```
PS C:\foo> $IPHT3 = @{
             Path = 'IIS:\AppPools\WWW2Pool'
             Name = 'Recycling.periodicRestart.requests'
           }
PS C:\foo> Clear-ItemProperty @IPHT3
PS C:\foo> [int32] $MaxRequests = 104242
PS C:\foo> Set-ItemProperty @IPHT3 -Value $MaxRequests
PS C:\foo> Get-ItemProperty @IPHT3

PSPath                      : WebAdministration::\\SRV1\AppPools\WWW2Pool
PSParentPath                : WebAdministration::\\SRV1\AppPools
PSChildName                 : WWW2Pool
PSDrive                     : IIS
PSProvider                  : WebAdministration
IsInheritedFromDefaultValue : False
IsProtected                 : False
Name                        : requests
TypeName                    : System.Int64
Schema                      : Microsoft.IIs.PowerShell.Framework.ConfigurationAttributeSchema
Value                       : 104242
IsExtended                  : False
```

Abschließend initiieren Sie in *Schritt 8* die sofortige Wiederverwendung des Anwendungspools. Dieser Schritt erzeugt folgende Ausgabe:

```
PS C:\foo> $Pool = Get-IISAppPool -Name WWW2Pool
PS C:\foo> $Pool.Recycle()
Started
```

Weitere Informationen

In *Schritt 2* erstellen Sie mit dem Cmdlet `New-WebAppPool` einen neuen Anwendungspool. Es gibt jedoch kein `Get-WebAppPool`-Cmdlet, mit dem Sie die Anwendungspools anzeigen können. Stattdessen verwenden Sie, wie in *Schritt 4* gezeigt, das Cmdlet `Get-IISAppPool`. Das liegt daran, dass `Get-IISAppPool` aus dem `IISAdministration`-Modul stammt – so viel zum Thema Konsistenz.

In *Schritt 4* können Sie eine Vielzahl vorhandener Anwendungspools sehen. Hierzu gehören die standardmäßig erstellten IIS-Anwendungspools sowie die Pools, die von anderen Rezepten in diesem Buch erstellt wurden. Der Anwendungspool ist ein wichtiges Feature, mit dem Sie mehrere Webanwendungen auf einem einzelnen Server ausführen und sich gegenseitig störende Anwendungen vermeiden können. Im Rahmen der Bereitstellung von IIS können Sie erwägen, alle bis auf die wirklich erforderlichen Anwendungspools zu entfernen.

In *Schritt 5*, *Schritt 6* und *Schritt 7* konfigurieren Sie die Eigenschaften des Anwendungspools. Sie erreichen dies, indem Sie die Elementeigenschaften innerhalb des IIS-Providers festlegen. Wenn Sie Eigenschaften des Pools konfigurieren möchten, legen Sie die entsprechende Elementeigenschaft für den Pool fest.

Diese Schritte verwenden den Provider `WebAdministration`. Die Elementeigenschaften, die Sie festlegen, werden vom Provider in XML übersetzt, durch das IIS tatsächlich gesteuert wird. Weitere Informationen über den Provider `WebAdministration` finden Sie hier: `https://technet.microsoft.com/en-us/library/ee909471(v=ws.10).aspx`.

IIS-Protokolldateien analysieren

IIS protokolliert jede Anforderung, die von einem Client empfangen wird. Wenn jemand einen Browser verwendet, um zu `HTTP://SRV1.Reskit.Org` zu navigieren, werden Details dieser Interaktion in einer Textdatei protokolliert. Standardmäßig speichert IIS Protokolleinträge in Dateien im Ordner `C:\inetpub\logs\LogFiles`; Sie können den Speicherort jedoch ändern, wie Sie im Rezept »IIS-Protokollierung und Protokolldateien verwalten« auf Seite 268 gesehen haben.

Daher sind die von IIS generierten Protokolldateien eine großartige Informationsquelle darüber, wer Ihre Webserver verwendet und wofür. Im Protokoll befinden sich Details wie die IP-Adresse des Clients, das HTTP-Verb (GET, POST usw.), die angeforderte Seite usw.

In diesem Rezept verarbeiten Sie die Protokolle auf `SRV1`, um zu sehen, welche Clients eine Verbindung zu Ihrem Server herstellen und welche Clientsoftware sie verwenden.

Vorbereitungen

Sie können dieses Rezept auf/gegen SRV1 ausführen, einem Webserver, den Sie in anderen Rezepten dieses Kapitels konfiguriert und verwendet haben. Damit Sie in diesem Rezept auf nützliche Daten zurückgreifen können, brauchen Sie Protokolldateien; dies wiederum setzt voraus, dass Sie einen oder besser mehrere Clients verwenden, um auf den Webserver auf SRV1 zuzugreifen. Sie können beliebige andere von Ihnen erstellte virtuelle Computer (VMs) verwenden, um auf die Standard-IIS-Website auf SRV1 zuzugreifen.

So wird's gemacht

1. Definieren Sie den Speicherort der Protokolldateien und einen temporären Dateinamen:

```
$LogFolder = 'C:\inetpub\logs\LogFiles\W3SVC1'
$LogFiles = Get-ChildItem $LogFolder\*.log -Recurse
$LogTemp = "C:\inetpub\logs\LogFiles\W3SVC1\AllLogs.tmp"
```

2. Erstellen Sie für alle nützlichen Zeilen aller Protokolldateien ein Array mit dem Namen $Logs:

```
$Logs = @()                 # Leeres Array erstellen
# Die Kommentarzeilen entfernen
$LogFiles |
  ForEach { Get-Content $_ |
    Where-Object {$_ -notLike "#[D,F,S,V]*" } |
      Foreach { $Logs += $_ }  # Protokolleintrag in Array $Logs einfügen
}
```

3. Erstellen Sie für die CSV-Datei einen besseren Header:

```
$LogColumns = ( $LogFiles |
                Select-Object -First 1 |
                  Foreach { Get-Content $_ |
                    Where-Object {$_ -Like "#[F]*" } } )
$LogColumns = $LogColumns -replace "#Fields: ", ""
$LogColumns = $LogColumns -replace "-",""
$LogColumns = $LogColumns -replace "\(",""
$LogColumns = $LogColumns -replace "\)",""
```

4. Speichern Sie die aktualisierten Protokolleinträge in der temporären Datei:

```
$NL = [Environment]::NewLine
$P  = [System.String]::Join( [Environment]::NewLine, $Logs)
$S = "{0}{1}{2}" -f  $LogColumns, $NL,$P
Set-Content -Path $LogTemp -Value  $S
```

5. Lesen Sie die umformatierten Protokolldateien als CSV-Datei ein:

```
$Logs = Import-Csv -Path $LogTemp -Delimiter " "
```

6. Zeigen Sie die IP-Adressen der Clients an:

```
$Logs |
  Sort-Object -Property cip |
    Select-Object -Property CIP -Unique
```

7. Zeigen Sie die User Agents an, die zur Kommunikation mit SRV1 verwendet wurden:

```
$Logs |
  Sort-Object -property csUserAgent |
    Select-Object -Property csUserAgent -Unique
```

8. Zeigen Sie die Häufigkeit an, mit der die verschiedenen User Agents auf die Website zugegriffen haben:

```
$Logs |
  Sort-Object -Property csUserAgent |
    Group-Object csuseragent |
      Sort-object -Property Count -Desc |
        Format-Table -Property Count, Name
```

9. Zeigen Sie an, welche IP-Adresse welchen User Agent verwendet:

```
$Logs |
  Select-Object -Property CIP, CSUserAgent -Unique |
    Sort-Object -Property CIP
```

So funktioniert's

In *Schritt 1* definieren Sie den Speicherort der IIS-Protokolldateien, an denen Sie Interesse haben und sammeln die Protokolldateien für die spezifische Website (in diesem Fall die Standardwebsite auf SRV1). Außerdem spezifizieren Sie den Namen einer temporären Datei, die Sie für die Protokolldetails verwenden werden.

In *Schritt 2* erstellen Sie ein Array ($Logs), das alle Protokolleinträge enthält, wobei jedoch alle Kommentare entfernt wurden.

In *Schritt 3* erstellen Sie eine nützlichere Überschriftenzeile für die temporäre Protokolldatei.

Anschließend speichern Sie in *Schritt 4* die Protokolleinträge zusammen mit dem aktualisierten Header in der temporären CSV-Datei.

Sie lesen dann in *Schritt 5* die temporäre CSV-Datei ein. Diese ersten fünf Schritte erzeugen keine Ausgabe.

In *Schritt 6* extrahieren Sie die verschiedenen Client-IP-Adressen, die die einzelnen Clients repräsentieren, die auf SRV1 zugegriffen haben, was wie folgt aussieht:

```
PS C:\foo> $Logs |
             Sort-Object -Property cip |
               Select-Object -Property CIP -Unique

cip
---
10.10.10.10
10.10.10.150
10.10.10.181
10.10.10.201
10.10.10.202
10.10.10.60
fe80::b558:de8a:4644:80a3%5
```

In *Schritt 7* extrahieren Sie die Namen der verschiedenen User Agents (Browser usw.), die von den Clients verwendet wurden, um auf `http://SRV1` zuzugreifen. Die Ausgabe dieses Schritts sieht wie folgt aus:

```
PS C:\foo> $Logs |
             Sort-Object -property csUserAgent |
               Select-Object -Property csUserAgent -Unique

Mozilla/4.0+(compatible;+MSIE+7.0;+Windows+NT+6.0;+SLCC1;+.NET+CLR+2.0.50727...
Mozilla/4.0+(compatible;+MSIE+7.0;+Windows+NT+6.0;+WOW64;+Trident/4.0;+SLCC1...
Mozilla/5.0+(Windows+NT+10.0;+Win64;+x64)+AppleWebKit/537.36+(KHTML,+like+Ge...
Mozilla/5.0+(Windows+NT+10.0;+Win64;+x64)+AppleWebKit/537.36+(KHTML,+like+Ge...
Mozilla/5.0+(Windows+NT+10.0;+Win64;+x64)+AppleWebKit/537.36+(KHTML,+like+Ge...
Mozilla/5.0+(Windows+NT+6.1;+WOW64;+Trident/7.0;+rv:11.0)+like+Gecko
```

In *Schritt 8* untersuchen Sie, wie häufig die User Agents verwendet wurden, was wie folgt aussieht:

```
PS C:\foo> $Logs |
             Sort-Object -Property csUserAgent |
               Group-Object csuseragent |
                 Sort-object -Property Count -Desc |
                   Format-Table -Property Count, Name

Count Name
----- ----
   29 Mozilla/5.0+(Windows+NT+10.0;+Win64;+x64)+AppleWebKit/537.36+(KHTML,+l...
   12 Mozilla/4.0+(compatible;+MSIE+7.0;+Windows+NT+6.0;+WOW64;+Trident/4.0;...
   11 Mozilla/4.0+(compatible;+MSIE+7.0;+Windows+NT+6.0;+SLCC1;+.NET+CLR+2.0..
    7 Mozilla/5.0+(Windows+NT+10.0;+Win64;+x64)+AppleWebKit/537.36+(KHTML,+l...
    4 Mozilla/5.0+(Windows+NT+6.1;+WOW64;+Trident/7.0;+rv:11.0)+like+Gecko
    2 Mozilla/5.0+(Windows+NT+10.0;+Win64;+x64)+AppleWebKit/537.36+(KHTML,+l...
```

Abschließend schauen Sie sich in *Schritt 9* an, welche IP-Adresse welchen User Agent verwendet, was wie folgt aussieht:

```
PS C:\foo> $Logs |
             Select-Object -Property CIP, csUserAgent -Unique |
               Sort-Object -Property CIP

cip                          csUserAgent
---                          -----------
10.10.10.10                  Mozilla/5.0+(Windows+NT+10.0;+Win64;+x64)+AppleW...
10.10.10.150                 Mozilla/5.0+(Windows+NT+10.0;+Win64;+x64)+AppleW...
10.10.10.150                 Mozilla/5.0+(Windows+NT+10.0;+Win64;+x64)+AppleW...
10.10.10.181                 Mozilla/5.0+(Windows+NT+10.0;+Win64;+x64)+AppleW...
10.10.10.181                 Mozilla/4.0+(compatible;+MSIE+7.0;+Windows+NT+6....
10.10.10.201                 Mozilla/4.0+(compatible;+MSIE+7.0;+Windows+NT+6....
10.10.10.201                 Mozilla/4.0+(compatible;+MSIE+7.0;+Windows+NT+6....
10.10.10.202                 Mozilla/4.0+(compatible;+MSIE+7.0;+Windows+NT+6....
10.10.10.60                  Mozilla/4.0+(compatible;+MSIE+7.0;+Windows+NT+6....
fe80::b558:de8a:4644:80a3%5 Mozilla/4.0+(compatible;+MSIE+7.0;+Windows+NT+6....
fe80::b558:de8a:4644:80a3%5 Mozilla/5.0+(Windows+NT+6.1;+WOW64;+Trident/7.0;...
fe80::b558:de8a:4644:80a3%5 Mozilla/5.0+(Windows+NT+10.0;+Win64;+x64)+AppleW...
```

Weitere Informationen

Eventuell haben Sie im Rezept »IIS-Protokollierung und Protokolldateien verwalten« auf Seite 268 den Speicherort der IIS-Protokolldateien geändert. In diesem Fall müssen Sie in *Schritt 1* den Wert von `$LogFolder` entsprechend anpassen.

In *Schritt 3* erstellen Sie eine aktualisierte und nützlichere Überschriftenzeile für die CSV-Datei. Dadurch erhalten die Datenspalten unter anderem hilfreichere Namen, was die Verarbeitung in *Schritt 6*, *Schritt 7* und *Schritt 8* vereinfacht. Sie können die Aktualisierungen von Spaltennamen anpassen, damit sie für Ihre Umgebung noch nützlicher sind.

In den letzten drei Schritten untersuchen Sie die Namen der User Agents, die die Clientsysteme beim Herstellen der Verbindung mit `SRV1` angegeben haben. Beim Herstellen der Verbindung stellt jeder Webclient den Namen des User Agents bereit, der von IIS protokolliert wird. In *Schritt 7* werden die verschiedenen Namen der Agents angezeigt, während Sie in *Schritt 8* untersuchen, wie oft die einzelnen User Agents verwendet werden. Schließlich untersuchen Sie in *Schritt 9*, welche IP-Adresse welchen User Agent verwendet.

In *Schritt 8* sortieren Sie die User Agents nach IP-Adresse. Da PowerShell die IP-Adresse als Zeichenfolge speichert, können Sie sehen, dass `10.10.10.202` vor `10.10.10.60` steht, was natürlich der Art und Weise entspricht, wie die alphanumerische Zeichenfolgensortierung in PowerShell funktioniert. Darüber hinaus können Sie diesen Schritt erweitern, um eine DNS-Abfrage (mit `Resolve-DnsName`) durchzuführen, um den Hostnamen zu ermitteln, und diesen dann in die Ausgabe einfügen.

Netzwerklastenausgleich verwalten und überwachen

Netzwerklastenausgleich (Network Load Balancing, NLB) ist ein Feature von Windows und IIS, das es mehreren Hosts erlaubt, die gleiche Website zu hosten. Der NLB-Cluster verteilt den beim Cluster eingehenden Datenverkehr auf die einzelnen Hosts.

NLB ermöglicht sowohl Skalierbarkeit als auch Fehlertoleranz. Wenn Sie weitere Knoten hinzufügen, ist der Cluster in der Lage, mehr Datenverkehr abzuwickeln. Falls ein Knoten ausfallen sollte, kümmern sich die verbleibenden Knoten um den Traffic, was jedoch möglicherweise zu Leistungseinbußen führt.

NLB ist ein vielseitiges Feature. Sie können NLB verwenden, um den Datenverkehr aus dem Web, über FTP, Firewalls, Proxys und VPNs auszugleichen. Die Leistung ist akzeptabel, obwohl viele Benutzer Hardware-basierte Lastverteiler (Hardware Load Balancer) bevorzugen.

In diesem Rezept erstellen Sie einen neuen NLB-Cluster (`ReskitNLB`), der für zwei Hosts (`NLB1`, `NLB2`) für den Lastenausgleich sorgt. Das Rezept erstellt auf jedem der beiden Systeme eine einfache Website mit einer Webseite und stellt dann über die NLB-Site Lastenausgleich und Failover zur Verfügung.

Das Rezept verwendet eine Website mit einem Dokument. Dieses Dokument ist auf jedem Server unterschiedlich, was nützlich ist, wenn Sie sehen wollen, welcher Server eine bestimmte Anforderung angenommen und verarbeitet hat. In einer Produktivumgebung wollen Sie natürlich, dass alle Knoten die gleichen Inhalte bereitstellen und so einen nahtlosen Zugriff auf die Webinhalte ermöglichen.

Sie führen den ersten Teil des Rezepts auf `NLB1` aus. Nachdem Sie den NLB-Cluster eingerichtet haben, können Sie von einem anderen Host aus (in diesem Fall `DC1`), auf den Cluster zugreifen.

Vorbereitungen

Dieses Rezept verwendet zwei neue Windows 2019-Server: NLB1 und NLB2. Außerdem verwenden Sie den Server DC1, der Domänencontroller und DNS-Server für die Domäne Reskit.Org ist. Jeder dieser Server benötigt eine statische IP-Adresse; anderenfalls sehen Sie eine Fehlermeldung, wenn Sie versuchen, den NLB-Cluster zu erstellen.

So wird's gemacht

1. Installieren Sie das Feature Web-Server und dessen Sub-Features auf NLB1 und NLB2:

```
$IHT1 = @{
  Name                   = 'Web-Server'
  IncludeManagementTools = $True
  IncludeAllSubFeature   = $True
  Source                 = 'D:\sources\sxs'
}
Install-WindowsFeature @IHT1 -ComputerName NLB1
Install-WindowsFeature @IHT1 -ComputerName NLB2
```

2. Fügen Sie auf NLB1 und NLB2 das Feature NLB hinzu:

```
$IHT2 = @{
  Name                   = 'NLB'
  IncludeManagementTools = $True
  IncludeAllSubFeature   = $True
}
Install-WindowsFeature @IHT2 -ComputerName NLB1 | Out-Null
Install-WindowsFeature @IHT2 -ComputerName NLB2 | Out-Null
```

3. Überprüfen Sie, ob die Features Netzwerklastenausgleich (NLB) und Webserver (Web-Server) auf beiden Systemen geladen sind:

```
$SB = {
  Get-WindowsFeature Web-Server, NLB
}
Invoke-Command -ScriptBlock $SB -ComputerName NLB1, NLB2 |
  Format-table -Property DisplayName,PSComputername,Installstate
```

4. Erstellen Sie den NLB-Cluster und beginnen Sie mit NLB1:

```
$NLBHT1 = @{
  InterFaceName    = 'Ethernet'
  ClusterName      = 'ReskitNLB'
  ClusterPrimaryIP = '10.10.10.55'
  SubnetMask       = '255.255.255.0'
  OperationMode    = 'Multicast'
}
New-NlbCluster @NLBHT1
```

5. Fügen Sie NLB2 zum Cluster ReskitNLB hinzu:

```
$NLBHT2 = @{
  NewNodeName      = 'NLB2.Reskit.Org'
  NewNodeInterface = 'Ethernet'
  InterfaceName    = 'Ethernet'
}
Add-NlbClusterNode @NLBHT2
```

6. Erstellen Sie die folgende Netzwerk-Firewallregel:

```
$SB = {
  $NFTHT =@{
    DisplayGroup  = 'Datei- und Druckerfreigabe'
    Enabled       = 'True'
  }
  Set-NetFirewallRule @NFTHT
}
Invoke-Command -ScriptBlock $SB -ComputerName NLB1
Invoke-Command -ScriptBlock $SB -ComputerName NLB2
```

7. Erstellen Sie das Standarddokument, mit unterschiedlichen Inhalten auf den beiden Maschinen:

```
'NLB Cluster: Gehostet auf NLB1' |
    Out-File -FilePath C:\inetpub\wwwroot\index.html
'NLB Cluster: Hallo von NLB2' |
    Out-File -FilePath \\nlb2\c$\inetpub\wwwroot\index.html
```

8. Checken Sie die virtuelle IP-Adresse (VIP) des Clusters:

```
Get-NlbClusterVip
```

9. Erstellen Sie einen DNS-Eintrag des Typs A für den Cluster:

```
$SB = {
  $NAHT = @{
    Name        = 'ReskitNLB'
    IPv4Address = '10.10.10.55'
    ZoneName    = 'Reskit.Org'
  }
  Add-DnsServerResourceRecordA @NAHT
}
Invoke-Command -ComputerName DC1 -ScriptBlock $SB

#   Führen Sie den Rest des Rezepts auf DC1 aus
```

10. Zeigen Sie von `DC1` aus Details zu den Clusterknoten an:

```
Get-NlbClusterNode -HostName NLB1.Reskit.Org
```

11. Zeigen Sie von `DC1` aus die NLB-Website an:

```
Start-Process 'HTTP://ReskitNLB.Reskit.Org'
```

12. Stoppen Sie einen Knoten (denjenigen, der in *Schritt 11* geantwortet hat):

```
Stop-NlbClusterNode -HostName NLB1
Clear-DnsClientCache
```

13. Zeigen Sie von `DC1` aus Details zu den Clusterknoten an:

```
Get-NlbClusterNode -HostName NLB1
```

14. Zeigen Sie erneut von `DC1` aus die NLB-Website an:

```
Start-Process 'HTTP://ReskitNLB.Reskit.Org'
```

So funktioniert's

In *Schritt 1* installieren Sie auf NLB1 und NLB2 das Feature Web-Server, dessen Sub-Features und die Verwaltungstools, was wie folgt aussieht:

```
PS C:\foo> $IHT1 = @{
             Name                   = 'Web-Server'
             IncludeManagementTools = $True
             IncludeAllSubFeature   = $True
             Source                 = 'D:\sources\sxs'
           }
PS C:\foo> Install-WindowsFeature @IHT1 -ComputerName NLB1
PS C:\foo> Install-WindowsFeature @IHT1 -ComputerName NLB2

Success Restart Needed Exit Code      Feature Result
------- -------------- ---------      --------------
True    No             Success        {ASP.NET 4.7, .NET Framework 3.5 (enthält ...
True    No             Success        {ASP.NET 4.7, .NET Framework 3.5 (enthält ...
```

In *Schritt 2* fügen Sie das Feature Netzwerklastenausgleich zu NLB1 und NLB2 hinzu, was keine Ausgabe erzeugt.

In *Schritt 3* prüfen Sie, ob IIS und NLB auf den Servern NLB1 und NLB2 vorhanden sind, was folgende Ausgabe erzeugt:

```
PS C:\foo> $SB = {
             Get-WindowsFeature Web-Server, NLB
           }
PS C:\foo> Invoke-Command -ScriptBlock $SB -ComputerName NLB1, NLB2 |
             Format-table -Property DisplayName,PSComputername,Installstate

DisplayName              PSComputerName InstallState
-----------              -------------- ------------
Webserver (IIS)          NLB2           Installed
Netzwerklastenausgleich  NLB2           Installed
Webserver (IIS)          NLB1           Installed
Netzwerklastenausgleich  NLB1           Installed
```

In *Schritt 4* konfigurieren Sie den Cluster für den Netzwerklastenausgleich auf NLB1, was wie folgt aussieht:

```
PS C:\foo> $NLBHT1 = @{
             InterFaceName    = 'Ethernet'
             ClusterName      = 'ReskitNLB'
             ClusterPrimaryIP = '10.10.10.55'
             SubnetMask       = '255.255.255.0'
             OperationMode    = 'Multicast'
           }
PS C:\foo> New-NlbCluster @NLBHT1

Name      IPAddress   SubnetMask    Mode
----      ---------   ----------    ----
ReskitNLB 10.10.10.55 255.255.255.0 MULTICAST
```

In *Schritt 5* fügen Sie NLB2.Reskit.Org zum Cluster ReskitNLB hinzu. In *Schritt 6* erstellen Sie Firewall-Regeln für den Cluster. In *Schritt 7* erzeugen Sie die Inhalte des Standarddokuments für die Websites auf NLB1 und NLB2. Diese drei Schritte erzeugen keine Ausgabe.

Nachdem die Hosts des Clusters definiert sind, rufen Sie in *Schritt 8* die virtuelle IP-Adresse (VIP) des Clusters ab, was folgendermaßen aussieht:

```
PS C:\foo> Get-NlbClusterVip

IPAddress   SubnetMask
---------   ----------
10.10.10.55 255.255.255.0
```

In *Schritt 9* beenden Sie auf `NLB1` die Konfiguration des NLB-Clusters, indem Sie einen DNS-Eintrag des Typs A für den Namen des Clusters erstellen, was keine Ausgabe erzeugt.

Nachdem Sie diese Schritte durchgeführt haben, ist die Konfiguration des NLB-Clusters abgeschlossen. Um den Cluster zu testen, führen Sie die verbleibenden Schritte dieses Rezepts auf `DC1` aus.

In *Schritt 10* zeigen Sie den Status der Clusterknoten an, was wie folgt aussieht:

```
PS C:\foo> Get-NlbClusterNode -HostName NLB1.Reskit.Org

Name State                Interface HostID
---- -----                --------- ------
NLB1 Converged(default)   Ethernet  1
NLB2 Converged            Ethernet  2
```

In *Schritt 11* öffnen Sie die NLB-Website von `DC1` aus, was wie folgt aussieht:

In *Schritt 12* halten Sie den Clusterknoten auf `NLB1` an, was keine Ausgabe erzeugt. In *Schritt 13* rufen Sie Details zu den Clusterknoten ab und können sehen, dass `NLB1` nicht verfügbar ist, was wie folgt aussieht:

```
PS C:\foo> Get-NlbClusterNode -HostName NLB1

Name State                Interface HostID
---- -----                --------- ------
NLB1 Stopped              Ethernet  1
NLB2 Converged(default)   Ethernet  2
```

Nachdem Sie `NLB1` angehalten haben, rufen Sie in *Schritt 14* die NLB-Website erneut von `DC1` aus auf und erhalten die folgende Ausgabe, an der Sie erkennen können, dass die Webseite nun von `NLB2` ausgeliefert wird:

Weitere Informationen

Dieses Rezept verwendet zwei neue Server (`NLB1` und `NLB2`). Sie können dieses Rezept auch auf anderen Servern ausführen, beispielsweise auf den Servern `SRV1` und `SRV2`, die an anderer Stelle in diesem Buch verwendet werden.

In *Schritt 3* erstellen Sie den NLB-Cluster. Da `NLB1` und `NLB2` jeweils nur über einen Netzwerkadapter verfügen, erstellen Sie den Cluster mit einem Multicastmodus. Hätten Sie den Unicastmodus verwendet, hätte Windows die normale Verbindung zu diesen Systemen ausgeschaltet. In einer Produktivumgebung ist es besser, wenn jedes Mitglied des Clusters über zwei Netzwerkkarten verfügt.

In *Schritt 12* beenden Sie einen Knoten im ReskitNLB-Lastenausgleichscluster. Anschließend zeigen Sie (in *Schritt 13*) mithilfe des Cmdlets `Get-NlbClusterNode` den Status der Knoten im Cluster an. Nachdem Sie `NLB1` beendet haben, können Sie die Funktionsfähigkeit des Clusters überprüfen, und erhalten dann das Dokument von `NLB2` (in *Schritt 14*).

In *Schritt 7* erstellen Sie den Inhalt des Standarddokuments für `NLB1` und `NLB2`. In diesem Rezept erstellen Sie auf beiden NLB-Clustermitgliedern absichtlich unterschiedliche Inhalte für jedes Dokument. Hierdurch können Sie erkennen, welcher Host die Anforderung für das Standarddokument im NLB-Cluster verarbeitet.

Wenn Sie einen Knoten aus dem Cluster entfernen müssen (beispielsweise um einen Patch zu installieren), sollten Sie dies während eines Wartungsfensters tun, wenn niemand die vom Cluster bereitgestellte Website verwenden würde. Bei Bedarf können Sie einen Knoten herunternehmen, Wartungsarbeiten durchführen und dann das Clustermitglied wiederherstellen. Der Cluster funktioniert während dieser Zeit weiter. Während ein Knoten nicht Teil des Clusters ist, ist der Cluster weniger leistungsfähig. Dies ist eine Tatsache, die Sie berücksichtigen sollten, wenn Sie entscheiden, ob Sie einen Livecluster tagsüber verwalten oder ob Sie bis zum nächsten Wartungsfenster warten.

In *Schritt 11* sehen Sie die Website über den NLB-Cluster (von `DC1` aus) an und können erkennen, dass `NLB1` die Seite liefert. Während Sie dies testen, kann es sein, dass `NLB2` auf die anfängliche Anforderung in *Schritt 11* antwortet; fahren Sie in diesem Fall (bevor Sie die nächsten Schritte durchführen) `NLB2` herunter und nicht `NLB1`.

Hinweis Wenn Sie diese Tests auf einem der Clustermitglieder ausführen, löst NLB den Cluster immer in den lokalen Host, also den, auf dem Sie den Test durchführen, auf und es wird die lokale Website angezeigt. Wenn Sie also die Tests von `NLB1` aus ausführen, wird immer `NLB1` ausgewählt; wenn Sie die Tests jedoch von einem anderen Host, z.B. `DC1`, aus ausführen, wird das gewünschte Verhalten sichtbar.

Kapitel 10
Desired State Configuration verwalten

In diesem Kapitel werden die folgenden Rezepte vorgestellt:

- **DSC und integrierte Ressourcen verwenden**
- **DSC-Konfiguration mit Parametern versehen**
- **DSC-Ressourcen finden und installieren**
- **DSC mit Ressourcen aus der PowerShell-Gallery nutzen**
- **Den lokalen DSC-Konfigurations-Manager konfigurieren**
- **Einen DSC-SMB-Pullserver implementieren**
- **Einen DSC-HTTP-Pullserver implementieren**
- **DSC-Teilkonfigurationen verwenden**

Einführung

Desired State Configuration (**DSC**) ist eine Verwaltungsplattform in Windows Server und wird mit Windows PowerShell implementiert. Mit DSC können Sie den gewünschten Zustand eines Computers deklarativ definieren und von PowerShell überprüfen lassen, dass der Computer entsprechend konfiguriert wird und auch weiterhin so konfiguriert bleibt. Das ist einfacher als das Schreiben komplexer Skripte zum Konfigurieren eines bestimmten Computers.

Mit DSC definieren Sie eine Konfiguration, die die Details beschreibt, wie ein bestimmter Knoten (Computer) konfiguriert werden soll. Die Konfiguration definiert eine Reihe von Ressourcen, die auf dem Knoten aufgerufen werden, und legt fest, wie diese Ressourcen konfiguriert werden sollen.

Eine DSC-Ressource ist ein PowerShell-Modul, das angewiesen wird, ein bestimmtes Objekt zu konfigurieren, das sich auf einem Knoten befindet. Wenn Sie eine bestimmte DSC-Ressource verwenden möchten, benötigen Sie das zugehörige PowerShell-Modul sowohl auf dem Computer, auf dem Sie die DSC-Konfigurationen erstellen, als auch auf dem Zielknoten.

Sie können beispielsweise einen Knoten definieren und angeben, dass die Ressource `WindowsFeature` so konfiguriert werden soll, dass das Feature `Web-Server` (eine Teilmenge der vollständigen Installation der Internetinformationsdienste, IIS) installiert ist. Sie können auch die DSC-Dateiressource verwenden, um sicherzustellen, dass ein Satz von Dateien, die irgendwo in Ihrem Netzwerk oder im Internet verfügbar sind, auch auf dem Zielknoten vorhanden ist. Dies könnte den Prozess der Konfiguration einer Webfarm erheblich vereinfachen und sicherstellen, dass sie ordnungsgemäß konfiguriert bleibt.

Ressourcen stammen aus einer Vielzahl von Quellen. Microsoft hat ein paar Ressourcen in PowerShell integriert, und diese werden mitsamt Windows Server 2019 ausgeliefert. Sie können aber auch zusätzliche DSC-Ressourcen aus dem Internet erhalten oder eigene DSC-Ressourcen entwickeln. Weitere Informationen zum Entwickeln von DSC-Ressourcen finden Sie unter `https://docs.microsoft.com/de-de/powershell/dsc/resources/authoringResource`.

Hinweis PowerShell V6 und neuere Versionen unterstützen derzeit kein DSC. Wenn Sie DSC nutzen möchten, müssen Sie PowerShell V4 oder neuere Versionen (vorzugsweise PowerShell Version 5.1) verwenden.

Der erste Schritt beim Einsatz von DSC ist die Definition einer Konfigurationsanweisung. Eine Konfigurationsanweisung, die einer Funktion nicht unähnlich ist, definiert den gewünschten Status eines Knotens. Darin wird festgelegt, wie bestimmte Ressourcen auf dem Zielknoten konfiguriert werden sollen.

Der nächste Schritt besteht darin, die Konfigurationsanweisung auszuführen. Dies ist ähnlich wie Funktionen in PowerShell. Wenn Sie Ihre Funktion ausführen, kompilieren Sie sie und erhalten als Ausgabe ein MOF-Dokument (Managed Object Format).

Sie können Konfigurationsanweisungen parametrisieren, um basierend auf den Parameterwerten das Erstellen verschiedener MOF-Dokumente zu vereinfachen. Eine Konfigurationsanweisung kann z. B. einen Knotennamen und den Namen eines Windows-Features enthalten, das auf dem Knoten vorhanden sein soll. Wenn Sie die Konfiguration ausführen, geben Sie Werte für den Knotennamen (z. B. `DC1`) und den Namen des Windows-Features an, das geladen werden soll (z. B. `Web-Server`). Die generierte MOF-Datei weist DSC an, sicherzustellen, dass das Feature `Web-Server` auf `DC1` vorhanden ist.

Wenn Sie die Konfigurationsanweisung ausführen, kompiliert PowerShell die DSC-Konfiguration in eine PowerShell-Funktion. Wenn Sie diese generierte Funktion aufrufen, erstellt PowerShell basierend auf der angegebenen Konfiguration eine MOF-Datei. Eine MOF-Datei teilt PowerShell genau mit, wie die Ressource auf einem bestimmten Knoten konfiguriert werden soll.

Microsoft hat sich entschieden, für die Definition der Konfiguration zusätzlich zur Konfigurationsanweisung ein MOF-Dokument zu verwenden. MOF ist standardisiert und wird breit unterstützt, obwohl es im Hinblick auf die Syntax und den Inhalt komplexer ist. Das Trennen der Spezifikation der Konfiguration von den Details, die bei der Bereitstellung erforderlich sind, mag wie zusätzlicher Overhead erscheinen (Sie erstellen zuerst die PowerShell-Konfigurationsanweisung, erstellen dann das MOF-Dokument, das Sie anschließend bereitstellen).

Microsoft ging seinerzeit davon aus, dass irgendwann mal irgendjemand eine Art DSC-Tool mit einer grafischen Benutzeroberfläche bauen würde, mit der die Konfiguration definiert werden könnte. Dieses Tool (das es bis heute noch nicht gibt) könnte nach einem Klick auf eine Schaltfläche die erforderliche MOF-Datei generieren und automatisch bereitstellen. Obwohl diese GUI nach wie vor nicht existiert, können Sie mit diesem Ansatz Sicherheitsgrenzen zwischen dem Definieren einer Konfiguration und deren Bereitstellung definieren.

Nachdem Sie die MOF-Dateien generiert haben, stellen Sie die Konfiguration bereit. DSC verwendet das MOF-Dokument, um sicherzustellen, dass die angegebenen DSC-Ressourcen auf dem Zielknoten ordnungsgemäß konfiguriert sind. Anschließend können Sie überprüfen, ob der Knoten ordnungsgemäß konfiguriert ist, ob der Dienst und die erforderlichen Dateien vorhanden sind, und alle auf dem Zielknoten nicht durchgeführten Änderungen beheben, die als Konfigurationsabweichung bezeichnet werden.

Sie können DSC auch so einrichten, dass ein Knoten die Details zur Konfiguration von einem zentralen Pullserver abruft. Der Pullserver ist ein Server, der die DSC-Konfigurationsdateien (also die MOF-Dateien) sowie die Ressourcen den Zielknoten bereitstellt. Ein Zielknoten wird so eingerichtet, dass er regelmäßig Kontakt mit dem Pullserver aufnimmt und von dem Pullserver die Konfigurationsinformationen (und alle erforderlichen Ressourcen) abruft. Sie können zwei Arten von Pullservern nutzen: einen Web-Pullserver oder einen SMB-Pullserver. Letzterer ist einfacher einzurichten.

Bei Verwendung eines Pullservers konfigurieren Sie den lokalen Konfigurations-Manager (local configuration manager, LCM) des Zielknotens mit einer GUID und dem Speicherort des Pullservers. Der LCM verwendet diese GUID, um auf dem Pullserver die Konfigurationsinformationen zu finden, die auf den Knoten angewendet werden sollen. Auf diese Weise können Sie mehrere Server, beispielsweise eine Webfarm mit mehreren Knoten, identisch konfigurieren, indem Sie ihnen einfach nur die gleiche GUID zuteilen.

Eine DSC-Teilkonfiguration ist eine Konfigurationsanweisung, die einen Teil der Gesamtkonfiguration eines Knotens definiert. Hiermit können Sie verschiedene Konfigurationsanweisungen kombinieren und diese von DSC bei der Konfiguration des Knotens zusammenfügen lassen. In größeren Organisationen können so verschiedene Teams einen Teil der Konfiguration eines Knotens unabhängig voneinander festlegen. Beim Einsatz von Teilkonfigurationen können Sie die Teilkonfigurationen der verschiedenen Teams auf den entsprechenden Knoten bereitstellen.

In diesem Kapitel sehen Sie sich zunächst die integrierten Ressourcen und die Grundlagen der DSC-Bereitstellung an. Anschließend erfahren Sie, wie Sie weitere Ressourcen erhalten, wie Sie einen Pullserver einrichten und schließlich, wie Sie Teilkonfigurationen implementieren.

DSC und integrierte Ressourcen verwenden

Dieses Rezept zeigt, wie Sie DSC im Pushmodus verwenden. Bei diesem Modus erstellen Sie ein Konfigurationsdokument auf einem Server – in diesem Fall `SRV1` – und pushen die Konfiguration auf den Zielknoten (`SRV2`). Sie können DSC auch im Pullmodus verwenden, den Sie sich genauer in den Rezepten »Einen DSC-SMB-Pullserver implementieren« auf Seite 312 und »Einen DSC-HTTP-Pullserver implementieren« auf Seite 319 ansehen werden.

Im Pushmodus erstellen Sie eine Konfigurationsdefinition und führen sie aus, um ein MOF-Dokument zu erstellen. In diesem Rezept verwenden Sie die integrierte Ressource `File`, um die Dateien anzugeben, die sich auf dem Zielknoten befinden sollen (und wo sie gefunden werden können, falls sie nicht vorhanden sind).

Vorbereitungen

In diesem Rezept untersuchen Sie die integrierten Windows Server 2019-Ressourcen und verwenden diese, um auf Server `SRV1` eine Konfigurationsanweisung zu erstellen und zu kompilieren. Mit dieser Konfigurationsanweisung stellen Sie dann auf einem zweiten Server, `SRV2`, das Feature `Web-Server` bereit.

Dieses Rezept basiert auf zwei Dateien, die auf `DC1` erstellt und dort freigegeben werden. Die beiden Dateien sind `Index.Htm` und `Page2.Htm`. Diese beiden Dateien werden erstellt und im Netzwerkordner

\\DC1\ReskitApp freigegeben. Sie können den folgenden Code verwenden, um die Dateien und die Freigabe zu erstellen. Führen Sie diesen Code auf SRV1 aus:

```
# Grundkonfiguration für DSC-Rezept
# Erstellen Sie auf DC1 einen Ordner/eine Freigabe
$SB = {
    New-Item C:\ReskitApp -ItemType Directory
    New-SMBShare -Name ReskitApp -Path C:\ReskitApp
}
Invoke-Command -ComputerName DC1 -ScriptBlock $SB |
    Out-Null

# Namen der HMTL-Dateien
$HP = '\\DC1.Reskit.Org\C$\ReskitApp\Index.htm'
$P2 = '\\DC1.Reskit.Org\C$\ReskitApp\Page2.htm'

# Auf DC1 Index.Htm erstellen
$Index = @"
<!DOCTYPE html>
<html><head><title>
Homepage - ReskitApp-Anwendung</title></head>
<body><p><center><b>
HOMEPAGE FÜR RESKITAPP-ANWENDUNG</b></p>
Dies ist die Startseite der Anwendung RESKITAPP
<br><hr>
Mit DSC gepusht</p><br><hr>
<a href="http://SRV2/ReskitApp/Page2.htm">
Klicken Sie hier, um Seite 2 anzuzeigen</a>
</center>
<br><hr></body></html>
"@
$Index |
    Out-File -FilePath $HP -Force

# Auf Dc1 Page2.htm erstellen
$Page2 = @"
<!DOCTYPE html>
<html>
<head><title>ReskitApp-Anwendung - Seite 2</title></head>
<body><p><center>
<b>Seite 2 der ReskitApp-Webanwendung</b></p>
<a href="http://SRV2/ReskitApp/Index.htm">
Klicken Sie hier, um die Homepage anzuzeigen</a>
<hr></body></html>
"@
$Page2 |
    Out-File -FilePath $P2 -Force
```

Sie können diesen Code und das HTML verwenden und aufpeppen. Alternativ können Sie auch die Begleitdateien zu diesem Buch herunterladen und das Skript Setup-DSCWebApp.ps1 verwenden, das Sie im Ordner mit den Dateien für dieses Kapitel finden.

Hinweis Das Rezept verwendet DSC nur dafür, um sicherzustellen, dass sich diese beiden Dateien auf SRV2 befinden. Falls dies nicht der Fall ist, werden sie von der Freigabe auf DC1 kopiert. Dieses Rezept erstellt auf SRV2 weder einen Webserver noch wird eine Website mit diesen beiden Dateien erstellt.

Führen Sie dieses Rezept auf SRV1 aus.

So wird's gemacht

1. Untersuchen Sie mit dem folgenden Code, welche DSC-Ressourcen auf SRV1 verfügbar sind:

```
Get-DscResource |
  Format-Table -Property Name, ModuleName, Version
```

2. Sehen Sie sich die DSC-Ressource File an:

```
Get-DscResource -Name File |
  Format-List -Property *
```

3. Rufen Sie die Syntax der DSC-Ressource File ab:

```
Get-DscResource -Name File -Syntax
```

4. Erstellen und kompilieren Sie einen Konfigurationsblock:

```
Configuration PrepareSRV2 {
  Import-DscResource –ModuleName 'PSDesiredStateConfiguration'
  Node SRV2
  {
    File  BaseFiles
    {
       DestinationPath = 'C:\ReskitApp\'
       SourcePath      = '\\DC1\ReskitApp\'
       MatchSource     = $true
       Ensure          = 'Present'
       Recurse         = $True
    }
  }
}
```

5. Sehen Sie sich die Konfigurationsfunktion an:

```
Get-Item -Path Function:\PrepareSRV2
```

6. Erstellen Sie mit dem folgenden Code einen Ausgabeordner für DSC:

```
$Conf = {
  $EASC = @{ErrorAction = 'SilentlyContinue'}
  New-Item -Path C:\ReskitApp -ItemType Directory @EASC
}
Invoke-command -ComputerName SRV2 -ScriptBlock $Conf |
  Out-Null
```

7. Führen Sie die folgende Funktion aus, um das MOF-Dokument zu erstellen:

```
PrepareSRV2 -OutputPath C:\DSC
```

8. Sehen Sie sich das MOF-Dokument an:

```
Get-Content -Path C:\DSC\SRV2.mof
```

9. Pushen Sie die Konfiguration auf SRV2:

```
Start-DscConfiguration -Path C:\DSC -Wait -Verbose
```

10. Zeigen Sie die Ergebnisse an:

```
Get-ChildItem -Path '\\SRV2\C$\ReskitApp'
```

11. Führen Sie eine Konfigurationsabweichung herbei:

```
Remove-Item -Path \\SRV2\C$\ReskitApp\Index.htm
```

12. Korrigieren Sie die Konfigurationsabweichung:

```
Start-DscConfiguration -Path C:\DSC\ -Wait -Verbose
```

13. Was passiert, wenn es keine Konfigurationsabweichung gibt?

```
Start-DscConfiguration -Path C:\DSC\ -Wait -Verbose
```

So funktioniert's

In *Schritt 1* untersuchen Sie, welche DSC-Ressourcen auf SRV1 verfügbar sind, was wie folgt aussieht:

```
PS C:\foo> Get-DscResource |
             Format-Table -Property Name, ModuleName, Version

Name                         ModuleName                    Version
----                         ----------                    -------
File
SignatureValidation
PackageManagement            PackageManagement             1.0.0.1
PackageManagement            PackageManagement             1.4.3
PackageManagementSource      PackageManagement             1.4.3
PackageManagementSource      PackageManagement             1.0.0.1
Archive                      PSDesiredStateConfiguration 1.1
Environment                  PSDesiredStateConfiguration 1.1
Group                        PSDesiredStateConfiguration 1.1
GroupSet                     PSDesiredStateConfiguration 1.1
Log                          PSDesiredStateConfiguration 1.1
Package                      PSDesiredStateConfiguration 1.1
ProcessSet                   PSDesiredStateConfiguration 1.1
Registry                     PSDesiredStateConfiguration 1.1
Script                       PSDesiredStateConfiguration 1.1
Service                      PSDesiredStateConfiguration 1.1
ServiceSet                   PSDesiredStateConfiguration 1.1
User                         PSDesiredStateConfiguration 1.1
WaitForAll                   PSDesiredStateConfiguration 1.1
WaitForAny                   PSDesiredStateConfiguration 1.1
WaitForSome                  PSDesiredStateConfiguration 1.1
WindowsFeature               PSDesiredStateConfiguration 1.1
WindowsFeatureSet            PSDesiredStateConfiguration 1.1
WindowsOptionalFeature       PSDesiredStateConfiguration 1.1
WindowsOptionalFeatureSet PSDesiredStateConfiguration 1.1
WindowsPackageCab            PSDesiredStateConfiguration 1.1
WindowsProcess               PSDesiredStateConfiguration 1.1
```

In *Schritt 2* verwenden Sie das Cmdlet `Get-DSCResource`, um weitere Informationen über die eingebaute DSC-Ressource `File` zu erhalten. Die Ausgabe dieses Schritts sieht so aus, wie es der folgende Screenshot zeigt:

```
PS C:\foo> Get-DscResource -Name File |
             Format-List -Property *

ResourceType  : MSFT_FileDirectoryConfiguration
Name          : File
FriendlyName  : File
Module        :
ModuleName    :
Version       :
Path          :
ParentPath    : C:\Windows\system32\Configuration\Schema\MSFT_FileDirectoryConfiguration
ImplementedAs : Binary
CompanyName   :
Properties    : {DestinationPath, Attributes, Checksum, Contents...}
```

In *Schritt 3* verwenden Sie das Cmdlet `Get-DscResource`, um die Syntax für die DSC-Ressource `File` zu ermitteln, was wie folgt aussieht:

```
PS C:\foo> Get-DscResource -Name File -Syntax

File [String] #ResourceName
{
    DestinationPath = [string]
    [Attributes = [string[]]{ Archive | Hidden | ReadOnly | System }]
    [Checksum = [string]{ CreatedDate | ModifiedDate | SHA-1 | SHA-256 | SHA-512 }]
    [Contents = [string]]
    [Credential = [PSCredential]]
    [DependsOn = [string[]]]
    [Ensure = [string]{ Absent | Present }]
    [Force = [bool]]
    [MatchSource = [bool]]
    [PsDscRunAsCredential = [PSCredential]]
    [Recurse = [bool]]
    [SourcePath = [string]]
    [Type = [string]{ Directory | File }]
}
```

In *Schritt 4* definieren Sie einen Konfigurationsblock. Wenn Sie diesen Konfigurationsblock ausführen, wird er von PowerShell in eine Funktion kompiliert. Dieser Schritt besitzt keine Ausgabe.

In *Schritt 5* sehen Sie sich die Funktionsdefinition dieses kompilierten Konfigurationsblocks an, und erhalten die folgende Ausgabe:

```
PS C:\foo> Get-Item -Path Function:\PrepareSRV2

CommandType     Name            Version    Source
-----------     ----            -------    ------
Configuration   PrepareSRV2
```

In *Schritt 6* erstellen Sie auf `SRV2` einen Ordner. Dies ist der Ordner, in dem der DSC-Prozess die Dateien ablegen soll, die im Konfigurationsblock angegeben sind. Dieser Schritt erzeugt keine Ausgabe.

In *Schritt 7* führen Sie die Funktion `PrepareSRV2` aus, die das MOF-Dokument für diese Konfiguration erstellt. Die Ausgabe diese folgendermaßen aus:

```
PS C:\foo> PrepareSRV2 -OutputPath C:\DSC

    Verzeichnis: C:\DSC

Mode                LastWriteTime         Length Name
----                -------------         ------ ----
-a----       15.07.2019     14:19           2060 SRV2.mof
```

In *Schritt 8* sehen Sie sich das MOF-Dokument an, das PowerShell in *Schritt 7* erzeugt hat, was wie folgt aussieht:

```
PS C:\foo> Get-Content -Path C:\DSC\SRV2.mof
/*
@TargetNode='SRV2'
@GeneratedBy=administrator
@GenerationDate=07/15/2019 14:19:09
@GenerationHost=SRV1
*/

instance of MSFT_FileDirectoryConfiguration as $MSFT_FileDirectoryConfiguration1ref
{
ResourceID = "[File]BaseFiles";
 Ensure = "Present";
 MatchSource = True;
 DestinationPath = "C:\\ReskitApp\\";
 ModuleName = "PSDesiredStateConfiguration";
 SourceInfo = "::5::5::File";
 Recurse = True;
 SourcePath = "\\\\DC1\\ReskitApp\\";

ModuleVersion = "1.0";

 ConfigurationName = "PrepareSRV2";

};
instance of OMI_ConfigurationDocument {
   Version="2.0.0";
   MinimumCompatibleVersion = "1.0.0";
   CompatibleVersionAdditionalProperties= {"Omi_BaseResource:ConfigurationName"};
   Author="administrator";
   GenerationDate="07/15/2019 14:19:09";
   GenerationHost="SRV1";
   Name="PrepareSRV2";
};
```

In *Schritt 9* pushen Sie die DSC-Konfiguration zu `SRV2`. Sie verwenden die Schalter `-Wait` und `-Verbose`, um eine ausführliche Bildschirmausgabe zu erhalten, die folgendermaßen aussieht:

```
PS C:\foo> Start-DscConfiguration -Path C:\DSC -Wait -Verbose

AUSFÜHRLICH: Vorgang "CIM-Methode aufrufen" mit den folgenden Parametern durchführen,
             "'methodName' = SendConfigurationApply,'className' = MSFT_DSCLocalConfigurationManager,
             'namespaceName' = root/Microsoft/Windows/DesiredStateConfiguration".
AUSFÜHRLICH: Vom Computer 'SRV1' mit Benutzer-SID 'S-1-5-21-1666168338-3639645042-4083363113-500' ist ein LCM-Methodenaufruf eingegangen.
AUSFÜHRLICH: [SRV2]: LCM:  [ StartenFestlegen]
AUSFÜHRLICH: [SRV2]: LCM:  [ StartenRessource]  [[File]BaseFiles]
AUSFÜHRLICH: [SRV2]: LCM:  [ StartenTesten   ]  [[File]BaseFiles]
AUSFÜHRLICH: [SRV2]:                            [[File]BaseFiles] Das System kann die angegebene Datei nicht finden.
AUSFÜHRLICH: [SRV2]:                            [[File]BaseFiles] Zugehörige(s) Datei/Verzeichnis: \\DC1\ReskitApp.
AUSFÜHRLICH: [SRV2]:                            [[File]BaseFiles] Dateiliste wird ohne Verwendung des Cache erstellt.
AUSFÜHRLICH: [SRV2]: LCM:  [ BeendenTesten   ]  [[File]BaseFiles]  in 0.0320 Sekunden.
AUSFÜHRLICH: [SRV2]: LCM:  [ StartenFestlegen]  [[File]BaseFiles]
AUSFÜHRLICH: [SRV2]:                            [[File]BaseFiles] Das System kann die angegebene Datei nicht finden.
AUSFÜHRLICH: [SRV2]:                            [[File]BaseFiles] Zugehörige(s) Datei/Verzeichnis: \\DC1\ReskitApp.
AUSFÜHRLICH: [SRV2]:                            [[File]BaseFiles] Dateiliste wird ohne Verwendung des Cache erstellt.
AUSFÜHRLICH: [SRV2]:                            [[File]BaseFiles] Die Datei '\\DC1\ReskitApp\Index.htm' wird nach 'C:\ReskitApp\Index.htm' kopiert.
AUSFÜHRLICH: [SRV2]:                            [[File]BaseFiles] Die Datei '\\DC1\ReskitApp\Page2.htm' wird nach 'C:\ReskitApp\Page2.htm' kopiert.
AUSFÜHRLICH: [SRV2]: LCM:  [ BeendenFestlegen]  [[File]BaseFiles]  in 0.0310 Sekunden.
AUSFÜHRLICH: [SRV2]: LCM:  [ BeendenRessource]  [[File]BaseFiles]
AUSFÜHRLICH: [SRV2]: LCM:  [ BeendenFestlegen]
AUSFÜHRLICH: [SRV2]: LCM:  [ BeendenFestlegen]    in  1.8590 Sekunden.
AUSFÜHRLICH: Vorgang "CIM-Methode aufrufen" wurde abgeschlossen.
AUSFÜHRLICH: Die Ausführung des Konfigurationsauftrags hat 2.146 Sekunden gedauert.
```

Nachdem Sie in *Schritt 9* die neue Konfiguration zu `SRV2` gepusht haben, untersuchen Sie die Auswirkungen in *Schritt 10.* Die Ausgabe dieses Schritts sieht wie folgt aus:

```
PS C:\foo> Get-ChildItem -Path '\\SRV2\C$\ReskitApp'

    Verzeichnis: \\SRV2\C$\ReskitApp

Mode                LastWriteTime         Length Name
----                -------------         ------ ----
-a----        15.07.2019     13:40            702 Index.htm
-a----        15.07.2019     13:40            516 Page2.htm
```

In *Schritt 11* löschen Sie eine Datei von `SRV2` und führen so absichtlich eine Konfigurationsabweichung herbei. Dieser Schritt besitzt keine Ausgabe. In *Schritt 12* führen Sie erneut `Start-DscConfiguration` aus, um die Konfigurationsabweichung zu korrigieren, was wie folgt aussieht:

```
PS C:\foo> Start-DscConfiguration -Path C:\DSC\ -Wait -Verbose
AUSFÜHRLICH: Vorgang "CIM-Methode aufrufen" mit den folgenden Parametern durchführen,
             "'methodName' = SendConfigurationApply,'className' = MSFT_DSCLocalConfigurationManager,
             'namespaceName' = root/Microsoft/Windows/DesiredStateConfiguration".
AUSFÜHRLICH: Vom Computer 'SRV1' mit Benutzer-SID 'S-1-5-21-1666168338-3639645042-4083363113-500' ist ein LCM-Methodenaufruf eingegangen.
AUSFÜHRLICH: [SRV2]: LCM:  [ StartenFestlegen]
AUSFÜHRLICH: [SRV2]: LCM:  [ StartenRessource]  [[File]BaseFiles]
AUSFÜHRLICH: [SRV2]: LCM:  [ StartenTesten   ]  [[File]BaseFiles]
AUSFÜHRLICH: [SRV2]:                            [[File]BaseFiles] Das System kann die angegebene Datei nicht finden.
AUSFÜHRLICH: [SRV2]:                            [[File]BaseFiles] Zugehörige(s) Datei/Verzeichnis: \\DC1\ReskitApp.
AUSFÜHRLICH: [SRV2]:                            [[File]BaseFiles] Dateiliste wird ohne Verwendung des Cache erstellt.
AUSFÜHRLICH: [SRV2]: LCM:  [ BeendenTesten   ]  [[File]BaseFiles]  in 0.0150 Sekunden.
AUSFÜHRLICH: [SRV2]: LCM:  [ StartenFestlegen]  [[File]BaseFiles]
AUSFÜHRLICH: [SRV2]:                            [[File]BaseFiles] Das System kann die angegebene Datei nicht finden.
AUSFÜHRLICH: [SRV2]:                            [[File]BaseFiles] Zugehörige(s) Datei/Verzeichnis: \\DC1\ReskitApp.
AUSFÜHRLICH: [SRV2]:                            [[File]BaseFiles] Dateiliste wird ohne Verwendung des Cache erstellt.
AUSFÜHRLICH: [SRV2]:                            [[File]BaseFiles] Die Datei '\\DC1\ReskitApp\Index.htm' wird nach 'C:\ReskitApp\Index.htm' kopiert.
AUSFÜHRLICH: [SRV2]:                            [[File]BaseFiles] Das Zielobjekt wurde gefunden, und keine Aktion ist erforderlich.
AUSFÜHRLICH: [SRV2]: LCM:  [ BeendenFestlegen]  [[File]BaseFiles]  in 0.0160 Sekunden.
AUSFÜHRLICH: [SRV2]: LCM:  [ BeendenRessource]  [[File]BaseFiles]
AUSFÜHRLICH: [SRV2]: LCM:  [ BeendenFestlegen]
AUSFÜHRLICH: [SRV2]: LCM:  [ BeendenFestlegen]    in  1.5780 Sekunden.
AUSFÜHRLICH: Vorgang "CIM-Methode aufrufen" wurde abgeschlossen.
AUSFÜHRLICH: Die Ausführung des Konfigurationsauftrags hat 1.691 Sekunden gedauert.
```

In *Schritt 13* untersuchen Sie die Ergebnisse der Ausführung von `Start-DscConfiguration` für den Fall, dass es keine Konfigurationsabweichung gibt. Dies sieht folgendermaßen aus:

```
PS C:\foo> Start-DscConfiguration -Path C:\DSC\ -Wait -Verbose
AUSFÜHRLICH: Vorgang "CIM-Methode aufrufen" mit den folgenden Parametern durchführen,
             "'methodName' = SendConfigurationApply,'className' = MSFT_DSCLocalConfigurationManager,
             'namespaceName' = root/Microsoft/Windows/DesiredStateConfiguration".
AUSFÜHRLICH: Vom Computer 'SRV1' mit Benutzer-SID 'S-1-5-21-1666168338-3639645042-4033363113-500' ist ein LCM-Methodenaufruf eingegangen.
AUSFÜHRLICH: [SRV2]: LCM:  [ StartenFestlegen]
AUSFÜHRLICH: [SRV2]: LCM:  [ StartenRessource]  [[File]BaseFiles]
AUSFÜHRLICH: [SRV2]: LCM:  [ StartenTesten   ]  [[File]BaseFiles]
AUSFÜHRLICH: [SRV2]:                            [[File]BaseFiles] Das System kann die angegebene Datei nicht finden.
AUSFÜHRLICH: [SRV2]:                            [[File]BaseFiles] Zugehörige(s) Datei/Verzeichnis: \\DC1\ReskitApp.
AUSFÜHRLICH: [SRV2]:                            [[File]BaseFiles] Dateiliste wird ohne Verwendung des Cache erstellt.
AUSFÜHRLICH: [SRV2]:                            [[File]BaseFiles] Das Zielobjekt wurde gefunden, und keine Aktion ist erforderlich.
AUSFÜHRLICH: [SRV2]: LCM:  [ BeendenTesten   ]  [[File]BaseFiles]  in 0.0160 Sekunden.
AUSFÜHRLICH: [SRV2]: LCM:  [ ÜberspringenFestlegen]  [[File]BaseFiles]
AUSFÜHRLICH: [SRV2]: LCM:  [ BeendenRessource]  [[File]BaseFiles]
AUSFÜHRLICH: [SRV2]: LCM:  [ BeendenFestlegen]
AUSFÜHRLICH: [SRV2]: LCM:  [ BeendenFestlegen]    in  0.0940 Sekunden.
AUSFÜHRLICH: Vorgang "CIM-Methode aufrufen" wurde abgeschlossen.
AUSFÜHRLICH: Die Ausführung des Konfigurationsauftrags hat 0.162 Sekunden gedauert.
```

Weitere Informationen

In diesem Rezept pushen Sie die DSC-Konfiguration mithilfe des Cmdlets `Start-DscConfiguration` auf den Zielknoten (`SRV2`). Die Verwendung der Schalter `-Wait` und `-Verbose` erzeugt eine umfangreiche Bildschirmausgabe, die Ihnen hilft, genau zu verfolgen, was DSC macht. In *Schritt 9* konnte DSC die Dateien auf `SRV2` nicht finden, sodass sie von `DC1` kopiert wurden. In *Schritt 12* entdeckt DSC eine fehlende Datei und korrigiert dies.

Wenn Sie bei `Start-DscConfiguration` den Schalter `-Wait` nicht angeben, führt PowerShell die DSC-Konfiguration ohne Ausgabe als Hintergrundauftrag aus. Wenn Sie den angegebenen Schalter `-Verbose` nicht angeben, erzeugt PowerShell eine minimale Ausgabe. Sie sollten beide Parameter verwenden, während Sie sich mit DSC vertraut machen.

In *Schritt 1* untersuchen Sie, welche DSC-Ressourcen auf `SRV1` verfügbar sind. Wie Sie erkennen können, sind in Windows Server 2019 nur wenige Ressourcen integriert. Die gute Nachricht ist, dass es eine Fülle von zusätzlichen DSC-Ressourcen gibt, die Sie nutzen können, wie Sie im Rezept »DSC mit Ressourcen aus der PowerShell-Gallery nutzen« auf Seite 304 sehen werden.

Wenn Sie in *Schritt 4* den Konfigurationsblock ausführen, wird dieser von PowerShell ähnlich wie eine PowerShell-Funktion kompiliert. Bei Konfigurationen erstellt PowerShell eine Funktion mit dem gleichen Namen, was Sie in *Schritt 5* sehen können.

In *Schritt 8* zeigen Sie das generierte MOF-Dokument an, indem Sie die Funktion ausführen, die durch das Ausführen der Konfiguration erstellt wurde. Glücklicherweise müssen IT-Profis das MOF-Dateiformat nicht verstehen, da es automatisch von PowerShell generiert wird. Darüber hinaus verwendet PowerShell die MOF-Datei, um die DSC-Konfiguration auf den Zielknoten anzuwenden. Alles, was Sie tun müssen, ist, den Überblick über die MOF-Dateien zu behalten.

DSC-Konfiguration mit Parametern versehen

Wie bei Funktionen können Sie auch bei Konfigurationsblöcken Parameter verwenden. Diese ermöglichen es Ihnen, unterschiedliche MOF-Dateien zu erstellen, indem Sie die Parameterwerte ändern, die beim Ausführen der Konfiguration verwendet werden.

Angenommen, Sie möchten einem Knoten ein Feature hinzufügen. Sie können eine bestimmte Konfiguration erstellen, in der Sie den Namen des Features und den Namen des Zielknotens hart verdrahten. Dies ähnelt ein wenig der Vorgehensweise für das Kopieren von bestimmten Dateien von `DC1` zu `SRV1`, wie Sie es im Rezept »DSC und integrierte Ressourcen verwenden« auf Seite 289 gemacht haben.

Bei der Parametrierung erstellen Sie eine Konfiguration, die den Knotennamen und den Dienstnamen als Parameter erhält. Wenn Sie die Konfiguration ausführen, erstellt PowerShell eine MOF-Datei, die den angegebenen Dienst dem angegebenen Knoten hinzufügt. Dieses Rezept erläutert diesen Ansatz.

Dieser Ansatz führt zu dem Problem, dass Sie standardmäßig nur eine einzige MOF-Datei an einen bestimmten Knoten senden können. Wenn Sie daher das vorherige Rezept verwendet und Dateien zu `SRV2` kopiert haben, führt der Versuch, eine zweite MOF-Datei an das System zu senden, zu einem Fehler. Dafür gibt es drei Lösungen, die in der folgenden Liste beschrieben sind:

- Lassen Sie für jeden Zielknoten eine einzelne MOF-Datei generieren. Dies führt zu größeren MOF-Dateien. Außerdem ist in größeren Organisationen für die Dateien eine manchmal nur schwer zu erreichende Koordination zwischen den verschiedenen Gruppen erforderlich, die die Gesamtkonfiguration für einen Knoten erstellen.
- Verwenden Sie DSC-Teilkonfigurationen, wodurch es möglich ist, an einen Knoten mehrere Konfigurationen zu schicken. Sie konfigurieren den Knoten so, dass er unterschiedliche Konfigurationsblöcke eventuell sogar von mehreren DSC-Pullservern zieht, die dann vom lokalen DSC-Konfigurations-Manager kombiniert und angewendet werden. Das Rezept »DSC-Teilkonfigurationen verwenden« auf Seite 327 zeigt, wie Sie Teilkonfigurationen verwenden.

- Pushen Sie eine Konfiguration auf einen Knoten, löschen Sie die MOF-Dateien auf dem Knoten und senden Sie dann eine andere Konfiguration. In diesem Rezept lernen Sie diesen Ansatz kennen: Sie entfernen die MOF-Dateien auf SRV2, die DSC erstellt hat, als sie die Konfiguration pushten. Nachdem Sie die Dateien vom Knoten entfernt haben, weist DSC gerne eine andere Konfiguration zu.

Vorbereitungen

Dieses Rezept verwendet SRV1 und SRV2 in dem Zustand, in dem die Knoten mit dem Rezept »DSC und integrierte Ressourcen verwenden« auf Seite 289 konfiguriert wurden.

So wird's gemacht

1. Überprüfen Sie mit folgendem Code des Status von DNS auf SRV2:

```
Get-WindowsFeature DNS -ComputerName SRV2
```

2. Erstellen Sie eine Konfiguration mit zwei Parametern:

```
Configuration ProvisionServices
{
 param (
  [Parameter(Mandatory=$true)]  $NodeName,
  [Parameter(Mandatory=$true)]  $FeatureName)
  Import-DscResource -ModuleName 'PSDesiredStateConfiguration'
  Node $NodeName
  {
    WindowsFeature $FeatureName
    {
       Name                  = $FeatureName
       Ensure                = 'Present'
       IncludeAllSubFeature  = $true
    }  # Ende von WindowsFeature
  }  # Ende der Node-Konfiguration
}  # Ende des Configuration-Dokuments
```

3. Stellen Sie sicher, dass ein leerer DSC-Ordner existiert, bevor Sie das MOF-Dokument erstellen:

```
$NIHT = @{
  Path        = 'C:\DSC '
  ItemType    = 'Directory'
  ErrorAction = 'SilentlyContinue'
}
New-Item  @NIHT| Out-Null
Get-ChildItem -Path C:\DSC | Remove-Item -Force | Out-Null
```

4. Löschen Sie mit dem folgenden Code alle auf SRV2 existierenden MOF-Dateien:

```
$RIHT =@{
  Path        = '\\SRV2\c$\Windows\System32\configuration\*.mof'
  ErrorAction = 'SilentlyContinue'
}
Get-Childitem '\\SRV2\C$\Windows\System32\configuration\*.MOF' |
  Remove-Item @RIHT -Force
```

5. Führen Sie jetzt die Funktion ProvisionServices aus, um die MOF-Datei zu erstellen, die auf SRV2 den DNS-Dienst bereitstellt:

```
$PSHT = @{
  OutputPath  = 'C:\DSC'
  NodeName    = 'SRV2'
  FeatureName = 'DNS'
}
ProvisionServices @PSHT
```

6. Starten Sie die Konfiguration:

```
Start-DscConfiguration -Path C:\DSC -Wait -Verbose
```

7. Überprüfen Sie die Ergebnisse:

```
Get-Service -Name DNS -ComputerName SRV2
```

So funktioniert's

In *Schritt 1* überprüfen Sie, ob der DNS-Serverdienst auf SRV2 installiert ist. Die Ausgabe, die anzeigt, dass DNS nicht installiert ist, sieht wie folgt aus:

```
PS C:\foo> Get-WindowsFeature DNS -ComputerName SRV2

Display Name                   Name          Install State
------------                   ----          -------------
[ ] DNS-Server                 DNS               Available
```

In *Schritt 2* erstellen Sie eine parametrisierte Konfiguration (ProvisionServices), die einen Feature-Namen und den Namen eines Knoten als Parameter verwendet. In *Schritt 3* stellen Sie sicher, dass auf SRV1 der Ordner C:\DSC vorhanden und leer ist (d.h. ohne MOF-Dateien, die von früheren Rezepten übriggeblieben sind!). In *Schritt 4* löschen Sie alle MOF-Dateien auf SRV2. Diese Schritte erzeugen keine Ausgabe.

In *Schritt 5* erstellen Sie eine MOF-Datei, und geben dabei den Namen des Features (DNS) sowie den Namen des Knotens (SRV2) an, auf dem Sie das Feature installieren möchten. Die Ausgabe sieht wie folgt aus:

```
PS C:\foo> $PSHT = @{
             OutputPath  = 'C:\DSC'
             NodeName    = 'SRV2'
             FeatureName = 'DNS'
           }
PS C:\foo> ProvisionServices @PSHT

    Verzeichnis: C:\DSC

Mode                 LastWriteTime         Length Name
----                 -------------         ------ ----
-a----        15.07.2019     14:32           1916 SRV2.mof
```

In *Schritt 6* verwenden Sie `Start-DscConfiguration`, um die Konfiguration auf `SRV2` zu übertragen, was wie folgt aussieht:

```
PS C:\foo> Start-DscConfiguration -Path C:\DSC -Wait -Verbose

AUSFÜHRLICH: Vorgang "CIM-Methode aufrufen" mit den folgenden Parametern durchführen,
             "'methodName' = SendConfigurationApply,'className' = MSFT_DSCLocalConfigurationManager,
             'namespaceName' = root/Microsoft/Windows/DesiredStateConfiguration".
AUSFÜHRLICH: Vom Computer 'SRV1' mit Benutzer-SID 'S-1-5-21-1666168338-3639645042-4083363113-500' ist ein LCM-Methodenaufruf eingegangen.
AUSFÜHRLICH: [SRV2]: LCM:  [ StartenFestlegen]
AUSFÜHRLICH: [SRV2]: LCM:  [ StartenRessource]  [[WindowsFeature]DNS]
AUSFÜHRLICH: [SRV2]: LCM:  [ StartenTesten   ]  [[WindowsFeature]DNS]
AUSFÜHRLICH: [SRV2]:                            [[WindowsFeature]DNS] Der Vorgang "Get-WindowsFeature" wurde gestartet: DNS
AUSFÜHRLICH: [SRV2]:                            [[WindowsFeature]DNS] Der Vorgang "Get-WindowsFeature" wurde erfolgreich abgeschlossen: DNS
AUSFÜHRLICH: [SRV2]: LCM:  [ BeendenTesten   ]  [[WindowsFeature]DNS]  in 1.5000 Sekunden.
AUSFÜHRLICH: [SRV2]: LCM:  [ StartenFestlegen]  [[WindowsFeature]DNS]
AUSFÜHRLICH: [SRV2]:                            [[WindowsFeature]DNS] Installation wurde gestartet...
AUSFÜHRLICH: [SRV2]:                            [[WindowsFeature]DNS] Soll die Installation fortgesetzt werden?
AUSFÜHRLICH: [SRV2]:                            [[WindowsFeature]DNS] Die Verarbeitung der Voraussetzungen wurde gestartet...
AUSFÜHRLICH: [SRV2]:                            [[WindowsFeature]DNS] Die Verarbeitung der Voraussetzungen war erfolgreich.
AUSFÜHRLICH: [SRV2]:                            [[WindowsFeature]DNS] Die Installation war erfolgreich.
AUSFÜHRLICH: [SRV2]:                            [[WindowsFeature]DNS] Das Feature DNS wurde erfolgreich installiert.
AUSFÜHRLICH: [SRV2]: LCM:  [ BeendenFestlegen]  [[WindowsFeature]DNS]  in 19.3130 Sekunden.
AUSFÜHRLICH: [SRV2]: LCM:  [ BeendenRessource]  [[WindowsFeature]DNS]
AUSFÜHRLICH: [SRV2]: LCM:  [ BeendenFestlegen]
AUSFÜHRLICH: [SRV2]: LCM:  [ BeendenFestlegen]    in  24.4070 Sekunden.
AUSFÜHRLICH: Vorgang "CIM-Methode aufrufen" wurde abgeschlossen.
AUSFÜHRLICH: Die Ausführung des Konfigurationsauftrags hat 24.51 Sekunden gedauert.
```

Im letzten Schritt, *Schritt 7*, überprüfen Sie erneut den DNS-Serverdienst auf `SRV2`, um festzustellen, ob er installiert und ausgeführt wird, was wie folgt aussieht:

```
PS C:\foo> Get-Service -Name DNS -ComputerName SRV2

Status   Name               DisplayName
------   ----               -----------
Running  DNS                DNS-Server
```

Weitere Informationen

In *Schritt 2* erstellen Sie eine einfache parametrisierte Konfigurationsanweisung. Diese Konfiguration verwendet zwei Parameter: den Namen eines Features und den Namen eines Knotens. Der Zweck des Konfigurationsblocks besteht darin, einem benannten Knoten (`SRV2`) ein benanntes Feature (z. B. `DNS`) hinzuzufügen. Mit dieser Konfiguration können Sie die erforderliche MOF-Datei erstellen, um einem beliebigen Knoten ein beliebiges Feature hinzuzufügen.

In *Schritt 4* löschen Sie alle zuvor erstellten MOF-Dateien von `SRV2`. Wenn Sie eine zuvor übertragene MOF-Datei löschen, ändert sich die Konfiguration, die von diesen MOF-Dateien festgelegt wurde, nicht. Auf diese Weise können Sie `SRV2` verwenden, um verschiedene Konfigurationen oder mehrere DSC-Rezepte zu testen.

DSC-Ressourcen finden und installieren

Eine DSC-Ressource ist ein speziell gestaltetes PowerShell-Modul, mit dem DSC verschiedene Aspekte eines Knotens konfigurieren kann. Mit der DSC-Ressource `WindowsFeature` können Sie beispielsweise feststellen, dass auf einem bestimmten Knoten ein bestimmtes Windows-Feature installiert ist. Sie können auch angeben, dass ein bestimmtes Windows-Feature nicht vorhanden sein soll (in diesem Fall entfernt DSC das Feature, wenn es bereits installiert wurde).

Wie Sie im Rezept »DSC und integrierte Ressourcen verwenden« auf Seite 289 gesehen haben, stellt Microsoft im Lieferumfang von Windows Server 2019 nicht sehr viele DSC-Ressourcen zur Verfügung. Dies ist beabsichtigt – Sie verwenden den PowerShell-Katalog, um die DSC-Ressourcen zu erhalten, die Sie für Ihre Arbeit benötigen, statt Hunderte oder Tausende von DSC-Ressourcen zu besitzen, die Sie nie einsetzen.

Die integrierten DSC-Ressourcen von Windows Server 2019 decken nur einen kleinen Funktionsumfang ab und reichen für die meisten Organisationen nicht aus. Sie können beispielsweise die integrierte Ressource `File` verwenden, um die Quelldateien für eine kleine Webanwendung auf einen neuen Server zu kopieren, wie Sie es im Rezept »DSC und integrierte Ressourcen verwenden« auf Seite 289 getan haben. Die integrierten Ressourcen erlauben es Ihnen jedoch nicht, die Einstellungen der Webanwendung anzugeben (wie der Name der Anwendung lautet, in welchem Anwendungspool sie ausgeführt wird usw.). Hier kommen Add-on-DSC-Ressourcen aus der PowerShell-Gallery ins Spiel.

In diesem Rezept verwenden Sie den PowerShell-Katalog, um DSC-Ressourcen von Drittanbietern zu suchen, zu installieren und zu untersuchen. Im nächsten Rezept, »DSC mit Ressourcen aus der PowerShell-Gallery nutzen« auf Seite 304, verwenden Sie die neu installierten Ressourcen.

Vorbereitungen

In diesem Rezept suchen Sie im PowerShell-Katalog nach DSC-Ressourcen, laden diese herunter und installieren sie.

So wird's gemacht

1. Zeigen Sie mit dem folgenden Code die verfügbaren Repositorys an:

```
Get-PSRepository
```

2. Zeigen Sie die Anzahl der im PowerShell-Katalog vorhandenen DSC-Ressourcen an:

```
Find-DscResource -Repository 'PSGallery' |
  Measure-Object
```

3. Überprüfen Sie, welche IIS-Ressourcen es gibt:

```
Find-DscResource |
  Where-Object ModuleName -match 'web|iis' |
    Select-Object -Property ModuleName,Version -Unique |
      Sort-Object -Property ModuleName
```

4. Untersuchen Sie mit dem folgenden Code das Modul `xWebAdministration`:

```
Find-DscResource -ModuleName 'xWebAdministration'
```

5. Installieren Sie mit dem folgenden Code auf `SRV1` das Modul `xWebAdministration`:

```
Install-Module -Name 'xWebAdministration' -Force
```

6. Zeigen Sie Details zum lokalen Modul an:

```
Get-Module -Name xWebAdministration -ListAvailable
```

7. Rufen Sie die DSC-Ressourcen ab, die sich im Modul befinden:

```
Get-DscResource -Module xWebAdministration
```

8. Zeigen Sie die Dateien in diesem Modul an:

```
$Mod = Get-Module -Name xWebAdministration -ListAvailable
$P   = $Mod.Path
$FP  = Split-Path -Parent $P
Get-ChildItem -Path $FP, $FP\DSCResources
```

So funktioniert's

In *Schritt 1* untersuchen Sie alle auf Ihrem System konfigurierten Repositorys. Abhängig von den Rezepten, die Sie auf `SRV1` durchgeführt haben, sieht die Ausgabe dieses Schritts ungefähr so aus:

```
PS C:\foo> Get-PSRepository

Name          InstallationPolicy   SourceLocation
----          ------------------   --------------
PSGallery     Trusted              https://www.powershellgallery.com/api/v2
RKRepo        Trusted              \\SRV1\RKRepo
```

In *Schritt 2* verwenden Sie das Cmdlet `Find-DscResource`, um zu untersuchen, wie viele DSC-Ressourcen sich (zum Zeitpunkt der Übersetzung!) in der PowerShell-Gallery befinden, was wie folgt aussieht:

```
PS C:\foo> Find-DscResource -Repository 'PSGallery' |
             Measure-Object

Count    : 1528
Average  :
Sum      :
Maximum  :
Minimum  :
Property :
```

In *Schritt 3* führen Sie im PowerShell-Katalog eine Abfrage durch, um die DSC-Ressourcen zu finden, die für die Verwaltung von IIS hilfreich sein könnten. Die Ausgabe sieht wie folgt aus:

```
PS C:\foo> Find-DscResource |
             Where-Object ModuleName -match 'web|iis' |
               Select-Object -Property ModuleName,Version -Unique |
                 Sort-Object -Property ModuleName

ModuleName                        Version
----------                        -------
cAspNetIisRegistration            1.0.0
cEPRSDeployAzureWebsite           1.0
cEPRSWebDirProperties             1.0
cEPRSWebProperties                1.0
cIBMWebSphereAppServer            1.1.3
cIBMWebSpherePortal               1.0.1
cWebManagementService             1.0.1
DSCPullServerWeb                  1.1.0
PSWebAccessAuthorization          0.5.0.0
WebAdministrationDsc              0.1.0.0
WebApplicationProxyDSC            1.1.0.0
WebBindingDsc                     1.1.0.1
xIISApplicationPoolIdentityType   1.0.0.2
xIISCertSBinding                  1.0.0.1
xIISMachineKey                    1.0.0.1
xIISMail                          1.0.0.1
xIISSession                       1.0.0.0
xIISWebBinding                    1.0.0.1
xWebAdministration                2.6.0.0
xWebDeploy                        1.2.0.0
```

In *Schritt 4* sehen Sie sich die DSC-Ressourcen im Modul `xWebAdministration` an, das sich in der PowerShell-Gallery befindet. Die Ausgabe sieht wie folgt aus:

```
PS C:\foo> Find-DscResource -ModuleName 'xWebAdministration'

Name                            Version    ModuleName            Repository
----                            -------    ----------            ----------
WebApplicationHandler           2.6.0.0    xWebAdministration    PSGallery
xIisFeatureDelegation           2.6.0.0    xWebAdministration    PSGallery
xIisHandler                     2.6.0.0    xWebAdministration    PSGallery
xIisLogging                     2.6.0.0    xWebAdministration    PSGallery
xIisMimeTypeMapping             2.6.0.0    xWebAdministration    PSGallery
xIisModule                      2.6.0.0    xWebAdministration    PSGallery
xSSLSettings                    2.6.0.0    xWebAdministration    PSGallery
xWebApplication                 2.6.0.0    xWebAdministration    PSGallery
xWebAppPool                     2.6.0.0    xWebAdministration    PSGallery
xWebAppPoolDefaults             2.6.0.0    xWebAdministration    PSGallery
xWebConfigKeyValue              2.6.0.0    xWebAdministration    PSGallery
xWebConfigProperty              2.6.0.0    xWebAdministration    PSGallery
xWebConfigPropertyCollection    2.6.0.0    xWebAdministration    PSGallery
xWebsite                        2.6.0.0    xWebAdministration    PSGallery
xWebSiteDefaults                2.6.0.0    xWebAdministration    PSGallery
xWebVirtualDirectory            2.6.0.0    xWebAdministration    PSGallery
```

In *Schritt 5* installieren Sie das Modul `xWebAdministration` auf `SRV1`. Dieser Schritt erzeugt keine Ausgabe. In *Schritt 6* untersuchen Sie die Details des neu installierten Moduls, was wie folgt aussieht:

```
PS C:\foo> Get-Module -Name xWebAdministration -ListAvailable

    Verzeichnis: C:\Program Files\WindowsPowerShell\Modules

ModuleType Version    Name                          ExportedCommands
---------- -------    ----                          ----------------
Manifest   2.6.0.0    xWebAdministration
```

In *Schritt 7* verwenden Sie das Cmdlet `Get-DscResource`, um die spezifischen DSC-Ressourcen im Modul `xWebAdministration` zu ermitteln, was wie folgt aussieht:

```
PS C:\foo> Get-DscResource -Module xWebAdministration

ImplementedAs   Name                           ModuleName           Version    Properties
-------------   ----                           ----------           -------    ----------
PowerShell      WebApplicationHandler          xWebAdministration   2.6.0.0    {Name, Path, AllowPathInfo, DependsOn...}
PowerShell      xIisFeatureDelegation          xWebAdministration   2.6.0.0    {Filter, OverrideMode, Path, DependsOn...}
PowerShell      xIisHandler                    xWebAdministration   2.6.0.0    {Ensure, Name, DependsOn, PsDscRunAsCredential}
PowerShell      xIisLogging                    xWebAdministration   2.6.0.0    {LogPath, DependsOn, LogCustomFields, LogFlags...}
PowerShell      xIisMimeTypeMapping            xWebAdministration   2.6.0.0    {ConfigurationPath, Ensure, Extension, MimeType...
PowerShell      xIisModule                     xWebAdministration   2.6.0.0    {Name, Path, RequestPath, Verb...}
PowerShell      xSSLSettings                   xWebAdministration   2.6.0.0    {Bindings, Name, DependsOn, Ensure...}
PowerShell      xWebApplication                xWebAdministration   2.6.0.0    {Name, PhysicalPath, WebAppPool, Website...}
PowerShell      xWebAppPool                    xWebAdministration   2.6.0.0    {Name, autoShutdownExe, autoShutdownParams, aut...
PowerShell      xWebAppPoolDefaults            xWebAdministration   2.6.0.0    {ApplyTo, DependsOn, IdentityType, ManagedRunti...
PowerShell      xWebConfigKeyValue             xWebAdministration   2.6.0.0    {ConfigSection, Key, WebsitePath, DependsOn...}
PowerShell      xWebConfigProperty             xWebAdministration   2.6.0.0    {Filter, PropertyName, WebsitePath, DependsOn...}
PowerShell      xWebConfigPropertyColl...      xWebAdministration   2.6.0.0    {CollectionName, Filter, ItemKeyName, ItemKeyVa...
PowerShell      xWebsite                       xWebAdministration   2.6.0.0    {Name, ApplicationPool, ApplicationType, Authen...
PowerShell      xWebSiteDefaults               xWebAdministration   2.6.0.0    {ApplyTo, AllowSubDirConfig, DefaultApplication...
PowerShell      xWebVirtualDirectory           xWebAdministration   2.6.0.0    {Name, PhysicalPath, WebApplication, Website...}
```

Im letzten Schritt, *Schritt 8*, zeigen Sie die Dateien an, aus denen das Modul `xWebAdministration` besteht. Die Ausgabe sieht wie folgt aus:

```
PS C:\foo> $Mod = Get-Module -Name xWebAdministration -ListAvailable
PS C:\foo> $P   = $Mod.Path
PS C:\foo> $FP  = Split-Path -Parent $P
PS C:\foo> Get-ChildItem -Path $FP, $FP\DSCResources

    Verzeichnis: C:\Program Files\WindowsPowerShell\Modules\xWebAdministration\2.6.0.0

Mode                 LastWriteTime         Length Name
----                 -------------         ------ ----
d-----         15.07.2019     14:45                DSCResources
d-----         15.07.2019     14:45                Examples
d-----         15.07.2019     14:45                Tests
-a----         15.05.2019     20:46           4704 HighQualityResourceKitPlan.md
-a----         15.05.2019     20:46           1108 LICENSE
-a----         15.05.2019     20:46          67329 README.md
-a----         15.05.2019     20:46           2221 xWebAdministration.psd1

    Verzeichnis: C:\Program Files\WindowsPowerShell\Modules\xWebAdministration\2.6.0.0\DSCResources

Mode                 LastWriteTime         Length Name
----                 -------------         ------ ----
d-----         15.07.2019     14:45                MSFT_WebApplicationHandler
d-----         15.07.2019     14:45                MSFT_xIisFeatureDelegation
d-----         15.07.2019     14:45                MSFT_xIIsHandler
d-----         15.07.2019     14:45                MSFT_xIisLogging
d-----         15.07.2019     14:45                MSFT_xIisMimeTypeMapping
d-----         15.07.2019     14:45                MSFT_xIisModule
d-----         15.07.2019     14:45                MSFT_xSSLSettings
d-----         15.07.2019     14:45                MSFT_xWebApplication
d-----         15.07.2019     14:45                MSFT_xWebAppPool
d-----         15.07.2019     14:45                MSFT_xWebAppPoolDefaults
d-----         15.07.2019     14:45                MSFT_xWebConfigKeyValue
d-----         15.07.2019     14:45                MSFT_xWebConfigProperty
d-----         15.07.2019     14:45                MSFT_xWebConfigPropertyCollection
d-----         15.07.2019     14:45                MSFT_xWebsite
d-----         15.07.2019     14:45                MSFT_xWebSiteDefaults
d-----         15.07.2019     14:45                MSFT_xWebVirtualDirectory
-a----         15.05.2019     20:46           8003 Helper.psm1
```

Weitere Informationen

Dieses Rezept beschreibt, wie Sie DSC-Ressourcen aus dem Repository PowerShell-Gallery abrufen. Es gibt jedoch viele andere Orte, an denen Sie DSC-Ressourcen finden können. Ein weiteres Repository, das Sie in Betracht ziehen könnten, ist Chocolatey (`https://www.chocolatey.org`).

In *Schritt 3* fragen Sie die PowerShell-Gallery ab, um DSC-Ressourcen zu ermitteln, die nützlich sein könnten. In diesem Schritt suchen Sie nach allen DSC-Ressourcen, deren Name entweder `web` oder `iis` enthält. Je nachdem, welche DSC-Ressource Sie suchen, müssen Sie diese Zeichenfolge, die einen regulären Ausdruck enthält, möglicherweise anpassen.

In *Schritt 8* zeigen Sie die Dateien an, aus denen das `xWebAdministration`-Modul besteht. Um mehr darüber zu erfahren, wie DSC-Ressourcen entwickelt werden, sollten Sie sich die Dateien in diesem Modul genauer ansehen.

Siehe auch …

In *Schritt 8* untersuchen Sie die Dateien, aus denen das `xWebAdministration`-Modul besteht. Weitere Informationen dazu, was sich in einem DSC-Ressourcenmodul befindet, finden Sie unter `https://docs.microsoft.com/de-de/powershell/dsc/resources/resources`.

Wenn Sie die benötigten DSC-Ressourcen nicht finden können, können Sie immer eigene Ressourcen erstellen. Es gibt zwei Hauptvorgehensweisen, mit denen IT-Profis ihre eigenen Ressourcen schreiben können. Sie können den herkömmlichen Ansatz verwenden, bei dem Sie sowohl den PowerShell-Code schreiben als auch ein MOF-Schema erstellen. Mit PowerShell 5 führte Microsoft eine viel einfachere Methode zum Erstellen einer DSC-Ressource basierend auf PowerShell-Klassen ein. Weitere Informationen zum älteren Mechanismus finden Sie unter `https://docs.microsoft.com/de-de/powershell/dsc/resources/authoringresourcemof` und weitere Informationen zum Erstellen einer DSC-Ressource mithilfe von PowerShell-Klassen unter `https://docs.microsoft.com/de-de/powershell/dsc/resources/authoringresourceclass`. Und schließlich können die hartgesottenen unter Ihnen die Ressource auch in C# implementieren (`https://docs.microsoft.com/de-de/powershell/dsc/resources/authoringresourcemofcs`).

Wenn Sie sich entscheiden, eigene DSC-Ressourcen zu entwickeln, sollten Sie sich das Tool **Ressourcen-Designer** ansehen – eine Reihe von Cmdlets, die das Erstellen von DSC-Ressourcen vereinfachen. Weitere Informationen zu diesem Tool finden Sie unter `https://docs.microsoft.com/de-de/powershell/dsc/resources/authoringresourcemofdesigner`.

DSC mit Ressourcen aus der PowerShell-Gallery nutzen

Im Rezept »DSC-Ressourcen finden und installieren« auf Seite 299 haben Sie nach zusätzlichen DSC-Ressourcen gesucht und eine installiert. Das von Ihnen installierte `xWebAdministration`-Modul enthält eine Reihe von DSC-Ressourcen, mit denen Sie die Konfiguration einer IIS-Website definieren können.

In diesem Rezept verwenden Sie dieses Modul, um auf `SRV2` eine neue Website zu erstellen, zu konfigurieren und anzuzeigen, und zwar basierend auf den Dateien, die im Rezept »DSC und integrierte Ressourcen verwenden« auf Seite 289 erstellt wurden. Dieses Rezept verwendet die DSC-Ressourcen im `xWebAdministration`-Modul (das Sie im Rezept »DSC-Ressourcen finden und installieren« auf Seite 299 heruntergeladen haben).

Vorbereitungen

In diesem Rezept verwenden Sie `SRV1` zum Verwalten von DSC-Ressourcen und Konfigurationen, `SRV2` wird als Zielknoten verwendet, den DSC steuern wird, und `DC1` als Domänencontroller in der Domäne und als Quelle der anfänglichen Dateien, aus denen die von Ihnen bereitgestellte Anwendung besteht. Sie führen dieses Rezept auf `SRV1` aus.

So wird's gemacht

1. Kopieren Sie mit dem folgenden Code das Modul `xWebAdministration` zu `SRV2`:

```
$CIHT = @{
  Path        = 'C:\Program Files\WindowsPowerShell\' +
                'Modules\xWebAdministration'
  Destination = '\\SRV2\C$\Program Files\WindowsPowerShell\'+
                'Modules'
  Recurse     = $True
}
Copy-Item @CIHT
```

2. Löschen Sie auf `SRV2` alle vorhandenen Konfigurationsdokumente und auf `SRV1` alle lokalen MOF-Dateien:

```
$RIHT =@{
  Path        = '\\SRV2\c$\Windows\System32\configuration\*.mof'
  ErrorAction = 'SilentlyContinue'
}
Get-Childitem @RIHT |
  Remove-Item @RIHT -Force
Remove-Item C:\DSC\* -Recurse -Force
```

3. Erstellen Sie anhand der DSC-Ressourcen im Modul `xWebAdministration` ein neues Konfigurationsdokument:

```
Configuration  RKAppSRV2 {
  Import-DscResource -ModuleName xWebAdministration
  Import-DscResource -ModuleName PSDesiredStateConfiguration
  Node SRV2 {
    Windowsfeature IISSrv2 {
      Ensure = 'Present'
      Name = 'Web-Server'
    }
    Windowsfeature IISSrvTools {
      Ensure = 'Present'
      Name = 'Web-Mgmt-Tools'
      DependsOn = '[WindowsFeature]IISSrv2'
    }
    File RKAppFiles {
      Ensure = 'Present'
      Checksum = 'ModifiedDate'
      Sourcepath = '\\DC1\ReskitApp\'
      Type = 'Directory'
      Recurse = $true
      DestinationPath = 'C:\ReskitApp\'
      DependsOn = '[Windowsfeature]IISSrv2'
      MatchSource = $true
    }
    xWebAppPool ReskitAppPool {
      Name = 'RKAppPool'
      Ensure = 'Present'
      State = 'Started'
      DependsOn = '[File]RKAppFiles'
    }
```

```
    xWebApplication ReskitAppPool {
      Website = 'Default Web Site'
      WebAppPool = 'RKAppPool'
      Name = 'ReskitApp'
      PhysicalPath = 'C:\ReskitApp\'
      Ensure = 'Present'
      DependsOn = '[xWebAppPool]ReskitAppPool'
    }
    Log Completed {
      Message = 'DSC-Konfiguration von ReskitApp auf SRV2 beendet'
    }
  } # Ende des Node-Blocks mit der Konfiguration von SRV2
} # Ende von Configuration
```

4. Führen Sie den Konfigurationsblock aus, um ihn zu kompilieren, und legen Sie die Datei in `C:\DSC` ab:

   ```
   RKAppSRV2 -OutputPath C:\DSC
   ```

5. Stellen Sie die Konfiguration mit dem folgenden Code auf `SRV2` bereit:

   ```
   Start-DscConfiguration -Path C:\DSC  -Verbose -Wait
   ```

6. Testen Sie die Ergebnisse mit folgendem Code:

   ```
   Start-Process 'http://SRV2/ReskitApp/'
   ```

So funktioniert's

In *Schritt 1* kopieren Sie das Modul `xWebAdministration` zu `SRV2`, in *Schritt 2* löschen Sie alle MOF-Dateien auf `SRV2` und `SRV1`. Diese beiden Schritte erzeugen keine Ausgabe.

In *Schritt 3* erstellen Sie ein Konfigurationsdokument, `RKAppSRV2`. Dieser Schritt erzeugt ebenfalls keine Bildschirmausgabe.

In *Schritt 4* erstellen Sie die MOF-Datei für dieses Rezept, indem Sie die Funktion `RKAppSRV2` ausführen, wodurch Sie die im folgenden Screenshot gezeigte Ausgabe erhalten sollten:

```
PS C:\foo> RKAppSRV2 -OutputPath C:\DSC

    Verzeichnis: C:\DSC

Mode                LastWriteTime         Length Name
----                -------------         ------ ----
-a----        15.07.2019     15:14          5802 SRV2.mof
```

In *Schritt 5* stellen Sie diese neue Konfiguration mit den Schaltern `-Wait` und `-Verbose` auf `SRV2` bereit, was eine Ausgabe wie die folgende erzeugt:

```
PS C:\foo> Start-DscConfiguration -Path C:\DSC  -Verbose -Wait

AUSFÜHRLICH: Vorgang "CIM-Methode aufrufen" mit den folgenden Parametern durchführen,
             "'methodName' = SendConfigurationApply,'className' = MSFT_DSCLocalConfigurationManager,
             'namespaceName' = root/Microsoft/Windows/DesiredStateConfiguration".
AUSFÜHRLICH: Vom Computer 'SRV1' mit Benutzer-SID 'S-1-5-21-1666168338-3639645042-4083363113-500' ist ein LCM-Methodenaufruf eingegangen.
AUSFÜHRLICH: [SRV2]: LCM:  [ StartenFestlegen]
AUSFÜHRLICH: [SRV2]: LCM:  [ StartenRessource]  [[WindowsFeature]IISSrv2]
AUSFÜHRLICH: [SRV2]: LCM:  [ StartenTesten   ]  [[WindowsFeature]IISSrv2]
AUSFÜHRLICH: [SRV2]:                            [[WindowsFeature]IISSrv2] Der Vorgang "Get-WindowsFeature" wurde gestartet: Web-Server
AUSFÜHRLICH: [SRV2]:                            [[WindowsFeature]IISSrv2] Der Vorgang "Get-WindowsFeature" wurde erfolgreich abgeschlossen: Web-Server
AUSFÜHRLICH: [SRV2]: LCM:  [ BeendenTesten   ]  [[WindowsFeature]IISSrv2]  in 0.9220 Sekunden.
AUSFÜHRLICH: [SRV2]: LCM:  [ StartenFestlegen]  [[WindowsFeature]IISSrv2]
AUSFÜHRLICH: [SRV2]:                            [[WindowsFeature]IISSrv2] Installation wurde gestartet...
AUSFÜHRLICH: [SRV2]:                            [[WindowsFeature]IISSrv2] Soll die Installation fortgesetzt werden?
AUSFÜHRLICH: [SRV2]:                            [[WindowsFeature]IISSrv2] Die Verarbeitung der Voraussetzungen wurde gestartet...
AUSFÜHRLICH: [SRV2]:                            [[WindowsFeature]IISSrv2] Die Verarbeitung der Voraussetzungen war erfolgreich.
AUSFÜHRLICH: [SRV2]:                            [[WindowsFeature]IISSrv2] Die Installation war erfolgreich.
AUSFÜHRLICH: [SRV2]:                            [[WindowsFeature]IISSrv2] Das Feature Web-Server wurde erfolgreich installiert.
AUSFÜHRLICH: [SRV2]: LCM:  [ BeendenFestlegen]  [[WindowsFeature]IISSrv2]  in 32.4210 Sekunden.
AUSFÜHRLICH: [SRV2]: LCM:  [ BeendenRessource]  [[WindowsFeature]IISSrv2]
AUSFÜHRLICH: [SRV2]: LCM:  [ StartenRessource]  [[WindowsFeature]IISSrvTools]
AUSFÜHRLICH: [SRV2]: LCM:  [ StartenTesten   ]  [[WindowsFeature]IISSrvTools]
AUSFÜHRLICH: [SRV2]:                            [[WindowsFeature]IISSrvTools] Der Vorgang "Get-WindowsFeature" wurde gestartet: Web-Mgmt-Tools
AUSFÜHRLICH: [SRV2]:                            [[WindowsFeature]IISSrvTools] Der Vorgang "Get-WindowsFeature" wurde erfolgreich abgeschlossen:
                                                Web-Mgmt-Tools
AUSFÜHRLICH: [SRV2]: LCM:  [ BeendenTesten   ]  [[WindowsFeature]IISSrvTools]  in 0.2190 Sekunden.
AUSFÜHRLICH: [SRV2]: LCM:  [ StartenFestlegen]  [[WindowsFeature]IISSrvTools]
AUSFÜHRLICH: [SRV2]:                            [[WindowsFeature]IISSrvTools] Installation wurde gestartet...
AUSFÜHRLICH: [SRV2]:                            [[WindowsFeature]IISSrvTools] Soll die Installation fortgesetzt werden?
AUSFÜHRLICH: [SRV2]:                            [[WindowsFeature]IISSrvTools] Die Verarbeitung der Voraussetzungen wurde gestartet...
AUSFÜHRLICH: [SRV2]:                            [[WindowsFeature]IISSrvTools] Die Verarbeitung der Voraussetzungen war erfolgreich.
AUSFÜHRLICH: [SRV2]:                            [[WindowsFeature]IISSrvTools] Die Installation war erfolgreich.
AUSFÜHRLICH: [SRV2]:                            [[WindowsFeature]IISSrvTools] Das Feature Web-Mgmt-Tools wurde erfolgreich installiert.
AUSFÜHRLICH: [SRV2]: LCM:  [ BeendenFestlegen]  [[WindowsFeature]IISSrvTools]  in 19.9690 Sekunden.
AUSFÜHRLICH: [SRV2]: LCM:  [ BeendenRessource]  [[WindowsFeature]IISSrvTools]
AUSFÜHRLICH: [SRV2]: LCM:  [ StartenRessource]  [[File]RKAppFiles]
AUSFÜHRLICH: [SRV2]: LCM:  [ StartenTesten   ]  [[File]RKAppFiles]
AUSFÜHRLICH: [SRV2]:                            [[File]RKAppFiles] Das System kann die angegebene Datei nicht finden.
AUSFÜHRLICH: [SRV2]:                            [[File]RKAppFiles] Zugehorige(s) Datei/Verzeichnis: \\DC1\ReskitApp.
AUSFÜHRLICH: [SRV2]:                            [[File]RKAppFiles] Dateiliste wird ohne Verwendung des Cache erstellt.
AUSFÜHRLICH: [SRV2]:                            [[File]RKAppFiles] Das Zielobjekt wurde gefunden, und keine Aktion ist erforderlich.
AUSFÜHRLICH: [SRV2]: LCM:  [ BeendenTesten   ]  [[File]RKAppFiles]  in 0.0310 Sekunden.
AUSFÜHRLICH: [SRV2]: LCM:  [ ÜberspringenFestlegen]  [[File]RKAppFiles]
AUSFÜHRLICH: [SRV2]: LCM:  [ BeendenRessource]  [[File]RKAppFiles]
AUSFÜHRLICH: [SRV2]: LCM:  [ StartenRessource]  [[xWebAppPool]ReskitAppPool]
AUSFÜHRLICH: [SRV2]: LCM:  [ StartenTesten   ]  [[xWebAppPool]ReskitAppPool]
AUSFÜHRLICH: [SRV2]:                            [[xWebAppPool]ReskitAppPool] Application pool "RKAppPool" was not found.
AUSFÜHRLICH: [SRV2]:                            [[xWebAppPool]ReskitAppPool] The "Ensure" state of application pool "RKAppPool" does not match the desired sta
te.
AUSFÜHRLICH: [SRV2]:                            [[xWebAppPool]ReskitAppPool] The target resource is not in the desired state.
AUSFÜHRLICH: [SRV2]: LCM:  [ BeendenTesten   ]  [[xWebAppPool]ReskitAppPool]  in 2.0000 Sekunden.
AUSFÜHRLICH: [SRV2]: LCM:  [ StartenFestlegen]  [[xWebAppPool]ReskitAppPool]
AUSFÜHRLICH: [SRV2]:                            [[xWebAppPool]ReskitAppPool] Ausführen des Vorgangs "Set-TargetResource" für das Ziel "RKAppPool".
AUSFÜHRLICH: [SRV2]:                            [[xWebAppPool]ReskitAppPool] Application pool "RKAppPool" was not found.
AUSFÜHRLICH: [SRV2]:                            [[xWebAppPool]ReskitAppPool] Creating application pool "RKAppPool".
AUSFÜHRLICH: [SRV2]:                            [[xWebAppPool]ReskitAppPool] Application pool "RKAppPool" was found.
AUSFÜHRLICH: [SRV2]: LCM:  [ BeendenFestlegen]  [[xWebAppPool]ReskitAppPool]  in 0.2340 Sekunden.
AUSFÜHRLICH: [SRV2]: LCM:  [ BeendenRessource]  [[xWebAppPool]ReskitAppPool]
AUSFÜHRLICH: [SRV2]: LCM:  [ StartenRessource]  [[xWebApplication]ReskitAppPool]
AUSFÜHRLICH: [SRV2]: LCM:  [ StartenTesten   ]  [[xWebApplication]ReskitAppPool]
AUSFÜHRLICH: [SRV2]:                            [[xWebApplication]ReskitAppPool] Web application "ReskitApp" is absent and should not absent.
AUSFÜHRLICH: [SRV2]: LCM:  [ BeendenTesten   ]  [[xWebApplication]ReskitAppPool]  in 0.0780 Sekunden.
AUSFÜHRLICH: [SRV2]: LCM:  [ StartenFestlegen]  [[xWebApplication]ReskitAppPool]
AUSFÜHRLICH: [SRV2]:                            [[xWebApplication]ReskitAppPool] Creating new web application "ReskitApp".
AUSFÜHRLICH: [SRV2]: LCM:  [ BeendenFestlegen]  [[xWebApplication]ReskitAppPool]  in 0.1100 Sekunden.
AUSFÜHRLICH: [SRV2]: LCM:  [ BeendenRessource]  [[xWebApplication]ReskitAppPool]
AUSFÜHRLICH: [SRV2]: LCM:  [ StartenRessource]  [[Log]Completed]
AUSFÜHRLICH: [SRV2]: LCM:  [ StartenTesten   ]  [[Log]Completed]
AUSFÜHRLICH: [SRV2]: LCM:  [ BeendenTesten   ]  [[Log]Completed]  in 0.0000 Sekunden.
AUSFÜHRLICH: [SRV2]: LCM:  [ StartenFestlegen]  [[Log]Completed]
AUSFÜHRLICH: [SRV2]:                            [[Log]Completed] DSC-Konfiguration von ReskitApp auf SRV2 beendet
AUSFÜHRLICH: [SRV2]: LCM:  [ BeendenFestlegen]  [[Log]Completed]  in 0.0000 Sekunden.
AUSFÜHRLICH: [SRV2]: LCM:  [ BeendenRessource]  [[Log]Completed]
AUSFÜHRLICH: [SRV2]: LCM:  [ BeendenFestlegen]
AUSFÜHRLICH: [SRV2]: LCM:  [ BeendenFestlegen]    in  58.0770 Sekunden.
AUSFÜHRLICH: Vorgang "CIM-Methode aufrufen" wurde abgeschlossen.
AUSFÜHRLICH: Die Ausführung des Konfigurationsauftrags hat 58.257 Sekunden gedauert.
```

Abschließend sehen Sie sich in *Schritt 6* die Webseiten an, die Sie mit den vorherigen Schritten erstellt haben. Zuerst navigieren Sie zur Homepage der Webanwendung und sollten das folgende Fenster sehen:

Wenn Sie auf dieser Seite den Link zur zweiten Seite anklicken, sollten Sie dieses Fenster sehen:

Weitere Informationen

In *Schritt 3* erstellen Sie einen Konfigurationsblock, der das Folgende macht:

- konfiguriert `SRV2` mit zwei Windows-Features (`Web-Server` und `Web-Mgmt-Tools`)
- kopiert die Quelldateien der Anwendung von `DC1` auf `SRV2`
- erstellt einen Anwendungspool: `RKAppPool`
- erstellt eine IIS-Webanwendung: `ResKitApp`

Dieser Schritt veranschaulicht außerdem den Abhängigkeitsmechanismus in DSC. Mit einer Abhängigkeit können Sie angeben, dass eine bestimmte Ressourcenkonfiguration erst ausgeführt werden kann, nachdem eine andere Ressourcenkonfiguration abgeschlossen wurde. Diese Konfiguration erstellt z. B. erst dann die Anwendung `ReskitApp`, wenn der Anwendungspool `RKAppPool` vorhanden ist; keiner dieser beiden Aktionen wird ausgeführt, bis die Ressource `WindowsFeature` die Installation von IIS abgeschlossen hat.

Dieses Rezept verwendet das Pushmodell für die DSC-Bereitstellung. In diesem Rezept kopieren Sie das Modul `xWebAdministration` als Teil des Rezepts manuell zu `SRV2`. Wenn Sie ein Pullserver-Modell zur Bereitstellung von DSC verwenden, können Zielknoten die erforderlichen Ressourcen vom Pullserver herunterladen, was die Bereitstellung von DSC-Ressourcen erheblich vereinfacht. Die beiden Rezepte weiter hinten in diesem Kapitel (»Einen DSC-SMB-Pullserver implementieren« auf Seite 312 und »Einen DSC-HTTP-Pullserver implementieren« auf Seite 319) zeigen, wie Sie einen Pullserver konfigurieren.

Den lokalen DSC-Konfigurations-Manager konfigurieren

Der lokale Konfigurations-Manager (Local Configuration Manager, LCM) ist eine Schlüsselkomponente von DSC. LCM ist ein Windows-Dienst, der auf jedem DSC-Zielknoten ausgeführt wird, der für den Empfang von Konfigurationsinformationen verantwortlich ist und dafür, dass der Knoten im gewünschten Zustand konfiguriert ist (und es auch bleibt).

DSC verfügt über zwei Mechanismen für die Auslieferung des gewünschten Zustands: Push und Pull. Die vorherigen Rezepte in diesem Kapitel zeigen das Pushmodell: Sie erstellen eine Konfiguration und die zugehörige MOF-Datei auf einem Knoten und übertragen diese Konfiguration auf einen anderen Knoten. Im Pullmodell konfigurieren Sie den Knoten mit Details dazu, wo und wie ein Pullserver gefunden wird. Nach der Konfiguration kann ein Knoten Konfigurationen vom konfigurierten Pullserver abrufen. In beiden Fällen ist es der LCM, der die eigentliche Konfiguration ausführt.

Die Funktionsweise des LCM wurde in PowerShell Version 5 geändert. In diesem Rezept, das Sie auf SRV2 ausführen, konfigurieren Sie den LCM (basierend auf dem PowerShell V5-Mechanismus) auf SRV2 und richten SRV2 so ein, dass die DSC-Konfiguration von SRV1 abgerufen wird, den Sie als SMB-Pullserver einrichten. Die Einrichtung von SRV1 selbst führen Sie im nächsten Rezept, »Einen DSC-SMB-Pullserver implementieren« auf Seite 312, durch.

Vorbereitungen

In diesem Rezept verwenden Sie eine spezielle Art von Konfiguration, die Metakonfiguration genannt wird. Sie verwenden die Metakonfigurationsanweisung, um DSC auf einem Knoten zu konfigurieren. Sie führen dieses Rezept auf dem Zielknoten SRV2 aus.

So wird's gemacht

1. Löschen Sie auf SRV2 alle lokalen MOF-Dateien und Konfigurationen und stellen Sie sicher, dass C:\DSC existiert:

```
$RIHT =@{
  Path        = 'C:\Windows\System32\configuration\*.mof'
  ErrorAction = 'SilentlyContinue'
}
Get-Childitem @RIHT |
  Remove-Item @RIHT -Force
$EASC = @{
  ErrorAction = 'SilentlyContinue'}
New-Item -Path c:\DSC -ItemType Directory @EASC |
  Out-Null
```

2. Rufen Sie mit dem folgenden Code die Standardeinstellungen des LCM ab:

```
Get-DscLocalConfigurationManager |
  Format-List -Property ActionafterReboot,
                        AllowModuleOverwrite,
                        Configuration*,
                        LCMState,
                        PartialConfigurations,
```

```
                              Reboot*,
                              Refresh*,
                              Report*,
                              Resource*
```

3. Erstellen Sie mit dem folgenden Code eine Metakonfiguration für diesen Host:

```
Configuration SRV2LcmConfig {
  Node Localhost{
    LocalConfigurationManager {
      ConfigurationMode              = 'ApplyOnly'
      RebootNodeIfNeeded             = $true
    }
  }
}
```

4. Führen Sie die Konfiguration aus und erstellen Sie das MOF-Dokument:

```
SRV2LcmConfig -OutputPath C:\DSC
```

5. Aktualisieren Sie die Konfiguration des LCM auf Basis des MOF-Dokuments:

```
Set-DscLocalConfigurationManager -Path c:\DSC -Verbose
```

6. Überprüfen Sie mit dem folgenden Code die aktualisierten Eigenschaften:

```
Get-DscLocalConfigurationManager |
  Format-List -Property ActionafterReboot,
                        AllowModuleOverwrite,
                        Configuration*,
                        LCMState,
                        PartialConfigurations,
                        Reboot*,
                        Refresh*,
                        Report*,
                        Resource*
```

So funktioniert's

In *Schritt 1* entfernen Sie alle vorhandenen DSC-Konfigurations-MOF-Dateien für diesen Knoten und stellen sicher, dass der Ordner `C:\DSC` auf `SRV2` vorhanden ist. Dieser Schritt erzeugt keine Ausgabe.

In *Schritt 2* rufen Sie einige der Eigenschaften des lokalen DSC-Konfigurations-Managers auf `SRV2` ab und zeigen sie an, was wie folgt aussieht:

```
PS C:\foo> Get-DscLocalConfigurationManager |
             Format-List -Property ActionafterReboot,
                                   AllowModuleOverwrite,
                                   Configuration*,
                                   LCMState,
                                   PartialConfigurations,
                                   Reboot*,
                                   Refresh*,
                                   Report*,
                                   Resource*

ActionafterReboot              : ContinueConfiguration
AllowModuleOverwrite           : False
ConfigurationDownloadManagers  : {}
ConfigurationID                :
ConfigurationMode              : ApplyAndMonitor
ConfigurationModeFrequencyMins : 15
LCMState                       : Idle
PartialConfigurations          :
RebootNodeIfNeeded             : False
RefreshFrequencyMins           : 30
RefreshMode                    : PUSH
ReportManagers                 : {}
ResourceModuleManagers         : {}
```

In *Schritt 3* erstellen Sie eine Konfigurationsanweisung, um den LCM auf SRV2 zu konfigurieren. Dieser Schritt erzeugt keine Ausgabe.

In *Schritt 4* führen Sie die Konfiguration aus, um die MOF-Datei zu erstellen, was wie folgt aussieht:

```
PS C:\foo> SRV2LcmConfig -OutputPath C:\DSC

    Verzeichnis: C:\DSC

Mode                LastWriteTime         Length Name
----                -------------         ------ ----
-a----        15.07.2019     15:25          1068 Localhost.meta.mof
```

In *Schritt 5* wenden Sie die Konfiguration des LCM an und verwenden dabei den Schalter `-Verbose`. Sie erhalten die folgende Ausgabe:

```
PS C:\foo> Set-DscLocalConfigurationManager -Path c:\DSC -Verbose
AUSFÜHRLICH: Ausführen des Vorgangs "Start-DscConfiguration: SendMetaConfigurationApply"
             für das Ziel "MSFT_DSCLocalConfigurationManager".
AUSFÜHRLICH: Vorgang "CIM-Methode aufrufen" mit den folgenden Parametern durchführen,
             "'methodName' = SendMetaConfigurationApply,'className' = MSFT_DSCLocalConfigurationManager,
             'namespaceName' = root/Microsoft/Windows/DesiredStateConfiguration".
AUSFÜHRLICH: Vom Computer 'SRV2' mit Benutzer-SID
             'S-1-5-21-1666168338-3639645042-4083363113-500' ist ein LCM-Methodenaufruf eingegangen.
AUSFÜHRLICH: [SRV2]: LCM:  [ StartenFestlegen]
AUSFÜHRLICH: [SRV2]: LCM:  [ StartenRessource]  [MSFT_DSCMetaConfiguration]
AUSFÜHRLICH: [SRV2]: LCM:  [ StartenFestlegen]  [MSFT_DSCMetaConfiguration]
AUSFÜHRLICH: [SRV2]: LCM:  [ BeendenFestlegen]  [MSFT_DSCMetaConfiguration]  in 0.0160 Sekunden.
AUSFÜHRLICH: [SRV2]: LCM:  [ BeendenRessource]  [MSFT_DSCMetaConfiguration]
AUSFÜHRLICH: [SRV2]: LCM:  [ BeendenFestlegen]
AUSFÜHRLICH: [SRV2]: LCM:  [ BeendenFestlegen]    in  0.0470 Sekunden.
AUSFÜHRLICH: Vorgang "CIM-Methode aufrufen" wurde abgeschlossen.
AUSFÜHRLICH: "Set-DscLocalConfigurationManager" wurde in 0.307 Sekunden beendet.
```

Im letzten Schritt dieses Rezepts, *Schritt* 6, überprüfen Sie die wichtigsten Eigenschaften des LCM auf SRV2. Sie sollten dabei die geänderten Werte sehen und die folgende Ausgabe erhalten:

```
PS C:\foo> Get-DscLocalConfigurationManager |
             Format-List -Property ActionafterReboot,
                                   AllowModuleOverwrite,
                                   Configuration*,
                                   LCMState,
                                   PartialConfigurations,
                                   Reboot*,
                                   Refresh*,
                                   Report*,
                                   Resource*

ActionafterReboot              : ContinueConfiguration
AllowModuleOverwrite           : False
ConfigurationDownloadManagers  : {}
ConfigurationID                :
ConfigurationMode              : ApplyOnly
ConfigurationModeFrequencyMins : 15
LCMState                       : Idle
PartialConfigurations          :
RebootNodeIfNeeded             : True
RefreshFrequencyMins           : 30
RefreshMode                    : PUSH
ReportManagers                 : {}
ResourceModuleManagers         : {}
```

Weitere Informationen

Dieses Rezept zeigt die Grundlagen der Konfiguration des LCM auf einem Knoten. Um einen Pullserver einzurichten, müssen Sie, wie Sie in den verbleibenden Rezepten in diesem Kapitel sehen werden, weitere Änderungen an den Einstellungen des lokalen Konfigurations-Managers vornehmen.

Einen DSC-SMB-Pullserver implementieren

Es gibt zwei verschiedene Typen von DSC-Pullservern, die Sie implementieren können: SMB-basierte und webbasierte (HTTP) Pullserver. Ein DSC-SMB-Pullserver ist in einem privaten Routingnetzwerk am nützlichsten, bei dem alle Knoten den SMB-Freigabeordner, der die zentralisierten MOF-Konfigurationsdateien und DSC-Ressourcen enthält, erreichen können. Um eine hohe Verfügbarkeit zu gewährleisten, können Sie den SMB-Pullserver auf einem geclusterten, Scaled-out File-Server einrichten.

DSC verwendet MOF-Dateien, um den gewünschten Zustand an einen Knoten zu übermitteln. Der lokale Konfigurations-Manager (LCM) auf einem Knoten konfiguriert den Knoten basierend auf dem, was in der MOF-Datei steht. MOF-Dateien sind im gespeicherten Zustand Dokumente im Klartext und werden weder verschlüsselt oder signiert. Wenn Ihr privates Netzwerk sicher ist, dann ist der SMB-Pullserver einfacher einzurichten und zu konfigurieren. Wenn die Sicherheit ein Problem darstellt, sollten Sie den Webserver-Pullserver-Ansatz verwenden und ihn mit HTTPS konfigurieren (was Sie im Rezept »Einen DSC-HTTP-Pullserver implementieren« auf Seite 319 machen werden).

Da Sie in diesem Kapitel möglicherweise andere Rezepte verwendet haben – z. B. das Rezept »Den lokalen DSC-Konfigurations-Manager konfigurieren« auf Seite 309, in dem Sie einen Knoten konfiguriert haben –, müssen Sie zunächst alle vorhandenen DSC-Konfigurationsdetails beseitigen, bevor Sie dieses Rezept ausführen.

Wenn Sie einen SMB-basierten Pullserver bereitstellen, legen Sie die Konfigurationsdokumente auf der SMB-Freigabe ab, damit die Zielknoten diese dort abrufen (pullen) und dann anwenden können. Außerdem konfigurieren Sie auf dem Knoten den lokalen Konfigurations-Manager und teilen ihm mit, wo und wie er die MOF-Dateien erhalten kann. Damit ein Knoten erkennen kann, welches Konfigurationsdokument er herunterladen und verwenden soll, wird der Knoten mit einer GUID (`ConfigurationID`) und einem SMB-Freigabepfad konfiguriert. Der Pfad informiert den LCM darüber, wo er die Konfigurations-MOF-Dateien finden kann. Als Name für die MOF-Datei, die Sie auf einem Knoten bereitstellen, verwenden Sie die GUID (also `<guid>.mof`).

In diesem Rezept konfigurieren Sie den LCM auf `SRV2` mit einer `ConfigurationID`, die auf `5d79ee6e-0420-4c98-9cc3-9f696901a816` festgelegt ist. Die LCM-Konfiguration gibt auch an, dass der LCM auf `SRV2` die Konfigurationen vom SMB-Pullserver abrufen soll, dessen freigegebener Ordner über `\\SRV1\DSCConfiguration` erreichbar ist. In diesem Beispiel sucht der LCM auf `SRV2` nach der Datei mit `\\SRV1\DSCConfiguration\5d79ee6e-0420-4c98-9cc3-9f696901a816.mof` sowie der zugehörigen Prüfsummendatei.

Dieses Rezept verwendet ein weiteres Modul aus dem PowerShell-Katalog, `xSMBShare`. Dieses Modul wird verwendet, um eine DSC-Konfiguration zu erstellen, die die erforderlichen Freigaben erstellt. In diesem Beispiel verwenden Sie DSC mit diesem Modul, um auf `SRV1` zwei Freigaben zu konfigurieren, die von den DSC-Knoten (hier `SRV2`) zum Abrufen von Konfigurationsdokumenten verwendet werden.

Vorbereitungen

Dieses Rezept wird auf `SRV1` ausgeführt und stellt eine DSC-Konfiguration für `SRV2` bereit.

Hinweis Dieses Rezept entfernt alle DSC-Konfigurationsdokumente von **SRV1** und **SRV2**. Jede Konfiguration, die mit früheren Rezepten durchgeführt wurde, z.B. das Hinzufügen des DNS-Serverdienstes zu **SRV2**, bleiben unverändert, da sich DSC nur um die neuen Konfigurationsdokumente kümmert, die Sie dem Pullserver hinzufügen.

So wird's gemacht

1. Stellen Sie sicher, dass auf `SRV1` und `SRV2` das Modul `xSMBShare` installiert ist:

```
$SB1 = {
  Install-Module xSMBShare -Force |
    Out-Null
}
Invoke-Command -ComputerName SRV1 -ScriptBlock $SB1
Invoke-Command -ComputerName SRV2 -ScriptBlock $SB1
```

2. Entfernen Sie von `SRV1` und `SRV2` alle vorhandenen MOF-Dateien und stellen Sie sicher, dass auf beiden Servern der Ordner `C:\DSC` existiert:

```
$SB2 = {
  $RIHT = @{
    Path        = 'C:\Windows\System32\configuration\*.mof'
    ErrorAction = 'SilentlyContinue'
  }
  Get-Childitem @RIHT |
```

```
    Remove-Item @RIHT -Force
  $EASC = @{
    ErrorAction = 'SilentlyContinue'
  }
  New-Item -Path c:\DSC -ItemType Directory @EASC |
    Out-Null
  Remove-DscConfigurationDocument -Stage Current
  }
Invoke-Command -ComputerName SRV1 -ScriptBlock $SB2
Invoke-Command -ComputerName SRV2 -ScriptBlock $SB2
```

3. Erstellen Sie einen Konfigurationsblock, um die LCM-Konfiguration für SRV2 festzulegen. Legen Sie fest, dass SRV2 die Konfiguration von SRV1 abruft:

```
$SB3 = {
  [DSCLocalConfigurationManager()]
  Configuration SetSRV2PullMode {
    Node localhost {
      Settings  {
        ConfigurationModeFrequencyMins = '30'
        ConfigurationMode              = 'ApplyAndAutoCorrect'
        RebootNodeIfNeeded             = $true
        ActionAfterReboot              = 'ContinueConfiguration'
        RefreshMOde                    = 'Pull'
        RefreshFrequencyMins           = '30'
        AllowModuleOverwrite           = $true
        ConfigurationID                = '5d79ee6e-0420-4c98-'+
                                         '9cc3-9f696901a816'
      }
      ConfigurationRepositoryShare PullServer  {
        SourcePath = '\\SRV1\DSCConfiguration'
      }
      ResourceRepositoryShare ResourceServer {
        SourcePath = '\\SRV1\DSCResource'
      }
    }
  }
  SetSRV2PullMode -OutputPath 'C:\DSC' |
    Out-Null

  $DHT = @{
   Path  = 'C:\DSC'
  }
  Set-DscLocalConfigurationManager -Path C:\DSC
  Get-DscLocalConfigurationManager
}
```

4. Konfigurieren Sie SRV2 so, dass er die DSC-Konfigurationen von SRV1 abruft:

```
Invoke-Command -ScriptBlock $SB3 -ComputerName SRV2
```

5. Erstellen Sie eine DSC-Konfiguration, die SRV1 als DSC-SMB-Pullserver konfiguriert:

```
Configuration PullSrv1 {
  Import-DscResource -ModuleName PSDesiredStateConfiguration
  Import-DscResource -ModuleName xSmbShare
  File ConfigFolder {
    DestinationPath = 'C:\DSCConfiguration'
    Type          = 'Directory'
```

```
    Ensure      = 'Present'
  }
  File ResourceFolder  {
    DestinationPath = 'C:\DscResource'
   Type         = 'Directory'
    Ensure      = 'Present'
  }
  xSmbShare DscConfiguration {
    Name         = 'DSCConfiguration'
    Path         = 'C:\DscConfiguration\'
    DependsOn    = '[File]ConfigFolder'
        Description = 'DSC Configuration Share'
        Ensure      = 'Present'
    }
    xSmbShare DscResource {
      Name         = 'DSCResource'
      Path         = 'C:\DscResource'
      DependsOn    = '[File]ResourceFolder'
      Description = 'DSC Resource Share'
      Ensure      = 'Present' }
}
```

6. Erstellen Sie das MOF-Dokument, das SRV1 als Pullserver konfiguriert:

```
PullSrv1 -OutputPath C:\DSC |
  Out-Null
```

7. Verwenden Sie DSC, um mit dem folgenden Code SRV1 als Pullserver zu konfigurieren:

```
Start-DscConfiguration -Path C:\DSC -Wait -Verbose -Force
```

8. Zeigen Sie die Freigaben auf SRV1 an, deren Name mit DSC beginnt:

```
Get-SMBShare -Name DSC*
```

9. Erstellen Sie eine neue Konfiguration für SRV2, die von SRV1 abgerufen wird, und die auf SRV2 das Windows-Feature Telnet-Client installiert:

```
Configuration TelnetSRV2
{
  Import-DscResource –ModuleName 'PSDesiredStateConfiguration'
  Node SRV2
  {
    WindowsFeature TelnetSRV2
    { Name      = 'Telnet-Client'
      Ensure    = 'Present'  }
  }
}
```

10. Erstellen Sie die MOF-Datei für die Konfiguration, die auf SRV2 den Telnet-Client installiert:

```
TelnetSRV2 -OutputPath C:\DSCConfiguration
```

11. Benennen Sie die MOF-Datei um und verwenden Sie als Namen eine GUID:

```
$Guid = '5d79ee6e-0420-4c98-9cc3-9f696901a816'
$RIHT = @{
  Path    = 'C:\DSCConfiguration\SRV2.mof'
  NewName = 'C:\DSCConfiguration\$Guid.MOF'
}
Rename-Item  @RIHT
```

12. Erstellen Sie für die neue MOF-Datei eine DSC-Prüfsummendatei:

```
New-DscChecksum -Path C:\DSCConfiguration
```

13. Sehen Sie sich die MOF-Datei und die Datei mit der Prüfsumme an:

```
Get-ChildItem -Path C:\DSCConfiguration
```

14. Zeigen Sie mit dem folgenden Code die aktuelle Konfiguration von SRV2 an:

```
Get-WindowsFeature -Name Telnet-Client -ComputerName SRV2
```

15. Warten Sie eine Weile und prüfen Sie dann die Konfiguration erneut:

```
Start-Sleep -Seconds (30*60)
Get-WindowsFeature -Name Telnet-Client -ComputerName SRV2
```

So funktioniert's

In *Schritt 1* sorgen Sie dafür, dass das Modul xSMBShare auf SRV1 und SRV2 installiert ist. In *Schritt 2* entfernen Sie sowohl alle vorhandenen MOF-Dateien als auch alle DSC-Konfigurationen von SRV1 und SRV2. In *Schritt 3* erstellen Sie einen Skriptblock, der eine LCM-Konfiguration erstellt und bereitstellt, die die LCM-Konfiguration festlegt und die zugehörige MOF-Datei erstellt. Diese drei Schritte erzeugen keine Ausgabe, obwohl Sie, abhängig davon, welche anderen Rezepte Sie bereits ausgeführt haben, dazu aufgefordert werden könnten, den NuGet-Provider zu installieren.

In *Schritt 4* führen Sie den in *Schritt 3* erstellten Skriptblock aus, der den lokalen Konfigurations-Manager auf SRV2 konfiguriert und die LCM-Konfiguration zurückgibt, was wie folgt aussieht:

```
PS C:\foo> Invoke-Command -ScriptBlock $SB3 -ComputerName SRV2

ActionAfterReboot              : ContinueConfiguration
AgentId                        : 2F92B9B6-A6FB-11E9-B557-001C42578205
AllowModuleOverWrite           : True
CertificateID                  :
ConfigurationDownloadManagers  : {[ConfigurationRepositoryShare]PullServer}
ConfigurationID                : 5d79ee6e-0420-4c98-9cc3-9f696901a816
ConfigurationMode              : ApplyAndAutoCorrect
ConfigurationModeFrequencyMins : 30
Credential                     :
DebugMode                      : {NONE}
DownloadManagerCustomData      :
DownloadManagerName            :
LCMCompatibleVersions          : {1.0, 2.0}
LCMState                       : Idle
LCMStateDetail                 :
LCMVersion                     : 2.0
StatusRetentionTimeInDays      : 10
SignatureValidationPolicy      : NONE
SignatureValidations           : {}
MaximumDownloadSizeMB          : 500
PartialConfigurations          :
RebootNodeIfNeeded             : True
RefreshFrequencyMins           : 30
RefreshMode                    : Pull
ReportManagers                 : {}
ResourceModuleManagers         : {[ResourceRepositoryShare]ResourceServer}
PSComputerName                 : SRV2
PSComputerName                 : SRV2
```

In *Schritt 5* erstellen Sie eine Konfigurationsanweisung, die `SRV1` als DSC-Pullserver konfiguriert. In *Schritt 6* generieren Sie die MOF-Datei für diese Konfiguration. Diese beiden Schritte erzeugen keine Ausgabe.

In *Schritt 7* verwenden Sie `Start-DscConfiguration`, um `SRV1` basierend auf der in *Schritt 6* kompilierten MOF-Datei zu konfigurieren, was wie folgt aussieht:

```
PS C:\foo> Start-DscConfiguration -Path C:\DSC -Wait -Verbose -Force
AUSFÜHRLICH: Vorgang "CIM-Methode aufrufen" mit den folgenden Parametern durchführen,
             "'methodName' = SendConfigurationApply,'className' = MSFT_DSCLocalConfigurationManager,
             'namespaceName' = root/Microsoft/Windows/DesiredStateConfiguration".
AUSFÜHRLICH: Vorgang "CIM-Methode aufrufen" mit den folgenden Parametern durchführen,
             "'methodName' = SendConfigurationApply,'className' = MSFT_DSCLocalConfigurationManager,
             'namespaceName' = root/Microsoft/Windows/DesiredStateConfiguration".
AUSFÜHRLICH: Vom Computer 'SRV1' mit Benutzer-SID 'S-1-5-21-1666168338-3639645042-4083363113-500'
             ist ein LCM-Methodenaufruf eingegangen.
AUSFÜHRLICH: [SRV2]: LCM:  [ StartenFestlegen]
AUSFÜHRLICH: Vom Computer 'SRV1' mit Benutzer-SID 'S-1-5-21-1666168338-3639645042-4083363113-500'
             ist ein LCM-Methodenaufruf eingegangen.
AUSFÜHRLICH: [SRV1]: LCM:  [ StartenFestlegen]
AUSFÜHRLICH: [SRV1]: LCM:  [ StartenRessource]  [[File]ConfigFolder]
AUSFÜHRLICH: [SRV1]: LCM:  [ StartenTesten   ]  [[File]ConfigFolder]
AUSFÜHRLICH: [SRV1]:                            [[File]ConfigFolder] Das System kann die angegebene Datei nicht finden.
AUSFÜHRLICH: [SRV1]:                            [[File]ConfigFolder] Zugehörige(s) Datei/Verzeichnis: C:\DSCConfiguration.
AUSFÜHRLICH: [SRV1]: LCM:  [ BeendenTesten   ]  [[File]ConfigFolder]  in 0.0150 Sekunden.
AUSFÜHRLICH: [SRV1]: LCM:  [ StartenFestlegen]  [[File]ConfigFolder]
AUSFÜHRLICH: [SRV1]:                            [[File]ConfigFolder] Das System kann die angegebene Datei nicht finden.
AUSFÜHRLICH: [SRV1]:                            [[File]ConfigFolder] Zugehörige(s) Datei/Verzeichnis: C:\DSCConfiguration.
AUSFÜHRLICH: [SRV1]: LCM:  [ BeendenFestlegen]  [[File]ConfigFolder]  in 0.0000 Sekunden.
AUSFÜHRLICH: [SRV1]: LCM:  [ BeendenRessource]  [[File]ConfigFolder]
AUSFÜHRLICH: [SRV1]: LCM:  [ StartenRessource]  [[File]ResourceFolder]
AUSFÜHRLICH: [SRV1]: LCM:  [ StartenTesten   ]  [[File]ResourceFolder]
AUSFÜHRLICH: [SRV1]:                            [[File]ResourceFolder] Das System kann die angegebene Datei nicht finden.
AUSFÜHRLICH: [SRV1]:                            [[File]ResourceFolder] Zugehörige(s) Datei/Verzeichnis: C:\DscResource.
AUSFÜHRLICH: [SRV1]: LCM:  [ BeendenTesten   ]  [[File]ResourceFolder]  in 0.0160 Sekunden.
AUSFÜHRLICH: [SRV1]: LCM:  [ StartenFestlegen]  [[File]ResourceFolder]
AUSFÜHRLICH: [SRV1]:                            [[File]ResourceFolder] Das System kann die angegebene Datei nicht finden.
AUSFÜHRLICH: [SRV1]:                            [[File]ResourceFolder] Zugehörige(s) Datei/Verzeichnis: C:\DscResource.
AUSFÜHRLICH: [SRV1]: LCM:  [ BeendenFestlegen]  [[File]ResourceFolder]  in 0.0000 Sekunden.
AUSFÜHRLICH: [SRV1]: LCM:  [ BeendenRessource]  [[File]ResourceFolder]
AUSFÜHRLICH: [SRV1]: LCM:  [ StartenRessource]  [[xSmbShare]DscConfiguration]
AUSFÜHRLICH: [SRV1]: LCM:  [ StartenTesten   ]  [[xSmbShare]DscConfiguration]
AUSFÜHRLICH: [SRV2]: LCM:  [ StartenRessource]  [[WindowsFeature]IISSrv2]
AUSFÜHRLICH: [SRV2]: LCM:  [ StartenTesten   ]  [[WindowsFeature]IISSrv2]
AUSFÜHRLICH: [SRV2]:                            [[WindowsFeature]IISSrv2] Der Vorgang "Get-WindowsFeature" wurde gestartet: Web-Server
AUSFÜHRLICH: [SRV2]:                            [[WindowsFeature]IISSrv2] Der Vorgang "Get-WindowsFeature" wurde erfolgreich abgeschlossen: Web-Server
AUSFÜHRLICH: [SRV2]: LCM:  [ BeendenTesten   ]  [[WindowsFeature]IISSrv2]  in 0.9690 Sekunden.
AUSFÜHRLICH: [SRV2]: LCM:  [ ÜberspringenFestlegen]  [[WindowsFeature]IISSrv2]
AUSFÜHRLICH: [SRV2]: LCM:  [ BeendenRessource]  [[WindowsFeature]IISSrv2]
AUSFÜHRLICH: [SRV2]: LCM:  [ StartenRessource]  [[WindowsFeature]IISSrvTools]
AUSFÜHRLICH: [SRV2]: LCM:  [ StartenTesten   ]  [[WindowsFeature]IISSrvTools]
AUSFÜHRLICH: [SRV2]:                            [[WindowsFeature]IISSrvTools] Der Vorgang "Get-WindowsFeature" wurde gestartet: Web-Mgmt-Tools
AUSFÜHRLICH: [SRV2]:                            [[WindowsFeature]IISSrvTools] Der Vorgang "Get-WindowsFeature" wurde erfolgreich abgeschlossen: Web-Mgmt-Tools
AUSFÜHRLICH: [SRV2]: LCM:  [ BeendenTesten   ]  [[WindowsFeature]IISSrvTools]  in 0.2660 Sekunden
AUSFÜHRLICH: [SRV2]: LCM:  [ ÜberspringenFestlegen]  [[WindowsFeature]IISSrvTools]
AUSFÜHRLICH: [SRV2]: LCM:  [ BeendenRessource]  [[WindowsFeature]IISSrvTools]
AUSFÜHRLICH: [SRV2]: LCM:  [ StartenRessource]  [[File]RKAppFiles]
AUSFÜHRLICH: [SRV2]: LCM:  [ StartenTesten   ]  [[File]RKAppFiles]
AUSFÜHRLICH: [SRV2]:                            [[File]RKAppFiles] Das System kann die angegebene Datei nicht finden.
AUSFÜHRLICH: [SRV2]:                            [[File]RKAppFiles] Zugehörige(s) Datei/Verzeichnis: \\DC1\ReskitApp.
AUSFÜHRLICH: [SRV2]:                            [[File]RKAppFiles] Dateiliste wird ohne Verwendung des Cache erstellt.
AUSFÜHRLICH: [SRV2]:                            [[File]RKAppFiles] Das Zielobjekt wurde gefunden, und keine Aktion ist erforderlich.
AUSFÜHRLICH: [SRV2]: LCM:  [ BeendenTesten   ]  [[File]RKAppFiles]  in 0.0460 Sekunden.
AUSFÜHRLICH: [SRV2]: LCM:  [ ÜberspringenFestlegen]  [[File]RKAppFiles]
AUSFÜHRLICH: [SRV2]: LCM:  [ BeendenRessource]  [[File]RKAppFiles]
AUSFÜHRLICH: [SRV2]: LCM:  [ StartenRessource]  [[xWebAppPool]ReskitAppPool]
AUSFÜHRLICH: [SRV2]: LCM:  [ StartenTesten   ]  [[xWebAppPool]ReskitAppPool]
AUSFÜHRLICH: [SRV2]:                            [[xWebAppPool]ReskitAppPool] Application pool "RKAppPool" was found.
AUSFÜHRLICH: [SRV2]:                            [[xWebAppPool]ReskitAppPool] The target resource is already in the desired state. No action is required.
AUSFÜHRLICH: [SRV2]: LCM:  [ BeendenTesten   ]  [[xWebAppPool]ReskitAppPool]  in 0.3130 Sekunden.
AUSFÜHRLICH: [SRV2]: LCM:  [ ÜberspringenFestlegen]  [[xWebAppPool]ReskitAppPool]
AUSFÜHRLICH: [SRV2]: LCM:  [ BeendenRessource]  [[xWebAppPool]ReskitAppPool]
AUSFÜHRLICH: [SRV2]: LCM:  [ StartenRessource]  [[xWebApplication]ReskitAppPool]
AUSFÜHRLICH: [SRV2]: LCM:  [ StartenTesten   ]  [[xWebApplication]ReskitAppPool]
AUSFÜHRLICH: [SRV2]: LCM:  [ BeendenTesten   ]  [[xWebApplication]ReskitAppPool]  in 0.0630 Sekunden.
AUSFÜHRLICH: [SRV2]: LCM:  [ ÜberspringenFestlegen]  [[xWebApplication]ReskitAppPool]
AUSFÜHRLICH: [SRV2]: LCM:  [ BeendenRessource]  [[xWebApplication]ReskitAppPool]
AUSFÜHRLICH: [SRV2]: LCM:  [ StartenRessource]  [[Log]Completed]
AUSFÜHRLICH: [SRV2]: LCM:  [ StartenTesten   ]  [[Log]Completed]
AUSFÜHRLICH: [SRV2]: LCM:  [ BeendenTesten   ]  [[Log]Completed]  in 0.0000 Sekunden.
AUSFÜHRLICH: [SRV2]: LCM:  [ StartenFestlegen]  [[Log]Completed]
AUSFÜHRLICH: [SRV2]:                            [[Log]Completed] DSC-Konfiguration von ReskitApp auf SRV2 beendet
AUSFÜHRLICH: [SRV2]: LCM:  [ BeendenFestlegen]  [[Log]Completed]  in 0.0000 Sekunden.
AUSFÜHRLICH: [SRV2]: LCM:  [ BeendenRessource]  [[Log]Completed]
AUSFÜHRLICH: [SRV2]: LCM:  [ BeendenFestlegen]
AUSFÜHRLICH: [SRV2]: LCM:  [ BeendenFestlegen]    in  2.5320 Sekunden.
AUSFÜHRLICH: Vorgang "CIM-Methode aufrufen" wurde abgeschlossen.
AUSFÜHRLICH: [SRV1]:                            [[xSmbShare]DscConfiguration] Share with name DSCConfiguration does not exist
AUSFÜHRLICH: [SRV1]: LCM:  [ BeendenTesten   ]  [[xSmbShare]DscConfiguration]  in 2.2970 Sekunden.
AUSFÜHRLICH: [SRV1]: LCM:  [ StartenFestlegen]  [[xSmbShare]DscConfiguration]
AUSFÜHRLICH: [SRV1]:                            [[xSmbShare]DscConfiguration] Creating share DSCConfiguration to ensure it is Present
AUSFÜHRLICH: [SRV1]: LCM:  [ BeendenFestlegen]  [[xSmbShare]DscConfiguration]  in 0.0940 Sekunden.
AUSFÜHRLICH: [SRV1]: LCM:  [ BeendenRessource]  [[xSmbShare]DscConfiguration]
AUSFÜHRLICH: [SRV1]: LCM:  [ StartenRessource]  [[xSmbShare]DscResource]
AUSFÜHRLICH: [SRV1]: LCM:  [ StartenTesten   ]  [[xSmbShare]DscResource]
AUSFÜHRLICH: [SRV1]:                            [[xSmbShare]DscResource] Share with name DSCResource does not exist
AUSFÜHRLICH: [SRV1]: LCM:  [ BeendenTesten   ]  [[xSmbShare]DscResource]  in 0.0320 Sekunden.
AUSFÜHRLICH: [SRV1]: LCM:  [ StartenFestlegen]  [[xSmbShare]DscResource]
AUSFÜHRLICH: [SRV1]:                            [[xSmbShare]DscResource] Creating share DSCResource to ensure it is Present
AUSFÜHRLICH: [SRV1]: LCM:  [ BeendenFestlegen]  [[xSmbShare]DscResource]  in 0.0470 Sekunden.
AUSFÜHRLICH: [SRV1]: LCM:  [ BeendenRessource]  [[xSmbShare]DscResource]
AUSFÜHRLICH: [SRV1]: LCM:  [ BeendenFestlegen]
AUSFÜHRLICH: [SRV1]: LCM:  [ BeendenFestlegen]    in  3.0620 Sekunden.
AUSFÜHRLICH: Vorgang "CIM-Methode aufrufen" wurde abgeschlossen.
AUSFÜHRLICH: Die Ausführung des Konfigurationsauftrags hat 3.229 Sekunden gedauert.
```

In *Schritt 8* rufen Sie die SMB-Freigaben auf SRV1 ab, die im vorherigen Schritt erstellt wurden und deren Name mit DSC beginnt, und erhalten die folgende Ausgabe:

```
PS C:\foo> Get-SMBShare -Name DSC*

Name             ScopeName Path                 Description
----             --------- ----                 -----------
DSCConfiguration *         C:\DscConfiguration  DSC Configuration Share
DSCResource      *         C:\DscResource       DSC Resource Share
```

In *Schritt 9* erstellen Sie den ersten Teilkonfigurationsblock, TelnetSRV2, was keine Ausgabe erzeugt. In *Schritt 10* führen Sie diesen Konfigurationsblock aus, um SRV2.mof zu erzeugen, folgendermaßen aussieht:

```
PS C:\foo> TelnetSRV2 -OutputPath C:\DSCConfiguration


    Verzeichnis: C:\DSCConfiguration

Mode                LastWriteTime         Length Name
----                -------------         ------ ----
-a----       15.07.2019     17:16           1858 SRV2.mof
```

In *Schritt 11* benennen Sie die MOF-Datei um und verwenden als Namen eine GUID. In *Schritt 12* erstellen Sie eine MOF-Prüfsummendatei. Diese beiden Schritte erzeugen keine Ausgabe.

In *Schritt 13* lassen Sie sich Details zu der MOF- und der Prüfsummendatei anzeigen, was wie folgt aussieht:

```
PS C:\foo> Get-ChildItem -Path C:\DSCConfiguration

    Verzeichnis: C:\DSCConfiguration

Mode                LastWriteTime         Length Name
----                -------------         ------ ----
-a----       15.07.2019     17:16           1858 5d79ee6e-0420-4c98-9cc3-9f696901a816.MOF
-a----       15.07.2019     17:17             64 5d79ee6e-0420-4c98-9cc3-9f696901a816.MOF.checksum
```

In *Schritt 14* sehen Sie sich den aktuellen Status des (noch nicht installierten) Features Telnet-Client auf SRV2 an, was wie folgt aussieht:

```
PS C:\foo> Get-WindowsFeature -Name Telnet-Client -ComputerName SRV2

Display Name                          Name                Install State
------------                          ----                -------------
[ ] Telnet Client                     Telnet-Client           Available
```

In *Schritt 15* warten Sie darauf, dass die DSC-Vorgänge abgeschlossen sind, und überprüfen dann erneut den Status von Telnet-Client auf SRV2, der nun wie folgt aussieht:

```
PS C:\foo> Get-WindowsFeature -Name Telnet-Client -ComputerName SRV2

Display Name                          Name                Install State
------------                          ----                -------------
[X] Telnet Client                     Telnet-Client           Installed
```

Weitere Informationen

In den letzten beiden Schritten in diesem Rezept sehen Sie sich den Status des Telnet-Clients auf `SRV2` an. In *Schritt 14* können Sie sehen, dass DSC die Konfiguration von `SRV2` noch nicht ausgeführt hat und der Client daher nicht installiert ist. Nachdem Sie ein wenig gewartet haben, können Sie in *Schritt 15* sehen, dass der `Telnet-Client` jetzt auf `SRV2` installiert ist. Beachten Sie, dass, wenn das Hinzufügen dieses Features einen Neustart erforderlich macht, `SRV2` nach Abschluss von *Schritt 14* neu gestartet worden wäre.

Siehe auch ...

Das Einrichten eines Pullservers und diesen dazu zu bringen, einen anderen Server zu konfigurieren, ist einfach, obwohl Tippfehler häufig eine Herausforderung darstellen. Standardmäßig führt Windows Server keine detaillierte DSC-Ereignisprotokollierung durch. Sie können die Protokollierung jedoch einfach mit dem folgenden Code aktivieren:

```
wevtutil.exe set-log "Microsoft-Windows-Dsc/Analytic" /q:true /e:true
wevtutil.exe set-log "Microsoft-Windows-Dsc/Debug" /q:True /e:true
```

Nachdem Sie die analytischen Protokolle und die Debugprotokolle für DSC aktiviert haben, wird jede DSC-Aktivität detailliert protokolliert. In früheren Rezepten haben Sie die ausführliche Ausgabe von `Start-DscConfiguration` untersucht, die zeigt, wie der LCM eine Konfiguration erhält und ausführt. Die gleiche Menge an Informationen und mehr ist in den Ereignisprotokollen verfügbar. Mit diesen Protokollen können Sie die Aktivitäten von DSC nachverfolgen, die Konfigurationsblöcke und Ressourcen anzeigen, die heruntergeladen werden, und sehen, wie DSC die Konfiguration erzwingt. Weitere Informationen über die Verwendung der DSC-Ereignisprotokollierung zur Fehlerbehebung finden Sie unter `https://docs.microsoft.com/de-de/powershell/dsc/troubleshooting/troubleshooting`.

Einen DSC-HTTP-Pullserver implementieren

Die Bereitstellung eines webbasierten DSC-Pullservers ist komplexer als die Bereitstellung eines SMB-Pullservers. Die Bereitstellung eines SMB-basierten Pullservers ist einfach: Erstellen Sie einfach die beiden benötigten Freigaben, und legen Sie dort die entsprechenden Dateien ab. Der Webserveransatz erfordert, dass Sie außerdem IIS laden, den DSC-Dienst installieren und konfigurieren sowie die MOF-Dateien, Ressourcen und alle relevanten Prüfsummen auf dem Webserver ablegen. Natürlich müssen Sie in beiden Fällen den LCM jedes Knotens konfigurieren.

Sie stellen einen webbasierten Pullserver bereit, um dem Pullclient sowohl Ressourcen als auch MOF-Dateien mit der Konfiguration bereitzustellen. Im Gegensatz zu einem SMB-basierten Pullserver stellt ein webbasierter Pullserver auch Berichtsfunktionen zur Verfügung, sodass ein Pullclient den Status an den Berichtsserver zurückmelden kann. Ein SMB-basierter Pullserver stellt keine Berichtsfunktionen bereit.

Um die Erstellung eines webbasierten DSC-Pullservers zu vereinfachen, können Sie die DSC-Ressource des Moduls `xPSDesiredStateConfiguration` verwenden. Sie laden diese Ressource aus dem PowerShell-Katalog herunter, was die Konfiguration eines Knotens als DSC-Pullserver (und als Berichtsserver) erheblich vereinfacht.

Wie bei SMB-basierten Pullservern müssen Sie nach dem Einrichten eines DSC-HTTP-Pullservers die Clients so konfigurieren, dass Konfigurationen/Ressourcen vom Pullserver abgerufen und Berichtsinformationen an die Berichtsserver gesendet werden.

Die Vorgehensweise für die Einrichtung eines webbasierten DSC-Pullservers wurde mit PowerShell V5 (und neueren Versionen) geändert. Dieses Rezept basiert auf dem PowerShell V5-Ansatz.

Vorbereitungen

Dieses Rezept verwendet zwei Server: SRV1 und SRV2. SRV1 ist der Pullserver. Dieses Rezept konfiguriert den DSC-Webdienst auf SRV1; SRV2 wird so konfiguriert, dass er die DSC-Konfigurationen und Ressourcen vom Pullserver abruft.

So wird's gemacht

1. Installieren Sie mit dem folgenden Code auf SRV1 und SRV2 das Modul xPSDesiredStateConfiguration aus der PowerShell-Gallery:

```
$SB = {
  Install-Module  -Name xPSDesiredStateConfiguration
}
Invoke-Command -ComputerName SRV1 -ScriptBlock $SB
Invoke-Command -ComputerName SRV2 -ScriptBlock $SB
```

2. Entfernen Sie existierende Zertifikate für SRV1 und erstellen Sie dann ein selbstsigniertes Zertifikat für SRV1:

```
Get-ChildItem cert:\LocalMachine\root |
  Where Subject -EQ 'CN=srv1.reskit.org' |
    Remove-Item -Force
$CHT = @{
    CertStoreLocation = 'CERT:\LocalMachine\MY'
    DnsName           = 'SRV1.Reskit.Org'
}
$DscCert = New-SelfSignedCertificate @CHT
```

3. Kopieren Sie das Zertifikat in die Stammzertifikatsspeicher auf SRV2 und SRV1:

```
$SB1 = {
  Param ($Rootcert)
  $C = 'System.Security.Cryptography.X509Certificates.X509Store'
  $Store = New-Object -TypeName $C `
                      -ArgumentList 'Root','LocalMachine'
  $Store.Open('ReadWrite')
  $Store.Add($Rootcert)
  $Store.Close()
}
$ICHT1 = @{
    ScriptBlock  = $SB1
    ComputerName = 'SRV2.Reskit.Org'
    Verbose      = $True
    ArgumentList = $DscCert
}
Invoke-Command @ICHT1
#   Kopieren Sie es auch in den Stammspeicher auf SRV1
$ICHT1.ComputerName = 'SRV1.Reskit.Org'
```

```
$ICHT2b = @{
    ScriptBlock  = $SB1
    ComputerName = 'SRV1.Reskit.Org'
    Verbose      = $True
    ArgumentList = $DscCert
}
Invoke-Command @ICHT2b
```

4. Überprüfen Sie mit dem folgenden Code, ob das Zertifikat auf SRV2 korrekt installiert ist:

```
$SB2 = {
  Get-ChildItem Cert:\LocalMachine\root |
    Where-Object Subject -Match 'SRV1.Reskit.Org'
}
Invoke-Command -ScriptBlock $SB2 -ComputerName SRV2
```

5. Entfernen Sie von SRV1 und SRV2 die vorhandene DSC-Konfiguration:

```
$SB3 = {
  $RIHT = @{
    Path        = 'C:\Windows\System32\configuration\*.mof'
    ErrorAction = 'SilentlyContinue'
  }
  Get-Childitem @RIHT |
    Remove-Item @RIHT -Force
  $EASC = @{
    ErrorAction = 'SilentlyContinue'
  }
  New-Item -Path c:\DSC -ItemType Directory @EASC |
    Out-Null
  Remove-DscConfigurationDocument -Stage Current
  }
Invoke-Command -ComputerName SRV1 -ScriptBlock $SB3
Invoke-Command -ComputerName SRV2 -ScriptBlock $SB3
```

6. Erstellen Sie einen DSC-Dienst-Konfigurationsblock, der SRV1 zu einem HTTP-Pullserver macht:

```
$DP = 'C:\ProgramFiles\WindowsPowerShell\' +
      'DscService\RegistrationKeys.txt'
Configuration WebPullSrv1 {
  Param ([String] $CertThumbPrint)
  Import-DscResource -Module PSDesiredStateConfiguration
  Import-DscResource -Module xPSDesiredStateConfiguration

  Node SRV1 {
    File DSCConfig-Folder {
      DestinationPath = 'C:\DSCConfiguration'
      Ensure = 'Present'
      Type = 'Directory'
    }
    File DSCResource-Folder {
     DestinationPath = 'C:\DSCResource'
     Ensure = 'Present'
     Type = 'Directory'
    }
    WindowsFeature DSCService {
      Ensure = 'Present'
      Name = 'DSC-Service'
    }
    xDSCWebService WebPullSRV1 {
```

```
      Ensure = 'Present'
      EndpointName = 'PSDSCPullServer'
      Port = 8080
      PhysicalPath = 'C:\inetpub\wwwroot\PSDSCPullServer'
      CertificateThumbPrint = $CertThumbPrint
      ConfigurationPath = 'C:\DSCConfiguration'
      ModulePath = 'C:\DSCResource'
      State = 'Started'
      DependsOn = '[WindowsFeature]DSCService'
      UseSecurityBestPractices = $true
    }
    File RegistrationKeyFile {
      Ensure = 'Present'
      Type = 'File'
      DestinationPath = $DP
      Contents = '5d79ee6e-0420-4c98-9cc3-9f696901a816'
    }
  }
}
```

7. Erstellen Sie das MOF-Dokument, mit dem SRV1 konfiguriert werden kann:

```
$TP = $DscCert.Thumbprint
WebPullSrv1 -OutputPath C:\DSC  -CertThumbPrint $TP |
  Out-Null
```

8. Verwenden Sie DSC, um SRV1 so zu konfigurieren, dass er den DSC-Webdienst hostet:

```
Start-DscConfiguration -Path C:\DSC -Wait -Verbose
Import-Module -Name WebAdministration
$DscCert | Set-Item -Path IIS:\SslBindings\0.0.0.0!8080
```

9. Überprüfen Sie die Ergebnisse:

```
$Uri = 'https://SRV1.Reskit.Org:8080/PSDSCPullServer.svc/'
Start-Process -FilePath $Uri
```

10. Erstellen Sie eine LCM-Konfiguration für SRV2, damit er von SRV1 über HTTPS Konfigurationen abruft:

```
[DSCLocalConfigurationManager()]
Configuration SRV2WebPull {
Param ([string] $Guid)
Node SRV2 {
 Settings {
   RefreshMode = 'Pull'
   ConfigurationID = $Guid
   ConfigurationMode = 'ApplyANdAUtoCorrect'
   RefreshFrequencyMins = 30
   RebootNodeIfNeeded = $true
 }
 ConfigurationRepositoryWeb DSCPullSrv {
  ServerURL = 'https://SRV1.Reskit.Org:8080/PSDSCPullServer.svc'
 }
 ResourceRepositoryWeb DSCResourceSrv {
  ServerURL = 'https://SRV1.Reskit.Org8080/PSDSCPullServer.svc'
 }
```

```
  ReportServerWeb DSCReportSrv {
   ServerURL = 'https://SRV1.Reskit.Org:8080/PSDSCPullServer.svc'
  }
 }
 }
```

11. Erstellen Sie die MOF-Datei, die den lokalen Konfigurations-Manager auf SRV2 konfiguriert:

```
Remove-Item C:\DSC\* -Rec -Force
$Guid = '5d79ee6e-0420-4c98-9cc3-9f696901a816'
SRV2WebPull -Guid $Guid -OutputPath C:\DSC | Out-Null
```

12. Konfigurieren Sie mit dem folgenden Code den LCM auf SRV2:

```
$LCMHT = @{
  ComputerName = 'SRV2'
  Path         =  'C:\DSC'
  Verbose      = $True
}
Set-DscLocalConfigurationManager @LCMHT
```

13. Erstellen Sie eine Teilkonfiguration, um sicherzustellen, dass auf SRV2 der TFTP-Client verfügbar ist:

```
Configuration  TFTPSRV2 {
  Import-DscResource -ModuleName 'PSDesiredStateConfiguration'
  Node SRV2 {
    WindowsFeature TFTPClient {
      Name = 'TFTP-Client'
      Ensure = 'Present'
    }
  }
}
```

14. Erstellen Sie die MOF-Datei für diese Konfiguration und legen Sie die Datei im Ordner mit den Konfigurationen ab:

```
Remove-Item -Path C:\DSCConfiguration -Rec -Force
TFTPSRV2 -OutputPath C:\DSCConfiguration |
  Out-Null
```

15. Benennen Sie die Datei um und erstellen Sie die Prüfsumme:

```
$RIHT = @{
  Path    = 'C:\DSCConfiguration\SRV2.mof'
  NewName = "C:\DSCConfiguration\$Guid.MOF"
}
Rename-Item @RIHT
New-DscChecksum  -Path C:\DSCConfiguration
Get-ChildItem C:\DSCConfiguration
```

16. Warten Sie ein wenig und sehen Sie sich dann die Details an:

```
Start-Sleep -Seconds 30*60
$Session = New-CimSession -ComputerName SRV2
Get-DscConfiguration -CimSession $Session
```

17. Überprüfen Sie das Feature auf SRV2:

```
Get-WindowsFeature -Name TFTP-Client -ComputerName SRV2
```

So funktioniert's

In *Schritt 1* stellen Sie sicher, dass das Modul `xPSDesiredStateConfiguration` sowohl auf `SRV1` als auch auf `SRV2` geladen ist. In *Schritt 2* entfernen Sie die vorhandenen Zertifikate für `SRV1` und erstellen dann ein neues selbstsigniertes Zertifikat. In *Schritt 3* kopieren Sie das neu erstellte selbstsignierte Zertifikat in den Stammspeicher von `SRV2`, wodurch `SRV2` dem selbstsignierten Zertifikat vertrauen kann. Diese drei Schritte erzeugen keine Ausgabe.

In *Schritt 4* überprüfen Sie, ob das Zertifikat korrekt auf Server `SRV2` installiert ist, was so aussieht:

```
PS C:\foo> $SB2 = {
             Get-ChildItem Cert:\LocalMachine\root |
             Where-Object Subject -Match 'SRV1.Reskit.Org'
           }
PS C:\foo> Invoke-Command -ScriptBlock $SB2 -ComputerName SRV2

   PSParentPath: Microsoft.PowerShell.Security\Certificate::LocalMachine\root

Thumbprint                                Subject              PSComputerName
----------                                -------              --------------
2ABA89DBE9DB55DB9A76602544C2C98AA947CF0C  CN=SRV1.Reskit.Org   SRV2
```

In *Schritt 5* entfernen Sie alle DSC-Konfigurationsinformationen von `SRV1` und `SRV2`. In *Schritt 6* erstellen Sie einen Konfigurationsblock, der `SRV1` konfiguriert. Anschließend führen Sie in *Schritt 7* die Konfiguration aus, um die MOF-Datei zu erstellen, die `SRV1` als Pullserver konfiguriert. Diese drei Schritte erzeugen keine Ausgabe.

In *Schritt 8* verwenden Sie das Cmdlet `Start-DscConfiguration`, um die DSC-Konfiguration für `SRV1` anzuwenden, was wie folgt aussieht:

```
PS C:\foo> Start-DscConfiguration -Path C:\DSC -Wait -Verbose
AUSFÜHRLICH: Vorgang "CIM-Methode aufrufen" mit den folgenden Parametern durchführen,
             "'methodName' = SendConfigurationApply,'className' = MSFT_DSCLocalConfigurationManager,
             'namespaceName' = root/Microsoft/Windows/DesiredStateConfiguration".
AUSFÜHRLICH: Vom Computer 'SRV1' mit Benutzer-SID 'S-1-5-21-1666168338-3639645042-4083363113-500'
             ist ein LCM-Methodenaufruf eingegangen.
AUSFÜHRLICH: [SRV1]: LCM:  [ StartenFestlegen]
AUSFÜHRLICH: [SRV1]: LCM:  [ StartenRessource]  [[File]DSCConfig-Folder]
AUSFÜHRLICH: [SRV1]: LCM:  [ StartenTesten   ]  [[File]DSCConfig-Folder]
AUSFÜHRLICH: [SRV1]:                            [[File]DSCConfig-Folder] Das System kann die angegebene Datei nicht finden.
AUSFÜHRLICH: [SRV1]:                            [[File]DSCConfig-Folder] Zugehörige(s) Datei/Verzeichnis: C:\DSCConfiguration.
AUSFÜHRLICH: [SRV1]: LCM:  [ BeendenTesten   ]  [[File]DSCConfig-Folder]  in 0.0170 Sekunden.
AUSFÜHRLICH: [SRV1]: LCM:  [ StartenFestlegen]  [[File]DSCConfig-Folder]
AUSFÜHRLICH: [SRV1]:                            [[File]DSCConfig-Folder] Das System kann die angegebene Datei nicht finden.
AUSFÜHRLICH: [SRV1]:                            [[File]DSCConfig-Folder] Zugehörige(s) Datei/Verzeichnis: C:\DSCConfiguration.
AUSFÜHRLICH: [SRV1]: LCM:  [ BeendenFestlegen]  [[File]DSCConfig-Folder]  in 0.0100 Sekunden.
AUSFÜHRLICH: [SRV1]: LCM:  [ BeendenRessource]  [[File]DSCConfig-Folder]
AUSFÜHRLICH: [SRV1]: LCM:  [ StartenRessource]  [[File]DSCResource-Folder]
AUSFÜHRLICH: [SRV1]: LCM:  [ StartenTesten   ]  [[File]DSCResource-Folder]
AUSFÜHRLICH: [SRV1]:                            [[File]DSCResource-Folder] Das System kann die angegebene Datei nicht finden.
AUSFÜHRLICH: [SRV1]:                            [[File]DSCResource-Folder] Zugehörige(s) Datei/Verzeichnis: C:\DSCResource.
AUSFÜHRLICH: [SRV1]: LCM:  [ BeendenTesten   ]  [[File]DSCResource-Folder]  in 0.0090 Sekunden.
AUSFÜHRLICH: [SRV1]: LCM:  [ StartenFestlegen]  [[File]DSCResource-Folder]
AUSFÜHRLICH: [SRV1]:                            [[File]DSCResource-Folder] Das System kann die angegebene Datei nicht finden.
AUSFÜHRLICH: [SRV1]:                            [[File]DSCResource-Folder] Zugehörige(s) Datei/Verzeichnis: C:\DSCResource.
AUSFÜHRLICH: [SRV1]: LCM:  [ BeendenFestlegen]  [[File]DSCResource-Folder]  in 0.0170 Sekunden.
AUSFÜHRLICH: [SRV1]: LCM:  [ BeendenRessource]  [[File]DSCResource-Folder]
AUSFÜHRLICH: [SRV1]: LCM:  [ StartenRessource]  [[WindowsFeature]DSCService]
AUSFÜHRLICH: [SRV1]: LCM:  [ StartenTesten   ]  [[WindowsFeature]DSCService]
AUSFÜHRLICH: [SRV1]:                            [[WindowsFeature]DSCService] Der Vorgang "Get-WindowsFeature" wurde gestartet: DSC-Service
AUSFÜHRLICH: [SRV1]:                            [[WindowsFeature]DSCService] Der Vorgang "Get-WindowsFeature" wurde erfolgreich abgeschlossen: DSC-Service
AUSFÜHRLICH: [SRV1]: LCM:  [ BeendenTesten   ]  [[WindowsFeature]DSCService]  in 0.6500 Sekunden.
AUSFÜHRLICH: [SRV1]: LCM:  [ StartenFestlegen]  [[WindowsFeature]DSCService]
AUSFÜHRLICH: [SRV1]:                            [[WindowsFeature]DSCService] Installation wurde gestartet...
AUSFÜHRLICH: [SRV1]:                            [[WindowsFeature]DSCService] Soll die Installation fortgesetzt werden?
AUSFÜHRLICH: [SRV1]:                            [[WindowsFeature]DSCService] Die Verarbeitung der Voraussetzungen wurde gestartet...
AUSFÜHRLICH: [SRV1]:                            [[WindowsFeature]DSCService] Die Verarbeitung der Voraussetzungen war erfolgreich.
AUSFÜHRLICH: [SRV1]:                            [[WindowsFeature]DSCService] Die Installation war erfolgreich.
AUSFÜHRLICH: [SRV1]:                            [[WindowsFeature]DSCService] Das Feature DSC-Service wurde erfolgreich installiert.
AUSFÜHRLICH: [SRV1]: LCM:  [ BeendenFestlegen]  [[WindowsFeature]DSCService]  in 33.1050 Sekunden.
AUSFÜHRLICH: [SRV1]: LCM:  [ BeendenRessource]  [[WindowsFeature]DSCService]
AUSFÜHRLICH: [SRV1]: LCM:  [ StartenRessource]  [[xDSCWebService]WebPullSRV1]
AUSFÜHRLICH: [SRV1]: LCM:  [ StartenTesten   ]  [[xDSCWebService]WebPullSRV1]
AUSFÜHRLICH: [SRV1]:                            [[xDSCWebService]WebPullSRV1] Check Ensure
AUSFÜHRLICH: [SRV1]:                            [[xDSCWebService]WebPullSRV1] The Website PSDSCPull Server is not present
AUSFÜHRLICH: [SRV1]: LCM:  [ BeendenTesten   ]  [[xDSCWebService]WebPullSRV1]  in 4.0510 Sekunden.
AUSFÜHRLICH: [SRV1]: LCM:  [ StartenFestlegen]  [[xDSCWebService]WebPullSRV1]
AUSFÜHRLICH: [SRV1]:                            [[xDSCWebService]WebPullSRV1] Create the IIS endpoint
AUSFÜHRLICH: [SRV1]:                            [[xDSCWebService]WebPullSRV1] Enabling firewall exception for port 8080
AUSFÜHRLICH: [SRV1]:                            [[xDSCWebService]WebPullSRV1] Set values into the web.config that define the repository later than BLUE OS
AUSFÜHRLICH: [SRV1]:                            [[xDSCWebService]WebPullSRV1] Only ESENT is supported on Windows Server 2016
AUSFÜHRLICH: [SRV1]:                            [[xDSCWebService]WebPullSRV1] Pull Server: Set values into the web.config that indicate the location of
                                                                               repository, configuration, modules
AUSFÜHRLICH: [SRV1]:                            [[xDSCWebService]WebPullSRV1] Accepting self signed certificates from incoming hosts
AUSFÜHRLICH: [SRV1]:                            [[xDSCWebService]WebPullSRV1] Enable-IISSelfSignedModule: EndpointName [PSDSCPullServer]; Enable32BitAppOnWin64 [False]
AUSFÜHRLICH: [SRV1]:                            [[xDSCWebService]WebPullSRV1] Install-IISSelfSigned Module: Installing module IISSelfSignedCertModule(32bit)
AUSFÜHRLICH: [SRV1]:                            [[xDSCWebService]WebPullSRV1] Testing for file difference between C:\Windows\System32\WindowsPowerShell\v1.0\Modules\
                                                                               PSDesiredStateConfiguration\PullServer\IISSelfSignedCertModule.dll and
                                                                               C:\Windows\System32\inetsrv\IISSelfSignedCertModule.dll
AUSFÜHRLICH: [SRV1]:                            [[xDSCWebService]WebPullSRV1] Destination file does  not exist at C:\Windows\System32\inetsrv\IISSelfSignedCertModule.dll
AUSFÜHRLICH: [SRV1]:                            [[xDSCWebService]WebPullSRV1] Install-IISSelfSigned Module: globally activating module IISSelfSignedCertModule(32bit)
AUSFÜHRLICH: [SRV1]: LCM:  [ BeendenFestlegen]  [[xDSCWebService]WebPullSRV1]  in 2.6750 Sekunden.
AUSFÜHRLICH: [SRV1]: LCM:  [ BeendenRessource]  [[xDSCWebService]WebPullSRV1]
AUSFÜHRLICH: [SRV1]: LCM:  [ StartenRessource]  [[File]RegistrationKeyFile]
AUSFÜHRLICH: [SRV1]: LCM:  [ StartenTesten   ]  [[File]RegistrationKeyFile]
AUSFÜHRLICH: [SRV1]:                            [[File]RegistrationKeyFile] Das System kann den angegebenen Pfad nicht finden.
AUSFÜHRLICH: [SRV1]:                            [[File]RegistrationKeyFile] Zugehörige(s) Datei/Verzeichnis: C:\ProgramFiles\WindowsPowerShell\DscService\RegistrationKeys.txt.
AUSFÜHRLICH: [SRV1]: LCM:  [ BeendenTesten   ]  [[File]RegistrationKeyFile]  in 0.0080 Sekunden.
AUSFÜHRLICH: [SRV1]: LCM:  [ StartenFestlegen]  [[File]RegistrationKeyFile]
AUSFÜHRLICH: [SRV1]:                            [[File]RegistrationKeyFile] Das System kann den angegebenen Pfad nicht finden.
AUSFÜHRLICH: [SRV1]:                            [[File]RegistrationKeyFile] Zugehörige(s) Datei/Verzeichnis: C:\ProgramFiles\WindowsPowerShell\DscService\RegistrationKeys.txt.
AUSFÜHRLICH: [SRV1]: LCM:  [ BeendenFestlegen]  [[File]RegistrationKeyFile]  in 0.0070 Sekunden.
AUSFÜHRLICH: [SRV1]: LCM:  [ BeendenRessource]  [[File]RegistrationKeyFile]
AUSFÜHRLICH: [SRV1]: LCM:  [ BeendenFestlegen]
AUSFÜHRLICH: [SRV1]: LCM:  [ BeendenFestlegen]    in  41.8390 Sekunden.
AUSFÜHRLICH: Vorgang "CIM-Methode aufrufen" wurde abgeschlossen.
AUSFÜHRLICH: Die Ausführung des Konfigurationsauftrags hat 42.142 Sekunden gedauert.

PS C:\foo> Import-Module -Name WebAdministration
PS C:\foo> $DscCert | Set-Item -Path IIS:\SslBindings\0.0.0.0!8080
```

In *Schritt 9* verwenden Sie den Browser, um die Konfiguration von SRV1 als DSC-Pullserver zu überprüfen, und erhalten die folgende Ausgabe:

```
https://srv1.reskit.org:8080/PSDSCPullServer.svc/          Suchen...
srv1.reskit.org

  <?xml version="1.0" encoding="UTF-8"?>
- <service xmlns:atom="http://www.w3.org/2005/Atom" xmlns="http://www.w3.org/2007/app"
  xml:base="https://srv1.reskit.org:8080/PSDSCPullServer.svc/">
  - <workspace>
      <atom:title>Default</atom:title>
    - <collection href="Configurations">
        <atom:title>Configurations</atom:title>
      </collection>
    - <collection href="Modules">
        <atom:title>Modules</atom:title>
      </collection>
    - <collection href="Action">
        <atom:title>Action</atom:title>
      </collection>
    - <collection href="Module">
        <atom:title>Module</atom:title>
      </collection>
    - <collection href="StatusReport">
        <atom:title>StatusReport</atom:title>
      </collection>
    - <collection href="Node">
        <atom:title>Node</atom:title>
      </collection>
    - <collection href="Reports">
        <atom:title>Reports</atom:title>
      </collection>
    - <collection href="Nodes">
        <atom:title>Nodes</atom:title>
      </collection>
    </workspace>
  </service>
```

In *Schritt 10* erstellen Sie ein LCM-Konfigurationsdokument, damit SRV2 DSC-Teilkonfigurationen von SRV1 über HTTPS abruft (pull). In *Schritt 11* verwenden Sie die Konfigurationsanweisung, um die erforderliche MOF-Datei zu erstellen. Diese beiden Schritte erzeugen keine Ausgabe.

In *Schritt 12* verwenden Sie Set-DscLocalConfigurationManager, um den LCM auf SRV2 zu konfigurieren. Die Ausgabe dieses Schritts sieht wie folgt aus:

```
PS C:\foo> $LCMHT = @{
             ComputerName = 'SRV2'
             Path         =  'C:\DSC'
             Verbose      = $True
           }
PS C:\foo> Set-DscLocalConfigurationManager @LCMHT

AUSFÜHRLICH: Ausführen des Vorgangs "Start-DscConfiguration: SendMetaConfigurationApply" für
             das Ziel "MSFT_DSCLocalConfigurationManager".
AUSFÜHRLICH: Vorgang "CIM-Methode aufrufen" mit den folgenden Parametern durchführen,
             "'methodName' = SendMetaConfigurationApply,'className' = MSFT_DSCLocalConfigurationManager,
             'namespaceName' = root/Microsoft/Windows/DesiredStateConfiguration".
AUSFÜHRLICH: Vom Computer 'SRV1' mit Benutzer-SID 'S-1-5-21-1666168338-3639645042-4083363113-500'
             ist ein LCM-Methodenaufruf eingegangen.
AUSFÜHRLICH: [SRV2]: LCM:  [ StartenFestlegen]
AUSFÜHRLICH: [SRV2]: LCM:  [ StartenRessource]  [MSFT_DSCMetaConfiguration]
AUSFÜHRLICH: [SRV2]: LCM:  [ StartenFestlegen]  [MSFT_DSCMetaConfiguration]
AUSFÜHRLICH: [SRV2]: LCM:  [ BeendenFestlegen]  [MSFT_DSCMetaConfiguration]  in 0.0470 Sekunden.
AUSFÜHRLICH: [SRV2]: LCM:  [ BeendenRessource]  [MSFT_DSCMetaConfiguration]
AUSFÜHRLICH: [SRV2]: LCM:  [ BeendenFestlegen]
AUSFÜHRLICH: [SRV2]: LCM:  [ BeendenFestlegen]    in  0.0630 Sekunden.
AUSFÜHRLICH: Vorgang "CIM-Methode aufrufen" wurde abgeschlossen.
AUSFÜHRLICH: "Set-DscLocalConfigurationManager" wurde in 1.105 Sekunden beendet.
```

In *Schritt 13* erstellen Sie eine Teilkonfiguration, um sicherzustellen, dass der TFTP-Client vorhanden ist, und führen dann in *Schritt 14* die Konfiguration aus, um die betreffende MOF-Datei zu erstellen. Sie lassen die MOF-Datei im Ordner `C:\DSCConfiguration` ablegen. Es gibt keine Ausgabe für diese beiden Schritte.

In *Schritt 15* benennen Sie die MOF-Datei um, erstellen die DSC-Prüfsummendatei und zeigen den Inhalt des Ordners `DSCConfiguration` an, der wie folgt aussieht:

```
PS C:\foo> $RIHT = @{
             Path    = 'C:\DSCConfiguration\SRV2.mof'
             NewName = "C:\DSCConfiguration\$Guid.MOF"
           }
PS C:\foo> Rename-Item @RIHT
PS C:\foo> New-DscChecksum  -Path C:\DSCConfiguration
PS C:\foo> Get-ChildItem C:\DSCConfiguration

    Verzeichnis: C:\DSCConfiguration

Mode                LastWriteTime         Length Name
----                -------------         ------ ----
-a----        25.07.2019     08:34          1846 5d79ee6e-0420-4c98-9cc3-9f696901a816.MOF
-a----        25.07.2019     08:34            64 5d79ee6e-0420-4c98-9cc3-9f696901a816.MOF.checksum
```

In *Schritt 16* warten Sie darauf, dass `SRV2` den Pullserver `SRV1` kontaktiert, die Konfiguration abruft und anwendet. Dann können Sie die DSC-Konfiguration für `SRV2` anzeigen lassen, die so aussieht:

```
PS C:\foo> Start-Sleep -Seconds 30*60
PS C:\foo> $Session = New-CimSession -ComputerName SRV2
PS C:\foo> Get-DscConfiguration -CimSession $Session

ConfigurationName    : TFTPSRV2
DependsOn            :
ModuleName           : PSDesiredStateConfiguration
ModuleVersion        : 1.1
PsDscRunAsCredential :
ResourceId           : [WindowsFeature]TFTPClient
SourceInfo           :
Credential           :
DisplayName          : TFTP Client
Ensure               : Present
IncludeAllSubFeature : False
LogPath              :
Name                 : TFTP-Client
Source               :
PSComputerName       :
CimClassName         : MSFT_RoleResource
```

In *Schritt 17* überprüfen Sie, ob der TFTP-Client auf `SRV2` installiert ist, was wie folgt aussieht:

```
PS C:\foo> Get-WindowsFeature -Name TFTP-Client -ComputerName SRV2

Display Name            Name               Install State
------------            ----               -------------
[X] TFTP Client         TFTP-Client            Installed
```

Weitere Informationen

In *Schritt 5* entfernen Sie alle DSC-Konfigurationen sowohl von `SRV1` als auch von `SRV2`. Danach kann das Ausführen einiger DSC-Cmdlets, beispielsweise `Get-DscConfiguration`, zu einem Fehler führen, da keine Konfiguration vorhanden ist. Dieser Fehler ist zu erwarten. In späteren Schritten im Rezept pushen Sie eine Konfiguration auf `SRV1` und ermöglichen `SRV2`, seine Konfiguration vom DSC-Pullserver auf `SRV1` abzurufen. Sobald diese Schritte abgeschlossen sind (und `SRV2` die beiden Teilkonfigurationen von `SRV1` abruft), funktionieren die DSC-Cmdlets wie erwartet. Wenn Sie die DSC-Ereignisprotokolle untersuchen, können Ereignisse, die unmittelbar nach dem Löschen der DSC-Konfiguration stattfinden, merkwürdige Datums- und Uhrzeitangaben in den Ereignisprotokolleinträgen enthalten. Auch dies ist normal und zu erwarten.

In *Schritt 9* haben Sie die Ausgabe des DSC-Webdienstes auf `SRV1` im Browser über HTTPS anzeigen lassen. Wenn das System, auf dem Sie diesen Schritt ausführen, dem Zertifikat vertraut, wird die Seite wie gezeigt angezeigt. Wenn Sie das selbstsignierte Zertifikat aus irgendeinem Grund nicht in den Stammzertifikatsspeicher des lokalen Computers kopiert haben, werden beim Navigieren zum DSC-Dienst Zertifikatsfehler angezeigt.

Wenn Sie den Schritt auf einem anderen Computer ausführen, z. B. auf `DC1`, wird ein Zertifikatsfehler angezeigt, da dieser Computer dem selbstsignierten Zertifikat nicht vertraut.

DSC-Teilkonfigurationen verwenden

Mit PowerShell V5 wurde eine neue Erweiterung zu DSC eingeführt, die als Teilkonfiguration bezeichnet wird. Eine Teilkonfiguration ist eine DSC-Konfiguration, die einen Teil des gewünschten Gesamtzustands eines bestimmten Knotens ausmacht. Jeder Knoten kann dann einige oder alle dieser Teilkonfigurationen abrufen (und anwenden).

Mit Teilkonfigurationen ist es möglich, die Konfiguration eines Knotens von mehreren Teams bearbeiten zu lassen. So können Sie beispielsweise die grundlegende Konfiguration eines Knotens durch das zentrale IT-Team definieren lassen. Ein anderes Team könnte für die Bereitstellung einer Webanwendung auf demselben Knoten verantwortlich sein. Die Alternative besteht darin, ein einzelnes MOF-Dokument zu verwenden, das den gewünschten Zustand eines Knotens vollständig beschreibt, was organisatorisch schwierig sein kann.

Um Teilkonfigurationen zu verwenden, konfigurieren Sie den LCM eines Knotens und geben dabei die Teilkonfigurationen an, die der Knoten abrufen soll und die festlegen, wie der Knoten konfiguriert werden soll. Jede Teilkonfiguration kann je nach Bedarf zugewiesen (push) oder abgerufen (pull) werden. Dies bietet eine erhebliche Flexibilität bei der Bereitstellung von DSC-Teilkonfigurationen. In diesem Rezept konfigurieren Sie `SRV2` so, dass von `SRV1` zwei Teilkonfigurationen abgerufen werden.

Vorbereitungen

In diesem Rezept verwenden Sie zwei Server, `SRV1` und `SRV2`, die Sie bereits in den anderen Rezepten in diesem Kapitel verwendet haben.

So wird's gemacht

1. Entfernen Sie die existierenden Zertifikate für SRV1 und erstellen Sie dann ein selbstsigniertes Zertifikat für den FQDN SRV1.Reskit.Org:

```
Get-ChildItem cert:\LocalMachine\root |
  Where Subject -EQ 'CN=SRV1.Reskit.org' |
    Remove-Item -Force
Get-ChildItem cert:\LocalMachine\my |
  Where Subject -EQ 'CN=SRV1.Reskit.Org' |
    Remove-Item -Force
$CHT = @{
  CertStoreLocation = 'CERT:\LocalMachine\MY'
  DnsName           = 'SRV1.Reskit.Org'
}
$DscCert = New-SelfSignedCertificate @CHT
```

2. Kopieren Sie das Zertifikat mit dem folgenden Code in den Stammzertifikatsspeicher auf SRV2 und SRV1:

```
$SB1 = {
  Param ($Rootcert)
  $C = 'System.Security.Cryptography.X509Certificates.X5C9Store'
  $NOHT = @{
    TypeName     = $C
    ArgumentList = @('Root','LocalMachine')
  }
  $Store = New-Object @NOHT
  $Store.Open('ReadWrite')
  $Store.Add($Rootcert)
  $Store.Close()
}
$ICHT1 = @{
  ScriptBlock  = $SB1
  ComputerName = 'SRV2.Reskit.Org'
  ArgumentList = $DscCert
}
# Skriptblock auf SRV2 ausführen
Invoke-Command @ICHT1
# zu SVR1 kopieren
$ICHT2= @{
  ScriptBlock  = $SB1
  ComputerName = 'SRV1.Reskit.Org'
  Verbose      = $True
  ArgumentList = $DscCert
}
Invoke-Command @ICHT2
```

3. Überprüfen Sie mit dem folgenden Code das Zertifikat im Stammzertifikatsspeicher auf SRV2:

```
$SB2 = {
  Get-ChildItem Cert:\LocalMachine\root |
    Where-Object Subject -Match 'SRV1.Reskit.Org'
}
Invoke-Command -ScriptBlock $SB2 -ComputerName SRV2
```

4. Entfernen Sie von SRV1 und SRV2 die vorhandenen DSC-Konfigurationen:

```
$SB3 = {
  $RIHT = @{
    Path        = 'C:\Windows\System32\configuration\*.mof'
    ErrorAction = 'SilentlyContinue'
  }
  Get-Childitem @RIHT |
    Remove-Item @RIHT -Force
  $EASC = @{
    ErrorAction = 'SilentlyContinue'
  }
  New-Item -Path c:\DSC -ItemType Directory @EASC
    Out-Null
  Remove-DscConfigurationDocument -Stage Current
}
Invoke-Command -ComputerName SRV1 -ScriptBlock $SB3
Invoke-Command -ComputerName SRV2 -ScriptBlock $SB3
```

5. Stellen Sie sicher, dass das Modul xPSDesiredStateConfiguration sowohl auf SRV1 als auch auf SRV2 installiert ist:

```
$SB2 = {
  Install-Module -Name xPSDesiredStateConfiguration -Force
}
Invoke-Command -Computer SRV1 -ScriptBlock $SB2
Invoke-Command -Computer SRV2 -ScriptBlock $SB2
```

6. Erstellen Sie den Konfigurationsblock für den DSC-Dienst auf SRV1:

```
Configuration WebPullSrv1 {
  Param ([String] $CertThumbPrint)
  Import-DscResource -Module PSDesiredStateConfiguration
  Import-DscResource -Module xPSDesiredStateConfiguration
  $Regfile= 'C:\Program Files\WindowsPowerShell\DscService\'+
            'RegistrationKeys.txt'
Node SRV1 {
   $Key = '5d79ee6e-0420-4c98-9cc3-9f696901a816'
   WindowsFeature IIS1 {
     Ensure             = 'Present'
     Name               = 'Web-Server'
   }
    File DSCConfig-Folder {
    DestinationPath    = 'C:\DSCConfiguration'
    Ensure             = 'Present'
    Type               = 'Directory' }
  File DSCResource-Folder{
    DestinationPath    = 'C:\DSCResource'
    Ensure             = 'Present'
    Type               = 'Directory' }
  WindowsFeature DSCService {
    DependsOn          =  '[WindowsFeature]IIS1'
    Ensure             =  'Present'
    Name               =  'DSC-Service' }
  xDscWebService WebPullSRV1 {
    Ensure             = 'Present'
    EndpointName       = 'PSDSCPullServer'
    Port               = 8080
```

```
    PhysicalPath         = 'C:\inetpub\PSDSCPullServer'
    CertificateThumbPrint = $CertThumbPrint
    ConfigurationPath    = 'C:\DSCConfiguration'
    ModulePath           = 'C:\DSCResource'
    State                = 'Started'
    DependsOn            = '[WindowsFeature]DSCService','[WindowsFeature]IIS1'
    UseSecurityBestPractices = $true  }
  File RegistrationKeyFile {
    Ensure                 = 'Present'
    Type                   = 'File'
    DestinationPath        = $Regfile
    Contents               = $Key  }
  } # Ende der Nodekonfiguration
} # Ende der Konfiguration
```

7. Entfernen Sie auf SRV1 alle vorhandenen MOF-Dateien und erstellen Sie dann die MOF-Datei für SRV1:

```
Get-ChildItem -Path C:\DSC -ErrorAction SilentlyContinue |
    Remove-Item -Force | Out-Null
WebPullSrv1 -OutputPath C:\DSC  -CertThumbPrint $DscCert.Thumbprint
```

8. Konfigurieren Sie SRV1 als Host für den DSC-Webdienst:

```
Start-DscConfiguration -Path C:\DSC -Wait -Verbose
Import-Module -Name WebAdministration
$DscCert | Set-Item -Path IIS:\SslBindings\0.0.0.0!8080
```

9. Prüfen Sie die Ergebnisse mit dem folgenden Code im Browser:

```
$URI = 'https://SRV1.Reskit.Org:8080/PSDSCPullServer.svc/'
Start-Process -FilePath $URI
```

10. Erstellen Sie eine Metakonfiguration, mit der SRV2 zwei Teilkonfigurationen von SRV1 abruft:

```
[DSCLocalConfigurationManager()]
Configuration SRV2WebPullPartial {
Node Srv2 {
  Settings
      {  RefreshMode           = 'Pull'
         ConfigurationModeFrequencyMins = 30
         ConfigurationMode     = 'ApplyandAutoCorrect'
         RefreshFrequencyMins = 30
         RebootNodeIfNeeded   = $true
         AllowModuleOverwrite = $true }
  ConfigurationRepositoryWeb DSCPullSrv {
    ServerURL = 'HTTPS://SRV1.Reskit.Org:8080/PSDSCPullServer.svc'
    RegistrationKey = '5d79ee6e-0420-4c98-9cc3-9f696901a816'
    ConfigurationNames = @('NFSConfig','SMBConfig') }
  PartialConfiguration NFSConfig {
    Description = 'NFS Client Configuration'
    Configurationsource = @('[ConfigurationRepositoryWeb]DSCPullSrv')}
  PartialConfiguration SMBConfig {
    Description = 'FS-SMB1 Client Removal'
    Configurationsource = @('[ConfigurationRepositoryWeb]DSCPullSrv')
    DependsOn    = '[PartialConfiguration]NFSConfig'
  }
 } # Ende von Node SRV2
} # Ende der Konfiguration
```

11. Führen Sie die Konfiguration aus und erstellen Sie eine MOF-Datei für die Konfiguration des LCM auf SRV2:

```
SRV2WebPullPartial -OutputPath C:\DSC | Out-Null
```

12. Konfigurieren Sie den lokalen Konfigurations-Manager auf SRV2 mit der aktualisierten Konfiguration:

```
$CSSrv2 = New-CimSession -ComputerName SRV2
$LCMHT = @{
  CimSession = $CSSrv2
  Path       = 'C:\DSC'
  Verbose    = $true
}
Set-DscLocalConfigurationManager @LCMHT
```

13. Erstellen Sie die Teilkonfiguration NFS-Client und erzeugen Sie die betreffende MOF-Datei. Benennen Sie dann die Teilkonfiguration um, indem Sie den folgenden Code verwenden:

```
$Guid = '5d79ee6e-0420-4c98-9cc3-9f696901a816'
$ConfigData = @{
  AllNodes  = @(
    @{ NodeName = '*' ; PsDscAllowPlainTextPassword = $true},
    @{ NodeName = $Guid }
  )
}
Configuration  NFSConfig {
  Import-DscResource -ModuleName PSDesiredStateConfiguration
  Node $Allnodes.NodeName {
    WindowsFeature NFSClientPresent {
      Name     = 'NFS-Client'
      Ensure   = 'Present'
    }
  }
}
$CHT1 = @{
  ConfigurationData = $ConfigData
  OutputPath        = 'C:\DSCConfiguration'
}
NFSConfig @CHT1
$RIHT = @{
  Path     = "C:\DSCConfiguration\$Guid.mof"
  Newname  = 'C:\DSCConfiguration\NFSConfig.MOF'
}
Rename-Item  @RIHT
```

14. Erstellen und kompilieren Sie die Teilkonfiguration SMB-Client, die dafür sorgt, dass SMB **nicht** vorhanden ist:

```
$Guid = '5d79ee6e-0420-4c98-9cc3-9f696901a816'
$ConfigData = @{
  AllNodes = @(
     @{ NodeName = '*' ; PsDscAllowPlainTextPassword = $true},
     @{ NodeName = $Guid }
  )
}
Configuration SMBConfig {
  Import-DscResource -ModuleName 'PSDesiredStateConfiguration'
  Node $AllNodes.NodeName {
```

```
      WindowsFeature SMB1 {
        Name   = 'FS-SMB1'
        Ensure = 'Absent'
      }
    }
  }
  $SMBHT = @{
    ConfigurationData = $ConfigData
    OutputPath        = 'C:\DSCConfiguration\'
  }
  SMBConfig @SMBHT |  Out-Null
  $RIHT =  @{
    Path    = "C:\DSCConfiguration\$Guid.mof"
    NewName = 'C:\DSCConfiguration\SMBConfig.Mof'
  }
  Rename-Item  @RIHT
```

15. Erstellen Sie DSC-Prüfsummendateien für die beiden Teilkonfigurationen:

```
New-DscChecksum -Path C:\DSCConfiguration
```

16. Zeigen Sie die Konfigurations- und Prüfsummendokumente an:

```
Get-ChildItem -Path C:\DSCConfiguration
```

17. Warten Sie und prüfen Sie dann mit dem folgenden Code den Status der Features auf `SRV2`:

```
Start-Sleep -Seconds (30*60) # warten Sie 30 Minuten
$FeatureNames = @('FS-SMB1', 'NFS-Client')
Get-WindowsFeature -ComputerName SRV2 -Name $FeatureNames
```

18. Testen Sie die DSC-Konfiguration für `SRV2` mit dem folgenden Code:

```
Test-DscConfiguration -ComputerName SRV2
```

So funktioniert's

In *Schritt* 1 entfernen Sie alle vorhandenen Zertifikate für `SRV1.Reskit.Org`. Dann erstellen Sie ein neues selbstsigniertes Zertifikat, das Sie im Zertifikatsspeicher `MY` des lokalen Computers speichern. In *Schritt 2* kopieren Sie dieses Zertifikat in den Stammzertifikatsspeicher des lokalen Computers auf `SRV1` und `SRV2`. Diese beiden Schritte erzeugen keine Ausgabe.

In *Schritt 3* untersuchen Sie das Zertifikat im Stammzertifikatsspeicher des lokalen Computers auf `SRV2`, was wie folgt aussieht:

```
PS C:\foo> $SB2 = {
             Get-ChildItem Cert:\LocalMachine\root |
             Where-Object Subject -Match 'SRV1.Reskit.Org'
           }
PS C:\foo> Invoke-Command -ScriptBlock $SB2 -ComputerName SRV2

   PSParentPath: Microsoft.PowerShell.Security\Certificate::LocalMachine\root

Thumbprint                                Subject              PSComputerName
----------                                -------              --------------
22AA3D194A1139316242A6C51F60AB62022E9F54  CN=SRV1.Reskit.Org   SRV2
```

In *Schritt 4* entfernen Sie alle DSC-Konfigurationen von SRV1 und SRV2. In *Schritt 5* stellen Sie sicher, dass das Modul xPSDesiredStateConfiguration sowohl auf SRV1 als auch auf SRV2 installiert ist. In *Schritt 6* erstellen Sie einen DSC-Konfigurationsblock für SRV1. Diese drei Schritte erzeugen keine Ausgabe.

In *Schritt 7* entfernen Sie alle alten MOF-Dateien, die sich auf SRV1 im Ordner C:\DSC befinden, und erstellen dann die MOF-Datei, die SRV1 als Pullserver konfiguriert. Dieser Schritt erzeugt eine Ausgabe wie die folgende:

```
PS C:\foo> Get-ChildItem -Path C:\DSC -ErrorAction SilentlyContinue |
             Remove-Item -Force | Out-Null
PS C:\foo> WebPullSrv1 -OutputPath C:\DSC  -CertThumbPrint $DscCert.Thumbprint

    Verzeichnis: C:\DSC

Mode                 LastWriteTime         Length Name
----                 -------------         ------ ----
-a----        25.07.2019     09:33           6294 SRV1.mof
```

In *Schritt 8* verwenden Sie Start-DscConfiguration, um SRV1 als Pullserver zu konfigurieren. Dieser Schritt erzeugt die folgende Ausgabe:

```
PS C:\foo> Start-DscConfiguration -Path C:\DSC -Wait -Verbose
AUSFÜHRLICH: Vorgang "CIM-Methode aufrufen" mit den folgenden Parametern durchführen, "'methodName' = SendConfigurationApply,
             'className' = MSFT_DSCLocalConfigurationManager,'namespaceName' = root/Microsoft/Windows/DesiredStateConfiguration".
AUSFÜHRLICH: Vom Computer 'SRV1' mit Benutzer-SID 'S-1-5-21-1666168338-3639645042-4083363113-500' ist ein LCM-Methodenaufruf
             eingegangen.
AUSFÜHRLICH: [SRV1]: LCM:  [ StartenFestlegen]
AUSFÜHRLICH: [SRV1]: LCM:  [ StartenRessource]  [[WindowsFeature]IIS1]
AUSFÜHRLICH: [SRV1]: LCM:  [ StartenTesten   ]  [[WindowsFeature]IIS1]
AUSFÜHRLICH: [SRV1]:                            [[WindowsFeature]IIS1] Der Vorgang "Get-WindowsFeature" wurde gestartet: Web-Server
AUSFÜHRLICH: [SRV1]:                            [[WindowsFeature]IIS1] Der Vorgang "Get-WindowsFeature" wurde erfolgreich abgeschlossen: Web-Server
AUSFÜHRLICH: [SRV1]: LCM:  [ BeendenTesten   ]  [[WindowsFeature]IIS1]  in 0.4630 Sekunden.
AUSFÜHRLICH: [SRV1]: LCM:  [ ÜberspringenFestlegen]  [[WindowsFeature]IIS1]
AUSFÜHRLICH: [SRV1]: LCM:  [ BeendenRessource]  [[WindowsFeature]IIS1]
AUSFÜHRLICH: [SRV1]: LCM:  [ StartenRessource]  [[File]DSCConfig-Folder]
AUSFÜHRLICH: [SRV1]: LCM:  [ StartenTesten   ]  [[File]DSCConfig-Folder]
AUSFÜHRLICH: [SRV1]:                            [[File]DSCConfig-Folder] Das Zielobjekt wurde gefunden, und keine Aktion ist erforderlich.
AUSFÜHRLICH: [SRV1]: LCM:  [ BeendenTesten   ]  [[File]DSCConfig-Folder]  in 0.0160 Sekunden.
AUSFÜHRLICH: [SRV1]: LCM:  [ ÜberspringenFestlegen]  [[File]DSCConfig-Folder]
AUSFÜHRLICH: [SRV1]: LCM:  [ BeendenRessource]  [[File]DSCConfig-Folder]
AUSFÜHRLICH: [SRV1]: LCM:  [ StartenRessource]  [[File]DSCResource-Folder]
AUSFÜHRLICH: [SRV1]: LCM:  [ StartenTesten   ]  [[File]DSCResource-Folder]
AUSFÜHRLICH: [SRV1]:                            [[File]DSCResource-Folder] Das Zielobjekt wurde gefunden, und keine Aktion ist erforderlich.
AUSFÜHRLICH: [SRV1]: LCM:  [ BeendenTesten   ]  [[File]DSCResource-Folder]  in 0.0100 Sekunden.
AUSFÜHRLICH: [SRV1]: LCM:  [ ÜberspringenFestlegen]  [[File]DSCResource-Folder]
AUSFÜHRLICH: [SRV1]: LCM:  [ BeendenRessource]  [[File]DSCResource-Folder]
AUSFÜHRLICH: [SRV1]: LCM:  [ StartenRessource]  [[WindowsFeature]DSCService]
AUSFÜHRLICH: [SRV1]: LCM:  [ StartenTesten   ]  [[WindowsFeature]DSCService]
AUSFÜHRLICH: [SRV1]:                            [[WindowsFeature]DSCService] Der Vorgang "Get-WindowsFeature" wurde gestartet: DSC-Service
AUSFÜHRLICH: [SRV1]:                            [[WindowsFeature]DSCService] Der Vorgang "Get-WindowsFeature" wurde erfolgreich abgeschlossen: DSC-Service
AUSFÜHRLICH: [SRV1]: LCM:  [ BeendenTesten   ]  [[WindowsFeature]DSCService]  in 0.2590 Sekunden.
AUSFÜHRLICH: [SRV1]: LCM:  [ ÜberspringenFestlegen]  [[WindowsFeature]DSCService]
AUSFÜHRLICH: [SRV1]: LCM:  [ BeendenRessource]  [[WindowsFeature]DSCService]
AUSFÜHRLICH: [SRV1]: LCM:  [ StartenRessource]  [[xDSCWebService]WebPullSRV1]
AUSFÜHRLICH: [SRV1]: LCM:  [ StartenTesten   ]  [[xDSCWebService]WebPullSRV1]
AUSFÜHRLICH: [SRV1]:                            [[xDSCWebService]WebPullSRV1] Check Ensure
AUSFÜHRLICH: [SRV1]:                            [[xDSCWebService]WebPullSRV1] Check Port
AUSFÜHRLICH: [SRV1]:                            [[xDSCWebService]WebPullSRV1] Check Application Pool
AUSFÜHRLICH: [SRV1]:                            [[xDSCWebService]WebPullSRV1] Check Binding
AUSFÜHRLICH: [SRV1]:                            [[xDSCWebService]WebPullSRV1] Checking firewall rule settings
AUSFÜHRLICH: [SRV1]:                            [[xDSCWebService]WebPullSRV1] Firewall rule does not exist for 8080 and should. Configuration does not match the desired state.
AUSFÜHRLICH: [SRV1]: LCM:  [ BeendenTesten   ]  [[xDSCWebService]WebPullSRV1]  in 0.2170 Sekunden.
AUSFÜHRLICH: [SRV1]: LCM:  [ StartenFestlegen]  [[xDSCWebService]WebPullSRV1]
AUSFÜHRLICH: [SRV1]:                            [[xDSCWebService]WebPullSRV1] Create the IIS endpoint
AUSFÜHRLICH: [SRV1]:                            [[xDSCWebService]WebPullSRV1] Enabling firewall exception for port 8080
AUSFÜHRLICH: [SRV1]:                            [[xDSCWebService]WebPullSRV1] Set values into the web.config that define the repository later than BLUE OS
AUSFÜHRLICH: [SRV1]:                            [[xDSCWebService]WebPullSRV1] Only ESENT is supported on Windows Server 2016
AUSFÜHRLICH: [SRV1]:                            [[xDSCWebService]WebPullSRV1] Pull Server: Set values into the web.config that indicate the location of
                                                repository, configuration, modules
AUSFÜHRLICH: [SRV1]:                            [[xDSCWebService]WebPullSRV1] Accepting self signed certificates from incoming hosts
AUSFÜHRLICH: [SRV1]:                            [[xDSCWebService]WebPullSRV1] Enable-IISSelfSignedModule: EndpointName [PSDSCPullServer]; Enable32BitAppOnWin64 [False]
AUSFÜHRLICH: [SRV1]:                            [[xDSCWebService]WebPullSRV1] Install-IISSelfSignedModule: module IISSelfSignedCertModule(32bit) already installed
AUSFÜHRLICH: [SRV1]: LCM:  [ BeendenFestlegen]  [[xDSCWebService]WebPullSRV1]  in 3.2620 Sekunden.
AUSFÜHRLICH: [SRV1]: LCM:  [ BeendenRessource]  [[xDSCWebService]WebPullSRV1]
AUSFÜHRLICH: [SRV1]: LCM:  [ StartenRessource]  [[File]RegistrationKeyFile]
AUSFÜHRLICH: [SRV1]: LCM:  [ StartenTesten   ]  [[File]RegistrationKeyFile]
AUSFÜHRLICH: [SRV1]:                            [[File]RegistrationKeyFile] Das System kann die angegebene Datei nicht finden.
AUSFÜHRLICH: [SRV1]:                            [[File]RegistrationKeyFile] Zugehörige(s) Datei/Verzeichnis: C:\Program Files\WindowsPowerShell\DscService\RegistrationKeys.txt.
AUSFÜHRLICH: [SRV1]: LCM:  [ BeendenTesten   ]  [[File]RegistrationKeyFile]  in 0.0030 Sekunden.
AUSFÜHRLICH: [SRV1]: LCM:  [ StartenFestlegen]  [[File]RegistrationKeyFile]
AUSFÜHRLICH: [SRV1]:                            [[File]RegistrationKeyFile] Das System kann die angegebene Datei nicht finden.
AUSFÜHRLICH: [SRV1]:                            [[File]RegistrationKeyFile] Zugehörige(s) Datei/Verzeichnis: C:\Program Files\WindowsPowerShell\DscService\RegistrationKeys.txt.
AUSFÜHRLICH: [SRV1]: LCM:  [ BeendenFestlegen]  [[File]RegistrationKeyFile]  in 0.0040 Sekunden.
AUSFÜHRLICH: [SRV1]: LCM:  [ BeendenRessource]  [[File]RegistrationKeyFile]
AUSFÜHRLICH: [SRV1]: LCM:  [ BeendenFestlegen]
AUSFÜHRLICH: [SRV1]: LCM:  [ BeendenFestlegen]    in  4.7880 Sekunden.
AUSFÜHRLICH: Vorgang "CIM-Methode aufrufen" wurde abgeschlossen.
AUSFÜHRLICH: Die Ausführung des Konfigurationsauftrags hat 4.893 Sekunden gedauert.

PS C:\foo> Import-Module -Name WebAdministration
PS C:\foo> $DscCert | Set-Item -Path IIS:\SslBindings\0.0.0.0!8080
```

In *Schritt 9* überprüfen Sie, ob der webbasierte DSC-Pulldienst auf SRV1 ausgeführt wird, was wie folgt aussieht:

```
https://srv1.reskit.org:8080/PSDSCPullServer.svc/          Suchen...
srv1.reskit.org

<?xml version="1.0" encoding="UTF-8"?>
- <service xmlns:atom="http://www.w3.org/2005/Atom" xmlns="http://www.w3.org/2007/app"
  xml:base="https://srv1.reskit.org:8080/PSDSCPullServer.svc/">
  - <workspace>
      <atom:title>Default</atom:title>
    - <collection href="Configurations">
        <atom:title>Configurations</atom:title>
      </collection>
    - <collection href="Modules">
        <atom:title>Modules</atom:title>
      </collection>
    - <collection href="Action">
        <atom:title>Action</atom:title>
      </collection>
    - <collection href="Module">
        <atom:title>Module</atom:title>
      </collection>
    - <collection href="StatusReport">
        <atom:title>StatusReport</atom:title>
      </collection>
    - <collection href="Node">
        <atom:title>Node</atom:title>
      </collection>
    - <collection href="Reports">
        <atom:title>Reports</atom:title>
      </collection>
    - <collection href="Nodes">
        <atom:title>Nodes</atom:title>
      </collection>
    </workspace>
  </service>
```

In *Schritt 10* erstellen Sie eine Metakonfiguration, um SRV2 zu veranlassen, von SRV1 zwei Teilkonfigurationen abzurufen. In *Schritt 11* erstellen Sie die MOF-Datei für SRV2. Diese Schritte erzeugen keine Ausgabe.

In *Schritt 12* konfigurieren Sie SRV2 so, dass Teilkonfigurationen von SRV1 abgerufen werden, was wie folgt aussieht:

```
PS C:\foo> $CSSrv2 = New-CimSession -ComputerName SRV2
PS C:\foo> $LCMHT = @{
             CimSession = $CSSrv2
             Path       = 'C:\DSC'
             Verbose    = $true
           }
PS C:\foo> Set-DscLocalConfigurationManager @LCMHT

AUSFÜHRLICH: Ausführen des Vorgangs "Start-DscConfiguration: SendMetaConfigurationApply" für das Ziel
             "MSFT_DSCLocalConfigurationManager".
AUSFÜHRLICH: Vorgang "CIM-Methode aufrufen" mit den folgenden Parametern durchführen, "'methodName' =
             SendMetaConfigurationApply,'className' = MSFT_DSCLocalConfigurationManager,'namespaceName' =
             root/Microsoft/Windows/DesiredStateConfiguration".
AUSFÜHRLICH: Vom Computer 'SRV2' mit Benutzer-SID 'S-1-5-21-1666168338-3639645042-4083363113-500' ist ein
             LCM-Methodenaufruf eingegangen.
AUSFÜHRLICH: [SRV2]: LCM:  [ StartenFestlegen]
AUSFÜHRLICH: [SRV2]: LCM:  [ StartenRessource]  [MSFT_DSCMetaConfiguration]
AUSFÜHRLICH: [SRV2]: LCM:  [ StartenFestlegen]  [MSFT_DSCMetaConfiguration]
AUSFÜHRLICH: [SRV2]: LCM:  [ BeendenFestlegen]  [MSFT_DSCMetaConfiguration]  in 0.0160 Sekunden.
AUSFÜHRLICH: [SRV2]: LCM:  [ BeendenRessource]  [MSFT_DSCMetaConfiguration]
AUSFÜHRLICH: [SRV2]:                            [] Die Registrierung des Dsc-Agents beim Server
                                                HTTPS://SRV1.Reskit.Org:8080/PSDSCPullServer.svc war erfolgreich.
AUSFÜHRLICH: [SRV2]: LCM:  [ BeendenFestlegen]
AUSFÜHRLICH: [SRV2]: LCM:  [ BeendenFestlegen]    in  0.3900 Sekunden.
AUSFÜHRLICH: Vorgang "CIM-Methode aufrufen" wurde abgeschlossen.
AUSFÜHRLICH: "Set-DscLocalConfigurationManager" wurde in 0.72 Sekunden beendet.
```

In *Schritt 13* erstellen Sie eine Teilkonfiguration, um den NSF-Client zu installieren. In *Schritt 14* erstellen und kompilieren Sie eine weitere Teilkonfiguration, um sicherzustellen, dass das Windows-Feature `SMB1` nicht vorhanden ist. In *Schritt 15* erstellen Sie DSC-Prüfsummendateien für diese beiden Konfigurationen. Diese drei Schritte erzeugen keine Ausgabe.

In *Schritt 16* untersuchen Sie die Konfigurationsinformationen, die sich im Ordner `C:\DSCConfiguration` befinden (der jetzt für Knoten über den DSC-Pulldienst verfügbar ist). Die Ausgabe sieht wie folgt aus:

```
PS C:\foo> Get-ChildItem -Path C:\DSCConfiguration

    Verzeichnis: C:\DSCConfiguration

Mode                 LastWriteTime         Length Name
----                 -------------         ------ ----
-a----        25.07.2019     09:43           1926 NFSConfig.MOF
-a----        25.07.2019     09:44             64 NFSConfig.MOF.checksum
-a----        25.07.2019     09:43           1894 SMBConfig.Mof
-a----        25.07.2019     09:44             64 SMBConfig.Mof.checksum
```

Nachdem Sie die Bereitstellung der Teilkonfigurationen abgeschlossen haben, warten Sie darauf, dass der LCM auf `SRV2` seine Konfiguration erneut überprüft und die beiden Teilkonfigurationen bereitstellt. In *Schritt 17* untersuchen Sie den Status der beiden Features auf `SRV2` (die jetzt gemäß den Teilkonfigurationen konfiguriert sind), und erhalten die folgende Ausgabe:

```
PS C:\foo> $FeatureNames = @('FS-SMB1', 'NFS-Client')
PS C:\foo> Get-WindowsFeature -ComputerName SRV2 -Name $FeatureNames

Display Name                                  Name          Install State
------------                                  ----          -------------
[X] Client für NFS                            NFS-Client        Installed
[ ] SMB 1.0/CIFS File Sharing Support         FS-SMB1           Available
```

In *Schritt 18* testen Sie die DSC-Konfiguration auf `SRV2` (um zu untersuchen, ob sich der Knoten im gewünschten Zustand befindet), was wie folgt aussieht:

```
PS C:\foo> Test-DscConfiguration -ComputerName SRV2

True
```

Weitere Informationen

In *Schritt 1* erstellen Sie ein selbstsigniertes Zertifikat, das Sie auf `SRV1` als vertrauenswürdig einstufen, und in *Schritt 2* stufen Sie dieses Zertifikat auch auf `SRV2` als vertrauenswürdig ein. In einer idealen Welt sollten Sie eine **Unternehmenszertifizierungsstelle (Enterprise Certificate Authority, CA)** erstellen und dann Zertifikate ausstellen, die von dieser Zertifizierungsstelle signiert wurden. Mit einer Unternehmenszertifizierungsstelle können Ihre Stammzertifikate automatisch veröffentlicht werden, wodurch alle dem Zertifikat des Servers `SRV1` vertrauen würden.

In *Schritt 2* verwenden Sie .NET, um das Zertifikat zu `SRV2` zu kopieren. Der Zertifikatsprovider in PowerShell unterstützt keinen Kopiervorgang. Sie können daher nicht `Copy-Item` verwenden, um das Zertifikat zwischen den Zertifikatsspeichern auf `SRV1` und `SRV2` zu kopieren. .NET stellt jedoch einen Mechanismus zum Kopieren des Zertifikats zu `SRV2` zur Verfügung.

In *Schritt 3* zeigen Sie das Zertifikat an, das sich im vertrauenswürdigen Stammzertifikatsspeicher des Servers `SRV2` befindet. Beachten Sie, dass der Fingerabdruck mit dem in *Schritt 2* gezeigten Fingerabdruck identisch ist. Was Sie im Prinzip gemacht haben ist, das Zertifikat, das sich im persönlichen Zertifikatsspeicher des lokalen Computers auf `SRV2` befindet, als vertrauenswürdig einzustufen (und in *Schritt 1* auch auf `SRV1`).

Beachten Sie, dass Sie DSC so einrichten können, dass kein SSL verwendet wird (und daher keine Zertifikate erforderlich sind). Das ist im Allgemeinen keine gute Idee, da es nicht vor einem Man-in-the-Middle-Angriff schützt. Es bedeutet auch, dass die MOF-Dokumente, von einem Pullserver im Klartext übertragen werden. Für Konfigurationen, die Anmeldeinformationen oder andere sensible Daten enthalten, sollte immer SSL verwendet werden.

In *Schritt 5* stellen Sie sicher, dass die benötigten DSC-Ressourcen (die im Modul `xPSDesiredStateConfiguration` enthalten sind), auf `SRV2` kopiert wurden. Sie hätten diese auch auf dem Pullserver (`SRV1`) ablegen können, damit der Pullclient sie herunterladen kann. Dies ist wahrscheinlich ein besserer Ansatz für die Produktivumgebung – legen Sie einfach alle Ressourcen an einem Ort ab, und lassen Sie die Knoten dieses Modul abrufen, wenn nötig.

In *Schritt 17* überprüfen Sie, ob DSC `SRV2` konfiguriert hat. Je nachdem, wie lange Sie zwischen *Schritt 16* und *Schritt 17* warten, kann es sein, dass `SRV2` möglicherweise nicht im gewünschten Zustand angezeigt wird. Wie in Rezept »Einen DSC-HTTP-Pullserver implementieren« auf Seite 319 gezeigt, müssen Sie warten, bis der LCM auf `SRV2` die Konsistenz überprüft (und die Teilkonfigurationen anwendet). Eine Möglichkeit, dies zu beschleunigen, wäre ein Neustart von `SRV2` nach *Schritt 16*. Nach dem Neustart würde `SRV2` die DSC-Konsistenz überprüfen, ohne zu warten.

Kapitel 11

Hyper-V verwalten

In diesem Kapitel werden die folgenden Rezepte vorgestellt:

- **Hyper-V installieren und konfigurieren**
- **Eine VM erstellen**
- **PowerShell Direct verwenden**
- **VM-Gruppen verwenden**
- **VM-Hardware konfigurieren**
- **Netzwerke in Hyper-V konfigurieren**
- **Verschachtelte Hyper-V-Virtualisierung implementieren**
- **VM-Status verwalten**
- **VMs und VM-Datenträger verschieben**
- **VM-Replikation konfigurieren**
- **VM-Prüfpunkte verwalten**

Einführung

Hyper-V ist Microsofts Hypervisor für virtuelle Maschinen (VM). Sowohl Windows Server 2019 als auch Windows 10 enthalten Hyper-V als installierbare Option. Das Hyper-V-Feature ist in allen Versionen von Windows Server 2019 sowie in den Enterprise-, Professional- und Education-Editionen von Windows 10 enthalten.

Hyper-V wurde zuerst mit Server 2008 veröffentlicht und mit jeder Folgeversion von Windows Server verbessert. Zu den Verbesserungen gehören zusätzliche Funktionen, Unterstützung der neuesten Hardware und Skalierbarkeit.

Hyper-V unterstützt die verschachtelte Virtualisierung (Nested Virtualization), auch mehrschichtige Virtualisierung genannt. Sie können Hyper-V innerhalb eines virtuellen Hyper-V-Computers ausführen. Die verschachtelte Virtualisierung bietet interessante Einsatzmöglichkeiten, beispielsweise im Rahmen von Schulungen. Sie können jedem Kursteilnehmer auf einem großen Bladeserver eine eigene VM zur Verfügung stellen, in denen sich weitere VMs befinden, die für die praktischen Übungen verwendet werden. Außerdem bietet die verschachtelte Virtualisierung eine weitere Sicherheitsebene, die in Szenarien mit mehreren Mandanten nützlich sein kann.

Microsoft stellt außerdem eine kostenlose Version von Hyper-V, den Microsoft Hyper-V Server, zur Verfügung. Der Hyper-V Server führt virtuelle Computer aus, besitzt jedoch keine grafische Benutzeroberfläche. Sie können die VMs remote konfigurieren und verwalten, wie in den Rezepten dieses Kapitels gezeigt.

Dieses Kapitel konzentriert sich ausschließlich auf Hyper-V in Windows Server 2019, obwohl Sie auch Hyper-V Server mithilfe der in den Rezepten dieses Kapitels verwendeten Tools verwalten können. Mit Hyper-V-Server sind Ihre Windows 2019 Server gemeint, auf denen das Feature Hyper-V hinzugefügt wurde.

Mit den Verwaltungstools von Hyper-V können Sie sowohl den Hyper-V-Dienst als auch die virtuellen Computer konfigurieren und verwalten, die auf Ihren Hyper-V-Servern ausgeführt werden. Dieses Kapitel beginnt mit der Installation und Konfiguration des Hyper-V-Features. Weiter hinten im Kapitel erstellen und verwalten Sie virtuelle Maschinen und verwenden `PSDirect`, den virtuellen Computer, der in zahlreichen Rezepten dieses Kapitels eingesetzt wird.

Hyper-V installieren und konfigurieren

Um Hyper-V auf Windows Server 2019 verwenden zu können, installieren Sie das Feature Hyper-V. Dieses Rezept installiert Hyper-V auf zwei Servern: `HV1` und `HV2`; beide Server sind Domänenmitglieder und auf Ihnen wurden keine zusätzlichen Features installiert.

Vorbereitungen

In diesem Rezept führen Sie die Einrichtung remote von einem Clientcomputer, `CL1`, aus durch. Sie verwenden dazu die Hyper-V-Cmdlets und die Remoting-Funktionen von PowerShell. `CL1` ist ein Windows 10-Rechner, der Mitglied der Domäne ist und auf dem die Remoteserver-Verwaltungstools installiert sind. Sie haben den Windows 10-Client `CL1` im Rezept »Remoteserver-Verwaltungstools auf Windows 10 und Windows Server 2019 installieren« in Kapitel 1 eingerichtet.

So wird's gemacht

1. Installieren Sie von `CL1` aus das Feature Hyper-V auf `HV1` und `HV2`:

```
$Sb = {
  Install-WindowsFeature -Name Hyper-V -IncludeManagementTools
}
Invoke-Command -ComputerName HV1, HV2 -ScriptBlock $Sb
```

2. Führen Sie einen Neustart beider Server aus, um die Installation abzuschließen:

```
Restart-Computer -ComputerName HV1, HV2 -Force
```

3. Erstellen Sie (nach dem Neustart) auf beiden HV-Servern eine PowerShell-Sitzung:

```
$S = New-PSSession HV1, HV2
```

4. Erstellen Sie auf HV1 und HV2 Ordner für die virtuellen Computer und die virtuellen Festplatten und zeigen Sie die Ergebnisse an:

```
$Sb = {
    New-Item -Path C:\Vm -ItemType Directory -Force |
        Out-Null
    New-Item -Path C:\Vm\Vhds -ItemType Directory -Force |
        Out-Null
    New-Item -Path C:\Vm\VMs -ItemType Directory -Force |
        Out-Null
    Get-ChildItem -Path C:\Vm }
Invoke-Command -ScriptBlock $Sb -Session $S
```

5. Legen Sie die Standardpfade der virtuellen Computer und der virtuellen Festplatten von Hyper-V fest:

```
$SB = {
  $VMs  = 'C:\Vm\Vhds'
  $VHDs = 'C:\Vm\VMs\Managing Hyper-V'
  Set-VMHost -ComputerName Localhost -VirtualHardDiskPath $VMs
  Set-VMHost -ComputerName Localhost -VirtualMachinePath $VHDs
}
Invoke-Command -ScriptBlock $SB -Session $S
```

6. Aktivieren Sie die Aufteilung auf NUMA:

```
$SB = {
  Set-VMHost -NumaSpanningEnabled $true
}
Invoke-Command -ScriptBlock $SB -Session $S
```

7. Aktivieren Sie den erweiterten Sitzungsmodus:

```
$SB = {
  Set-VMHost -EnableEnhancedSessionMode $true
}
Invoke-Command -ScriptBlock $SB -Session $S
```

8. Legen Sie das Intervall für die Ressourcenmessungen auf HV1 und HV2 fest:

```
$SB = {
  $RMInterval = New-TimeSpan -Hours 0 -Minutes 15
  Set-VMHost -ResourceMeteringSaveInterval $RMInterval
}
Invoke-Command -ScriptBlock $SB -Session $S
```

9. Zeigen Sie die wichtigsten VM-Host-Einstellungen an:

```
$SB = {
  Get-VMHost
 }
$P = 'Name', 'V*Path','Numasp*', 'Ena*','RES*'
Invoke-Command -Scriptblock $SB -Session $S |
  Format-Table -Property $P
```

So funktioniert's

In *Schritt 1* verwenden Sie das Cmdlet `Install-WindowsFeature`, um Hyper-V auf `HV1` und `HV2` remote zu installieren, was wie folgt aussieht:

```
PS C:\foo> $Sb = {
             Install-WindowsFeature -Name Hyper-V -IncludeManagementTools
           }
PS C:\foo> Invoke-Command -ComputerName HV1, HV2 -ScriptBlock $Sb

Success Restart Needed Exit Code      Feature Result                               PSComputerName
------- -------------- ---------      --------------                               --------------
True    Yes            SuccessRest... {Hyper-V, Hyper-V-Modul für Windows PowerS... HV1
WARNUNG: Sie müssen den Server neu starten, um den Installationsprozess abzuschließen.
True    Yes            SuccessRest... {Hyper-V, Hyper-V-Modul für Windows PowerS... HV2
WARNUNG: Sie müssen den Server neu starten, um den Installationsprozess abzuschließen.
```

In *Schritt 2* führen Sie einen Neustart von `HV1` und `HV2` aus, wodurch die Installation von Hyper-V auf beiden Servern abgeschlossen wird. Dieser Schritt erzeugt keine Ausgabe.

Nach dem Neustart erstellen Sie in *Schritt 3* eine Remoting-Sitzung zu `HV1` und `HV2`. Sie verwenden diese in den folgenden Schritten, aber es gibt keine Ausgabe.

In *Schritt 4* erstellen Sie auf beiden Servern neue Ordner, in denen die virtuellen Maschinen und die virtuellen Festplatten gespeichert werden. Die Ausgabe dieses Schritts sieht wie folgt aus:

```
PS C:\foo> $Sb = {
                   New-Item -Path C:\Vm -ItemType Directory -Force |
                     Out-Null
                   New-Item -Path C:\Vm\Vhds -ItemType Directory -Force |
                     Out-Null
                   New-Item -Path C:\Vm\VMs -ItemType Directory -Force |
                     Out-Null
                   Get-ChildItem -Path C:\Vm
                 }
PS C:\foo> Invoke-Command -ComputerName HV1, HV2 -ScriptBlock $Sb

    Verzeichnis: C:\Vm

Mode                LastWriteTime         Length Name   PSComputerName
----                -------------         ------ ----   --------------
d-----       16.07.2019     12:04                Vhds   HV2
d-----       16.07.2019     12:04                VMs    HV2
d-----       16.07.2019     12:04                Vhds   HV1
d-----       16.07.2019     12:04                VMs    HV1
```

In *Schritt 5* konfigurieren Sie auf beiden Servern die Standardspeicherorte, in denen die virtuellen Computer (Virtual Machines, VMs) und die virtuellen Festplatten (Virtual Hard Drives, VHDs) gespeichert werden. In *Schritt 6* konfigurieren Sie die Hyper-V so, dass NUMA (Non-Uniform Memory Access) unterstützt wird. In *Schritt 7* aktivieren Sie den erweiterten Sitzungsmodus. In *Schritt 8* konfigurieren Sie das Intervall für die Hostressourcenmessung. Diese vier Schritte erzeugen keine Ausgabe.

In *Schritt 9* sehen Sie sich an, wie HV1 und HV2 konfiguriert sind, was wie folgt aussieht:

```
PS C:\foo> $SB = {
             Get-VMHost
           }
PS C:\foo> $P = 'Name', 'V*Path','Numasp*', 'Ena*','RES*'
PS C:\foo> Invoke-Command -Scriptblock $SB -Session $S |
             Format-Table -Property $P

Name     VirtualHardDiskPath VirtualMachinePath           NumaSpanningEnabled EnableEnhancedSessionMode ResourceMeteringSaveInterval
----     ------------------- ------------------           ------------------- ------------------------- ----------------------------
HV1       C:\Vm\Vhds          C:\Vm\VMs\Managing Hyper-V                 True                      True 01:00:00
HV2       C:\Vm\Vhds          C:\Vm\VMs\Managing Hyper-V                 True                      True 01:00:00
```

Weitere Informationen

In *Schritt 1* installieren Sie das Hyper-V-Feature auf zwei Servern. Sie können dies nur erfolgreich tun, wenn der Host, den Sie verwenden, die erforderlichen Virtualisierungsfunktionen unterstützt und Sie diese im BIOS Ihres Systems aktiviert haben. Sehen Sie sich diesen Link an, um zu prüfen, ob Ihr System geeignet ist: `http://mikefrobbins.com/2012/09/06/use-powershell-to-check-for-processorcpu-second-level-address-translation-slat-support`. Außerdem sollten Sie, bevor Sie diesen Schritt ausführen, in den BIOS-Einstellungen doppelt überprüfen, ob die Virtualisierung aktiviert ist.

In *Schritt 2* starten Sie beide Server neu. Sie hätten dem Cmdlet `Install-WindowsFeature` (das in *Schritt 1* verwendet wird) mit dem Schalter `-Restart` erlauben können, die Server automatisch neu zu starten. Im Hinblick auf die Automatisierung hätte dies dazu führen können, dass das System mit dem Neustart beginnt, bevor das Remoteskript abgeschlossen ist. Dies wiederum kann dazu führen, dass bei `Invoke-Command` ein Fehler auftritt. Das Rezept vermeidet dies, indem es nach der Installation des Hyper-V-Features den Neustart nicht automatisch durchführt, sondern kontrolliert initialisiert. Nach Abschluss des Neustarts kann Ihr Skript mit der Verwaltung der Server weitermachen.

In *Schritt 5* bis *Schritt 8* konfigurieren Sie jeweils einen Aspekt der VM-Hosts. Sie können diese Schritte auch kombinieren, `Set-VMHost` nur einmal aufrufen und hierbei alle Eigenschaften angeben.

Siehe auch ...

Weitere Informationen zu einigen der Hyper-V-Features, die in diesem Rezept verwendet werden, finden Sie über die folgenden Links. Eine umfassende Erörterung dieser Features würde den Rahmen dieses Buches sprengen.

Feature	Link zu weiterführenden Informationen
Mit VMConnect eine Verbindung zu einem virtuellen Computer herstellen, einschließlich des erweiterten Sitzungsmodus	`https://docs.microsoft.com/en-us/windows-server/virtualization/hyper-v/learn-more/use-localresources-on-hyper-v-virtual-machine-with-vmconnect`
Festplattenoptionen verstehen	`https://www.altaro.com/hyper-v/understanding-working-vhdx-files`
Hyper-V und NUMA	`https://blogs.technet.microsoft.com/pracheta/2014/01/22/numa-understand-it-its-usefulness-with-windows-server-2012`
Hyper-V-Ressourcenmessung konfigurieren	`https://redmondmag.com/articles/2013/08/15/hyper-vresource-metering.aspx`

Eine VM erstellen

Das Erstellen einer Hyper-V-VM ist relativ einfach und besteht lediglich aus ein paar einfachen Schritten.

Zuerst müssen Sie die VM selbst in Hyper-V erstellen. Anschließend erstellen Sie die virtuelle Festplatte der VM und fügen sie der VM hinzu. Sie können außerdem die Anzahl der Prozessoren und die Größe des Arbeitsspeichers der VM anpassen und den Inhalt des DVD-Laufwerks der VM festlegen.

Nachdem Sie Ihre VM erstellt haben, müssen Sie das Betriebssystem der VM installieren. Für die Art der Bereitstellung von Windows (oder Linux) in einer Hyper-V-VM stehen Ihnen verschiedene Optionen zur Verfügung.

Das Windows Assessment and Deployment Kit, ein kostenloses Produkt von Microsoft, enthält eine Vielzahl von Tools, die die Automatisierung der Bereitstellung von Windows unterstützen. Dazu gehören **Deployment Image Servicing and Management** (**DISM**), **Windows Imaging and Configuration Designer** (**Windows ICD**), **Windows System Image Manager** (**Windows SIM**), **User State Migration Tool** (**USMT**) und vieles mehr. Weitere Informationen zu den Tools und der Bereitstellung von Windows finden Sie unter `https://docs.microsoft.com/en-us/windows/deployment/windows-deployment-scenarios-and-tools`.

Eine andere Möglichkeit, das Betriebssystem in einer VM zu installieren, besteht darin, einfach die VM (entweder mit PowerShell oder dem **Hyper-V-Manager**) zu erstellen und das ISO-Image des Betriebssystems an das DVD-Laufwerk der VM anzuhängen. Nachdem Sie die VM gestartet haben, führen Sie eine manuelle Installation durch. Sobald das Betriebssystem installiert ist, können Sie die Rezepte in diesem Buch verwenden, um den Server entsprechend Ihren Anforderungen zu konfigurieren.

In diesem Rezept erstellen Sie eine VM, `PSDirect`, die den Hostnamen `Tiger` hat. Beim Erstellen der VM weisen Sie dem DVD-Laufwerk der VM die Windows Server 2019-DVD zu. Dadurch wird sichergestellt, dass Windows beim Starten der VM mit dem GUI-Setup beginnt und innerhalb der VM dann das Betriebssystem vollständig installiert. Die Details für die Durchführung der tatsächlichen Installation würden den Rahmen dieses Rezepts sprengen.

Zwei kleine Probleme bei der Verwendung der GUI zum Installieren von Windows Server 2019 bestehen darin, dass Windows den Computernamen zufällig generiert und dass die VM als Arbeitsgruppencomputer eingerichtet wird und nicht der Domäne beigetreten ist. Sie können die Umbenennung des Servers und den Beitritt zu einer Domäne einfach mit einem Skript lösen.

Die Skripte, die zum Generieren der in diesem Buch verwendeten VM-Farm verwendet werden, sind Beispiele dafür, wie Sie Windows Server 2019 mithilfe einer `SETUP.XML`-Datei, die die Details der Installation angibt, automatisiert installieren können. Die Skripte, die die verwendeten VMs erstellen und die ich für das Schreiben dieses Buches verwendet habe, sind online bei GitHub verfügbar. Die Skripte und deren Dokumentation finden Sie unter `https://github.com/doctordns/ReskitBuildScripts`.

Vorbereitungen

Sie führen dieses Rezept auf dem VM-Host `HV1` aus, den Sie im Rezept »Hyper-V installieren und konfigurieren« auf Seite 338 erstellt haben. Sie benötigen zusätzlich das ISO-Image von Windows Server 2019. Zu Testzwecken kann dies eine Evaluierungsversion oder auch eine vollständige Einzelhandelsversion sein.

So wird's gemacht

1. Legen Sie den Namen der VM und die Pfade für dieses Rezept fest:

```
$VMname      = 'PSDirect'
$VMLocation  = 'C:\Vm\VMs'
$VHDlocation = 'C:\Vm\Vhds'
$VhdPath     = '$VHDlocation\PSDirect.Vhdx'
$ISOPath     = 'C:\builds\en_windows_server_2019_x64_dvd_4cb967d8.iso'
```

2. Erstellen Sie eine neue VM:

```
New-VM -Name $VMname -Path $VMLocation -MemoryStartupBytes 1GB
```

3. Erstellen Sie eine virtuelle Festplatte für die VM:

```
New-VHD -Path $VhdPath -SizeBytes 128GB -Dynamic | Out-Null
```

4. Fügen Sie der VM die virtuelle Festplatte hinzu:

```
Add-VMHardDiskDrive -VMName $VMname -Path $VhdPath
```

5. Legen Sie die ISO-Abbilddatei im DVD-Laufwerk der VM ab:

```
$IHT = @{
  VMName           = $VMName
  controllerNumber = 1
  Path             = $ISOPath
}
Set-VMDvdDrive @IHT
```

6. Starten Sie die VM:

```
Start-VM -VMname $VMname
```

7. Zeigen Sie die Ergebnisse an:

```
Get-VM -Name $VMname
```

So funktioniert's

In *Schritt 1* erstellen Sie eine Reihe von Variablen und weisen ihnen Werte zu. Diese Variablen werden Sie in diesem Rezept verwenden. Dieser Schritt erzeugt keine Ausgabe.

In *Schritt 2* verwenden Sie das Cmdlet New-VM, um eine neue Hyper-V-VM zu erstellen, was die folgende Ausgabe erzeugt:

```
PS C:\foo> New-VM -Name $VMname -Path $VMLocation -MemoryStartupBytes 1GB

Name     State CPUUsage(%) MemoryAssigned(M) Uptime   Status           Version
----     ----- ----------- ----------------- ------   ------           -------
PSDirect Off   0           0                 00:00:00 Normaler Betrieb 9.0
```

In *Schritt 3* erstellen Sie eine neue VHDX-Datei, die in der VM als Laufwerk C: verwendet werden soll. In *Schritt 4* fügen Sie die neu erstellte VHDX der VM PSDirect hinzu. In *Schritt 5* fügen Sie dem virtuellen Computer das ISO-Image von Windows Server 2019 hinzu. In *Schritt 6* starten Sie dann die VM. Diese vier Schritte erzeugen keine Ausgabe.

In *Schritt 7* verwenden Sie das Cmdlet `Get-VM`, um die neu erstellte VM anzuzeigen, was folgendermaßen aussieht:

```
PS C:\foo> Get-VM -Name $VMname

Name      State   CPUUsage(%) MemoryAssigned(M) Uptime           Status           Version
----      -----   ----------- ----------------- ------           ------           -------
PSDirect  Running 0           1024              00:01:22.8170000 Normaler Betrieb 9.0
```

Indem Sie in *Schritt 8* das VMConnect-Feature (Verbindung mit virtuellen Computern) der grafischen Benutzeroberfläche von Hyper-V verwenden, können Sie die VM sehen. Anfänglich sollten Sie etwas Ähnliches sehen, wie in der folgenden Abbildung gezeigt:

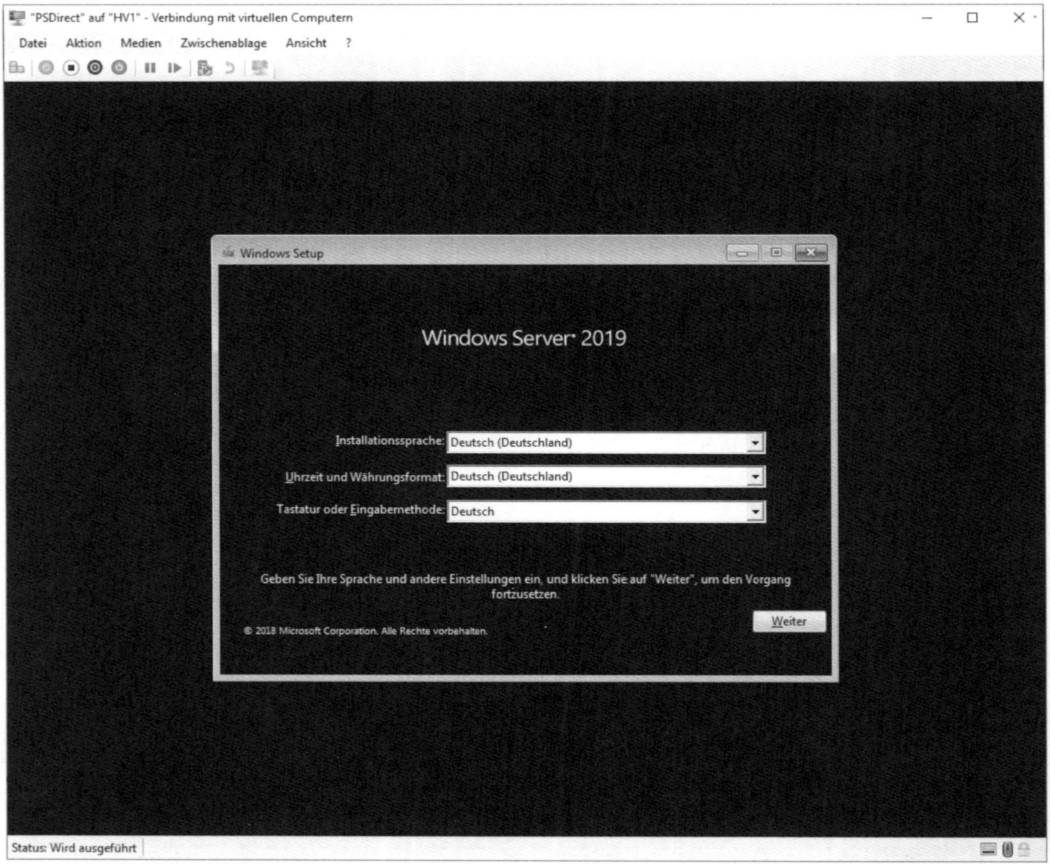

Klicken Sie in diesem Fenster auf **Weiter**, befolgen Sie die Anweisungen und schließen Sie den Installationsprozess ab. Damit die VM für das folgende Rezept vorbereitet ist, sollten Sie den Hostnamen in `Tiger` ändern und für das lokale Administratorkonto das Kennwort `Pa$$w0rd` festlegen.

Weitere Informationen

In *Schritt 1* verwenden Sie das Windows 2019 Server-ISO-Image, das auf `HV1` unter `C:\builds\windows_server_2019_x64_dvd.iso` gespeichert ist. Je nachdem, woher Sie die Abbilddatei erhalten, kann der Dateiname bei Ihnen anders lauten.

In *Schritt 8* sehen Sie sich die VM an, die gestartet ist und in der das erste Dialogfeld des Installationsprogramms sichtbar sein sollte. Ab diesem Punkt können Sie die GUI verwenden, um die Installation von Windows Server 2019 abzuschließen. Die Details der Installation von Windows Server werden in diesem Buch nicht behandelt.

PowerShell Direct verwenden

PowerShell Direct (**PSD**) ist ein neues Feature in Windows Server 2016 oder neuer (und in Windows 10 Anniversary Update oder höher). Mit PSD können Sie PowerShell-Remoting verwenden, um auf eine Hyper-V-VM zuzugreifen, ohne dazu innerhalb der VM Netzwerk- und Firewall-Einstellungen vornehmen zu müssen. Bei PSD verwenden Sie `Invoke-Command`, wobei Sie entweder den Namen der VM oder die VMID der VM (die VMID ist eine GUID, die intern von Hyper-V verwendet wird, um eine VM zu identifizieren) anstelle des Hostnamens der VM angeben. Sie können auch den VM-Namen oder VMID verwenden, um mit `Enter-PSSession` eine Remotesitzung aufzubauen.

In früheren Versionen von Hyper-V benötigten Sie eine Netzwerkverbindung zwischen Ihrem Hyper-V-Host und dem Gastbetriebssystem, um dieses remote verwalten zu können. Dies bedeutete, dass die Netzwerkkonfiguration funktionsfähig sein musste. Mit PSD können Sie den Namen oder die ID der VM angeben oder direkt eine Remoting-Sitzung aufbauen. Dies ist nützlich, wenn eine VM falsch konfiguriert ist oder keine Netzwerkkonnektivität verfügbar ist.

Vorbereitungen

Für dieses Rezept benötigen Sie den Hyper-V-Host `HV1`, den Sie im Rezept »Hyper-V installieren und konfigurieren« auf Seite 338 eingerichtet haben. Außerdem benötigen Sie die VM aus dem Rezept »Eine VM erstellen« auf Seite 342. Diese VM hat den VM-Namen `PSDirect`, der Hostname lautet jedoch `Tiger`. Der Name der VM und der Hostname müssen bei Hyper-V nicht identisch sein. Das Kennwort des lokalen Administratorkontos lautet `Pa$$w0rd`.

Aus Sicherheitsgründen müssen Sie Anmeldeinformationen angeben, wenn Sie `Invoke-Command` oder `Enter-PSSession` aufrufen. Sie können hierfür entweder den Parameter `-Credential` angeben oder sich von Cmdlet auffordern lassen, die Anmeldeinformationen einzugeben.

So wird's gemacht

1. Erstellen Sie für den lokalen Administrator ein Objekt mit Anmeldeinformationen:

```
$RKAn = 'Administrator'
$PS   = 'Pa$$w0rd'
$RKP  = ConvertTo-SecureString -String $PS -AsPlainText -Force
$T = 'System.Management.Automation.PSCredential'
$RKCred = New-Object -TypeName $T -ArgumentList $RKAn,$RKP
```

2. Zeigen Sie Details zur VM PSDirect an:

```
Get-VM -Name PSDirect
```

3. Führen Sie auf der VM einen Befehl aus, und geben Sie dabei den Namen der VM an:

```
$SBHT = @{
  VMName      = 'PSDirect'
  Credential  = $RKCred
  ScriptBlock = {hostname}
}
Invoke-Command @SBHT
```

4. Führen Sie einen Befehl aus und geben Sie dabei die ID der VM an:

```
$VMID = (Get-VM -VMName PSDirect).VMId.Guid
$ICMHT = @{
  VMid        = $VMID
  Credential  = $RKCred
  ScriptBlock = {hostname}
}
Invoke-Command @ICMHT
```

5. Starten Sie eine PowerShell-Remoting-Sitzung mit der VM PSDirect:

```
Enter-PSSession -VMName psdirect -Credential $RKCred
Get-CimInstance -Class Win32_ComputerSystem
Exit-PSSession
```

So funktioniert's

In *Schritt 1* erstellen Sie ein Objekt mit Anmeldeinformationen für den lokalen Administrator des virtuellen Computers PSDirect. Dieser Schritt erzeugt keine Ausgabe.

In *Schritt 2* rufen Sie die Details der virtuellen Maschine PSDirect ab, was wie folgt aussieht:

```
PS C:\foo> Get-VM -Name PSDirect

Name     State   CPUUsage(%) MemoryAssigned(M) Uptime           Status            Version
----     -----   ----------- ----------------- ------           ------            -------
PSDirect Running 0           1024              00:03:18.9440000 Normaler Betrieb 9.0
```

In *Schritt 3* verwenden Sie die PowerShell Direct-Funktion und rufen einen Befehl in der VM PSDirect auf und geben dabei den Namen der virtuellen Maschine an, was wie folgt aussieht:

```
PS C:\foo> $SBHT = @{
             VMName      = 'PSDirect'
             Credential  = $RKCred
             ScriptBlock = {hostname}
           }
PS C:\foo> Invoke-Command @SBHT

Tiger
```

In *Schritt 4* rufen Sie wiederum einen Befehl innerhalb der virtuellen Maschine `PSDirect` auf, verwenden jedoch diesmal wie folgt den VMID-Wert der VM:

```
PS C:\foo> $VMID = (Get-VM -VMName PSDirect).VMId.Guid
PS C:\foo> $ICMHT = @{
             VMid        = $VMID
             Credential  = $RKCred
             ScriptBlock = {hostname}
           }
PS C:\foo> Invoke-Command @ICMHT

Tiger
```

In *Schritt 5* starten Sie eine PS-Remoting-Sitzung mit der VM `PSDirect`, was wie folgt aussieht:

```
PS C:\foo> Enter-PSSession -VMName psdirect -Credential $RKCred
[PSDirect]: PS C:\Users\Administrator\Documents> Get-CimInstance -Class Win32_ComputerSystem

Name   PrimaryOwnerName   Domain      TotalPhysicalMemory  Model            Manufacturer
----   ----------------   ------      -------------------  -----            ------------
TIGER  Windows-Benutzer   WORKGROUP   1073270784           Virtual Machine  Microsoft Corporation

[PSDirect]: PS C:\Users\Administrator\Documents> Exit-PSSession
PS C:\foo>
```

Weitere Informationen

In *Schritt 3* und *Schritt 4* verwenden Sie PowerShell Direct, indem Sie einen Befehl aufrufen und hierbei entweder den Namen der VM oder den VMID-Wert der VM angeben. In *Schritt 5* verwenden Sie `Enter-PSSession` und bauen eine PowerShell-Sitzung zur VM `PSDirect` auf. In allen drei Fällen können Sie sehen, dass der Hostname dieser VM `Tiger` lautet.

VM-Gruppen verwenden

VM-Gruppen sind ein Feature von Hyper-V, mit dem Sie VMs für eine Automatisierung gruppieren können. Hyper-V unterscheidet zwei Typen von VM-Gruppen: den Typ `VMCollectionType` und den Typ `ManagementCollectionType`. Eine VM-Gruppe des Typs `VMCollectionType` ist eine logische Sammlung/Auflistung von VMs, wohingegen eine VM-Gruppe des Typs `ManagementCollectionType` keine VMs, sondern VM-Gruppen enthält.

Mit diesem Modell können Sie zwei VM-Gruppen des `VMCollectionType` erstellen. Die Gruppe `SqlAccVMG` (SQL Server Buchhaltung) enthält die VMs `SQLAcct1`, `SQLAcct2` und `SQLAcct3`. Die Gruppe `SQLMfgVMG` (SQL Server Herstellung) enthält die VMs `SQLMfg1` und `SQLMfg2`.

Sie können dann eine VM-Gruppe des Typs `ManagementCollectionType` erstellen, diese Gruppe `VM-All` nennen und die beiden Gruppen des Typs `VMCollectionType` zu dieser Gruppe hinzufügen.

Vorbereitungen

Sie führen dieses Rezept auf dem Hyper-V-Server HV2 aus, den Sie im Rezept »Hyper-V installieren und konfigurieren« auf Seite 338 erstellt haben. Auf diesem Hyper-V-Server sind mehrere VMs definiert. Für dieses Rezept können Sie die erforderlichen VMs mit dem folgenden Code erstellen:

```
# HV2VMs-erstellen.ps1
# Auf HV2 die VMs für Kapitel 11 erstellen
# Speicherort der VMs
$VMLocation  = 'C:\Vm\VMs'
# VM1 erstellen
$VMN1        = 'SQLAcct1'
# VM2 erstellen
$VMN2        = 'SQLAcct2'
New-VM -Name $VMN2 -Path "$VMLocation\$VMN2"
# VM3 erstellen
$VMN3        = 'SQLAcct3'
New-VM -Name $VMN3 -Path "$VMLocation\$VMN3"
# VM4 erstellen
$VMN4        = 'SQLMfg1'
New-VM -Name $VMN4 -Path "$VMLocation\$VMN4"
# VM5 erstellen
$VMN5        = 'SQLMfg2'
New-VM -Name $VMN5 -Path "$VMLocation\$VMN5"
```

So wird's gemacht

1. Erstellen Sie Hyper-V-VM-Gruppen und zeigen Sie diese an:

```
$VHGHT1 = @{
  Name      = 'SQLAccVMG'
  GroupType = 'VMCollectionType'
}
$VMGroupACC = New-VMGroup @VHGHT1
$VHGHT2 = @{
  Name      = 'SQLMfgVMG'
  GroupType = 'VMCollectionType'
}
$VMGroupMFG = New-VMGroup @VHGHT2
```

2. Erstellen Sie Arrays mit den Namen der zukünftigen Mitglieder der VM-Gruppen:

```
$ACCVMs = 'SQLAcct1', 'SQLAcct2','SQLAcct3'
$MFGVms = 'SQLMfg1', 'SQLMfg2'
```

3. Fügen Sie der VM-Gruppe »SQL Server Accounting« Mitglieder hinzu:

```
Foreach ($Server in $ACCVMs) {
    $VM = Get-VM -Name $Server
    Add-VMGroupMember -Name SQLAccVMG -VM $VM
}
```

4. Fügen Sie der VM-Gruppe »SQL Server Manufacturing« Mitglieder hinzu:

```
Foreach ($Server in $MfgVMs) {
    $VM = Get-VM -Name $Server
    Add-VMGroupMember -Name  SQLMfgVMG -VM $VM
}
```

5. Erstellen Sie eine VM-Gruppe des Typs Management Collection:

```
$VMGHT = @{
  Name      = 'VMMGSQL'
  GroupType = 'ManagementCollectionType'
}
$VMMGSQL = New-VMGroup  @VMGHT
```

6. Fügen Sie die beiden Gruppen des Typs `VMCollectionType` der VM-Management-Gruppe hinzu:

```
Add-VMGroupMember -Name VMMGSQL -VMGroupMember $VMGroupACC,
                                               $VMGroupMFG
```

7. Setzen Sie `FormatEnumerationLimit` auf einen höheren Wert und zeigen Sie dann die Gruppen an:

```
$FormatEnumerationLimit = 99
Get-VMGroup |
  Format-Table -Property Name, GroupType, VMGroupMembers,
                         VMMembers
```

8. Halten Sie alle SQL-VMs an:

```
Foreach ($VM in ((Get-VMGroup VMMGSQL).VMGroupMembers.vmmembers)) {
  Stop-VM -Name $vm.name -WarningAction SilentlyContinue
}
```

9. Legen Sie die Anzahl der virtuellen Prozessoren für alle SQL-VMs auf 4 fest:

```
Foreach ($VM in ((Get-VMGroup VMMGSQL).VMGroupMembers.VMMembers)) {
  Set-VMProcessor -VMName $VM.name -Count 4
}
```

10. Legen Sie fest, dass die SQL-VMs der Gruppe Accounting 6 virtuelle Prozessoren haben sollen:

```
Foreach ($VM in ((Get-VMGroup SQLAccVMG).VMMembers)) {
  Set-VMProcessor -VMName $VM.name -Count 6
}
```

11. Prüfen Sie die Anzahl der virtuellen Prozessoren aller VMs und sortieren Sie die Ausgabe nach der Anzahl der Prozessoren:

```
$VMS = (Get-VMGroup -Name VMMGSQL).VMGroupMembers.VMMembers
Get-VMProcessor -VMName $VMS.name |
  Sort-Object -Property Count -Descending |
    Format-Table -Property VMName, Count
```

12. Entfernen Sie VMs aus VM-Gruppen:

```
$VMs = (Get-VMGroup -Name SQLAccVMG).VMMEMBERS
Foreach ($VM in $VMS)  {
  $X = Get-VM -vmname $VM.name
  Remove-VMGroupMember -Name SQLAccVMG -VM $x
  }
$VMs = (Get-VMGroup -Name SQLMFGVMG).VMMEMBERS
Foreach ($VM in $VMS)  {
  $X = Get-VM -vmname $VM.name
  Remove-VMGroupMember -Name SQLmfgvMG -VM $x
}
```

13. Entfernen Sie VM-Gruppen aus VM-Managementgruppen:

```
$VMGS = (Get-VMGroup -Name VMMGSQL).VMMembers
Foreach ($VMG in $VMGS) {
  $X = Get-VMGroup -vmname $VMG.name
  Remove-VMGroupMember -Name VMMGSQL -VMGroupName $x
}
```

14. Entfernen Sie alle VM-Gruppen:

```
Remove-VMGroup SQLACCVMG -Force
Remove-VMGroup SQLMFGVMG -Force
Remove-VMGroup VMMGSQL -Force
```

So funktioniert's

Im ersten Teil dieses Rezepts erstellen Sie zwei VM-Gruppen des Typs VM-Auflistungsgruppe sowie eine VM-Gruppe des Typs VM-Management und legen die Mitgliedschaft dieser Gruppe fest. Anschließend verwenden Sie diese VM-Gruppen für verschiedene administrative Aufgaben – in diesem Fall aktualisieren Sie die VM-Konfiguration für mehrere VMs.

In *Schritt 1* erstellen Sie zwei VM-Gruppen: `SQLAccVMG` und `SQLMfgVMG`. In *Schritt 2* erstellen Sie zwei Arrays mit Namen von VMs. In *Schritt 3* und *Schritt 4* fügen Sie die VMs den beiden VM-Auflistungsgruppen hinzu. In *Schritt 5* erstellen Sie eine VM-Gruppe des Typs `ManagementCollectionType`, und legen in *Schritt 6* fest, dass die beiden VM-Auflistungsgruppen Mitglieder der VM-Managementgruppe sein sollen. Diese Schritte erzeugen keine Ausgabe.

In *Schritt 7* zeigen Sie die VM-Gruppen und deren Mitglieder an, was wie folgt aussieht:

```
PS C:\foo> $FormatEnumerationLimit = 99
PS C:\foo> Get-VMGroup |
             Format-Table -Property Name, GroupType, VMGroupMembers,
                                    VMMembers

Name                     GroupType VMGroupMembers           VMMembers
----                     --------- --------------           ---------
VMMGSQL   ManagementCollectionType {SQLMfgVMG, SQLAccVMG}
SQLMfgVMG         VMCollectionType                          {SQLMfg1, SQLMfg2}
SQLAccVMG         VMCollectionType                          {SQLAcct1, SQLAcct2, SQLAcct3}
```

In *Schritt 8* verwenden Sie die VM-Gruppe des Typs Management Collection, um alle SQL-VMs zu beenden. In *Schritt 9* legen Sie fest, dass alle SQL-VMs vier virtuelle Prozessoren besitzen sollen, und in *Schritt 10* legen Sie die Anzahl der virtuellen Prozessoren der VMs in der Gruppe `SQLAccVMG` auf sechs fest. Diese drei Schritte erzeugen keine Ausgabe.

In *Schritt 11* zeigen Sie die Prozessoranzahl für alle SQL-VMs an, was wie folgt aussieht:

```
PS C:\foo> $VMS = (Get-VMGroup -Name VMMGSQL).VMGroupMembers.VMMembers
PS C:\foo> Get-VMProcessor -VMName $VMS.name |
             Sort-Object -Property Count -Descending |
               Format-Table -Property VMName, Count

VMName   Count
------   -----
SQLAcct2     6
SQLAcct1     6
SQLAcct3     6
SQLMfg1      4
SQLMfg2      4
```

In *Schritt 12* entfernen Sie die VMs aus den VM-Auflistungsgruppen, und in *Schritt 13* entfernen Sie die VM-Auflistungsgruppen aus den VM-Managementgruppen. Schließlich entfernen Sie in *Schritt 14* alle VM-Gruppen von `HV2`. Diese drei Schritte erzeugen keine Ausgabe.

Weitere Informationen

In *Schritt 12* und *Schritt 13* entfernen Sie Mitglieder explizit aus den drei VM-Gruppen, bevor Sie in *Schritt 14* die drei VM-Gruppen entfernen. Wenn Sie versuchen, VM-Gruppen zu entfernen, die noch Mitglieder haben, schlägt das Cmdlet fehl.

VM-Gruppen sind ein Feature von Hyper-V, das sich nur teilweise fertig anfühlt. Die Unterscheidung zwischen VM-Auflistungsgruppen und VM-Managementgruppen scheint unnötig. Es wäre vielleicht besser, wenn es nur einen Gruppentyp (VM-Auflistung) gäbe, in dem sowohl VMs und als auch VM-Auflistungen enthalten sein können. Darüber hinaus wäre es sinnvoll, die meisten Cmdlets um einen Parameter `-VMGroup` als Alternative zu `VMName`, `VMID` usw. zu ergänzen. Auf diese Weise würde das Cmdlet alle VMs in der angegebenen VM-Gruppe bearbeiten und nicht nur eine einzelne VM.

Siehe auch …

In diesem Rezept haben Sie die Anzahl der virtuellen Prozessoren für mehrere VMs aktualisiert. Weitere Informationen zum Konfigurieren der virtuellen Hardware der VM finden Sie im Rezept »VM-Hardware konfigurieren« auf Seite 351.

VM-Hardware konfigurieren

Die Konfiguration der Hardware einer virtuellen Maschine ähnelt der Konfiguration eines physischen Computers – nur dass Sie bei einer VM keinen Schraubenzieher benötigen. Bei einem physischen Computer können Sie die CPU ändern und BIOS-Einstellungen anpassen. Außerdem können Sie den Arbeitsspeicher, Netzwerkschnittstellen, Festplattencontroller und Laufwerke sowie DVD-Laufwerke (mit/ohne geladener DVD) usw. anpassen. Jede dieser physischen Komponenten wird innerhalb einer Hyper-V-VM bereitgestellt. Die PowerShell-Cmdlets machen es einfach, die virtuelle Hardware zu konfigurieren, die für jede Hyper-V-VM verfügbar ist.

In diesem Rezept nehmen Sie Änderungen an den BIOS-Einstellungen vor, legen die Anzahl der Prozessoren und die Größe des Arbeitsspeichers der VM fest und fügen dann einen SCSI-Controller hinzu. Danach erstellen Sie ein virtuelles Laufwerk und ordnen dieses dem SCSI-Controller zu. Anschließend zeigen Sie die Ergebnisse an.

Wie bei den meisten physischen Servern können nicht alle diese Komponenten geändert werden, während der Server ausgeführt wird. Sie führen dieses Rezept auf `HV1` aus und fahren die VM `PSDirect` herunter, bevor Sie die virtuelle Hardware konfigurieren.

Dieses Rezept behandelt nicht die virtuelle Netzwerkkarte der VM. Standardmäßig enthalten virtuelle Maschinen (wie Sie sie im Rezept »Eine VM erstellen« auf Seite 342 erstellt haben) eine einzelne virtuelle Netzwerkkarte. Sie können jedoch jederzeit zusätzliche NICs hinzufügen. Die Netzwerkkonfiguration der VM wird im Rezept »Netzwerke in Hyper-V konfigurieren« auf Seite 355 behandelt.

Vorbereitungen

Dieses Rezept verwendet die VM, die Sie im Rezept »Eine VM erstellen« auf Seite 342 erstellt haben. Der Name der VM lautet `PSDirect`.

So wird's gemacht

1. Fahren Sie die VM `PSDirect` herunter:

```
Stop-VM -VMName PSDirect
Get-VM -VMName PSDirect
```

2. Legen Sie die Startreihenfolge im BIOS der VM fest:

```
$Order = 'IDE','CD','LegacyNetworkAdapter','Floppy'
Set-VMBios -VMName PSDirect -StartupOrder $Order
Get-VMBios PSDirect
```

3. Legen Sie die Anzahl der virtuellen Prozessoren von `PSDirect` fest und zeigen Sie diesen Wert an:

```
Set-VMProcessor -VMName PSDirect -Count 2
Get-VMProcessor -VMName PSDirect |
  Format-Table VMName, Count
```

4. Konfigurieren Sie den Arbeitsspeicher von `PSDirect` und zeigen Sie dann die Einstellungen an:

```
$VMHT = [ordered] @{
  VMName               = 'PSDirect'
  DynamicMemoryEnabled = $true
  MinimumBytes         = 512MB
  StartupBytes         = 1GB
  MaximumBytes         = 2GB
}
Set-VMMemory @VMHT
Get-VMMemory -VMName PSDirect
```

5. Fügen Sie zu `PSDirect` einen SCSI-Controller hinzu und zeigen Sie dann die in der VM verfügbaren Controller an:

```
Add-VMScsiController -VMName PSDirect
Get-VMScsiController -VMName PSDirect
```

6. Starten Sie die VM:

```
Start-VM -VMName PSDirect
Wait-VM -VMName PSDirect -For IPAddress
```

7. Erstellen Sie eine neue VHDX-Datei:

```
$VHDPath = 'C:\Vm\Vhds\PSDirect-D.VHDX'
New-VHD -Path $VHDPath -SizeBytes 8GB -Dynamic
```

8. Ordnen Sie die virtuelle Festplatte dem SCSI-Controller zu:

```
$VHDHT = @{
    VMName               = 'PSDirect'
    controllerType       = 'SCSI'
    controllerNumber     =  0
    controllerLocation   = 0
    Path                 = $VHDPath
}
Add-VMHardDiskDrive @VHDHT
```

9. Zeigen Sie die in der VM PSDirect vorhandenen Volumes an:

```
Get-VMScsiController -VMName PSDirect |
  Select-Object -ExpandProperty Drives
```

So funktioniert's

In *Schritt 1* fahren Sie die VM PSDirect herunter und rufen dann Details zu der VM ab, was wie folgt aussieht:

```
PS C:\foo> Stop-VM -VMName PSDirect
PS C:\foo> Get-VM  -VMName PSDirect

Name     State CPUUsage(%) MemoryAssigned(M) Uptime   Status            Version
----     ----- ----------- ----------------- ------   ------            -------
PSDirect Off   0           0                 00:00:00 Normaler Betrieb 9.0
```

In *Schritt 2* passen Sie dann die Startreihenfolge im virtuellen BIOS der VM an, was so aussieht:

```
PS C:\foo> $Order = 'IDE','CD','LegacyNetworkAdapter','Floppy'
PS C:\foo> Set-VMBios -VmName PSDirect -StartupOrder $Order
PS C:\foo> Get-VMBios PSDirect

VMName   StartupOrder                              NumLockEnabled
------   ------------                              --------------
PSDirect {IDE, CD, LegacyNetworkAdapter, Floppy} False
```

In *Schritt 3* legen Sie die Anzahl der virtuellen Prozessoren der VM PSDirect fest und zeigen dann die Anzahl an, was wie folgt aussieht:

```
PS C:\foo> Set-VMProcessor -VMName PSDirect -Count 2
PS C:\foo> Get-VMProcessor -VmName PSDirect |
             Format-Table VMName, Count

VMName   Count
------   -----
PSDirect     2
```

In *Schritt 4* passen Sie die Arbeitsspeichereinstellungen der VM an und zeigen diese dann an, was folgendermaßen aussieht:

```
PS C:\foo> $VMHT = [ordered] @{
              VMName               = 'PSDirect'
              DynamicMemoryEnabled = $true
              MinimumBytes         = 512MB
              StartupBytes         = 1GB
              MaximumBytes         = 2GB
           }
PS C:\foo> Set-VMMemory @VMHT
PS C:\foo> Get-VMMemory -VMName PSDirect

VMName   DynamicMemoryEnabled Minimum(M) Startup(M) Maximum(M)
------   -------------------- ---------- ---------- ----------
PSDirect True                 512        1024       2048
```

In *Schritt 5* fügen Sie der VM PSDirect einen neuen SCSI-Controller hinzu, zeigen dann die verfügbaren Controller an und erhalten die folgende Ausgabe:

```
PS C:\foo> Add-VMScsiController -VMName PSDirect
PS C:\foo> Get-VMScsiController -VMName PSDirect

VMName   ControllerNumber Drives
------   ---------------- ------
PSDirect 0                {}
PSDirect 1                {}
```

In *Schritt 6* starten Sie die VM PSDirect, was keine Ausgabe erzeugt. Nachdem die VM neu gestartet wurde, erstellen Sie in *Schritt 7* eine neue virtuelle Festplatte, was wie folgt aussieht:

```
PS C:\foo> $VHDPath = 'C:\Vm\Vhds\PSDirect-D.VHDX'
PS C:\foo> New-VHD -Path $VHDPath -SizeBytes 8GB -Dynamic

ComputerName            : HV1
Path                    : C:\Vm\Vhds\PSDirect-D.VHDX
VhdFormat               : VHDX
VhdType                 : Dynamic
FileSize                : 4194304
Size                    : 8589934592
MinimumSize             :
LogicalSectorSize       : 512
PhysicalSectorSize      : 4096
BlockSize               : 33554432
ParentPath              :
DiskIdentifier          : 97A3FE95-AC68-4FD1-A480-432FBC406F00
FragmentationPercentage : 0
Alignment               : 1
Attached                : False
DiskNumber              :
IsPMEMCompatible        : False
AddressAbstractionType  : None
Number                  :
```

In *Schritt 8* ordnen Sie die virtuelle Festplatte dem SCSI-Controller zu, was keine Ausgabe erzeugt. In *Schritt 9* zeigen Sie die Details der virtuellen Festplatte, die am virtuellen SCSI-Controller angeschlossen ist, an, was wie folgt aussieht:

```
PS C:\foo> Get-VMScsiController -VMName PSDirect |
             Select-Object -ExpandProperty Drives

VMName   ControllerType ControllerNumber ControllerLocation DiskNumber Path
------   -------------- ---------------- ------------------ ---------- ----
PSDirect SCSI           0                0                             C:\Vm\Vhds\PSDirect-D.VHDX
```

Weitere Informationen

Zusätzlich zu den in diesem Rezept behandelten Hardwarekomponenten können Sie auch die COM-Ports und Diskettenlaufwerke einer VM verwalten. Obwohl Sie den COM-Port einer VM nicht direkt mit dem COM-Port des Hosts verbinden können, können Sie eine VM so konfigurieren, dass sie mit dem physischen Computer über eine Named Pipe auf dem Hostcomputer kommuniziert. Ein typischer Einsatzbereich hierfür ist das Kernel-Debugging – wahrscheinlich etwas, was die meisten IT-Profis selten tun. Weitere Informationen zu Named Pipes finden Sie unter `https://docs.microsoft.com/en-us/windows/desktop/ipc/named-pipes`.

Sie können in einer VM auch ein virtuelles Diskettenlaufwerk verwenden. Es gibt im Hyper-V-Modul weder ein Cmdlet, um eine virtuelle Diskettenlaufwerkdatei (eine .vfd-Datei) zu erstellen, noch wird die Bereitstellung einer VFD-Datei in Windows unterstützt. Sie können VFD-Dateien mit Hyper-V Manager erstellen und dann `Set-VMFloppyDiskDrive` verwenden, um die VFD-Datei als Diskettenlaufwerk in die VM einzuhängen.

Netzwerke in Hyper-V konfigurieren

Jede VM ist im Prinzip ein weiterer Host in Ihrer Infrastruktur. Daher ist es wichtig, für Ihre Hyper-V-Hosts die Netzwerkkonfiguration vorzunehmen. Hyper-V unterscheidet drei grundlegende Arten von Netzwerken:

- **Externes Netzwerk:** Erlaubt es der VM, den physischen Netzwerkadapter des Hosts zu verwenden und ermöglicht so den Zugriff auf das gesamte Netzwerk.
- **Privates Netzwerk (VM zu VM):** Hierbei handelt es sich um ein sicheres Netzwerk, das nur die Kommunikation zwischen den VMs zulässt.
- **Internes Netzwerk (VM zu VM, VM zu VM-Host):** Hierbei handelt es sich um ein ziemlich sicheres Netzwerk, das die VMs mit dem Host verbindet und das außerdem die Kommunikation zwischen dem Host-System und den VMs zulässt.

Sie starten den Konfigurationsprozess, indem Sie einen virtuellen Switch erstellen. Wenn Sie einen externen oder einen internen Switch erstellen, fügt Windows dem VM-Host eine Netzwerkkarte hinzu, damit der Host über den VM-Switch kommunizieren kann. Nachdem Sie den/die VM-Switch/es eingerichtet haben, können Sie die Netzwerkkarte einer VM so konfigurieren, dass ein bestimmter Switch verwendet wird. Dieses Rezept zeigt einige der grundlegenden Schritte, die für die Konfiguration von Netzwerken in Hyper-V erforderlich sind.

Vorbereitungen

Sie führen dieses Rezept auf HV1 aus, den Sie im Rezept »Hyper-V installieren und konfigurieren« auf Seite 338 eingerichtet haben. Auf HV1 ist kein Switch definiert – Sie werden in diesem Rezept einen virtuellen Switch erstellen. Darüber hinaus verfügt dieser Hyper-V-Host über eine VM, PSDirect, die Sie in früheren Rezepten in diesem Kapitel eingerichtet und konfiguriert haben. Diese VM hat den Hostnamen Tiger. Das Kennwort des lokalen Administratorkontos lautet Pa$$w0rd.

So wird's gemacht

1. Rufen Sie Details zum Netzwerkadapter sowie alle IP-Adressen der VM PSDirect ab:

```
Get-VMNetworkAdapter -VMName PSDirect
```

2. Erstellen Sie ein Objekt mit Anmeldeinformationen und rufen Sie dann Details zur Netzwerkkonfiguration der VM ab:

```
$RKAn = 'localhost\Administrator'
$PS = 'Pa$$w0rd'
$RKP = ConvertTo-SecureString -String $PS -AsPlainText -Force
$T = 'System.Management.Automation.PSCredential'
$RKCred = New-Object -TypeName $T -ArgumentList $RKAn, $RKP
$VMHT = @{
  VMName      = 'PSDirect'
  ScriptBlock = {Get-NetIPConfiguration }
  Credential  = $RKCred
}
Invoke-Command @VMHT | Format-List
```

3. Erstellen Sie auf HV1 einen virtuellen Switch:

```
$VSHT = @{
  Name           = 'External'
  NetAdapterName = 'Ethernet'
  Notes          = 'Auf HV1 erstellt'
}
New-VMSwitch @VSHT
```

4. Verbinden Sie PSDirect mit dem in *Schritt 3* erstellten Switch:

```
Connect-VMNetworkAdapter -VMName PSDirect -SwitchName External
```

5. Rufen Sie Informationen zum Netzwerkadapter der VM ab:

```
Get-VMNetworkAdapter -VMName PSDirect
```

6. Da sich PSDirect nun im Netzwerk befindet, rufen Sie IP-Adressen der VM ab:

```
$NCHT = @{
  VMName      = 'PSDirect'
  ScriptBlock = {Get-NetIPConfiguration}
  Credential  = $RKCred
}
Invoke-Command @NCHT
```

7. Zeigen Sie den Hostnamen von `PSDirect` an und verwenden Sie hierzu die Hash-Tabelle aus *Schritt 6*:

```
$NCHT.ScriptBlock = {hostname}
Invoke-Command @NCHT
```

8. Ändern Sie den Namen des Hosts in `Wolf` ab und verwenden Sie dazu die Hash-Tabelle aus *Schritt 6* und *Schritt 7*:

```
$NCHT.ScriptBlock = {Rename-Computer -NewName Wolf -Force}
Invoke-Command @NCHT
```

9. Führen Sie einen Neustart durch und warten Sie darauf, dass die VM `PSDirect` neu gestartet ist:

```
Restart-VM -VMName PSDirect -Wait -For IPAddress -Force
```

10. Ermitteln Sie den Hostnamen der VM `PSDirect`:

```
$NCHT.ScriptBlock = {hostname}
Invoke-Command @NCHT
```

So funktioniert's

In *Schritt 1* rufen Sie Details zur Netzwerkschnittstelle und die IP-Adressen ab, die der VM `PSDirect` zugewiesen sind, was wie folgt aussieht:

```
PS C:\foo> Get-VMNetworkAdapter -VMName PSDirect

Name          IsManagementOs VMName   SwitchName MacAddress   Status IPAddresses
----          -------------- ------   ---------- ----------   ------ -----------
Netzwerkkarte False          PSDirect            00155D90F900 {Ok}   {169.254.29.186, fe80::c9b8:d73f:29c9:1dba}
```

In *Schritt 2* erstellen Sie ein Objekt mit Anmeldeinformationen für den virtuellen Computer `PSDirect`. Sie verwenden dann dieses Objekt, um auf `PSDirect` einen Skriptblock auszuführen, der die Netzwerk-IP-Konfiguration des Hosts zurückgibt, was folgendermaßen aussieht:

```
PS C:\foo> $RKAn = 'localhost\Administrator'
PS C:\foo> $PS = 'Pa$$w0rd'
PS C:\foo> $RKP = ConvertTo-SecureString -String $PS -AsPlainText -Force
PS C:\foo> $T = 'System.Management.Automation.PSCredential'
PS C:\foo> $RKCred = New-Object -TypeName $T -ArgumentList $RKAn, $RKP
PS C:\foo> $VMHT = @{
             VMName      = 'PSDirect'
             ScriptBlock = {Get-NetIPConfiguration }
             Credential  = $RKCred
           }
PS C:\foo> Invoke-Command @VMHT | Format-List

PSComputerName       : PSDirect
RunspaceId           : fcbb4f2b-8d22-4248-a9b9-e63dc9c55a8f
ComputerName         : TIGER
InterfaceAlias       : Ethernet
InterfaceIndex       : 5
InterfaceDescription : Microsoft Hyper-V Network Adapter
```

In *Schritt 3* erstellen Sie einen neuen virtuellen Switch auf `HV1`, und legen den Namen des Switches auf `External` fest. Da Sie den Parameter `NetAdapterName` verwenden, wird der Typ des virtuellen Switches implizit auf extern festgelegt. Die Ausgabe dieses Schritts sieht wie folgt aus:

```
PS C:\foo> $VSHT = @{
             Name           = 'External'
             NetAdapterName = 'Ethernet'
             Notes          = 'Auf HV1 erstellt'
           }
PS C:\foo> New-VMSwitch @VSHT

Name     SwitchType NetAdapterInterfaceDescription
----     ---------- ------------------------------
External External   Microsoft Hyper-V Network Adapter
```

In *Schritt 4* verbinden Sie den Netzwerkadapter in der VM `PSDirect` mit dem neuen externen Switch. Dieser Schritt erzeugt keine Ausgabe.

Nachdem die VM nun Netzwerkkonnektivität besitzt, sehen Sie in *Schritt 5* die Details der Netzwerkkonfiguration der VM, was wie folgt aussieht:

```
PS C:\foo> Get-VMNetworkAdapter -VMName PSDirect

Name           IsManagementOs VMName   SwitchName MacAddress   Status IPAddresses
----           -------------- ------   ---------- ----------   ------ -----------
Netzwerkkarte  False          PSDirect External   00155D90F900 {Ok}   {10.10.10.10.150, fe80::c9b8:d73f:29c9:1dba}
```

In *Schritt 6* ermitteln Sie Details der Netzwerkkonfiguration des Hosts, wodurch die IP-Adresse und der DNS-Server (die vom DHCP-Server zugewiesen wurden) wie folgt angezeigt werden:

```
PS C:\foo> $NCHT = @{
                      VMName      = 'PSDirect'
                      ScriptBlock = {Get-NetIPConfiguration}
                      Credential  = $RKCred
                    }
PS C:\foo> Invoke-Command @NCHT

InterfaceAlias       : Ethernet
InterfaceIndex       : 5
InterfaceDescription : Microsoft Hyper-V Network Adapter
NetAdapter.Status    :
NetProfile.Name      : Reskit.Org
IPv4Address          : 10.10.10.150
IPv6DefaultGateway   :
IPv4DefaultGateway   :
DNSServer            : 10.10.10.10
                       10.10.10.11
PSComputerName       : PSDirect
```

In *Schritt 7* zeigen Sie den Hostnamen der VM `PSDirect` an, was wie folgt aussieht:

```
PS C:\foo> $NCHT.ScriptBlock = {hostname}
PS C:\foo> Invoke-Command @NCHT
Tiger
```

In *Schritt 8* ändern Sie den Hostnamen der VM `PSDirect` in `Wolf` ab, was wie folgt aussieht:

```
PS C:\foo> $NCHT.ScriptBlock = {Rename-Computer -NewName Wolf -Force}
PS C:\foo> Invoke-Command @NCHT
WARNUNG: Die Änderungen werden nach einem Neustart des Computers Tiger wirksam.
```

In *Schritt 9* führen Sie einen Neustart der VM `PSDirect` durch, was keine Ausgabe erzeugt. In *Schritt 10* überprüfen Sie erneut den Hostnamen der VM `PSDirect`, und erhalten die folgende Ausgabe:

```
PS C:\foo> $NCHT.ScriptBlock = {hostname}
PS C:\foo> Invoke-Command @NCHT
Wolf
```

Weitere Informationen

In *Schritt 1* verwenden Sie das Cmdlet `Get-VMNetworkAdapter` für die VM `PSDirect`. Die Ausgabe dieses Schritts zeigt, dass die virtuelle Netzwerkkarte innerhalb der VM `PSDirect` nicht mit einem Switch verbunden ist. Außerdem können Sie erkennen, dass die VM der Netzwerkkarte eine IPV4-APIPA-Adresse (**Automatic Private IP Address**) zugewiesen hat (in diesem Fall 169.254.141.180). Da die von Windows gewählte Adresse zufällig ist, wird bei Ihnen möglicherweise eine andere Adresse im Netzwerk 169.254.0.0/16 angezeigt. Beachten Sie, dass, obwohl Windows über eine IP-Adresse für die Netzwerkkarte verfügt, keine Netzwerkverbindung mit der VM möglich ist, da die Netzwerkkarte der VM noch nicht mit einem Hyper-V-Switch verbunden ist. Hierzu müssen Sie zuerst die nachfolgenden Schritte ausführen, die dieses Problem beheben. In solchen Fällen ist die Verwendung von PowerShell Direct nützlich, wie im Rezept »PowerShell Direct verwenden« auf Seite 345 gezeigt.

In *Schritt 3* erstellen Sie einen neuen virtuellen Switch. Wenn auf Ihrem Hyper-V-Host bereits ein externer Switch erstellt wurde, können Sie, anstelle des in diesem Schritt erstellten Switches, den bereits vorhandenen Switch verwenden.

In *Schritt 5* und *Schritt 6* zeigen Sie die Netzwerkkonfiguration der VM `PSDirect` an, nachdem Sie den externen VM-Switch erstellt und den Netzwerkadapter in der VM `PSDirect` mit diesem Switch verbunden haben. Die ursprüngliche IP-Adresse, die Sie in *Schritt 1* gesehen haben, wurde automatisch zugewiesen, nachdem der virtuelle Computer keine IP-Konfiguration über DHCP erhalten konnte. Nachdem die VM mit dem Netzwerk verbunden ist, kann sich der virtuelle Computer an einen DHCP-Server wenden, um von dort seine IP-Konfiguration zu erhalten. Die Einrichtung und Konfiguration eines DHCP-Servers wird in Kapitel 2 und dort in den Rezepten »Einen DHCP-Server installieren und autorisieren« und »DHCP-Bereiche konfigurieren« beschrieben.

In *Schritt 7* rufen Sie den konfigurierten Hostnamen der VM ab. Wenn Sie die VM einfach mit der Produkt-DVD und einer Standardinstallation durchgeführt haben, erzeugt Windows automatisch einen zufälligen Hostnamen, wie beispielsweise `WIN-O5LPHTHBB5U`. Im Rezept »PowerShell Direct verwenden« auf Seite 345 haben Sie auf der VM `PSDirect` Windows Server 2019 installiert und den Hostnamen der VM auf `Tiger` festgelegt. Unabhängig davon, wie der aktuelle Hostname lautet, ändern Sie ihn in diesem Rezept in `Wolf` ab.

Verschachtelte Hyper-V-Virtualisierung implementieren

Die verschachtelte Visualisierung mit Hyper-V ist ein beeindruckendes Feature von Windows 2019 und Windows 10 (Anniversary Update und höher). Die verschachtelte Visualisierung ermöglicht es, in einer VM das Hyper-V-Feature zu installieren und dann innerhalb der VM weitere virtuelle Computer zu hosten. Sie können beispielsweise einen physischen Host verwenden (z.B. `HV1`) und auf diesem Host eine VM (`PSDirect`) ausführen. Anschließend installieren Sie in der VM `PSDirect` Hyper-V, damit diese VM weitere VMs hosten kann.

Verschachtelte VMs lassen sich vielfältig einsetzen. Zuallererst werden verschachtelte VMs, die auf einer VM gehostet werden, hardwareisoliert von verschachtelten VMs bereitgestellt, die auf anderen VMs ausgeführt werden. Dies bietet ein zusätzliches Maß an Sicherheit für virtuelle Maschinen. Außerdem ist die verschachtelte Hyper-V-Virtualisierung auch für Tests und die Aus- und Weiterbildung nützlich. Im Rahmen einer Fortbildung können Sie jedem Kursteilnehmer eine VM (die auf einem großen Bladeserver ausgeführt wird) zuweisen und es dem Kursteilnehmer ermöglichen, im Rahmen des Kurses zusätzliche VMs zu erstellen. Sie können beispielsweise die Rezepte in diesem Kapitel mit verschachtelten VMs ausführen.

Es ist sehr einfach, die verschachtelte Virtualisierung zu aktivieren. Zuerst müssen Sie die virtuelle CPU in der VM, die die verschachtelte Virtualisierung unterstützen soll, aktualisieren. Daher werden Sie in diesem Rezept die virtuelle CPU in der VM `PSDirect` so konfigurieren, dass die erweiterten Virtualisierungsfunktionen unterstützt werden. Dies muss erfolgen, während die VM ausgeschaltet ist. Nachdem Sie die VM wieder gestartet haben, installieren Sie das Feature Hype-V und erzeugen dann die verschachtelten VMs. In diesem Rezept werden die Details der Konfiguration der verschachtelten VMs nicht erörtert. Dies wird dem Leser als Übung überlassen.

Vorbereitungen

Dieses Rezept verwendet den Hyper-V-Host `HV1`, auf dem Windows Server 2019 ausgeführt wird und auf dem das Feature Hyper-V installiert ist. Sie haben den Hyper-V-Server im Rezept »Hyper-V installieren und konfigurieren« auf Seite 338 eingerichtet. Außerdem verwenden Sie die VM `PSDirect`, die Sie im Rezept »Eine VM erstellen« auf Seite 342 auf `HV1` erstellt haben. Den Hostnamen dieser VM haben Sie im Rezept »Netzwerke in Hyper-V konfigurieren« auf Seite 355 in `Wolf` geändert.

So wird's gemacht

1. Fahren Sie die VM `PSDirect` herunter:

```
Stop-VM -VMName PSDirect
```

2. Aktualisieren Sie die Einstellungen des virtuellen Prozessors der VM und aktivieren Sie die erweiterten Visualisierungsfeatures. Zeigen Sie danach das Ergebnis an:

```
$VMHT = @{
  VMName                         = 'PSDirect'
  ExposeVirtualizationExtensions = $true
}
Set-VMProcessor @VMHT
Get-VMProcessor -VMName PSDirect |
    Format-Table -Property Name, Count,
                           ExposeVirtualizationExtensions
```

3. Starten Sie die VM PSDirect:

```
Start-VM -VMName PSDirect
Wait-VM  -VMName PSDirect -For Heartbeat
Get-VM   -VMName PSDirect
```

4. Erstellen Sie ein Objekt mit Anmeldeinformationen. Beachten Sie, dass dieser Schritt davon ausgeht, dass der Hostname der VM in `Wolf` geändert wurde:

```
$User = 'Wolf\Administrator'
$PHT = @{
  String      = 'Pa$$w0rd'
  AsPlainText = $true
  Force       = $true
}
$PSS  = ConvertTo-SecureString @PHT
$Type = 'System.Management.Automation.PSCredential'
$CredRK = New-Object -TypeName $Type -ArgumentList $User,$PSS
```

5. Erstellen Sie einen Skriptblock, der remote ausgeführt werden soll:

```
$SB = {
  Install-WindowsFeature -Name Hyper-V -IncludeManagementTools
}
```

6. Installieren Sie innerhalb der VM PSDirect das Feature Hyper-V:

```
$Session = New-PSSession -VMName PSDirect -Credential $CredRK
$IHT = @{
  Session     = $Session
  ScriptBlock = $SB
}
Invoke-Command @IHT
```

7. Starten Sie die VM neu, um die Installation von Hyper-V auf PSDirect abzuschließen:

```
Stop-VM  -VMName PSDirect
Start-VM -VMName PSDirect
Wait-VM  -VMName PSDirect -For IPAddress
Get-VM   -VMName PSDirect
```

8. Erstellen Sie eine verschachtelte VM innerhalb der VM PSDirect:

```
$SB2 = {
        $VMname = 'NestedVM'
        New-VM -Name $VMname -MemoryStartupBytes 1GB
}
$IHT2 = @{
  VMName = 'PSDirect'
  ScriptBlock = $SB2
}
Invoke-Command @IHT2 -Credential $CredRK
```

So funktioniert's

Dieses Rezept fährt die VM `PSDirect` herunter, nimmt Änderungen an der Konfiguration vor und startet die VM dann neu. Sobald die VM wieder ausgeführt wird, erstellen Sie innerhalb der VM `PSDirect` eine eingebettete VM (`NestedVM`).

In *Schritt 1* fahren Sie die VM `PSDirect` auf dem Server `HV1` herunter, was keine Ausgabe erzeugt.

In *Schritt 2* aktualisieren Sie die virtuelle CPU in der VM `PSDirect`, damit in dieser VM die Virtualisierungserweiterungen zur Verfügung stehen, was wie folgt aussieht:

```
PS C:\foo> $VMHT = @{
             VMName                           = 'PSDirect'
             ExposeVirtualizationExtensions = $true
           }
PS C:\foo> Set-VMProcessor @VMHT
PS C:\foo> Get-VMProcessor -VMName PSDirect |
             Format-Table -Property Name, Count,
                                    ExposeVirtualizationExtensions

Name       Count ExposeVirtualizationExtensions
----       ----- ------------------------------
Prozessor      2                           True
```

In *Schritt 3* starten Sie die VM `PSDirect` und erhalten die folgende Ausgabe:

```
PS C:\foo> Start-VM -VMName PSDirect
PS C:\foo> Wait-VM  -VMName PSDirect -For Heartbeat
PS C:\foo> Get-VM   -VMName PSDirect

Name     State   CPUUsage(%) MemoryAssigned(M) Uptime           Status            Version
----     -----   ----------- ----------------- ------           ------            -------
PSDirect Running 23          1024              00:00:25.2990000 Normaler Betrieb 9.0
```

In *Schritt 4* erstellen Sie ein Objekt mit Anmeldeinformationen. In *Schritt 5* erstellen Sie einen Skriptblock, der remote auf `PSDirect` ausgeführt werden soll. Diese beiden Schritte erzeugen keine Ausgabe.

In *Schritt 6* installieren Sie in der VM `PSDirect` das Feature Hyper-V-Funktion einschließlich der Verwaltungstools, was wie folgt aussieht:

```
PS C:\foo> $Session = New-PSSession -VMName PSDirect -Credential $CredRK
PS C:\foo> $IHT = @{
             Session     = $Session
             ScriptBlock = $SB
           }
PS C:\foo> Invoke-Command @IHT

PSComputerName : PSDirect
RunspaceId     : 70e6e0db-fe48-4de1-996a-1bf53372420f
Success        : True
RestartNeeded  : Yes
FeatureResult  : {Hyper-V, Hyper-V-Modul für Windows PowerShell, Hyper-V-GUI-Verwaltungstools,
                  Remoteserver-Verwaltungstools, Hyper-V-Verwaltungstools, Rollenverwaltungstools}
ExitCode       : SuccessRestartRequired

WARNUNG: Sie müssen den Server neu starten, um den Installationsprozess abzuschließen.
```

Nachdem Sie das Feature Hyper-V auf dem virtuellen Computer `PSDirect` installiert haben, führen Sie in *Schritt 7* einen Neustart der VM durch und warten, bis sie wieder verfügbar ist. Dieser Schritt erzeugt keine Ausgabe.

In *Schritt 8* erstellen Sie innerhalb der VM `PSDirect` eine eingebettete VM mit dem Namen `NestedVM`, was wie folgt aussieht:

```
PS C:\foo> $SB2 = {
             $VMname = 'NestedVM'
             New-VM -Name $VMname -MemoryStartupBytes 1GB
           }
PS C:\foo> $IHT2 = @{
             VMName = 'PSDirect'
             ScriptBlock = $SB2
           }
PS C:\foo> Invoke-Command @IHT2 -Credential $CredRK

Name     State CPUUsage(%) MemoryAssigned(M) Uptime   Status           Version
----     ----- ----------- ----------------- ------   ------           -------
NestedVM Off   0           0                 00:00:00 Normaler Betrieb 9.0
```

Weitere Informationen

In *Schritt 2* zeigen Sie die Eigenschaften der virtuellen CPU(s) in der VM `PSDirect` an. Wenn Sie das Rezept »VM-Hardware konfigurieren« auf Seite 351 noch nicht ausgeführt haben, wird möglicherweise eine andere CPU-Anzahl angezeigt.

In *Schritt 5* haben Sie die VM `PSDirect` heruntergefahren und dann gestartet. Alternativ hätten Sie das Cmdlet `Restart-VM` verwenden können.

In *Schritt 6* erstellen Sie zwar eine neue VM, in dieser ist jedoch kein Betriebssystem geladen und die VM ist noch nicht konfiguriert. Sie können natürlich die Techniken aus diesem Kapitel verwenden, um Ihre neue VM wie gewünscht zu konfigurieren.

VM-Status verwalten

Das Verwalten des VM-Status umfasst das Beenden und Starten oder Anhalten und Fortsetzen einer VM. Sie können eine VM auch speichern (was in etwa dem Ruhezustand eines physischen Computers entspricht) und wiederherstellen, wie in diesem Rezept gezeigt.

Vorbereitungen

Dieses Rezept verwendet die VM `PSDirect`, die im Rezept »Eine VM erstellen« auf Seite 342 eingerichtet wurde. Dieses Rezept geht davon aus, dass die VM `PSDirect` beendet ist, wenn Sie dieses Rezept starten. Daher wird die VM im ersten Schritt des Rezepts beendet.

So wird's gemacht

1. Beenden Sie die VM und sehen Sie sich an, wie die Statusinformationen einer beendeten VM aussehen:

```
Stop-VM -Name PSDirect -WarningAction SilentlyContinue
Get-VM -Name PSDirect
```

2. Starten Sie die VM, warten Sie, bis der VM eine IP-Adresse zugewiesen wurde und der Netzwerkstack funktioniert, und rufen Sie dann den Status der VM ab:

```
Start-VM -VMName PSDirect
Wait-VM -VMName PSDirect -For IPAddress
Get-Vm -VMName PSDirect
```

3. Halten Sie die VM an und zeigen Sie dann deren Status an:

```
Suspend-VM -VMName PSDirect
Get-VM -VMName PSDirect
```

4. Setzen Sie die VM fort und zeigen Sie dann deren Status an:

```
Resume-VM -VMName PSDirect
Get-VM -VMName PSDirect
```

5. Speichern Sie die VM und prüfen Sie deren Status:

```
Save-VM -VMName PSDirect
Get-VM -VMName PSDirect
```

6. Stellen Sie die gespeicherte VM wieder her und zeigen Sie deren Status an:

```
Start-VM -VMName PSDirect
Get-Vm -VMName PSDirect
```

7. Führen Sie einen Neustart der VM durch, warten Sie, bis der VM eine IP-Adresse zugewiesen wurde, und rufen Sie dann den Status der VM ab:

```
Restart-VM -VMName PSDirect -Force
Wait-VM -VMName PSDirect -For IPaddress
Get-VM -VMName PSDirect
```

8. Erzwingen Sie das Ausschalten der VM:

```
Stop-VM -VMName PSDirect -TurnOff
Get-VM  -VMname PSDirect
```

So funktioniert's

Dieses Rezept zeigt Ihnen, wie Sie den VM-Status verwalten. In *Schritt 1* zeigen Sie die Eigenschaften der VM an, die nicht ausgeführt wird. Wie Sie im Screenshot sehen können, ist die VM PSDirect deaktiviert und wird nicht ausgeführt (und hat eine Betriebszeit von 00:00:00), wie hier zu sehen:

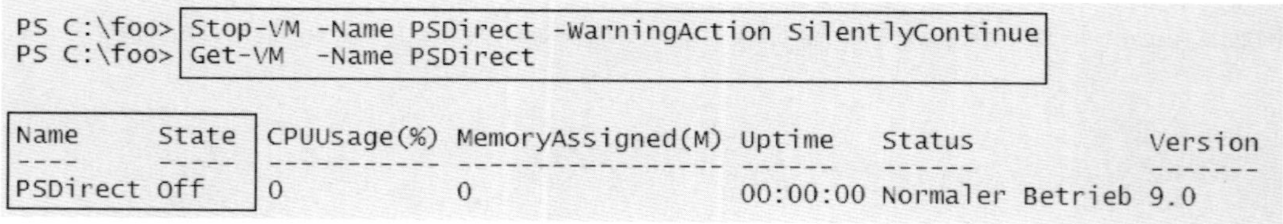

```
PS C:\foo> Stop-VM -Name PSDirect -WarningAction SilentlyContinue
PS C:\foo> Get-VM  -Name PSDirect

Name     State CPUUsage(%) MemoryAssigned(M) Uptime   Status            Version
----     ----- ----------- ----------------- ------   ------            -------
PSDirect Off   0           0                 00:00:00 Normaler Betrieb 9.0
```

In *Schritt 2* starten Sie die VM `PSDirect` und rufen dann den Status der VM ab, der wie folgt aussieht:

```
PS C:\foo> Start-VM -VMName PSDirect
PS C:\foo> Wait-VM  -VMName PSDirect -For IPAddress
PS C:\foo> Get-Vm   -VMName PSDirect

Name     State   CPUUsage(%) MemoryAssigned(M) Uptime           Status            Version
----     -----   ----------- ----------------- ------           ------            -------
PSDirect Running 12          1024              00:00:25.2990000 Normaler Betrieb 9.0
```

Als Nächstes halten Sie in *Schritt 3* die VM `PSDirect` an, was wie folgt aussieht:

```
PS C:\foo> Suspend-VM -VMName PSDirect
PS C:\foo> Get-VM     -VMName PSDirect

Name     State  CPUUsage(%) MemoryAssigned(M) Uptime           Status            Version
----     -----  ----------- ----------------- ------           ------            -------
PSDirect Paused 0           1024              00:04:55.5310000 Normaler Betrieb 9.0
```

In *Schritt 4* setzen Sie die VM `PSDirect` fort, was wie folgt aussieht:

```
PS C:\foo> Resume-VM -VMName PSDirect
PS C:\foo> Get-VM    -VMName PSDirect

Name     State   CPUUsage(%) MemoryAssigned(M) Uptime           Status            Version
----     -----   ----------- ----------------- ------           ------            -------
PSDirect Running 8           1024              00:05:03.5770000 Normaler Betrieb 9.0
```

In *Schritt 5* speichern Sie eine VM und zeigen danach den Status an, was wie folgt aussieht:

```
PS C:\foo> Save-VM -VMName PSDirect
PS C:\foo> Get-VM  -VMName PSDirect

Name     State CPUUsage(%) MemoryAssigned(M) Uptime           Status            Version
----     ----- ----------- ----------------- ------           ------            -------
PSDirect Saved 0           1024              00:04:55.5310000 Normaler Betrieb 9.0
```

In *Schritt 6* starten Sie die gespeicherte VM `PSDirect` und zeigen Details zum Status der VM an:

```
PS C:\foo> Start-VM -VMName PSDirect
PS C:\foo> Get-Vm   -VMName PSDirect

Name     State   CPUUsage(%) MemoryAssigned(M) Uptime           Status            Version
----     -----   ----------- ----------------- ------           ------            -------
PSDirect Running 0           1024              00:00:00.0330000 Normaler Betrieb 9.0
```

In *Schritt 7* führen Sie einen normalen Neustart der VM durch, warten, bis der VM eine IP-Adresse zugewiesen wurde, und rufen dann den Status der VM ab, was wie folgt aussieht:

```
PS C:\foo> Restart-VM -VMName PSDirect -Force
PS C:\foo> Wait-VM    -VMName PSDirect -For IPaddress
PS C:\foo> Get-VM     -VMName PSDirect

Name     State   CPUUsage(%) MemoryAssigned(M) Uptime           Status            Version
----     -----   ----------- ----------------- ------           ------            -------
PSDirect Running 32          1024              00:01:12.3230000 Normaler Betrieb 9.0
```

In *Schritt 8* erzwingen Sie das Ausschalten der VM, was wie folgt aussieht:

```
PS C:\foo> Stop-VM -VMName PSDirect -TurnOff
PS C:\foo> Get-VM  -VMname PSDirect

Name     State CPUUsage(%) MemoryAssigned(M) Uptime   Status          Version
----     ----- ----------- ----------------- ------   ------          -------
PSDirect Off   0           0                 00:00:00 Normaler Betrieb 9.0
```

Weitere Informationen

In *Schritt 2* starten Sie die VM und rufen danach den Status der VM ab.

In *Schritt 3* und *Schritt 4* halten Sie zuerst die VM an und setzen Sie danach wieder fort. Wenn eine VM angehalten wurde, ist die VM nicht aktiv und sie empfängt keinen Netzwerkverkehr noch sendet sie Daten. Der Arbeitsspeicher der VM wird im aktuellen Zustand eingefroren und die VM kann daher zu jedem Zeitpunkt wieder fortgesetzt werden.

In *Schritt 5* speichern Sie die VM `PSDirect`. Wenn Sie eine VM speichern, speichert Hyper-V den Arbeitsspeicher der VM auf dem Datenträger, und die virtuellen Datenträger der VM werden nicht verwendet. Das Speichern einer VM ähnelt dem Anhalten, mit dem Unterschied, dass bei einer gespeicherten VM der gesamte Arbeitsspeicher der VM auf den Datenträger geschrieben und dann freigegeben wird.

In *Schritt 7* führen Sie ein erzwungenes Ausschalten der VM `PSDirect` durch. Dies entspricht etwa dem Ziehen des Stromsteckers bei einem physischen Computer. Wenn Sie dies tun, geht der gesamte VM-Status verloren, und es ist möglich, dass dies zu Datenträgerproblemen führt, weil sich noch Daten im Arbeitsspeicher befinden, die vor dem Ausschalten nicht auf den Datenträger geschrieben wurden. Obwohl Windows und die am häufigsten verwendeten Windows-Dateisysteme (NTFS und ReFS) ziemlich resilient sind, sollten Sie nach Möglichkeit ein hartes Herunterfahren vermeiden.

VMs und VM-Datenträger verschieben

Hyper-V ermöglicht es, einen virtuellen Computer und den Laufwerksspeicher eines virtuellen Computers an einen anderen Speicherort zu verschieben. Das Verschieben einer VM und das Verschieben des Speichers einer VM sind zwei wichtige Funktionen, die Sie zur Verwaltung Ihrer Hyper-V-Hosts verwenden können.

Vorbereitungen

In diesem Rezept verschieben Sie Konfigurationsdetails für die VM `PSDirect` innerhalb des Servers `HV1`. Anschließend verschieben Sie die gesamte VM auf einen anderen Server, `HV2`, und zeigen die Ergebnisse an. Die beiden Hyper-V-Hosts `HV1` und `HV2` wurden im Rezept »Hyper-V installieren und konfigurieren« auf Seite 338 eingerichtet. Die VM `PSDirect` haben Sie im Rezept »Eine VM erstellen« auf Seite 342 erstellt.

So wird's gemacht

1. Sehen Sie sich die VM `PSDirect` auf `HV1` an und stellen Sie sicher, dass sie ausgeschaltet ist:

   ```
   Get-VM -Name PSDirect -Computer HV1
   ```

2. Rufen Sie den Speicherort mit den Konfigurationsdaten der VM ab:

   ```
   (Get-VM -Name PSDirect).ConfigurationLocation
   ```

3. Rufen Sie den Speicherort mit den Laufwerken der VM ab:

   ```
   Get-VMHardDiskDrive -VMName PSDirect |
     Format-Table -Property VMName, controllerType, Path
   ```

4. Verschieben Sie den virtuellen Computer und seinen Speicher in den Ordner `C:\PSDirectNew` auf dem gleichen Host:

   ```
   $MHT = @{
     Name                   = 'PSDirect'
     DestinationStoragePath = 'C:\PSDirectNew'
   }
   Move-VMStorage @MHT
   ```

5. Zeigen Sie Details zur Konfiguration an, nachdem Sie den Speicher verschoben haben:

   ```
   (Get-VM -Name PSDirect).ConfigurationLocation
   Get-VMHardDiskDrive -VMName PSDirect |
     Format-Table -Property VMName, controllerType, Path
   ```

6. Rufen Sie Details zu den VMs ab, die sich auf `HV2` befinden:

   ```
   Get-VM -ComputerName HV2
   ```

7. Aktivieren Sie die ein- und ausgehende Livemigration auf `HV1` und `HV2`:

   ```
   Enable-VMMigration -ComputerName HV1, HV2
   ```

8. Konfigurieren Sie auf beiden Hosts die VM-Migration:

   ```
   $SVHT = @{
     UseAnyNetworkForMigration                 = $true
     ComputerName                              = 'HV1', 'HV2'
     VirtualMachineMigrationAuthenticationType =  'Kerberos'
     VirtualMachineMigrationPerformanceOption  = 'Compression'
   }
   Set-VMHost @SVHT
   ```

9. Verschieben Sie die VM `PSDirect` von `HV1` zu `HV2`:

   ```
   $Start = Get-Date
   $VMHT = @{
       Name                   = 'PSDirect'
       ComputerName           = 'HV1'
       DestinationHost        = 'HV2'
       IncludeStorage         =  $true
       DestinationStoragePath = 'C:\PSDirect' # auf HV2
   }
   Move-VM @VMHT
   $Finish = Get-Date
   ($Finish - $Start)
   ```

10. Zeigen Sie an, wie lange die Migration gedauert hat:

```
$OS = "Dauer der Migration: [{0:n2}] Minuten"
($os -f ($($finish-$start).TotalMinutes))
```

11. Zeigen Sie die virtuellen Computer auf `HV1` an:

```
Get-VM -ComputerName HV1
```

12. Zeigen Sie die virtuellen Computer auf `HV2` an:

```
Get-VM -ComputerName HV2
```

13. Lassen Sie Details zur verschobenen VM anzeigen:

```
((Get-VM -Name PSDirect -Computer HV2).ConfigurationLocation)
Get-VMHardDiskDrive -VMName PSDirect -Computer HV2  |
  Format-Table -Property VMName, Path
```

So funktioniert's

In *Schritt 1* stellen Sie sicher, dass die VM `PSDirect` nicht ausgeführt wird, was so aussieht wie in der folgenden Abbildung. Falls die VM noch ausgeführt wird, verwenden Sie `Stop-VM`, wie im Rezept »VM-Status verwalten« auf Seite 363 erläutert.

```
PS C:\foo> Get-VM  -VMname PSDirect

Name     State CPUUsage(%) MemoryAssigned(M) Uptime   Status           Version
----     ----- ----------- ----------------- ------   ------           -------
PSDirect Off   0           0                 00:00:00 Normaler Betrieb 9.0
```

In *Schritt 2* sehen Sie sich den Speicherort der Konfigurationsdaten für die VM `PSDirect` an, was wie folgt aussieht:

```
PS C:\foo> (Get-VM -Name PSDirect).ConfigurationLocation

C:\Vm\VMs\PsDirect\PSDirect
```

In *Schritt 3* zeigen Sie die Details zu den beiden virtuellen Laufwerken an, die von der VM `PSDirect` verwendet werden. Sie haben ein Laufwerk erstellt, als Sie die virtuelle Maschine installiert haben (im Rezept »Eine VM erstellen« auf Seite 342). Das zweite Laufwerk wurde mit dem Rezept »VM-Hardware konfigurieren« auf Seite 351 hinzugefügt. Die Ausgabe dieses Schritts sieht wie folgt aus:

```
PS C:\foo> Get-VMHardDiskDrive -VMName PSDirect |
             Format-Table -Property VMName, ControllerType, Path

VMName     ControllerType Path
------     -------------- ----
PSDirect              IDE C:\Vm\Vhds\PsDirect\PSDirect.vhdx
PSDirect             SCSI C:\Vm\Vhds\PsDirect\PSDirect-D.VHDX
```

In *Schritt 4* verschieben Sie den virtuellen Computer `PSDirect` und die Laufwerke dieser VM in den Ordner `C:\PSDirectNew` Dieser Schritt erzeugt keine Ausgabe.

In *Schritt 5* rufen Sie den neuen Speicherort der Konfigurationsdateien der VM PSDirect sowie Details zu den Datenträgern, einschließlich deren Speicherort, ab, was wie folgt aussieht:

```
PS C:\foo> (Get-VM -Name PSDirect).ConfigurationLocation
C:\PSDirectNew

PS C:\foo> Get-VMHardDiskDrive -VMName PSDirect |
             Format-Table -Property VMName, ControllerType, Path

VMName     ControllerType Path
------     -------------- ----
PSDirect              IDE C:\PSDirectNew\Virtual Hard Disks\PSDirect.vhdx
PSDirect             SCSI C:\PSDirectNew\Virtual Hard Disks\PSDirect-D.VHDX
```

Bevor Sie die VM PSDirect migrieren, zeigen Sie in *Schritt 6* die VMs an, die sich derzeit auf HV2 befinden, was folgendermaßen aussieht:

```
PS C:\foo> Get-VM -ComputerName HV2

Name      State CPUUsage(%) MemoryAssigned(M) Uptime   Status           Version
----      ----- ----------- ----------------- ------   ------           -------
SQLAcct1  Off   0           0                 00:00:00 Normaler Betrieb 9.0
SQLAcct2  Off   0           0                 00:00:00 Normaler Betrieb 9.0
SQLAcct3  Off   0           0                 00:00:00 Normaler Betrieb 9.0
SQLMfg1   Off   0           0                 00:00:00 Normaler Betrieb 9.0
SQLMfg2   Off   0           0                 00:00:00 Normaler Betrieb 9.0
```

In *Schritt 7* aktivieren Sie sowohl auf HV1 als auch auf HV2 die VM-Migration. In *Schritt 8* konfigurieren Sie die VM-Migration auf beiden Servern. In *Schritt 9* führen Sie eine Migration des virtuellen Computers PSDirect von HV1 zu HV2 durch. Diese drei Schritte erzeugen keine Ausgabe. In *Schritt 10* zeigen Sie an, wie lange die Migration dauert, was wie folgt aussieht:

```
PS C:\foo> $OS = "Dauer der Migration: [{0:n2}] Minuten"
PS C:\foo> ($os -f ($($finish-$start).TotalMinutes))

Dauer der Migration: [5,22] Minuten
```

Nachdem die Migration von PSDirect zu HV2 abgeschlossen ist, rufen Sie in *Schritt 11* die VMs ab, die sich auf HV1 befinden. Weil die VM PSDirect migriert wurde, gibt es auf HV1 keine virtuellen Computer mehr. Daher erzeugt dieser Schritt keine Ausgabe.

In *Schritt 12* ermitteln Sie die VMs, die auf HV2 ausgeführt werden. Sie können sehen, dass die VM PSDirect nun auf diesem Server ausgeführt wird (zusätzlich zu den fünf VMs, die Sie bereits in *Schritt 6* gesehen haben):

```
PS C:\foo> Get-VM -ComputerName HV2

Name      State   CPUUsage(%) MemoryAssigned(M) Uptime           Status           Version
----      -----   ----------- ----------------- ------           ------           -------
PSDirect  Running 1           2048              00:07:05.4840000 Normaler Betrieb 9.0
SQLAcct1  Off     0           0                 00:00:00         Normaler Betrieb 9.0
SQLAcct2  Off     0           0                 00:00:00         Normaler Betrieb 9.0
SQLAcct3  Off     0           0                 00:00:00         Normaler Betrieb 9.0
SQLMfg1   Off     0           0                 00:00:00         Normaler Betrieb 9.0
SQLMfg2   Off     0           0                 00:00:00         Normaler Betrieb 9.0
```

Im letzten Schritt untersuchen Sie den Speicherort der Konfigurationsdateien für die VM PSDirect (auf HV2) und die Datenträgerdetails für die beiden Datenträger dieser VM, was wie folgt aussieht:

```
PS C:\foo> ((Get-VM -Name PSDirect -Computer HV2).ConfigurationLocation)
C:\PSDirect

PS C:\foo> Get-VMHardDiskDrive -VMName PSDirect -Computer HV2  |
             Format-Table -Property VMName, Path

VMName     Path
------     ----
PSDirect   C:\PSDirect\Virtual Hard Disks\PSDirect.vhdx
PSDirect   C:\PSDirect\Virtual Hard Disks\PSDirect-D.VHDX
```

Weitere Informationen

In diesem Rezept sehen Sie sich die Details zum Speicherort einer VM an: bevor Sie die VM verschieben und danach noch einmal. Zuerst verschieben Sie die VM PSDirect innerhalb des Hyper-V-Hosts HV1 und verschieben dann die VM auf einen anderen Server, HV2.

In *Schritt 4* verschieben Sie den Speicher der VM PSDirect. Wenn Sie zur VM PSDirect eine RDP-Verbindung geöffnet hätten, hätten Sie gesehen, dass die VM während der Migration normal funktioniert. Möglicherweise haben Sie ein kurzes Flackern gesehen, wenn das Verschieben der VM abgeschlossen ist und Hyper-V beginnt, die neuen Details der VM zu verwenden.

Die Hyper-V-Hosts HV1 und HV2 in diesem Rezept befinden sich nicht in einem Clusterverbund. In *Schritt 8* verschieben Sie die VM PSDirect von HV1 zu HV2. Da die VMs keinen Shared Storage verwenden, muss Hyper-V in diesem Fall eine vollständige Speichermigration durchführen, um den Speicher zwischen den beiden Servern zu migrieren. Wenn Sie die VM auf Shared Storage speichern, indem Sie beispielsweise einen SMB-Server mit horizontaler Skalierung (SMB Scale-Out File-Server) verwenden oder indem Sie die VHDX-Dateien auf einen iSCSI-Server speichern, ist das Verschieben einer VM zwischen Clusterknoten erheblich schneller.

Nach Abschluss der VM-Migration in *Schritt 9* bricht Hyper-V die Konnektivität zur VM auf HV1 ab und richtet sie auf HV2 ein. Dies bedeutet, dass Sie für einen kurzen Moment die Verbindung zum virtuellen Computer verlieren. Wenn Sie eine RDP-Verbindung zur VM PSDirect hergestellt haben, bevor Sie die VM verschieben, können Sie sehen, dass die Verbindung nach dem Ende des Verschiebens für einen Moment unterbrochen und dann wiederhergestellt wird, wenn die VM auf HV2 ausgeführt wird. Falls Sie VMConnect (Verbindung mit virtuellen Computern) verwenden, müssen Sie die Verbindung auf dem anderen Hyper-V-Host erneut öffnen.

Sie können auch auf einem anderen System eine PowerShell-Eingabeaufforderung öffnen, z.B. auf DC1, und die VM während der Migration kontinuierlich anpingen. Sie werden bemerken, dass zwischendurch ein paar Pakete verlorengehen, bevor die VM wieder antwortet und zwar sobald die Live-Migration abgeschlossen ist. Eine Anwendung, die auf der VM PSDirect ausgeführt wird, ist von dem vorübergehenden Verlust der Konnektivität während des Verschiebens nicht betroffen.

VM-Replikation konfigurieren

Die Hyper-V-VM-Replikation ist ein Disaster-Recovery-Feature, das ein Replikat einer VM auf einem Remote-Hyper-V-Server erstellt und das Replikat auf dem neuesten Stand hält. Das VM-Replikat auf dem Remotehost ist nicht aktiv, kann aber aktiviert werden, wenn der Host der VM aus irgendeinem Grund ausfällt.

Bei der Hyper-V-Replikation bündelt der Host der Quell-VM alle Änderungen in den VHD-Dateien einer laufenden VM und sendet sie regelmäßig an den Replikatserver. Der Replikatserver wendet diese Änderungen dann auf das derzeit nicht ausgeführte Replikat der VM an.

Nachdem Sie ein Replikat eingerichtet haben, können Sie das Replikat testen, um sicherzustellen, dass es bei Bedarf gestartet werden kann. Außerdem können Sie ein geplantes Failover ausführen, wodurch die replizierte VM basierend auf den zuletzt replizierten Daten gestartet wird. Wenn der Quell-VM-Host nicht mehr funktionsfähig ist, bevor er die letzten Änderungen an der Quell-VM replizieren kann, besteht die Gefahr, dass diese Änderungen verlorengehen.

In diesem Rezept erstellen und verwenden Sie ein Replikat einer VM, `PSDirect`, die auf Ihrem `HV1`-Server ausgeführt wird. Das Rezept richtet das Replikat auf dem `HV2`-Server ein.

Vorbereitungen

Dieses Rezept repliziert die VM `PSDirect`, die auf `HV2` ausgeführt wird, auf `HV1`. Dies setzt voraus, dass Sie das Rezept »Eine VM erstellen« auf Seite 342 ausgeführt haben, um die VM zu erstellen, und dass Sie das Rezept »»VMs und VM-Datenträger verschieben« auf Seite 366« verwendet und dort die VM `PSDirect` auf `HV2` migriert haben.

So wird's gemacht

1. Konfigurieren Sie im Active Directory auf `DC1` die Einstellung Vertrauensstellung für Delegierungszwecke für `HV1` und `HV2`:

```
$Sb1 = {
    Set-ADComputer -Identity HV1 -TrustedForDelegation $True
}
Invoke-Command -ComputerName DC1 -ScriptBlock $Sb1
$Sb2 = {
     Set-ADComputer -Identity HV2 -TrustedForDelegation $True
}
Invoke-Command -ComputerName DC1 -ScriptBlock $Sb2
```

2. Führen Sie einen Neustart von `HV1` und `HV2` durch:

```
Restart-Computer -ComputerName HV1 -Force
Restart-Computer -ComputerName HV2 -Force
```

3. Nachdem beide Systeme neu gestartet sind, melden Sie sich wieder auf `HV2` an und richten beide Server als Replikationsserver ein:

```
$VMRHT = @{
   ReplicationEnabled                = $true
   AllowedAuthenticationType         = 'Kerberos'
   KerberosAuthenticationPort        = 42000
```

```
    DefaultStorageLocation          = 'C:\Replicas'
    ReplicationAllowedFromAnyServer = $true
    ComputerName                    = 'HV1', 'HV2'
}
Set-VMReplicationServer @VMRHT
```

4. Richten Sie PSDirect auf HV2 als Quell-VM ein:

```
$VMRHT = @{
  VMName             = 'PSDirect'
  Computer           = 'HV2'
  ReplicaServerName  = 'HV1'
  ReplicaServerPort  = 42000
  AuthenticationType = 'Kerberos'
  CompressionEnabled = $true
  RecoveryHistory    = 5
}
Enable-VMReplication  @VMRHT
```

5. Zeigen Sie den Replikationsstatus auf HV2 an:

```
Get-VMReplicationServer -ComputerName HV2
```

6. Zeigen Sie Informationen zu PSDirect auf HV2 an:

```
Get-VM -ComputerName HV2 -VMName PSDirect
```

7. Starten Sie die anfängliche Replikation:

```
Start-VMInitialReplication -VMName PSDirect -ComputerName HV2
```

8. Untersuchen Sie den Status der anfänglichen Replikation auf HV2 kurz nachdem Sie die anfängliche Replikation gestartet haben:

```
Measure-VMReplication -ComputerName HV2
```

9. Warten Sie, bis die Replikation abgeschlossen ist, und untersuchen Sie dann den Replikationsstatus auf HV2:

```
Measure-VMReplication -ComputerName HV2
```

10. Testen Sie das Failover von PSDirect zu HV1:

```
$SB = {
  $VM = Start-VMFailover -AsTest -VMName PSDirect -Confirm:$false
  Start-VM $VM
}
Invoke-Command -ComputerName HV1 -ScriptBlock $SB
```

11. Zeigen Sie den Status der VMs auf HV1 an:

```
Get-VM -ComputerName HV1
```

12. Beenden Sie den Failover-Test:

```
$SB = {
  Stop-VMFailover -VMName PSDirect
}
Invoke-Command -ComputerName HV1 -ScriptBlock $SB
```

13. Zeigen Sie den Status der VMs auf HV1 und HV2 an, nachdem Sie den Failover-Test beendet haben:

```
Get-VM -ComputerName HV1
Get-VM -ComputerName HV2
```

14. Fahren Sie PSDirect auf HV2 herunter, bevor Sie ein geplantes Failover durchführen:

```
Stop-VM PSDirect -ComputerName HV2
```

15. Starten Sie ein geplantes Failover der VM zu HV1:

```
Start-VMFailover -VMName PSDirect -ComputerName HV1 -Confirm:$false
```

16. Schließen Sie Failover ab:

```
$CHT = @{
  VMName       = 'PSDirect'
  ComputerName = 'HV1'
  Confirm      = $false
}
Complete-VMFailover @CHT
```

17. Starten Sie die replizierte VM auf HV1:

```
Start-VM -VMname PSDirect -ComputerName HV1
```

18. Zeigen Sie den Status der VMs auf HV1 und HV2 nach dem geplanten Failover an:

```
Get-VM -ComputerName HV1
Get-VM -ComputerName HV2
```

So funktioniert's

In *Schritt 1* konfigurieren Sie im AD auf DC1 die Einstellung Vertrauensstellung für Delegierungszwecke für HV1 und HV2. Nachdem Sie die Delegierung konfiguriert haben, führen Sie einen Neustart beider Server durch, um die Vertrauensstellung zu aktivieren. In *Schritt 3* legen Sie Replikationseinstellungen fest, und in *Schritt 4* schließen Sie die Einrichtung der Replikation zwischen HV2 und HV1 ab. Diese vier Schritte erzeugen keine Ausgabe.

In *Schritt 5* zeigen Sie den Replikationsstatus auf HV2 an, was wie folgt aussieht:

```
PS C:\foo> Get-VMReplicationServer -ComputerName HV2

RepEnabled AuthType KerbAuthPort CertAuthPort AllowAnyServer
---------- -------- ------------ ------------ --------------
True       Kerb     42000        443          True
```

In *Schritt 6* zeigen Sie Details zur VM PSDirect an, die auf HV2 ausgeführt wird, was so aussieht:

```
PS C:\foo> Get-VM -ComputerName HV2 -VMName PSDirect

Name     State   CPUUsage(%) MemoryAssigned(M) Uptime           Status            Version
----     -----   ----------- ----------------- ------           ------            -------
PSDirect Running 32          2048              00:12:47.8140000 Normaler Betrieb  9.0
```

In *Schritt 7* starten Sie die Replikation von `PSDirect` von `HV2` zu `HV1`. Dies erzeugt keine Ausgabe. In *Schritt 8*, kurz nachdem Sie mit der Replikation begonnen haben, werfen Sie einen weiteren Blick auf den Replikationsstatus, der wie folgt aussieht:

```
PS C:\foo> Measure-VMReplication -ComputerName HV2

Name     State                        Health   LReplTime   PReplSize(M) AvgLatency AvgReplSize(M) Relationship
----     -----                        ------   ---------   ------------ ---------- -------------- ------------
PsDirect InitialReplicationInProgress Normal               5.469,13                0,00           Simple
```

Nachdem die VM-Replikation abgeschlossen ist, überprüfen Sie in *Schritt 9* erneut den Replikationsstatus, was wie folgt aussieht:

```
PS C:\foo> Measure-VMReplication -ComputerName HV2

Name     State       Health LReplTime           PReplSize(M) AvgLatency AvgReplSize(M) Relationship
----     -----       ------ ---------           ------------ ---------- -------------- ------------
PsDirect Replicating Normal 16.07.2019 17:27:03 0,0078       00:02:13   903,29         Simple
```

In *Schritt 10* testen Sie ein Failover von `PSDirect` zwischen den beiden Hyper-V-Servern. Dieser Schritt erzeugt keine Ausgabe. In *Schritt 11* zeigen Sie den Status des Failover-Tests auf `HV1` an, der wie folgt aussieht:

```
PS C:\foo> Get-VM -ComputerName HV1

Name            State   CPUUsage(%) MemoryAssigned(M) Uptime           Status            Version
----            -----   ----------- ----------------- ------           ------            -------
PSDirect        Off 32  0           0                 00:00:00         Normaler Betrieb 9.0
PSDirect - Test Running 16          2048              00:00:35.4990000 Normaler Betrieb 9.0
```

In *Schritt 12* beenden Sie den Failover-Test, was keine Ausgabe erzeugt. In *Schritt 13* sehen Sie den Status von VMs auf `HV1` und `HV2`, und erhalten die folgende Ausgabe:

```
PS C:\foo> Get-VM -ComputerName HV1

Name     State CPUUsage(%) MemoryAssigned(M) Uptime   Status           Version
----     ----- ----------- ----------------- ------   ------           -------
PSDirect Off   0           0                 00:00:00 Normaler Betrieb 9.0

PS C:\foo> Get-VM -ComputerName HV2

Name     State   CPUUsage(%) MemoryAssigned(M) Uptime           Status            Version
----     -----   ----------- ----------------- ------           ------            -------
PSDirect Running 0           2048              00:25:28.7040000 Normaler Betrieb 9.0
SQLAcct1 Off     0           0                 00:00:00         Normaler Betrieb 9.0
SQLAcct2 Off     0           0                 00:00:00         Normaler Betrieb 9.0
SQLAcct3 Off     0           0                 00:00:00         Normaler Betrieb 9.0
SQLMfg1  Off     0           0                 00:00:00         Normaler Betrieb 9.0
SQLMfg2  Off     0           0                 00:00:00         Normaler Betrieb 9.0
```

In *Schritt 14* fahren Sie als Vorbereitung für ein geplantes Failover die VM `PSDirect` auf `HV2` herunter. In *Schritt 15* beginnen Sie mit dem Failover. In *Schritt 16* schließen Sie das Failover ab. Nachdem das VM-Failover abgeschlossen ist, starten Sie in *Schritt 17* die VM `PSDirect` auf `HV1`. Diese drei Schritte erzeugen keine Ausgabe. Das Ergebnis dieser vier Schritte, die keine Ausgabe erzeugen, ist, dass die VM `PSDirect` jetzt auf `HV1` ausgeführt wird. Sie können dies in *Schritt 18* sehen, in dem Sie die VMs überprüfen, die auf beiden Hyper-V-Servern ausgeführt werden. Die Ausgabe dieses Schritts sieht wie folgt aus:

```
PS C:\foo> Get-VM -ComputerName HV1

Name     State   CPUUsage(%) MemoryAssigned(M) Uptime           Status            Version
----     -----   ----------- ----------------- ------           ------            -------
PSDirect Running 7           2048              00:00:31.1560000 Normaler Betrieb 9.0

PS C:\foo> Get-VM -ComputerName HV2

Name     State CPUUsage(%) MemoryAssigned(M) Uptime   Status           Version
----     ----- ----------- ----------------- ------   ------           -------
PSDirect Off   0           0                 00:00:00 Normaler Betrieb 9.0
SQLAcct1 Off   0           0                 00:00:00 Normaler Betrieb 9.0
SQLAcct2 Off   0           0                 00:00:00 Normaler Betrieb 9.0
SQLAcct3 Off   0           0                 00:00:00 Normaler Betrieb 9.0
SQLMfg1  Off   0           0                 00:00:00 Normaler Betrieb 9.0
SQLMfg2  Off   0           0                 00:00:00 Normaler Betrieb 9.0
```

Weitere Informationen

In *Schritt 2* führen Sie einen Neustart beider Hyper-V-Hosts (`HV1` und `HV2`) durch. Da Sie dieses Rezept auf `HV2` ausführen, startet der zweite Befehl in diesem Schritt den Server `HV2`, an dem Sie arbeiten, sofort neu (Sie sehen keine Meldung, die Sie fragt, ob Sie sicher sind oder ob Sie ungesicherte Dokumente speichern wollen). Wenn Sie dieses Rezept testen, stellen Sie sicher, dass Sie alle Dateien gespeichert haben, bevor Sie neu starten.

In *Schritt 3* konfigurieren Sie `HV1` so, dass eingehende Replikationsanforderungen von jedem Hyper-V-System akzeptiert werden. Wenn Sie die Hostfirewalls nicht konfiguriert (oder deaktiviert) haben, werden möglicherweise beim Aufrufen der Replikation Fehler angezeigt.

Sie können `HV2` auch so konfigurieren, dass die Replikation nur von einem bestimmten Server, z.B. `HV1`, akzeptiert wird. Dazu müssen Sie den Replikationsserver so einrichten, dass die Replikation nicht von allen Servern akzeptiert wird. Anschließend verwenden Sie das Hyper-V-Cmdlet `New-VMReplicationAuthorizationEntry`, um anzugeben, dass `HV2` nur Replikate vom Server `HV1` empfangen kann. Um dies einzurichten, gehen Sie wie folgt vor:

```
$RHT = @{
  AllowedPrimaryServer   = 'HV1'
  ReplicaStorageLocation = 'C:\Replica'
  ComputerName           = 'HV2'
}
Set-VMReplicationAuthorizationEntry @RHT
```

In *Schritt 11* zeigen Sie die Details zum Failover-Test an und können sehen, dass die VM `PSDirect -Test` ausgeführt wird. Wenn Sie mit VMConnect eine Verbindung zu diesem virtuellen Computer herstellen, stellen Sie fest, dass sowohl der Hostname als auch die IP-Adresse nicht mit der VM identisch sind, die ausgeführt wird.

In *Schritt 13* zeigen Sie den Status der VMs auf `HV1` und `HV2` an. Wie Sie sehen können, wird die VM `PSDirect` auf `HV2` ausgeführt und sie besitzt ein Replikat auf `HV1`, das deaktiviert ist.

Wenn Sie nach *Schritt 17* einen Blick auf die VM `PSDirect` werfen, die dieses Mal auf `HV1` ausgeführt wird, würden Sie feststellen, dass der Hostname nicht `PSDirect` lautet und dass das Netzwerk nicht konfiguriert ist. Wichtig hierbei ist, dass Sie bei einem echten Failover den Hostnamen und die IP-Adresskonfiguration zurücksetzen müssen. Wenn Sie die Hyper-V-Replizierung in einer Produktivumgebung einsetzen, sollten Sie ein Skript zur Hand haben, das diese beiden Probleme automatisiert behebt und das dafür sorgt, dass der Hostname und die IP-Konfiguration für Ihre Netzwerkumgebung richtig sind.

VM-Prüfpunkte verwalten

Bei Hyper-V in Windows Server 2019 erfasst ein Prüfpunkt den Status eines virtuellen Computers in einem Wiederherstellungspunkt. Mit Hyper-V können Sie dann für einen virtuellen Computer ein Rollback zu einem Prüfpunkt ausführen. Die Hyper-V-Version von Windows Server 2008 stellte diese Möglichkeit erstmals zur Verfügung. In Windows Server 2008 wurden diese Wiederherstellungspunkte als **Snapshots** bezeichnet. In Windows Server 2012 änderte Microsoft den Namen in **Checkpoint** (**Prüfpunkt**) ab. Dadurch wurde die Terminologie mit System Center konsistent und Verwechslungen in Bezug auf die vom Backup-System verwendeten Snapshots des **Volumeschattenkopie**-Dienstes (**Volume Shadow Copy Service**, **VSS**) vermieden.

Obwohl das Hyper-V-Team die Terminologie geändert hat, bleiben einige der Cmdlet-Namen unverändert. Um einen virtuellen Computer in den in einem Prüfpunkt gespeicherten Zustand zurückzusetzen, verwenden Sie beispielsweise das Cmdlet `Restore-VMSnapShot`.

Wenn Sie einen Prüfpunkt erstellen, hält Hyper-V die VM vorübergehend an. Anschließend wird eine neue differenzierende Festplatte (AVHD) erstellt. Hyper-V setzt dann die VM fort, die alle Daten auf die differenzierende Festplatte schreibt. Sie können für eine VM mehrere Prüfpunkte erstellen.

Prüfpunkte eignen sich hervorragend für eine Vielzahl von Szenarien und können beispielsweise für die Fehlerbehebung nützlich sein. Wenn Sie z.B. eine Fehlerbehebung durchführen, können Sie die VM an den Punkt bringen, an der ein Fehler ausgelöst wird, und dann einen Prüfpunkt erstellen. Wenn der Prüfpunkt erstellt wurde, können Sie eine Korrektur ausprobieren. Sollte die Korrektur nicht funktionieren, können Sie einfach ein Rollback zum Prüfpunkt durchführen und eine andere Korrektur ausprobieren. Prüfpunkte sind auch im Rahmen von Schulungen nützlich. Sie können eine VM für einen Kurs erstellen und nach jeder erfolgreichen Übungseinheit einen Prüfpunkt erstellen. Auf diese Weise kann der Teilnehmer im Rahmen einer Übung einen Fehler machen und zu einem späteren Prüfpunkt springen und weitermachen.

Die Verwendung von Prüfpunkten in einer Produktivumgebung ist eine andere Sache. Im Allgemeinen sollten Sie die Verwendung von Prüfpunkten auf Ihren Produktionssystemen aus einer Reihe von Gründen vermeiden. Wenn Ihre Server irgendeine Art von Replikation verwenden oder transaktionsbasierte Anwendungen, kann es sich negativ auswirken, wenn Sie die Uhr zurückdrehen. Da Prüfpunkte differenzierende Laufwerke verwenden, führt dieses Feature zu ständig größer werdenden physischen Datenträgerdateien, wodurch der Einsatz von Prüfpunkten zu einer schlechten Performance führen kann.

Prüfpunkte haben ihre Berechtigung – sie sollten aber nicht als Backupstrategie verwendet werden. In diesem Rezept erstellen Sie einen Prüfpunkt von `PSDirect` und erzeugen dann auf dem virtuellen Computer eine Datei. Sie erstellen einen weiteren Prüfpunkt sowie eine zweite Datei, nachdem Sie den Computer in den Zustand des ersten Prüfpunkts zurückgesetzt haben, und stellen fest, dass keine Dateien erstellt wurden. Anschließend führen Sie ein Rollforward zum zweiten Prüfpunkt durch, und können beobachten, dass zwar die erste Datei vorhanden ist, aber nicht die zweite (da Sie die zweite Datei erstellt haben, nachdem der Prüfpunkt erstellt wurde). Anschließend entfernen Sie alle Prüfpunkte. Nach jeder Aktion, die Sie an den Prüfpunkten vornehmen, lassen Sie die VHDX- und AVHD-Dateien der VM `PSDirect` anzeigen.

Vorbereitungen

Dieses Rezept, das Sie auf HV1 ausführen, verwendet die VM PSDirect, die Sie weiter vorne in diesem Kapitel erstellt und verwendet haben. Die VHDX-Dateien für die VM befinden sich in C:\Vm\Vhds\PSDirect. Je nachdem, welche anderen Rezepte dieses Kapitels Sie ausgeführt haben, befinden sich die virtuellen Laufwerke möglicherweise in einem anderen Ordner, aber das Rezept kommt mit den Festplattendateien in einem beliebigen Ordner zurecht (wenn diese Hyper-V bekannt sind).

So wird's gemacht

1. Erstellen Sie ein Objekt mit Anmeldeinformationen für PSDirect:

```
$RKAn = 'Wolf\Administrator'
$PS   = 'Pa$$w0rd'
$RKP  = ConvertTo-SecureString -String $PS -AsPlainText -Force
$T = 'System.Management.Automation.PSCredential'
$RKCred = New-Object -TypeName $T -ArgumentList $RKAn,$RKP
```

2. Zeigen Sie, bevor Sie loslegen, den Ordner C:\ an:

```
$SB = { Get-ChildItem -Path C:\ }
$ICHT = @{
  VMName      = 'PSDirect'
  ScriptBlock = $SB
  Credential  = $RKCred
}
Invoke-Command @ICHT
```

3. Erstellen Sie auf HV1 einen Prüfpunkt des virtuellen Computers PSDirect:

```
$CPHT = @{
  VMName       = 'PSDirect'
  ComputerName = 'HV1'
  SnapshotName = 'Snapshot1'
}
Checkpoint-VM @CPHT
```

4. Zeigen Sie die Dateien an, die für die Unterstützung der Prüfpunkte erstellt wurden:

```
$Parent = Split-Path -Parent (Get-VM -Name PSdirect |
            Select-Object -ExpandProperty HardDrives).Path |
              Select -First 1
Get-ChildItem -Path $Parent
```

5. Erstellen Sie auf PSDirect eine Datei, fügen Sie dort Inhalte ein und zeigen Sie sie an:

```
$SB = {
  $FileName1 = 'C:\File_After_Checkpoint_1'
  Get-Date | Out-File -FilePath $FileName1
  Get-Content -Path $FileName1
}
$ICHT = @{
  VMName      = 'PSDirect'
  ScriptBlock = $SB
  Credential  = $RKCred
}
Invoke-Command @ICHT
```

6. Erstellen Sie einen zweiten Prüfpunkt der VM `PSDirect`:

```
$SNHT = @{
  VMName        = 'PSDirect'
  ComputerName  = 'HV1'
  SnapshotName  = 'Snapshot2'
}
Checkpoint-VM @SNHT
```

7. Zeigen Sie Details zu den VM-Prüfpunkten von `PSDirect` an:

```
Get-VMSnapshot -VMName PSDirect
```

8. Zeigen Sie die Dateien an, die für die beiden Prüfpunkte erstellt wurden:

```
Get-ChildItem -Path $Parent
```

9. Erstellen Sie jetzt, also nachdem Sie `Snapshot2` erstellt haben, auf `PSDirect` eine zweite Datei und zeigen Sie diese an:

```
$SB = {
  $FileName2 = 'C:\File_After_Checkpoint_2'
  Get-Date | Out-File -FilePath $FileName2
  Get-ChildItem -Path C:\ -File
}
$ICHT = @{
  VMName      = 'PSDirect'
  ScriptBlock = $SB
  Credential  = $RKCred
}
Invoke-Command @ICHT
```

10. Setzen Sie `PSDirect` wieder auf den Zustand von `Snapshot1` zurück:

```
$Snap1 = Get-VMSnapshot -VMName PSDirect -Name Snapshot1
Restore-VMSnapshot -VMSnapshot $Snap1 -Confirm:$false
Start-VM -Name PSDirect
Wait-VM -For IPAddress -Name PSDirect
```

11. Schauen Sie sich an, welche Dateien wir nun auf `PSDirect` haben:

```
$SB = {
  Get-ChildItem -Path C:\
}
$ICHT = @{
  VMName      = 'PSDirect'
  ScriptBlock = $SB
  Credential  = $RKCred
}
Invoke-Command @ICHT
```

12. Führen Sie eine Rollforward-Wiederherstellung zu `Snapshot2` durch:

```
$Snap2 = Get-VMSnapshot -VMName PSDirect -Name Snapshot2
Restore-VMSnapshot -VMSnapshot $Snap2 -Confirm:$false
Start-VM -Name PSDirect
Wait-VM -For IPAddress -Name PSDirect
```

13. Zeigen Sie die Dateien an, die sich jetzt auf `PSDirect` befinden:

```
$SB = {
    Get-ChildItem -Path C:\
}
$ICHT = @{
  VMName      = 'PSDirect'
  ScriptBlock = $SB
  Credential  = $RKCred
}
Invoke-Command @ICHT
```

14. Setzen Sie den virtuellen Computer erneut auf den in `Snapshot1` gespeicherten Zustand zurück:

```
$Snap1 = Get-VMSnapshot -VMName PSDirect -Name Snapshot1
Restore-VMSnapshot -VMSnapshot $Snap1 -Confirm:$false
Start-VM -Name PSDirect
Wait-VM -For IPAddress -Name PSDirect
```

15. Zeigen Sie erneut die Prüfpunkte und die virtuellen Laufwerke der VM an:

```
Get-VMSnapshot -VMName PSDirect
Get-ChildItem -Path $Parent
```

16. Entfernen Sie auf `HV1` alle Prüfpunkte von `PSDirect`:

```
Get-VMSnapshot -VMName PSDirect |
  Remove-VMSnapshot
```

17. Zeigen Sie erneut die Dateien mit den virtuellen Laufwerken der VM an:

```
Get-ChildItem -Path $Parent
```

So funktioniert's

In *Schritt 1* erstellen Sie ein Objekt mit Anmeldeinformationen für das lokale Administratorkonto der VM `PSDirect`. Dieser Schritt erzeugt keine Ausgabe.

In *Schritt 2* untersuchen Sie den Inhalt des Laufwerks `C:\` der VM `PSDirect`, und erhalten die folgende Ausgabe:

```
PS C:\foo> $SB = { Get-ChildItem -Path C:\ }
PS C:\foo> $ICHT = @{
             VMName      = 'PSDirect'
             ScriptBlock = $SB
             Credential  = $RKCred
           }
PS C:\foo> Invoke-Command @ICHT

    Verzeichnis: C:\

Mode                LastWriteTime         Length Name                  PSComputerName
----                -------------         ------ ----                  --------------
d-----       15.09.2018     09:19                PerfLogs              PSDirect
d-r---       16.07.2019     14:11                Program Files         PSDirect
d-----       15.09.2018     19:31                Program Files (x86)   PSDirect
d-r---       16.07.2019     12:56                Users                 PSDirect
d-----       16.07.2019     12:58                Windows               PSDirect
```

In *Schritt 3* erstellen Sie einen Prüfpunkt von PSDirect auf HV1, was keine Ausgabe erzeugt. Zeigen Sie in *Schritt 4* die Dateien der VM PSDirect an, nachdem der Prüfpunkt erreicht wurde, was wie folgt aussieht:

```
PS C:\foo> $Parent = Split-Path -Parent (Get-VM -Name PSdirect |
            Select-Object -ExpandProperty HardDrives).Path |
              Select -First 1
PS C:\foo> Get-ChildItem -Path $Parent

    Verzeichnis: C:\Vm\Vhds\psdirect

Mode                LastWriteTime         Length Name
----                -------------         ------ ----
-a----       18.07.2019     05:47      171966464 PSDirect-D.vhdx
-a----       18.07.2019     05:47       37748736 PSDirect-D_D581A8C6-CEB3-4BF2-B2C2-1D5E087EB129.avhdx
-a----       18.07.2019     05:47    11647582208 PSDirect.Vhdx
-a----       18.07.2019     05:48       71303168 PSDirect_B03005C6-0C24-43F4-83B8-E7FDCB7C7D4C.avhdx
```

In *Schritt 5* erstellen Sie (nachdem der erste Prüfpunkt erstellt wurde) eine Datei mit Inhalt und zeigen dann die Datei an, was wie folgt aussieht:

```
PS C:\foo> $SB = {
             $FileName1 = 'C:\File_After_Checkpoint_1'
             Get-Date | Out-File -FilePath $FileName1
             Get-Content -Path $FileName1
           }
PS C:\foo> $ICHT = @{
             VMName      = 'PSDirect'
             ScriptBlock = $SB
             Credential  = $RKCred
           }
PS C:\foo> Invoke-Command @ICHT
Donnerstag, 18. Juli 2019 06:35:27
```

Nachdem Sie die Datei erstellt haben, erzeugen Sie in *Schritt 6* einen weiteren Prüfpunkt für die VM PSDirect. Dieser Schritt erzeugt keine Ausgabe. In *Schritt 7* zeigen Sie die VM-Snapshots an, die für den virtuellen Computer PSDirect verfügbar sind.

```
PS C:\foo> Get-VMSnapshot -VMName PSDirect

VMName   Name      SnapshotType CreationTime        ParentSnapshotName
------   ----      ------------ ------------        ------------------
PSDirect Snapshot1 Standard     18.07.2019 05:47:37
PSDirect Snapshot2 Standard     18.07.2019 05:50:48 Snapshot1
```

In *Schritt 8* zeigen Sie erneut die Dateien an, die die VM PSDirect verwendet, was wie folgt aussieht:

```
PS C:\foo> Get-ChildItem -Path $Parent

    Verzeichnis: C:\Vm\Vhds\psdirect

Mode                LastWriteTime         Length Name
----                -------------         ------ ----
-a----       18.07.2019     05:47      171966464 PSDirect-D.vhdx
-a----       18.07.2019     05:50       37748736 PSDirect-D_546526A8-D76D-4170-A0BB-AC87193C7BE4.avhdx
-a----       18.07.2019     05:50        9437184 PSDirect-D_D581A8C6-CEB3-4BF2-B2C2-1D5E087EB129.avhdx
-a----       18.07.2019     05:47    11647582208 PSDirect.Vhdx
-a----       18.07.2019     05:52      205520896 PSDirect_57E3FFE4-A130-4827-92F8-A93E14B0BFCA.avhdx
-a----       18.07.2019     05:50      711983104 PSDirect_B03005C6-0C24-43F4-83B8-E7FDCB7C7D4C.avhdx
```

Nachdem Sie die VM PSDirect auf den ersten Prüfpunkt zurückgesetzt haben, erstellen Sie in *Schritt 9* eine weitere Datei im Ordner C:\ innerhalb der VM PSDirect, was wie folgt aussieht:

```
PS C:\foo> $SB = {
             $FileName2 = 'C:\File_After_Checkpoint_2'
             Get-Date | Out-File -FilePath $FileName2
             Get-ChildItem -Path C:\ -File
           }
PS C:\foo> $ICHT = @{
             VMName      = 'PSDirect'
             ScriptBlock = $SB
             Credential  = $RKCred
           }
PS C:\foo> Invoke-Command @ICHT

    Verzeichnis: C:\

Mode                LastWriteTime         Length Name                          PSComputerName
----                -------------         ------ ----                          --------------
-a----        18.07.2019     06:35            86 File_After_Checkpoint_1       PSDirect
-a----        18.07.2019     06:40            86 File_After_Checkpoint_2       PSDirect
```

Ohne Ihre Arbeit zu speichern, setzen Sie die VM PSDirect in *Schritt 10* auf den ersten Prüfpunkt, Snapshot1, zurück, was keine Ausgabe erzeugt. Nachdem die VM in dem Zustand, der in Snapshot1 gespeichert wurde, neu gestartet ist, sehen Sie sich in *Schritt 11* die Dateien an, die sich jetzt im Laufwerk C:\ der VM PSDirect befinden, und erhalten die folgende Ausgabe:

```
PS C:\foo> $SB = {
             Get-ChildItem -Path C:\
           }
PS C:\foo> $ICHT = @{
             VMName      = 'PSDirect'
             ScriptBlock = $SB
             Credential  = $RKCred
           }
PS C:\foo> Invoke-Command @ICHT

    Verzeichnis: C:\

Mode                LastWriteTime         Length Name                          PSComputerName
----                -------------         ------ ----                          --------------
d-----        15.09.2018     09:19               PerfLogs                      PSDirect
d-r---        16.07.2019     14:11               Program Files                 PSDirect
d-----        15.09.2018     19:31               Program Files (x86)           PSDirect
d-r---        16.07.2019     12:56               Users                         PSDirect
d-----        16.07.2019     12:58               Windows                       PSDirect
```

In *Schritt 12* führen Sie eine Forward-Wiederherstellung auf den zweiten Prüfpunkt, Snapshot2, durch. Dieser Schritt erzeugt keine Ausgabe. In *Schritt 13* zeigen Sie die Dateien im Stammverzeichnis des Laufwerks C: der VM PSDirect an, was wie folgt aussieht:

```
PS C:\foo> $SB = {
             Get-ChildItem -Path C:\
           }
PS C:\foo> $ICHT = @{
             VMName      = 'PSDirect'
             ScriptBlock = $SB
             Credential  = $RKCred
           }
PS C:\foo> Invoke-Command @ICHT

    Verzeichnis: C:\

Mode                LastWriteTime         Length Name                          PSComputerName
----                -------------         ------ ----                          --------------
d-----        15.09.2018     09:19               PerfLogs                      PSDirect
d-r---        16.07.2019     14:11               Program Files                 PSDirect
d-----        15.09.2018     19:31               Program Files (x86)           PSDirect
d-r---        16.07.2019     12:56               Users                         PSDirect
d-----        16.07.2019     12:58               Windows                       PSDirect
-a----        18.07.2019     06:35            86 File_After_Checkpoint_1       PSDirect
```

In *Schritt 14* setzen Sie den virtuellen Computer PSDirect erneut auf den ersten Snapshot, Snapshot1, zurück, und warten dann, bis die VM neu gestartet wird. Dieser Schritt erzeugt keine Ausgabe. In *Schritt 15* zeigen Sie erneut die Prüfpunkte und die Prüfpunktdateien der VM PSDirect an, was folgendermaßen aussieht:

```
PS C:\foo> Get-VMSnapshot -VMName PSDirect

VMName   Name      SnapshotType CreationTime        ParentSnapshotName
------   ----      ------------ ------------        ------------------
PSDirect Snapshot1 Standard     18.07.2019 05:47:37
PSDirect Snapshot2 Standard     18.07.2019 05:50:48 Snapshot1

PS C:\foo> Get-ChildItem -Path $Parent

    Verzeichnis: C:\Vm\Vhds\psdirect

Mode                LastWriteTime         Length Name
----                -------------         ------ ----
-a----       18.07.2019     05:47      171966464 PSDirect-D.vhdx
-a----       18.07.2019     06:10       37748736 PSDirect-D_8EB6B610-BBD5-4D4C-A55D-ABF4A3714792.avhdx
-a----       18.07.2019     05:50        9437184 PSDirect-D_D581A8C6-CEB3-4BF2-B2C2-1D5E087EB129.avhdx
-a----       18.07.2019     05:47    11647582208 PSDirect.vhdx
-a----       18.07.2019     05:50      711983104 PSDirect_B03005C6-0C24-43F4-83B8-E7FDCB7C7D4C.avhdx
-a----       18.07.2019     06:11      440401920 PSDirect_E38F54EC-9D83-458E-B699-6B964926C574.avhdx
```

In *Schritt 16* entfernen Sie alle Prüfpunkte der virtuellen Maschine PSDirect, was keine Ausgabe erzeugt. In *Schritt 17* zeigen Sie die VHDX-Dateien der VM PSDirect an (jetzt, da alle Snapshots entfernt wurden), was wie folgt aussieht:

```
PS C:\foo> Get-ChildItem -Path $Parent
    Verzeichnis: C:\Vm\Vhds

Mode                LastWriteTime         Length Name
----                -------------         ------ ----
-a----       18.07.2019     06:11        4194304 PSDirect-D.VHDX
-a----       18.07.2019     06:12    11647582208 PSDirect.Vhdx
```

Weitere Informationen

In *Schritt 10* setzen Sie die VM PSDirect auf einen früheren Prüfpunkt zurück. Alle Dateiaktivitäten auf dem virtuellen Computer, die durchgeführt wurden, nachdem Sie den zweiten Prüfpunkt erstellt haben und bevor Sie zum früheren Prüfpunkt zurückgekehrt sind, gehen dabei verloren. In *Schritt 12* führen Sie eine Forward-Wiederherstellung der VM PSDirect zum zweiten Prüfpunkt durch. Dadurch gehen alle Arbeiten verloren, die Sie nach der Rückkehr zu Snapshot1 und vor dem Rollforward zu Snapshot2 durchgeführt haben. Seien Sie daher sehr vorsichtig, wenn Sie den Computer in den Zustand eines früheren Prüfpunkts zurücksetzen oder wenn Sie eine Forward-Wiederherstellung vornehmen.

Kapitel 12

Azure verwalten

In diesem Kapitel werden die folgenden Rezepte vorgestellt:

- **PowerShell mit Azure verwenden**
- **Azure-Kernressourcen erstellen**
- **Erforschen Sie Ihr Speicherkonto**
- **Erstellen einer SMB-Dateifreigabe in Azure Files**
- **Eine Azure-Website erstellen**
- **Eine Azure-VM erstellen**

Einführung

Azure ist die Cloud-Computing-Plattform von Microsoft und ein Konkurrent von Amazon Web Services (AWS) und anderen Cloud-Anbietern. Azure bietet Ihnen Zugriff auf eine Vielzahl von Funktionen. Unternehmen können ihre gesamte lokale (On-Premises) Infrastruktur buchstäblich in die Cloud verschieben.

Microsoft Azure stellt die folgenden Service-Modelle zur Verfügung:

- **Infrastructure as a Service (IaaS)**
- **Platform as a Service (PaaS)**
- **Software as a Service (SaaS)**

IaaS ist im Wesentlichen eine Instant-Computing-Infrastruktur, die Sie über das Internet oder über eine private Netzwerkverbindung bereitstellen, verwalten und nutzen können. IaaS umfasst die grundlegenden Komponenten der Computing-Infrastruktur (Server, Speicher, Netzwerke, Firewalls und Sicherheit) sowie die physischen Anlagen, die für den Betrieb dieser Komponenten erforderlich ist (Stromversorgung, Klimaanlage usw.). In einer IaaS-Umgebung handelt es sich bei allen Servern um virtuelle Azure-Computer (genaugenommen um Hyper-V-VMs), die mit den Netzwerk-, Sicherheits- und Speicherkomponenten interagieren.

PaaS ist eine umfassende Bereitstellungsumgebung in der Cloud, einschließlich Betriebssystem, Storage und anderer Infrastruktur. Ein wichtiges PaaS-Angebot in Azure ist die Azure SQL-Datenbank. Dinge wie das Patchen des Betriebssystems und des SQL Servers, die Sie selbst erledigen müssten, wenn Sie SQL in einer IaaS-Umgebung bereitstellen, werden alle von Azure verwaltet. Sie erhalten so einen vollständigen SQL-Dienst, der komplett von Azure verwaltet wird. Dies bedeutet natürlich, dass es einige Dinge gibt, die Sie nicht tun können – Aktionen, die dem Besitzer der Plattform (also Microsoft) vorbehalten sind. Wenn SQL beispielsweise in einer IaaS Azure-VM ausgeführt wird, können Sie die Datenbankspiegelung verwenden – der SQL PaaS-Dienst stellt Ihnen dieses Feature nicht zur Verfügung.

Bei SaaS verwenden Sie lediglich eine Anwendung, die der Hersteller in der Cloud bereitstellt. Ein wichtiges Beispiel für SaaS ist Office 365 (O365), das Exchange Online, SharePoint Online, Skype For Business Online, OneDrive for Business und Microsoft Teams bündelt. Streng genommen ist Office 365 kein Azure-Angebot – Sie kaufen es direkt über die Office 365-Website oder über einen Microsoft-Partner. In Bezug auf den Kauf handelt es sich bei Office 365 um ein Angebot, dass verschiedene Pläne enthält (Kombinationen von Diensten, die auch eine herunterladbare Version der Office-Anwendungen enthalten, z. B. Word und Excel). In Bezug auf die Verwendung von PowerShell zum Verwalten von Office 365 verfügt jede der enthaltenen Anwendungen über einen eigenen einzigartigen Ansatz. Bei Exchange Online verwenden Sie beispielsweise PowerShell Implicit Remoting, um die Exchange-Komponente Ihres Office 365-Abonnements zu verwalten.

Um für Software, die in Azure und für andere SaaS-Anwendungen ausgeführt wird, die Authentifizierung bereitzustellen, können Sie Azure Active Directory (AAD) verwenden. Mit AAD können Sie ein reines Cloud-Verzeichnis erstellen oder AAD mit Ihrem lokalen Active Directory synchronisieren. AAD kann auch verwendet werden, um die Authentifizierung für eine Reihe anderer SaaS-Anwendungen von Drittanbietern bereitzustellen. Details zur Verwaltung von AAD- und Office 365-Komponenten werden im Rahmen dieses Kapitels nicht behandelt.

Dieses Kapitel beginnt mit dem Rezept »PowerShell mit Azure verwenden« auf Seite 385. In diesem Rezept wird die Einrichtung einer grundlegenden Umgebung beschrieben, in der Azure und die Office 365 SaaS-Komponenten verwaltet werden können. Das Rezept zeigt auch, wie man die Cmdlets für Azure Active Directory herunterlädt.

Das Rezept »Azure-Kernressourcen erstellen« auf Seite 390 führt Sie durch die Erstellung einiger der Kernressourcen, die Sie zum Erstellen und Verwalten anderer Azure-Ressourcen benötigen. Dazu gehören eine Ressourcengruppe und ein Speicherkonto. Jede Azure-Ressource, die Sie mit der ARM-API erstellen, muss sich in einer Ressourcengruppe befinden. Außerdem muss der gesamte Speicher, den Sie benötigen, wie beispielsweise VHD-Dateien für eine Azure-VM, in einer Speichergruppe gespeichert werden. Während alle Rezepte in diesem Kapitel eine einzelne Ressourcengruppe und ein einzelnes Speicherkonto verwenden, erfordern umfangreiche Azure-Bereitstellungen möglicherweise mehrere Instanzen dieser Schlüsselressourcen.

Im Rezept »Erforschen Sie Ihr Speicherkonto« auf Seite 395 wird das Einrichten von Azure Speicher mithilfe des zuvor erstellten Speicherkontos erläutert. Das Rezept »Erstellen einer SMB-Dateifreigabe in Azure Files« auf Seite 401 zeigt Ihnen, wie Sie eine SMB-Dateifreigabe erstellen können, auf die Sie von Clientanwendungen aus über das Internet zugreifen können. Anstatt in einer Anwendung eine lokale Dateifreigabe zu verwenden, können Sie die Freigabe jetzt in Azure hosten. Dies kann nützlich sein, wenn Sie Azure IaaS-VM verwenden, um eine Anwendung zu hosten, die einen freigegebenen Ordner für ihre Daten verwendet. Sie können eine Azure SMB-Dateifreigabe auch als Dateifreigabe in der Cloud einsetzen.

Das Rezept »Eine Azure-Website erstellen« auf Seite 405 zeigt Ihnen, wie Sie eine einfache Website einrichten und wie Sie via FTP Inhalte auf die Website hochladen können. Dies ist lediglich ein sehr einfaches Beispiel, das nur die Grundfunktionen beschreibt.

Das nächste Rezept, »Eine Azure-VM erstellen« auf Seite 411, beschreibt, wie Sie in Azure einen virtuellen Computer erstellen und darauf zugreifen. Dazu gehören das Erstellen eines virtuellen Netzwerks und das Einrichten der VM, damit Sie sie mit PowerShell verwalten oder über RDP eine Verbindung herstellen können. Dieses Kapitel ist nur ein Vorgeschmack auf die Verwendung von Azure mit PowerShell. Es gibt so viel mehr, was Sie tun können, jedoch würde dies den Rahmen dieses Buches sprengen.

PowerShell mit Azure verwenden

Es gibt zwei wichtige Dinge, die Sie benötigen, bevor Sie mit PowerShell die Azure-Features verwalten können. Zuallererst brauchen Sie ein Azure-Abonnement. Zweitens benötigen Sie Zugriff auf die Cmdlets, mit denen Sie Azure (und die Office 365-Features) verwalten können.

Azure ist ein kommerzieller Dienst – jedes von Ihnen genutzte Feature ist mit Kosten verbunden. Azure-Gebühren basieren auf der Ressourcennutzung. Bei einer Azure-VM würden Sie beispielsweise für die Ausführung der VM bezahlen, plus Gebühren für den Speicher, den die VM verwendet, und für jeglichen Netzwerkverkehr.

Die Gebühren für Office 365 hingegen sind benutzerbasiert – ein bestimmter Benutzer kann z.B. viele E-Mails verwenden, ohne dass zusätzliche Gebühren anfallen. Weitere Informationen zu den Kosten für Azure finden Sie unter `https://azure.microsoft.com/pricing`. Details zu den Kosten und Plänen für Office 365 finden Sie hier: `https://products.office.com/de-de/compare-all-microsoft-office-products?tab=2`

Um die IaaS- und PaaS-Features von Azure verwenden zu können, benötigen Sie ein Azure-Abonnement. Es gibt viele Möglichkeiten, ein Azure-Abonnement zu erhalten, z.B. über ein MSDN-Abonnement, ein Action Pack-Abonnement oder durch den direkten Kauf. Natürlich müssen Sie dafür sorgen, dass alle Systeme ordnungsgemäß lizenziert sind.

Microsoft bietet auch ein einmonatiges kostenloses Azure-Testabonnement an. Mit diesem Abonnement erhalten Sie ein Guthaben von derzeit 170,00 € (200,00 $); solange die anfallenden Gebühren unterhalb dieses Guthabens liegen, können Sie Azure kostenlos nutzen. Diese Grenzwerte haben sich möglicherweise geändert, wenn Sie dieses Buch lesen. Allerdings sollte das Testabonnement ausreichen, um zu lernen, wie Sie PowerShell mit Azure verwenden.

Wenn Sie noch kein Azure-Abonnement besitzen, gehen Sie zu `https://azure. microsoft.com/free`, wo Sie ein Testabonnement erstellen können.

Beachten Sie, dass Sie während der Registrierung für die kostenlose Testversion eine Kreditkartennummer angeben müssen. Für das Abonnement fallen keine Gebühren an, die Kreditkartennummer wird nur für die Verifizierung Ihres Accounts verwendet.

Wenn Sie die Azure-Testversion verwenden und Sie Ihre Azure-Ressourcen nach Ablauf der Testabonnements weiter nutzen möchten, müssen Sie das kostenlose Abonnement in ein kostenpflichtiges, nutzungsbasiertes Abonnement (Pay-As-You-Go) umwandeln. Sie erhalten kurz vor Ablauf der Testversion eine E-Mail, die Sie hieran erinnert. Sie können dann die Umwandlung vornehmen, was Ausfallzeiten verhindert, wenn Sie die Testversion für die Produktion verwenden.

Um PowerShell für die verschiedenen Features von Azure verwenden zu können, müssen Sie Cmdlets abrufen, die Microsoft weder in Windows Server 2019, noch Windows PowerShell 5.0/5.1 oder in PowerShell Core zur Verfügung stellt. Sie erhalten die entsprechenden Module aus dem PowerShell-Katalog und verwenden die Cmdlets im `PowerShellGet`-Modul, um die Azure-Module zu suchen und herunterzuladen.

Bereits seit den Anfängen der Azure-Dienste wird die Automatisierung mit PowerShell unterstützt. Diese Cmdlet-Sets haben sich geändert, da Azure gereift ist (und sich der Umfang vergrößert hat). Im Jahr 2019 veröffentlichte das Azure PowerShell-Team ein neues Modul, das Modul `Az`, das als Grundlage für die Automatisierung von Azure-Vorgängen mit PowerShell dienen soll. Beim `Az`-Modul handelt es sich eigentlich um eine ganze Reihe von Modulen mit mehr als 2.500 Cmdlets, von denen Sie in diesem Kapitel einige kennenlernen werden.

Vorbereitungen

Dieses Rezept und die weiteren Rezepte führen Sie auf `CL1` aus. Dies ist ein Windows 10-Client, den Sie mit dem Rezept »Remoteserver-Verwaltungstools auf Windows 10 und Windows Server 2019 installieren« in Kapitel 1 konfiguriert haben.

So wird's gemacht

1. Suchen Sie nach dem Azure-Modul:

```
Find-Module -Name Az
```

2. Installieren Sie das Modul `Az`:

```
Install-Module -Name Az -Force
```

3. Untersuchen Sie die verschiedenen Azure-Module, und zeigen Sie die Anzahl der Cmdlets an:

```
$HT = @{ Label ='Cmdlets'
         Expression = {(Get-Command -module $_.name).count}}
Get-Module Az* -ListAvailable |
    Sort {(Get-command -Module $_.Name).Count} -Descending |
       Format-Table -Property Name,Version,Author,$HT -AutoSize
```

4. Suchen Sie nach den Cmdlets für Azure Active Directory:

```
Find-Module AzureAD |
    Format-Table -Property Name,Version,Author -AutoSize -Wrap
```

5. Laden Sie das Modul `AzureAD` herunter und installieren Sie es:

```
Install-Module -Name AzureAD -Force
```

6. Rufen Sie Informationen über das Azure Active Directory-Modul (AAD) ab:

```
$FTHT = @{
    Property = 'Name', 'Version', 'Author', 'Description'
    AutoSize = $true
    Wrap     = $true
}
Get-Module -Name AzureAD -ListAvailable |
  Format-Table @FTHT
```

7. Melden Sie sich bei Azure an:

```
$CredAZ = Get-Credential
$Subscription = Connect-AzAccount -Credential $CredAZ
```

8. Rufen Sie Details zu Ihrem Azure-Abonnement ab:

```
$SubID = $Subscription.Context.Subscription.SubscriptionId
Get-AzSubscription -SubscriptionId $SubId |
  Format-List -Property *Get-AzSubscription | Format-List -Property *
```

9. Rufen Sie die Azure-Standorte ab:

```
Get-AzLocation | Sort-Object Location |
    Format-Table Location, Displayname
```

10. Rufen Sie die Azure-Umgebungen und Endpunkte der Azure-Instanzen ab:

```
Get-AzEnvironment |
    Format-Table -Property name, ManagementPortalURL
```

So funktioniert's

In *Schritt 1* verwenden Sie das Cmdlet `Find-Module`, um den PowerShell-Katalog nach dem Modul `AZ` zu durchsuchen, was die folgende Ausgabe erzeugt:

```
PS C:\foo> Find-Module -Name Az

Version    Name   Repository    Description
-------    ----   ----------    -----------
2.4.0      Az     PSGallery     Microsoft Azure PowerShell - Cmdlets to manag...
```

In *Schritt 2* laden Sie die AZ-Module herunter und installieren sie, was keine Ausgabe erzeugt. In *Schritt 3* haben Sie sich die heruntergeladenen Module angesehen, was wie folgt aussieht:

```
PS C:\foo> Get-Module Az* -ListAvailable |
             Sort {(Get-command -Module $_.Name).Count} -Descending |
               Format-Table -Property Name,Version,Author,$HT -AutoSize

Name                      Version Author                 Cmdlets
----                      ------- ------                 -------
Az.Network                1.11.0  Microsoft Corporation      448
Az.Sql                    1.13.0  Microsoft Corporation      232
Az.Compute                2.4.0   Microsoft Corporation      190
Az.RecoveryServices       1.4.2   Microsoft Corporation      174
Az.ApiManagement          1.2.0   Microsoft Corporation      118
Az.Storage                1.5.0   Microsoft Corporation      108
Az.Resources              1.6.0   Microsoft Corporation      105
Az.Automation             1.3.0   Microsoft Corporation       89
Az.DataLakeStore          1.2.1   Microsoft Corporation       87
Az.Batch                  1.1.0   Microsoft Corporation       81
Az.DataFactory            1.1.2   Microsoft Corporation       73
Az.KeyVault               1.2.0   Microsoft Corporation       63
Az.DataLakeAnalytics      1.0.0   Microsoft Corporation       62
Az.Websites               1.3.0   Microsoft Corporation       53
Az.Monitor                1.2.1   Microsoft Corporation       52
Az.LogicApp               1.2.1   Microsoft Corporation       51
Az.OperationalInsights    1.3.1   Microsoft Corporation       48
Az.ServiceBus             1.2.1   Microsoft Corporation       45
Az.HDInsight              2.0.0   Microsoft Corporation       42
Az.Accounts               1.6.0   Microsoft Corporation       40
Az.IotHub                 1.2.0   Microsoft Corporation       39
Az.Cdn                    1.3.0   Microsoft Corporation       36
Az.NotificationHubs       1.1.0   Microsoft Corporation       32
Az.EventHub               1.2.0   Microsoft Corporation       31
Az.AnalysisServices       1.1.0   Microsoft Corporation       28
Az.DeploymentManager      1.0.0   Microsoft Corporation       24
Az.FrontDoor              1.1.0   Microsoft Corporation       23
Az.MachineLearning        1.1.0   Microsoft Corporation       23
Az.RedisCache             1.1.0   Microsoft Corporation       23
Az.TrafficManager         1.0.1   Microsoft Corporation       22
Az.StreamAnalytics        1.0.0   Microsoft Corporation       21
Az.Relay                  1.0.1   Microsoft Corporation       20
Az.StorageSync            1.1.1   Microsoft Corporation       19
Az.EventGrid              1.2.1   Microsoft Corporation       19
Az.ServiceFabric          1.1.1   Microsoft Corporation       16
Az.ContainerRegistry      1.0.1   Microsoft Corporation       16
Az.PowerBIEmbedded        1.1.0   Microsoft Corporation       15
Az.Billing                1.0.0   Microsoft Corporation       13
Az.ApplicationInsights    1.0.0   Microsoft Corporation       12
Az.Dns                    1.1.1   Microsoft Corporation       11
Az.Media                  1.1.0   Microsoft Corporation       11
Az.DevTestLabs            1.0.0   Microsoft Corporation       10
Az.CognitiveServices      1.1.1   Microsoft Corporation       10
Az.Aks                    1.0.1   Microsoft Corporation        7
Az.PolicyInsights         1.1.2   Microsoft Corporation        7
Az.SignalR                1.0.2   Microsoft Corporation        5
Az.Advisor                1.0.0   Microsoft Corporation        5
Az.ContainerInstance      1.0.1   Microsoft Corporation        4
Az.MarketplaceOrdering    1.0.0   Microsoft Corporation        2
```

In *Schritt 4* haben Sie nach dem Azure Active Directory-Modul gesucht, was die folgende Ausgabe generiert:

```
PS C:\foo> Find-Module AzureAD |
             Format-Table -Property Name,Version,Author -AutoSize -Wrap

Name     Version  Author
----     -------  ------
AzureAD 2.0.2.26 Microsoft Corporation
```

In *Schritt 5* haben Sie das Azure AD-Modul installiert, was keine Ausgabe erzeugt. Nachdem Sie das Modul installiert haben, lassen Sie in *Schritt 6* Informationen zum Modul anzeigen, was wie folgt aussieht:

```
PS C:\foo> $FTHT = @{
             Property = 'Name', 'Version', 'Author', 'Description'
             AutoSize = $true
             Wrap     = $true
           }
PS C:\foo> Get-Module -Name AzureAD -ListAvailable |
             Format-Table @FTHT

Name     Version  Author                Description
----     -------  ------                -----------
AzureAD  2.0.2.26 Microsoft Corporation Azure Active Directory V2 General Availability Module.
                                        This is the General Availability release of Azure Active
                                        Directory V2 PowerShell Module.
                                        For detailed information on how to install and run this
                                        module from the PowerShell Gallery including prerequisites,
                                        please refer to https://msdn.microsoft.com/powershell/gallery/readme
```

In *Schritt 7* verwenden Sie die Anmeldeinformationen für Ihr Abonnement, um sich bei Azure anzumelden. Die Eingabe der Anmeldeinformationen erfolgt in einem separaten Dialogfeld. In *Schritt 8* rufen Sie Details Ihres Abonnements ab, was wie folgt aussieht:

```
PS C:\foo> Get-AzSubscription  |
             Format-List -Property *

Id                         : 71af3075-a00f-472f-a6d3-42cfe41e15ac
Name                       : Kostenlose Testversion
State                      : Enabled
SubscriptionId             : 71af3075-a00f-472f-a6d3-42cfe41e15ac
TenantId                   : 7128370c-41e8-4a8f-bff0-33d8ffaaadd5
CurrentStorageAccountName  :
ExtendedProperties         : {[Account, psrezepte@hits-amsterdam.nl], [Tenants, 7128370c-41e8-4a8f-bff0-33d8ffaaadd5], [Environment, AzureCloud]}
CurrentStorageAccount      :
```

In Schritt 9 verwenden Sie das Cmdlet `Get-AzLocation`, um die aktuellen Azure-Standorte zu ermitteln, und erhalten diese Ausgabe:

```
PS C:\foo> Get-AzLocation | Sort-Object Location |
             Format-Table Location, Displayname

Location            DisplayName
--------            -----------
australiacentral    Australia Central
australiacentral2   Australia Central 2
australiaeast       Australia East
australiasoutheast  Australia Southeast
brazilsouth         Brazil South
canadacentral       Canada Central
canadaeast          Canada East
centralindia        Central India
centralus           Central US
eastasia            East Asia
eastus              East US
eastus2             East US 2
francecentral       France Central
francesouth         France South
japaneast           Japan East
japanwest           Japan West
koreacentral        Korea Central
koreasouth          Korea South
northcentralus      North Central US
northeurope         North Europe
southafricanorth    South Africa North
southafricawest     South Africa West
southcentralus      South Central US
southeastasia       Southeast Asia
southindia          South India
uaecentral          UAE Central
uaenorth            UAE North
uksouth             UK South
ukwest              UK West
westcentralus       West Central US
westeurope          West Europe
westindia           West India
westus              West US
westus2             West US 2
```

Im letzten Schritt, *Schritt 10*, haben Sie die verschiedenen Azure-Cloud-Umgebungen und Endpunkte angezeigt, die Microsoft unterhält, was wie folgt aussieht:

```
PS C:\foo> Get-AzEnvironment |
             Format-Table -Property name, ManagementPortalURL

Name                ManagementPortalUrl
----                -------------------
AzureChinaCloud     https://go.microsoft.com/fwlink/?LinkId=301902
AzureCloud          https://go.microsoft.com/fwlink/?LinkId=254433
AzureGermanCloud    https://portal.microsoftazure.de/
AzureUSGovernment   https://manage.windowsazure.us
```

Weitere Informationen

In *Schritt 3* haben Sie die heruntergeladenen Module untersucht. Möglicherweise ist es verwirrend, dass Sie nur das `Az`-Modul installieren, das jedoch die 46 verschiedenen Module installiert, die Sie in der Abbildung zu diesem Schritt sehen können.

In *Schritt 9* haben Sie die aktuellen öffentlichen Azure-Cloud-Standorte angezeigt. Jeder dieser 30 Standorte bietet eine Reihe von Dienstleistungen, wobei jedoch nicht notwendigerweise alle Dienste auf jedem Standort verfügbar sind. In *Schritt 10* haben Sie die aktuellen Azure-Umgebungen angezeigt. Jede dieser vier Umgebungen stellt jeweils eigene Instanzen der Azure-Cloud bereit, die voneinander komplett getrennt sind. Weitere Informationen zu den Besonderheiten von *Microsoft Azure Deutschland* finden Sie hier: `https://azure.microsoft.com/de-de/global-infrastructure/germany`. Die Rezepte in diesem Kapitel sollten in jeder der vier Azure-Cloud-Umgebungen unverändert ausgeführt werden können, jedoch wurde dies beim Schreiben des Buchs nicht getestet.

Bitte denken Sie daran, dass der Produktumfang von Azure permanent geändert wird. Daher kann es gut sein, dass Azure weitere Features bereitstellt, während Sie dieses Buch lesen.

Siehe auch …

Informationen zu neuen Azure-Produktupdates sowie Roadmap-Ankündigungen finden Sie auf der Website *Azure-Updates* unter `https://azure.microsoft.com/de-de/updates`. Die Rezepte in diesem Kapitel verwenden Azure-Rechenzentren in Europa. Je nachdem, wo Sie die Azure-Dienste nutzen wollen, kann es besser sein, eine andere Region zu wählen, die sich in größerer Nähe zu Ihrem Firmensitz befindet. Informationen zur Netzwerklatenz zwischen Ihnen und den Azure-Standorten finden Sie unter `https://www.AzureSpeed.com`.

Azure-Kernressourcen erstellen

Im vorherigen Rezept haben Sie die grundlegende Umgebung für die Verwaltung von Azure eingerichtet und verwendet: Sie haben die wichtigsten Module heruntergeladen, sich bei Azure angemeldet und sich kurz umgesehen. In diesem Rezept erstellen Sie bestimmte wichtige Azure-Assets, einschließlich einer Ressourcengruppe, eines Speicherkontos sowie Tags, die Metadaten enthalten.

Bei Azure werden alle Azure-Ressourcen innerhalb einer Ressourcengruppe erstellt. In einer Ressourcengruppe werden, wie es der Name bereits andeutet, Ressourcen gruppiert. Alle Daten, die in Azure Storage gespeichert werden, sind einem Speicherkonto zugeordnet, bei dem es sich um einen zentralen Baustein von Azure handelt.

Der gesamte Speicher, den Sie mit einem beliebigen Azure-Feature verwenden, befindet sich immer innerhalb eines Speicherkontos. Sie erstellen ein Speicherkonto in einer der Azure-Regionen, die Sie im Rezept »PowerShell mit Azure verwenden« auf Seite 385 ermittelt haben. Wenn Sie Ihr Speicherkonto erstellen, geben Sie einen Speicherkontentyp an, der den Grad der Ausfallsicherheit, die Zugriffsebene sowie die gewünschte Leistungsstufe definiert. Azure stellt mehrere Replikationsebenen bereit, die mehrere Kopien der Daten automatisch sowohl im lokalen Azure-Rechenzentrum als auch in anderen Rechenzentren anlegen. Die zusätzliche Widerstandsfähigkeit, die ihren Preis hat, bietet ein höheres Maß an Sicherheit für die Datenwiederherstellung, sollte das Undenkbare passieren und ein ganzes Rechenzentrum auf katastrophale Weise ausfallen.

Sie können für ein Speicherkonto entweder die Leistungsstufe Standard oder Premium verwenden, Mit einem Standardspeicherkonto können Sie beliebige Daten speichern (wie Sie im Rezept »Erforschen Sie Ihr Speicherkonto« auf Seite 395 sehen werden). Ein Premium-Konto stellt zusätzliche Features bereit, jedoch fallen hierbei höhere Kosten an.

Tags sind Name/Wert-Paare, mit denen Sie Ihre Ressourcen innerhalb Ihres Abonnements organisieren können. Weitere Informationen dazu, wie Sie Tags zum Organisieren Ihrer Azure-Ressourcen verwenden können, finden Sie unter `https://docs.microsoft.com/de-de/azure/azure-resource-manager/resource-group-using-Tags`.

Vorbereitungen

Dieses Rezept setzt voraus, dass Sie über ein Azure-Konto verfügen und dass Sie Ihr System mit dem Modul `Az` konfiguriert haben, was im Rezept »PowerShell mit Azure verwenden« auf Seite 385 beschrieben ist.

So wird's gemacht

1. Legen Sie die Werte einiger Variablen für dieses Rezept fest:

```
$Locname    = 'uksouth'          # Standort
$RgName     = 'oreilly_ps_rg'    # Name der Ressourcengruppe, die wir verwenden
$SAName     = 'oreillyps42sa'    # Name des Speicherkontos
```

2. Melden Sie sich bei Ihrem Azure-Konto an:

```
Connect-AzAccount
```

3. Erstellen Sie eine Ressourcengruppe mit Tags (Metadaten):

```
$RGTag  = [Ordered] @{Publisher='oreilly'}
$RGTag +=           @{Author='Thomas Lee'}
$RGHT = @{
  Name     = $RgName
  Location = $Locname
  Tag      = $RGTag
}
$RG = New-AzResourceGroup @RGHT
$RG
```

4. Zeigen Sie die Ressourcengruppe mitsamt der Tags an:

```
Get-AzResourceGroup -Name $RGName |
  Format-List -Property *
```

5. Prüfen Sie, ob der gewünschte Name für das Speicherkonto noch frei ist:

```
Get-AzStorageAccountNameAvailability $SAName
```

6. Erstellen Sie ein neues Speicherkonto innerhalb der weiter vorne erstellten Ressourcengruppe:

```
$SAHT = @{
  Name              = $SAName
  SkuName           = 'Standard_LRS'
  ResourceGroupName = $RgName
  Tag               = $RGTag
  Location          = $Locname
}
New-AzStorageAccount @SAHT
```

7. Rufen Sie Details zu dem Speicherkonto in dieser Ressourcengruppe ab:

```
$SA = Get-AzStorageAccount -ResourceGroupName $RgName
$SA |
  Format-List -Property *
```

8. Rufen Sie die primären Endpunkte dieses Speicherkontos ab:

```
$SA.PrimaryEndpoints
```

9. Zeigen Sie die `SKU` (Stock Keeping Unit) Ihres Speicherkontos an:

```
$SA.Sku
```

10. Zeigen Sie den Wert der Eigenschaft `Context` Ihres Speicherkontos an:

```
$SA.Context
```

So funktioniert's

In *Schritt 1* legen Sie den Wert einer Reihe von Variablen fest, die in diesem Rezept verwendet werden. In *Schritt 2* melden Sie sich bei Ihrem Azure-Konto an. Keiner dieser Schritte erzeugt in der PowerShell-Konsole eine Ausgabe.

In *Schritt 3* erstellen Sie eine neue Azure-Ressourcengruppe und weisen ihr einige Tags zu. Dieser Schritt erzeugt die folgende Ausgabe:

```
PS C:\foo> $RG = New-AzResourceGroup @RGHT
PS C:\foo> $RG

ResourceGroupName : oreilly_ps_rg
Location          : uksouth
ProvisioningState : Succeeded
Tags              :
                    Name       Value
                    =========  ==========
                    Publisher  oreilly
                    Author     Thomas Lee

ResourceId        : /subscriptions/71af3075-a00f-472f-a6d3-42cfe41e15ac/resourceGroups/oreilly_ps_rg
```

In *Schritt 4* rufen Sie die neu erstellte Ressourcengruppe ab und zeigen deren Eigenschaften an, was wie folgt aussieht:

```
PS C:\foo> Get-AzResourceGroup -Name $RGName |
             Format-List -Property *

ResourceGroupName : oreilly_ps_rg
Location          : uksouth
ProvisioningState : Succeeded
Tags              : {Publisher, Author}
TagsTable         :
                    Name       Value
                    =========  ==========
                    Publisher  oreilly
                    Author     Thomas Lee

ResourceId        : /subscriptions/71af3075-a00f-472f-a6d3-42cfe41e15ac/resourceGroups/oreilly_ps_rg
ManagedBy         :
```

Bevor Sie ein neues Speicherkonto erstellen, müssen Sie überprüfen, ob der gewünschte Name des Kontos noch verfügbar war, wie in *Schritt 5* gezeigt:

```
PS C:\foo> Get-AzStorageAccountNameAvailability $SAName

NameAvailable Reason Message
------------- ------ -------
         True
```

In *Schritt 6* erstellen Sie ein neues Speicherkonto:

```
PS C:\foo> $SAHT = @{
             Name              = $SAName
             SkuName           = 'Standard_LRS'
             ResourceGroupName = $RgName
             Tag               = $RGTag
             Location          = $Locname
           }
PS C:\foo> New-AzStorageAccount @SAHT

StorageAccountName ResourceGroupName Location SkuName      Kind      AccessTier CreationTime      ProvisioningState
------------------ ----------------- -------- -------      ----      ---------- ------------      -----------------
oreillyps42sa      oreilly_ps_rg     uksouth  Standard_LRS StorageV2 Hot        19.07.19 07:47:07 Succeeded
```

In *Schritt 7* verwenden Sie das Cmdlet `Get-AzStorageAccount`, um Details des Speicherkontos anzuzeigen, was wie folgt aussieht:

```
PS C:\foo> $SA = Get-AzStorageAccount -ResourceGroupName $RgName
PS C:\foo> $SA |
             Format-List -Property *

ResourceGroupName              : oreilly_ps_rg
StorageAccountName             : oreillyps42sa
Id                             : /subscriptions/71af3075-a00f-472f-a6d3-42cfe41e15ac/resourceGroups/oreil
                                 providers/Microsoft.Storage/storageAccounts/oreillyps42sa
Location                       : uksouth
Sku                            : Microsoft.Azure.Management.Storage.Models.Sku
Kind                           : StorageV2
Encryption                     : Microsoft.Azure.Management.Storage.Models.Encryption
AccessTier                     : Hot
CreationTime                   : 19.07.19 07:47:07
CustomDomain                   :
Identity                       :
LastGeoFailoverTime            :
PrimaryEndpoints               : Microsoft.Azure.Management.Storage.Models.Endpoints
PrimaryLocation                : uksouth
ProvisioningState              : Succeeded
SecondaryEndpoints             :
SecondaryLocation              :
StatusOfPrimary                : Available
StatusOfSecondary              :
Tags                           : {[Publisher, oreilly], [Author, Thomas Lee]}
EnableHttpsTrafficOnly         : True
AzureFilesIdentityBasedAuth    :
EnableHierarchicalNamespace    :
NetworkRuleSet                 : Microsoft.Azure.Commands.Management.Storage.Models.PSNetworkRuleSet
Context                        : Microsoft.WindowsAzure.Commands.Common.Storage.LazyAzureStorageContext
ExtendedProperties             : {}
```

In *Schritt 8* untersuchen Sie die primären Endpunkte für Ihr neu erstelltes Speicherkonto, was wie folgt aussieht:

```
PS C:\foo> $SA.PrimaryEndpoints

Blob  : https://oreillyps42sa.blob.core.windows.net/
Queue : https://oreillyps42sa.queue.core.windows.net/
Table : https://oreillyps42sa.table.core.windows.net/
File  : https://oreillyps42sa.file.core.windows.net/
Web   : https://oreillyps42sa.z33.web.core.windows.net/
Dfs   : https://oreillyps42sa.dfs.core.windows.net/
```

In *Schritt 9* zeigen Sie SKU für Ihr Speicherkonto an:

```
PS C:\foo> $SA.Sku

Name         : Standard_LRS
Tier         : Standard
ResourceType :
Kind         :
Locations    :
Capabilities :
Restrictions :
```

In *Schritt 10* zeigen Sie die Details der Eigenschaft `Context` Ihres Speicherkontos an, und erhalten diese Ausgabe:

```
PS C:\foo> $SA.Context

BlobEndPoint          : https://oreillyps42sa.blob.core.windows.net/
TableEndPoint         : https://oreillyps42sa.table.core windows.net/
QueueEndPoint         : https://oreillyps42sa.queue.core windows.net/
FileEndPoint          : https://oreillyps42sa.file.core.windows.net/
StorageAccount        : BlobEndpoint=https://oreillyps42sa.blob.core.windows.net/;QueueEndpoint=https://oreillyps42sa.q
                        ueue.core.windows.net/;TableEndpoint=https://oreillyps42sa.table.core.windows.net/;FileEndpoint
                        =https://oreillyps42sa.file.core.windows.net/;AccountName=oreillyps42sa;AccountKey=[key hidden]
StorageAccountName    : oreillyps42sa
Context               : Microsoft.WindowsAzure.Commands.Common.Storage.LazyAzureStorageContext
Name                  : oreillyps42sa
EndPointSuffix        : core.windows.net/
ConnectionString      : BlobEndpoint=https://oreillyps42sa.blob.core.windows.net/;QueueEndpoint=https://oreillyps42sa.q
                        ueue.core.windows.net/;TableEndpoint=https://oreillyps42sa.table.core.windows.net/;FileEndpoint
                        =https://oreillyps42sa.file.core.windows.net/;AccountName=oreillyps42sa;AccountKey=RJILbcdXiaWZ
                        zuUJvmyS6gQdDL5PSPH/Nl+1ILrUzea7UQhPjiMlBE2vbywiE2KS5eWwAwGBfP9jNQGTIcp69w==
ExtendedProperties    : {}
```

Weitere Informationen

In *Schritt 1* haben Sie einige Variablen definiert und ihnen die entsprechenden Werte zugewiesen. Wenn Sie diese Rezepte ausprobieren, stellen Sie möglicherweise fest, dass einige der hier verwendeten Namen bereits von anderen Azure-Kunden verwendet werden. Um diese und weitere Rezepte in diesem Kapitel auszuführen, müssen Sie diese Werte daher möglicherweise anpassen.

In *Schritt 2* verwenden Sie das Cmdlet `Connect-AzAccount`, um sich bei Azure anzumelden.

In *Schritt 6* haben Sie ein neues Speicherkonto erstellt, jedoch erst, nachdem Sie geprüft haben, ob der Name des Speicherkontos gültig und noch verfügbar ist. Bei Azure muss der Name des Speicherkontos (ein wichtiger Teil der URIs, die PowerShell zum Herstellen einer Verbindung mit Azure verwendet) global eindeutig sein. Daher können keine zwei Azure-Kunden auf der Welt dieselben Namen für ein Speicherkonto verwenden. Um sicherzustellen, dass der gewünschte Name des Speicherkontos verwendet werden kann, testen Sie in *Schritt 5* mit dem Cmdlet `Get-AzStorageAccountNameAvailability`, ob der

Name tatsächlich zulässig ist. Wenn der Name ungültig ist, müssen Sie einen anderen Namen für das Speicherkonto festlegen und dieses Rezept sowie die weiteren Rezepte in diesem Kapitel entsprechend ändern.

Siehe auch …

Ressourcengruppen sind ein fundamentaler Bestandteil der Azure Resource Management-API. Eine gute Einführung in die Azure Resource Management-API finden Sie unter `https://docs.microsoft.com/de-de/azure/storage/common/storage-introduction`.

Das Speichern von Daten in Azure ist zum einen ziemlich komplex und unterscheidet sich zum anderen deutlich von anderen lokalen Speicherlösungen. Sehen Sie sich `https://docs.microsoft.com/de-de/azure/storage/common/storage-introduction` an, um eine Einführung in Azure Storage zu erhalten.

Erforschen Sie Ihr Speicherkonto

Viele Azure-Ressourcen verwenden Azure Storage. Wenn Sie z.B. eine Azure-VM erstellen, speichern Sie die VHD-Datei in Azure Storage. Azure Speicherkonten können unterschiedliche Datentypen enthalten, wobei die Mechanismen für die Verwaltung der einzelnen Datentypen unterschiedlich sind.

Darüber hinaus bietet das Speicherkonto sowohl Skalierbarkeit als auch Datenbeständigkeit und Ausfallsicherheit. Azure Storage verwaltet fünf verschiedene Datentypen:

- **Binary Large Object** (**Blob**)
- Tabelle
- Warteschlange
- Datei
- Datenträger

Blobs sind unstrukturierte Daten, die Sie in Azure speichern. Blobspeicher kann jede Art von Daten in jeder Form enthalten. Dies können MP4-Filme, ISO-Images, VHD-Laufwerke, JPG-Dateien usw. sein. Einzelne Blobs befinden sich in Blobcontainern, die Dateispeicherordnern entsprechen, jedoch nur sehr eingeschränkt verschachtelt werden können.

Azure unterscheidet drei Arten von Blobs: Blockblobs, Anfügeblobs und Seitenblobs. Blockblobs sind physisch für das Speichern von Dokumenten in der Cloud und für Streaminganwendungen optimiert. Anfügeblobs sind für Anfügevorgänge optimiert und eignen sich für die Protokollierung. Seitenblobs sind für Lese-/Schreibvorgänge optimiert – so werden für Azure-VHDs beispielsweise immer Seitenblobs verwendet. Weitere Informationen zu den verschiedenen Blobtypen finden Sie unter `https://docs.microsoft.com/azure/storage/blobs/storage-blobs-introduction`.

Eine Azure-Tabelle ist ein nicht relationales Speichersystem, das Schlüssel/Wert-Paare verwendet. Sie können Azure-Tabellen zum Speichern unstrukturierter oder teilweise strukturierter Daten verwenden. Dies steht im Gegensatz zu einer SQL-Tabelle, die hoch normalisierte Daten enthält. Eine Tabelle besteht aus einer Gruppierung von Entitäten. Weitere Informationen zu Azure Table Storage finden Sie unter `https://azure.microsoft.com/services/storage/tables`.

Eine Azure-Warteschlange ist eine dauerhafte Nachrichtenwarteschlangenfunktion, die zum Implementieren skalierbarer Anwendungen verwendet wird. Bei Nachrichtenwarteschlangen kann ein Teil einer Anwendung eine Transaktion in die Warteschlange schreiben, die dann von einem anderen Teil der

Anwendung verarbeitet wird. Eine Warteschlange ermöglicht es Ihnen, Anwendungskomponenten für die unabhängige Skalierung zu entkoppeln und eine höhere Ausfallsicherheit zu bieten. Weitere Informationen zu Azure-Warteschlangen finden Sie unter `https://azure.microsoft.com/services/storage/queues`.

Das Azure-Dateifeature (Azure Files) bietet einfachen plattformübergreifenden Dateispeicher, auf den Sie mit SMB zugreifen können. Auf diese Weise können Sie SMB-Dateifreigaben in der Cloud erstellen, verwenden und darauf zugreifen, genau wie Sie auf lokale SMB-Freigaben zugreifen würden. Azure Files unterstützen SMB 2.1 und 3.0, wodurch Sie auch ohne Weiteres ältere Anwendungen migrieren können, die auf Dateifreigaben basieren. Weitere Informationen zum Azure-Dateispeicher finden Sie unter `https://azure.microsoft.com/services/storage/files`.

Der Datenträgerspeicher von Azure bietet dauerhafte, hochsichere Festplattenoptionen, insbesondere für Azure-VMs. Azure-Datenträger sind für eine niedrige Latenz und einen hohen Durchsatz ausgelegt. Sie können sowohl herkömmliche Festplattenlaufwerke als auch SSD-Datenträger bereitstellen, die eine bessere E/A-Leistung für E/A-intensive Anwendungen bieten. Weitere Informationen zum Azure-Datenträgerspeicher finden Sie unter `https://azure.microsoft.com/services/storage/disks`.

Die Storage-Features entwickeln sich ständig weiter, und im Laufe der Zeit stehen weitere Optionen zur Verfügung. Weitere Details sowie einen Überblick zu Azure Storage finden Sie unter `https://docs.microsoft.com/azure/storage/common/storage-introduction`.

Wie bereits erwähnt, benennen Sie Ihr Speicherkonto auf der Grundlage eines globalen Namensschemas, das auf HTTPS-URLs basiert. Das Azure REST-API basiert auf URLs, um die Azure-Ressourcen in Ihren Ressourcengruppen zu verwalten. Alle Speicherkonten werden benannt, indem das Speicherkonto, der Datentyp, der Containername und der Dateiname angegeben werden. Das Format für ein Blob ist wie folgt:

```
https://<NameDesSpeicherkontos>.<Datentyp>.core.windows.net/...
```

Vorbereitungen

Führen Sie dieses Rezept auf dem Windows 10-Client `CL1` aus, den Sie weiter vorne mit dem Rezept »PowerShell mit Azure verwenden« auf Seite 385 konfiguriert haben.

So wird's gemacht

1. Definieren Sie die im Rezept verwendeten Variablen:

   ```
   $Locname    = 'uksouth'          # Standort
   $RgName     = 'oreilly_ps_rg'    # Name der Ressourcengruppe, die wir verwenden
   $SAName     = 'oreillyps42sa'    # Name des Speicherkontos
   $CName      = 'pskochbuch'       # Name des ersten Blobcontainers
   $CName2     = 'pskochbuch2'      # Name eines zweiten Blobcontainers
   ```

2. Melden Sie sich mit Ihrem Azure-Konto an

   ```
   Connect-AzAccount
   ```

3. Stellen Sie sicher, dass die Ressourcengruppe und das Speicherkonto vorhanden sind:

   ```
   $RGHT = @{
       Name   = $RgName
       ErrorAction =  'SilentlyContinue'
   }
   ```

```
$RG = Get-AzResourceGroup  @RGHT
if (-not $RG) {
  $RGTag  = [Ordered] @{Publisher='oreilly'}
  $RGTag +=           @{Author='Thomas Lee'}
  $RGHT2 = @{
    Name     = $RgName
    Location = $Locname
    Tag      = $RGTag
}
  $RG = New-AzResourceGroup @RGHT2
  "Ressourcengruppe $RgName wurde erstellt"
}
$SAHT = @{
    Name              = $SAName
    ResourceGroupName = $RgName
    ErrorAction       = 'SilentlyContinue'
}
$SA = Get-AzStorageAccount @SAHT
if (-not $SA) {
    $SATag = [Ordered] @{Publisher = 'oreilly'}
    $SATag += @{Author = 'Thomas Lee'}
    $SAHT = @{
        Name              = $SAName
        ResourceGroupName = $RgName
        Location          = $Locname
        Tag               = $SATag
        SkuName           = 'Standard_LRS'
    }
    $SA = New-AzStorageAccount  @SAHT
    "Speicherkonto $SAName wurde erstellt"
}
```

4. Rufen Sie die Zugriffsschlüssel des Speicherkontos ab und zeigen Sie sie an:

```
$SAKHT = @{
    Name              = $SAName
    ResourceGroupName = $RgName
}
$Sak = Get-AzStorageAccountKey  @SAKHT
$Sak
```

5. Extrahieren Sie das Kennwort des ersten Zugriffsschlüssels:

```
$Key = ($Sak | Select-Object -First 1).Value
```

6. Erstellen Sie einen neuen Kontext für das Speicherkonto, der die Anmeldeinformationen für das Speicherkonto kapselt:

```
$SCHT = @{
    StorageAccountName = $SAName
    StorageAccountKey = $Key
}
$SACon = New-AzStorageContext @SCHT
$SACon
```

7. Erstellen Sie zwei Blobcontainer:

```
$CHT = @{
  Context    = $SACon
  Permission = 'Blob'
}
New-AzStorageContainer -Name $CName @CHT
New-AzStorageContainer -Name $CName2 @CHT
```

8. Zeigen Sie die beiden Blobcontainer an:

```
Get-AzStorageContainer -Context $SACon |
  Select-Object -ExpandProperty CloudBlobContainer
```

9. Erstellen Sie ein Blob und laden Sie es in den Container hoch:

```
'Dies ist ein kleines Azure Blob!!' | Out-File .\azurefile.txt
$BHT = @{
  Context = $SACon
  File = '.\azurefile.txt'
  Container = $CName
}
$Blob = Set-AzStorageBlobContent  @BHT
$Blob
```

10. Bauen Sie die URL des Blobs zusammen und zeigen Sie sie an:

```
$BlobUrl = "$($Blob.Context.BlobEndPoint)$CName/$($Blob.name)"
$BlobUrl
```

11. Öffnen Sie die URL im Internet Explorer:

```
$IE = New-Object -ComObject InterNetExplorer.Application
$IE.Navigate2($BlobUrl)
$IE.Visible = $true
```

So funktioniert's

In *Schritt 1* definieren Sie einige Variablen, die im Rezept verwendet werden, und in *Schritt 2* melden Sie sich bei Ihrem Azure-Konto an. Diese beiden Schritte erzeugen keine Ausgabe.

In *Schritt 3* stellen Sie sicher, dass die Ressourcengruppe und das Speicherkonto vorhanden sind; falls dies nicht der Fall ist, werden sie erstellt. Wenn Sie das vorherige Rezept »Azure-Kernressourcen erstellen« auf Seite 390 erfolgreich abgeschlossen haben, erzeugt dieser Schritt keine Ausgabe. Eine Meldung, die angibt, dass die Ressourcengruppe und/oder das Speicherkonto nicht gefunden oder erstellt wurden, wird ausgegeben, sollten diese Ressourcen nicht gefunden werden.

In *Schritt 4* rufen Sie die Zugriffsschlüssel des Speicherkontos ab und zeigen sie an, was so aussieht:

```
PS C:\foo> $SAKHT = @{
             Name              = $SAName
             ResourceGroupName = $RgName
           }
PS C:\foo> $Sak = Get-AzStorageAccountKey  @SAKHT
PS C:\foo> $Sak

KeyName Value                                                                                     Permissions
------- -----                                                                                     -----------
key1    RJILbcdXiaWZzuUJvmyS6gQdDL5PSPH/Nl+1ILrUzea7UQhPjiMlBE2vbywiE3KS5eWwAwGBfP9jNQGTIcp69w==         Full
key2    r3qRJyMJOJQelUgJZJ8ODGdM4213+DCmY9ujkMOMEw3xfOZ2YMnZ9yh5c5Qm20/yxrUtPuI4dfZJoq9DPmtjCw==         Full
```

In *Schritt 5* extrahieren Sie aus dem ersten Zugriffsschlüssel das Kennwort; dies erzeugt keine Ausgabe. Mit diesem Kennwort erstellen Sie in *Schritt 6* einen Kontext für das Speicherkonto und zeigen ihn an, was wie folgt aussieht:

```
PS C:\foo> $SCHT = @{
             StorageAccountName = $SAName
             StorageAccountKey = $Key
           }
PS C:\foo> $SACon = New-AzStorageContext @SCHT
PS C:\foo> $SACon

StorageAccountName   : oreillyps42sa
BlobEndPoint         : https://oreillyps42sa.blob.core.windows.net/
TableEndPoint        : https://oreillyps42sa.table.core.windows.net/
QueueEndPoint        : https://oreillyps42sa.queue.core.windows.net/
FileEndPoint         : https://oreillyps42sa.file.core.windows.net/
Context              : Microsoft.WindowsAzure.Commands.Storage.AzureStorageContext
Name                 :
StorageAccount       : BlobEndpoint=https://oreillyps42sa.blob.core.windows.net/;QueueEndpoint=https://oreillyps42sa.
                       queue.core.windows.net/;TableEndpoint=https://oreillyps42sa.table.core.windows.net/;FileEndpoi
                       nt=https://oreillyps42sa.file.core.windows.net/;AccountName=oreillyps42sa;AccountKey=[key
                       hidden]
TableStorageAccount  : BlobEndpoint=https://oreillyps42sa.blob.core.windows.net/;QueueEndpoint=https://oreillyps42sa.
                       queue.core.windows.net/;TableEndpoint=https://oreillyps42sa.table.core.windows.net/;FileEndpoi
                       nt=https://oreillyps42sa.file.core.windows.net/;DefaultEndpointsProtocol=https
EndPointSuffix       : core.windows.net/
ConnectionString     : BlobEndpoint=https://oreillyps42sa.blob.core.windows.net/;QueueEndpoint=https://oreillyps42sa.
                       queue.core.windows.net/;TableEndpoint=https://oreillyps42sa.table.core.windows.net/;FileEndpoi
                       nt=https://oreillyps42sa.file.core.windows.net/;AccountName=oreillyps42sa;AccountKey=RJILbcdXi
                       aWZzuUJvmyS6gQdDL5PSPH/Nl+1ILrUzea7UQhPjiMlBE2vbywiE2KS5eWwAwGBfP9jNQGTIcp69w==
ExtendedProperties   : {}
```

In *Schritt 7* verwenden Sie den Speicherkontokontext (der die Anmeldeinformationen kapselt), um zwei Azure-Blobcontainer zu erstellen:

```
PS C:\foo> $CHT = @{
             Context    = $SACon
             Permission = 'Blob'
           }
PS C:\foo> New-AzStorageContainer -Name $CName @CHT
PS C:\foo> New-AzStorageContainer -Name $CName2 @CHT


   Blob End Point: https://oreillyps42sa.blob.core.windows.net/

Name                PublicAccess        LastModified
----                ------------        ------------
pskochbuch          Blob                19.07.19 10:08:13 +00:00
pskochbuch2         Blob                19.07.19 10:08:13 +00:00
```

In *Schritt 8* rufen Sie die vorhandenen Blobcontainer an, was wie folgt aussieht:

```
PS C:\foo> Get-AzStorageContainer -Context $SACon |
             Select-Object -ExpandProperty CloudBlobContainer

   Blob End Point: https://oreillyps42sa.blob.core.windows.net/

Name                 Uri                                                         LastModified
----                 ---                                                         ------------
pskochbuch           https://oreillyps42sa.blob.core.windows.net/pskochbuch      2019-07-19 10:08:13Z
pskochbuch2          https://oreillyps42sa.blob.core.windows.net/pskochbuch2     2019-07-19 10:08:13Z
```

In *Schritt 9* erstellen Sie mithilfe des Cmdlets `Set-AzStorageBlobContent` ein neues Azure-Blob. Die Ausgabe sieht wie folgt aus:

```
PS C:\foo> 'Dies ist ein kleines Azure Blob!!' | Out-File .\azurefile.txt
PS C:\foo> $BHT = @{
             Context = $SACon
             File = '.\azurefile.txt'
             Container = $CName
           }
PS C:\foo> $Blob = Set-AzStorageBlobContent  @BHT
PS C:\foo> $Blob

   Container Uri: https://oreillyps42sa.blob.core.windows.net/pskochbuch

Name                BlobType  Length           ContentType                LastModified           AccessTier Snapsh
                                                                                                            otTime
----                --------  ------           -----------                ------------           ---------- ------
azurefile.txt       BlockBlob 72               application/octet-stream   2019-07-19 10:09:33Z   Hot
```

In Schritt 10 erzeugen Sie eine URL für das Blob, was wie folgt aussieht:

```
PS C:\foo> $BlobUrl = "$($Blob.Context.BlobEndPoint)$CName/$($Blob.name)"
PS C:\foo> $BlobUrl
https://oreillyps42sa.blob.core.windows.net/pskochbuch/azurefile.txt
```

Abschließend zeigen Sie den Inhalt des Blobs im Internet Explorer an und erhalten diese Ausgabe:

Weitere Informationen

In *Schritt 4* rufen Sie die Speicherkontoschlüssel für Ihr Speicherkonto ab. Die Eigenschaft `Value` jedes Schlüssels ist im Grunde ein Kennwort für Ihr Azure-Speicherkonto. Da Ihnen zwei Schlüssel zur Verfügung stehen, können Sie Ihre Schlüsselwerte regelmäßig neu regenerieren und wechseln. In *Schritt 5* erhalten Sie diesen Wert für den ersten Zugriffsschlüssel.

In *Schritt 6* erstellen Sie einen Speicherkontext für das Speicherkonto. Dieses Objekt kapselt die Details des Speicherkontos, einschließlich des Speicherkontoschlüssels, den Sie im vorherigen Schritt abgerufen haben.

In *Schritt 7* und *Schritt 8* erstellen Sie zwei Blobcontainer und zeigen deren URLs an. Ein Container ist ein einstufiges, ordnerähnliches Objekt, das Ihre Blobs enthält. In *Schritt 9* haben Sie ein einfaches Blob erstellt, und wie Sie an der Ausgabe sehen können, handelt es sich um ein Blockblob, dessen Inhalt nur aus einem Octet-Stream besteht.

Erstellen einer SMB-Dateifreigabe in Azure Files

Azure bietet Ihnen die Möglichkeit, mit einem Azure-Speicherkonto SMB-Freigaben zu erstellen. Diese SMB-Freigaben entsprechen den lokalen SMB-Freigaben, die Sie in Kapitel 5 verwendet haben. Der Hauptunterschied besteht darin, wie Sie sie erstellen und welche Anmeldeinformationen Sie für den Zugriff auf die Freigaben verwenden.

Bevor ein SMB-Client auf Daten zugreifen kann, die sich in einer SMB-Freigabe befinden, muss sich der SMB-Client beim SMB-Server authentifizieren. Bei Windows-basierten Freigaben verwenden Sie zur Authentifizierung entweder Anmeldeinformationen, die aus einer Benutzer-ID und einem Kennwort bestehen oder Kerberos, wenn sich der SMB-Client in einer Domänenumgebung befindet. Bei Azure verwenden Sie den Namen des Speicherkontos als Benutzer-ID und den Speicherkontozugriffsschlüssel als Kennwort.

Das Speicherkonto stellt Ihnen zwei Speicherschlüssel zur Verfügung; den primären und den sekundären Speicherschlüssel, die die phantasiereichen Namen `key1` und `key2` besitzen. Die Werte beider Schlüssel sind gültige Kennwörter für Azure SMB-Dateifreigaben. Dank dieser beiden Schlüssel können Sie eine regelmäßige Schlüsselrotation durchführen. Wenn Ihre Anwendung den Wert `key1` verwendet, können Sie die Anwendung neu konfigurieren, um den Wert von `key2` als Kennwort der Freigabe zu verwenden, und dann den Wert von `key1` neu generieren lassen. Einige Zeit später wiederholen Sie diese Aktion: Ändern Sie die Anwendung so ab, dass sie den Wert von `key1` verwendet, und generieren Sie dann `key2` neu. Dies bietet Ihnen ein sofortiges Schlüsselupdate, falls Sie es benötigen. Mit dem Wert eines der beiden Schlüssel können Sie ganz einfach SMB-Freigaben erstellen, auf die direkt über das Internet zugegriffen werden kann.

Eine Azure-SMB-Freigabe und ein Azure-Blob unterscheiden sich darin, wie Sie hierauf zugreifen: Sie greifen auf ein Blob über HTTP zu, während Sie für eine Azure-Dateifreigabe die Standard-SMB-Netzwerkbefehle nutzen, die Sie in Kapitel 5, »Freigegebene Daten verwalten«, verwendet haben.

Blobs und Dateien unterscheiden sich außerdem darin, dass Sie bei Blobs nur eine einzelne Ordnerebene haben, und zwar die des Containers haben. Bei Azure Files können Sie so viele Ordner erstellen, wie Sie möchten.

Bei der Verwendung von Azure SMB-Freigaben ist der Speicherschlüssel das Kennwort für die Freigabe, und der Name des Speicherkontos ist die Benutzer-ID. Wie bei allen Anmeldeinformationen sollten Sie Vorsicht walten lassen, wenn Sie den Kontoschlüssel in den Code aufnehmen.

In diesem Rezept verwenden Sie die Ressourcengruppe und das Speicherkonto, die wir zuvor erstellt haben (im Rezept »Azure-Kernressourcen erstellen« auf Seite 390). Dieses Rezept überprüft, ob diese vorhanden sind, und erstellt sie, wenn sie nicht verfügbar sind.

Vorbereitungen

Dieses Rezept verwendet den Host `CL1`, den Sie im Rezept »PowerShell mit Azure verwenden« auf Seite 385 eingerichtet haben.

So wird's gemacht

1. Definieren Sie die Variablen:

```
$Locname   = 'uksouth'          # Standort
$RgName    = 'oreilly_ps_rg'    # Name der Ressourcengruppe, die wir verwenden
$SAName    = 'oreillyps42sa'    # Name des Speicherkontos
$ShareName = 'pskochbuch'       # Nur Kleinbuchstaben erlaubt!
```

2. Melden Sie sich mit Ihrem Azure-Konto an:

```
Connect-AzAccount
```

3. Erstellen Sie einen Speicherkontext:

```
$SA = Get-AzStorageAccount -ResourceGroupName $Rgname
$SAKHT = @{
  Name              = $SAName
  ResourceGroupName = $RgName
}
$Sak = Get-AzStorageAccountKey @SAKHT
$Key = ($Sak | Select-Object -First 1).Value
$SCHT = @{
  StorageAccountName = $SAName
  StorageAccountKey  = $Key
}
$SACon = New-AzStorageContext @SCHT
```

4. Fügen Sie dem lokalen Speicher für die Anmeldeinformationsverwaltung die Anmeldeinformationen für die Azure SMB-Freigaben hinzu:

```
$T = "$SAName.file.core.windows.net"
cmdkey /add:$T /user:"AZURE\$SAName" /pass:$Key
```

5. Erstellen Sie die Azure-SMB-Freigabe:

```
New-AzStorageShare -Name $ShareName -Context $SACon
```

6. Prüfen Sie, ob auf die Freigabe zugegriffen werden kann:

```
$TNCHT = @{
  ComputerName = "$SAName.file.core.windows.net"
  Port         = 445
}
Test-NetConnection @TNCHT
```

7. Ordnen Sie die Azure-SMB-Dateifreigabe dem Laufwerksbuchstaben `Z:` zu:

```
$Mount = 'Z:'
$Rshare = "\\$SaName.file.core.windows.net\$ShareName"
$SMHT = @{
  LocalPath  = $Mount
  RemotePath = $Rshare
  UserName   = $SAName
  Password   = $Key
}
New-SmbMapping @SMHT
```

8. Sehen Sie sich die Freigabe in Azure an:

```
Get-AzStorageShare -Context $SACon  |
  Format-List -Property *
```

9. Zeigen Sie die lokalen SMB-Zuordnungen an:

```
Get-SmbMapping
```

10. Verwenden Sie die neue Freigabe und erstellen Sie dort eine Datei:

```
New-Item -Path Z:\Foo -ItemType Directory | Out-Null
'Azure und PowerShell rocken!!!' |
  Out-File -FilePath Z:\Foo\recipe.txt
```

11. Rufen Sie den Inhalt der Datei ab:

```
Get-Content -Path Z:\Foo\recipe.txt
```

So funktioniert's

In *Schritt 1* legen Sie die Werte für die Variablen fest, die in diesem Rezept verwendet werden. In *Schritt 2* melden Sie sich bei Ihrem Azure-Konto an. In *Schritt 3* rufen Sie den Zugriffsschlüssel des Speicherkontos ab und erstellen den Speicherkontext. Diese drei Schritte erzeugen keine Ausgabe.

In *Schritt 4* fügen Sie die Anmeldeinformationen für Azure Files mithilfe von `cmdkey.exe` in den lokalen Speicher der Anmeldeinformationsverwaltung ein, was wie folgt aussieht:

```
PS C:\foo> $T = "$SAName.file.core.windows.net"
PS C:\foo> cmdkey /add:$T /user:"AZURE\$SAName" /pass:$Key

CMDKEY: Die Anmeldeinformationen wurden hinzugefügt.
```

In *Schritt 5* erstellen Sie mit dem Cmdlet `New-AzStorageShare` eine neue Dateifreigabe auf Azure Files:

```
PS C:\foo> New-AzStorageShare -Name $ShareName -Context $SACon

   File End Point: https://oreillyps42sa.file.core.windows.net/

Name           LastModified        IsSnapshot       SnapshotTime
----           ------------        ----------       ------------
pskochbuch     19.07.19 15:15... False
```

In *Schritt 6* prüfen Sie die Verbindung über den SMB-Port (445) mit dem Azure-Speicherserver, auf dem die neue Freigabe gehostet wird. Die Ausgabe sieht wie folgt aus:

```
PS C:\foo> $TNCHT = @{
             ComputerName = "$SAName.file.core.windows.net"
             Port         = 445
           }
PS C:\foo> Test-NetConnection @TNCHT

WARNING: Ping to oreillyps42sa.file.core.windows.net failed -- Status: TimedOut

ComputerName           : oreillyps42sa.file.core.windows.net
RemoteAddress          : 52.239.187.40
RemotePort             : 445
InterfaceAlias         : LAN-Verbindung
SourceAddress          : 10.10.10.181
PingSucceeded          : False
PingReplyDetails (RTT) : 0 ms
TcpTestSucceeded       : True
```

Als Nächstes erstellen Sie in *Schritt 7* eine SMB-Zuordnung, die das Laufwerk `Z:` Ihrer neuen Freigabe zuordnet, was wie folgt aussieht:

```
PS C:\foo> $Mount = 'Z:'
PS C:\foo> $Rshare = "\\$SaName.file.core.windows.net\$ShareName"
PS C:\foo> $SMHT = @{
             LocalPath  = $Mount
             RemotePath = $Rshare
             UserName   = $SAName
             Password   = $Key
           }
PS C:\foo> New-SmbMapping @SMHT

Status Local Path Remote Path
------ ---------- -----------
OK     Z:         \\oreillyps42sa.file.core.windows.net\pskochbuch
```

In *Schritt 8* sehen Sie sich die Freigabe in Azure an, was wie folgt aussieht:

```
PS C:\foo> Get-AzStorageShare -Context $SACon  |
             Format-List -Property *

ServiceClient                  : Microsoft.Azure.Storage.File.CloudFileClient
Uri                            : https://oreillyps42sa.file.core.windows.net/pskochbuch
StorageUri                     : Primary = 'https://oreillyps42sa.file.core.windows.net/pskochbuch'; Secondary = ''
SnapshotTime                   :
IsSnapshot                     : False
SnapshotQualifiedUri           : https://oreillyps42sa.file.core.windows.net/pskochbuch
SnapshotQualifiedStorageUri    : Primary = 'https://oreillyps42sa.file.core.windows.net/pskochbuch'; Secondary = ''
Name                           : pskochbuch
Metadata                       : {}
Properties                     : Microsoft.Azure.Storage.File.FileShareProperties
```

In *Schritt 9* zeigen Sie die lokalen SMB-Zuordnungen an, die wie folgt aussehen:

```
PS C:\foo> Get-SmbMapping

Status Local Path Remote Path
------ ---------- -----------
OK     Z:         \\oreillyps42sa.file.core.windows.net\pskochbuch
```

In *Schritt 10* erstellen Sie in der neuen Freigabe einen Ordner und in diesem Ordner eine kleine Datei. Dieser Schritt erzeugt keine Ausgabe. In *Schritt 11* verwenden Sie `Get-Content`, um den Inhalt der Datei abzurufen, was wie folgt aussieht:

```
PS C:\foo> Get-Content -Path Z:\Foo\recipe.txt
Azure und PowerShell rocken!!!
```

Weitere Informationen

In *Schritt 1* erstellen Sie die Variablen, die die Namen der Azure-Objekte enthalten, die Sie in diesem Rezept verwenden. Die Variable `$Locname` enthält den Namen der Azure-Region, in der Sie Ihr Speicherkonto erstellen; Sie können hier auch einen anderen näherliegenden Standort angeben, wenn Sie möchten.

In *Schritt 3* erstellen Sie ein Objekt für den Speicherkontext. Das Kontextobjekt kapselt die Anmeldeinformationen für Ihr Speicherkonto.

Sie haben in *Schritt 4* `cmdkey.exe` verwendet, um die Anmeldeinformationen für das Azure-Speicherkonto auf dem lokalen Computer zu speichern. Weitere Informationen zu `cmdkey` finden Sie unter `https://technet.microsoft.com/en-us/library/cc754243(v=ws.11).aspx`. Sie können das Dienstprogramm `cmdkey` auch verwenden, um alle gespeicherten Anmeldeinformationen aufzulisten (`cmdkey /list`).

Eine Azure-Website erstellen

Azure bietet eine Reihe von Möglichkeiten, wie Sie umfangreiche Web- und mobile Anwendungen in der Cloud erstellen können. Sie können Ihre eigenen virtuellen Computer einrichten, IIS installieren und Ihre Webanwendung hinzufügen. Wenn Ihre Anwendung Daten speichern muss, können Sie eine separate SQL Server-VM erstellen (oder eine Azure SQL-Datenbank als verwaltete PaaS-Datenbank-Engine (Platform-as-a-Service) verwenden).

Eine einfachere Möglichkeit ist das Erstellen einer Azure Web-App. Azure Web-Apps ermöglicht es Ihnen, umfangreiche Websites und Webanwendungen zu erstellen, bereitzustellen und zu verwalten. Sie können in diesen Anwendungen Frameworks wie .NET, Node.js, PHP und Python verwenden und jede Datenbanksoftware, die Ihren Anforderungen entspricht. Eine Azure Web-App kann eine einfache statische HTML-Site sein oder eine umfangreiche Mehrschicht-Anwendung (multi-tier application), die sowohl auf Web- als auch auf mobilen Plattformen verwendet werden kann. Sie haben viele Möglichkeiten.

In diesem Rezept erstellen Sie eine einfache einseitige statische Website. Sie laden die Seite per FTP hoch. Das Drittanbietermodul PSFTP vereinfacht den Upload.

Vorbereitungen

Sie führen dieses Rezept auf dem Windows 10-Client `CL1` aus, den Sie im Rezept »PowerShell mit Azure verwenden« auf Seite 385 eingerichtet haben. Dieses Rezept verwendet den Ordner `C:\foo`, der auf `CL1` bereits vorhanden sein sollte.

So wird's gemacht

1. Definieren Sie die Variablen, die in diesem Rezept verwendet werden:

```
$Locname    = 'uksouth'            # Standort
$RgName     = 'oreilly_ps_rg'      # Name der Ressourcengruppe, die wir verwenden
$SAName     = 'oreillyps42sa'      # Name des Speicherkontos
$AppSrvName = 'pskochbuch42'
$AppName    = 'pskochbuch42website'
```

2. Melden Sie sich bei Ihrem Azure-Konto an:

```
Connect-AzAccount
```

3. Stellen Sie sicher, dass die Ressourcengruppe erstellt ist:

```
$RGHT1 = @{
  Name        = $RgName
  ErrorAction = 'Silentlycontinue'
}
$RG = Get-AzResourceGroup @RGHT1
```

```
if (-not $RG) {
  $RGTag  = [Ordered] @{Publisher='oreilly'}
  $RGTag +=           @{Author='Thomas Lee'}
  $RGHT2 = @{
    Name     = $RgName
    Location = $Locname
    Tag      = $RGTag
  }
  $RG = New-AzResourceGroup @RGHT2
  Write-Host "Ressourcengruppe $RgName wurde erstellt"
}
```

4. Stellen Sie sicher, dass das Speicherkonto existiert:

```
$SAHT = @{
  Name              = $SAName
  ResourceGroupName = $RgName
  ErrorAction       = 'SilentlyContinue'
}
$SA = Get-AzStorageAccount @SAHT
if (-not $SA) {
  $SATag  = [Ordered] @{Publisher='oreilly'}
  $SATag +=           @{Author='Thomas Lee'}
  $SAHT = @{
    Name              = $SAName
    ResourceGroupName = $RgName
    Location          = $Locname
    Tag               = $SATag
    SkuName           = 'Standard_LRS'
  }
  $SA = New-AStorageAccount @SAHT
  "Speicherkonto $SAName wurde erstellt"
}
```

5. Erstellen Sie einen App Service-Plan:

```
$SPHT = @{
     ResourceGroupName   = $RgName
     Name                = $AppSrvName
     Location            = $Locname
     Tier               =  'Free'
}
New-AzAppServicePlan @SPHT |  Out-Null
```

6. Zeigen Sie den App Service-Plan an:

```
$PHT = @{
  ResourceGroupName = $RGname
  Name              = $AppSrvName
}
Get-AzAppServicePlan @PHT
```

7. Erstellen Sie eine Azure Web-App:

```
$WAHT = @{
  ResourceGroupName = $RgName
  Name              = $AppName
  AppServicePlan    = $AppSrvName
```

```
  Location          = $Locname
}
New-AzWebApp @WAHT |  Out-Null
```

8. Zeigen Sie Details der Anwendung an:

```
$WebApp = Get-AzWebApp -ResourceGroupName $RgName -Name $AppName
$WebApp |
  Format-Table -Property Name, State, Hostnames, Location
```

9. Öffnen Sie die Website im Internet Explorer:

```
$SiteUrl = "https://$($WebApp.DefaultHostName)"
$IE  = New-Object -ComObject InterNetExplorer.Application
$IE.Navigate2($SiteUrl)
$IE.Visible = $true
```

10. Installieren Sie das Modul PSFTP:

```
Install-module PSFTP -Force | Out-Null
Import-Module PSFTP
```

11. Rufen Sie das Veröffentlichungsprofil als XML ab und zeigen Sie es an:

```
$APHT = @{
  ResourceGroupName = $RgName
  Name              = $AppName
  OutputFile        = 'C:\Foo\pdata.txt'
}
$x = [xml] (Get-AzWebAppPublishingProfile @APHT)
$x.publishData.publishProfile[1]
```

12. Extrahieren Sie aus dem Veröffentlichungsprofil die FTP-Anmeldeinformationen sowie die URL der FTP-Site:

```
$UserName = $x.publishData.publishProfile[1].userName
$UserPwd  = $x.publishData.publishProfile[1].userPWD
$Site     = $x.publishData.publishProfile[1].publishUrl
```

13. Stellen Sie eine Verbindung zur FTP-Site her:

```
$FTPSN  = 'FTPtoAzure'
$PS     = ConvertTo-SecureString $UserPWD -AsPlainText -Force
$T      = 'System.Management.automation.PSCredentiaL'
$Cred   = New-Object -TypeName $T -ArgumentList $UserName,$PS
$FTPHT  = @{
  Credentials = $Cred
  Server      = $Site
  Session     = $FTPSN
  UsePassive  = $true
}
Set-FTPConnection @FTPHT
$Session = Get-FTPConnection -Session $FTPSN
```

14. Erstellen Sie eine Webseite und laden Sie diese hoch:

```
'Meine erste Azure-Website' | Out-File -FilePath C:\Foo\Index.Html
$Filename = 'C:\foo\index.html'
$IHT = @{
  Path        = '/'
```

```
    LocalPath  = 'C:\foo\index.html'
    Session    = $FTPSN
  }
  Add-FTPItem @IHT
```

15. Zeigen Sie die Website im Standardbrowser (hier Microsoft Edge) an:

```
$SiteUrl = "https://$($WebApp.DefaultHostName)"
Start-Process -FilePath $SiteUrl
```

So funktioniert's

In *Schritt 1* legen Sie die Variablen fest, die Sie in diesem Rezept verwenden. In *Schritt 2* melden Sie sich bei Azure an. In *Schritt 3* stellen Sie sicher, dass die Ressourcengruppe erstellt wurde, und in *Schritt 4* kümmern Sie sich darum, dass das Speicherkonto existiert. In *Schritt 5* erstellen Sie einen neuen Azure App Service-Plan. Diese fünf Schritte erzeugen keine Ausgabe.

In *Schritt 6* zeigen Sie den Azure App Service-Plan an, der wie folgt aussieht:

```
PS C:\foo> $PHT = @{
             ResourceGroupName = $RGname
             Name              = $AppSrvName
           }
PS C:\foo> Get-AzAppServicePlan @PHT

WorkerTierName               :
Status                       : Ready
Subscription                 : 71af3075-a00f-472f-a6d3-42cfe41e15ac
HostingEnvironmentProfile    :
MaximumNumberOfWorkers       : 1
GeoRegion                    : UK South
PerSiteScaling               : False
MaximumElasticWorkerCount    : 1
NumberOfSites                : 0
IsSpot                       : False
SpotExpirationTime           :
FreeOfferExpirationTime      :
ResourceGroup                : oreilly_ps_rg
Reserved                     : False
IsXenon                      : False
HyperV                       : False
TargetWorkerCount            : 0
TargetWorkerSizeId           : 0
ProvisioningState            : Succeeded
Sku                          : Microsoft.Azure.Management.WebSites.Models.SkuDescription
Id                           : /subscriptions/71af3075-a00f-472f-a6d3-42cfe41e15ac/resourceGroups/oreilly_ps_rg/provide
                               rs/Microsoft.Web/serverfarms/pskochbuch42
Name                         : pskochbuch42
Kind                         : app
Location                     : UK South
Type                         : Microsoft.Web/serverfarms
Tags                         :
```

In *Schritt 7* erstellen Sie eine neue Azure Web-App und verwenden hierfür den App Service-Plan, der im vorherigen Schritt erstellt wurde. Dieser Schritt erzeugt keine Ausgabe. In *Schritt 8* zeigen Sie einige Eigenschaften der Azure Web-App an. Die Ausgabe dieses Schritts sieht wie folgt aus:

```
PS C:\foo> $WebApp = Get-AzWebApp -ResourceGroupName $RgName -Name $AppName
PS C:\foo> $WebApp |
             Format-Table -Property Name, State, Hostnames, Location

Name                 State   HostNames                                  Location
----                 -----   ---------                                  --------
pskochbuch42website  Running {pskochbuch42website.azurewebsites.net}    UK South
```

In *Schritt 9* sehen Sie sich die neue Website mit Internet Explorer an. Ohne eigene Inhalte sieht die Website wie folgt aus:

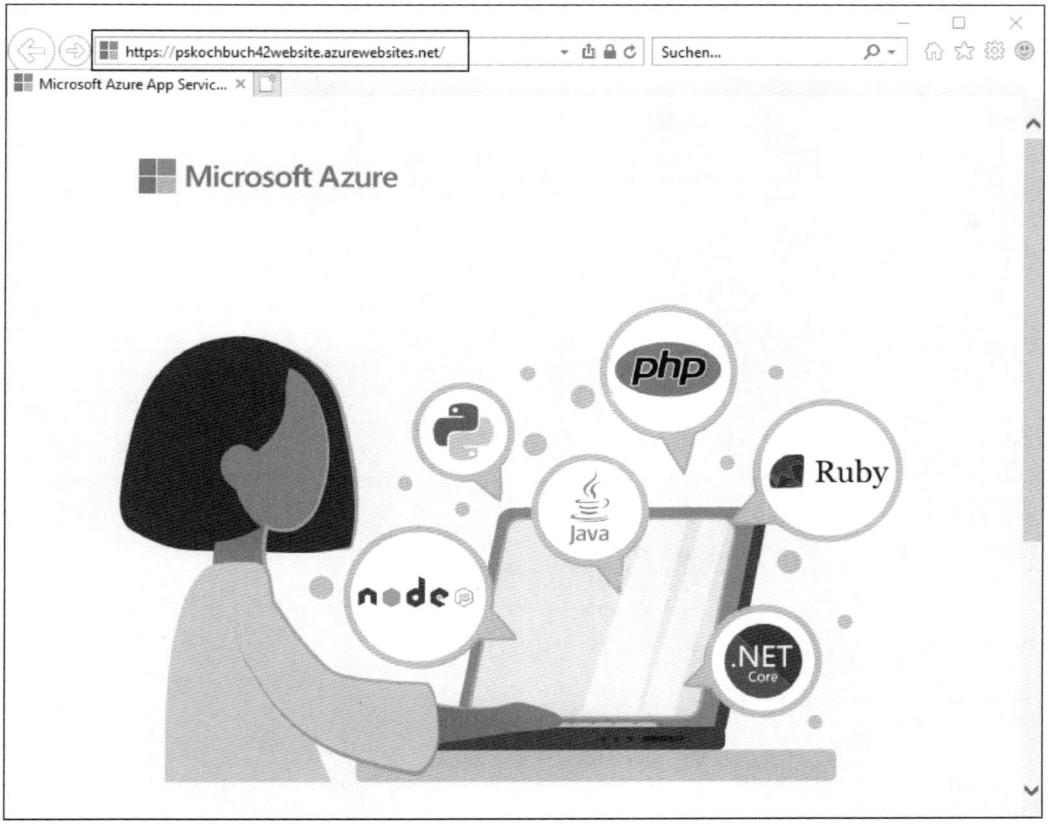

In *Schritt 10* laden Sie das Modul `PSFTP` eines Drittanbieters herunter und installieren es. Dieses Modul hilft bei der Automatisierung von FTP-Vorgängen. Dieser Schritt erzeugt keine Ausgabe. In *Schritt 11* rufen Sie das Web-App-Veröffentlichungsprofil ab, das die benötigten FTP-Anmeldeinformationen enthält, damit Sie Inhalte in die Web-App hochladen können. Die Ausgabe dieses Schritts sieht wie folgt aus:

```
PS C:\foo> $APHT = @{
             ResourceGroupName = $RgName
             Name              = $AppName
             OutputFile        = 'C:\Foo\pdata.txt'
           }
PS C:\foo> $x = [xml] (Get-AzWebAppPublishingProfile @APHT)
PS C:\foo> $x.publishData.publishProfile[1]

profileName                 : pskochbuch42website - FTP
publishMethod               : FTP
publishUrl                  : ftp://waws-prod-ln1-023.ftp.azurewebsites.windows.net/site/wwwroot
ftpPassiveMode              : True
userName                    : pskochbuch42website\$pskochbuch42website
userPWD                     : cmkjvQMOBuvkR3JbEdq5xnWaL6thq8PTEtpLBurCW3TcePMsFB4SFh88n4yj
destinationAppUrl           : http://pskochbuch42website.azurewebsites.net
SQLServerDBConnectionString :
mySQLDBConnectionString     :
hostingProviderForumLink    :
controlPanelLink            : http://windows.azure.com
webSystem                   : WebSites
databases                   :
```

In *Schritt 12* extrahieren Sie die Anmeldeinformationen für die FTP-Site aus dem Veröffentlichungsprofil, was keine Ausgabe erzeugt. In *Schritt 13* verwenden Sie Cmdlets aus dem PSFTP-Modul, um eine FTP-Sitzung mit der Azure-Web-App zu öffnen. Die Ausgabe sieht wie folgt aus:

```
PS C:\foo> $FTPSN  = 'FTPtoAzure'
PS C:\foo> $PS     = ConvertTo-SecureString $UserPWD -AsPlainText -Force
PS C:\foo> $T      = 'System.Management.automation.PSCredentiaL'
PS C:\foo> $Cred   = New-Object -TypeName $T -ArgumentList $UserName,$PS
PS C:\foo> $FTPHT  = @{
             Credentials = $Cred
             Server      = $Site
             Session     = $FTPSN
             UsePassive  = $true
           }
PS C:\foo> Set-FTPConnection @FTPHT
PS C:\foo> $Session = Get-FTPConnection -Session $FTPSN


ContentLength           : -1
Headers                 : {}
SupportsHeaders         : True
ResponseUri             : ftp://waws-prod-ln1-023.ftp.azurewebsites.windows.net/site/wwwroot
StatusCode              : ClosingData
StatusDescription       : 226 Transfer complete.

LastModified            : 01.01.01 00:00:00
BannerMessage           : 220 Microsoft FTP Service

WelcomeMessage          : 230 User logged in.

ExitMessage             : 221 Goodbye.

IsFromCache             : False
IsMutuallyAuthenticated : False
ContentType             :
```

In *Schritt 14* erstellen Sie eine sehr einfache Webseite und laden diese per FTP in Ihre Azure Web-App. Die Ausgabe sieht wie folgt aus:

```
PS C:\foo> 'Meine erste Azure-Website' | Out-File -FilePath C:\Foo\Index.Html
PS C:\foo> $Filename = 'C:\foo\index.html'
PS C:\foo> $IHT = @{
             Path       = '/'
             LocalPath  = 'C:\foo\index.html'
             Session    = $FTPSN
           }
PS C:\foo> Add-FTPItem @IHT

   Parent: ftp://waws-prod-ln1-023.ftp.azurewebsites.windows.net/site/wwwroot

Dir Right     Ln  User   Group  Size   ModifiedDate          Name
--- -----     --  ----   -----  ----   ------------          ----
-                                60B    07-20-19  05:06AM     index.html
```

Im letzten Schritt, *Schritt 15*, zeigen Sie die Website in Ihrem Standardbrowser an:

Weitere Informationen

In *Schritt 5* haben Sie einen App Service-Plan erstellt. Dieser Plan teilt Azure im Wesentlichen mit, wo Ihre Website platziert werden soll, welche Tarife gelten und welche Features hierdurch zur Verfügung stehen. Alle Azure Web-Apps werden auf einer von Azure verwalteten VM ausgeführt. Dieses Rezept verwendet den Tarif »Free/Kostenlos«. Es handelt sich dabei um eine Website in einer gemeinsam benutzten VM. Für Tests und Entwicklung sollte diese Leistung absolut ausreichend sein. Wenn Sie eine bessere Leistung benötigen, können Sie die Anzahl der verfügbaren Prozessoren und die Anzahl der in Ihrer Web-App ausgeführten VM-Instanzen skalieren. Eine Übersicht über Azure App Service-Pläne finden Sie unter `https://docs.microsoft.com/de-de/azure/app-service/overview`.

Siehe auch …

Dieses Rezept verwendet das Drittanbietermodul `PSFTP`. Weitere Informationen zu diesem Modul finden Sie unter `https://gallery.technet.microsoft.com/scriptcenter/PowerShell-FTP-Client-db6fe0cb`. Diese Website ist ein wenig veraltet, und die aktuelle Version des PSFTP-Moduls, die in diesem Rezept verwendet wurde, ist neuer als auf der Website angegeben.

Eine Azure-VM erstellen

Azure stellt eine Reihe von On-Demand-Computing-Resscurcen bereit, zum Beispiel die **virtuellen Computer** (**virtual machines**, **VMs**). Eine Azure-VM ist eine gute Lösung, wenn Sie mehr Kontrolle über die Computerumgebung benötigen, als Sie sie möglicherweise mit einem PaaS-Dienst erhalten können.

Eine Azure-VM ist im Wesentlichen eine Hyper-V-VM, die Sie in Azure ausführen. Es gibt einige Unterschiede zwischen den Hyper-V-VMs, die Sie in Server 2019 (oder Windows 10) erstellen, und Azure-VMs, die jedoch geringfügig sind. Die AZ-Cmdlets, die Sie zum Verwalten von Azure-VMs verwenden, unterscheiden sich im Stil etwas von Hyper-V-Cmdlets, was ein wenig Einarbeitungszeit bedeuten kann.

Vorbereitungen

Sie führen dies Rezept auf dem Windows 10-Client `CL1` aus, den Sie im Rezept »PowerShell mit Azure verwenden« auf Seite 385 für den Einsatz mit Azure eingerichtet haben. Außerdem sollten Sie bereits eine Azure-Ressourcengruppe und ein Azure-Speicherkonto erstellt haben. Wenn nicht, ist das auch nicht schlimm, denn dieses Rezept prüft, ob beide vorhanden sind und erstellt diese Ressourcen bei Bedarf.

So wird's gemacht

1. Definieren Sie die Variablen, die dieses Rezept verwendet:

```
$Locname = 'uksouth'        # Standort
$RgName  = 'oreilly_ps_rg'  # Name der Ressourcengruppe, die wir verwenden
$SAName  = 'oreillyps42sa'  # Name des Speicherkontos
$VNName  = 'pskvnet'        # Virtueller Netzwerkname (psk = PowerShell-Kochbuch)
$CloudSN = 'pskcloudsn'     # Name des Cloud-Subnetzes
$NSGName = 'psk_nsg'        # Name der Netzwerksicherheitsgruppe
$Ports   = @(80, 3389)      # Ports, die geöffnet sein sollen
$IPName  = 'psk_IP1'        # Name der privaten IP-Adresse
$User    = 'AzureAdmin'     # Benutzername
$UserPS  = 'JerryRocks42!'  # Benutzerkennwort
$VMName  = 'pskVM'          # Name der VM
```

2. Melden Sie sich bei Ihrem Azure-Konto an:

```
Connect-AzAccount
```

3. Stellen Sie sicher, dass die Ressourcengruppe erstellt wurde:

```
$RG = Get-AzResourceGroup -Name $RgName -ErrorAction SilentlyContinue
if (-not $rg) {
  $RGTag = @{Publisher = 'oreilly'}
  $RGTag += @{Author = 'Thomas Lee'}
  $RGHT1 = @{
    Name     = $RgName
    Location = $Locname
    Tag      = $RGTag
  }
  $RG = New-AzResourceGroup @RGHT1
  Write-Host "Ressourcengruppe $RgName wurde erstellt"
}
```

4. Stellen Sie sicher, dass das Speicherkonto existiert:

```
$SAHT = @{
  Name              = $SAName
  ResourceGroupName = $RgName
  ErrorAction       = 'SilentlyContinue'
}
$SA = Get-AzStorageAccount @SAHT
if (-not $SA) {
  $SATag = [Ordered] @{Publisher = 'oreilly'}
  $SATag += @{Author = 'Thomas Lee'}
  $SAHT - @{
    Name              = $SAName
    ResourceGroupName = $RgName
    Location          = $Locname
    Tag               = $SATag
    $SkuName          = 'Standard_LRS'
  }
  $SA = New-AzStorageAccount @SAHT
  Write-Host  "Speicherkonto $SAName wurde erstellt"
}
```

5. Erstellen Sie ein Objekt mit den Anmeldeinformationen für die VM:

```
$T = 'System.Management.Automation.PSCredential'
$P = ConvertTo-SecureString -String $UserPS -AsPlainText -Force
$VMCred = New-Object -TypeName $T -ArgumentList $User, $P
```

6. Erstellen Sie eine einfache VM und verwenden Sie Standardwerte:

```
$VMHT = @{
  ResourceGroupName   = $RgName
  Location            = $Locname
  Name                = $VMName
  VirtualNetworkName  = $VNName
  SubnetName          = $CloudSN
  SecurityGroupName   = $NSGName
  PublicIpAddressName = $IPName
  OpenPorts           = $Ports
  Credential          = $VMCred
}
New-AzVm @VMHT
```

7. Ermitteln Sie die externe IP-Adresse der VM:

```
$VMIP = Get-AzPublicIpAddress -ResourceGroupName $RGname
$VMIP = $VMIP.IpAddress
"Öffentliche IP-Adresse der VM: [$VMIP]"
```

8. Stellen Sie eine Verbindung zur VM her:

```
mstsc /v:"$VMIP"
```

So funktioniert's

In *Schritt 1* definieren Sie die Variablen, die dieses Rezept verwendet. In *Schritt 2* melden Sie sich bei Ihrem Azure-Konto an. In *Schritt 3* stellen Sie sicher, dass die Ressourcengruppe erstellt wurde, und in *Schritt 4* sorgen Sie dafür, dass das Azure-Speicherkonto existiert. In *Schritt 5* erzeugen Sie dann ein PowerShell-Objekt mit Anmeldeinformationen, das die Anmeldeinformationen für die VM kapselt. Diese Schritte erzeugen keine Ausgabe.

In *Schritt 6* verwenden Sie das Cmdlet New-AzVm, um Ihre neue VM zu erstellen. Dies erzeugt die folgende Ausgabe:

```
PS C:\foo> $VMHT = @{
             ResourceGroupName   = $RgName
             Location            = $Locname
             Name                = $VMName
             VirtualNetworkName  = $VNName
             SubnetName          = $CloudSN
             SecurityGroupName   = $NSGName
             PublicIpAddressName = $IPName
             OpenPorts           = $Ports
             Credential          = $VMCred
           }
PS C:\foo> New-AzVm @VMHT

ResourceGroupName        : oreilly_ps_rg
Id                       : /subscriptions/71af3075-a00f-472f-a6d3-42cfe41e15ac/resourceGroups/oreilly_ps_rg/provider
s/Microsoft.Compute/virtualMachines/pskVM
VmId                     : ccd22910-9963-441d-977e-bb63adfd198f
Name                     : pskVM
Type                     : Microsoft.Compute/virtualMachines
Location                 : uksouth
Tags                     : {}
HardwareProfile          : {VmSize}
NetworkProfile           : {NetworkInterfaces}
OSProfile                : {ComputerName, AdminUsername, WindowsConfiguration, Secrets, AllowExtensionOperations}
ProvisioningState        : Succeeded
StorageProfile           : {ImageReference, OsDisk, DataDisks}
FullyQualifiedDomainName : pskvm-718304.uksouth.cloudapp.azure.com
```

In *Schritt 7* rufen Sie die öffentliche IP-Adresse der neuen Azure VM ab und zeigen diese an:

```
PS C:\foo> $VMIP = Get-AzPublicIpAddress -ResourceGroupName $RGname
PS C:\foo> $VMIP = $VMIP.IpAddress
PS C:\foo> "Öffentliche IP-Adresse der VM: [$VMIP]"

Öffentliche IP-Adresse der VM: [51.141.231.136]
```

Im letzten Schritt, *Schritt 8*, verwenden Sie die Anwendung `mstsc.exe`, um ein Remotedesktopfenster für die VM zu öffnen, was wie folgt aussieht:

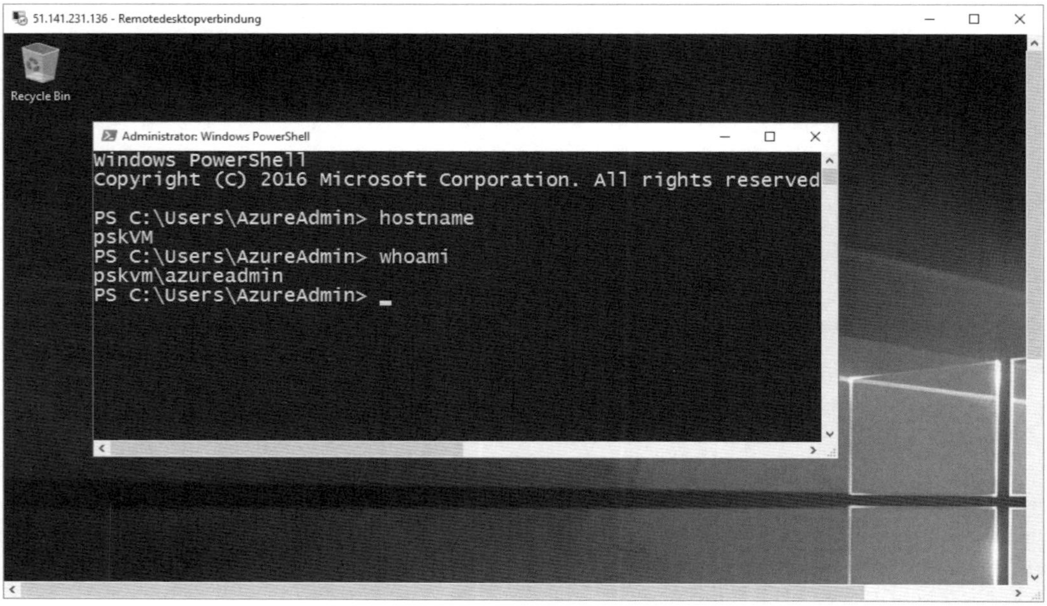

Weitere Informationen

In *Schritt 6* verwenden Sie das Cmdlet `New-AzVm`, um eine neue Azure-VM zu erstellen. Diese Methode zum Erstellen der VM verwendet eine Reihe von Standardeinstellungen, einschließlich der Version des Betriebssystems, das auf der VM installiert werden soll. Dieses Rezept verfolgt einen sehr einfachen Ansatz für die Erstellung der VM – es gibt noch viele weitere Methoden, es würde jedoch den Rahmen dieses Buches sprengen, diese hier zu erläutern.

Siehe auch …

Es gibt noch eine ganze Menge mehr im Hinblick auf virtuelle Computer und die Nerzwerke, die Sie erstellen, um auf die VMs zuzugreifen, was in diesem Rezept nicht behandelt wurde. Weitere Informationen zu Azure VMs finden Sie in der Onlinedokumentation unter `https://docs.microsoft.com/de-de/azure/virtual-machines/windows`.

Kapitel 13

Leistung und Nutzung überwachen

In diesem Kapitel werden die folgenden Rezepte vorgestellt:

- **Leistungsindikatoren mit Get-Counter abrufen**
- **Leistungsindikatoren mit WMI abrufen**
- **PLA-Datensammlersätze erstellen und verwenden**
- **Berichte mit den Leistungsdaten erstellen**
- **Die Leistungsüberwachung als Diagramm darstellen**
- **Den Systemdiagnosebericht erstellen**
- **Bericht zur Druckernutzung**
- **Hyper-V-Nutzung und Performance überwachen**

Einführung

Zu verstehen, wie die Infrastruktur genutzt wird, ist heute für viele IT-Experten eine Schlüsselaufgabe und seit den Anfängen des Computerbetriebs eine Herausforderung. Windows NT 3.1 enthielt ein wunderbares Tool, die *Leistungsüberwachung* (**Performance Monitor, perfmon**), mit dem Sie sehen konnten, was das Betriebssystem und die Anwendungen tun und welche Ressourcen sie verbrauchen. Das Windows NT 3.1 Resource Kit enthielt sogar ein ganzes Buch über den Einsatz der Leistungsüberwachung und die verschiedenen Leistungsindikatoren.

Sie müssen nicht nur die Leistung Ihrer einzelnen Server verstehen, sondern auch wissen, was sie tatsächlich in Bezug auf die Benutzerarbeit tun. So ist es beispielsweise für die Kapazitätsplanung nützlich zu wissen, wie die Drucker genutzt werden.

In diesem Kapitel erfahren Sie, wie Sie PowerShell verwenden, um mithilfe einer Vielzahl von Techniken, einschließlich Cmdlets, WMI und mehr, Leistungs- und Nutzungsinformationen zu erhalten und anzuzeigen.

Windows Server 2019 enthält ein Subsystem, mit dem Namen **Leistungsprotokolle und -warnungen** (**Performance Logs and Alerts**, **PLA**). Mit PLA können Sie Leistungsdetails, Protokolldetails sowie Diagnosedaten (und mehr) von lokalen und Remotecomputern abrufen.

PLA bildet die Grundlage für vertraute GUI-Tools wie **Leistungsüberwachung** und **Task-Manager**. Diese Tools verwenden das in Windows integrierte Leistungsüberwachungsframework und helfen, die Ausgaben von PLA zu visualisieren. Sie können PLA auch verwenden, um Daten zu generieren, aus denen Sie selbst Leistungsdiagramme erstellen können.

In PLA werden Sätze mit Systemleistungsindikatoren verwendet, die Informationen zur Leistung und Nutzung verschiedener Aspekte Ihres Systems enthalten, wie Arbeitsspeicher, Datenträger oder Netzwerkschnittstellen. Jeder Satz enthält einen oder mehrere individuelle Leistungsindikatoren (auch `Counter` genannt). Ein `Counter` enthält einen Messwert für ein bestimmtes Merkmal aus dem Satz mit den Systemleistungsindikatoren. So enthält beispielsweise die Kategorie `Arbeitsspeicher` in Windows Server 2019 insgesamt 36 verschiedene Indikatoren, wie beispielsweise `Seiten/s` oder `Verfügbare Bytes`.

Ein Counterobjekt kann Informationen zu einer oder zu mehreren Instanzen enthalten. Leistungsindikatoren wie `\Arbeitsspeicher\Seiten/s` sind Counter mit nur einer Instanz. Daher liefert der Indikator genau einen Messwert (in diesem Fall die Anzahl der Seiten, die vom Datenträger gelesen bzw. auf den Datenträger geschrieben werden).

Andere Leistungsindikatoren, wie z. B. `\Prozessor(*)\Prozessorzeit (%)` sind Counter, die mehrere Instanzen enthalten; in diesem Fall enthält der Counter Messwerte für jeden einzelnen Prozessor des Servers sowie einen weiteren, der die Gesamtauslastung der CPU angibt (der den Namen `_Total` besitzt). Wenn für Ihren physischen Prozessor Hyperthreading aktiviert ist, erhalten Sie zwei Messungen für jeden physischen Kern. Bei einem Dualprozessor-Hex-Core-System mit Hyperthreading würde dieser Counter also 25 Messungen zurückgeben (zwei Werte für jeden der 12 Kerne plus einen weiteren für die gesamte CPU-Auslastung). Eine virtuelle Hyper-V-Maschine, der acht Kerne zugeteilt sind, würde neun Messwerte zurückgeben (eine für jeden virtuellen Prozessor plus die Gesamtnutzung der CPU).

Um einen Messwert aus einem Leistungsindikatorensatz zu erhalten, verwenden Sie das Cmdlet `Get-Counter` und geben den Namen des Counters an (d. h. den Pfad zum Counter). Für den Pfad wird die folgende Syntax verwendet: \\<Computername>\<CounterSatzName>\<NameDesCounters>. Wenn Sie Leistungsindikatoren vom lokalen Computer abrufen, können Sie das Präfix mit dem Computernamen weglassen und einfach `Arbeitsspeicher\Seitenfehler/s` angeben. Beachten Sie, dass die Namen der Indikatorensätze und der Indikatoren selbst lang sein können und die Namen eventuell Leerzeichen enthalten. Falls der Name Leerzeichen enthält (wie z. B. `Logische Datenträger`), müssen Sie Leistungsindikatorpfade in PowerShell als Zeichenfolge angeben.

Das Cmdlet `Get-Counter` wird verwendet, um den Wert eines Leistungsindikators abzurufen und um die auf einem System verfügbaren Leistungsindikatorensätze zu ermitteln. Das Objekt `PerformanceCounterSampleSet`, das von `Get-Counter` zurückgegeben wird, enthält die Eigenschaft `CounterSamples`. Diese Eigenschaft enthält bei Indikatoren mit einer Instanz einen Messwert des Leistungsindikators; bei Indikatoren, die mehrere Instanzen aufweisen, befindet sich in dieser Eigenschaft ein Array von Messwerten.

Im Rezept »Leistungsindikatoren mit Get-Counter abrufen« auf Seite 417 werden Sie sehen, wie Sie mit `Get-Counter` Details zu den verschiedenen Indikatorsätzen und den Messwert eines Counters ermitteln.

Sie können auch WMI verwenden, um Leistungsindikatoren abzurufen, was Sie im Rezept »Leistungsindikatoren mit WMI abrufen« auf Seite 424 kennenlernen werden.

Wenn Sie mehrere Leistungsindikatoren und Leistungsindikatorensätze verwenden und die Analyse von Leistungsdaten planen, ist die Verwendung von PLA-Datensammlersätzen der bevorzugte Ansatz. Im Rezept »PLA-Datensammlersätze erstellen und verwenden« auf Seite 427 erstellen und starten Sie einen Datensammlersatz. Die Rezepte »Berichte mit den Leistungsdaten erstellen« auf Seite 430 und »Die Leistungsüberwachung als Diagramm darstellen« auf Seite 433 zeigen, wie Sie die Ergebnisse eines PLA-Datensammlers weiterverwenden können.

PLA verfügt auch über einige integrierte Datensammler und vordefinierte Berichte, die auf diesen Datensammlersätzen basieren. Sie können PLA ganz einfach dazu bringen, einen Systemdiagnosebericht zu erstellen, wie im Rezept »Den Systemdiagnosebericht erstellen« auf Seite 436 gezeigt. Dieser Bericht kann Einblicke in mögliche Leistungsprobleme oder andere Schwierigkeiten auf Ihrem Server geben.

Wenn Sie sich die Leistung eines Druckservers ansehen, lohnt es sich anzuschauen, wie häufig ein bestimmter Drucker verwendet wird. Das Rezept »Bericht zur Druckernutzung« auf Seite 437 zeigt, wie Sie Informationen zur Druckernutzung aus dem Ereignisprotokoll Ihres Druckservers extrahieren und wie Sie daraus einen Bericht generieren.

Das letzte Rezept in diesem Kapitel, »Hyper-V-Nutzung und Performance überwachen« auf Seite 439, veranschaulicht, wie Sie grundlegende Leistungsinformationen über einen Hyper-V-Host und die auf dem Host definierten **virtuellen Computer** (**VMs**) abrufen und wie Sie anhand dieser Daten einen Bericht erstellen.

Leistungsindikatoren mit Get-Counter abrufen

Bei Windows ist ein Leistungsindikatorensatz ein Satz von Leistungsindikatoren. Jeder Leistungsindikator in einem Satz misst einen bestimmten Aspekt Ihres Systems, das mit diesem Leistungsindikatorensatz in Zusammenhang steht. In diesem Rezept untersuchen wir auf verschiedenen Servern die Leistungsindikatorensätze und deren Indikatoren.

Vorbereitungen

Dieses Rezept verwendet die Server `DC1`, `DC2`, `SRV1`, `SRV2`, `HV1` und `HV2`. Dies sind Server, mit denen Sie bereits in verschiedenen Rezepten dieses Buchs gearbeitet haben. `DC1` und `DC2` sind Domänencontroller, `HV1` und `HV2` sind Hyper-V-Hosts und `SRV1` und `SRV2` sind allgemeine Windows-Server. Auf allen diesen Systemen wird Windows 2019 Datacenter Edition ausgeführt. Führen Sie dieses Rezept auf `SRV1` aus.

Hinweis Bitte beachten Sie, dass das folgende Rezept auf einer lokalisierten (deutschen) Version von Windows Server 2019 ausgeführt wird. Aus diesem Grund werden auch die lokalisierten Namen der Leistungsindikatoren verwendet. Wenn Sie eine englischsprachige Version von Windows Server einsetzen, müssen Sie in PowerShell die englischen Namen der Leistungsindikatoren angeben, beispielsweise `Memory` anstatt `Arbeitsspeicher`.

So wird's gemacht

1. Ermitteln Sie die Anzahl der Leistungsindikatorensätze auf SRV1:

```
$CounterSets = Get-Counter -ListSet *
$CS1 = 'Es gibt {0} Leistungsindikatorensätze auf [{1}]'
$CS1 -f $CounterSets.count,(hostname)
```

2. Ermitteln Sie die Anzahl der Leistungsindikatorensätze auf den Remote-Systemen:

```
$Machines = 'DC1','DC2','HV1','HV2','SRV1','SRV2'
Foreach ($Machine in $Machines)
{
  $RCounters =  Get-Counter -ListSet * -ComputerName $Machine
  $CS2 = "Es gibt {0} Leistungsindikatorensätze auf [{1}]"
  $CS2 -f $RCounters.Count, $Machine
}
```

3. Listen Sie einige der wichtigen Leistungsindikatorensätze auf:

```
Get-Counter -ListSet Prozessor, Arbeitsspeicher, Netzwerk*,*Datenträger |
  Sort-Object -Property CounterSetName |
    Format-Table -Property CounterSetName
```

4. Rufen Sie die Beschreibung des Leistungsindikatorensatzes Arbeitsspeicher ab:

```
Get-Counter -ListSet Arbeitsspeicher |
  Format-Table -Property Description -Wrap
```

5. Rufen Sie die Anzahl der Leistungsindikatoren im Leistungsindikatorensatz Arbeitsspeicher ab und zeigen Sie sie an:

```
$CountersMem = (Get-Counter -ListSet Arbeitsspeicher).Counter
'Der Satz Arbeitsspeicher enthält [{0}] Leistungsindikatoren:' -f $countersMem.Count
$CountersMem
```

6. Rufen Sie den Leistungsindikatorensatz Arbeitsspeicher ab und zeigen Sie die Namen und Werte der einzelnen Indikatoren in diesem Satz an:

```
$Counters = (Get-Counter -ListSet Arbeitsspeicher).counter
$FS = '{0,-19}  {1,-60} {2,-10}'
$FS -f 'Um', 'Leistungsindikator', 'Wert' # Überschriftenzeile anzeigen
foreach ($Counter in $Counters)
{
  $C = Get-Counter -Counter $Counter
  $T = $C.Timestamp                           # Zeit
  $N = $C.CounterSamples.Path.Trim()          # Name des Leistungsindikators
  $V = $C.CounterSamples.CookedValue          # Wert
  '{0,-15}  {1,-59}  {2,-14}' -f $T, $N, $V
}
```

7. Zeigen Sie den Typ der wichtigen Leistungsindikatorensätze an:

```
Get-Counter -ListSet Prozessor, Arbeitsspeicher, Netzwerk*, *Datenträger* |
  Select-Object -Property CounterSetName, CounterSetType
```

8. Rufen Sie einen bestimmten lokalen Leistungsindikator ab:

```
$Counter1 = '\Arbeitsspeicher\Seitenfehler/s'
$PFS      = Get-Counter -Counter $Counter1
$PFS
```

9. Rufen Sie einen bestimmten Leistungsindikator remote von HV1 ab:

```
$Counter2 = '\\HV1\Arbeitsspeicher\Seitenfehler/s'
$RPFS     = Get-Counter -Counter $Counter2
$RPFS
```

10. Rufen Sie für das Sample aus *Schritt 8* die Eigenschaften des Leistungsindikators ab:

```
$PFS  | Get-Member -MemberType *Property |
  Format-Table -Wrap
```

11. Zeigen Sie die Werte eines lokalen Leistungsindikators mit mehreren Instanzen an:

```
$Counter3 = '\Prozessor(*)\Prozessorzeit (%)'
$CPU      =  Get-Counter -Counter $Counter3
$CPU
```

12. Zeigen Sie die Werte eines Leistungsindikators auf HV2 mit mehreren Instanzen an:

```
$Counter4 = '\\HV2\Prozessor(*)\Prozessorzeit (%)'
$CPU      =  Get-Counter -Counter $Counter4
$CPU
```

So funktioniert's

In *Schritt 1* verwenden Sie das Cmdlet Get-Counter, um zu ermitteln, wie viele Leistungsindikatorensätze auf dem lokalen Server SRV1 vorhanden sind, was wie folgt aussieht:

```
PS C:\foo> $CounterSets = Get-Counter -ListSet *
PS C:\foo> $CS1 = 'Es gibt {0} Leistungsindikatorensätze auf [{1}]'
PS C:\foo> $CS1 -f $CounterSets.count,(hostname)

Es gibt 173 Leistungsindikatorensätze auf [SRV1]
```

In *Schritt 2* ermitteln Sie, wie viele Leistungsindikatorensätze auf verschiedenen anderen Servern verfügbar sind, was wie folgt aussieht:

```
PS C:\foo> $Machines = 'DC1','DC2','HV1','HV2','SRV1','SRV2'
PS C:\foo> Foreach ($Machine in $Machines)
           {
             $RCounters =   Get-Counter -ListSet * -ComputerName $Machine
             $CS2 = "Es gibt {0} Leistungsindikatorensätze auf [{1}]"
             $CS2 -f $RCounters.Count, $Machine
           }

Es gibt 179 Leistungsindikatorensätze auf [DC1]
Es gibt 179 Leistungsindikatorensätze auf [DC2]
Es gibt 192 Leistungsindikatorensätze auf [HV1]
Es gibt 192 Leistungsindikatorensätze auf [HV2]
Es gibt 173 Leistungsindikatorensätze auf [SRV1]
Es gibt 166 Leistungsindikatorensätze auf [SRV2]
```

In *Schritt 3* rufen Sie einige der wichtigen Leistungsindikatorensätze ab und zeigen deren Namen an:

```
PS C:\foo> Get-Counter -ListSet Prozessor, Arbeitsspeicher, Netzwerk*,*Datenträger |
             Sort-Object -Property CounterSetName |
               Format-Table -Property CounterSetName

CounterSetName
--------------
Arbeitsspeicher
Logischer Datenträger
Netzwerkadapter
Netzwerkaktivitätszyklen pro Prozessor
Netzwerk-QoS-Richtlinie
Netzwerkschnittstelle
Netzwerkschnittstellenkarten-Aktivität pro Prozessor
Physikalischer Datenträger
Prozessor
```

In *Schritt 4* rufen Sie eine Beschreibung des Leistungsindikatorensatzes `Arbeitsspeicher` ab und erhalten diese Ausgabe:

```
PS C:\foo> Get-Counter -ListSet Arbeitsspeicher |
             Format-Table -Property Description -Wrap

Description
-----------
Leistungsindikatoren, die das Verhalten von physischem und virtuellem Speicher im System
beschreiben. Viele Speicherleistungsindikatoren überwachen das Auslagern bzw. das Verschieben
von Code- und Datenseiten zwischen dem Datenträger und dem physischen Speicher. Übermäßiges
Auslagern kann Verzögerungen verursachen, die sich auf alle Systemprozesse auswirken.
```

In *Schritt 5* rufen Sie alle Leistungsindikatoren im Satz `Arbeitsspeicher` ab (es werden nachfolgend nur die ersten Indikatoren angezeigt), was wie folgt aussieht:

```
PS C:\foo> $CountersMem = (Get-Counter -ListSet Arbeitsspeicher).Counter
PS C:\foo> 'Der Satz Arbeitsspeicher enthält [{0}] Leistungsindikatoren:' -f $countersMem.Count
PS C:\foo> $CountersMem

Der Satz Arbeitsspeicher enthält [36] Leistungsindikatoren:
\Arbeitsspeicher\Seitenfehler/s
\Arbeitsspeicher\Verfügbare Bytes
\Arbeitsspeicher\Zugesicherte Bytes
\Arbeitsspeicher\Zusagegrenze
\Arbeitsspeicher\Schreibkopien/s
\Arbeitsspeicher\Wechselfehler/s
\Arbeitsspeicher\Cachefehler/s
... (Liste wird in dieser Abbildung verkürzt dargestellt)
```

In *Schritt 6* verwenden Sie `Get-Counter`, um die Daten des Leistungsindikatorensatzes `Arbeitsspeicher` abzurufen, was wie folgt aussieht:

```
PS C:\foo> $Counters = (Get-Counter -ListSet Arbeitsspeicher).counter
PS C:\foo> $FS = '{0,-19}  {1,-60} {2,-10}'
PS C:\foo> $FS -f 'Um', 'Leistungsindikator', 'Wert' # Überschriftenzeile anzeigen
PS C:\foo> foreach ($Counter in $Counters)
           {
             $C = Get-Counter -Counter $Counter
             $T = $C.Timestamp                          # Zeit
             $N = $C.CounterSamples.Path.Trim()         # Name des Leistungsindikators
             $V = $C.CounterSamples.CookedValue         # Wert
             '{0,-15}  {1,-59}  {2,-14}' -f $T, $N, $V
           }

Um                   Leistungsindikator                                                Wert
15.07.2019 08:46:34  \\srv1\arbeitsspeicher\seitenfehler/s                             172,539553179061
15.07.2019 08:46:35  \\srv1\arbeitsspeicher\verfügbare bytes                           301871104
15.07.2019 08:46:36  \\srv1\arbeitsspeicher\zugesicherte bytes                         1706119168
15.07.2019 08:46:37  \\srv1\arbeitsspeicher\zusagegrenze                               2648002560
15.07.2019 08:46:38  \\srv1\arbeitsspeicher\schreibkopien/s                            0
15.07.2019 08:46:39  \\srv1\arbeitsspeicher\wechselfehler/s                            1,97549848494082
15.07.2019 08:46:40  \\srv1\arbeitsspeicher\cachefehler/s                              0
15.07.2019 08:46:41  \\srv1\arbeitsspeicher\nullforderungsfehler/s                     133,249001520815
15.07.2019 08:46:42  \\srv1\arbeitsspeicher\seiten/s                                   0
15.07.2019 08:46:43  \\srv1\arbeitsspeicher\seiteneingabe/s                            0
15.07.2019 08:46:44  \\srv1\arbeitsspeicher\seitenlesevorgänge/s                       3,00272978164449
15.07.2019 08:46:45  \\srv1\arbeitsspeicher\geänderte seiten/s                         0
15.07.2019 08:46:46  \\srv1\arbeitsspeicher\auslagerungsseiten (bytes)                 157270016
15.07.2019 08:46:47  \\srv1\arbeitsspeicher\nicht-auslagerungsseiten (bytes)           69615616
15.07.2019 08:46:48  \\srv1\arbeitsspeicher\seiten-schreibvorgänge/s                   0
15.07.2019 08:46:49  \\srv1\arbeitsspeicher\auslagerungsseiten reserviert              0
15.07.2019 08:46:50  \\srv1\arbeitsspeicher\nichtauslagerungsseiten reserviert         0
15.07.2019 08:46:51  \\srv1\arbeitsspeicher\freie seitentabelleneinträge               12280912
15.07.2019 08:46:52  \\srv1\arbeitsspeicher\cachebytes                                 40198144
15.07.2019 08:46:53  \\srv1\arbeitsspeicher\cachebytes (max.)                          122613760
15.07.2019 08:46:54  \\srv1\arbeitsspeicher\auslagerungsseiten: residente bytes        88092672
15.07.2019 08:46:55  \\srv1\arbeitsspeicher\systemcode: gesamtanzahl bytes             4419584
15.07.2019 08:46:56  \\srv1\arbeitsspeicher\systemcode: residente bytes                4136960
15.07.2019 08:46:57  \\srv1\arbeitsspeicher\systemtreiber: gesamtanzahl bytes          16642048
15.07.2019 08:46:58  \\srv1\arbeitsspeicher\systemtreiber: residente bytes             5226496
15.07.2019 08:46:59  \\srv1\arbeitsspeicher\systemcache: residente bytes               40198144
15.07.2019 08:47:00  \\srv1\arbeitsspeicher\zugesicherte verwendete bytes (%)          64,4868790322186
15.07.2019 08:47:01  \\srv1\arbeitsspeicher\verfügbare kb                              295680
15.07.2019 08:47:02  \\srv1\arbeitsspeicher\verfügbare mb                              288
15.07.2019 08:47:03  \\srv1\arbeitsspeicher\übergangsseiten mit neuem zweck/s          0
15.07.2019 08:47:04  \\srv1\arbeitsspeicher\freie und nullseitenlisten - bytes         2674688
15.07.2019 08:47:05  \\srv1\arbeitsspeicher\geänderte seitenliste - bytes              7249920
15.07.2019 08:47:06  \\srv1\arbeitsspeicher\standbycache-reservebytes                  96006144
15.07.2019 08:47:07  \\srv1\arbeitsspeicher\standbycache- bytes mit normaler priorität  204009472
15.07.2019 08:47:08  \\srv1\arbeitsspeicher\standbycache-kernbytes                     0
15.07.2019 08:47:09  \\srv1\arbeitsspeicher\langfristige durchschnittliche lebensdauer im standbycache (sek.)  14400
```

In *Schritt 7* ermitteln Sie, welche Sätze von Leistungsindikatoren Werte für eine einzige Instanz oder für mehrere Instanzen zurückgeben, was wie folgt aussieht:

```
PS C:\foo> Get-Counter -ListSet Prozessor, Arbeitsspeicher, Netzwerk*, *Datenträger* |
             Select-Object -Property CounterSetName, CounterSetType

CounterSetName                                           CounterSetType
--------------                                           --------------
Prozessor                                                 MultiInstance
Arbeitsspeicher                                          SingleInstance
Netzwerk-QoS-Richtlinie                                  SingleInstance
Netzwerkaktivitätszyklen pro Prozessor                    MultiInstance
Netzwerkschnittstellenkarten-Aktivität pro Prozessor      MultiInstance
Netzwerkschnittstelle                                    SingleInstance
Netzwerkadapter                                           MultiInstance
Datenträgeraktivität des Dateisystems                    SingleInstance
Virtueller Datenträger für Speicherplätze                SingleInstance
Logischer Datenträger                                     MultiInstance
Physikalischer Datenträger                                MultiInstance
```

In *Schritt 8* rufen Sie einen bestimmten Indikator (Seitenfehler/Sekunde) aus der Kategorie `Arbeitsspeicher` von `SRV1` ab, was wie folgt aussieht:

```
PS C:\foo> $Counter1 = '\Arbeitsspeicher\Seitenfehler/s'
PS C:\foo> $PFS      = Get-Counter -Counter $Counter1
PS C:\foo> $PFS

Timestamp                CounterSamples
---------                --------------
15.07.2019 08:50:44      \\srv1\arbeitsspeicher\seitenfehler/s :
                         286,0140198831516
```

In *Schritt 9* rufen Sie den Wert eines Indikators von einem Remotesystem, `HV1`, ab, was so aussieht:

```
PS C:\foo> $Counter2 = '\\HV1\Arbeitsspeicher\Seitenfehler/s'
PS C:\foo> $RPFS     = Get-Counter -Counter $Counter2
PS C:\foo> $RPFS
Timestamp                CounterSamples
---------                --------------
15.07.2019 08:57:38      \\hv1\arbeitsspeicher\seitenfehler/s :
                         3,02454204148724
```

In *Schritt 10* zeigen Sie die Eigenschaften eines Leistungsindikators an, der wie folgt aussieht:

```
PS C:\foo> $PFS  | Get-Member -MemberType *Property |
             Format-Table -Wrap

   TypeName: Microsoft.PowerShell.Commands.GetCounter.PerformanceCounterSampleSet

Name           MemberType     Definition
----           ----------     ----------
CounterSamples Property       Microsoft.PowerShell.Commands.GetCounter.PerformanceCounterSample[] CounterSamples {get;set;}
Timestamp      Property       datetime Timestamp {get;set;}
Readings       ScriptProperty System.Object Readings {get=$strPaths = ""
                                          foreach ($ctr in $this.CounterSamples)
                                          {
                                              $strPaths += ($ctr.Path + " :" + "`n")
                                              $strPaths += ($ctr.CookedValue.ToString() + "`n`n")
                                          }
                                          return $strPaths;}
```

In *Schritt 11* zeigen Sie ein Sample eines Indikators mit mehreren Werten der lokalen Maschine an, was wie folgt aussieht:

```
PS C:\foo> $Counter3 = '\Prozessor(*)\Prozessorzeit (%)'
PS C:\foo> $CPU      = Get-Counter -Counter $Counter3
PS C:\foo> $CPU
Timestamp                CounterSamples
---------                --------------
15.07.2019 09:11:14      \\srv1\prozessor(0)\prozessorzeit (%) :
                         6,22360546838826

                         \\srv1\prozessor(_total)\prozessorzeit (%) :
                         6,22360546838826
```

In *Schritt 12* rufen Sie von HV2 einen Indikator mit mehreren Werten ab, und erhalten so die Werte für jeden Prozessor auf dem virtuellen Computer HV2, was wie folgt aussieht:

```
PS C:\foo> $Counter4 = '\\HV2\Prozessor(*)\Prozessorzeit (%)'
PS C:\foo> $CPU      =  Get-Counter -Counter $Counter4
PS C:\foo> $CPU

Timestamp                  CounterSamples
---------                  --------------
15.07.2019 09:14:10        \\hv2\prozessor(0)\prozessorzeit (%) :
                           0,37212391182356

                           \\hv2\prozessor(1)\prozessorzeit (%) :
                           1,90486046702115

                           \\hv2\prozessor(2)\prozessorzeit (%) :
                           3,18602185042768

                           \\hv2\prozessor(3)\prozessorzeit (%) :
                           1,56294296675665

                           \\hv2\prozessor(_total)\prozessorzeit (%) :
                           2,40526396212467
```

Weitere Informationen

In *Schritt 5* verwenden Sie Get-Counter, um die Werte aller Indikatoren des Leistungsindikatorensatzes Arbeitsspeicher von SRV1 abzurufen. Wie Sie sehen können, ist dies nicht sonderlich schnell. Die Verwendung von Get-Counter zum Abrufen einer größeren Anzahl von Indikatoren ist kein guter Ansatz – die Verwendung von PLA-Datensammlersätzen (wie im Rezept »PLA-Datensammlersätze erstellen und verwenden« auf Seite 427 weiter hinten in diesem Kapitel erläutert) ist viel effizienter.

In *Schritt 8* sehen Sie, dass das Objekt PerformanceCounterSampleSet sowohl über eine Eigenschaft CounterSamples als auch über eine Skripteigenschaft Readings verfügt, die dieselben grundlegenden Informationen zurückgibt. Das Objekt PerformanceCounterSampleSet ist ein strukturiertes Objekt mit Eigenschaften zum Pfad und zum Wert des Indikators. Die Skripteigenschaft Readings ist ein kleines PowerShell-Skript, das eine Zeichenfolge mit dem Pfad und dem Wert der »gekochten Daten« (als Gegensatz zu den Rohdaten) zurückgibt. Verwenden Sie für die Anzeige über die PowerShell-Konsole die Readings-Eigenschaft, während für die Analyse ein strukturiertes Objekt nützlich sein kann.

In *Schritt 11* und *Schritt 12* betrachten Sie zwei Counter für den Prozessor, die Messwerte für mehrere Instanzen enthalten. In jedem dieser Schritte wird jeweils ein Messwert für jede CPU sowie ein weiterer Messwert für alle CPUs im System zurückgegeben. In *Schritt 11* sehen Sie die Prozessorauslastung auf SRV1, die nur über eine CPU verfügt (und zwei Messwerte erzeugt), während in *Schritt 12* der Host HV2 über vier Prozessoren verfügt, sodass Sie fünf Werte sehen (einen für jeden Prozessor plus einen Gesamtwert).

Leistungsindikatoren mit WMI abrufen

Eine weitere Möglichkeit, auf Leistungsinformationen zuzugreifen, ist über WMI. Sie können, als Alternative zur Verwendung von `Get-Counter`, entweder die WMI- oder die CIM-Cmdlets verwenden, um auf eine große Anzahl von Leistungsindikatoren zuzugreifen.

Bei der Verwendung von WMI unterscheidet sich die Namensstruktur für die Indikatoren von der Verwendung von `Get-Counter`. Bei WMI werden Leistungsindikatoren über separate WMI-Klassen verfügbar gemacht, deren Namen sich geringfügig von denen unterscheiden, die Sie mit `Get-Counter` verwenden. Bei WMI ist jeder Leistungsindikatorensatz eine eigene WMI-Klasse.

Die WMI-Leistungsindikatoren finden Sie im Namespace `ROOT\CimV2`; ihre Namen beginnen jeweils mit `Win32_Perf`. So enthält beispielsweise der Leistungsindikatorensatz `Memory` 36 verschiedene Leistungsindikatoren. Die WMI-Klasse `Win32_PerfFormattedData_PerfOS_Memory` enthält 46 Eigenschaften, einschließlich der zahlreichen einzelnen Leistungsindikatoren.

Wenn Sie WMI verwenden, erhalten Sie mit einem Aufruf von `Get-CimInstance` alle Messwerte zurück, während Sie `Get-Counter` für jeden Indikator einzeln aufrufen müssten. Daher erhalten Sie mit WMI eine bessere Performance als mit `Get-Counter`, jedoch ist WMI im Vergleich zu den PLA-Datensammlersätzen, die Sie in späteren Rezepten in diesem Kapitel verwenden, immer noch ziemlich langsam.

Dieses Rezept verwendet die CIM-Cmdlets, um von lokalen Computern und Remote-Hosts Leistungsindikatoren abzurufen. Der Einsatz von CIM-Cmdlets ist der Verwendung der älteren WMI-Befehle vorzuziehen, da diese etwas schneller sind und außerdem für Remote-Sitzungen `WinRM` verwendet werden kann.

Vorbereitungen

Sie führen dieses Rezept auf `SRV1` aus. Es verwendet die CIM-Cmdlets. Sie können dieses Rezept überarbeiten, um die WMI-Cmdlets zu verwenden, was in Fällen nützlich sein kann, in denen Sie mit einem älteren System kommunizieren, auf dem PowerShell-Remoting nicht eingerichtet ist und ausgeführt wird.

So wird's gemacht

1. Zeigen Sie die Anzahl der leistungsbezogenen Indikatoren im Namespace `Root\CIMV2` an:

```
Get-CimClass -ClassName Win32*perf* | Measure-Object |
  Select-Object -Property Count
Get-CimClass -ClassName Win32*perfFormatted* | Measure-Object |
  Select-Object -Property Count
Get-CimClass -ClassName Win32*perfraw* | Measure-Object |
  Select-Object -Property Count
```

2. Zeigen Sie die wichtigen Leistungsklassen für das Betriebssystem an:

```
Get-CimClass "Win32_PerfFormatted*PerfOs*" |
  Select-Object -Property CimClassName
```

3. Zeigen Sie die wichtigen Leistungsklassen für Datenträger an:

```
Get-CimClass "win32_PerfFormatted*Disk*" |
  Select-Object -Property CimClassName
```

4. Rufen Sie Indikatoren über die Arbeitsspeichernutzung ab:

```
$Class = 'Win32_PerfFormattedData_PerfOS_Memory'
Get-CimInstance -ClassName $Class |
  Select-Object -Property PagesPerSec, AvailableMBytes
```

5. Rufen Sie Indikatoren zur CPU-Nutzung ab:

```
$Class2 = 'Win32_PerfFormattedData_PerfOS_Processor'
Get-CimInstance -ClassName $Class2 |
    Where-Object Name -eq '_Total' |
      Select-Object -Property Name, PercentProcessortime
```

6. Rufen Sie von einem Remote-System Indikatoren über die Nutzung des Arbeitsspeichers ab:

```
$CHT = @{
    ClassName     = 'Win32_PerfFormattedData_PerfOS_Memory'
    ComputerName  = 'DC1'
}
Get-CimInstance @CHT |
  Select-Object -Property PSComputerName, PagesPerSec,
                          AvailableMBytes
```

So funktioniert's

In *Schritt 1* suchen Sie nach den leistungsbezogenen Leistungsindikatoren im Namespace `Root\CIMV2`, was wie folgt aussieht:

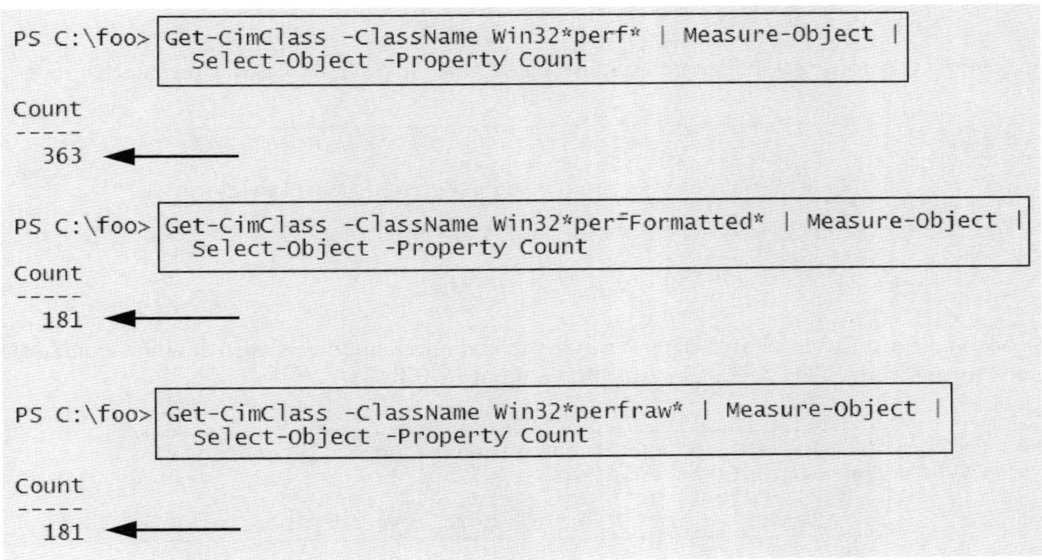

In *Schritt 2* suchen Sie nach WMI-Klassen, die sich auf die Betriebssystemleistung beziehen, und erhalten die folgende Ausgabe:

```
PS C:\foo> Get-CimClass "Win32_PerfFormatted*PerfOs*" |
             Select-Object -Property CimClassName

CimClassName
------------
Win32_PerfFormattedData_PerfOS_Cache
Win32_PerfFormattedData_PerfOS_Memory
Win32_PerfFormattedData_PerfOS_NUMANodeMemory
Win32_PerfFormattedData_PerfOS_Objects
Win32_PerfFormattedData_PerfOS_PagingFile
Win32_PerfFormattedData_PerfOS_Processor
Win32_PerfFormattedData_PerfOS_System
```

In *Schritt 3* suchen Sie nach WMI-Klassen in Bezug auf die Datenträgerleistung, was folgendermaßen aussieht:

```
PS C:\foo> Get-CimClass "win32_PerfFormatted*Disk*" |
             Select-Object -Property CimClassName

CimClassName
------------
Win32_PerfFormattedData_Counters_FileSystemDiskActivity
Win32_PerfFormattedData_Counters_StorageSpacesVirtualDisk
Win32_PerfFormattedData_PerfDisk_LogicalDisk
Win32_PerfFormattedData_PerfDisk_PhysicalDisk
```

In *Schritt 4* rufen Sie zwei Indikatoren zum Arbeitsspeicher auf `SRV1` ab, was wie folgt aussieht:

```
PS C:\foo> $Class = 'Win32_PerfFormattedData_PerfOS_Memory'
PS C:\foo> Get-CimInstance -ClassName $Class |
             Select-Object -Property PagesPerSec, AvailableMBytes

PagesPerSec AvailableMBytes
----------- ---------------
        284             550
```

In *Schritt 5* rufen Sie die Klasse `PerfOS_Processor` ab und zeigen nur den Namen des Indikators sowie den Prozentsatz der CPU-Zeit an, die auf `SRV1` verwendet wird:

```
PS C:\foo> $Class2 = 'Win32_PerfFormattedData_PerfOS_Processor'
PS C:\foo> Get-CimInstance -ClassName $Class2 |
             Where-Object Name -eq '_Total' |
               Select-Object -Property Name, PercentProcessortime

Name   PercentProcessortime
----   --------------------
_Total                   84
```

In *Schritt 6* rufen Sie remote Indikatoren zur Arbeitsspeicherauslastung ab, und zwar für den Host DC1, was wie folgt aussieht:

```
PS C:\foo> $CHT = @{
             ClassName    = 'Win32_PerfFormattedData_PerfOS_Memory'
             ComputerName = 'DC1'
           }
PS C:\foo> Get-CimInstance @CHT |
             Select-Object -Property PSComputerName, PagesPerSec,
                                     AvailableMBytes

PSComputerName PagesPerSec AvailableMBytes
-------------- ----------- ---------------
DC1                    232             779
```

Weitere Informationen

In *Schritt 1* haben Sie gesehen, dass es 181 WMI-Klassen mit formatierten Daten und dieselbe Anzahl mit Rohwerten gibt und zwar für insgesamt 363 Leistungsklassen, die sich auf SRV1 im Namespace Root\CIMV2 befinden. Die eine zusätzliche Klasse ist Win32_Perf, die alle anderen Leistungsklasseninstanzen zurückgibt (verwenden Sie auf SRV1 das Cmdlet Get-CimInstance, um die Klassenergebnisse in Form von 2.891 Einträgen zurückgeben zu lassen).

PLA-Datensammlersätze erstellen und verwenden

In den beiden vorherigen Rezepten haben Sie entweder mit Get-Counter oder über WMI einzelne Leistungsinformationen abgerufen. Das funktioniert, aber das Abrufen von Leistungsdaten ist langsam. Es dauert mehr als eine Minute und 40 Sekunden, um die Leistungsindikatoren für die Kategorie Arbeitsspeicher eines lokalen Computers abzurufen. Für die Leistungsdatenerfassung im großen Stil lassen sich diese Methoden nicht gut skalieren.

Das **PLA-Subsystem** (**Performance Logs and Alerts**, auf Deutsch: Leistungsprotokolle und -warnungen) bietet einen effizienten Mechanismus zur Erfassung von Performancedaten. Mit PLA können Sie einen Datensammlersatz erstellen. Dies ist ein Objekt, das die Leistungsindikatoren darstellt, deren Werte Sie sammeln möchten. Nachdem Sie den Datensammlersatz erstellt haben, können Sie Windows anweisen, mit dem Sammeln der Daten zu beginnen und diese für eine spätere Analyse zu speichern. Sie können die Daten in verschiedenen Formaten ausgeben lassen: als binäre Protokolldatei, als CSV-Datei (eine Textdatei, die Kommata als Trennzeichen verwendet) sowie in weiteren Formaten. Sobald Sie die Daten gesammelt und gespeichert haben, können Sie sie analysieren, was Sie im Rezept »Berichte mit den Leistungsdaten erstellen« auf Seite 430 sehen werden.

Es gibt keine direkte Cmdlet-Unterstützung für die Einrichtung und Verwendung der Leistungsdatensammler. Stattdessen verwenden Sie die PLA-COM-Objekte, die in Windows integriert sind.

Vorbereitungen

Führen Sie dieses Rezept auf SRV1 aus, einem Mitgliedsserver der Domäne.

So wird's gemacht

1. Erstellen und befüllen Sie einen neuen Datensammlersatz:

```
$Name = 'SRV1 Datensammlersatz'
$SRV1CS = New-Object -COM Pla.DataCollectorSet
$SRV1CS.DisplayName                = $Name
$SRV1CS.Duration                   = 12*3600  # 12 Stunden, d.h. bis 19:00
$SRV1CS.SubdirectoryFormat         = 1
$SRV1CS.SubdirectoryFormatPattern  = 'yyyy\-MM'
$JPHT = @{
  Path      = "$Env:SystemDrive"
  ChildPath = "\PerfLogs\Admin\$Name"
}
$SRV1CS.RootPath = Join-Path @JPHT
$SRV1Collector = $SRV1CS.DataCollectors.CreateDataCollector(0)
$SRV1Collector.FileName              = "$Name_"
$SRV1Collector.FileNameFormat        = 1
$SRV1Collector.FileNameFormatPattern = "\-MM\-dd"
$SRV1Collector.SampleInterval        = 15
$SRV1Collector.LogFileFormat         = 3 # BLG-Format
$SRV1Collector.LogAppend             = $True
```

2. Definieren Sie die Indikatoren, an denen Sie interessiert sind:

```
$CountersEn = @(
    '\Memory\Pages/sec',
    '\Memory\Available MBytes',
    '\Processor(_Total)\% Processor Time',
    '\PhysicalDisk(_Total)\% Disk Time',
    '\PhysicalDisk(_Total)\Disk Transfers/sec' ,
    '\PhysicalDisk(_Total)\Avg. Disk Sec/Read',
    '\PhysicalDisk(_Total)\Avg. Disk Sec/Write',
    '\PhysicalDisk(_Total)\Avg. Disk Queue Length'
)
$CountersDe = @(
    '\Arbeitsspeicher\Seiten/s',
    '\Arbeitsspeicher\Verfügbare MB',
    '\Prozessor(_Total)\Prozessorzeit (%)',
    '\Physikalischer Datenträger(_Total)\Zeit (%)',
    '\Physikalischer Datenträger(_Total)\Übertragungen/s',
    '\Physikalischer Datenträger(_Total)\Mittlere Sek./Lesevorgänge',
    '\Physikalischer Datenträger(_Total)\Mittlere Sek./Schreibvorgänge',
    '\Physikalischer Datenträger(_Total)\Durchschnittl. Warteschlangenlänge des Datenträgers'
)
```

3. Fügen Sie die Indikatoren dem Datensammlersatz hinzu, verwenden Sie hier die deutschen Namen der Indikatoren:

```
$SRV1Collector.PerformanceCounters = $CountersDe
```

4. Erstellen Sie einen Zeitplan: Das Sammeln der Daten soll morgen um 07:00 beginnen:

```
$StartDate = Get-Date -Day $((Get-Date).Day+1) -Hour 7 -Minute 0 -Second 0
$Schedule = $SRV1CS.Schedules.CreateSchedule()
$Schedule.Days = 127
$Schedule.StartDate = $StartDate
$Schedule.StartTime = $StartDate
```

5. Erstellen und fügen Sie den Datensammlersatz hinzu und starten Sie ihn:

```
try
{
    $SRV1CS.Schedules.Add($Schedule)
    $SRV1CS.DataCollectors.Add($SRV1Collector)
    $SRV1CS.Commit("$Name" , $null , 0x0003) | Out-Null
    $SRV1CS.Start($false);
}
catch
{
    Write-Host "Ausnahme aufgetreten: " $_.Exception -ForegroundColor Red
    return
}
```

So funktioniert's

In *Schritt 1* erstellen und konfigurieren Sie auf `SRV1` ein neues Datensammlersatzobjekt. In *Schritt 2* definieren Sie die Leistungsindikatoren, die der Datensammler erfassen soll. Da die Namen der Indikatoren lokalisiert sind, werden in *Schritt 2* zwei Listen definiert. `$CountersEn` enthält die englischen Namen der Indikatoren und `$CountersDe` die Namen, die in der deutschsprachigen Version von Windows Server verwendet werden.

In *Schritt 3* fügen Sie diese Leistungsindikatoren dem Datensammlersatz hinzu. In *Schritt 4* erstellen Sie einen Zeitplan, der dem Datensammler mitteilt, wann Daten gesammelt werden sollen. Schließlich speichern Sie in *Schritt 5* die Details zur Datenerfassung und starten den Datensammler.

Keiner dieser Schritte erzeugt eine Ausgabe.

Weitere Informationen

In *Schritt 1* weisen Sie der Eigenschaft `LogFileFormat` des Datensammlers den Wert 3 zu. Dadurch wird PLA aufgefordert, ein Protokoll im Binärformat zu erstellen. Wenn Sie einen Datensammlersatz erstellen, können Sie alternativ Textdateien erstellen, die entweder durch Kommata oder Tabstopps getrennt sind, oder die Daten an einen SQL-Server senden.

Wenn Sie die Eigenschaft `LogFileFormat` auf `0` setzen, werden die Daten in einer Textdatei ausgegeben, die Kommata als Trennzeichen verwendet; mit dem Wert `1` legen Sie Tabstopps als Trennzeichen fest. Abhängig davon, welche Werkzeuge Sie für die Analyse verwenden, sind möglicherweise bestimmte Formate besser geeignet.

In den Beispieldateien, die Sie für dieses Buch herunterladen können (siehe Einleitung), finden Sie Alternativen zu diesem Rezept, die die Protokolle in Textdateien speichern, deren Werte durch Kommata oder Tabstopps getrennt sind. Beachten Sie, dass andere Rezepte in diesem Kapitel unterschiedliche Protokolldateiformate verwenden.

Durch das Hinzufügen eines Datensammlersatzes und dessen Aktivierung werden Daten generiert, die Speicherplatz verbrauchen. Nachdem Sie eine Datensammlung zum Analysieren eines Problems verwendet haben, sollten Sie die Datenerfassung beenden und möglicherweise die gespeicherten Daten entfernen. Sie können dies wie folgt erledigen:

```
# Daten sammeln beenden
$DCStRemote = New-Object -COM Pla.DataCollectorSet
$Name = 'SRV1 Datensammlersatz'
$DCstRemote.Query($Name,'LocalHost')
```

```
$DCstRemote.Stop($true)
# Gesammelte Daten löschen
$DCstRemote.Delete()
```

Wie bereits erwähnt, erzeugen die Schritte in diesem Rezept keine Ausgabe. Sobald Sie die Schritte in diesem Rezept abgeschlossen haben, können Sie den Datensammlersatz in der Leistungsüberwachung anzeigen, was wie folgt aussieht:

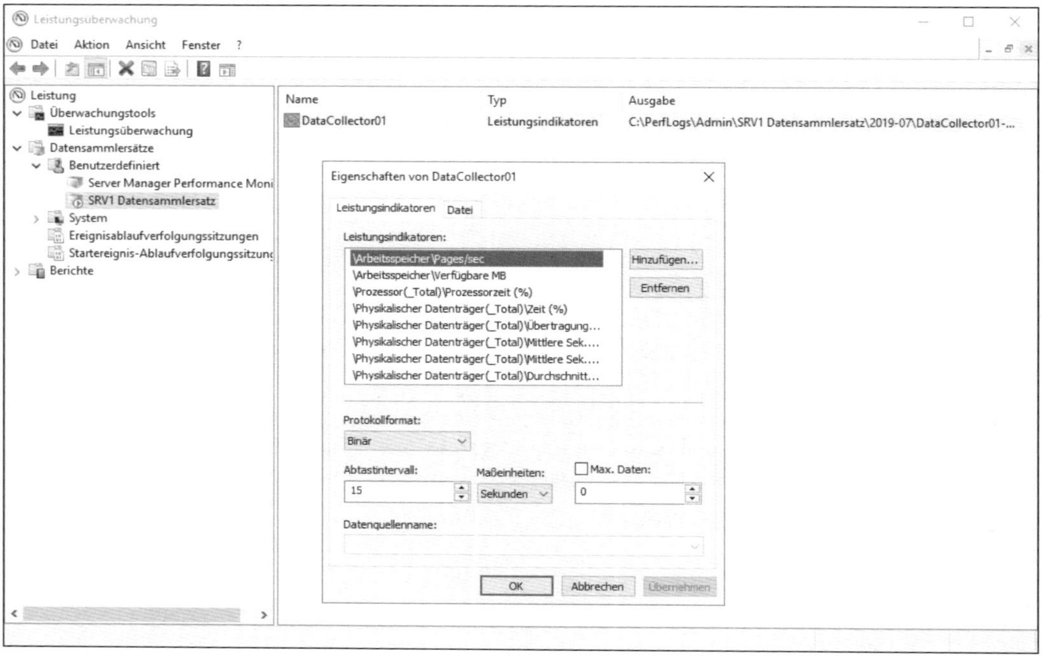

Berichte mit den Leistungsdaten erstellen

Nachdem Sie Leistungsinformationen mit einem PLA-Datensammlersatz erstellt haben, können Sie PowerShell zum Analysieren der Daten verwenden.

In diesem Rezept erstellen Sie einen sehr einfachen Bericht über die CPU-Auslastung von `SRV1`. Die Quelle des Berichts sind die Daten, die mit dem Rezept »PLA-Datensammlersätze erstellen und verwenden« auf Seite 427 generiert wurden. Wie bereits erwähnt, kann PLA die Leistungsdaten in einer Vielzahl von Formaten ausgeben. Im Rezept »PLA-Datensammlersätze erstellen und verwenden« auf Seite 427 haben Sie das binäre Protokolldateiformat verwendet. Dieses Rezept hingegen verwendet ein CSV-Format.

Vorbereitungen

Dieses Rezept verwendet die Ausgabe des PLA-Datensammlersatzes, der auf Server `SRV1` im CSV-Format protokolliert ist. Um die Ausgabe als CSV-Datei zu erhalten, verwenden Sie das Rezept »PLA-Datensammlersätze erstellen und verwenden« auf Seite 427 und ändern den Wert der Eigenschaft `LogFileFormat` in `1` ab.

So wird's gemacht

1. Ermitteln Sie den Dateinamen der CSV-Datei mit den protokollierten Werten:

```
$Folder = 'C:\PerfLogs\Admin'
$File = Get-ChildItem -Path $folder\*.csv -Recurse
```

2. Importieren Sie die für die Leistungsindikatoren protokollierten Werte:

```
$Counters = Import-Csv $File.FullName
"$($Counters.Count) Werte in $($File.FullName)"
```

3. Beheben Sie ein Problem in der ersten Zeile der protokollierten Werte:

```
$Counters[0] = $Counters[1]
```

4. Rufen Sie allgemeine CPU-Kennziffern ab:

```
$CN = '\\SRV1\Prozessor(_Total)\Prozessorzeit (%)'
$HT = @{
 Name = 'CPU'
 Expression = {[System.Double] $_.$cn}
}
$Stats = $counters |
  Select-Object -Property *,$ht |
    Measure-Object -Property CPU -Average -Minimum -Maximum
```

5. Ergänzen Sie das 95%-Quantil für die CPU:

```
$CN = '\\SRV1\Prozessor(_Total)\Prozessorzeit (%)'
$Row = [int]($Counters.Count * .95 )
$CPU = ($Counters.$CN | Sort-Object)
$CPU95 = [double] $CPU[$Row]
$AMHT = @{
  InputObject = $Stats
  Name        = 'CPU95'
  MemberType  = 'NoteProperty'
  Value       = $CPU95
}
Add-Member @AMHT
```

6. Kombinieren Sie die Ergebnisse in einem Bericht:

```
$Stats.CPU95   = $Stats.CPU95.ToString('n2')
$Stats.Average = $Stats.Average.ToString('n2')
$Stats.Maximum = $Stats.Maximum.ToString('n2')
$Stats.Minimum = $Stats.Minimum.ToString('n2')
```

7. Zeigen Sie die Statistiken an:

```
$Stats |
  Format-Table -Property Property,Count, Maximum, CPU95, Minimum
```

So funktioniert's

Dieses Rezept verwendet eine CSV-Datei mit Leistungsdaten, die mit PLA erstellt wurden. In *Schritt 1* ermitteln Sie den Namen der CSV-Datei, für die dieses Rezept einen Bericht erstellt. Dieser Schritt erzeugt keine Ausgabe.

In *Schritt 2* importieren Sie die Datei und zeigen dann die Anzahl der importierten Werte an, was wie folgt aussieht:

```
PS C:\foo> $Counters = Import-Csv $File.FullName
PS C:\foo> "$($Counters.Count) Werte in $($File.FullName)"

14831 Werte in C:\PerfLogs\Admin\SRV1 Datensammlersatz\2019-07\DataCollector01-07-15.csv
```

In *Schritt 3* beheben Sie einen bekannten Fehler mit PLA, der die erste zurückgegebene Zeile betrifft (PLA gibt eine ungültige erste Zeile zurück). Die Lösung besteht darin, davon auszugehen, dass die ersten beiden Zeilen identische Werte enthalten. Das kann bei den nachfolgenden Berechnungen zu fehlerhaften Werten führen. Jedoch sind die Auswirkungen eines solchen Fehlers nur gering und werden abgemildert, wenn eine signifikante Anzahl von Messwerten vorliegt.

In *Schritt 4* analysieren Sie das Datenbeispiel und berechnen einige grundlegende Statistiken zur CPU-Nutzung (Minimum, Maximum usw.).

In *Schritt 5* berechnen Sie das 95%-Quantil für die CPU-Auslastung auf `SRV1`. Diese Kennziffer ist ein sinnvoller Wert, da er angibt, wie hoch die CPU-Nutzung auf den von Ihnen überwachten Servern im Allgemeinen (95 Prozent der Zeit) ist. Wenn Sie diesen Wert verwenden, werden seltene, aber sehr hohe CPU-Auslastungen, die irreführend sein können, außer Acht gelassen. Sie berechnen diesen Wert, indem Sie zuerst die Anzahl der zurückgegebenen Zeilen, also Messwerte, zählen, die nach der CPU-Auslastung sortiert sind. Anschließend multiplizieren Sie diese Anzahl mit 0,95 und erhalten so einen Index. Dieser Index verweist auf das 95%-Quantil in den erhaltenen Messdaten.

Sie verwenden dann diesen Index, um die betreffende Zeile aus der Liste der sortierten CPU-Messwerte abzurufen. Bei 100 zurückgegebenen Datenzeilen würde diese Berechnung die Zeile 95 zurückgeben.

Angenommen, Sie haben eine signifikante Anzahl von Messwerten, dann erhalten Sie mit diesem Ansatz die Zeile, die eine gute Annäherung an das 95%-Quantil der CPU-Auslastung ist. Am Ende dieses Schritts fügen Sie den Wert als Element des Typs `NoteProperty` unter dem Namen `CPU95` hinzu.

In *Schritt 7* zeigen Sie eine Zusammenfassung der CPU-Auslastung auf `SRV1` an, einschließlich der maximalen und minimalen Werte sowie des 95%-Quantils der CPU-Auslastung, was folgendermaßen aussieht:

```
PS C:\foo> $Stats |
             Format-Table -Property Property,Count, Maximum, CPU95, Minimum

Property Count Maximum CPU95 Minimum
-------- ----- ------- ----- -------
CPU       2881     100 27,26    0,45
```

Weitere Informationen

In diesem Rezept haben wir lediglich für einen Leistungsindikator einen Bericht erstellt, und zwar für die Gesamt-CPU-Auslastung eines Computers (`SRV1`). Obwohl die maximale CPU-Auslastung in der Stichprobe bei 100% lag, so lag die CPU-Auslastung meist bei oder unter 27,26%. Das deutet darauf hin, dass der Prozessor von `SRV1` nicht übermäßig ausgelastet ist.

Dieses Rezept beschränkt sich auf die Auswertung eines einzelnen Leistungsindikators. Es wäre einfach, den Prozess der Datensammlung so zu aktualisieren, dass er weitere Leistungsindikatoren protokolliert. Sie können dann den Bericht um weitere Leistungsinformationen ergänzen. Sie können Leistungsindikatoren für Netzwerke, für die Datenträger u.v.m. einschließen. Diese anderen Leistungsindikatoren können Ihnen helfen zu verstehen, warum die CPU-Auslastung besonders hoch ist (was sie in diesem Beispiel nicht war).

Eine andere Möglichkeit besteht darin, Daten zu verwenden, die auf verschiedenen Hosts in Ihrer Infrastruktur gesammelt wurden. Sie können dann dieses Rezept so anpassen, dass der Bericht diese zusätzlichen Messwerte für alle Hosts und Server enthält. Zu wissen, dass die Gesamtauslastung auf dem Hyper-V-Host `HV1` hoch, aber auf dem Host `HV2` niedrig ist, kann als Zeichen dafür gewertet werden, dass es gut wäre, einen oder zwei virtuelle Computer von `HV1` zu `HV2` zu verschieben.

Die Leistungsüberwachung als Diagramm darstellen

Im Rezept »Berichte mit den Leistungsdaten erstellen« auf Seite 430 haben Sie gesehen, wie Sie die Daten, die von einem PLA-Datensammlersatz protokolliert werden, verwenden können, um daraus einen Bericht zu erstellen. Der Bericht in diesem Rezept gab die CPU-Auslastung auf `SRV1` wieder. Diese Ausgabe erfolgt in Form einer Tabelle und stellt eine Zusammenfassung der CPU-Ressourcenauslastung des Servers dar.

Eine andere Möglichkeit, die Leistungsdaten anzuzeigen, ist ein Diagramm. PowerShell selbst verfügt nicht über ein Cmdlet, um Diagramme zu erstellen; dies ist jedoch mit dem Namespace `System.Windows.Forms.DataVisualization` des .NET Framework möglich.

Dieses Rezept verwendet das `Chart`-Objekt des oben genannten Namespace, um ein Diagramm zu erstellen und es als **PNG**-Datei (**Portable Network Graphic**) zu speichern. Anschließend wird die Grafik auf Ihrem Computer angezeigt.

Vorbereitungen

Sie führen dieses Rezept auf `SRV1` aus. Dieses Rezept verwendet die Ausgabe eines PLA-Datensammlersatzes ähnlich der Datei, die Sie im Rezept »PLA-Datensammlersätze erstellen und verwenden« auf Seite 427 erzeugt haben. Beachten Sie, dass die Eingabe für dieses Rezept eine CSV-Datei ist, die von PLA erstellt wurde.

So wird's gemacht

1. Laden Sie die Assembly, die die Klassen für die Datenvisualisierung enthält:

   ```
   Add-Type -AssemblyName System.Windows.Forms.DataVisualization
   ```

2. Importieren Sie die CSV-Daten aus einem vorherigen Rezept und beheben Sie das Problem mit Zeile 0:

   ```
   $CSVFile     = Get-ChildItem -path C:\PerfLogs\Admin\*.csv -rec
   $Counters    = Import-Csv $CSVFile
   $Counters[0] = $Counters[1] # Beheben Sie das Problem in Zeile 0
   ```

3. Erstellen Sie ein neues Chart-Objekt:

   ```
   $CPUChart = New-Object System.Windows.Forms.DataVisualization.Charting.Chart
   ```

4. Legen Sie die Größe und den Titel des Diagramms fest:

```
$CPUChart.Width  = 1000
$CPUChart.Height = 600
$CPUChart.Titles.Add("SRV1 CPU-Auslastung") | Out-Null
```

5. Erstellen und definieren Sie den Diagrammbereich:

```
$ChartArea = New-Object System.Windows.Forms.DataVisualization.Charting.ChartArea
$ChartArea.Name        = "SRV1 CPU-Auslastung"
$ChartArea.AxisY.Title = "CPU-Nutzung in %"
$CPUChart.ChartAreas.Add($ChartArea)
```

6. Ermitteln Sie die Spalte mit den Datums-/Uhrzeitangaben:

```
$Name = ($counters[0] | Get-Member |
          Where-Object MemberType -EQ "NoteProperty")[0].Name
```

7. Fügen Sie die Datenpunkte (das sind die Messwerte der CPU-Auslastung) in das Diagramm ein:

```
$CPUChart.Series.Add("CPUPerc")  | Out-Null
$CPUChart.Series["CPUPerc"].ChartType = "Line"
$CPUCounter = '\\SRV1\Prozessor(_Total)\Prozessorzeit (%)'
$counters | ForEach-Object{
   $CPUChart.Series["CPUPerc"].Points.AddXY($_.$name,$_.$CPUCounter) |
        Out-Null
}
```

8. Stellen Sie sicher, dass der Zielordner existiert, und speichern Sie dann die Diagrammgrafik im PNG-Format in diesem Ordner ab:

```
$NIHT = @{
  Path        = 'C:\Perflogs\Reports'
  ItemType    = 'Directory'
  ErrorAction = 'SilentlyContinue'
}
New-Item @NIHT
$CPUChart.SaveImage("C:\PerfLogs\Reports\Srv1CPU.Png", 'PNG')
```

9. Zeigen Sie die Grafikdatei mit dem Diagramm in der Anwendung `mspaint.exe` an:

```
MSPaint C:\PerfLogs\Reports\Srv1CPU.Png
```

So funktioniert's

Wie im Rezept »Berichte mit den Leistungsdaten erstellen« auf Seite 430 erzeugen auch die Schritte in diesem Rezept keine Ausgabe (außer *Schritt 9*, in dem Sie das Diagramm anzeigen). Das ist normal, wenn Sie viele Objekte des .NET Framework oder wenn Sie COM-Objekte verwenden.

In *Schritt 1* laden Sie die Assembly mit den .NET-Klassen, die Sie in diesem Rezept verwenden. Hierbei handelt es sich um eine Assembly, die von PowerShell standardmäßig nicht geladen wird.

In *Schritt 2* importieren Sie die von PLA erstellten CPU-Daten für `SRV1`. Diese Datei besteht aus einer Reihe von Messwerten eines Leistungsindikators. Sie haben diese Datei anhand der Informationen im Rezept »PLA-Datensammlersätze erstellen und verwenden« auf Seite 427 erstellt und das Protokoll als CSV-Datei ausgeben lassen.

In *Schritt 3* erstellen Sie ein Diagrammobjekt und definieren in *Schritt 4* die Größe und den Titel des Diagramms. In *Schritt 5* erstellen und konfigurieren Sie ein Diagrammbereichsobjekt und fügen dieses dem Diagramm hinzu.

In *Schritt 6* ermitteln Sie den Namen der Zeit- und Datumsspalte in den protokollierten Leistungsdaten. *Schritt 7* fügt diese Daten in das Diagramm ein. *Schritt 8* speichert das Diagramm als PNG-Datei.

In *Schritt 9* wird die Anwendung `mspaint.exe` gestartet, die die PNG-Datei anzeigt, die so aussieht:

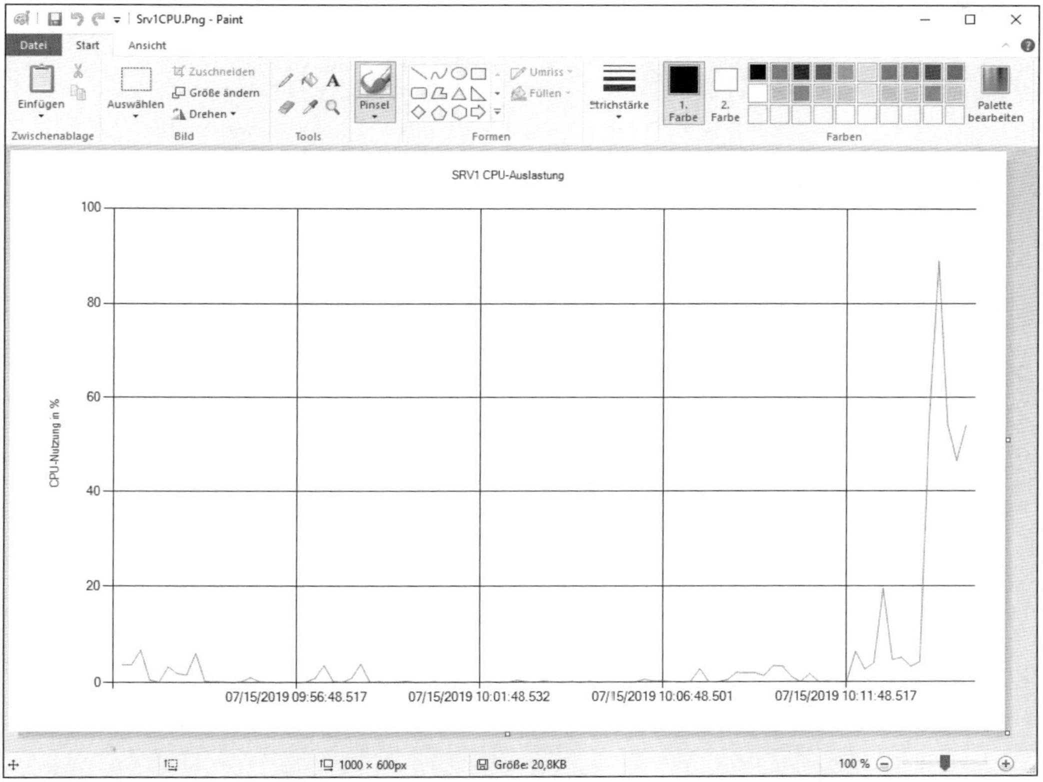

Weitere Informationen

Dieses Rezept zeigt, wie Sie einen einfachen Bericht in Form eines Diagramms erstellen, das einen Indikator auswertet, in diesem Fall die CPU-Auslastung eines Servers, die mehrere Stunden lang aufgezeichnet wurde. Sie können das Diagramm um eine zweite Datenreihe, beispielsweise die Seiten pro Sekunde, ergänzen. Das Ergebnis kann ein angepasstes Diagramm sein, das dem ähnelt, was vom Tool *Leistungsüberwachung* erstellt wird. Sie können auch Diagramme erzeugen, die Daten von mehreren Servern im Diagramm abbilden.

Wenn Sie einen oder mehrere Server dauerhaft überwachen wollen, sollten Sie geplante Aufgaben erstellen, um die Leistungsdiagramme zu generieren, und die Grafikdatei dann per E-Mail an diejenigen senden, die den Status kennen müssen. Oder lassen Sie mit einer geplanten Aufgabe eine neue Webseite in Ihrem Intranet erstellen und fügen Sie dann die generierten Diagramme in diese Seite ein.

Den Systemdiagnosebericht erstellen

Das PLA-Subsystem, das Sie in diesem Kapitel verwendet haben, stellt einen weiteren systemdefinierten Bericht zur Verfügung, der Systemdiagnosebericht genannt wird. Dieser Bericht überwacht ein System für einen gewissen Zeitraum und liefert dann einen detaillierten Bericht über diesen Server.

Vorbereitungen

Sie verwenden den Server `SRV1`, den Sie bereits in anderen Rezepten in diesem Kapitel verwendet haben.

So wird's gemacht

1. Starten Sie auf dem lokalen System den integrierten Datensammlersatz, der den Bericht Systemdiagnose erstellt:

```
$PerfReportName="System\System Diagnostics"
$DataSet = New-Object -ComObject Pla.DataCollectorSet
$DataSet.Query($PerfReportName,$null)
$DataSet.Start($true)
```

2. Geben Sie eine Meldung aus und warten Sie, bis der Datensammler fertig ist:

```
"[$($Dataset.Duration)] Sekunden warten"
Start-Sleep -Seconds $Dataset.Duration
```

3. Rufen Sie den Bericht ab und speichern Sie ihn als HTML:

```
$Dataset.Query($PerfReportName,$null)
$PerfReport = $Dataset.LatestOutputLocation + "\Report.html"
```

4. Zeigen Sie den Bericht an:

```
& $PerfReport
```

So funktioniert's

In *Schritt 1* erstellen Sie ein `DataCollectorSet`-Objekt, das den Systemdiagnoseberichtsprozess startet. Sie verwenden hier den englischen Namen des Berichts, wie er auch im Tool *Leistungsüberwachung* angezeigt wird. In *Schritt 2* warten Sie, bis PLA die Erstellung des Berichts abgeschlossen hat, was wie folgt aussieht:

```
PS C:\foo> "[$($Dataset.Duration)] Sekunden warten"
PS C:\foo> Start-Sleep -Seconds $Dataset.Duration

[600] Sekunden warten
```

Nachdem der Bericht erstellt wurde, speichern Sie ihn in *Schritt 3* als HTML. Anschließend zeigen Sie in *Schritt 4* den Bericht an, was wie folgt aussieht:

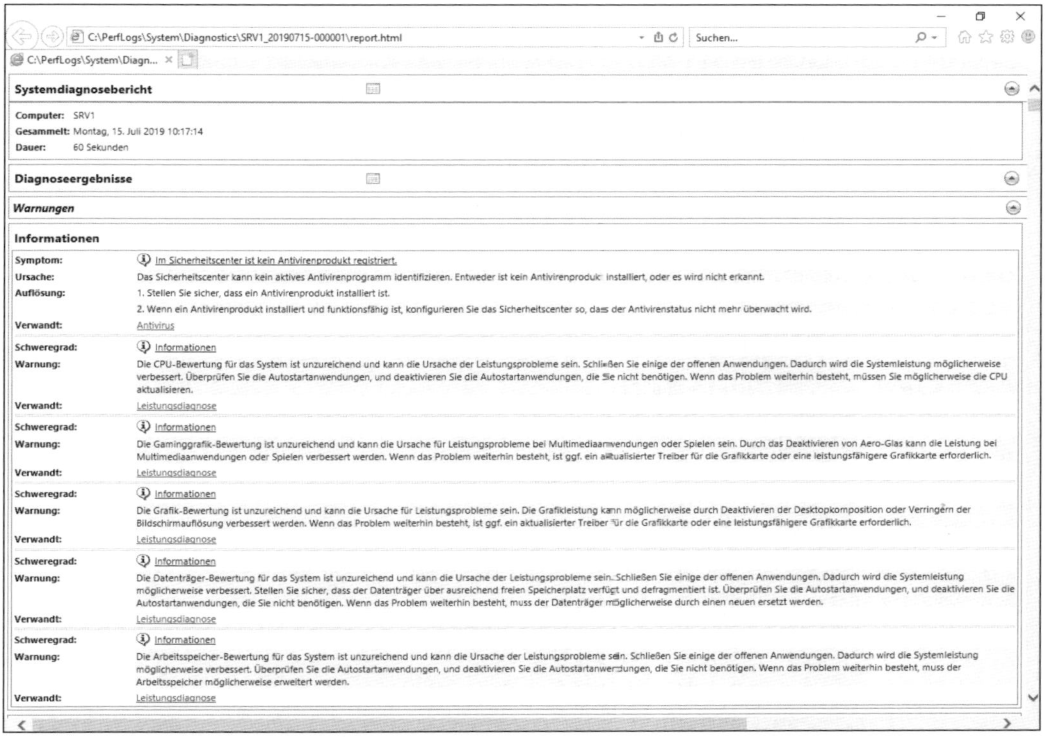

Weitere Informationen

In *Schritt 4* zeigen Sie den Bericht in Ihrem Browser an. Sie können dieses Rezept so anpassen, dass es einmal täglich als geplante Aufgabe auf jedem Server in Ihrem Netzwerk ausgeführt wird. Speichern Sie die Ausgabe an einem zentralen Ort, damit Sie für die Behebung von Fehlern problemlos auf die Berichte zugreifen können.

Bericht zur Druckernutzung

Für die Kapazitätsplanung kann es wichtig sein zu wissen, wer Ihre Druckgeräte verwendet und wie viel sie verwendet werden.

Standardmäßig protokolliert Windows keine Informationen zur Druckernutzung. Aber es ist einfach, diese Protokollierung zu aktivieren und das Ergebnis zu verwenden.

Vorbereitungen

Führen Sie dieses Rezept auf dem Druckserver PSRV aus.

So wird's gemacht

1. Verwenden Sie wevtutil.exe, um die Protokollierung der Druckernutzung auf dem Host PSRV zu aktivieren:

```
$LogName = 'Microsoft-Windows-PrintService/Operational'
wevtutil.exe sl $LogName /enabled:true
```

2. Definieren Sie eine Funktion, die für alle auf dem Server durchgeführten Druckaufträge Objekte zurückgibt:

```
Function Get-PrinterUsage {
# 2.1 Rufen Sie die Ereignisse zur Druckernutzung ab
$LogName = 'Microsoft-Windows-PrintService/Operational'
$Dps = Get-WinEvent -LogName $LogName |
         Where-Object ID -eq 307
Foreach ($Dp in $Dps) {
     # 2.2 Erstellen Sie eine Hash-Tabelle mit einem protokollierten Ereignis
   $Document          = [ordered] @{}
     # 2.3 Befüllen Sie die Hash-Tabelle mit Eigenschaften aus dem
     # Ereignisprotokolleintrag
   $Document.Id       = $Dp.Properties[0].value
   $Document.Type     = $Dp.Properties[1].value
   $Document.User     = $Dp.Properties[2].value
   $Document.Computer = $Dp.Properties[3].value
   $Document.Printer  = $Dp.Properties[4].value
   $Document.Port     = $Dp.Properties[5].value
   $Document.Bytes    = $Dp.Properties[6].value
   $Document.Pages    = $Dp.Properties[7].value

   # 2.4 Erstellen Sie ein Objekt für diesen Eintrag zur Druckernutzung
   $UEntry = New-Object -TypeName PSObject -Property $Document

   # 2.5 Und weisen Sie ihm einen passenderen Typnamen zu
   $UEntry.pstypenames.clear()
   $UEntry.pstypenames.add("Reskit.PrintUsage")

   # 2.6 Geben Sie den Eintrag aus
   $UEntry
   } # Ende von foreach
} # Ende von Function
```

3. Rufen Sie die in *Schritt 2* definierte Funktion auf und lassen Sie die Ereignisse als Tabelle anzeigen:

```
Get-PrinterUsage | Format-Table
```

So funktioniert's

In *Schritt 1*, der keine Ausgabe erzeugt, aktivieren Sie die Ereignisprotokollierung für abgeschlossene Druckeraufträge. Standardmäßig ist diese Protokollierung nicht aktiviert.

In *Schritt 2* erstellen Sie eine Funktion, die Objekte zurückgibt, die abgeschlossene Druckeraufträge darstellen. Die Funktion durchsucht zunächst das Ereignisprotokoll Microsoft-Windows-PrintService/Operational nach Details zu Druckeraufträgen. Das Aktivieren der Ereignisprotokollierung führt dazu, dass für jeden abgeschlossenen Druckauftrag ein Ereignisprotokolleintrag erstellt wird. Für jeden gefundenen Ereignisprotokolleintrag extrahiert die Funktion die Details des Druckauftrags, erstellt ein benutzerdefiniertes Objekt, das den Auftrag dokumentiert, und gibt dieses Objekt zurück. Vor der Rückgabe des Objekts ändert die Funktion außerdem das zurückgegebene Objekt in den Typ `Reskit.PrintUsage` ab.

In *Schritt 3* rufen Sie die Funktion auf, die die Ausgabe erstellt, die wie folgt aussieht:

```
PS C:\foo> Get-PrinterUsage | Format-Table

Id Type              User          Computer Printer                Port                                         Bytes    Pages
-- ----              ----          -------- -------                ----                                         -----    -----
6  Dokument drucken administrator \\PSRV    Microsoft Print to PDF C:\Users\administrator\Documents\test5.pdf 290827   82
5  Dokument drucken Jeremy        \\PSRV    Microsoft Print to PDF C:\Users\administrator\Documents\test4.pdf 43147926 809
4  Dokument drucken tfl           \\PSRV    Microsoft Print to PDF C:\Users\administrator\Documents\test3.pdf 37926    42
3  Dokument drucken administrator \\PSRV    Microsoft Print to PDF C:\Users\administrator\Documents\test2.pdf 41129    1
2  Dokument drucken skm           \\PSRV    Microsoft Print to PDF C:\Users\administrator\Documents\test1.pdf 41129    1
```

Weitere Informationen

In *Schritt 2* haben Sie für jeden gefundenen Ereignisprotokolleintrag ein benutzerdefiniertes Objekt erstellt und zurückgegeben. Dabei ändern Sie den Typnamen, der von PowerShell für dieses Objekt verwendet wird. Auf diese Weise können Sie benutzerdefiniertes XML erstellen, um das Objekt ordentlich anzuzeigen. Standardmäßig wird das Objekt in einer Liste angezeigt. Ihr benutzerdefiniertes XML kann die Daten als Tabelle ausgeben lassen (ähnlich wie die XML-Anzeige von `Get-Process` aufgebaut ist).

Hyper-V-Nutzung und Performance überwachen

Dieser Bericht sammelt Informationen über einen Hyper-V-Server und die VMs, die auf diesem Server ausgeführt werden.

Vorbereitungen

Führen Sie dieses Rezept auf dem Hyper-V-Host `HV1` aus.

So wird's gemacht

1. Erstellen Sie eine geordnete Hash-Tabelle für das Berichtsobjekt:

```
$ReportHT = [Ordered] @{}
```

2. Rufen Sie Details zum Host ab und fügen Sie diese in das Berichtsobjekt ein:

```
$HostDetails = Get-CimInstance -ClassName Win32_ComputerSystem
$ReportHT.HostName = $HostDetails.Name
$ReportHT.Maker = $HostDetails.Manufacturer
$ReportHT.Model = $HostDetails.Model
```

3. Fügen Sie Informationen zur PowerShell-Version in die Hash-Tabelle mit dem Bericht ein:

```
$ReportHT.PSVersion = $PSVersionTable.PSVersion.tostring()
```

4. Fügen Sie Informationen zum Betriebssystem in die Hash-Tabelle mit dem Bericht ein:

```
$OS = Get-CimInstance -Class Win32_OperatingSystem
$ReportHT.OSEdition    = $OS.Caption
$ReportHT.OSArch       = $OS.OSArchitecture
$ReportHT.OSLang       = $OS.OSLanguage
$ReportHT.LastBootTime = $os.LastBootUpTime
$Now = Get-Date
$UTD = ("{0:N3}" -f (($Now -$OS.LastBootUpTime).Totaldays))
$ReportHT.UpTimeDays = $UTD
```

5. Fügen Sie die Anzahl der Prozessoren auf dem Host in die Hash-Tabelle mit dem Bericht ein:

```
$PHT = @{
  ClassName  = 'MSvm_Processor'
  Namespace  = 'root/virtualization/v2'
}
$Proc = Get-CimInstance @PHT
$ReportHT.CPUCount = ($Proc |
  Where-Object elementname -Match 'Logischer Prozessor').COUNT
```

6. Fügen Sie die aktuelle CPU-Auslastung auf dem Host in die Hash-Tabelle mit dem Bericht ein:

```
$Cname = '\\.\Prozessor(_total)\Prozessorzeit (%)'
$CPU = Get-Counter -Counter $Cname
$ReportHT.HostCPUUsage = $CPU.CounterSamples.CookedValue
```

7. Ergänzen Sie die Menge des installierten Arbeitsspeichers:

```
$Memory = Get-Ciminstance -Class Win32_ComputerSystem
$HostMemory = ("{0:N2}" -f ($Memory.TotalPhysicalMemory / 1GB))
$ReportHT.HostMemoryGB = $HostMemory
```

8. Fügen Sie die Größe des Speichers, der den VMs zugewiesen ist, in die Hash-Tabelle mit dem Bericht ein:

```
$Sum = 0
Get-VM | Foreach-Object {$sum += $_.MemoryAssigned + $Total}
$Sum = ("{0:N2}" -f ($Sum / 1GB))
$ReportHT.AllocatedMemoryGB = $Sum
```

9. Erstellen Sie aus der Hash-Tabelle das Objekt mit dem Bericht zum Hyper-V-Host:

```
$Reportobj = New-Object -TypeName PSObject -Property $ReportHT
```

10. Erstellen Sie die Überschrift des Berichts:

```
$Report =  "Hyper-V-Bericht für: $(hostname)`n"
$Report += "Erstellt: [$(Get-Date)]"
```

11. Fügen Sie das Berichtsobjekt in den Bericht ein:

```
$Report += $Reportobj | Out-String
```

12. Rufen Sie Details zu den VMs auf dem lokalen Host ab und erstellen Sie ein Containerarray für die einzelnen VM-bezogenen Objekte:

```
$VMs = Get-VM -Name *
$VMHT = @()
```

13. Fügen Sie für alle VMs die jeweiligen Details in eine Hash-Tabelle ein und erstellen Sie daraus ein Objekt, das Sie in das Containerarray einfügen:

```
Foreach ($VM in $VMs) {
    # Erstellen Sie eine Hash-Tabelle für den VM-Bericht
    $VMReport = [ordered] @{}
    # Fügen Sie den Namen der VM hinzu
    $VMReport.VMName = $VM.VMName
    # Fügen Sie den Status hinzu
    $VMReport.Status = $VM.Status
    # Fügen Sie die Betriebszeit hinzu
    $VMReport.Uptime = $VM.Uptime
    # Fügen Sie die Anzahl der virtuellen Prozessoren hinzu
    $VMReport.VMCPU = $VM.ProcessorCount
    # Fügen Sie Informationen zur Replikation und zum Status hinzu
    $VMReport.ReplMode = $VM.ReplicationMode
    $VMReport.ReplState = $Vm.ReplicationState

    # Erstellen Sie ein Objekt aus der Hash-Tabelle, fügen Sie dieses in das Array ein
    $VMR = New-Object -TypeName PSObject -Property $VMReport
    $VMHT += $VMR
}
```

14. Stellen Sie den Bericht fertig:

```
$Report += $VMHT | Format-Table | Out-String
```

15. Zeigen Sie den Bericht an:

```
$Report
```

So funktioniert's

Dieses Rezept erstellt einen Bericht, der sowohl den Hyper-V-Host als auch die VMs auf dem Host beschreibt. Im ersten Teil erstellen Sie eine Hash-Tabelle, die Informationen über den Host selbst enthält und die Sie dem Bericht hinzufügen. Anschließend erstellen Sie einen Bericht über die VMs, die auf diesem Server (`HV1`) ausgeführt werden.

In *Schritt 1* erstellen Sie eine geordnete Hash-Tabelle (`$ReportHT`). Sie erstellen mit `[Ordered]` eine geordnete Hash-Tabelle, damit die Reihenfolge der Zeilen beibehalten wird. In *Schritt 2* fügen Sie in die Hash-Tabelle allgemeine Details über den Host ein.

In *Schritt 3* ergänzen Sie den Bericht um Details der PowerShell-Version, die auf dem Host ausgeführt wird. In *Schritt 4* fügen Sie in die Hash-Tabelle Informationen zum Betriebssystem ein, gefolgt von der Anzahl der Prozessoren (in *Schritt 5*), die auf dem Host verfügbar sind. Anschließend fügen Sie in *Schritt 6* die aktuelle Host-CPU-Auslastung und in *Schritt 7* die Größe des auf dem Host installierten Arbeitsspeichers hinzu. In *Schritt 8* berechnen Sie die Gesamtspeichermenge, die denVMs zugewiesen ist, und fügen diesen Wert in die Hash-Tabelle ein.

In *Schritt 9* erstellen Sie ein Berichtsobjekt, das die Eigenschaften aus der Hash-Tabelle zusammenfasst. In *Schritt 10* erstellen Sie einen einfachen Titel für den Bericht und in *Schritt 11* konvertieren Sie das Berichtsobjekt in eine Zeichenfolge und fügen diese dem Bericht hinzu.

In *Schritt 12* und *Schritt 13* rufen Sie Details zu den einzelnen VMs ab, die auf `HV1` vorhanden sind und fügen diese Informationen dann in *Schritt 14* in den Bericht ein.

Schließlich zeigen Sie in *Schritt 15* den Bericht an, der wie folgt aussieht:

```
PS C:\foo> $Report
Hyper-V-Bericht für: HV1
Erstellt: [07/15/2019 10:51:16]

HostName           : HV1
Maker              : Supermicro
Model              : X10SLM+-LN4F
PSVersion          : 5.1.17763.316
OSEdition          : Microsoft Windows Server 2019 Datacenter
OSArch             : 64-Bit
OSLang             : 1031
LastBootTime       : 12.07.2019 20:51:57
UpTimeDays         : 2,583
CPUCount           : 16
HostCPUUsage       : 62,08510100333217
HostMemoryGB       : 96,00
AllocatedMemoryGB  : 72


VMName     Status                    Uptime       VMCPU    ReplMode    ReplState
------     ------                    ------       -----    --------    ---------
VM2        Normaler Betrieb      2.08:07:35          12        None     Disabled
OM1        Normaler Betrieb        03:07:35          20        None     Disabled
SQL1       Normaler Betrieb        00:00:00           0        None     Disabled
PSDirect   Normaler Betrieb      2.08:07:35           4        None     Disabled
SQL2       Normaler Betrieb      2.01:34:44          22        None     Disabled
VM2        Normaler Betrieb      1.06:12:35           6        None     Disabled
```

Weitere Informationen

In diesem Rezept erstellen und verwenden Sie zwei Hash-Tabellen. Die erste Hash-Tabelle enthält Details zum VM-Host insgesamt. Wenn Sie einen Bericht für mehrere Hyper-V-Server erstellen, können Sie für jeden Server eine eigene Hash-Tabelle verwenden, diese Hash-Tabellen dann in Objekte konvertieren und abschließend den Bericht erzeugen. Wenn Sie dieses Rezept auf mehrere Server erweitern möchten, vereinfacht die Verwendung von Objekten das Erstellen des Berichts.

Dieses Rezept verwendet einige ausgewählte Informationen zur Performance und zur Nutzung. Wie immer, wenn Sie eine Leistungsanalyse durchführen, können Sie weitere Kennzahlen ergänzen. Sie können beispielsweise den Netzwerkdurchsatz oder die Informationen zu den Datenträgern in den ersten Teil des Berichts aufnehmen. Außerdem lässt sich der Abschnitt mit den Informationen zu den einzelnen VMs erweitern, indem Sie hier weitere Details ergänzen. Wie immer ist es wichtig, die Berichte nicht zu überfrachten und den Punkt zu finden, an dem Sie aufhören, weitere Details hinzuzufügen.

Kapitel 14

Probleme mit Windows Server lösen

In diesem Kapitel werden die folgenden Rezepte vorgestellt:

- **Netzwerkkonnektivität überprüfen**
- **Den Best Practices Analyzer verwenden**
- **Ereignisprotokolle verwalten**

Einführung

Fehlerbehebung ist die Kunst und die Wissenschaft, die Ursache eines Computerproblems in Ihrer Organisation zu entdecken und eine Lösung bereitzustellen, die das Problem behebt. Die Fehlerbehebung umfasst eine Vielzahl von Aufgaben, von denen Sie viele mit PowerShell ausführen können.

Da Anwendungen und Dienste zunehmend vernetzt sind, kann die Netzwerkkonnektivität in vielen Organisationen ein Problem darstellen. Im ersten Rezept sehen Sie sich einige Befehle an, die Ihnen bei der Fehlerbehebung in diesem Bereich helfen können.

Microsoft hat sowohl in Windows 10 als auch Windows Server 2019 ein Problembehandlungsframework eingebaut. Diese Problembehandlungen, im englischen Troubleshooter genannt, ermöglichen es einem IT-Profi, häufig auftretende Probleme zu lösen, indem er einfach die Problembehandlung ausführt.

Mit Fehlerbehebung sind nicht nur die Aktionen gemeint, die Sie durchführen, nachdem ein Problem auftritt. Es geht auch darum, proaktiv zu sein, um zu vermeiden, dass kleine Problemchen zu großen Problemen werden. Oft bedeutet dies auch, sicherzustellen, dass Ihre Systeme und Dienste anhand von akzeptierten Best Practices eingerichtet werden. Sowohl das Exchange-Team als auch das Team des Office Communication Servers (später bekannt als Lync und Skype For Business) haben beide **Best Practice Analyzer** (**BPA**)-Tools erstellt. Dies sind Anwendungen, die Ihre Exchange- oder OCS-Umgebung (Lync/Skype for Business) untersuchen und Ihnen die Stellen zeigen, an denen Ihre Anwendung nicht auf der Grundlage von Best Practices konfiguriert ist. Bei Windows Server verfügen viele Windows-Features über eigene BPA-Tools, die auf einem gemeinsamen Framework basieren und von PowerShell unterstützt werden. Die BPA-Tools können Ihnen dabei helfen, sicherzustellen, dass die auf Ihren Windows-Servern installierten Features auf der Grundlage bewährter Vorgehensweisen eingerichtet sind und funktionieren.

Ein großartiges Feature von Windows, von Windows-Anwendungen sowie von Rollen und Diensten ist die schiere Menge an Informationen, die protokolliert werden. Windows NT (das die Grundlage für Windows 10 und Windows Server 2019 darstellt) war ursprünglich mit einer Reihe von Basisereignisprotokollen ausgestattet. In Windows Vista hat Microsoft die Protokollierung dann um Anwendungs- und Dienstprotokolle erweitert.

Diese Ereignisprotokolle enthalten eine Fülle zusätzlicher Informationen, die sowohl für die Behebung von Fehlern, nachdem sie aufgetreten sind, als auch für die proaktive Fehlervermeidung von unschätzbarem Wert sind. Gleichzeitig ist es so, dass das Abrufen von Informationen aus diesen Protokollen ein wenig der Suche nach der Nadel in einem Heuhaufen ähnelt. PowerShell verfügt über einige großartige Features, mit denen Sie die benötigten Informationen schnell und einfach finden können.

Netzwerkkonnektivität überprüfen

Einer der ersten Schritte zur Fehlerbehebung von Netzwerkproblemen besteht darin, festzustellen, ob zwischen Ihren Hosts eine Netzwerkverbindung existiert.

Vorbereitungen

Dieses Rezept verwendet die folgenden Server der Domäne `Reskit.Org`, die Sie bereits früher installiert haben: `DC1`, `DC2`, `SRV1` und `SRV2`. Führen Sie dieses Rezept auf `SRV1` aus.

So wird's gemacht

1. Verwenden Sie `Test-Connection`, um die Verbindung zwischen `SRV1` und `DC1` zu testen:

```
Test-Connection -ComputerName DC1
```

2. Wiederholen Sie den Test, aber lassen Sie diesmal ein einfaches `true`/`false` zurückgeben:

```
Test-Connection -ComputerName DC1 -Quiet
```

3. Testen Sie mehrere Systeme gleichzeitig:

```
Test-Connection -ComputerName 'DC1','DC2','SRV2' -Count 1
```

4. Testen Sie die Verbindung für SMB-Datenverkehr mit `DC1`:

```
Test-NetConnection -ComputerName DC1 -CommonTCPPort SMB
```

5. Führen Sie eine ausführliche Konnektivitätsprüfung durch, und verwenden Sie `DC1` mit HTTP:

```
$TNCHT = @{
  ComputerName     = 'DC1'
  CommonTCPPort    = 'HTTP'
  InformationLevel = 'Detailed'
}
Test-NetConnection @TNCHT
```

6. Prüfen Sie einen bestimmten Port (hier den LDAP-Port auf `DC1`):

```
Test-NetConnection -ComputerName DC1 -Port 389
```

7. Prüfen Sie eine Verbindung zu einem Host, der nicht existiert:

   ```
   Test-NetConnection -ComputerName 10.10.10.123
   ```

8. Prüfen Sie einen Host, der existiert, aber verwenden Sie einen Port bzw. eine Anwendung, der/die nicht existiert:

   ```
   Test-NetConnection -ComputerName DC1 -PORT 9999
   ```

So funktioniert's

In *Schritt 1* prüfen Sie die Netzwerkkonnektivität zwischen SRV1 und DC1 und verwenden hierfür das Cmdlet Test-Connection, was wie folgt aussieht:

```
PS C:\foo> Test-Connection -ComputerName DC1

Source  Destination   IPV4Address    IPV6Address                    Bytes  Time(ms)
------  -----------   -----------    -----------                    -----  --------
SRV1    DC1           10.10.10.10    fd00::7d64:a4c:ff81:4d8b       32     0
SRV1    DC1           10.10.10.10    fd00::7d64:a4c:ff81:4d8b       32     0
SRV1    DC1           10.10.10.10    fd00::7d64:a4c:ff81:4d8b       32     0
SRV1    DC1           10.10.10.10    fd00::7d64:a4c:ff81:4d8b       32     0
```

In *Schritt 2* wiederholen Sie diesen Test und verwenden den Schalter -Quiet, was folgendermaßen aussieht:

```
PS C:\foo> Test-Connection -ComputerName DC1 -Quiet
True
```

In *Schritt 3* verwenden Sie Test-Connection, um die Verbindung von SRV1 zu mehreren Servern zu testen, was wie folgt aussieht:

```
PS C:\foo> Test-Connection -ComputerName 'DC1','DC2','SRV2' -Count 1

Source  Destination   IPV4Address    IPV6Address                    Bytes  Time(ms)
------  -----------   -----------    -----------                    -----  --------
SRV1    DC1           10.10.10.10    fd00::7d64:a4c:ff81:4d8b       32     0
SRV1    DC2           10.10.10.11                                   32     1
SRV1    SRV2          10.10.10.51                                   32     0
```

Das Cmdlet Test-NetConnection stellt weitere Parameter zur Verfügung. In *Schritt 4* testen Sie, ob SRV1 den SMB-Server auf DC1 erreichen kann. SRV1 verwendet diesen Port, um Details zu den Gruppenrichtlinien herunterzuladen. Die Ausgabe dieses Schritts sieht wie folgt aus:

```
PS C:\foo> Test-NetConnection -ComputerName DC1 -CommonTCPPort SMB


ComputerName     : DC1
RemoteAddress    : 10.10.10.10
RemotePort       : 445
InterfaceAlias   : Ethernet
SourceAddress    : 10.10.10.50
TcpTestSucceeded : True
```

Sie können auch einen ausführlichen Bericht über die Verbindungsversuche erhalten. Verwenden Sie hierfür den Parameter `-InformationLevel` und setzen Sie ihn auf `Detailed`. In *Schritt 5* prüfen Sie wie folgt, ob `SRV1` eine HTTP-Verbindung zu `DC1` aufbauen kann:

```
PS C:\foo> $TNCHT = @{
             ComputerName     = 'DC1'
             CommonTCPPort    = 'HTTP'
             InformationLevel = 'Detailed'
           }
PS C:\foo> Test-NetConnection @TNCHT

WARNUNG: TCP connect to (10.10.10.10 : 80) failed

ComputerName             : DC1
RemoteAddress            : 10.10.10.10
RemotePort               : 80
NameResolutionResults    : 10.10.10.10
                           fd00::7d64:a4c:ff81:4d8b
MatchingIPsecRules       :
NetworkIsolationContext  : Private Network
InterfaceAlias           : Ethernet
SourceAddress            : 10.10.10.50
NetRoute (NextHop)       : 0.0.0.0
PingSucceeded            : True
PingReplyDetails (RTT)   : 0 ms
TcpTestSucceeded         : False
```

In *Schritt 6* verwenden Sie `Test-NetConnection`, um die Verbindung zu einem bestimmten Port auf `DC1` zu testen, Port 389. Port 389 ist der LDAP-Port, den ein AD-Client verwendet, um mit dem Domänencontroller zu kommunizieren. Die Ausgabe dieses Schritts sieht wie folgt aus:

```
PS C:\foo> Test-NetConnection -ComputerName DC1 -Port 389

ComputerName     : DC1
RemoteAddress    : 10.10.10.10
RemotePort       : 389
InterfaceAlias   : Ethernet
SourceAddress    : 10.10.10.50
TcpTestSucceeded : True
```

In *Schritt 7* verwenden Sie erneut `Test-NetConnection`, geben jedoch als Ziel die IP-Adresse eines nicht vorhandenen Host an. Sie erhalten die folgende Ausgabe:

```
PS C:\foo> Test-NetConnection -ComputerName 10.10.10.123

WARNUNG: Ping to 10.10.10.123 failed with status: TimedOut

ComputerName           : 10.10.10.123
RemoteAddress          : 10.10.10.123
InterfaceAlias         : Ethernet
SourceAddress          : 10.10.10.50
PingSucceeded          : False
PingReplyDetails (RTT) : 0 ms
```

In *Schritt 8* testen Sie was passiert, wenn Sie einen vorhandenen Host verwenden, aber einen Port angeben, der auf dem Zielhost nicht verwendet wird und daher nicht erreichbar ist:

```
PS C:\foo> Test-NetConnection -ComputerName DC1 -PORT 9999
WARNUNG: TCP connect to (10.10.10.10 : 9999) failed

ComputerName           : DC1
RemoteAddress          : 10.10.10.10
RemotePort             : 9999
InterfaceAlias         : Ethernet
SourceAddress          : 10.10.10.50
PingSucceeded          : True
PingReplyDetails (RTT) : 0 ms
TcpTestSucceeded       : False
```

Weitere Informationen

In *Schritt 2* verwenden Sie für `Test-Connection` den Schalter `-Quiet`. Dieser Schalter bewirkt, dass das Cmdlet lediglich `false` oder `true` zurückgibt, nachdem es versucht, eine Verbindung zum Remotesystem herzustellen. Dies kann in einem Skript nützlich sein, in dem Sie lediglich prüfen wollen, ob ein Server erreichbar ist oder nicht.

Den Best Practices Analyzer verwenden

Eine »best practice« (bewährte Vorgehensweise) bezeichnet eine Methode, um Dinge zu tun, die von anderen (die in der Regel in diesem Gebiet mehr Erfahrung besitzen) als die Vorgehensweise angesehen wird, die das beste Ergebnis liefert. Ein bewährtes Verfahren ist beispielsweise der Einsatz von mindestens zwei Domänencontrollern, um den Fall abzusichern, dass einer ausfällt.

Das Befolgen einer bewährten Methode kann sowohl bestehende Probleme lösen als auch zukünftige Probleme vermeiden. Es ist ein wenig gesunder Menschenverstand erforderlich, um sicherzustellen, dass Sie nur die Ratschläge befolgen, die für Sie und Ihre Organisation relevant sind. In einem kleinen Testlabor mit wenigen VMs ist möglicherweise kein zweiter Domänencontroller erforderlich.

Best Practices Analyzer (BPA) ist ein automatisiertes, in Windows integriertes Tool. Bei BPA besteht ein Best-Practice-Modell aus einer Reihe spezifischer Richtlinien für einen bestimmten Bereich. BPA überprüft Ihre Infrastruktur und weist auf Bereiche hin, bei denen Ihre Umgebung nicht mit dem Best-Practice-Modell übereinstimmt.

Das Windows BPA-Framework bietet PowerShell-Unterstützung für die Verwaltung des BPA-Prozesses. Windows und andere Anwendungen verfügen über eine Reihe von BPA-Modellen, die in der Regel von der entsprechenden Produktgruppe innerhalb des Windows-Teams erstellt werden. Mit den PowerShell-Cmdlets können Sie die BPA-Modelle finden, sie aufrufen und dann die Ergebnisse anzeigen. Da nicht alle BPA-Modellrichtlinien für alle Situationen relevant sind, können Sie mit der BPA-Funktion auch bestimmte Empfehlungen ignorieren, die für Sie nicht relevant sind.

Vorbereitungen

Sie führen dieses Rezept auf SRV1 aus, einem Server, der in früheren Rezepten in diesem Buch verwendet wurde. Für dieses Rezept muss IIS (das Webserverfeature) geladen werden. Weitere Informationen zur Installation des Features Webserver finden Sie in Kapitel 9, »Internetinformationsdienste verwalten«, und dort im Rezept »IIS installieren«.

In diesem Rezept wird außerdem DC1 verwendet.

So wird's gemacht

1. Rufen Sie alle auf SRV1 vorhandenen BPA-Modelle ab:

```
Get-BpaModel |
  Format-Table -Property Name, Id, LastScanTime -Wrap
```

2. Führen Sie das BPA-Modell für das Feature WebServer aus:

```
Invoke-BpaModel -ModelId Microsoft/Windows/WebServer
```

3. Rufen Sie die Ergebnisse der Ausführung des Best Practice Analyzer ab und speichern Sie diese in $Results:

```
$Results = Get-BpaResult -ModelId Microsoft/Windows/WebServer
```

4. Zeigen Sie die Anzahl der Tests/Ergebnisse im BPA-Modell an:

```
$Results.Count
```

5. Wie viele Fehler und Warnungen wurden gefunden?

```
$Errors = $Results | Where-Object Severity -eq 'Error'
$Warnings = $Results | Where-Object Severity -eq 'Warning'
"Gefundene Fehler    : {0}" -f $Errors.Count
"Gefundene Warnungen : {0}" -f $Warnings.Count
```

6. Schauen Sie sich weitere BPA-Ergebnisse an:

```
$Results  | Format-Table -Property Title, Compliance -Wrap
```

7. Verwenden Sie BPA remote. Welche BPA-Modelle sind auf DC1 vorhanden?

```
Invoke-Command -ComputerName DC1 -ScriptBlock {Get-BpaModel} |
  Format-Table -Property Name, Id
```

8. Führen Sie den Best Practices Analyzer auf DC1 aus:

```
$ModelId = 'Microsoft/Windows/DirectoryServices'
$SB = {Invoke-BpaModel -ModelId $using:ModelId}
Invoke-Command -ComputerName DC1 -ScriptBlock $SB
```

9. Rufen Sie die Ergebnisse des BPA-Modells DirectoryServices von DC1 ab:

```
$SB = {Get-BpaResult -ModelId Microsoft/Windows/DirectoryServices}
$RRESULTS = Invoke-Command -ComputerName DC1 -ScriptBlock $SB
```

10. Zeigen Sie die Ergebnisse an, die der Scan ergab:

```
"Anzahl der zurückgegebenen Ergebnisse: $($RResults.Count)"
$RResults | Group-Object SEVERITY |
  Format-Table -Property Name, Count
```

11. Zeigen Sie den/die Fehler an, die der Scan ergab:

```
$RResults |
  Where-Object Severity -EQ 'Fehler' |
    Format-List -Property Category,Problem,Impact,Resolution
```

So funktioniert's

In *Schritt 1* rufen Sie Details zu den auf dem Host `SRV1` verfügbaren BPA-Modellen ab und zeigen sie an, was wie folgt aussieht:

```
PS C:\foo> Get-BpaModel |
             Format-Table -Property Name, Id, LastScanTime -Wrap

Name                                              Id                                     LastScanTime
----                                              --                                     ------------
RightsManagementServices                          Microsoft/Windows/ADRMS                Nie
CertificateServices                               Microsoft/Windows/CertificateServices  Nie
Microsoft DHCP Server Configuration Analysis Model Microsoft/Windows/DHCPServer          Nie
DirectoryServices                                 Microsoft/Windows/DirectoryServices    Nie
Microsoft DNS Server Configuration Analysis Model Microsoft/Windows/DNSServer            Nie
File Services                                     Microsoft/Windows/FileServices         12.07.2019 18:38:00
Hyper-V                                           Microsoft/Windows/Hyper-V              Nie
LightweightDirectoryServices                      Microsoft/Windows/LightweightDirector  Nie
                                                  yServices
Network Policy and Access Services (NPAS)         Microsoft/Windows/NPAS                 Nie
Microsoft Remote Access Server Configuration      Microsoft/Windows/RemoteAccessServer   Nie
Analysis Model
TerminalServices                                  Microsoft/Windows/TerminalServices     Nie
Windows Server Update Services                    Microsoft/Windows/UpdateServices       Nie
Microsoft Volume Activation Configuration         Microsoft/Windows/VolumeActivation     Nie
Analysis Model
WebServer                                         Microsoft/Windows/WebServer            Nie
```

Da auf `SRV1` die Internetinformationsdienste (IIS) installiert sind, führen Sie das BPA-Modell für das Windows-Feature `WebServer` aus. Die Ausgabe sieht folgendermaßen aus:

```
PS C:\foo> Invoke-BpaModel -ModelId Microsoft/Windows/WebServer

ModelId           : Microsoft/Windows/WebServer
SubModelId        :
Success           : True
ScanTime          : 12.07.2019 18:39:07
ScanTimeUtcOffset : 02:00:00
Detail            : {SRV1, SRV1}
```

In *Schritt 3* rufen Sie die zuletzt ermittelten Ergebnisse der Ausführung des BPA-Modells `WebServer` ab und speichern diese in `$Results`. Dieser Schritt erzeugt keine Ausgabe.

In *Schritt 4* rufen Sie die Anzahl der BPA-Ergebnisse ab, die der BPA-Scan `WebServer` ergeben hat. Sie erhalten die folgende Ausgabe:

```
PS C:\foo> $Results.Count
7
```

Als Nächstes zählen Sie in *Schritt 5* die Anzahl der Fehler und Warnungen, die vom BPA-Scan zurückgegeben wurden, und zeigen diese wie folgt an:

```
PS C:\foo> $Errors = $Results | Where-Object Severity -eq 'Error'
PS C:\foo> $Warnings = $Results | Where-Object Severity -eq 'Warning'
PS C:\foo> "Gefundene Fehler    : {0}" -f $Errors.Count
PS C:\foo> "Gefundene Warnungen : {0}" -f $Warnings.Count
Gefundene Fehler    : 0
Gefundene Warnungen : 0
```

In *Schritt 6* zeigen Sie die Elemente, die vom BPA-Modell `WebServer` getestet wurden, sowie den Compliance-Status von `SRV1` an, was wie folgt aussieht:

```
PS C:\foo> $Results  | Format-Table -Property Title, Compliance -Wrap
Title                                                                                           Compliance
-----                                                                                           ----------
Weisen Sie einem Handler Ausführungs-/Skriptberechtigungen oder Schreibberechtigungen zu, aber nicht beide gleichzeitig. Bei der IIS Best Practice
                                                                                                Analyzer-Überprüfung wurde
                                                                                                festgestellt, dass Sie die
                                                                                                Voraussetzungen für diese bewährte
                                                                                                Methode erfüllen.
Das Konfigurationsattribut "notListedCgisAllowed" sollte auf "False" festgelegt sein.          Bei der IIS Best Practice
                                                                                                Analyzer-Überprüfung wurde
                                                                                                festgestellt, dass Sie die
                                                                                                Voraussetzungen für diese bewährte
                                                                                                Methode erfüllen.
Das Konfigurationsattribut "notListedIsapisAllowed" sollte auf "False" festgelegt sein.        Bei der IIS Best Practice
                                                                                                Analyzer-Überprüfung wurde
                                                                                                festgestellt, dass Sie die
                                                                                                Voraussetzungen für diese bewährte
                                                                                                Methode erfüllen.
Für Anwendungspools sollte festgelegt werden, dass sie als Anwendungspoolidentitäten ausgeführt werden. Bei der IIS Best Practice
                                                                                                Analyzer-Überprüfung wurde
                                                                                                festgestellt, dass Sie die
                                                                                                Voraussetzungen für diese bewährte
                                                                                                Methode erfüllen.
Remoteanzeige von benutzerdefinierten Fehlern ausblenden                                        Bei der IIS Best Practice
                                                                                                Analyzer-Überprüfung wurde
                                                                                                festgestellt, dass Sie die
                                                                                                Voraussetzungen für diese bewährte
                                                                                                Methode erfüllen.
Stellen Sie sicher, dass Ihre Zertifikate auf dem aktuellen Stand sind.
Bei Standardauthentifizierung SSL verwenden
                                                                                                Bei der IIS Best Practice
                                                                                                Analyzer-Überprüfung wurde
                                                                                                festgestellt, dass Sie die
                                                                                                Voraussetzungen für diese bewährte
                                                                                                Methode erfüllen.
```

Sie können BPA-Modelle auch remote verwenden. In *Schritt 7* zeigen Sie die BPA-Modelle auf `DC1`, einem Domänencontroller, an, was wie folgt aussieht:

```
PS C:\foo> Invoke-Command -ComputerName DC1 -ScriptBlock {Get-BpaModel} |
             Format-Table -Property Name, Id

Name                                                         Id
----                                                         --
RightsManagementServices                                     Microsoft/Windows/ADRMS
CertificateServices                                          Microsoft/Windows/CertificateServices
Microsoft DHCP Server Configuration Analysis Model           Microsoft/Windows/DHCPServer
DirectoryServices                                            Microsoft/Windows/DirectoryServices
Microsoft DNS Server Configuration Analysis Model            Microsoft/Windows/DNSServer
File Services                                                Microsoft/Windows/FileServices
Hyper-V                                                      Microsoft/Windows/Hyper-V
LightweightDirectoryServices                                 Microsoft/Windows/LightweightDirectoryServices
Network Policy and Access Services (NPAS)                    Microsoft/Windows/NPAS
Microsoft Remote Access Server Configuration Analysis Model Microsoft/Windows/RemoteAccessServer
TerminalServices                                             Microsoft/Windows/TerminalServices
Windows Server Update Services                               Microsoft/Windows/UpdateServices
Microsoft Volume Activation Configuration Analysis Model     Microsoft/Windows/VolumeActivation
WebServer                                                    Microsoft/Windows/WebServer
```

In *Schritt 8* führen Sie das Modell `DirectoryServices` remote auf `DC1` aus. Die Ausgabe sieht folgendermaßen aus:

```
PS C:\foo> $ModelId = 'Microsoft/Windows/DirectoryServices'
PS C:\foo> $SB = {Invoke-BpaModel -ModelId $using:ModelId}
PS C:\foo> Invoke-Command -ComputerName DC1 -ScriptBlock $SB

ModelId              : Microsoft/Windows/DirectoryServices
SubModelId           :
Success              : True
ScanTime             : 12.07.2019 18:47:36
ScanTimeUtcOffset    : 02:00:00
Detail               : {DC1, DC1}
```

Nachdem Sie das BPA-Modell auf `DC1` ausgeführt haben, rufen Sie in *Schritt 9* die Ergebnisse ab. Dieser Schritt erzeugt keine Ausgabe.

In *Schritt 10* untersuchen Sie die BPA-Ergebnisse und zeigen die Gesamtzahl der Ergebnisse an, und wie viele der Ergebnisse des Scans von `DC1` in die Kategorien Informationen, Fehler sowie Warnung fallen. Die Ausgabe sieht folgendermaßen aus:

```
PS C:\foo> "Anzahl der zurückgegebenen Ergebnisse: $($RResults.Count)"
Anzahl der zurückgegebenen Ergebnisse: 43

PS C:\foo> $RResults | Group-Object SEVERITY |
             Format-Table -Property Name, Count

Name          Count
----          -----
Informationen    40
Fehler            1
Warnung           2
```

Von den 43 durchgeführten Checks führt einer zu einem Fehler und sieben führen zu einer Warnung. Obwohl Sie auch die Warnungen untersuchen sollten, werden Sie häufig feststellen, dass einige der BPA-Warnungen für Ihre Umgebung ignoriert werden können. Die BPA-Fehler hingegen sollten mit hoher Priorität bearbeitet werden. In unserem Fall sieht der Fehler, den Sie in *Schritt 11* abrufen, wie folgt aus:

```
PS C:\foo> $RResults |
             Where-Object Severity -EQ 'Fehler' |
               Format-List -Property Category,Problem,Impact,Resolution

Category   : Konfiguration
Problem    : Der Betriebsmaster für die PDC-Emulation (Primary Domain Controller, Primärer Domänencontroller) in der Gesamtstruktur ist nicht für die
             richtige Synchronisierung der Zeit von einer gültigen Zeitquelle konfiguriert.
Impact     : Wenn der PDC-Emulationsmaster in der Gesamtstruktur nicht für die richtige Synchronisierung der Zeit von einer gültigen Zeitquelle konfiguriert
             ist, wird möglicherweise die zugehörige interne Uhr für die Zeitsynchronisierung verwendet. Wenn beim PDC-Emulationsmaster in der
             Gesamtstruktur ein Fehler auftritt oder wenn er nicht mehr verfügbar ist (und Sie in der Gesamtstruktur-Stammdomäne keinen zuverlässigen
             Zeitserver (GTIMESERV) konfiguriert haben), kann die Zeit anderer Mitgliedscomputer und Domänencontroller in der Gesamtstruktur nicht
             synchronisiert werden.
Resolution : Legen Sie für den PDC-Emulationsmaster in der Gesamtstruktur die Zeitsynchronisierung mit einer zuverlässigen externen Zeitquelle fest. Wenn
             Sie in der Gesamtstruktur-Stammdomäne keinen zuverlässigen Zeitserver (GTIMESERV) konfiguriert haben, legen Sie für den PDC-Emulationsmaster in
             der Gesamtstruktur die Zeitsynchronisierung mit einer im Netzwerk installierten Hardwareuhr fest (empfohlener Ansatz). Sie können für den
             PDC-Emulationsmaster in der Gesamtstruktur auch die Zeitsynchronisierung mit einem externen Zeitserver festlegen, indem Sie den Befehl "w32tm
             /config /computer:DC1.Reskit.Org /manualpeerlist:time.windows.com /syncfromflags:manual /update" ausführen. Wenn Sie in der
             Gesamtstruktur-Stammdomäne einen zuverlässigen Zeitserver (GTIMESERV) konfiguriert haben, legen Sie für den PDC-Emulationsmaster die
             Zeitsynchronisierung über die Gesamtstruktur-Stammdomänenhierarchie fest, indem Sie den Befehl "w32tm /config /computer:DC1.Reskit.Org
             /syncfromflags:domhier /update" ausführen.
```

Weitere Informationen

In *Schritt 1* sehen Sie die BPA-Modelle auf `SRV1`. Je nachdem, welche anderen Features Sie `SRV1` hinzugefügt haben, werden bei Ihnen möglicherweise weitere BPA-Modelle angezeigt.

In *Schritt 4* können Sie beobachten, dass das BPA-Modell für IIS nur vier Konfigurationseinstellungen überprüft. Es gibt nicht viele BPA-Prüfungen, die von diesem Modell durchgeführt werden. Andere BPA-Modelle, wie z.B. das `DirectoryServices`-Modell, das Sie in *Schritt 9* verwenden, sind viel detaillierter.

In *Schritt 11* können Sie sehen, dass BPA beim Ausführen des BPA-Modells `DirectoryServices` auf `DC1` einen Fehler meldet. Das Objekt mit dem Fehlerergebnis enthält eine Beschreibung des Problems, seine Auswirkungen und wie das Problem gelöst werden kann. In diesem Fall besteht das Problem darin, dass der Domänencontroller des Gesamtstrukturstamms (`DC1.Reskit.Org`) die Zeit nicht mit einem externen (und zuverlässigen) Zeitgeber synchronisiert. Da alle Hosts in Ihrer Gesamtstruktur letztendlich ihre Zeiteinstellungen vom Stammserver der Gesamtstruktur erhalten, ist es wichtig, dass der Stammserver der Gesamtstruktur mit einer zuverlässigen, externen Zeitquelle synchronisiert wird.

Ereignisprotokolle verwalten

Ereignisprotokolle sind ein wichtiges Mittel bei der Problembehandlung. Windows und Windows-Anwendungen können eine erhebliche Menge an Informationen protokollieren, die sowohl bei der Fehlerbehebung als auch bei der täglichen Verwaltung von Windows Server 2019 von unschätzbarem Wert sein können.

Windows-Computer verwalten eine Reihe von Ereignisprotokollen, die Ereignisse dokumentieren, die auf einem bestimmten Computer auftreten. Jedes Mal, wenn ein Ereignis auftritt, kann die Anwendung oder der Dienst Ereignisse protokollieren, die dann als Hilfe beim Debugging verwendet werden können.

Windows unterscheidet zwei Arten von Ereignisprotokollen: Windows-Protokolle sowie Anwendungs- und Dienstprotokolle. Windows-Protokolle gibt es seit Windows NT 3.1, sie sind in Windows Server 2019 weiterhin vorhanden und stellen wichtige Komponenten für die Fehlerbehebung und Systemüberwachung dar.

Mit Windows Vista wurde eine neue Kategorie von Protokollen, die Anwendungs- und Dienstprotokolle, eingeführt. Diese Protokolle enthalten Ereignisse, die sich auf eine bestimmte Anwendung, einen Dienst oder eine andere Windows-Komponente beziehen. Windows verfügt standardmäßig über eine Reihe von Anwendungs- und Dienstprotokollen. Durch das Hinzufügen von Komponenten wie neuen Windows-Features oder Rollen werden häufig zusätzliche Anwendungs- und Dienstprotokolle erstellt.

Diese Protokolle geben Ihnen ein umfassendes Bild davon, was Ihr System tatsächlich tut. Darüber hinaus können Sie auch neue Ereignisprotokolle hinzufügen und Skripts aktivieren, um Ereignisse zu protokollieren, die auftreten, während das Skript ausgeführt wird.

PowerShell bietet Ihnen mehrere nützliche Cmdlets, mit denen Sie das Ereignisprotokoll nach wichtigen Ereignissen durchsuchen können. Mit dem Cmdlet `Get-EventLog` können Sie Details zu den vorhandenen Protokollen abrufen sowie Protokollereignisse aus den Windows-Protokollen abrufen. Mit `Get-WinEvent` können Sie sowohl die klassischen Windows-Protokolle als auch die neuen Anwendungs- und Dienstprotokolle untersuchen. Beide Cmdlets verwenden Sie in diesem Rezept.

Vorbereitungen

Sie führen dieses Rezept auf SRV1 aus, einem Mitgliedsserver der Domäne Reskit.Org. Außerdem werden Sie in diesem Rezept den Domänencontroller DC1.Reskit.Org verwenden.

So wird's gemacht

1. Rufen Sie die Namen der Windows-Protokolle sowie der Anwendungs- und Dienstprotokolle auf SRV1 ab:

```
Get-EventLog -LogName *
```

2. Rufen Sie remote die Namen der Windows-Protokolle sowie die Anwendungs- und Dienstprotokolle auf DC1 ab:

```
Get-EventLog -LogName * -ComputerName DC1
```

3. Löschen Sie das Anwendungsprotokoll (Application) auf DC1:

```
Clear-EventLog -LogName Application -ComputerName DC1
```

4. Zeigen Sie die Ereignisarten und die Anzahl der protokollierten Ereignisse im Anwendungsprotokoll auf SRV1 an:

```
Get-EventLog -LogName Application |
  Group-Object -Property EntryType |
    Format-Table -Property Name, Count
```

5. Zeigen Sie die zehn häufigsten Ereignisquellen im Systemprotokoll auf dem lokalen Host an:

```
Get-EventLog -LogName System |
  Group-Object -Property Source |
    Sort-Object -Property Count -Descending |
      Select-Object -First 10 |
        Format-Table -Property Name, Count
```

6. Untersuchen Sie alle Ereignisprotokolle auf SRV1:

```
$LocEventLogs = Get-WinEvent -ListLog *
$LocEventLogs.Count
$LocEventLogs |
    Sort-Object -Property RecordCount -Descending |
        Select-Object -First 10
```

7. Untersuchen Sie alle Ereignisprotokolle auf DC1:

```
$RemEventLogs = Get-WinEvent -ListLog * -ComputerName DC1
$RemEventLogs.count
$RemEventLogs |
  Sort-Object -Property RecordCount -Descending |
    Select-Object -First 10
```

8. Untersuchen Sie das Protokoll des Windows Update-Clients und zeigen Sie die gefundenen Updates an:

```
$LN = 'Microsoft-Windows-WindowsUpdateClient/Operational'
$Updates = Get-WinEvent -LogName $LN |
  Where-Object ID  -EQ 41
```

```
$Out = foreach ($Update in $Updates) {
  $HT = @{}
  $HT.Time = [System.DateTime] $Update.TimeCreated
  $HT.Update = ($Update.Properties | Select-Object -First 1).Value
  New-Object -TypeName PSObject -Property $HT
}
$Out | Sort -Property Time
  Sort-Object -Property TimeCreated |
     Format-Table -Wrap
```

So funktioniert's

In *Schritt 1* verwenden Sie das Cmdlet `Get-EventLog`, um die Namen der Standard-Windows-Protokolle und der Anwendungs- und Dienstprotokolle auf `SRV1` anzuzeigen, was wie folgt aussieht:

```
PS C:\foo> Get-EventLog -LogName *

  Max(K) Retain OverflowAction        Entries Log
  ------ ------ --------------        ------- ---
  20.480      0 OverwriteAsNeeded         166 Application
  20.480      0 OverwriteAsNeeded           0 HardwareEvents
     512      7 OverwriteOlder              0 Internet Explorer
  20.480      0 OverwriteAsNeeded           0 Key Management Service
     512      7 OverwriteOlder                Parameters
  20.480      0 OverwriteAsNeeded       2.245 Security
     512      7 OverwriteOlder                State
  20.480      0 OverwriteAsNeeded         955 System
  15.360      0 OverwriteAsNeeded       1.041 Windows PowerShell
```

In *Schritt 2* rufen Sie remote die Namen der Standard-Windows-Protokolle und der Anwendungs- und Dienstprotokolle auf `DC1` ab, was wie folgt aussieht:

```
PS C:\foo> Get-EventLog -LogName * -ComputerName DC1

  Max(K) Retain OverflowAction        Entries Log
  ------ ------ --------------        ------- ---
     512      7 OverwriteOlder             19 Active Directory Web Services
  20.480      0 OverwriteAsNeeded         222 Application
  15.168      0 OverwriteAsNeeded          28 DFS Replication
     512      0 OverwriteAsNeeded          65 Directory Service
 102.400      0 OverwriteAsNeeded          34 DNS Server
  20.480      0 OverwriteAsNeeded           0 HardwareEvents
     512      7 OverwriteOlder              0 Internet Explorer
  20.480      0 OverwriteAsNeeded           0 Key Management Service
     512      7 OverwriteOlder                Parameters
 131.072      0 OverwriteAsNeeded       9.947 Security
     512      7 OverwriteOlder                State
  20.480      0 OverwriteAsNeeded       1.382 System
  15.360      0 OverwriteAsNeeded         585 Windows PowerShell
```

In *Schritt 3* löschen Sie remote auf `DC1` das Windows-Protokoll Anwendung (`Application`). Dieser Schritt erzeugt keine Ausgabe.

In *Schritt 4* untersuchen Sie, welche Ereignistypen im Windows-Anwendungsprotokoll auf `SRV1` vorhanden sind, was wie folgt aussieht:

```
PS C:\foo> Get-EventLog -LogName Application |
             Group-Object -Property EntryType |
               Format-Table -Property Name, Count

Name        Count
----        -----
Information   148
Warning        10
0               7
Error           1
```

In *Schritt 5* untersuchen Sie die Windows-Ereignisprotokolle und verwenden `Get-EventLog`, um sich alle Windows-Komponenten anzeigen zu lassen, die Ereignisse im Protokoll `System` protokollieren. Dieser Schritt zeigt dann die zehn häufigsten Ereignisquellen auf `SRV1` an, was wie folgt aussieht:

```
PS C:\foo> Get-EventLog -LogName System |
             Group-Object -Property Source |
               Sort-Object -Property Count -Descending |
                 Select-Object -First 10 |
                   Format-Table -Property Name, Count

Name                                     Count
----                                     -----
Service Control Manager                    626
Microsoft-Windows-Kernel-General            71
Microsoft-Windows-Kernel-PnP                43
Microsoft-Windows-FilterManager             34
Microsoft-Windows-Kernel-Boot               23
Microsoft-Windows-UserPnp                   16
Microsoft-Windows-UserModePowerService      15
e1iexpress                                  14
Microsoft-Windows-Time-Service              14
Microsoft-Windows-Dhcp-Client               14
```

In *Schritt 6* zeigen Sie die Gesamtanzahl der Ereignisprotokolle an, die `Get-WinEvent` findet, und geben dann die zehn am meisten verwendeten erweiterten Protokolle an. Dieser Schritt führt zu folgender Ausgabe:

```
PS C:\foo> $LocEventLogs = Get-WinEvent -ListLog *
PS C:\foo> $LocEventLogs.Count
PS C:\foo> $LocEventLogs |
             Sort-Object -Property RecordCount -Descending |
               Select-Object -First 10

400

LogMode   MaximumSizeInBytes RecordCount LogName
-------   ------------------ ----------- -------
Circular            20971520        2259 Security
Circular             1052672        2060 Microsoft-Windows-ServerManager-MultiMachine/Operational
Circular             1052672        1808 Microsoft-Windows-PushNotification-Platform/Operational
Circular             5242880        1184 Microsoft-Windows-AppXDeploymentServer/Operational
Circular             1052672        1160 Microsoft-Windows-Shell-Core/AppDefaults
Circular            15728640        1041 Windows PowerShell
Circular            20971520         964 System
Circular             1052672         720 Microsoft-Windows-Kernel-IO/Operational
Circular            15728640         565 Microsoft-Windows-PowerShell/Operational
Circular             1052672         456 Microsoft-Windows-Shell-Core/Operational
```

In *Schritt 7* führen Sie remote auf `DC1` die gleichen Aktionen durch wie in *Schritt 6*.

In *Schritt 8* zeigen Sie die Anzahl der auf `SRV1` ermittelten und installierten Windows-Updates an, was wie folgt aussieht:

```
PS C:\foo> $LN = 'Microsoft-Windows-WindowsUpdateClient/Operational'
PS C:\foo> $Updates = Get-WinEvent -LogName $LN |
             Where-Object ID  -EQ 41
PS C:\foo> $Out = foreach ($Update in $Updates) {
             $HT = @{}
             $HT.Time = [System.DateTime] $Update.TimeCreated
             $HT.Update = ($Update.Properties | Select-Object -First 1).Value
             New-Object -TypeName PSObject -Property $HT
           }
PS C:\foo> $Out | Sort -Property Time
             Sort-Object -Property TimeCreated |
               Format-Table -Wrap

Time                Update
----                ------
12.07.2019 09:47:47 HP - Printer - 4/22/2009 12:00:00 AM - 10.0.17119.1
12.07.2019 11:58:51 2019-03 Kumulatives Update für Windows Server 2019 (1809) für x64-basierte Systeme (KB4489899)
12.07.2019 12:04:03 Definitionsupdate für Windows Defender Antivirus - KB2267602 (Definition 1.297.933.0)
```

Weitere Informationen

In *Schritt 1* und *Schritt 2* untersuchen Sie die Windows-Ereignisprotokolle, die auf zwei Systemen (`SRV1` und `DC1`) vorhanden sind. Wie Sie sehen können, unterscheiden sich die verfügbaren Protokolle. So wird auf `DC1` das Active Directory Web Services-Protokoll angezeigt, das auf `SRV1` nicht vorhanden ist.

In *Schritt 3* löschen Sie das Anwendungsprotokoll auf `DC1`. Als bewährte Methode für Ereignisprotokolle sollten Sie ein Protokoll nur dann löschen, wenn Sie das Protokoll an eine andere Stelle kopiert haben, um es sicher aufzubewahren. Natürlich muss man die Archivierung der Protokolle im Einzelfall bewerten, da der überwiegende Teil der Ereignisprotokolleinträge im täglichen Betrieb nicht sehr viel nützen.

In *Schritt 4* sehen Sie die verschiedenen Klassifikationen von Ereignissen, darunter eine mit dem Namen `0`. In diesem Fall basiert die Eigenschaft, die den Ereignisprotokolleintragstyp enthält, auf einer Enumeration (Aufzählung), wobei diese Enumeration nicht aktualisiert wurde, sodass PowerShell den Eintragsnamen für diesen Ereignisprotokolleintragstyp nicht anzeigen kann.

In *Schritt 6* und *Schritt 7* haben Sie die Dienst- und Anwendungsprotokolle untersucht, die auf `SRV1` bzw. `DC1` vorhanden sind. Diese Schritte veranschaulichen, dass zusätzlich installierte Features oder Anwendungen zu weiteren Ereignisprotokollen führen können.

Schritt 8 zeigt, wie Sie in einem bestimmten Ereignisprotokoll in ein bestimmtes Ereignis eintauchen. In diesem Fall haben Sie das Protokoll `Operational` des Softwareupdatedienstes untersucht, um Ereignisse mit der Ereignis-ID 41 (»Ein Update wurde heruntergeladen.«) zu ermitteln. Im Allgemeinen müssen Sie beim Abrufen von Informationen aus Ihren Ereignisprotokollen wissen, in welchem Protokoll nach welcher Ereignis-ID gesucht werden soll.

Index

D

E

F

G

H

I

J

K

L

M

N

O

P

R

S

T

U

V

W

Z